ARZNEIMITTEL- UND APOTHEKENRECHT der Deutschen Demokratischen Republik

Gesetzessammlung mit Kommentar

2. Lieferung

Herausgegeben von

OPhR. Prof. Dr. sc. nat. JOACHIM RICHTER

OPhR. Prof. Dr. sc. phil. Dr. rer. nat. HANS-JOACHIM SEIDLEIN

OPhR. Dr. rer. nat. MANFRED BÖHM

Diplom-Jurist HANS GEORG KEUNE

AKADEMIE-VERLAG · BERLIN 1981

Erschienen im Akademie-Verlag, DDR-1080 Berlin, Leipziger Straße 3—4

Lizenznummer: 202 · 100/463/80
Gesamtherstellung: VEB Druckhaus „Maxim Gorki", 7400 Altenburg
Bestellnummer: 762 720 6 (3069/2) · LSV 2097, 2887
Printed in GDR
DDR 75,— M

Vorwort zur 2. Lieferung

Der Redaktionsschluß für die 2. Lieferung war der 31. März 1980, d. h. alle bis zu diesem Zeitpunkt vorliegenden Änderungen wurden bezüglich der in der 1. und 2. Lieferung enthaltenen Rechtsvorschriften berücksichtigt.
Wie im Vorwort zur 1. Lieferung bereits ausgeführt, wird die Gesetzessammlung mit Kommentar „Arzneimittel- und Apothekenrecht der DDR“ jedoch erst mit der 1982 zu erwartenden 8. Lieferung ihre angestrebte Vollständigkeit aufweisen.
Wegen der schnellen Folgen der ersten beiden Lieferungen wurde zunächst auf eine Kumulation der Kapitelinhaltsverzeichnisse und der Sachregister verzichtet. Bis zum Vorliegen dieser kumulativen Verzeichnisse empfehlen wir, die Kapitelinhaltsverzeichnisse und Sachregister der 1. und 2. Lieferung jeweils hintereinander einzuordnen.
Kumulative Kapitelinhaltsverzeichnisse und Sachregister werden erstmals mit der 3. Lieferung zur Verfügung stehen.
Innerhalb gesetzlicher Bestimmungen wurden die physikalischen Einheiten nicht verändert (SI-Einheiten).
Wenn durch Änderungen gesetzlicher Bestimmungen in Fußnoten o. ä. gegebene Hinweise nicht mehr zutreffend sind, erfolgt im allgemeinen keine Korrektur dieser Angaben bis ein Austausch des betreffenden Blattes aus anderen Gründen erforderlich ist.
Für wertvolle Hinweise und gewährte Unterstützung danken wir Frau Dipl.-Chem. Dr. Rackow und Frau PhR Dr. Wagler sowie den Herren Dr. Eichhorn, OPhR Horn, PhR Dr. Metzner, Dipl.-Chem. Seidenglanz und PhR Striegler.
Dem Verlag gebührt Anerkennung für das verständnisvolle Eingehen auf die zahlreichen durch Änderungen gesetzlicher Bestimmungen erforderlichen Korrekturen.

Die Herausgeber

Kapitelinhaltsverzeichnis

Kapitel B

Allgemeine gesundheitsrechtliche Grundlagen

Verordnung über die Staatliche Hygieneinspektion
vom 11. Dezember 1975

(GBl. I 1976 Nr. 2 S. 17)

Die hygienische Gestaltung der Lebensbedingungen als wichtiger Bestandteil der umfassenden Fürsorge des sozialistischen Staates für den Schutz und die Erhaltung von Leben und Gesundheit der Menschen ist gemeinsames Anliegen aller staatlichen und wirtschaftsleitenden Organe, Kombinate, Betriebe, Einrichtungen, Genossenschaften sowie aller Bürger und untrennbar mit der weiteren Entwicklung der Volkswirtschaft verbunden. Auf der Grundlage des Gesetzes vom 12. Juli 1973 über die örtlichen Volksvertretungen und ihre Organe in der Deutschen Demokratischen Republik (GBl. I Nr. 32 S. 313) wird zur Koordinierung der Erfordernisse und Maßnahmen auf dem Gebiet der Hygiene in allen Bereichen und zur Festlegung der Aufgaben, Rechte und Pflichten der Staatlichen Hygieneinspektion folgendes verordnet:

Stellung und Grundsätze

§ 1

(1) Die Staatliche Hygieneinspektion des Ministeriums für Gesundheitswesen und der örtlichen Räte in den Bezirken, Kreisen und Stadtbezirken ist für die Anleitung, Beratung, Unterstützung und Kontrolle bei der Durchsetzung der Rechtsvorschriften, Grundsätze und Normative auf dem Gebiet der Hygiene in allen gesellschaftlichen Bereichen verantwortlich.
(2) Die Staatliche Hygieneinspektion erfüllt ihre Aufgaben in Durchführung der Beschlüsse der Partei der Arbeiterklasse auf der Grundlage der Verfassung, der Gesetze und anderen Rechtsvorschriften sowie der Beschlüsse der örtlichen Volksvertretungen und deren Räte zur Verwirklichung der sozialistischen Gesundheitspolitik.
(3) Die Staatliche Hygieneinspektion bezieht zur Lösung ihrer Aufgaben die Bürger in ihre Tätigkeit ein und arbeitet eng mit den Ortshygieneaktivs der Räte der Städte und Gemeinden, Betriebshygieneaktivs, den staatlichen und wirtschaftsleitenden Organen sowie den Kommissionen der Volksvertretungen zusammen.
(4) Die Staatliche Hygieneinspektion arbeitet bei der Durchführung ihrer Aufgaben insbesondere eng zusammen mit:

- den Fachorganen der entsprechenden örtlichen Räte,
- der Staatlichen Bauaufsicht,

– der Veterinär-Hygieneinspektion,
– der Inspektion Gesundheitsschutz in den Betrieben,
– den staatlichen und gesellschaftlichen Kontrollorganen und den gesellschaftlichen Organisationen, insbesondere dem Deutschen Roten Kreuz der DDR,

soweit deren Zuständigkeit berührt wird. Die Grundsätze der Zusammenarbeit einschließlich der erforderlichen Aufgabenabgrenzungen können in Vereinbarungen geregelt werden.

§ 2

(1) Als Staatliche Hygieneinspektion werden tätig:

1. Staatliche Hygieneinspektion des Ministeriums für Gesundheitswesen
2. Bezirks-Hygieneinspektion und -institut (nachfolgend Bezirks-Hygieneinspektion genannt)
3. Kreis-Hygieneinspektion
4. Stadtbezirks-Hygieneinspektion.

(2) Im Bereich des Verkehrswesens nimmt die Verkehrs-Hygieneinspektion des Medizinischen Dienstes des Verkehrswesens der Deutschen Demokratischen Republik die Aufgaben und Funktionen der Staatlichen Hygieneinspektion nach dieser Verordnung wahr. Struktur, spezielle Aufgaben und Arbeitsweise werden vom Minister für Verkehrswesen und vom Minister für Gesundheitswesen gemeinsam festgelegt.
(3) Im Gebiet der SDAG Wismut nimmt die Gebiets-Hygieneinspektion im Auftrag des Ministers für Gesundheitswesen die Aufgaben und Funktionen der Staatlichen Hygieneinspektion nach dieser Verordnung wahr.
(4) In den Bereichen des Ministeriums des Innern, des Ministeriums für Nationale Verteidigung und des Ministeriums für Staatssicherheit wird die Kontrolle über die Maßnahmen zur Sicherung der Hygiene durch Hygieneinspektionen dieser Ministerien ausgeübt. Die Zusammenarbeit mit der Staatlichen Hygieneinspektion wird durch Rahmenvereinbarungen geregelt.

§ 3 Gewährleistung hygienischer Lebensbedingungen

(1) Die Leiter der Kombinate, Betriebe und Einrichtungen sowie die Vorstände von Genossenschaften sind in ihrem Zuständigkeitsbereich für die Einhaltung der Rechtsvorschriften, Grundsätze und Normative auf dem Gebiet der Hygiene verantwortlich. Sie haben eine wirksame Eigenkontrolle zu organisieren und die schöpferische Mitwirkung der Werktätigen bei der Durchsetzung der Erfordernisse der Hygiene zu sichern.
(2) Die Leiter der Kombinate, Betriebe und Einrichtungen sowie die Vorstände der Genossenschaften haben die Staatliche Hygieneinspektion unverzüglich über in ihrem Verantwortungsbereich durch hygienewidrige Zustände verursachte Gefahren für die Gesundheit der Bürger einschließlich der veranlaßten Sofortmaßnahmen zu informieren. Sie sind

verpflichtet, Kontrollergebnisse der Staatlichen Hygieneinspektion unverzüglich auszuwerten und auf Verlangen über die durchgeführten Maßnahmen zu berichten.
(3) Betriebe und Bürger als Rechtsträger, Eigentümer oder Nutzer von Sachen, Grundstücken oder Räumlichkeiten sind für die Einhaltung der Rechtsvorschriften, Grundsätze und Normative auf dem Gebiet der Hygiene entsprechend den gesellschaftlichen Erfordernissen verantwortlich.
(4) In Kombinaten, Betrieben, Einrichtungen und Genossenschaften, in denen die Einhaltung der Rechtsvorschriften, Grundsätze und Normative auf dem Gebiet der Hygiene besondere Bedeutung hat, können auf der Grundlage von Vereinbarungen zwischen dem Minister für Gesundheitswesen und den Leitern zuständiger zentraler staatlicher Organe Hygienebeauftragte eingesetzt und in Zusammenarbeit mit dem Deutschen Roten Kreuz der DDR und anderen gesellschaftlichen Organisationen Betriebshygieneaktivs gebildet werden.

Aufgaben und Arbeitsweise der Staatlichen Hygieneinspektion

§ 4

(1) Die Staatliche Hygieneinspektion geht in ihrer Tätigkeit von den gesellschaftlichen Erfordernissen, dem komplexen Charakter des sozialistischen Gesundheitsschutzes sowie den wissenschaftlich-technischen und ökonomischen Möglichkeiten aus, um planmäßig die Verbesserung der hygienischen Lebensbedingungen der Bürger zu erreichen. Die Anleitung, Beratung, Unterstützung und Kontrolle zur Durchsetzung der Rechtsvorschriften, Grundsätze und Normative auf dem Gebiet der Hygiene erstreckt sich insbesondere auf:

a) die Verhütung und Bekämpfung übertragbarer Krankheiten einschließlich des Impfwesens in Verbindung mit der Herstellung von Impfstoffen und Mitteln für andere Schutzanwendungen, die zur Immunisierung von Menschen bestimmt sind; des Desinfektionswesens; der Sterilisation; der Bekämpfung von Gesundheitsschädlingen; des Krankentransportwesens;
b) die Kommunalhygiene einschließlich der Wohnumwelt, des Gesellschaftsbaues, der Gestaltung von Städten und Gemeinden; der Erholung und der Ferien- und Urlaubsgestaltung für Kinder und Jugendliche; des Einsatzes von Bekleidungsmaterialien; der Maßnahmen zur Reinhaltung des Bodens, der Luft und des Wassers; des Schutzes vor Lärm im kommunalen Bereich; der Erfassung, Beseitigung und Verwertung der Abprodukte aus Produktion und Konsumtion; des Bestattungswesens;
c) die Lebensmittel- und Ernährungshygiene einschließlich des Verkehrs mit Lebensmitteln und Bedarfsgegenständen[1]); der Gestaltung einer gesundheitsfördernden Ernährung; der gesellschaftlichen Speisenwirtschaft; des Schutzes des Menschen vor Fremdstoffen und Giften.

(2) Die Staatliche Hygieneinspektion hat zur Sicherung dieser Aufgaben insbesondere

1. den zuständigen Staatsorganen Vorschläge für Entscheidungsvorlagen sowie für die Vorbereitung und Durchführung der Pläne zu unterbreiten bzw. daran mitzuwirken,

2. die staatlichen Organe und gesellschaftlichen Organisationen bei der Erziehung der Bürger zu hygienischen Verhaltensweisen zu unterstützen,
3. die Maßnahmen zur Verhütung und Bekämpfung übertragbarer Krankheiten beim Menschen zu treffen, zu koordinieren und ihre Durchsetzung zu kontrollieren,
4. von anderen staatlichen und wirtschaftsleitenden Organen Maßnahmen zur Verhütung akuter gesundheitsschädigender Umwelteinflüsse auf den Menschen zu verlangen,
5. den Verkehr mit Lebensmitteln und Bedarfsgegenständen zu überwachen, die Verantwortlichen anzuleiten und Einfluß auf die Anwendung der Prinzipien einer gesunden Ernährung zu nehmen,
6. die Einhaltung der Normative über den Umgang mit toxischen Stoffen im kommunalen Bereich, mit Schadstoffen und Giften zu kontrollieren,
7. die hygienisch-antiepidemischen Maßnahmen im Rahmen des medizinischen Schutzes der Bevölkerung anzuleiten und ihre Durchsetzung zu kontrollieren,
8. bei der Erarbeitung von Aus- und Weiterbildungsunterlagen auf dem Gebiet der Hygiene mitzuwirken, die Aus- und Weiterbildung der Mitarbeiter der Staatlichen Hygieneinspektion zu gewährleisten und die Aus- und Weiterbildung von Werktätigen in Betrieben, in denen die Einhaltung der Grundsätze und Normative der Hygiene besondere Bedeutung hat, zu unterstützen.

(3) Die Staatliche Hygieneinspektion hat zur Gewährleistung hygienischer und gesundheitsfördernder Umweltbedingungen zu Investitionen, die die bau-, wohnungs- und siedlungshygienischen Belange sowie den kommunalen Lärmschutz, die Luft-, Wasser-, Boden-, Lebensmittel- und Ernährungshygiene berühren, Stellungnahmen oder Gutachten abzugeben. Die Vorbereitungsunterlagen sind im Rahmen der in Rechtsvorschriften festgelegten Prüfungen von Investitionen der zuständigen Staatlichen Hygieneinspektion vorzulegen. Zur effektiven Durchführung von Projektierungsarbeiten werden die für die Einhaltung der Rechtsvorschriften oder Standards verantwortlichen Projektanten durch die zuständige Staatliche Hygieneinspektion unterstützt. Bei der Wiederverwendung von durch die Staatlichen Hygieneinspektion bestätigten Projekten hat die Prüfung der Standortangleichung durch die für den Standort zuständige Staatliche Hygieneinspektion zu erfolgen.

§ 5

(1) Die Staatliche Hygieneinspektion des Ministeriums für Gesundheitswesen hat über die im § 4 getroffenen Bestimmungen hinaus:

1. Rechtsvorschriften, Grundsätze und Normative auf dem Gebiet der Hygiene einschließlich der Vorgaben für die weitere planmäßige Gestaltung hygienischer Lebensbedingungen der Bürger zu erarbeiten sowie in anderen Volkswirtschaftsbereichen bei der Erarbeitung von Rechtsvorschriften einschließlich Standards, die die Hygiene berühren, mitzuwirken,

2. auf den wissenschaftlichen Vorlauf unter Nutzung der Zusammenarbeit mit der UdSSR und den anderen Ländern der sozialistischen Staatengemeinschaft und die Durchsetzung des wissenschaftlich-technischen Fortschritts Einfluß zu nehmen,
3. Grenz- und Richtwerte für gesundheitsrelevante Stoffe und Immissionen zu bestimmen,
4. von anderen staatlichen und wirtschaftsleitenden Organen Maßnahmen zur Verhütung chronischer gesundheitsschädlicher Umwelteinflüsse auf den Menschen zu verlangen,
5. Stellungnahmen zu Angebotsprojekten und Projekten für Experimentalbauten im Stadium der Projektvorbereitung und nach Abschluß der Projektierung abzugeben,
6. Zulassungen für Gegenstände, Mittel, Geräte, Verfahren und Technologien entsprechend den Rechtsvorschriften zu erteilen,
7. Normative und Maßnahmen für den Umgang mit toxischen Stoffen im kommunalen Bereich, mit Schadstoffen und Giften einschließlich ihres Transports, ihrer Lagerung und Beseitigung auszuarbeiten bzw. festzulegen.

(2) Die Bezirks-Hygieneinspektion hat über die im § 4 getroffenen Bestimmungen hinaus Emissionsgrenzwerte festzulegen.

(3) Die Bezirks-Hygieneinspektion ist ferner das wissenschaftlich-methodische Zentrum für die Aufgaben und Probleme der angewandten Hygiene und umfaßt Laborkapazitäten für mikrobiologische, kommunalhygienische, lebensmittel- und ernährungshygienische Untersuchungen. Die Abteilungen, Fachgebiete (Spezialabteilungen) und wissenschaftlichen Laboratorien der Inspektionen erfüllen ihre Aufgaben durch Analysen, Ermittlungen, Stellungnahmen, Gutachten und Laborbefunde. Sie unterstützen damit auch die Kreis-Hygieneinspektionen bei der Wahrnehmung der Aufgaben.

Leitung und Organisation der Staatlichen Hygieneinspektion

§ 6

(1) Die Staatliche Hygieneinspektion des Ministeriums für Gesundheitswesen wird vom Haupthygieniker geleitet. Er wird vom Minister für Gesundheitswesen berufen und abberufen. Der Haupthygieniker untersteht dem Minister für Gesundheitswesen und ist ihm für die Erfüllung der Aufgaben der Staatlichen Hygieneinspektion des Ministeriums für Gesundheitswesen und die einheitliche Arbeitsweise der Staatlichen Hygieneinspektion verantwortlich.

(2) Die Bezirks-Hygieneinspektion wird vom Bezirkshygieniker geleitet. Er wird auf Vorschlag des Ratsmitgliedes für Gesundheits- und Sozialwesen und Bezirksarzt in Abstimmung mit dem Haupthygieniker vom Rat des Bezirkes berufen und abberufen. Die Bezirks-Hygieneinspektion ist eine dem Rat des Bezirkes unterstellte Gesundheitseinrichtung, juristische Person und Haushaltsorganisation.

(3) Die Kreis-Hygieneinspektion wird vom Kreishygienearzt geleitet. Er wird auf Vorschlag des Ratsmitgliedes für Gesundheits- und Sozialwesen und Kreisarzt nach Abstimmung mit dem Bezirkshygieniker vom Rat des Kreises berufen und abberufen. Die Kreis-Hygieneinspektion ist dem Rat des Kreises unterstellt und haushaltsgeplant.

(4) In Stadtkreisen mit Stadtbezirken können nach Abstimmung mit der Bezirks-Hygieneinspektion durch Beschluß des Rates der Stadt Stadtbezirks-Hygieneinspektionen gebildet werden, wobei die Aufgaben der Stadtbezirks-Hygieneinspektion in Anlehnung an die Aufgaben der Kreis-Hygieneinspektion festzulegen sind. Die Maßnahmen zur Verhütung und Bekämpfung übertragbarer Krankheiten beim Menschen werden für das Territorium des Stadtkreises durch die Kreis-Hygieneinspektion kontrolliert und koordiniert. Die Stadtbezirks-Hygieneinspektion wird vom Stadtbezirkshygienearzt geleitet. Er wird auf Vorschlag des Ratsmitgliedes für Gesundheits- und Sozialwesen und Stadtbezirksarzt in Abstimmung mit dem Kreishygienearzt vom Rat des Stadtbezirkes berufen und abberufen. Die Stadtbezirks-Hygieneinspektion ist dem Rat des Stadtbezirkes unterstellt und haushaltsgeplant.

§ 7

(1) Die Staatliche Hygieneinspektion wird nach dem Prinzip der Einzelleitung bei kollektiver Beratung der Grundfragen geleitet.
(2) Der Leiter der Bezirks-, Kreis- und Stadtbezirks-Hygieneinspektion untersteht dem zuständigen Ratsmitglied für Gesundheitswesen sowie dem Leiter der übergeordneten Hygieneinspektion. Der Leiter der übergeordneten Hygieneinspektion sichert die fachliche Anleitung, Unterstützung und Kontrolle der Leiter der unterstellten Hygieneinspektionen, vermittelt fortgeschrittene Erfahrungen, fördert den Erfahrungsaustausch, bereitet Entscheidungen gemeinsam vor und führt regelmäßig Beratungen mit den Leitern der unterstellten Hygieneinspektionen durch. Zur Sicherung der einheitlichen Leitung der Staatlichen Hygieneinspektion kann der übergeordnete Leiter den unterstellten Leitern Weisungen erteilen und deren Entscheidungen aufheben. Mit diesen Weisungen darf in von den Volksvertretungen beschlossene Pläne sowie in die materiell-technischen, personellen und ökonomischen Belange der unterstellten Hygieneinspektionen nicht eingegriffen werden. Die Leiter der Hygieneinspektionen sind verpflichtet, über erhaltene Weisungen das zuständige Ratsmitglied für Gesundheitswesen zu informieren.

§ 8 Befugnisse der Staatlichen Hygieneinspektion

(1) Die zuständige Staatliche Hygieneinspektion hat das Recht, zur Durchsetzung der Rechtsvorschriften, Grundsätze und Normative auf dem Gebiet der Hygiene von den Verantwortlichen die Beseitigung von Mängeln einschließlich der Bedingungen und Ursachen für die hygienewidrigen Zustände zu fordern und hierzu unter Beachtung des Geheimnisschutzes

1. Einsicht in erforderliche Unterlagen zu nehmen sowie Auskünfte und Stellungnahmen zu fordern;
2. Besichtigungen in den Objekten vorzunehmen und erforderlichen Zutritt zu allen Räumen zu verlangen.

(2) Der Leiter der zuständigen Staatlichen Hygieneinspektion kann

1. Sachen, die Ursache für hygienewidrige Zustände oder von Infektionsgefahren sind oder sein können, sicherstellen oder die Sicherstellung anordnen, sie vernichten oder die Vernichtung anordnen, sie schadlos beseitigen oder die schadlose Beseitigung anordnen. Kommt der Verpflichtete dieser Anordnung nicht nach, kann die Staatliche Hygieneinspektion einen Betrieb oder eine Einrichtung mit der Durchführung beauflagen. Die Kosten trägt der Verpflichtete.
2. die Nutzung von Sachen, Grundstücken und Räumlichkeiten, die Ursache der Hygienewidrigkeit sind, zeitweilig oder für dauernd untersagen,
3. Untersuchungs- bzw. Behandlungsmaßnahmen anordnen,
4. Proben entnehmen oder Probeentnahmen anordnen,
5. entsprechend den Rechtsvorschriften Auflagen erteilen und Berichte über ihre Erfüllung fordern.

(3) Die Leiter der zuständigen Staatlichen Hygieneinspektionen können bei unmittelbarer Gefahr für die Gesundheit der Menschen unter Beachtung der volkswirtschaftlichen Auswirkungen und auf der Grundlage von Rechtsvorschriften die vorübergehende Einstellung der Produktion des Betriebes oder des Betriebsteiles der Einrichtung oder der Genossenschaft oder die vorübergehende Stillegung der Anlage oder des Aggregates fordern. Die verantwortlichen Leiter haben entsprechende Forderungen der Staatlichen Hygieneinspektion, die schriftlich zu begründen sind, unverzüglich zu erfüllen. Das übergeordnete wirtschaftsleitende Organ und die übergeordnete Staatliche Hygieneinspektion sind unverzüglich von dieser Entscheidung zu informieren.

(4) Der Leiter der zuständigen Staatlichen Hygieneinspektion kann bei vorsätzlichen oder fahrlässigen Verstößen gegen die Rechtsvorschriften zur Sicherung der Hygiene oder gegen Auflagen gemäß Abs. 2 Ziff. 5 vom Disziplinarbefugten die Durchführung eines Disziplinarverfahrens gegen denjenigen verlangen, der für den Verstoß verantwortlich ist.

(5) Stellen Kontrollbeauftragte der Staatlichen Hygieneinspektion bei ihren Kontrollen hygienewidrige Zustände fest, sind sie berechtigt, von den Verantwortlichen unverzügliche Maßnahmen zur Beseitigung der hygienewidrigen Zustände bzw. zur Einhaltung der Rechtsvorschriften zu fordern.

§ 9 Ordnungsstrafbestimmungen

(1) Wer vorsätzlich

1. der Staatlichen Hygieneinspektion oder ihren Kontrollbeauftragten die Einsichtnahme in geforderte Unterlagen verweigert oder sie bei der Einsichtnahme behindert, Auskünfte oder geforderte Stellungnahmen verweigert,
2. Kontrollbeauftragten der Staatlichen Hygieneinspektion die Besichtigung von Objekten oder das Betreten einzelner Räume verweigert oder sie dabei behindert,

3. die Probeentnahme verhindert,

kann mit Verweis oder einer Ordnungsstrafe von 10 bis 300 M belegt werden.
(2) Ebenso kann zur Verantwortung gezogen werden, wer vorsätzlich oder fahrlässig

1. sichergestellte Sachen, die Ursache für hygienewidrige Zustände oder von Infektionsgefahren sind oder sein können, beiseite schafft oder die angeordnete Vernichtung oder schadlose Beseitigung nicht durchführt,
2. angeordneten Untersuchungs- oder Behandlungsmaßnahmen zuwiderhandelt,
3. geforderte Berichte über die Erfüllung von Auflagen nicht erstattet,
4. Auflagen zur Durchsetzung der Grundsätze und Normative der Hygiene oder zur Beseitigung hygienewidriger Zustände nicht durchführt.

(3) Ist eine vorsätzliche Handlung nach den Absätzen 1 oder 2 aus Vorteilsstreben oder anderen, die gesellschaftlichen Interessen mißachtenden Beweggründen oder wiederholt innerhalb von 2 Jahren begangen und mit Ordnungsstrafe geahndet worden oder ist ein größerer Schaden verursacht worden oder hätte er verursacht werden können, kann eine Ordnungsstrafe bis zu 1000 M ausgesprochen werden.
(4) Die Durchführung des Ordnungsstrafverfahrens obliegt dem Leiter der zuständigen Staatlichen Hygieneinspektion, die die Maßnahmen angeordnet oder die Auflage erteilt hat.
(5) Für die Durchführung des Ordnungsstrafverfahrens und den Ausspruch von Ordnungsstrafmaßnahmen gilt das Gesetz vom 12. Januar 1968 zur Bekämpfung von Ordnungswidrigkeiten – OWG – (GBl. I Nr. 3 S. 101).

§ 10 Beschwerden

(1) Die Entscheidungen der Staatlichen Hygieneinspektion ergehen schriftlich, sind zu begründen und mit einer Rechtsmittelbelehrung zu versehen. Sie sind den Betroffenen auszuhändigen oder zuzusenden.
(2) Gegen Entscheidungen gemäß Abs. 1 ist die Beschwerde zulässig. Die Beschwerde ist schriftlich oder mündlich unter Angabe der Gründe innerhalb einer Frist von 2 Wochen nach Zugang bei dem Leiter der Staatlichen Hygieneinspektion einzulegen, die die Entscheidung getroffen hat, sofern nicht andere Rechtsvorschriften abweichende Fristen bestimmen.
(3) Über die Beschwerde ist innerhalb von 2 Wochen nach ihrem Eingang zu entscheiden. Wird der Beschwerde nicht oder nicht in vollem Umfang stattgegeben, ist sie innerhalb dieser Frist dem Leiter der übergeordneten Staatlichen Hygieneinspektion zur Entscheidung zuzuleiten, sofern nicht andere Rechtsvorschriften ein abweichendes Verfahren vorschreiben. Der Einreicher der Beschwerde ist davon zu unterrichten. Der Leiter der übergeordneten Staatlichen Hygieneinspektion hat innerhalb weiterer 2 Wochen endgültig zu entscheiden. Kann in Ausnahmefällen über eine Beschwerde innerhalb der Frist keine Ent-

scheidung getroffen werden, ist rechtzeitig ein Zwischenbescheid mit Angabe der Gründe sowie des voraussichtlichen Abschlußtermins zu erteilen.

(4) Die Beschwerde hat keine aufschiebende Wirkung. Die für die Entscheidung zuständige Staatliche Hygieneinspektion kann jedoch die Durchführung der Maßnahmen bis zur endgültigen Entscheidung vorläufig aussetzen.

(5) Entscheidungen über Beschwerden ergehen schriftlich, sind zu begründen und dem Einreicher auszuhändigen oder zuzusenden.

§ 11 Verwaltungsgebühren

Für Verwaltungshandlungen oder Untersuchungen, die die Bezirks- und Kreis-Hygieneinspektionen auf Veranlassung der Beteiligten oder auf Grund von Rechtsvorschriften in Angelegenheiten der Beteiligten durchführen, werden Gebühren auf der Grundlage der Verordnung über die staatlichen Verwaltungsgebühren[2]) erhoben.

§ 12 Übergangs- und Schlußbestimmungen

Durchführungsbestimmungen erläßt der Minister für Gesundheitswesen.

§ 13

(1) Diese Verordnung tritt am 1. März 1976 in Kraft.

(2) Gleichzeitig treten außer Kraft:

1. Anordnung vom 9. Oktober 1952 über die Zuständigkeitsbereiche der Zentralstellen für Hygiene (GBl. Nr. 147 S. 1063),
2. Verordnung vom 4. Dezember 1952 über die Hygieneinspektion (GBl. Nr. 171 S. 1271),
3. Erste Durchführungsbestimmung vom 27. Januar 1953 zur Verordnung über die Hygieneinspektion (GBl. Nr. 21 S. 310),
4. Ziff. 7 der Anlage 1 zur Verordnung vom 13. Juni 1968 zur Anpassung der geltenden Ordnungsstraf- und Übertretungsstrafbestimmungen und von Strafhinweisen — Anpassungsverordnung — (GBl. II Nr. 62 S. 363),
5. Ziff. 4 der Anlage zur Verordnung vom 24. Juni 1971 über die Neufassung von Regelungen über Rechtsmittel gegen Entscheidungen staatlicher Organe (GBl. II Nr. 54 S. 465).

(3) Bis zur Neuregelung der Stellung, Aufgaben, Rechte und Pflichten der Inspektion auf dem Gebiet der Arbeitshygiene ist diese Verordnung für die Tätigkeit der Arbeitshygieneinspektion entsprechend anzuwenden.

[1]) Die Verantwortung der Organe des Veterinärwesens ergibt sich aus § 16 des Lebensmittelgesetzes vom 30. November 1962 (GBl. I Nr. 12 S. 111).

[2]) Zur Zeit gilt die Verordnung vom 28. Oktober 1955 (GBl. I Nr. 96 S. 787).

Kapitelinhaltsverzeichnis

Kapitel C

Arzneimittelrecht

Anordnung über die Durchführung künstlicher Immunisierungen zur Gewinnung von spezifischen Human-Immunplasmen vom 2. Mai 1972

(GBl. II Nr. 26 S. 299)

Spezifische Human-Immunplasmen und daraus gewonnene Human-Immunglobuline ermöglichen die gezielte Prophylaxe und Therapie lebensgefährlicher Erkrankungen des Menschen. Für die Durchführung künstlicher Immunisierungen zur Gewinnung von spezifischen Human-Immunplasmen wird deshalb im Einvernehmen mit den Leitern der zuständigen zentralen staatlichen Organe und dem Bundesvorstand des FDGB folgendes angeordnet:

§ 1

(1) Die Erzeugung und Gewinnung geeigneter spezifischer Immunplasmen ist in den gemäß § 2 der Anordnung vom 18. Mai 1967 über die künstliche Erzeugung und Gewinnung von blutgruppenspezifischen Antiseren (GBl. II Nr. 54 S. 357) arbeitenden Zentren zur künstlichen blutgruppenspezifischen Immunisierung (nachstehend Zentren genannt) vorzunehmen.
(2) Soweit für die Gewinnung der Immunplasmen künstliche Immunisierungen erforderlich sind, können diese in den Zentren selbst oder in anderen geeigneten, von diesen Zentren beauftragten Einrichtungen vorgenommen werden.

§ 2

Zur Erzielung des erforderlichen spezifischen Antikörperspiegels beim Spender können künstliche Immunisierungen vorgenommen werden. Für die Durchführung der Immunisierungen und die Beachtung von Gegenindikationen gelten die allgemeinen Rechtsvorschriften über Schutzimpfungen, die für die spezielle Impfung erlassenen Vorschriften und die Empfehlungen der Immunisierungskommission.

§ 3

(1) Der Leiter des Zentrums ist persönlich verantwortlich für

– die Einhaltung der Rechtsvorschriften über das Immunisierungswesen und der Empfehlungen der Immunisierungskommission,
– die Einhaltung der Rechtsvorschriften über Schutzimpfungen und andere Schutzanwendungen.

(2) Soweit eine andere Einrichtung mit der Durchführung von einzelnen Maßnahmen nach dieser Anordnung beauftragt wird, geht die Verantwortlichkeit gemäß Abs. 1 insofern auf den Leiter dieser Einrichtung über.

§ 4

(1) Für die fachliche und wissenschaftliche Koordinierung der Aufgaben des Immunisierungswesens im Sinne dieser Anordnung ist gleichfalls die gemäß § 4 der Anordnung vom 18. Mai 1967 über die künstliche Erzeugung und Gewinnung von blutgruppenspezifischen Antiseren gebildete Immunisierungskommission zuständig. Der Vorsitzende der Immunisierungskommission zieht in Abstimmung mit dem Ministerium für Gesundheitswesen Experten zur Lösung dieser Aufgabe heran.
(2) Die Kommission erarbeitet Empfehlungen für die Auswahl der zu immunisierenden Personen, die Durchführung der Immunisierungen und Plasmapheresen und die gesundheitliche Überwachung der Spender.

§ 5

(1) Spender von spezifischen Human-Immunplasmen können für 100 ml Vollblut staatliche Zuwendungen in folgender Höhe erhalten:

Blut von Spendern, die zur Erzielung des erforderlichen Antikörpergehalts des Immunplasmas aktuell immunisiert bzw. geboostert werden mußten	21 M,
Blut von Spendern, die nicht aktuell immunisiert bzw. geboostert werden mußten	18 M.

Werden Seren durch Plasmapherese gewonnen, sind zwei Drittel der vorgenannten Beträge zu zahlen.
(2) Für jede Probeblutentnahme bis zu 10 ml erhalten Spender 5 M. Für jede weiteren 10 ml sind 2,50 M zu zahlen.

(3) Für die Freistellung von der Arbeit, die Vergütung der ausgefallenen Arbeitszeit und die Fahrtkosten zur Wahrnehmung der Immunisierungstermine sowie der Serumspenden und der damit im Zusammenhang stehenden ärztlich angeordneten Untersuchungen und Behandlungen sowie für die Bereitstellung eines Spenderimbisses gelten die entsprechenden Bestimmungen über den Blutspende- und Transfusionsdienst.

(4) Spender von Human-Immunplasmen Anti-D können staatliche Zuwendungen entsprechend den Festlegungen des § 9 der Anordnung vom 18. Mai 1967 über die künstliche Erzeugung und Gewinnung von blutgruppenspezifischen Antiseren erhalten.

§ 6

(1) Bei einer Gesundheitsschädigung im Zusammenhang mit Maßnahmen zur Erzeugung und Gewinnung spezifischer Human-Immunplasmen wird der Versicherungsschutz nach den geltenden Bestimmungen über die Erweiterung des Versicherungsschutzes bei Unfällen[1]) gewährt.
(2) Soweit in Fällen einer Gesundheitsschädigung im Zusammenhang mit der Durchführung der künstlichen Immunisierung auf Grund des § 38 des Gesetzes vom 20. Dezember 1965 zur Verhütung und Bekämpfung übertragbarer Krankheiten beim Menschen (GBl. I 1966 Nr. 3 S. 29) Anspruch auf eine weitergehende Entschädigung besteht, ist diese zu gewähren. Nach Abs. 1 gewährte Entschädigungen sind auf diese Entschädigung anzurechnen. In diesen Fällen ist die Bearbeitung der Schadensmeldung nach der Zweiten Durchführungsbestimmung vom 11. Januar 1966 zum Gesetz zur Verhütung und Bekämpfung übertragbarer Krankheiten beim Menschen – Schutzimpfungen und andere Schutzanwendungen – (GBl. II Nr. 13 S. 52) vorzunehmen.

§ 7

Diese Anordnung tritt mit ihrer Veröffentlichung in Kraft.

[1]) Z. Z. gilt die VO vom 11. 4. 1973 über die Erweiterung des Versicherungsschutzes bei Unfällen in Ausübung gesellschaftlicher, kultureller oder sportlicher Tätigkeiten (GBl. I Nr. 22 S. 199) und die AO vom 6. 8. 1973 über die Erweiterung des zusätzlichen Unfallversicherungsschutzes durch die Staatliche Versicherung der DDR bei Unfällen in Ausübung gesellschaftlicher, kultureller oder sportlicher Tätigkeiten (GBl. I Nr. 38 S. 404).

Mitteilung über ein DDR-Referenzpräparat für die Human-Immunglobuline G, A und M
vom 9. April 1974

(VuM MfGe Nr. 8 S. 52)

Im *Staatlichen Institut für Serum- und Impfstoffprüfung*[1]) ist ein DDR-Referenzpräparat zur quantitativen Bestimmung der Immunglobuline G, A und M vorhanden, dessen Gehalt an IgG, IgA und IgM jeweils durch Vergleich mit dem WHO-Referenzpräparat in Internationalen Einheiten (IE) ermittelt wurde.

Das DDR-Referenzpräparat kann in begrenzter Menge durch das *Staatliche Institut für Serum- und Impfstoffprüfung*[1]), 1100 Berlin, Wollankstr. 16, auf Anforderung und gegen eine Gebühr von 45,— Mark/Ampulle (Ergänzung gem. § 6 der PAO Nr. 3101 v. 21. 10. 64, Preiskarteiblatt Nr. Ph I/2) abgegeben werden.

[1]) Jetzt: Staatliches Kontrollinstitut für Seren und Impfstoffe.

Anweisung zur Verfahrensweise bei der Benennung verantwortlicher Ärzte für die medizinische Überwachung beruflich strahlenexponierter Personen

vom 7. Juli 1971

(VuM MfGe Nr. 11 S. 57)

Die Bearbeitung der sich aus § 26 Abs. 6 der Strahlenschutzverordnung vom 26. November 1969 (GBl. II S. 627) und aus § 34 der Ersten Durchführungsbestimmung zur Strahlenschutzverordnung vom 26. November 1969 (GBl. II S. 635) ergebenden organisatorischen Maßnahmen hinsichtlich Einsetzung, Erfassung, Strahlenschutzausbildung der verantwortlichen Ärzte sowie der Berichterstattung ist mit Wirkung vom 1. Juli 1971 den Bezirksinspektionen Gesundheitsschutz in den Betrieben zu übertragen.

Anweisung zur Anordnung über Maßnahmen bei der Therapie mit ionisierender Strahlung
vom 12. August 1976

(VuM MfGe Nr. 10 S. 52)

Zur Durchführung der Anordnung vom 26. Juni 1974 über die Maßnahmen bei der Therapie mit ionisierender Strahlung (GBl. I Nr. 34 S. 330) wird im Einvernehmen mit dem Präsidenten des Staatlichen Amtes für Atomsicherheit und Strahlenschutz und den Leitern anderer zuständiger zentraler Staatsorgane folgendes angewiesen:

1. Bei Entzündungsbestrahlungen und bei der Strahlentherapie degenerativer Erkrankungen, die mit niedrigen Dosen durchgeführt werden, sind in Abweichung von den im § 3 Abs. 2 Buchst. a) der Anordnung vom 26. Juni 1974 geforderten Angaben für den Bestrahlungsplan und das Protokoll nur die folgenden erforderlich:
   - Strahlenqualität
   - Feldbezeichnung
   - Feldgröße
   - Oberflächendosis
   - Bestrahlungszeit
2. Bei Entzündungsbestrahlungen und Bestrahlungen degenerativer Erkrankungen sowie bei der palliativen Bestrahlung oberflächennaher Lymphknotenmetastasen, bei der prophylaktischen Nachbestrahlung mit reduzierter Dosis und bei der palliativen Bestrahlung mit dem Bleisieb kann auf die Darstellung eines Körperquerschnittes und der Dosisverteilung in Form von Isodosen gemäß § 3 Abs. 1 der Anordnung vom 26. Juni 1974 verzichtet werden.
3. Die Anweisung tritt am 1. Oktober 1976 in Kraft.

Hinweis zur Strahlenschutzüberwachung beim Betrieb von Röntgeneinrichtungen in staatlichen Einrichtungen des Gesundheitswesens
vom 16. März 1973

(VuM MfGe Nr. 7 S. 73)

Zur Gewährleistung des Strahlenschutzes beim Betrieb von Röntgeneinrichtungen sind entsprechend dem § 22 der Strahlenschutzverordnung vom 26. November 1969 (GBl. II Nr. 99), dem § 31 der Ersten Durchführungsbestimmung zur Strahlenschutzverordnung und den §§ 3 und 13 der Arbeitsschutzanordnung 980 — Betrieb von Röntgeneinrichtungen — vom 22. Januar 1971 (GBl. SDr. Nr. 693) ortsdosimetrische Messungen durchzuführen.
Dem Antrag auf Erteilung der Strahlenschutzgenehmigung für den Betrieb von Röntgeneinrichtungen ist ein Meßprotokoll (siehe auch § 3 Abs. 3 und 5 der ASAO 980) beizufügen, aus dem die Strahlenschutzsituation im Kontroll- und Überwachungsbereich hervorgeht.
Ortsdosimetrische Messungen im Rahmen des Genehmigungsverfahrens sind bei Dentalröntgeneinrichtungen nicht erforderlich.
Nach Mitteilung der *Staatlichen Zentrale für Strahlenschutz*[1]) werden von dieser in den Genehmigungen die für die Durchführung der ortsdosimetrischen Messungen erforderlichen Maximalfristen (siehe auch § 13 Abs. 3 der ASAO[2]) 980) wie folgt vorgegeben:

	Röntgen-Einrichtungen	
	stationär	transportabel
Diagnostik (nur Durchleuchtungen)	3 Jahre	3 Jahre
Therapie	2 Jahre	
Röntgenzüge (VRRU)	1 Jahr	

Für die Anwender in der Stomatologie und für die Diagnostik (nur Aufnahme-Betrieb) sowie Oberflächentherapie sind diese ortsdosimetrischen Messungen nicht erforderlich.
Die *Staatliche Zentrale für Strahlenschutz*[1]) behält sich im Rahmen des Genehmigungsverfahrens darüber hinausgehende Regelungen für die Durchführung der ortsdosimetrischen Messungen vor.
Um die Einrichtungen bei der Durchführung der regelmäßigen ortsdosimetrischen Messungen zu unterstützen, wurde mit den Bezirksinspektionen Gesundheitsschutz in den Betrieben vereinbart, daß vorerst je Bezirksinspektion ein Röntgen-Gammadosimeter für die Ortsdosismessungen ab 1973 beschafft und den Einrichtungen auf Anforderung leihweise überlassen wird.
Die Art und Weise der leihweisen Überlassung des Meßgerätes an die für die Überwachung ihrer Einrichtungen verantwortlichen Leiter der Röntgenbetriebe sollte zwischen den

Bezirksinspektionen und den Anwendern entsprechend den territorialen Bedingungen vereinbart werden.
Die erforderliche Ausbildung von Mitarbeitern aus den Röntgenbetrieben für die innerbetriebliche Strahlenschutzüberwachung erfolgt nach den Festlegungen der *Staatlichen Zentrale für Strahlenschutz*[1]).
Die erforderlichen ortsdosimetrischen Messungen zur Einschätzung der Strahlenschutzsituation sind entsprechend dem aufgeführten Meßprotokoll (StZS-Report 11/1971) vorzunehmen. Es sind dabei folgende Bedingungen zu berücksichtigen:

- Für die Messungen sind 80 kV, 2,5 mA, 2-mmAl-Filterung bei vollständig geöffneter Blende,
- als Phantom (Streukörper) ist ein rechteckiger Plastikbehälter von 10 l Inhalt der Abmessungen 26 × 26 × 15 cm, der mit Wasser gefüllt ist, zu verwenden. Dies entspricht dem gemäß TGL 20998 vorgeschriebenen Wachsphantom.

Anlage

Meßprotokoll

Meßort	Dosisleistung mR/h bzw. R/h	Bemerkungen
I. Röntgendiagnostikeinrichtungen		
Störstrahlungsmessungen		
1. Röhrenschutzgehäuse		
a) unmittelbar am Gehäuse		kV, mA
b) in 1 m Entfernung		Filter
2. Arztplatz		
a) Gonadenhöhe		
b) Brusthöhe		
c) Augenhöhe		
3. rechts vom Arztplatz (50 cm von Leuchtschirmmitte entfernt)		
a) Gonadenhöhe		
b) Brusthöhe		
c) Augenhöhe		
4. links vom Arztplatz (50 cm von Leuchtschirmmitte entfernt)		
a) Gonadenhöhe		
b) Brusthöhe		
c) Augenhöhe		

Meßort	Dosisleistung mR/h bzw. R/h	Bemerkungen
5. Leuchtschirmmitte		
6. Platz für Hilfspersonal		
a) Gonadenhöhe		
b) Brusthöhe		
c) Augenhöhe		
7. Bildverstärker:	ja/nein	

Die Messungen sind in Vertikal- und Horizontalstellung der Patientenauflage an den entsprechenden Röntgeneinrichtungen durchzuführen.

II. Röntgentherapieeinrichtungen

Messungen im Nutzstrahlenbündel frei Luft:

Dosierungsüberprüfung Fokus-Kammer-Abstand

a) in 0,3 m Entfernung
b) in 0,5 m Entfernung
c) in 0,75 m Entfernung
d) in 1,0 m Entfernung
e) in 2,0 m Entfernung
f) in 3,0 m Entfernung
und an der Tubus- bzw. Blendenöffnung

III. Ortsdosisleistungsmessungen in der Umgebung

Für beide Anwendungsgebiete erforderlich

1. Bedienungsraum
a) Beobachtungsfenster
b) Tür zum Röntgenraum in Gonadenhöhe
c) bei evtl. vorhandenen Kabeldurchführungen
d) an der Schaltvorrichtung
in Gonadenhöhe
Brusthöhe
Augenhöhe

2. Kabine
a) an der Tür zum Röntgenraum
in Gonadenhöhe
Augenhöhe

Meßort	Dosisleistung mR/h bzw. R/h	Bemerkungen
b) Kabinettmitte in Gonadenhöhe Augenhöhe		
3. Warteraum		
a) an der Tür zur Kabine		
b) Warteraum Mitte in Gonadenhöhe Augenhöhe		
4. Flur Mitte in Gonadenhöhe		
5. In den weiteren an den Röntgenraum angrenzenden Räumen in Gonadenhöhe		z. B. über und unter dem Röntgenraum

Datum: . . . .

Durchführende der Messungen:	verantwortlicher Mitarbeiter:	Strahlenschutzbeauftragter:
		. . . .

[1]) Jetzt: Staatliches Amt für Atomsicherheit und Strahlenschutz.
[2]) Ab 1. Januar 1980 TGL 30665/02 verbindlich.

Hinweis zur Erteilung von Strahlenschutzgenehmigungen für den Betrieb von Röntgenschirmbildeinrichtungen bei der VRRU

vom 13. Januar 1975 — Auszug —

(VuM MfGe Nr. 4 S. 23)

Gemäß § 6 der Strahlenschutzverordnung vom 26. November 1969 (GBl. II Nr. 99 S. 627) ist der Betrieb von Einrichtungen, die ionisierende Strahlung aussenden, genehmigungspflichtig. Die Strahlenschutzgenehmigung wird vom Staatlichen Amt für Atomsicherheit und Strahlenschutz erteilt. Dies trifft auch für Röntgenschirmbildeinrichtungen des Typs DE 310 mit DB 2 zu.

Liegt die Strahlenschutzgenehmigung noch nicht vor, ist sie bis zum 1. April 1975 beim Staatlichen Amt für Atomsicherheit und Strahlenschutz zu beantragen. ...

Es wird auf die Veröffentlichung „Zu einigen Problemen des Strahlenschutzes beim Betrieb von Röntgenzügen" in der Fachzeitschrift „Das Deutsche Gesundheitswesen" Heft 41/1974 hingewiesen. Danach sind die in Röntgenzügen (DE 310 und DB 2) tätigen technischen Gehilfen im Schirmbildbetrieb (Röntgenhelfer) keine beruflich strahlenexponierten Personen. Demzufolge entfällt die filmdosimetrische und ärztliche Überwachung für diesen Personenkreis. Das gleiche gilt für das Servicepersonal in Röntgenzügen.

Richtlinie Nr. 2[1]) zur Anwendung des Arzneimittelgesetzes — Pharmakologisch-klinische Vorprüfungen an Tieren — vom 28. Januar 1971

(VuM MfGe Nr. 6 S. 16)

Zur einheitlichen Anwendung arzneimittelrechtlicher Bestimmungen wird für die Durchführung der pharmakologisch-klinischen Vorprüfungen (klinischer Vorfeldversuch, vorklinische Prüfung) von Stoffen und Zubereitungen zur späteren Anwendung in der Veterinärmedizin (nachstehend pharmakologisch-klinische Vorprüfung genannt) folgendes festgelegt:

1. Pharmakologisch-klinische Vorprüfungen sind Erprobungen von bisher unbekannten Stoffen und neuartigen Zubereitungen zur Beurteilung der pharmakologischen Wirkung, der Verträglichkeit, therapeutischen Wirksamkeit sowie Rückstandsbildung in Lebensmitteln tierischer Herkunft mit der Zielstellung, deren Eignung für die klinische Erprobung festzustellen. Die für die pharmakologisch-klinische Vorprüfung genutzten Tiere müssen Eigentum des arzneimittelherstellenden und erprobenden Betriebes oder der mit der pharmakologisch-klinischen Vorprüfung betrauten Einrichtung sein. In begründeten Ausnahmefällen sind die pharmakologisch-klinischen Vorprüfungen an Tieren, welche für die Produktion von Lebensmitteln tierischer Herkunft oder anderweitig genutzt oder gehalten werden (Pelztiere, Hunde, Pferde), gestattet, sofern der Eigentümer der Tiere schriftlich auf eventuell entstehende Schäden aufmerksam gemacht worden ist und eine schriftliche Zustimmung zur pharmakologisch-klinischen Vorprüfung gegeben hat. Der Eigentümer der Tiere ist auf entsprechende Verhaltensweisen (z. B. Fütterung der Tiere usw.) hinzuweisen. Die Belehrung ist durch Unterschrift zu bestätigen. Der Erprober haftet für Schäden und wirtschaftliche Nachteile, die in der pharmakologisch-klinischen Vorprüfung ihre Ursache haben. In den Fällen, wo der Erprober nachweist, daß aufgetretene Schäden nicht auf die pharmakologisch-klinische Vorprüfung zurückzuführen sind, ist er nicht zum Schadenersatz verpflichtet.
   In Fällen der Vornahme pharmakologisch-klinischer Vorprüfungen unter Produktionsbedingungen darf die Versuchstieranzahl nicht mehr als 20 betragen.

2. Pharmakologisch-klinische Vorprüfungen von Seren, Impfstoffen und anderen Arzneimitteln gemäß § 1 Abs. 1 Buchstaben a bis e der Siebenten Durchführungsbestimmung vom 16. Dezember 1969 zum Arzneimittelgesetz — Staatliche Prüfung von Seren, Impfstoffen und anderen Arzneimitteln — (GBl. II 1970 S. 27) sind an Tieren, die gleichzeitig zur Produktion von Lebensmitteln tierischer Herkunft oder anderweitig genutzt oder gehalten werden, nicht gestattet. Die pharmakologisch-klinische Vor-

prüfung von Seren, Impfstoffen und anderen Arzneimitteln gemäß § 1 Abs. 1 Buchstaben a bis e der Siebenten Durchführungsbestimmung darf nur an Tieren vorgenommen werden, die Eigentum des arzneimittelherstellenden und erprobenden Betriebes bzw. der erprobenden veterinärmedizinischen Einrichtung sind. Die Tiere müssen unter Quarantänebedingungen gehalten werden.

3. Für die ordnungsgemäße Durchführung pharmakologisch-klinischer Vorprüfungen trägt der für die Erstattung des pharmakologischen (immunbiologischen) Gutachtens zuständige Tierarzt die Verantwortung.
4. Vor Einleitung pharmakologisch-klinischer Vorprüfungen ist durch den Auftraggeber die Zustimmung der Sektion Veterinärmedizin des Zentralen Gutachterausschusses für Arzneimittelverkehr einzuholen.
   Hierzu ist mitzuteilen:
   - die Zusammensetzung der zu prüfenden Stoffe und Zubereitungen,
   - eine Literaturstudie über die zu erwartenden pharmakologisch-immunbiologischen Wirkungen oder aber Ergebnisse eines Screeningprogramms,
   - die erprobende Einrichtung und der landwirtschaftliche Betrieb, in dem in Sonderfällen die Erprobung erfolgt,
   - die schriftliche Zustimmungserklärung des Eigentümers der Tiere,
   - ein Versuchsplan, der den Ablauf und den Zeitpunkt der Ergebnisvorlage der pharmakologisch-klinischen Vorprüfung festlegt.

   Ferner ist ein pharmazeutisches Gutachten gemäß der Vereinbarung vom 18. Oktober 1968 zwischen dem Deutschen Institut für Arzneimittelwesen und dem Staatlichen Veterinärmedizinischen Prüfungsinstitut[2]) vorzulegen (Substanzgutachten).
5. Nach Abschluß der pharmakologisch-klinischen Vorprüfungen ist der Auftraggeber verpflichtet, der Sektion Veterinärmedizin des Zentralen Gutachterausschusses für Arzneimittelverkehr einen Erprobungsbericht vorzulegen. Das Ergebnis der Vorprüfungen wird Bestandteil des pharmakologischen Gutachtens.
6. Diese Richtlinie tritt am 1. März 1971 in Kraft.

[1]) Richtlinie Nr. 1 vom 1. Juni 1965 (VuM MfGe Nr. 14 S. 119); gültig in der Fassung der Richtlinie für die Prüfung von Arzneimitteln zur Anwendung in der Humanmedizin vom 18. 5. 1976 (Sonderdruck des MfGe), abgedruckt unter C 01 13.

[2]) Arzneimittelstandardisierung 4, Bd. 15 1968 S. 145 bis 147.

Verordnung über die Durchführung von Organtransplantationen
vom 4. Juli 1975

(GBl. I Nr. 32 S. 597)

Die Möglichkeit, menschliche Organe durch Transplantation zu ersetzen, ist ein Ergebnis des wissenschaftlichen Fortschritts, das dem humanistischen Anliegen der Medizin zur Erhaltung, Förderung und Wiederherstellung der Gesundheit der Bürger dient. Zur Durchführung von Organtransplantationen wird folgendes verordnet:

I. Abschnitt

Grundsatz

§ 1

(1) Organtransplantationen werden auf der Grundlage gesicherter Erkenntnisse der Medizin durchgeführt. Voraussetzung ist, daß die Anwendung anderer medizinischer Mittel und Methoden zur Erhaltung des Lebens oder der Wiederherstellung oder Besserung der Gesundheit eines Kranken keine oder nur geringe Aussicht auf Erfolg verspricht.
(2) Zur Durchführung von Organtransplantationen sind vorrangig Organe von Verstorbenen zu verwenden.
(3) Organe lebender Spender, die sich aus freiem Entschluß zur Organspende bereit erklären, können für Transplantationen nur Verwendung finden, wenn geeignete Organe von Verstorbenen nicht zur Verfügung stehen.

§ 2

Organtransplantationen und Organentnahmen werden nur in den vom Ministerium für Gesundheitswesen bestimmten Gesundheitseinrichtungen durchgeführt.

§ 3

Für Organspenden dürfen materielle und finanzielle Leistungen nicht gefordert, angeboten oder gewährt werden. Unberührt hiervon bleiben die Rechtsvorschriften über das Blutspende- und Transfusionswesen.

II. Abschnitt

Voraussetzungen für eine Organentnahme von Verstorbenen

§ 4

Organentnahme für Transplantationszwecke

(1) Die Organentnahme von Verstorbenen für Transplantationszwecke ist zulässig, falls der Verstorbene zu Lebzeiten keine anderweitigen Festlegungen getroffen hat.
(2) Bei einem Tod unter verdächtigen Umständen ist eine Organentnahme nur auf der Grundlage der in Rechtsvorschriften geregelten Voraussetzungen zulässig.[1])

§ 5

Todesfeststellung

(1) Voraussetzung für die Organentnahme von Verstorbenen ist die zweifelsfreie und nachweisbare Feststellung des Todes.
(2) Die Feststellung des Todes eines Bürgers, bei dem Reanimationsmaßnahmen zur künstlichen Aufrechterhaltung von Organfunktionen mit dem Ziel der Lebenserhaltung durchgeführt werden, trifft das vom Bezirksarzt bestimmte Ärztekollektiv, das hierüber ein Protokoll anzufertigen hat.
(3) Die Entscheidung über die Feststellung des Todes ist unabhängig von einer möglichen Organentnahme zu treffen. Das Ärztekollektiv, das den Tod feststellt, darf die Transplantation eines Organs, das dem Verstorbenen entnommen wird, nicht durchführen.

III. Abschnitt

Voraussetzungen für eine Organentnahme vom lebenden Spender

§ 6

Vorrang der Interessen des lebenden Spenders

Eine Organentnahme vom lebenden Spender ist nur zulässig, wenn für ihn im Ergebnis umfassender ärztlicher Untersuchung keine gesundheitlichen Beeinträchtigungen zu erwarten sind und mit hoher Wahrscheinlichkeit angenommen werden kann, daß die Transplantation des Organs zur Rettung des Lebens oder zur Wiederherstellung oder Besserung der Gesundheit eines Kranken führen wird.

Zustimmung des Spenders zur Organentnahme

§ 7

(1) Voraussetzung für die Zulässigkeit einer Organentnahme ist die aus freiem Entschluß ohne Beeinflussung durch Dritte erteilte Zustimmung des Spenders. Sie kann nicht ersetzt werden.

(2) Der Spender muß volljährig sein.
(3) Der Spender kann seine Zustimmung bis unmittelbar vor der Organentnahme jederzeit ohne Angabe von Gründen zurücknehmen.

§ 8

(1) Der Spender ist vor seiner Zustimmung über die möglichen Folgen und Risiken der Organentnahme umfassend aufzuklären. Die Aufklärung hat sich auch auf alle im Zusammenhang mit der Organentnahme stehenden Umstände zu erstrecken, soweit sie für die Erteilung der Zustimmung des Spenders von Bedeutung sein können.
(2) Die Zustimmung des Spenders ist gegenüber dem zuständigen Kreisarzt in Anwesenheit eines Vertreters des Ärztekollektivs, das die Organentnahme vornimmt, zu erklären. Dabei ist der Spender auf die bestehenden Möglichkeiten der Nachsorge hinzuweisen.
(3) Über den Inhalt der Aufklärung und die Zustimmungserklärung des Spenders ist ein Protokoll aufzunehmen, das vom Kreisarzt, dem Vertreter des Ärztekollektivs und dem Organspender zu unterschreiben ist.

§ 9

(1) Der Organspender kann die Zustimmung zur Organentnahme unter der Bedingung erteilen, das Organ nur einem bestimmten Empfänger zu transplantieren.
(2) Ist nach der Organentnahme eine Transplantation bei dem vorgesehenen Empfänger unmöglich geworden, darf das Organ einem Dritten transplantiert werden, wenn andere Organe nicht zur Verfügung stehen und eine Replantation beim Spender nicht möglich ist oder von ihm nicht gewünscht wird.

§ 10

Entscheidung über die Organentnahme

Die Entscheidung über die Organentnahme trifft ein vom Ärztlichen Direktor der Gesundheitseinrichtung bestimmtes Ärztekollektiv, das hierüber ein Protokoll aufzunehmen hat.

§ 11

Materielle Sicherstellung des Spenders

(1) Hat die Organentnahme wider Erwarten zu gesundheitlichen Beeinträchtigungen des Spenders geführt, sind ihm hierdurch entstehende materielle Nachteile auf der Grundlage der Rechtsvorschriften zu ersetzen[2]).

(2) Ist infolge der gesundheitlichen Beeinträchtigung ein Wechsel des Berufs oder der bisherigen Tätigkeit des Spenders erforderlich, erhält dieser durch die örtlichen Staatsorgane Unterstützung bei der Vermittlung eines neuen Arbeitsplatzes oder bei einer notwendigen Umschulung.
(3) Hat die Organentnahme den Tod des Spenders zur Folge, sind den unterhaltsberechtigten Hinterbliebenen der wegfallende Unterhalt und die Bestattungskosten durch die Staatliche Versicherung der Deutschen Demokratischen Republik zu ersetzen. Leistungen der Sozialversicherung aus der zusätzlichen Altersversorgung der Intelligenz und aus sonstigen Alters- und Invalidenversorgungen werden angerechnet.

IV. Abschnitt

Voraussetzungen für die Durchführung von Organtransplantationen beim Empfänger

§ 12

Medizinische Indikation

Die Durchführung von Organtransplantationen ist medizinisch indiziert, wenn die Voraussetzungen des § 1 vorliegen und begründete Aussicht besteht, daß das Leben des Patienten durch eine Organtransplantation erhalten oder seine Gesundheit wiederhergestellt oder gebessert werden kann.

§ 13

Zustimmung des Empfängers

(1) Voraussetzung für die Durchführung einer Organtransplantation ist die Zustimmung des Empfängers. Bei nicht volljährigen Bürgern ist die Zustimmung der Erziehungsberechtigten, bei Entmündigten die des Vormunds einzuholen. Nicht volljährige Bürger und Entmündigte sollen nach Möglichkeit gehört werden.
(2) Der Empfänger bzw. der gesetzliche Vertreter ist über die Art und das Ausmaß der Erkrankung und die für die medizinische Indikation einer Organtransplantation wesentlichen Umständen sowie über Risiken, die mit der Transplantation verbunden sein können, aufzuklären.
(3) Über die Zustimmungserklärung des Empfängers und den Inhalt der Aufklärung ist ein Protokoll aufzunehmen, das von einem Vertreter des Ärztekollektivs, das die Transplantation durchführt, und vom Organempfänger bzw. seinem gesetzlichen Vertreter zu unterschreiben ist. Der Empfänger soll über die Herkunft des transplantierten Organs nur informiert werden, wenn ein enges persönliches Verhältnis zum Spender besteht.

V. Abschnitt

Schlußbestimmungen

§ 14

Die Organentnahme von Verstorbenen zu Transplantationszwecken ist nur zulässig, wenn diese Bürger der Deutschen Demokratischen Republik oder Staatenlose mit ständigem Wohnsitz in der Deutschen Demokratischen Republik waren.

§ 15

Durchführungsbestimmungen erläßt der Minister für Gesundheitswesen im Einvernehmen mit den Leitern der zuständigen staatlichen Organe.

§ 16

Diese Verordnung tritt am 1. September 1975 in Kraft.

[1]) § 94 der Strafprozeßordnung der Deutschen Demokratischen Republik — StPO — vom 12. Januar 1968 (GBl. I Nr. 2 S. 49) in der Fassung des Gesetzes vom 19. Dezember 1974 zur Änderung der Strafprozeßordnung (GBl. I Nr. 64 S. 597) und § 4 der Anordnung vom 2. Dezember 1968 über die ärztliche Leichenschau (GBl. II Nr. 129 1041).

[2]) § 10 der Anordnung vom 18. November 1969 über die Bedingungen für die Pflichtversicherung der staatlichen Organe und staatlichen Einrichtungen bei der Staatlichen Versicherung der Deutschen Demokratischen Republik (GBl. II Nr. 101 S. 682) und § 2 Buchst. c der Verordnung vom 11. April 1973 über die Erweiterung des Versicherungsschutzes bei Unfällen in Ausübung gesellschaftlicher, kultureller oder sportlicher Tätigkeiten (GBl. I Nr. 22 S. 199).

Anm. der Herausgeber

Nach der AO vom 18. 11. 1969 besteht für Vermögensnachteile, die Bürger u. a. anläßlich von Hilfeleistungen bei Unfällen oder Gefahr für Leben oder Gesundheit von Menschen durch Körperschäden, Vernichtung, Beschädigung oder Abhandenkommen von Sachen innerhalb der DDR erleiden, Versicherungsschutz, wobei der Umfang des Schadenersatzes sich nach zivilrechtlichen Vorschriften bestimmt. Das ist bei Gesundheitsschäden § 338 ZGB (abgedruckt unter I 01 01).
Durch Bezugnahme auf die AO vom 18. 11. 1969 in der Fußnote wird die Organspende ausdrücklich als eine der von der AO erfaßten Hilfeleistungen ausgewiesen.

Erste Durchführungsbestimmung zur Verordnung über die Durchführung von Organtransplantationen
vom 29. März 1977

(GBl. I Nr. 13 S. 141)

Auf Grund des § 15 der Verordnung vom 4. Juli 1975 über die Durchführung von Organtransplantationen (GBl. I Nr. 32 S. 597) wird im Einvernehmen mit den Leitern der zuständigen zentralen Staatsorgane folgendes bestimmt:

Zu § 2 der Verordnung:

§ 1

(1) Nierentransplantationen werden in den Nierentransplantationszentren

– im Städtischen Krankenhaus im Friedrichshain, Berlin
– im Bereich Medizin der Wilhelm-Pieck-Universität Rostock
– im Bereich Medizin der Martin-Luther-Universität Halle–Wittenberg

durchgeführt.
(2) Die Koordinierung aller Nierentransplantationen sowie der Austausch von Spendernieren mit Gesundheitseinrichtungen anderer Staaten auf der Grundlage vertraglicher Vereinbarungen erfolgt durch die Koordinierungszentrale des Nierentransplantationszentrums im Städtischen Krankenhaus im Friedrichshain, Berlin.
(3) Das Bezirksinstitut für Blutspende- und Transfusionswesen Berlin nimmt die Funktion des Zentralen Typisierungszentrums wahr und koordiniert die Arbeit der Typisierungszentren Rostock und Halle. Es sichert die Kooperation mit den zentralen Typisierungszentren der Staaten, mit denen vertragliche Vereinbarungen bestehen.

Zu § 5 Abs. 2 der Verordnung:

§ 2

Zu dem vom Bezirksarzt zu bestimmenden Ärztekollektiv gehören mindestens ein Facharzt für Neurologie/Psychiatrie und der leitende Arzt der Fachabteilung der Gesundheitseinrichtung, in der der Patient zuletzt behandelt wurde, bzw. dessen diensthabender Vertreter.

§ 3 Inkrafttreten

Diese Durchführungsbestimmung tritt mit ihrer Veröffentlichung in Kraft.

Anweisung über die Vorbereitung und Durchführung von Nierenentnahmen
vom 29. März 1977

(VuM MfGe Nr. 6 S. 41)

In Durchführung der Verordnung vom 4. Juli 1975 über die Durchführung von Organtransplantationen (GBl. I Nr. 32 S. 597) und der Ersten Durchführungsbestimmung vom 29. März 1977 dazu (GBl. I Nr. 13 S. 141) wird im Einvernehmen mit dem Minister für Hoch- und Fachschulwesen angewiesen:

I.

Diese Anweisung gilt für alle stationären Gesundheitseinrichtungen, die dem Ministerium für Gesundheitswesen, dem Ministerium für Hoch- und Fachschulwesen oder den örtlichen Räten unterstellt sind.

II.

Nierenentnahmen können in allen stationären Gesundheitseinrichtungen durchgeführt werden.

III.

(1) Bei Patienten unter Reanimationsbedingungen, die eventuell für eine Nierenentnahme in Betracht kommen, ist vorsorglich eine Blutprobe zur Gewebetypisierung zu entnehmen. Die Blutprobe ist auf dem schnellsten Transportweg an das regional zuständige Typisierungszentrum zu senden.
(2) Durch den diensthabenden Arzt der zuständigen Fachabteilung ist der diensthabende Arzt der Leitstelle der „Schnellen Medizinischen Hilfe“ in der Bezirksstadt zu informieren.[1]) Dieser gewährleistet entsprechend der Festlegung des Bezirksarztes die Benachrichtigung des Entnahmekollektivs, ggf. des zuständigen Facharztes für Neurologie/Psychiatrie sowie der für den Transport verantwortlichen Dienststellen und übernimmt die weitere Leitung und Koordination aller Transportfragen.

IV.

(1) Die Feststellung des Todes ist durch ein Ärztekollektiv gemäß § 5 Abs. 2 der Verordnung zu treffen. Kann die Anwesenheit eines geeigneten Facharztes für Neurologie/Psychiatrie in dem Ärztekollektiv zur Feststellung des Todes gemäß § 2 Abs. 2 der Ersten

Durchführungsbestimmung zur Verordnung über die Durchführung von Organtransplantationen in der entsprechenden Gesundheitseinrichtung nicht gewährleistet werden, beauftragt der Bezirksarzt ein oder mehrere Ärztliche Direktoren geeigneter Gesundheitseinrichtungen (Fachkrankenhäuser bzw. Kliniken für Neurologie/Psychiatrie) einschließlich solcher des Hoch- und Fachschulwesens, die die ständige Bereitschaft eines Facharztes für eine Tätigkeit in dem Ärztekollektiv zu sichern haben.

(2) Über die auf der Grundlage der maßgeblichen medizinischen Kriterien getroffene Feststellung des Todes ist ein Protokoll anzufertigen. Einzelheiten über die durchzuführenden Untersuchungen zur Feststellung des Todes werden vom Minister für Gesundheitswesen festgelegt und durch die Bezirksärzte den Ärztekollektiven bekanntgemacht.

V.

(1) Die Entnahme von Nieren erfolgt nur durch hierfür vorgesehene Ärztekollektive (Entnahmekollektive), die durch den Bezirksarzt zu bestätigen sind. Der Bezirksarzt beauftragt in Abstimmung mit dem regional zuständigen Nierentransplantationszentrum Ärztliche Direktoren geeigneter Gesundheitseinrichtungen einschließlich des Hoch- und Fachschulwesens mit der Bildung von Entnahmekollektiven, bestehend aus drei für die Entnahme spezialisierten Ärzten. Der Ärztliche Direktor ist verantwortlich für die ständige Einsatzbereitschaft eines Entnahmekollektivs.

Erfolgt der Einsatz von Ärzten zur Nierenentnahme in der Arbeitszeit oder während ihres Bereitschaftsdienstes innerhalb der Einrichtung, so ist die Betreuung der Patienten während ihrer Abwesenheit — erforderlichenfalls durch Ärzte geeigneter anderer Fachgebiete — zu sichern.

(2) Die Planung bzw. der Nachweis der für die Sicherstellung der Arbeit des Entnahmekollektivs erforderlichen finanziellen Mittel erfolgt im Haushalt der zuständigen Gesundheitseinrichtung.

(3) Die fachliche Anleitung der Entnahmekollektive erfolgt durch das regional zuständige Nierentransplantationszentrum.

VI.

Der diensthabende Arzt der Leitstelle der „Schnellen Medizinischen Hilfe" der Bezirksstadt sichert den Transport der entnommenen Nieren entsprechend der Festlegung durch die Koordinierungszentrale des Nierentransplantationszentrums im Städtischen Krankenhaus im Friedrichshain, Berlin, zu den Nierentransplantationszentren.

VII.

Durch den Bezirksarzt ist festzulegen, welche Einrichtungen für den Transport

a) des Ärztekollektivs zur Feststellung des Todes
b) des Entnahmekollektivs
c) der Blutprobe

verantwortlich sind.

VIII.

Diese Anweisung tritt am 29. März 1977 in Kraft.

[1]) Bis zur vollen Funktionstüchtigkeit der Leitstelle ist durch den Bezirksarzt eine Übergangsregelung zu treffen.

Hinweis auf die Durchführung von prätransfusionellen Untersuchungen
vom 24. März 1972

(VuM MfGe Nr. 9 S. 58)

Aus gegebener Veranlassung weist das Ministerium für Gesundheitswesen darauf hin, daß die Durchführung der üblichen prätransfusionellen Untersuchungen (Bestimmung der ABO-Blutgruppe, des Rh-Faktors, Durchführung der Kreuzprobe) nicht zu den Aufgaben der Einrichtungen des Transfusionsdienstes gehört; sie sind in den klinischen Einrichtungen durchzuführen, in denen die Transfusionen erfolgen.

Weisung Nr. 11 zur Fleischuntersuchungsanordnung — Bedingungen für die Gewinnung von Rohstoffen zur Herstellung von Arzneimitteln, den Arzneimitteln gleichgestellten Stoffen, Zubereitungen und Gegenständen — vom 24. März 1972

(VuM MLFN Nr. 3 S. 35)

Auf Grund des § 27 der Fleischuntersuchungsanordnung vom 5. November 1971 (GBl. II S. 644) wird im Einvernehmen mit dem Ministerium für Gesundheitswesen zur ordnungsgemäßen Gewinnung von Rohstoffen zur Herstellung von Arzneimitteln, den Arzneimitteln gleichgestellten Stoffen, Zubereitungen und Gegenständen folgendes angewiesen:

1. Die Gewinnung von Drüsen und anderem Fleisch zur Herstellung von Arzneimitteln, den Arzneimitteln gleichgestellten Stoffen, Zubereitungen und Gegenständen darf nur von Tierkörpern vorgenommen werden, die bei der Fleischuntersuchung als tauglich oder als minderwertig beurteilt worden sind.

2. Rinderunterbeine zur Gewinnung von Rinderklauenöl sowie Bauchspeicheldrüsen (Pankreas) können auch von als tauglich nach Behandlung oder als minderwertig nach Behandlung beurteilten Tierkörpern gewonnen werden.

3. Die Gewinnung von Drüsen und anderem Fleisch zur Herstellung von Arzneimitteln, den Arzneimitteln gleichgestellten Stoffen, Zubereitungen und Gegenständen ist außer in den in Ziff. 2 genannten Fällen
   - in Sanitätsschlachtbetrieben
   - bei Seuchenschlachtungen in den in § 16 Abs. 1 Ziffern 3 bis 9 und Ziff. 11 der Fleischuntersuchungsanordnung genannten Fällen
   - bei Tierkörpern, die der bakteriologischen, chemischen oder radiologischen Untersuchung unterworfen werden,

   nicht gestattet.

4. Beim Einsatz tierischer Organe zur Herstellung von Arzneimitteln und diesen gleichgestellten Stoffen, Zubereitungen und Gegenständen sind weitere notwendige Qualitätsanforderungen durch entsprechende vertragliche Vereinbarungen zwischen den Abnehmern und den Schlachtbetrieben zu sichern.

5. Schlußbestimmungen

5.1. Diese Weisung tritt am 24. März 1972 in Kraft.

5.2. Gleichzeitig tritt die Weisung des Volkswirtschaftsrates vom 29. August 1962 — Schlachtnebenprodukte für die pharmazeutische Industrie — (wurde den veterinärmedizinischen Fachorganen und Einrichtungen sowie den Betrieben der fleischverarbeitenden Industrie direkt zugestellt) außer Kraft.

Gesetz über den Verkehr mit Edelmetallen, Edelsteinen und Perlen sowie Erzeugnissen aus Edelmetallen, Edelsteinen und Perlen — Edelmetallgesetz — vom 12. Juli 1973

(GBl. I Nr. 33 S. 338) – Auszug –

§ 1 Geltungsbereich

(1) Dieses Gesetz gilt

1. für die Gewinnung, Herstellung, Be- oder Verarbeitung von Edelmetallen, Edelsteinen und Perlen sowie Erzeugnissen hieraus in der Deutschen Demokratischen Republik;
2. für den Handel mit Edelmetallen, Edelsteinen und Perlen sowie Erzeugnissen hieraus in der Deutschen Demokratischen Republik;
3. für den Besitz und die Verwaltung von Edelmetallen, Edelsteinen und Perlen sowie Erzeugnissen hieraus in der Deutschen Demokratischen Republik;
4. die für Einfuhr und Ausfuhr von Edelmetallen, Edelsteinen und Perlen sowie Erzeugnissen hieraus über die Staats- oder Zollgrenzen der Deutschen Demokratischen Republik, ausgenommen der Transit durch die Deutsche Demokratische Republik.

(2) Ausgenommen vom Geltungsbereich gemäß Abs. 1 Ziff. 3 sind der Besitz und der Erwerb handelsüblicher Gegenstände aus Edelmetallen, Edelsteinen und Perlen in der Deutschen Demokratischen Republik durch Personen für den persönlichen Bedarf.

(3) Edelmetalle im Sinne dieses Gesetzes sind Gold, Silber, Platin und Platinmetalle (Palladium, Rhodium, Iridium, Osmium und Ruthenium) in jedem Zustand, rein und in Legierungen, in Salzen und Lösungen, als Rohstoff sowie als Abfälle und Rückstände.

...

§ 2 Planung

(1) Die Planung und Bilanzierung des Aufkommens und des notwendigen Bedarfs an Edelmetallen, Edelsteinen und Perlen erfolgen gemäß den dafür geltenden Rechtsvorschriften.

...

(3) Die Minister und die Leiter der anderen Staatsorgane, staatlichen Einrichtungen, wirtschaftsleitenden Organe, Kombinate und Betriebe haben bei der Planung und Bilanzierung den volkswirtschaftlich begründeten Bedarf ihres Verantwortungsbereiches unter Anwendung technisch-ökonomisch begründeter Normative des Materialverbrauchs und staatlicher Normative der Vorratswirtschaft zu ermitteln. Sie sind verpflichtet, den Bedarf ihres Verantwortungsbereiches gegenüber den übergeordneten bzw. den bilanzierenden Organen auf der Grundlage dieser bestätigten Normative nachzuweisen. Die Ver-

teidigung und Bestätigung der technisch-ökonomisch begründeten Normative des Materialverbrauchs und der staatlichen Normative der Vorratswirtschaft erfolgen entsprechend den Rechtsvorschriften.

§ 3 Einfuhr und Ausfuhr

(1) Die Ein- oder Ausfuhr von Edelmetallen, Edelsteinen und Perlen sowie Erzeugnissen hieraus erfolgt im Rahmen des Volkswirtschaftsplanes durch die dazu berechtigten Außenhandelsbetriebe.
(2) Die Ein- oder Ausfuhr von Edelmetallen, Edelsteinen und Perlen sowie Erzeugnissen hieraus durch Bürger sowie in anderen Fällen, die nicht durch Abs. 1 erfaßt sind, bedarf der vorherigen Genehmigung des Ministers der Finanzen. Der Minister der Finanzen kann die Genehmigungsbefugnis übertragen.
(3) Ausgenommen von der Genehmigungspflicht ist die Einfuhr von Erzeugnissen aus Edelmetallen, Edelsteinen und Perlen durch Bürger für den persönlichen Bedarf im Rahmen der zollrechtlichen Vorschriften.

§ 4 Verwaltung der Edelmetallbestände

(1) Die Staatsbank der Deutschen Demokratischen Republik verwaltet die zur Realisierung der Volkswirtschaftspläne erforderlichen Edelmetallbestände.
(2) Die Bildung und Verwendung der Edelmetallbestände erfolgen im Rahmen der Volkswirtschaftspläne.

§ 5 Bereitstellung von Edelmetallen, Edelsteinen und Perlen

(1) Die Bereitstellung von Edelmetallen an die Kombinate und Betriebe sowie die anderen Be- und Verarbeiter erfolgt im Rahmen der dafür bestätigten Bilanzanteile. Die Bilanzanteile sind zweckgebunden zu verwenden. Die für den vorgesehenen Zweck nicht benötigten Bilanzanteile bzw. Edelmetalle sind zurückzugeben.
(2) Die Minister und die Leiter der anderen Staatsorgane, staatlichen Einrichtungen, wirtschaftsleitenden Organe, Kombinate und Betriebe sind für die Gewährleistung der Sicherheit und Ordnung beim Umgang mit Edelmetallen und Erzeugnissen aus Edelmetallen und für die Kontrolle hierüber in ihrem Aufgabenbereich verantwortlich.
(3) Die Minister und die Leiter der anderen Staatsorgane, staatlichen Einrichtungen, wirtschaftsleitenden Organe, Kombinate und Betriebe haben in ihrem Verantwortungsbereich die Notwendigkeit des Einsatzes sowie die Möglichkeit der Substitution von Edelmetallen und Erzeugnissen aus Edelmetallen, die Anwendung von technisch-ökonomisch begründeten Normen und Kennziffern der ökonomischen Materialverwendung und der Vorratswirtschaft sowie die Möglichkeit der Rückgewinnung von Edelmetallen ständig zu überprüfen.
(4) Die Absätze 1 bis 3 gelten sinngemäß für Edelsteine und Perlen.

(5) Über Lieferungen von Edelmetallen, Edelsteinen und Perlen sowie Erzeugnissen hieraus sind Wirtschaftsverträge nach den geltenden Rechtsvorschriften abzuschließen. Das gleiche gilt für Leistungen, wenn sie die Umarbeitung oder andere Veränderungen von Edelmetallen, Edelsteinen und Perlen sowie Erzeugnissen hieraus zum Gegenstand haben.
(6) Die Abrechnung der bereitgestellten Edelmetalle erfolgt nach den dafür erlassenen Rechtsvorschriften.

§ 6 Rückgewinnungspflicht für Edelmetalle

(1) Die Be- und Verarbeiter sowie die Verwender von Edelmetallen sind verpflichtet, edelmetallhaltige Abfälle und Rückstände sowie nicht mehr benötigte Gegenstände aus Edelmetallen der Rückgewinnung zuzuführen.
(2) Die Rückgewinnung erfolgt durch dazu berechtigte Betriebe und Einrichtungen.

§ 7 Übrige Behandlung von Edelmetallen, Edelsteinen und Perlen

(1) Der vorherigen Genehmigung durch den Minister der Finanzen bzw. der durch ihn dazu befugten Organe bedürfen

1. das Bearbeiten, Scheiden, Legieren oder Schmelzen von Edelmetallen und das Herstellen und Umarbeiten von Erzeugnissen aus Edelmetallen;
2. der Handel mit Edelmetallen, Edelsteinen und Perlen sowie Erzeugnissen hieraus, einschließlich des Handels mit Antiquitäten aus Edelmetallen, Edelsteinen und Perlen;
3. die Durchführung verbindlicher Edelmetallanalysen.

(2) Die Behandlung von Edelmetallen, Edelsteinen und Perlen sowie Erzeugnissen aus Edelmetallen, Edelsteinen und Perlen, die auf Grund von Rechtsvorschriften in die Verfügungsbefugnis der Staatsorgane und staatlichen Einrichtungen übergehen, regelt der Minister der Finanzen im Einvernehmen mit den Leitern der zuständigen zentralen Staatsorgane.

§ 8 Kennzeichnungspflicht

(1) Alle in der Deutschen Demokratischen Republik für den Bevölkerungsbedarf bestimmten Erzeugnisse aus Edelmetallen sind durch Stempelprägungen zu kennzeichnen hinsichtlich

1. des Herstellerbetriebes und
2. des Edelmetallgehaltes (Angabe in Tausendteilen).

Eine Herstellung von Erzeugnissen aus Edelmetallen für den Bevölkerungsbedarf ohne Kennzeichnung ist nicht zulässig. Der Feingehalt darf bei Erzeugnissen aus Gold den angegebenen Feingehalt um nicht mehr als fünf Tausendteile, bei Erzeugnissen aus Silber um nicht mehr als zehn Tausendteile unterschreiten.

(2) Sind in Einzelfällen Stempelprägungen wegen der Beschaffenheit der Erzeugnisse nicht möglich, so ist die Verpackung entsprechend zu kennzeichnen. Diese Ausnahme gilt nicht für Schmuckerzeugnisse.

(3) Die Hersteller sind verpflichtet, alle Symbole und Zeichen, die nach Abs. 1 zur Kennzeichnung des Herstellerbetriebes verwendet werden sollen, beim Amt für Erfindungs- und Patentwesen der Deutschen Demokratischen Republik als Warenzeichen registrieren zu assen, sofern sie nicht bereits registriert sind.

§ 9 Strafbestimmungen

...

§ 10 Ordnungsstrafbestimmungen

§ 11 Schlußbestimmungen

(1) Durchführungsbestimmungen erläßt der Minister der Finanzen.

(2) Die Minister und die Leiter der anderen zentralen Staatsorgane erlassen für ihren Bilanzbereich die erforderlichen spezifischen Regelungen über die Planung, Bilanzierung und Bereitstellung von Edelmetallen, Edelsteinen und Perlen sowie Erzeugnissen hieraus.

§ 12

(1) Dieses Gesetz tritt am 1. August 1973 in Kraft.

(2) Gleichzeitig treten außer Kraft:

das Gesetz vom 26. September 1955 über den Verkehr mit Edelmetallen, seltenen Metallen, Edelsteinen und echten Perlen sowie Erzeugnissen aus Edelmetallen, seltenen Metallen und Edelsteinen (GBl. I Nr. 82 S. 654) in der Fassung des Anpassungsgesetzes vom 11. Juni 1968 (GBl. I Nr. 11 S. 242)

und die hierzu erlassene

- Erste Durchführungsbestimmung vom 6. Oktober 1955 (GBl. I Nr. 86 S. 685),
- Dritte Durchführungsbestimmung vom 10. April 1956 (GBl. I Nr. 40 S. 337),
- Sechste Durchführungsbestimmung vom 6. August 1969 (GBl. II Nr. 71 S. 450)

sowie die in der Zeit vor 1945 erlassenen Rechtsvorschriften über den Feingehalt der Gold- und Silberwaren.

Erste Durchführungsbestimmung zum Edelmetallgesetz vom 12. Juli 1973

(GBl. I Nr. 33 S. 340) – Auszug –

Auf Grund des § 11 des Edelmetallgesetzes vom 12. Juli 1973 (GBl. I Nr. 33 S. 338) wird folgendes bestimmt:

I. Bilanzanteile

§ 1

(1) Das Ministerium für Erzbergbau, Metallurgie und Kali stellt auf der Grundlage der bestätigten Bilanz Bilanzanteile für Edelmetalle bereit für

– Ministerien und andere Versorgungsbereiche,
– staatliche Organe und Einrichtungen und andere Fondsträger[1]), die nicht einem Versorgungsbereich zugeordnet sind,
– die Münze der Deutschen Demokratischen Republik, Berlin.

(2) Die Ministerien und anderen Versorgungsbereiche sowie die VVB, volkseigenen Kombinate und anderen Fondsträger[1]) sind für die Bereitstellung der Bilanzanteile an ihre Bedarfsträger verantwortlich. Bedarfsträger sind volkseigene Betriebe, staatliche Einrichtungen, Produktionsgenossenschaften des Handwerks und Handwerker, die Edelmetalle verarbeiten oder dazu Lohnveredelungsaufträge bzw. Zulieferungsaufträge erteilen. Ausgenommen hiervon ist das schmuckherstellende Handwerk.

§ 2

(1) Die Bedarfsträger können Edelmetalle im Rahmen der ihnen bestätigten Bilanzanteile auf Grund von Auslieferungsanweisungen der zuständigen Fondsträger von der Staatsbank der Deutschen Demokratischen Republik erwerben, ausgenommen Edelmetalle gemäß § 5. Einzelheiten des Verfahrens werden vom Minister für Erzbergbau, Metallurgie und Kali durch Arbeitsanweisung geregelt.
(2) Betrieben, die Lohnveredelungen oder Zulieferungen durchführen, werden die hierfür erforderlichen Edelmetalle vom Auftraggeber im Rahmen seines Bilanzanteils zur Verfügung gestellt. Der Auftraggeber hat die Auslieferung der Edelmetalle durch die Staatsbank der Deutschen Demokratischen Republik direkt an den verarbeitenden Betrieb zu veranlassen.

(3) Zur Durchführung von Forschungsaufträgen bereitgestelltes Edelmetall ist nach Ausführung des Auftrages dem Fondsträger zur weiteren Verfügung zu melden, wenn das Edelmetall nicht in das Produkt als Bestandteil eingegangen ist.

§ 3

Zur Be- oder Verarbeitung von Edelmetallen sowie Erzeugnissen aus Edelmetallen werden die volkseigenen Betriebe und Kombinate sowie die staatlichen Einrichtungen durch die dementsprechenden Planauflagen berechtigt.

§ 4

(1) Die Bestände an Edelmetallen, Edelsteinen und Perlen sowie Erzeugnissen aus Edelmetallen, Edelsteinen und Perlen sind vierteljährlich durch eine Inventur körperlich aufzunehmen. Bei der Inventur sind gleichzeitig die ordnungsgemäße Lagerung und die Einhaltung der Sicherheitsvorschriften für den Umgang mit Edelmetallen, Edelsteinen und Perlen sowie Erzeugnissen hieraus zu überprüfen.
(2) Für die ordnungsgemäße Vorbereitung, Durchführung und Auswertung der Inventuren sind die Minister und die Leiter der anderen Staatsorgane, der staatlichen Einrichtungen, der Betriebe und Kombinate, in deren Bereich Edelmetalle, Edelsteine und Perlen sowie Erzeugnisse hieraus verwaltet, ver- oder bearbeitet oder gehandelt werden, verantwortlich. In begründeten Ausnahmefällen können die zuständigen Minister bzw. die Leiter der anderen zentralen Staatsorgane nach Abstimmung mit dem Minister der Finanzen abweichende Zeiträume für die Durchführung der Inventuren festlegen.

II. Bevölkerungsbedarf

§ 5

(1) Die Planung von Edelmetallen für den Bevölkerungsbedarf erfolgt für
– den zahnärztlichen Bedarf durch das Ministerium für Gesundheitswesen,
...
(2) Die Auslieferung der Edelmetalle für den Bevölkerungsbedarf an die Verarbeiter erfolgt ausschließlich durch die Münze der Deutschen Demokratischen Republik, Berlin, im Rahmen der bestätigten Bilanzanteile.

§ 7

...
(4) Die Entgegennahme von Edelmetallen sowie Erzeugnissen aus Edelmetallen (Kundenmaterial) ist
...
– den Zahnärzten zwecks Umtausch in Zahngold bei der Münze der Deutschen Demokratischen Republik, Berlin, gestattet. Ist es zur Ausführung der Bestellung des Kunden

erforderlich, die Legierung zu verändern, so ist das Kundenmaterial bei der Münze der Deutschen Demokratischen Republik, Berlin, in die betreffende Legierung umzutauschen.

...

(7) Die Berechtigung gemäß den Absätzen 1, 3, 4 und 6 gilt nicht für edelmetallhaltige Münzen, die kursfähig sind.

(8) Die volkseigenen Betriebe, Produktionsgenossenschaften des Handwerks, sozialistischen Handelsbetriebe, die im Abs. 2 genannten Handwerker sowie zahnärztlichen Einrichtungen und Zahnärzte haben den Verbleib aller im Rahmen der Absätze 4 und 5 erworbenen bzw. entgegengenommenen Edelmetalle, Edelsteine und Perlen sowie Erzeugnisse hieraus tagfertig auszuweisen.

(9) Wird die Ver- oder Bearbeitung bzw. der Handel mit Edelmetallen oder Erzeugnissen aus Edelmetallen eingestellt, sind die Bestände der Münze der Deutschen Demokratischen Republik, Berlin, zur weiteren Verfügung zu melden.

§ 8

Eine für die Einfuhr oder Ausfuhr von Edelmetallen, Edelsteinen und Perlen oder Erzeugnissen aus Edelmetallen, Edelsteinen und Perlen nach dem Edelmetallgesetz erteilte Genehmigung gilt gleichzeitig als Genehmigung nach dem Devisengesetz.

§ 9

(1) Für das Mitführen von handelsüblich gefertigten Gegenständen aus Edelmetallen, Edelsteinen und Perlen als Reisegebrauchsgegenstände im grenzüberschreitenden Reiseverkehr gelten die devisenrechtlichen Vorschriften.

(2) Im grenzüberschreitenden Geschenkpaket- und -päckchenverkehr können als Geschenk für den persönlichen Bedarf bis zu 10 g Feingold oder 12 g Zahngold oder 5 Büchel Blattgold genehmigungsfrei eingeführt werden.

(3) Im grenzüberschreitenden Reiseverkehr entscheidet über die Zulassung zur Einfuhr von Feingold, Zahngold oder Blattgold für den persönlichen Bedarf die Zollverwaltung der Deutschen Demokratischen Republik im Rahmen der zollrechtlichen Vorschriften.

III. Bezug von Edelmetallpräparaten

§ 10

(1) Folgende Edelmetallpräparate mit einem Feininhalt bis zu

636 g Silber,
5 g Gold und
3 g Platin je Bestellung

können durch die nachstehend genannten Betriebe, Institute und Organe vom Versorgungskontor Labor- und Feinchemikalien bezogen werden:

a) Silbernitrat, Silberazetat, Silberbromid, Silberkarbonat, Silberchlorid, Silberchromat, Silberzyanid, Silberjodid, Silberoxid und Silbersulfat durch Forschungsinstitute, Hochschulinstitute, das Amt für Standardisierung, Meßwesen und Warenprüfung sowie für Laboratoriumszwecke durch Produktionsbetriebe und Institutionen des Gesundheitswesens;

b) Goldchloridlösungen bis zu 2% und Goldsollösungen durch Institutionen des Gesundheitswesens sowie durch Forschungsinstitute mit gleichgelagerten Aufgabenstellungen.

(2) Der Bezug von Edelmetallpräparaten, die den im Abs. 1 genannten Umfang je Quartal überschreiten, erfolgt über den VEB Bergbau- und Hüttenkombinat „Albert Funk", Freiberg.

(3) Bei der Bestellung ist der Verwendungszweck anzugeben. Die Bestellung bedarf der Bestätigung durch den Leiter des Organs, Betriebes oder Instituts.

IV. Spezielle Bestimmungen

§ 11 Rückgewinnungspflicht

(1) Edelmetallhaltige Abfälle und Rückstände sowie nicht mehr benötigte Gegenstände aus Edelmetallen sind einem der nachstehenden Rückgewinnungsbetriebe zum Ankauf anzubieten:

VEB Bergbau- und Hüttenkombinat „Albert Funk", Freiberg,
VEB Berliner Metallhütten- und Halbzeugwerke im
VEB Mansfeld-Kombinat „Wilhelm Pieck" sowie
VEB Filmverwertung Fürstenwalde.

(2) Abweichend vom Abs. 1 hat die Anlieferung und Verrechnung von edelmetallhaltigen Abfällen und Rückständen, die bei Produktionsgenossenschaften des Handwerks, sozialistischen Handelsbetrieben, Handwerkern sowie zahnärztlichen Einrichtungen und Zahnärzten anfallen, über die Münze der Deutschen Demokratischen Republik, Berlin, zu erfolgen.

(3) Die im Abs. 1 aufgeführten Rückgewinnungsbetriebe sowie die Münze der Deutschen Demokratischen Republik, Berlin, gewährleisten in ihrem Aufgabenbereich, daß die Rückgewinnung mit hohem Nutzeffekt erfolgt. Ein Verzicht auf die Rückgewinnung bedarf der Zustimmung des Ministers für Erzbergbau, Metallurgie und Kali.

§ 12 Legiergenehmigungen

(1) Legiergenehmigungen gemäß § 7 Abs. 1 Ziff. 1 des Edelmetallgesetzes werden personengebunden erteilt. Anträge sind an die Münze der Deutschen Demokratischen Republik, Berlin, zu richten. Für Gold- und Silberschmiedemeister, die Mitarbeiter volkseigener Betriebe sind, ist der Antrag durch den Direktor des betreffenden Betriebes zu stellen. In anderen Fällen sind die Anträge von den Gold- und Silberschmiedemeistern über die Bezirkshandwerkskammer zu stellen.
(2) Über die Erteilung von Legiergenehmigungen entscheidet der Direktor der Münze der Deutschen Demokratischen Republik, Berlin.

§ 13 Edelmetallanalysen

Der VEB Bergbau- und Hüttenkombinat „Albert Funk“, Freiberg, und die Münze der Deutschen Demokratischen Republik, Berlin, sind berechtigt, verbindliche Edelmetallanalysen durchzuführen.

§ 14 Schlußbestimmung

Diese Durchführungsbestimmung tritt am 1. August 1973 in Kraft.

[1]) Anordnung vom 9. Juni 1972 über die Schlüsselsystematik der Staatsorgane, wirtschaftsleitenden Organe, Versorgungsbereiche und Fondsträger sowie der Bezirke für die Planung, Bilanzierung, Realisierung und Abrechnung (Sonderdruck Nr. 738 des Gesetzblattes).
Jetzt: AO v. 8. November 1978 (GBl. SDr. Nr. 1000).

Anweisung über die Verwaltung und Verarbeitung von Edelmetallen in der stomatologischen Betreuung
vom 18. Juni 1975

(VuM MfGe Nr. 13 S. 86)

Zur Durchführung des Edelmetallgesetzes vom 12. Juli 1973 (GBl. I Nr. 33 S. 338) und der Ersten Durchführungsbestimmung dazu vom 12. Juli 1973 (GBl. I Nr. 33 S. 340) wird für den Bezug , die Verwaltung und Verarbeitung von Edelmetallen, die in der stomatologischen Betreuung verwendet werden, im Einvernehmen mit den Leitern der zuständigen zentralen Staatsorgane und in Übereinstimmung mit dem Zentralvorstand der Gewerkschaft Gesundheitswesen folgendes angewiesen:

1. Geltungsbereich

(1) Diese Anweisung gilt für den Bezug und Besitz, die Be- und Verarbeitung, Verwaltung und Rückgewinnung von Edelmetallen, die in der stomatologischen Betreuung verwendet werden, mit Ausnahme von Silberamalgam unter Beachtung der Ziff. 7 Abs. 3.
(2) Diese Anweisung findet Anwendung für die Einrichtungen des Gesundheitswesens im Bereich

- des Ministeriums für Gesundheitswesen einschließlich der in eigener Praxis niedergelassenen Zahnärzte
- des Ministeriums für Hoch- und Fachschulwesen
- des Ministeriums für Verkehrswesen
- der Direktion Gesundheitswesen Wismut,

die Edelmetalle gemäß Abs. 1 verwenden (nachstehend Einrichtungen genannt). Die Leiter anderer Bereiche, denen medizinische Dienste unterstehen, legen in eigener Zuständigkeit fest, inwieweit diese Anweisung im jeweiligen Bereich Anwendung findet.

2. Bezug

Edelmetalle gemäß Ziff. 1 Abs. 1 sind von dem VEB Münze der Deutschen Demokratischen Republik (nachstehend Münze genannt) zu beziehen. Bezugsberechtigt sind alle Einrichtungen gemäß Ziff. 1 Abs. 2. Werden den Einrichtungen für Edelmetalle Fondsanteile von dem zuständigen Staatsorgan zugewiesen, bilden diese die Grundlage für die Edelmetallbestellungen der Einrichtungen und für die Lieferung der Edelmetalle durch die Münze. Edelmetallbestellungen der örtlich unterstellten staatlichen Einrichtungen sind durch die Räte der Kreise, Abteilung Gesundheits- und Sozialwesen, als Sammelbestellungen an die Münze weiterzuleiten. Die in eigener Praxis niedergelassenen Zahnärzte richten ihre Edelmetallbestellungen an die zuständige Bezirksabrechnungsstelle der Ärzte und Zahnärzte bei der Gewerkschaft Gesundheitswesen.

3. Umtausch von patienteneigenem Edelmetall

(1) Patienteneigenes Edelmetall (Gold- und Silberpalladiumlegierungen) kann sowohl vom behandelnden Zahnarzt als auch von dem Patienten selbst – mit Scheideanweisung des behandelnden Zahnarztes – der Münze zum Umtausch eingesandt und durch den jeweiligen Absender als Originallegierungen wieder empfangen werden. Die Scheideanweisung hat neben Angabe des Gewichts und der Art des umzutauschenden Edelmetalls die postalische Anschrift des Patienten zu enthalten. Die durch die Scheidung und Umarbeitung entstehenden Kosten sind von dem Patienten zu tragen.
(2) Die Verarbeitung von als Original-Dentalgoldlegierungen ausgewiesenem patienteneigenem Edelmetall ist ohne Umtausch zulässig. Die Gesamtmenge dieser Originallegierungen ist durch die verarbeitende Einrichtung im Edelmetallbestandsbuch (Ziff. 5 Abs. 2) zu erfassen[1]) und die verbrauchte Menge dieser Originallegierungen jeweils zum 30. Juni und 31. Dezember jeden Jahres der Münze formlos schriftlich mitzuteilen.

4. Verwendung

(1) Die festgelegte Indikation für die Verwendung von Edelmetallegierungen in der Stomatologie (Anlage) gilt einheitlich für den in Ziff. 1 Abs. 2 dieser Anweisung genannten Geltungsbereich.
(2) Die Indikation gemäß Abs. 1 gilt für Edelmetallegierungen, die durch die Münze aus staatlichem Kontingent bezogen werden.

Verwaltung und Nachweisführung
5.

(1) Für die Verwaltung und Nachweisführung der Edelmetalle gemäß Ziff. 1 Abs. 1 ist der Leiter der Einrichtung verantwortlich.
(2) Zum Nachweis der von der Münze bezogenen, der von Patienten zur Verfügung gestellten sowie der verarbeiteten Edelmetalle haben die Einrichtungen ein Edelmetallbestandsbuch[2]), ein Edelmetallausgabebuch[3]) und eine Edelmetallabrechnung[4]) zu führen bzw. zu verwenden. Einrichtungen, die das Edelmetall an zahntechnische Laboratorien außerhalb ihrer Einrichtung zur Verarbeitung weitergeben, sowie in eigener Praxis niedergelassene Zahnärzte sind verpflichtet, Zu- und Abgang sowie Verbrauch und Bestand der Edelmetalle durch Führung eines Edelmetallbestandsbuches[2]) nachzuweisen. Die Nachweise unterliegen einer Aufbewahrungsfrist von fünf Jahren.

(3) Der Leiter der Einrichtung kann mit der Verwaltung und Nachweisführung einen geeigneten Mitarbeiter (nachstehend Beauftragter genannt) beauftragen. Er wird dadurch jedoch nicht seiner Verantwortung für eine ordnungsgemäße Verwaltung und Nachweisführung der Edelmetalle enthoben. Er hat insbesondere dafür Sorge zu tragen, daß die Voraussetzungen für eine sichere Aufbewahrung der Edelmetalle (z. B. durch unverrückbare montierte Kassetten, Tresore u. ä.) geschaffen werden.
(4) Die Bestände an Edelmetallen sind halbjährlich durch eine Inventur körperlich aufzunehmen. Dabei sind gleichzeitig die ordnungsgemäße Lagerung und die Einhaltung der Sicherheitsvorschriften für den Umgang mit Edelmetallen durch den Leiter der Einrichtung zu überprüfen. Die durchgeführte Inventur und die Überprüfung sind im Edelmetallbestandsbuch zu vermerken.
(5) Die Räte der Kreise, Abteilung Gesundheits- und Sozialwesen, sind zu stichprobenartigen Kontrollen der Edelmetallverwaltung und -nachweisführung verpflichtet. Das Ergebnis der Kontrollen ist protokollarisch nachzuweisen. Die Verwaltungen der Sozialversicherung sind berechtigt, die ordnungsgemäße Verwendung der bereitgestellten Edelmetalle zu kontrollieren.

6.

(1) Für die Nachweisführung der Edelmetalle hinsichtlich Zugang, Abgang, Verbrauch und Bestand sind folgende Grundsätze zu beachten:

a) Die gemäß Ziff. 5 Abs. 2 geforderten Nachweise sind durch die dazu Verpflichteten bzw. damit Beauftragten ständig und gewissenhaft zu führen.
b) Edelmetalle, die von Patienten zur Verfügung gestellt werden, sind im Edelmetallbestandsbuch in den dafür vorgesehenen Spalten aufzuführen.
c) Bei Ausgabe von Edelmetallen an Zahntechniker sind im Edelmetallausgabebuch die Nummer der Edelmetallabrechnung, der Name des Patienten, der des Zahnarztes sowie die Art der prothetischen Arbeit und die Menge des ausgegebenen Edelmetalls einzutragen und vom jeweiligen Zahntechniker zu quittieren.
d) Nach Fertigstellung der prothetischen Arbeit rechnet der Zahntechniker mit dem Beauftragten den Verbrauch des Edelmetalls unter Nachweis des Verlustsatzes auf der Edelmetallabrechnung ab und gibt Rest und Feilung des Edelmetalls zurück. Danach sind die entsprechenden Daten in das Edelmetallbestandsbuch einzutragen. Auf der Edelmetallabrechnung sind der Verbrauch, Preis und das Restmetall des patienteneigenen Edelmetalls zu vermerken.

(2) Über den Empfang von patienteneigenem Edelmetall ist dem Patienten von der Einrichtung eine Quittung auszustellen. Reste von patienteneigenem Edelmetall sind dem Patienten zurückzugeben. Der Empfang des zurückgegebenen Edelmetalls ist durch den Patienten schriftlich auf der Edelmetallabrechnung zu bestätigen. Ein Ankauf von Edelmetallresten sowie von ausgegliederten prothetischen Arbeiten aus Edelmetall durch die Einrichtung ist nicht statthaft. Nach dem 1. Juli 1974 verarbeitete Silberpalladium-

legierungen sind nach notwendiger Ausgliederung der prothetischen Arbeit Eigentum der Einrichtung und nach Scheidung durch die Münze als Zugang im Edelmetallbestandsbuch nachzuweisen. Ausgegliederte prothetische Arbeiten in Goldlegierungen sind in jedem Falle dem Patienten zurückzugeben. Über die Rückgabe dieser ausgegliederten prothetischen Arbeiten ist eine Eintragung in der Karteikarte des Patienten vorzunehmen, die von diesem gegenzuzeichnen ist.

(3) Die ordnungsgemäße Durchführung der Verwaltung der Edelmetalle und die gewissenhafte Führung der einzelnen Nachweise gemäß Ziff. 5 Abs. 2 durch den Beauftragten und den das Edelmetall verarbeitenden Zahntechniker ist einmal im Quartal durch den Leiter der Einrichtung zu überprüfen. Über das Ergebnis ist ein Protokoll anzufertigen bzw. ein entsprechender Vermerk in die Edelmetallnachweise aufzunehmen.

7. Verlust und Rückgewinnung

(1) Für nachstehende Arbeiten gelten folgende Verlustsätze:

a) Gebogene Klammern	0%
b) direkte Inlays	bis 5%
c) indirekte Inlays	bis 15%
d) Bandhülsenkronen und Brücken mit Plast verarbeitet	bis 15%
dito mit Keramik verarbeitet	bis 20%
e) Gußkronen, Facettenkronen, Teleskopkronen	bis 20%
Facettenkronen mit Keramikverblendung	bis 25%
f) gegossene Klammern, Schienen und Platten sowie alle im Modellguß gefertigten Arbeiten	bis 30%

Der Verlust ist nach folgender Gleichung zu berechnen:

$$\text{Verlust in } \% = \frac{\text{Verlust (g)} \times 100}{\text{Fertigmasse} + \text{Verlust}}$$

Unter Verlust ist der Schwund beim Schmelzprozeß plus Feilung und unter Fertigmasse die Feinstausarbeitung u. a. vor dem Lötabdruck zu verstehen.

Die genannten Verlustsätze gelten auch bei der Anfertigung von prothetischen Arbeiten durch Studenten der Zahntechnik und der Stomatologie.

(2) Die Einrichtungen müssen ihr Bestreben darauf richten, die in Abs. 1 genannten Verlustsätze zu unterschreiten, um zur Senkung des Verbrauchs von edelmetallhaltigen Legierungen beizutragen. Die edelmetallhaltigen Abfälle und Rückstände sind an die Münze zur Rückgewinnung einzusenden. Hierunter fallen Feilung, Gekrätze, Schleif- und Polierstaub, Einbettmassen sowie durch Ausgliederung vereinnahmte Sipallegierungen (Ziff. 6 Abs. 2) und nicht mehr einsetzbare Sident- und Silber-Zinn-Legierungen. Das zurückgewonnene Edelmetall ist Eigentum der Einrichtung und in das Edelmetallbestandsbuch als Neuzugang aufzunehmen.

(3) Amalgamabfälle sind ebenfalls zu sammeln und zur Rückgewinnung der darin enthaltenen Metalle an das zuständige Versorgungsdepot für Pharmazie und Medizintechnik oder an andere Betriebe und Einrichtungen, die zum Ankauf von Amalgamabfällen durch staatliche Genehmigung berechtigt sind, gegen Entgelt bzw. zum Umtausch abzuführen.
(4) Treten in Einrichtungen Verluste auf, die die zulässigen Verlustsätze überschreiten, so kommen bei Vorliegen der notwendigen Voraussetzungen gegenüber den betreffenden Mitarbeitern die Bestimmungen des Gesetzbuches der Arbeit über die materielle Verantwortlichkeit zur Anwendung. Die materielle Verantwortlichkeit der Studenten regelt sich nach den Rechtsvorschriften des Ministeriums für Hoch- und Fachschulwesen.

8. Finanzierung und Berechnung der Edelmetallpreise

(1) Die Kosten für die Beschaffung von Edelmetallen sind

a) in staatlichen Einrichtungen der Bereiche des Ministeriums für Gesundheitswesen und des Ministeriums für Hoch- und Fachschulwesen aus dem Sachkonto 3171 im entsprechenden Kapitel der stomatologischen Einrichtung zu finanzieren,
b) in Einrichtungen anderer Bereiche entsprechend den für diese geltenden Bestimmungen

zu verrechnen.
(2) Bei Verwendung von Zahngold aus dem staatlichen Kontingent sind die Materialkosten vom Patienten zu tragen. Der Berechnung der Kosten für Edelmetalle gegenüber dem Patienten ist das Bruttogewicht zugrunde zu legen, das die Fertigmasse zuzüglich des Höchstwertes für den Realverlust nicht überschreiten darf. Für die Berechnungsgrundlage von Goplat-Guß und -Blech werden einheitliche Kostensätze veröffentlicht.
(3) Dem Patienten ist nach der Eingliederung prothetischer Arbeiten und der Bezahlung des von ihm zu entrichtenden Kostenanteils eine Quittung auszustellen. Die Einzahlungsquittung hat die Menge und die Kosten der verbrauchten Goldlegierungen zu enthalten. Ein entsprechender Vermerk über die Begleichung der Rechnung ist im Edelmetallbestandsbuch nach Rücklauf der Edelmetallabrechnung vorzunehmen.
(4) Die Einnahmen für die zu berechnenden Materialkosten sind in den unter Abs. 1 Buchst. a genannten staatlichen Einrichtungen beim Sachkonto 7722 nachzuweisen.

9. Schlußbestimmungen

(1) Diese Anweisung tritt am 1. August 1975 in Kraft.
(2) Gleichzeitig treten außer Kraft:

a) Anweisung vom 31. Januar 1962 über die Verwendung von Edelmetallegierungen in der Stomatologie (Verf. u. Mitt. 1962 Nr. 2 S. 8)
b) Erläuterung vom 31. Januar 1962 zur Anweisung über die Verwendung von Edelmetalllegierungen in der Stomatologie (Verf. u. Mitt. 1962 Nr. 2 S. 8)

c) Richtlinie vom 3. September 1968 über die Verwaltung und Verarbeitung von Edelmetallen für die stomatologische Betreuung (Verf. u. Mitt. 1968 Nr. 19 S. 143)

d) Richtlinie Nr. 2 vom 5. Februar 1970 über die Verwaltung und Verarbeitung von Edelmetallen für die stomatologische Betreuung (Verf. u. Mitt. 1970 Nr. 5 S. 29)

(3) Im Abschn. V Ziff. 1 der Richtlinie vom 28. Mai 1974 für die Gewährung von Zahnersatz als Sachleistung der Sozialversicherung (Verf. u. Mitt. 1974 Nr. 10 S. 62) wird der erste Satz einschließlich Fußnote wie folgt geändert:

„Wird Versicherten oder ihren anspruchsberechtigten Familienangehörigen unter Anwendung der Indikation für die Verwendung von Edelmetallegierungen in der Stomatologie (Anlage zu Ziff. 4 Abs. 1 der Anweisung vom 18. Juni 1975 über die Verwaltung und Verarbeitung von Edelmetallen in der stomatologischen Betreuung[1])) Zahnersatz in einer Goldlegierung angefertigt, sind die Kosten für die Goldlegierung von den Versicherten bzw. ihren anspruchsberechtigten Familienangehörigen zu tragen. (Verf. u. Mitt. 1975 Nr. 13 S. 86)."

Anlage

zu Ziff. 4 Abs. 1 vorstehender Anweisung

Indikation für die Verwendung von Edelmetallegierungen in der Stomatologie

1. Festsitzender Zahnersatz

(1) Für festsitzenden Zahnersatz (Kronen, Brücken und Inlays) sind grundsätzlich Silberpalladiumlegierungen (Sipal) zu verwenden.

(2) In folgenden Ausnahmefällen dürfen Goldlegierungen (Goplat) in Anwendung kommen bei:

a) Einzelkronen und Brückenkronen im Frontzahnbereich, wobei Vollkronen im Bereich der Schneidezähne weitestgehend zu vermeiden sind
b) Einbeziehung des ersten Prämolaren zur tangentialen Versteifung von aus Goldlegierungen angefertigtem Frontzahnersatz
c) Anfertigung von Kronen- und Brückenarbeiten für Sänger und Schauspieler sowie Berufsmusiker (Blasinstrumente) im Frontzahnbereich einschließlich des ersten Prämolaren
d) Gußfüllungen im Frontzahnbereich
e) Wurzelstiften, sofern die Indikation gemäß Buchstaben a bis c gegeben ist.

2. Herausnehmbarer Zahnersatz

(1) Herausnehmbarer Zahnersatz ist aus Nicht-Edelmetallegierungen mit hohem Schmelzpunkt anzufertigen.
(2) In Ausnahmefällen dürfen Goldlegierungen in Anwendung kommen bei Klammern, sofern diese an mit Goldkronen oder Goldinlays versorgten Zähnen im Frontzahnbereich benötigt werden.

3. Chirurgisch-prothetische Behandlung

Bei prä- und postoperativer prothetischer Behandlung sowie bei der Behandlung von Unfällen ist entsprechend dieser Indikation zu verfahren.

4. Ausbildung der Studenten

Die Indikation gilt auch für die Anfertigung von Zahnersatz in der Ausbildung der Studenten. Jeder Student darf jedoch während der gesamten Ausbildung vier Inlays in Goplat anfertigen, auch wenn die Indikation überschritten werden muß.

[1]) Hierunter fällt die Gesamtmenge des in der unverletzten Originalverpackung ausgewiesenen Dentalgoldes.
[2]) Edelmetallbestandsbuch Bestell-Nr. 2018 VV Freiberg
[3]) Edelmetallausgabebuch Bestell-Nr. 2023 VV Freiberg
[4]) Edelmetallabrechnung Bestell-Nr. 2017 VV Freiberg

Gemeinsame Richtlinie zur Qualitätssicherung und -entwicklung von Arzneimitteln, diesen gleichgestellten Stoffen, Zubereitungen und Gegenständen sowie Gesundheitspflegemitteln des Instituts für Arzneimittelwesen der DDR und der *VVB Pharmazeutische Industrie*[1]) vom 1. April 1977

Auf der Grundlage der Vereinbarung über die staatliche Qualitätskontrolle für Arzneimittel und Gesundheitspflegemittel vom 23. November 1970 zwischen dem ASMW, dem MfGe und dem MfLFN wird zur Sicherung einer hohen Qualität von Arzneimitteln und Gesundheitspflegemitteln entsprechend den Bestimmungen des Arzneimittelgesetzes vom Mai 1964 und seinen Durchführungsbestimmungen sowie in Anwendung der Verordnung über die Sicherung und Steigerung der Qualität der Erzeugnisse in den Kombinaten und Betrieben — Qualitätssicherungsverordnung — vom 18. Dezember 1969 folgendes festgelegt:

1. Verantwortung des Generaldirektors der *VVB*[1])

Der Generaldirektor der *VVB* ist für die Sicherung und Steigerung der Qualität der Arzneimittel, Gesundheitspflegemittel und Labordiagnostika verantwortlich, die in den ihm unterstellten Kombinaten und Betrieben hergestellt werden.
Der Generaldirektor der *VVB* leitet die zu den Erzeugnisgruppen seines Industriezweiges gehörenden Betriebe, die nicht direkt unterstellt sind, bei Aufgaben zur Qualitätssicherung und -entwicklung an und bezieht diese Betriebe in Abstimmung mit den zuständigen Organen in den gegenseitigen Erfahrungsaustausch ein.
Der Generaldirektor der *VVB* ist verpflichtet, einheitliche Prinzipien für die Qualitätssicherung in den ihm unterstellten Kombinaten und Betrieben durchzusetzen und entsprechende Voraussetzungen zu schaffen.
Der Generaldirektor der *VVB* ist verpflichtet, quartalsweise die Qualitätsberichterstattung der Kombinate und Betriebe auszuwerten und auf der Grundlage einer Jahresanalyse dem Institut für Arzneimittelwesen der DDR Schwerpunkte der weiteren Arbeit vorzuschlagen.
Der Generaldirektor der *VVB* stützt sich insbesondere auf folgende Materialien:

- das Forderungsprogramm des Ministeriums für Gesundheitswesen zur weiteren Verbesserung des Arzneimittelsortiments;
- das Qualitätsforderungsprogramm des Institutes für Arzneimittelwesen der DDR;
- die aus der operativen Tätigkeit des Institutes für Arzneimittelwesen der DDR resultierenden Auflagen, Ausnahmegenehmigungen und Berichte;
- die einheitliche Qualitätsberichterstattung der Betriebe gegenüber *VVB* und IFAR.

Zur Wahrnehmung seiner Aufgaben auf dem Gebiet der Qualitätssicherung setzt der Generaldirektor der *VVB* mit entsprechenden Voraussetzungen einen TKO-Verantwortlichen ein.

2. Aufgaben des TKO-Verantwortlichen der *VVB*[1])

Der TKO-Verantwortliche der *VVB* hat folgende Aufgaben zu erfüllen:

- Anleitung und Kontrolle der aus dem Forderungsprogramm des Ministeriums für Gesundheitswesen sich ergebenden Aufgaben auf dem Gebiet der Qualitätssicherung
- Überwachung und Umsetzung des Qualitätsforderungsprogramms des Institutes für Arzneimittelwesen der DDR und der zusätzlichen Vorhaben der *VVB*, der Kombinate und Betriebe auf dem Gebiet der Qualitätsentwicklung in die entsprechenden Pläne
- Begründung nicht aufgenommener Positionen des Qualitätsforderungsprogramms gegenüber dem Institut für Arzneimittelwesen der DDR und Darlegung von Alternativen
- Ständige Auswertung von Informationen über die Qualitätssituation im Industriezweig, Analyse der Ursachen von Qualitätsmängeln und Ausarbeitung von Vorschlägen zur Behebung oder Verhütung von Qualitätseinbrüchen
- Durchführung von Inspektionen in den Kombinaten und Betrieben
- Mitwirkung bei der Weiterentwicklung der Standardisierung und des Meßwesens
- Unterbreitung von Vorschlägen für Qualifizierungsmaßnahmen und Anleitungen auf dem Gebiet der Qualitätssicherung gegenüber dem Institut für Arzneimittelwesen der DDR und organisatorische Vorbereitung entsprechender Veranstaltungen
- Vorbereitung spezieller Qualitätskonferenzen auf der Ebene der Betriebe, Kombinate und der *VVB*
- Mitwirkung bei der Erarbeitung und Überwachung quantitativer und qualitativer Normative für die Besetzung und Ausrüstung der TKO
- Mitwirkung bei der Entwicklung, Bereitstellung und Lieferung von Organisationsmitteln und Ausrüstungen, die einheitlich in den TKO zur Anwendung kommen sollen
- Mitwirkung bei der Ausarbeitung von Vorschlägen, die Maßnahmen zur Qualitätssicherung und Verbesserung in den sozialistischen Wettbewerb einbeziehen, die der Auszeichnung von Werktätigen und Kollektiven für besondere Leistungen auf dem Gebiet der Qualitätssicherung dienen und die die Erfüllung der qualitativen Kennziffern mit zum Maßstab der Vergütung bestimmter Kader und der Planerfüllung machen
- Weiterentwicklung des Informationssystems auf dem Gebiet der Qualitätsberichterstattung
- Entwicklung und Weiterentwicklung eines einheitlichen Qualitätssicherungssystems für den Industriezweig

Der TKO-Verantwortliche der *VVB* untersteht disziplinarisch unmittelbar dem Generaldirektor; er arbeitet nach einem Arbeitsplan, der vom Direktor des Institutes für Arznei-

mittelwesen der DDR und dem Generaldirektor der *VVB* gemeinsam bestätigt ist; er erhält fachliche Anleitung vom Institut für Arzneimittelwesen der DDR.
Der TKO-Verantwortliche der *VVB* nimmt an allen die Qualität von Arzneimitteln berührenden Beratungen des Generaldirektors teil.

3. Aufgaben der Direktoren der Kombinate und Betriebe

Die Direktoren der Kombinate und Betriebe sind verantwortlich für die

- Einführung und Durchsetzung von Qualitätssicherungssystemen;
- Einhaltung der Qualitätsparameter, die durch das Arzneimittelgesetz und seine Durchführungsbestimmungen vorgegeben sind;
- Erreichung der Qualitätsziele, die in den Plänen Wissenschaft und Technik verankert sind;
- Erfüllung von Verfügungen, Auflagen und Weisungen des Institutes für Arzneimittelwesen der DDR;
- ordnungsgemäße Qualitätsberichterstattung entsprechend den getroffenen Festlegungen (Anlage);
- volle Unterstützung der TKOP bei der Erfüllung ihrer Aufgaben (Kapazitäten, Informationen);
- Unterstützung aller Maßnahmen,die der Sicherung und Weiterentwicklung der Qualität dienen;
- einvernehmliche Delegierung von Mitarbeitern an das IFAR zur Lösung von Schwerpunktaufgaben.

4. Stellung der TKO

Jeder Arzneimittel, Gesundheitspflegemittel oder Labordiagnostika herstellende Betrieb muß eine eigene TKO-Pharmazie (TKOP) und einen hierfür verantwortlichen TKOP-Leiter besitzen. Soweit solche Betriebe in geringerem Umfange auch andere Erzeugnisse herstellen, die der Kontrolle des ASMW unterliegen, können die dafür zuständigen Mitarbeiter oder Abteilungsleiter dem Leiter der TKOP unterstellt werden.
Soweit die Herstellung von Erzeugnissen, deren Kontrolle dem ASMW unterliegt, überwiegt, hat der Mitarbeiter oder Abteilungsleiter, der für die Kontrolle der Arzneimittel, Gesundheitspflegemittel oder Labordiagnostika verantwortlich ist, gegenüber dem Direktor des Betriebes und des Institutes für Arzneimittelwesen der DDR die Stellung eines TKOP-Leiters.
In besonderen Fällen kann die Leitung der TKOP mit Zustimmung des Direktors des Institutes für Arzneimittelwesen der DDR auf vertraglicher Basis von Wissenschaftlern außerhalb des Produktionsbetriebes durchgeführt werden.

Die Einstellung, Versetzung oder Kündigung des Leiters der TKOP erfolgt mit Zustimmung des Generaldirektors der zuständigen VVB im Einvernehmen mit dem Generaldirektor der *VVB Pharmazeutische Industrie*[1]) und dem Direktor des Institutes für Arzneimittelwesen der DDR.
Der Leiter der TKOP ist dem Werkdirektor direkt unterstellt und ist berechtigt, an den Leitungsberatungen teilzunehmen.
Die Mitarbeiter der TKOP werden nur mit Einverständnis des Leiters der TKOP eingestellt, entlassen und umgesetzt.
Ist der Werkleiter mit der Beurteilung von Fertigungsprozessen oder Erzeugnissen durch die TKOP und den sich daraus ergebenden Maßnahmen nicht einverstanden, so entscheidet auf Antrag des Leiters der TKOP das übergeordnete Organ im Einvernehmen mit dem Institut für Arzneimittelwesen der DDR.

5. Rechte und Pflichten des Leiters der TKOP

Der Leiter der TKOP kontrolliert bzw. realisiert die planmäßige Durchführung aller der Sicherung und Weiterentwicklung der Qualität im Betrieb dienenden Maßnahmen. Hierzu gehören insbesondere die

- Information des Direktors über den Erfüllungsstand des Qualitätsprogramms des Komb./Betr. einschließlich der Erfüllung des Qualitätsforderungsprogramms des Institutes für Arzneimittelwesen der DDR bzw. der entsprechenden Positionen des Planes Wissenschaft und Technik;
- • über die jeweilige Qualitätssituation, ausgedrückt durch Verfügungen, erteilte und beantragte Ausnahmegenehmigungen, Weisungen und Auflagen des Institutes für Arzneimittelwesen der DDR;
- • über eingetretene und zu erwartende Qualitätsprobleme des Betriebes;
- • über den Inhalt der Qualitätsberichterstattung an das Institut für Arzneimittelwesen der DDR und die *VVB Pharmazeutische Industrie*[1]);
- • über notwendige Maßnahmen zur Förderung des Qualitätsbewußtseins im Betrieb;
- regelmäßige Kontrolle der Wareneingänge auf der Grundlage verbindlicher Qualitätsnormative und die Überwachung der ordnungsgemäßen Kennzeichnung und Sicherung dieser Materialien;
- ständige Kontrolle des Produktionsprozesses unter besonderer Berücksichtigung der schrittweisen Durchsetzung der GMP-Empfehlungen, der ordnungsgemäßen Führung der Produktionsbegleitscheine, der Nutzung der Kontrollbücher, der Kennzeichnung der Erzeugnisse und Aggregate, der hygienischen Bedingungen, der Einbeziehung der Werktätigen in die Bewegung „Jeder liefert jedem Qualität";

- Kontrolle der Fertigerzeugnisse auf der Grundlage der vom Institut für Arzneimittelwesen der DDR bestätigten Gütevorschriften und des Arzneibuches der DDR einschließlich der Kontrolle der Verpackungs- und Informationsmaterialien;
- Erfassung und Auswertung von Reklamationen und Meldungen über schädliche Wirkungen;
- Dokumentation der Kontrollergebnisse;
- planmäßige Einführung moderner Kontrolltechnik in allen Bereichen der Produktion und Kontrolle in Zusammenarbeit mit dem Direktor für Produktion;
- ständige Weiterentwicklung der analytischen Methoden für die Kontrolle der Ausgangs-, Zwischen- und Fertigprodukte einschließlich der benötigten Hilfsmaterialien sowie die qualitative Absicherung aller Erzeugnisse im Prozeß der Forschung und Entwicklung entsprechend den Bestimmungen der 12. DB zum Arzneimittelgesetz in Zusammenarbeit mit dem Direktor für Forschung;
- enge Zusammenarbeit mit dem IFAR und die Erfüllung der entsprechenden Auflagen.

— Der Leiter der TKOP des Betriebes hat durch eine konsequente Qualitätsbeurteilung dafür zu sorgen, daß die Lieferungen des Betriebes den Qualitätsfestlegungen entsprechen. Er ist verpflichtet, notwendige Kontrolluntersuchungen auch nach Beendigung der Konfektionierung der Arzneimittel durchzuführen, und er ist für die Entnahme der Untersuchungsmuster verantwortlich. Er hat insbesondere durch Kurzzeit- und Langzeitstabilitätsversuche zu gewährleisten, daß die betriebliche Garantie für die Erzeugnisse der gesetzlich festgelegten Haltbarkeit entspricht.

— Der Leiter der TKOP des Betriebes ist verpflichtet, die Ergebnisse einzelner Produktionsstufen sowie die Endprodukte, die den Qualitätsfestlegungen nicht entsprechen, als für die Weiterverarbeitung ungeeignet deutlich zu kennzeichnen und die Unterbrechung der Weiterverarbeitung oder die Nichtauslieferung vom Werkleiter zu fordern. Derartige Maßnahmen sind in den Quartalsberichten an das Institut für Arzneimittelwesen der DDR verbal mit auszuweisen.

— Rezeptur-, Verfahrens-, Verpackungs- und Druckschriftenänderungen bedürfen grundsätzlich der vorherigen Zustimmung des Leiters der TKOP. Gehen Rezepturänderungen über unwesentliche Variationen der Hilfsstoffe hinaus, werden Festlegungen von Gütevorschriften berührt oder lassen sich durch die eintretenden Änderungen Qualitätsbeeinflussungen nicht sicher ausschließen, so ist die Zustimmung des Institutes für Arzneimittelwesen der DDR erforderlich. Entsprechende Anträge sind vom Leiter der TKOP mitzuzeichnen.
Im übrigen ist der Leiter der TKOP in seinem Schriftverkehr mit dem Institut für Arzneimittelwesen der DDR allein zeichnungsberechtigt.

— Der Leiter der TKOP kann vom Direktor schriftliche Weisungen zur Durchsetzung geforderter Maßnahmen der TKOP im Bereich der Lagerwirtschaft, der Produktion, der Forschung, des Bereiches Med.-Wiss. und des Transportes u. ä. verlangen.

- Der Leiter der TKOP nimmt an allen Beratungen der Direktoren teil, die Probleme der Qualität berühren. Dazu gehören auch die Erörterung von Investitions-/Rekonstruktionsvorhaben, Verfahrensänderungen, Beurteilung von Neuerermethoden und Wettbewerbsbedingungen zum Zwecke der Qualitätssicherung und -steigerung. Erforderlichenfalls hat er sich über dabei auftretende Probleme mit dem Institut für Arzneimittelwesen der DDR zu konsultieren.
- Der Leiter der TKOP kann vom Werkdirektor erforderlichenfalls folgende spezielle Anweisungen verlangen:

  - Weisung zur Durchsetzung von Ordnung und Sicherheit im Lagerbereich und zur Kennzeichnung von Erzeugnissen und Aggregaten in der Produktion;
  - Weisung zur Produktionshygiene;
  - Weisung zur Abstimmung aller verfahrensändernden Maßnahmen und Investitionsvorhaben mit der TKOP;
  - Weisung zur Abstimmung aller Verpackungs- und Informationsmaterialien betreffenden Maßnahmen mit der TKOP;
  - Weisung zur Durchsetzung von Kontrollmaßnahmen im Auftrag der TKOP im Bereich der Produktion;
  - Weisung für die Ausarbeitung analytischer Verfahren, sonstiger Kontrollmethoden, Gütevorschriften, Monografieentwürfen und Stabilitätsgutachten für die TKO durch den Bereich Forschung;
  - Weisung über die Zusammenarbeit mit der TKOP bei der Entwicklung neuer Erzeugnisse.

Der Leiter der TKOP bzw. seine Mitarbeiter sind zur Teilnahme an den Anleitungen des Institutes für Arzneimittelwesen der DDR verpflichtet.

6. Besondere Festlegungen

Probleme der Standardisierung und des Meßwesens — soweit sie Arzneimittel, gleichgestellte Stoffe, Zubereitungen und Gegenstände sowie Gesundheitspflegemittel betreffen — gehören zum Aufgabenbereich der TKOP. Die TKOP darf nicht mit Aufgaben betraut werden, die außerhalb ihrer Funktion liegen.
Die Leiter der TKOP von Kombinaten sind entsprechend der gültigen TKO-Ordnung (Ordnung über Aufgaben und Stellung der TKO in den Kombinaten der *VVB Pharmazeutische Industrie*[1]) zusätzlich zur Anleitung, Kontrolle und Koordinierung der Arbeit der betrieblichen TKOP verpflichtet.

7. Verantwortung des Direktors des Institutes für Arzneimittelwesen der DDR

Der Direktor des Institutes für Arzneimittelwesen der DDR sichert im Rahmen der dem Institut übertragenen Kontroll- und Forschungsaufgaben zur Realisierung dieser Richtlinie u. a.

die Erfüllung aller aus dieser Richtlinie resultierenden Anleitungs-, Forschungs-, Kontroll- und Informationsaufgaben;

in Verbindung mit der Übergabe des Qualitätsforderungsprogrammes an den Generaldirektor die Abgabe einer Einschätzung des Erfüllungsstandes des Forderungsprogrammes des Vorjahres;

jährlich eine Auswertung des im Industriezweig erreichten Qualitätsstandes gemeinsam mit dem Generaldirektor und den Direktoren der Kombinate und Betriebe;

die regelmäßige Information des Generaldirektors über das Ergebnis von Betriebskontrollen des Institutes;

die Übergabe von Sofortinformationen an den Generaldirektor über Qualitätsvorkommnisse, die aus der Sicht des Institutes der unverzüglichen Überprüfung bzw. Entscheidung bedürfen;

mit Unterstützung der *VVB* die regelmäßige Durchführung von Beratungen mit den Leitern der TKOP und erforderlichenfalls den Leitern anderer Strukturelemente mit dem Ziel der weiteren Hebung des Qualitätsniveaus der Erzeugnisse;

die Unterstützung der Betriebe bei der Lösung von Schwerpunktaufgaben zur Qualitätssicherung durch Mitarbeiter des Institutes auf der Basis von Aufträgen oder Neuerervereinbarungen;

die enge Kooperation auf dem Gebiet der Information/Dokumentation.

[1]) jetzt: VEB Pharmazeutisches Kombinat GERMED Dresden.

Grundregeln der Weltgesundheitsorganisation für die Herstellung von Arzneimitteln und die Sicherung ihrer Qualität[1][2][3]

1. Allgemeine Bestimmungen

Bei der Herstellung von Arzneimitteln ist eine umfassende Kontrolle unentbehrlich, um sicherzustellen, daß der Endverbraucher Arzneimittel hoher Qualität erhält. Bei der Herstellung von Substanzen, die notwendig sein können, um Leben zu retten oder Gesundheit wiederherzustellen oder zu bewahren, kann kein Arbeitsgang dem Zufall überlassen werden.
Es werden sich zweifellos Schwierigkeiten ergeben bei der Festlegung der notwendigen Kriterien zur Herstellung von Arzneimitteln, die festgelegten Vorschriften entsprechen und deshalb unbedenklich verwendet werden können. Empfohlene Maßnahmen zur Herstellung von Arzneimitteln gewünschter Qualität werden im folgenden dargestellt. Die Befolgung dieser Maßnahmen, welche die verschiedenen Kontrollen von Anfang bis Ende des Herstellungsprozesses ergänzen, wird wesentlich zur Herstellung ausschließlich homogener Chargen von Arzneimitteln hoher Qualität beitragen.
Der Herstellerbetrieb muß die Verantwortung für die Qualität der von ihm hergestellten Arzneimittel übernehmen. Er allein kann Fehler vermeiden und Fehlleistungen verhindern, indem er angemessene Sorgfalt sowohl in seinen Herstellungs- als auch in seinen Kontrollverfahren walten läßt.
Die unten dargestellten Grundregeln sollten als allgemeine Leitlinien betrachtet werden. Wenn nötig, können sie an die Erfordernisse des Einzelfalls angepaßt werden, vorausgesetzt, daß die festgelegten Qualitätsnormen der Arzneimittel noch erreicht werden.[4]
Sie gelten für die Herstellungsverfahren (einschließlich Verpackung und Etikettierung), die bei der Produktion von Arzneifertigwaren verwendet werden.
Es geschieht des öfteren, daß mehrere Betriebe bei der Herstellung (einschließlich Verpackung und Etikettierung) von Arzneifertigwaren zusammenwirken. Es kann auch geschehen, daß ein fertiggestelltes, verpacktes und etikettiertes Arzneimittel neu verpackt und/oder neu etikettiert wird und eine neue Bezeichnung bekommt. Es wird darauf hingewiesen, daß solche Verfahrensweisen den unten vorgeschlagenen Forderungen unterliegen sollten, da sie einen Teil des Herstellungsverfahrens bilden.
Die hier erhobenen Forderungen beziehen sich in erster Linie auf Zubereitungen für die Anwendung beim Menschen. Jedoch ist der Qualität bei der Herstellung von Tierarzneimitteln die gleiche Aufmerksamkeit zu widmen.

2. Definitionen

Für die Zwecke dieses Dokumentes werden die folgenden Definitionen getroffen:

Arzneimittel. Jede Substanz oder Mischung von Substanzen, die hergestellt, verkauft, zum Kauf oder zur Verwendung angeboten wird zwecks (1) Behandlung, Linderung, Vorbeugung oder Diagnose einer Krankheit, eines anomalen körperlichen Zustandes oder entsprechender Symptome bei Mensch oder Tier; oder zwecks (2) Wiederherstellung, Verbesserung oder Einwirkung auf organische Funktionen bei Mensch oder Tier.

Herstellung. Alle mit der Produktion eines Arzneimittels verbundenen Arbeitsgänge, einschließlich Verarbeitung, Mischung, Formulierung, Abfüllung, Verpackung und Kennzeichnung.

Ausgangsmaterialien. Alle Substanzen, die bei der Herstellung von Arzneimitteln verwendet werden, gleichgültig ob Wirkstoffe oder Hilfsstoffe, ob sie unverändert bleiben oder verändert werden.

Charge. Die Menge eines Arzneimittels, die während eines gegebenen Herstellungsprozesses produziert wird. Das Wesentliche einer Charge aus der Produktion ist ihre Homogenität.

Chargennummer. Eine Kennzeichnung (in Zahlen und/oder Buchstaben), welche die Charge identifiziert und den Produktionsablauf der Charge enthält, einschließlich aller Herstellungsstufen und Kontrollen, zum Zwecke der Feststellung und Überprüfung.

Quarantäne. Der Zustand eines abgesonderten Materials, das erst nach der Freigabe zur Verwendung verfügbar ist.

Qualitätskontrolle. Alle Maßnahmen zur Gewährleistung der Produktion von einheitlichen Arzneimittelchargen, die den festgelegten Vorschriften für Identität, Gehalt, Reinheit und anderen Merkmalen entsprechen.

Halbfertigware. Jedes Material oder jede Mischung von Materialien, die weiterer Bearbeitung bedürfen.

3. Personal

Fachleute, die für die Leitung und Aufsicht der Herstellung und Qualitätskontrolle von Arzneimitteln verantwortlich sind, sollten die Qualifikation einer wissenschaftlichen Ausbildung und praktischen Erfahrung besitzen, wie sie von der staatlichen Gesetzgebung gefordert wird. Ihre Ausbildung sollte umfassen: das Studium einer geeigneten Kombination von (a) Chemie (analytische Chemie, Biochemie usw.); (b) chemische Verfahrenstechnik; (c) Mikrobiologie; (d) Pharmazeutische Wissenschaften und Technologie; (e) Pharmakologie und Toxikologie; (f) Physiologie und Histologie; und (g) andere verwandte Fachdisziplinen. Sie sollten auch angemessene praktische Erfahrung in der Herstellung und

Qualitätskontrolle von Arzneimitteln haben. Um solch eine Erfahrung zu erwerben, kann eine Einarbeitungszeit erforderlich sein, während derer sie ihre Arbeitsaufgaben unter sachkundiger Leitung ausüben. Die wissenschaftliche Ausbildung und praktische Erfahrung der Fachleute sollten sie befähigen, ein unabhängiges Fachurteil fällen zu können, begründet durch die Anwendung wissenschaftlicher Prinzipien und das Verständnis praktischer Probleme, wie sie bei der Herstellung und Kontrolle von Arzneimitteln auftreten. Solche Fachleute sollten vorzugsweise keine Interessen außerhalb des Herstellerbetriebes haben, die (a) sie daran hindern oder darin einschränken, die notwendige Zeit den ihnen zugewiesenen Verpflichtungen zu widmen oder (b) sie in einen finanziellen Interessenkonflikt bringen könnten. Schließlich sollte ihnen alle Befugnis und die notwendigen Voraussetzungen dafür gegeben werden, ihre Arbeitsaufgaben wirksam auszuführen.
Zusätzlich zu den oben genannten Fachleuten sollte eine angemessene Zahl von technisch ausgebildetem Personal verfügbar sein, um die Herstellungs- und Kontrolloperationen in Übereinstimmung mit den festgelegten Verfahren und Vorschriften durchzuführen. Alle Mitarbeiter sollten zur Erreichung und Aufrechterhaltung hoher Qualitätsnormen motiviert werden.

4. Räumlichkeiten

4.1. Allgemeines

Arzneimittel sollten in Räumlichkeiten hergestellt, verarbeitet, verpackt, etikettiert und geprüft werden, die für diese Zwecke geeignet sind.
Bei der Entscheidung über die Eignung von Räumlichkeiten sollte beachtet werden:
(1) die Verträglichkeit anderer Herstellungsoperationen, die evtl. in denselben oder angrenzenden Räumlichkeiten durchgeführt werden;
(2) die Angemessenheit des Arbeitsraumes, der die ordnungsgemäße und zweckentsprechende Anordnung von Gerät und Materialien gestattet, um (a) die Gefahr einer Verwechslung zwischen verschiedenen Arzneimitteln oder ihren Bestandteilen zu minimieren, (b) die Möglichkeit der wechselseitigen Verunreinigung durch andere Arzneimittel oder Substanzen ("cross-contamination") zu überwachen und (c) die Gefahr der Unterlassung eines Herstellungs- oder Kontrollschrittes zu minimieren;
(3) jene äußere Beschaffenheit der Räumlichkeiten, welche die Qualität und Sicherheit der Produkte beeinflussen könnte: die Gebäude sollten derart geplant und gebaut sein, daß das Eindringen von Tieren und Insekten verhindert wird; die Innenflächen (Wände, Fußböden und Decken) sollten glatt und frei von Rissen sein, nicht abblättern und eine leichte Säuberung und, wenn nötig, Desinfektion gestatten;
(4) Beleuchtung, Heizung und Belüftung und, wenn nötig, Klimatisierung zur Aufrechterhaltung einer angemessenen Temperatur und relativen Luftfeuchtigkeit, die weder das Arzneimittel während der Herstellung und Lagerung noch die Genauigkeit und Funktionstüchtigkeit der Laborgeräte nachteilig beeinflussen.

4.2. Lagerbereiche

Die Eignung von Lagerbereichen kann nicht derart genau bestimmt werden, daß sie alle denkbaren Möglichkeiten umfaßt. Trotzdem sollten die folgenden Prinzipien beachtet werden:

(1) Lagerbereiche sollten angemessenen Raum und geeignete Beleuchtung aufweisen und so eingerichtet und ausgestattet sein, daß die eingelagerten Materialien und Produkte trocken, sauber und ordnungsgemäß untergebracht sind, wenn nötig, unter kontrollierten Temperatur- und Feuchtigkeitsbedingungen;
(2) solche Bereiche sollten die geeignete und wirksame Trennung von in Quarantäne befindlichen und anderen Materialien und Produkten ermöglichen;
(3) besondere und abgetrennte Bereiche sollten verfügbar sein zur Lagerung von

(a) besonders feuer- und explosionsgefährlichen Substanzen;
(b) hochtoxischen Arzneimitteln, Suchtmitteln und anderen gefährlichen Arzneimitteln (diese Räume sollten in angemessener Weise gegen Einbrüche gesichert sein);
(c) zurückgewiesenen oder aus dem Verkehr gezogenen Materialien und Produkten.

4.3. Besonderheiten

Für spezielle Zwecke, z. B. für die Herstellung von Arzneimitteln, die steril sein sollen, aber nicht in ihren Endbehältnissen sterilisiert werden können, sollten gesonderte, geschlossene Bereiche, speziell für diesen Zweck bestimmt, verfügbar sein. Diese Bereiche sollten durch eine Luftschleuse betreten werden, absolut staubfrei sein und belüftet werden durch Bakterienfilter und einen höheren Luftdruck als die angrenzenden Räume haben. Solche Filter sollten bei Installation und später regelmäßig auf ihre Leistung überprüft werden. Alle Flächen in den Herstellungsräumen sollten eine leichte Säuberung und Desinfektion gestatten.
Vor und während der Herstellungsoperationen sollten routinemäßig Keimzahlbestimmungen der Luft in den oben beschriebenen Räumen durchgeführt werden. Die Ergebnisse solcher Keimzahlbestimmungen sollten mit den festgelegten Normen verglichen und über die Zählungen Protokoll geführt werden.
Für die Herstellung von Arzneimitteln, die in ihren Endbehältnissen sterilisiert werden können, gelten die obigen Anforderungen im Prinzip ebenfalls, mit Ausnahme der obligatorischen sterilen Luftversorgung. Die Anlage von Bereichen, die für diesen Zweck benutzt werden, sollte die Möglichkeit ausschließen, daß für die Sterilisation vorgesehene Produkte mit schon sterilisierten Produkten vermischt oder irrtümlich für solche gehalten werden. Das kann leicht durch die Verwendung eines Sterilisators erreicht werden, der sich nach zwei Räumen hin öffnet, welche voneinander getrennt sind und miteinander nicht in Verbindung stehen.

5. Ausrüstung

Die technische Ausrüstung sollte derart beschaffen, aufgestellt und in Stand gehalten werden, daß sie
(1) für den vorgesehenen Zweck geeignet ist;
(2) eine gründliche Reinigung, wo immer nötig, ermöglicht;
(3) jede Verunreinigung der Arzneimittel und ihrer Behältnisse während der Herstellung minimiert und
(4) die Gefahr der Verwechslung oder der Unterlassung eines Verarbeitungsschrittes wie z. B. Filteration oder Sterilisation minimiert.
Die Betriebsbedingungen innerhalb des Sterilisators sollten mit Hilfe von Kontrollgeräten überwacht werden, die anfänglich geeicht und zu festgelegten Zeitpunkten und mit anerkannten Methoden überprüft werden sollten. Geeignete standardisierte biologische Sterilisationsindikatoren können zum Nachweis angemessener Sterilisationsbedingungen verwendet werden.
Die technische Ausrüstung und die Geräte sollten gründlich gereinigt und, wenn nötig, sterilisiert und in Übereinstimmung mit besonderen schriftlichen Anweisungen gewartet werden. Wenn angezeigt, sollte die ganze Ausrüstung auseinandergenommen und gründlich gereinigt werden, um die Übertragung von Arzneimittelrückständen von vorherigen Prozessen auszuschließen. Über solche Maßnahmen sollte in angemessener Weise Protokoll geführt werden.
Die für die aseptische Abfüllung verwendete Ausrüstung sollte zu geeigneten Zeitpunkten mit mikrobiologischen Methoden überprüft werden.[5]) Die in der Produktion und Qualitätskontrolle verwendete Wäge- und Meßausrüstung sollte zu geeigneten Zeitpunkten und mit geeigneten Methoden geeicht und überprüft werden. Über solche Prüfungen sollte in angemessener Weise Protokoll geführt werden.

6. Hygiene

Die Herstellungsgebäude sollten in Übereinstimmung mit den Hygienenormen der zuständigen Gesundheitsbehörde instand gehalten werden. Sie sollten sauber und frei von angesammeltem Abfall, ordentlich und frei von Ungeziefer sein. Ein schriftliches Hygieneprogramm sollte vorhanden sein, mit Angaben über:
(1) zu reinigende Räume und Reinigungsabstände;
(2) zu befolgende Reinigungsverfahren und, wenn nötig, für die Reinigung zu verwendende Geräte und Materialien und
(3) das für die Reinigung bestimmte und verantwortliche Personal.
Essen, Rauchen und unhygienisches Verhalten sollten in den Herstellungsräumen nicht gestattet sein.
Genügend saubere, gut belüftete Toiletten einschließlich Handwaschgelegenheiten und Umkleideräume zur Benutzung durch das Herstellungspersonal sollten in der Nähe der Arbeitsräume vorhanden sein.

7. Ausgangsmaterialien

Von allen Ausgangsmaterialien sollte ein Bestandsverzeichnis angefertigt werden, das auf jeder Stufe der Arzneimittelherstellung verwendet werden kann. Es sollten Aufzeichnungen geführt werden über ihre Lieferer, die Herkunft (wenn möglich), das Eingangsdatum, das Analysendatum, Datum der Freigabe durch die Qualitätskontrollabteilung und über ihre anschließende Verwendung in der Produktion.
Alle solchen Materialien müssen
(1) eindeutig gekennzeichnet und ihre Behältnisse auf Beschädigung hin untersucht sein;
(2) ordnungsgemäß in Quarantäne gelagert sein;
(3) ordnungsgemäß von der Qualitätskontrollabteilung bemustert sein;
(4) auf Übereinstimmung mit den Anforderungen geprüft werden (alle Materialien sollten gekennzeichnet sein, um anzuzeigen, daß sie sich noch in Untersuchung befinden) und
(5) von der Qualitätskontrollabteilung durch schriftliche Anweisung aus der Quarantäne freigegeben werden.
Ausgangsmaterialien, die angenommen oder freigegeben sind, sollten ordnungsgemäß und deutlich sichtbar als solche gekennzeichnet werden und dann, wenn nötig, in die für die Lagerung solcher Materialien bestimmten Räume gebracht werden.
Alle zurückgewiesenen Ausgangsmaterialien sollten deutlich sichtbar als solche gekennzeichnet und vernichtet oder dem Lieferer so bald wie möglich zurückgeschickt werden.

8. Herstellungsoperationen

Herstellungsoperationen und Kontrollen sollten unter der Leitung und Aufsicht von Fachleuten durchgeführt werden, wie in Abschnitt 3 angegeben.

8.1. Sauberkeit

Bevor irgendein Arbeitsgang begonnen wird, sollte eine Kontrolle durchgeführt werden, um zu gewährleisten, daß alle Apparaturen und Ausrüstungen, die bei den Arbeiten eingesetzt werden, gesäubert und/oder sterilisiert worden sind (s. Abschnitt 5).

8.2. Ausrüstung und Behältnisse

Der Inhalt aller Gefäße und Behältnisse, die bei der Herstellung und Lagerung zwischen den Herstellungsstufen verwendet werden, muß durch deutlich sichtbar angebrachte und klar lesbare Etiketten identifiziert werden, die den Namen und/oder Identifikationscode der verarbeiteten Materialien und die erforderlichen Chargenbezeichnungen tragen. Ähnliche Kennzeichnungen sollten an den Maschinen während der Benutzung befestigt sein.

8.3. Vorkehrungen gegen Verunreinigungen und Verwechslungen

Alle Herstellungsoperationen sollten auf die für solche Zwecke vorgesehenen gesonderten Bereiche beschränkt sein, die mit einer vollständigen, ausschließlich in diesen Bereichen zu benutzenden Ausrüstung ausgestattet sind, oder es sollten Maßnahmen ergriffen werden, um zu gewährleisten, daß weder wechselseitige Verunreinigungen ("cross-contamination") noch Verwechslung vorkommen können.[6])
In den Herstellungsräumen sollte saubere Arbeitskleidung über oder anstatt der Straßenkleidung getragen werden.
Die Herstellung steriler Arzneimittel muß in Räumen erfolgen, die für diesen Zweck bestimmt und angelegt sind, wie in Abschnitt 4.3. angegeben. Wenn die verschiedenen Arbeitsgänge räumlich nicht voneinander getrennt sind und die Möglichkeit besteht, daß nicht sterilisierte und sterilisierte Produkte verwechselt werden können, sollten alle Behältnisse von zur Sterilisation bestimmten Chargen einen deutlichen Hinweis darauf tragen, ob ihr Inhalt sterilisiert worden ist oder nicht. Produkte, die aseptischen Arbeiten unterliegen, sollten vor Verunreinigung durch solche Methoden wie "Laminar-flow"-Techniken geschützt werden und dadurch, daß die Mitarbeiter saubere, sterilisierte Arbeitskittel, Kopfbedeckungen, Masken, Gummihandschuhe und Überschuhe tragen. Vor dem Anlegen der Arbeitskleidung und dem Betreten steriler Bereiche müssen die Mitarbeiter ihre Hände mit einem geeigneten Desinfektionsmittel waschen.
Alle mit Staubentwicklung verbundenen Herstellungsoperationen mit hochwirksamen Substanzen, besonders Antibiotika, sollten in geschlossenen Räumen durchgeführt werden, die mit ausreichenden Entlüftungssystemen ausgestattet sind oder unter ausreichendem Druck gehalten werden, um wechselseitige Verunreinigung ("cross-contamination") zu vermindern. Ausreichende Vorkehrungen sollten getroffen werden, um die Rückführung verunreinigter Luft zu verhindern.

8.4. Betriebspersonal

Keine Person, die bekanntermaßen an einer ansteckenden Krankheit leidet oder der Überträger einer solchen Krankheit ist, und keine Person mit offenen Wunden auf unbedeckten Körperflächen sollten bei der Herstellung von Arzneimitteln eingesetzt werden. Das Betriebspersonal sollte periodischen Gesundheitskontrollen unterliegen. Um jede Beeinträchtigung der Gesundheit durch den Umgang mit gefährlichen oder stark wirksamen Produkten zu verhindern, sollte das Betriebspersonal, wann immer nötig, Schutzkleidung, Schuhe, Kopfbedeckungen, Staubmasken usw. tragen, und solche Schutzkleidung sollte in den Räumen, in denen sie verwendet wird, verbleiben. In einigen Fällen kann es nötig sein, daß die Bewegungsfreiheit des Personals zu und/oder von besonderen Arbeitsbereichen eingeschränkt wird.

8.5. Unterlagen über Herstellungsverfahren

Unterlagen über Herstellungsverfahren[7]) für jedes Arzneimittel müssen unter der direkten Aufsicht von Fachleuten (s. Abschnitt 3) vorbereitet werden, die die nötige Befugnis besitzen. Sie sollten für jedes Arzneimittel mindestens die folgenden Informationen enthalten:

(1) Name und Arzneiform; Bezeichnung
(2) eine Beschreibung oder Bezeichnung des Endbehältnisses (der Endbehältnisse), des Verpackungsmaterials (der -materialien), der Etiketten und, wo anwendbar, des (der) verwendeten Verschlusses (Verschlüsse);
(3) Art, Menge und Qualität des Ausgangsmaterials, das verwendet werden soll, unabhängig davon, ob es in der Arzneifertigware enthalten ist oder nicht (die zulässige Überdosierung, die in einer formulierten Charge enthalten sein kann, sollte angegeben werden);
(4) die theoretischen Ausbeuten, die auf verschiedenen Herstellungsstufen einer Zubereitung zu erwarten sind und die zulässigen Ausbeutegrenzen;
(5) detaillierte Anweisungen für die Herstellung und Lagerung des Arzneimittels und der Halbfertigware und zu treffende Sicherheitsvorkehrungen;
(6) eine Beschreibung aller notwendigen Qualitätskontrollen und Analysen, die während jeder Herstellungsstufe durchgeführt werden sollen, einschließlich der Benennung von Personen oder Abteilungen, die für die Durchführung solcher Kontrollen und Analysen verantwortlich oder mit ihr beauftragt sind.

8.6. Chargenherstellungsprotokolle

Chargenherstellungsprotokolle müssen einen vollständigen Bericht des Produktionsablaufs jeder Charge liefern, indem sie nachweisen, daß sie in Übereinstimmung mit den Herstellungsverfahren und schriftlichen Anweisungen gemäß Abschnitt 8.5. hergestellt, geprüft und analysiert worden ist. Ein gesondertes Chargenherstellungsprotokoll sollte für jede produzierte Arzneimittelcharge angefertigt werden und die folgenden Informationen enthalten:

(1) Name und Arzneiform;
(2) Herstellungsdatum;
(3) Chargenbezeichnung;
(4) vollständige Zusammensetzung der Charge (s. Abschnitt 8.5., Punkt 3);
(5) die Chargennummer (oder Analysenkontrollnummer) jedes der in der Zubereitung verwendeten Bestandteile;
(6) die tatsächlich erhaltene Ausbeute auf verschiedenen Herstellungsstufen der Charge, verglichen mit der theoretischen Ausbeute (s. Abschnitt 8.5, Punkt 4);
(7) ordnungsgemäß unterschriebene Aufzeichnungen über jede Stufe, getroffene Sicherheitsvorkehrungen und besondere Beobachtungen, die während der gesamten Chargenherstellung gemacht wurden;

(8) Aufzeichnung über alle "in-process"-Kontrollen und deren Ergebnisse;
(9) ein Muster der tatsächlich verwendeten kodierten Etiketten;
(10) die Bezeichnung der Verpackungsmaterialien, Behältnisse und, wo anwendbar, der verwendeten Verschlüsse;
(11) die Unterschrift des für die Herstellung verantwortlichen Fachmanns mit Datum seiner Unterschrift;
(12) einen Analysenbericht, aus dem hervorgeht, ob die Charge den vorgeschriebenen Vorschriften für das Arzneimittel entspricht, von dem verantwortlichen Fachmann datiert und ordnungsgemäß unterzeichnet;
(13) Aufzeichnung über Freigabe oder Zurückweisung der Charge durch die Qualitätskontrollabteilung (s. Abschnitt 10.1. (5)) und
(14) falls die Charge zurückgewiesen wird, ein Protokoll über ihre Beseitigung oder Verwertung.

8.7. Aufbewahrung der Chargenherstellungsprotokolle

Für Belegzwecke sollten alle Chargenherstellungsprotokolle für eine bestimmte Zeit aufbewahrt werden.

9. Etikettierung und Verpackung

Etikettierungs- und Verpackungsmaterialien, einschließlich Beipackzettel, sollten derart gelagert und behandelt werden, daß gewährleistet ist, daß die Etiketten, Verpackungsmaterialien und Beipackzettel für unterschiedliche Produkte nicht untergemischt werden. Der Zugang zu solchen Materialien sollte auf befugtes Personal beschränkt sein.
Vor der Verpackung und Etikettierung einer Arzneimittelcharge sollte auf Grund der Herstellungs- und Kontrollberichte gemäß Abschnitt 8.6. nachgewiesen werden, daß die Charge ordnungsgemäß geprüft, abgenommen und von dem verantwortlichen Fachmann der Qualitätskontrolle freigegeben worden ist. Vor der Ausgabe sollten alle Etikette für Behältnisse, Kartons und Schachteln und alle Packungsbeilagen usw. geprüft und von der/den benannten Person/Personen als dem Verwendungszweck gemäß freigegeben werden (s. Abschnitt 10.1. (4)).
Zur Vermeidung von Irrtümern bei der Verpackung und Etikettierung sollte eine bekannte Zahl von Etikettierungs- und Verpackungseinheiten ausgegeben und, wenn erforderlich, kodiert werden. Solche Ausgabe sollte gegen eine schriftliche, unterzeichnete Anforderung erfolgen, welche die Menge und die erforderlichen Arten ausweist.
Nach Abschluß der Etikettierungs- und Verpackungsarbeiten sollte ein Vergleich zwischen der Zahl der ausgegebenen Etikettierungs- und Verpackungseinheiten und der Zahl der etikettierten und verpackten Posten plus der Zahl der nicht verwendeten Einheiten erfolgen. Alle kodierten, nicht verwendeten Einheiten sollten vernichtet werden. Jede bedeutende oder ungewöhnliche Diskrepanz in den Zahlen sollte sorgfältig untersucht werden.

Alle Arzneifertigwaren sollten mit einer Kennzeichnung versehen sein, die, deutlich ausgewiesen, mindestens die folgenden Informationen tragen sollte:

(1) den Namen des Arzneimittels;

(2) die arzneilich wirksamen Bestandteile sowie deren Mengen und eine Angabe des Netto-Inhalts, z. B. Stückzahl, Gewicht oder Volumen;

(3) die vom Herstellerbetrieb angegebene Chargennummer;

(4) das Verfallsdatum, wenn erforderlich (siehe 10.1. (8));

(5) alle besonderen Lagerbedingungen oder Vorsichtsmaßnahmen bei der Handhabung, die nötig sein können;

(6) Gebrauchsanweisung und Warnhinweise und Vorsichtsmaßnahmen, die nötig sein können, und

(7) Name und Anschrift des Herstellerbetriebes oder der für das In-Verkehr-Bringen des Arzneimittels verantwortlichen Person.

10. Qualitätskontrollsystem

10.1. Qualitätskontrollabteilung

Jeder Herstellerbetrieb muß eine Qualitätskontrollabteilung besitzen, die von einem entsprechend qualifizierten Fachmann geleitet wird, welcher der Betriebsleitung direkt verantwortlich, aber von anderen Abteilungen unabhängig ist. Die Qualitätskontrollabteilung sollte alle Ausgangsmaterialien prüfen, die Qualitätsaspekte der Herstellungsprozesse überwachen und die Qualität und Stabilität der Arzneimittel überprüfen.
Die Qualitätskontrollabteilung sollte die folgenden Hauptaufgaben haben:

(1) Ausarbeitung genauer schriftlicher Anweisungen zur Durchführung aller Prüfungen und Analysen;

(2) jede Charge von Ausgangsmaterial freizugeben oder zurückzuweisen;

(3) Halbfertigware freizugeben oder zurückzuweisen, falls notwendig;

(4) Verpackungs- und Etikettierungsmaterialien und die Endbehältnisse der Arzneimittel freizugeben oder zurückzuweisen;

(5) jede Charge von Arzneifertigwaren, bereit zur Auslieferung, freizugeben oder zurückzuweisen;

(6) die Angemessenheit der Lagerbedingungen für Ausgangsmaterialien, Halbfertigwaren und Arzneifertigwaren zu beurteilen;

(7) die Qualität und Stabilität von Arzneifertigwaren und, wenn nötig, von Ausgangsmaterialien und Halbfertigprodukten zu bewerten;

(8) die Verfallsdaten und Aufbewahrungsvorschriften auf der Grundlage der Stabilitätstests unter Berücksichtigung der Lagerbedingungen festzulegen;

(9) die Kontrollverfahren und -vorschriften festzulegen und, wenn nötig, zu überarbeiten und

(10) für die Untersuchung zurückgesandter Arzneimittel verantwortlich zu sein und zu entscheiden, ob solche Arzneimittel freigegeben, neu verarbeitet oder vernichtet werden sollen. Über die Verfügung über solche Arzneimittel sind angemessene Protokolle zu führen.

Um ihre Aufgaben zu erfüllen, sollte die Qualitätskontrollabteilung Muster entsprechend den festgelegten Verfahren (z. B. von Ausgangsmaterialien und Arzneifertigwaren) ziehen. Die Muster sollten ordnungsgemäß etikettiert und in Teilmengen für künftige Belegzwecke aufbewahrt werden.

Die Qualitätskontrollabteilung sollte angemessene Analyseprotokolle über die Prüfung aller gezogenen Muster führen. Solche Protokolle sollten enthalten:

(a) das Ergebnis jeder Prüfung, einschließlich von Beobachtungen und Berechnungen, unter Berücksichtigung der Übereinstimmung mit den festgelegten Vorschriften;

(b) die Herkunft der angewendeten Vorschriften;

(c) die Unterschrift(en) der Person(en), welche die Qualitätskontrollverfahren durchgeführt haben und

(d) eine Schlußbeurteilung, die getroffene Entscheidung und eine datierte Gegenzeichnung durch einen dazu befugten Fachmann.

10.2. Qualitätskontrollabor

Die Qualitätskontrollabteilung muß ein ihr verfügbares Labor besitzen. Das Labor sollte:

(1) angemessen besetzt und vollständig ausgerüstet sein für die Durchführung aller Qualitätskontrollen und Analysen während und nach der Herstellung[8]);

(2) von einem qualifizierten Fachmann (s. Abschnitt 3) geleitet werden.

11. Selbstkontrolle

Um eine strikte Befolgung aller Herstellungsverfahren und vorgeschriebenen Kontrollen zu gewährleisten, kann es für einen Betrieb ratsam sein, einen Spezialisten oder eine Gruppe von Spezialisten zu benennen, die regelmäßige Kontrollen seiner gesamten Herstellung und Kontrolloperationen durchführen. Das sollte nicht so ausgelegt werden, daß ein Betrieb, der sich zur Selbstkontrolle entschließt, von den offiziellen Kontrollen, welche die Gesetze und Bestimmungen seines Landes verfügen, ausgenommen sein sollte.

12. Versandprotokolle

Angemessene Aufzeichnungen sollten über den Versand einer Charge einer Arzneifertigware geführt werden, um die sofortige und vollständige Zurückrufung einer Charge, wenn nötig, zu erleichtern.

13. Reklamationen und Berichte über unerwünschte Wirkungen

Berichte über Schädigungen oder unerwünschte Wirkungen durch die Verwendung eines Arzneimittels sollten den zuständigen Behörden zugeleitet werden. Reklamationen hinsichtlich der Qualität eines Arzneimittels, einschließlich jeder Veränderung in seinen physikalischen Merkmalen, müssen gründlich untersucht werden. Wenn sie sich als begründet erweisen, müssen angemessene Maßnahmen so bald wie möglich ergriffen werden. Die ergriffenen Maßnahmen sollten protokolliert und gemeinsam mit der Originalreklamation zu den Akten genommen werden.

[1]) Good Practices in the Manufacture and Quality Control of Drugs, Technical Report Series Nr. 567, page 16. WHO, Geneva 1975.

[2]) Übersetzung des Instituts für Arzneimittelwesen der DDR.

[3]) Diese Forderungen sind eine überarbeitete Fassung der in den WHO Official Records, No. 176, 1969, S. 99—104, veröffentlichten Materialien.

[4]) Zusätzliche Empfehlungen, besonders für biologische Produkte, werden in einer Reihe von Anforderungen an biologische Substanzen dargestellt, die von dem WHO-Komitee für Biologische Standardisierung und anderen Komitees angenommen und in den WHO Technical Report Series veröffentlicht wurden.

[5]) Dies kann dadurch erreicht werden, daß für einen normalen Abfüllvorgang entweder ein geeigneter steriler Flüssignährboden oder für die Abfüllung von Pulvern ein geeigneter anderer Nährboden oder aber biologische Indikatoren verwendet werden. Dabei sind die Gefahren mikrobiologischer Verunreinigung der Geräte zu beachten.

[6]) Die gleichzeitige Herstellung von Arzneimitteln ähnlichen Aussehens in angrenzenden, nicht voneinander getrennten Bereichen sollte vermieden werden.

[7]) Solche Unterlagen sollten nicht von Hand geschrieben sein noch handschriftliche Ergänzungen oder Korrekturen enthalten. Wenn nötig, sollten sie neu geschrieben und alle überholten Anweisungen zurückgezogen werden, um die Möglichkeit ihrer Wiederverwendung zu verhindern. Sie sollten zur Vervielfältigung so geeignet sein, daß jede Möglichkeit von Übertragungsfehlern vermieden wird.

[8]) Wenn Tierversuche nötig sind, sollten die Tiere angemessen untergebracht und versorgt werden (weitere Informationen s. WHO Technical Report Series, No. 323, 1966, S. 14, 16). Der Einsatz fremder, unabhängiger Labors kann für spezielle und komplizierte analytische und biologische Verfahren ratsam sein, welche die Verwendung aufwendiger Ausrüstung erfordern und nur von Technikern mit Spezialausbildung durchgeführt werden können. Solche Labors sollten angemessen besetzt und für die Durchführung solcher Analysen vollständig ausgerüstet sein.

Arbeitsrichtlinie zur Qualitätssicherung von Drogen und pharmazeutischen Grundsubstanzen in den Versorgungsdepots für Pharmazie und Medizintechnik — Qualitätssicherungsrichtlinie —[1]) vom 1. Oktober 1979

Zur Gewährleistung einer qualitätsgerechten Konfektionierung von Drogen und pharmazeutischen Grundsubstanzen in den Versorgungsdepots für Pharmazie und Medizintechnik wird festgelegt:

1. Wareneingang

Sämtliche Wareneingänge von Drogen und pharmazeutischen Grundsubstanzen sind, soweit sie nicht in abgabefertigen Originalpackungen geliefert und als solche zur Weitergabe bestimmt sind, einzeln nach Erfassung mit einem Wareneingangsschein in ein Arbeitsjournal einzutragen (Anlage 1). Dabei ist jedes einzelne Behältnis zu prüfen auf:

- ordnungsgemäße Verpackung
- ordnungsgemäße Deklaration

Bei mangelhafter Verpackung ist umzupacken, bei fehlender oder mangelhafter Deklaration sind die betreffenden Behältnisse mit den erforderlichen Angaben gemäß Lieferschein, Wareneingangsschein bzw. Rechnung zu versehen.
Bei Vereinnahmung eines Wareneinganges ist für jeden Artikel eine Wareneingangsnummer festzulegen und auf den jeweiligen Behältnissen anzubringen. Umfaßt ein Wareneingang mehrere Chargen, so ist die entsprechende Anzahl von Wareneingangsnummern zu erteilen. Gleichzeitig sind die Behältnisse des gesamten Wareneinganges mit einer Tafel, die die Aufschrift „nicht freigegeben" enthält, zu kennzeichnen.
Hierzu sind 10 × 20 cm große Tafeln aus geeignetem Material mit dauerhafter Beschriftung zu verwenden.
Bei voluminösen Artikeln kann, getrennte Lagerung und Homogenität der Lieferung vorausgesetzt, die vorgeschriebene Kennzeichnung als Sammeldeklaration erfolgen.
Bei Feststellung von Qualitätsverletzungen im Wareneingang (äußerlich erkennbare Mängel) ist der Lieferant, bei Streckenlieferungen aus dem Import das Zentraldepot für Pharmazie und Medizintechnik durch eine entsprechende Mangelreklamation zu informieren.
Die Wareneingangsscheine sind unverzüglich durch den Leiter des Wareneingangs dem Leiter des Versorgungslagers Drogen und pharmazeutische Grundsubstanzen zu übergeben.

2. Probeziehung und -untersuchungen

Die Untersuchung der zu konfektionierenden Drogen und Substanzen erfolgt auf Vortragebasis in der für das jeweilige Versorgungslager Drogen und pharmazeutische Grundsubstanzen örtlich zuständigen Abteilung Qualitätskontrolle der Bezirksdirektion für Pharmazie und Medizintechnik.
Die Übergabe der Proben hat in geeigneten sauberen Behältnissen zu erfolgen. Dabei ist zu gewährleisten, daß die Probenübergabe der Abteilung Qualitätskontrolle der Bezirksdirektion für Pharmazie und Medizintechnik zusammen mit der Tageskopie des Arbeitsjournals erfolgt.
Die Probenbehältnisse sind mit einem Etikett zu versehen, das folgende Angaben zu enthalten hat:

- Bezeichnung des Artikels
- lfd. Nr. des Arbeitsjournals
- Nummer des Gebindes aus dem die Proben entnommen wurden sowie einen Stempelaufdruck „Probe"

Die Festlegung zur Anzahl der Proben erfolgt unter Berücksichtigung der Regelungen des jeweils gültigen Arzneibuches der DDR; die Proben müssen das zu prüfende Material repräsentieren. Für Identitätsprüfungen ist aus jedem Gefäß eine Probe zu entnehmen.
Für alle Artikel ist eine umfassende Prüfung entsprechend den Bestimmungsmethoden der jeweils gültigen Monographie des Arzneibuches der DDR zu veranlassen. Die Substanzmenge für diese Prüfung muß so bemessen sein, daß insgesamt 5 komplette Untersuchungen ermöglicht werden. In begründeten Fällen kann die zuständige Abteilung Qualitätskontrolle der Bezirksdirektion für Pharmazie und Medizintechnik die Prüfung auf bestimmte Untersuchungen reduzieren.
Die Probenziehung und die Weitergabe der gezogenen Proben an die Abteilung Qualitätskontrolle der Bezirksdirektion für Pharmazie und Medizintechnik erfolgt durch berechtigte Mitarbeiter des Versorgungslagers Drogen und pharmazeutische Grundsubstanzen, die durch den Direktor des Versorgungsdepots für Pharmazie und Medizintechnik, Versorgungsbereich Pharmazie, festgelegt und gegenüber der Abteilung Qualitätskontrolle der Bezirksdirektion für Pharmazie und Medizintechnik benannt werden.
Die Abteilung Qualitätskontrolle der Bezirksdirektion für Pharmazie und Medizintechnik übermittelt dem Versorgungslager Drogen und pharmazeutische Grundsubstanzen zur Einhaltung vertragsrechtlicher geregelter Reklamationsfristen das Untersuchungsergebnis in der Regel innerhalb 10 Arbeitstagen nach Übergabe der Proben. Dabei werden Untersuchungen für Artikel, die erstmalig in der DDR zum Verkehr bereitgestellt werden, vorrangig bearbeitet.
Das Untersuchungsergebnis wird durch die Abteilung Qualitätskontrolle der Bezirksdirektion für Pharmazie und Medizintechnik durch Übergabe eines Untersuchungsbefundes und unter Angabe der zu deklarierenden Qualitätsbezeichnung dem Versorgungslager

Drogen und pharmazeutische Grundsubstanzen mitgeteilt. In dringenden Fällen kann eine telefonische Vorabinformation vereinbart werden. Die Untersuchungsgebühr wird auf dem Untersuchungsbefund mit aufgeführt.
Erfolgt durch die Abteilung Qualitätskontrolle der Bezirksdirektion für Pharmazie und Medizintechnik keine Freigabe, ist dem Versorgungslager Drogen und pharmazeutische Grundsubstanzen der Untersuchungsbefund in zweifacher Ausfertigung unter Darstellung der Gründe der Beanstandung zu übergeben. Gleichzeitig ist durch die Abteilung Qualitätskontrolle der Bezirksdirektion für Pharmazie und Medizintechnik das Institut für Arzneimittelwesen der DDR durch Übergabe der Kopie des Untersuchungsbefundes über die nicht erfolgte Freigabe zu informieren.
Bei geringfügigen Qualitätsabweichungen entscheidet der Leiter der Abteilung Qualitätskontrolle der Bezirksdirektion für Pharmazie und Medizintechnik eigenverantwortlich über die Freigabe. Dabei ist das Institut für Arzneimittelwesen der DDR ebenfalls durch Übergabe der Kopie des Untersuchungsbefundes durch die Abteilung Qualitätskontrolle der Bezirksdirektion für Pharmazie und Medizintechnik zu informieren. Auf diesen Untersuchungsbefunden ist zu vermerken, daß das Inverkehrbringen dieser Charge nur unter Verwendung von Freigabeetiketten des Instituts für Arzneimittelwesen der DDR erfolgen darf. Erfolgt durch die Abteilung Qualitätskontrolle der Bezirksdirektion für Pharmazie und Medizintechnik keine Entscheidung über eine Freigabe, sind durch diese sowohl Proben der betreffenden Charge als auch der diesbezügliche Untersuchungsbefund dem Institut für Arzneimittelwesen der DDR zu übersenden. Das Institut für Arzneimittelwesen der DDR entscheidet innerhalb 4 Wochen nach Übergabe der Proben und informiert über den Inhalt der Entscheidung die Abteilung Qualitätskontrolle der Bezirksdirektion für Pharmazie und Medizintechnik und das Versorgungslager Drogen und pharmazeutische Grundsubstanzen. Wird durch das Institut für Arzneimittelwesen der DDR eine Sperrung der Auslieferung der betreffenden Charge verfügt, ist vom Leiter des Versorgungslagers Drogen und pharmazeutische Grundsubstanzen die Reklamation gegenüber dem Lieferer (bei Streckenlieferung aus dem Import gegenüber dem Zentraldepot für Pharmazie und Medizintechnik) unverzüglich auszulösen.
In der Abteilung Qualitätskontrolle der Bezirksdirektion für Pharmazie und Medizintechnik werden Rückstellmuster für den Zeitraum der Haltbarkeit aufbewahrt.

3. Lagerung, Kennzeichnung, Konfektionierung

Die mit Kennzeichnung „nicht freigegeben" versehene Lieferung bleibt so lange von der Konfektionierung ausgeschlossen, bis der betreffende Untersuchungsbefund der Abteilung Qualitätskontrolle der Bezirksdirektion für Pharmazie und Medizintechnik oder des Instituts für Arzneimittelwesen der DDR mit dem Vermerk „zur Konfektionierung freigegeben" vorliegt. Nach Vorlage dieser Untersuchungsbefunde sind die bisher mit der Kennzeichnung „nicht freigegeben" deklarierten Behältnisse mit Etiketten gemäß Anlage 3 zu versehen, die in entsprechender Anzahl der Behältnisse von der Abteilung

Qualitätskontrolle der Bezirksdirektion für Pharmazie und Medizintechnik zusammen mit dem Untersuchungsbefund übergeben werden.
Nach der Konfektionierung sind die abgabefertigen Behältnisse mit Etiketten gemäß Anlage 4 zu versehen.
Bei der Beschriftung der Etiketten sind die von der Abteilung Qualitätskontrolle der Bezirksdirektion für Pharmazie und Medizintechnik bzw. der vom Institut für Arzneimittelwesen der DDR gegebenen Auflagen und Hinweise einzuhalten.
Die Konfektionierung der mit Untersuchungsbefunden freigegebenen Artikel und Mengen ist durch den Leiter des Versorgungslagers Drogen und pharmazeutische Grundsubstanzen anzuweisen und zu kontrollieren. Die Untersuchungsbefunde sind im Versorgungslager Drogen und pharmazeutische Grundsubstanzen in alphabetischer Reihenfolge abzulegen und über einen Zeitraum von 10 Jahren aufzubewahren.
Für die auf dem Etikett anzubringende Chargen-Nr. ist bei Inlandartikeln die vom Lieferer gegebene Chargen-Nr., bei Importartikeln die Nr. des Untersuchungsbefundes in Verbindung mit dem Ausstellungsmonat und des Ausstellungsjahres des Untersuchungsbefundes zu verwenden. In gleicher Weise ist bei Inlanderzeugnissen zu verfahren, sofern die Chargen-Nr. nicht dem festgelegten Schlüssel entsprechen.
Bei Freistellung von geringfügigen Qualitätsabweichungen ist zusätzlich das vom Institut für Arzneimittelwesen der DDR herausgegebene Freigabeetikett (Ausnahmegenehmigung) anzubringen, auf dem ggf. der Buchstabe des entsprechenden Monographieabschnittes, dessen Qualitätsforderung von dem geprüften Artikel nicht gehalten wird, zu vermerken ist.
Mit Zustimmung der Abteilung Qualitätskontrolle der Bezirksdirektion für Pharmazie und Medizintechnik können in Ausnahmefällen unter folgenden Voraussetzungen 2 Chargen desselben Artikels gemischt werden:

- beide Chargen weisen die gleiche Qualität auf
- die Konfektionierung wird auf ein Behältnis beschränkt
- die Deklaration auf dem Etikett hat beide Chargen-Nr. aufzuweisen.

Für die Konfektionierung sind in der Regel Glasgefäße zu verwenden. Bei Abweichung in der Verpackungsart ist die jeweilige Aufbewahrungsvorschrift zu prüfen.
Die Behältnisse sind in geeigneter Weise mit Verschlüssen zu versehen, die ein unbefugtes Öffnen erkennen lassen (Garantieverpackung).
Der Abschluß der Konfektionierung ist durch den betreffenden Mitarbeiter dem Leiter des Versorgungslagers Drogen und pharmazeutische Grundsubstanzen zu melden.
Die Aufbewahrung und Konfektionierung der Drogen und pharmazeutischen Grundsubstanzen hat in der Regel auf der Grundlage der Grundsätze der ,,Good Manufacturing Practicies" der WHO (Zentralblatt Pharmazie 112 (1973) 12, S. 1235–1241) zu erfolgen. Abweichungen hiervon sind der Abteilung Qualitätskontrolle der Bezirksdirektion für Pharmazie und Medizintechnik zur Kenntnis zu bringen, die erforderlichenfalls das Institut für Arzneimittelwesen der DDR informiert.

Qualitätsbeanstandungen nach erfolgter Freigabe sind durch den Leiter des Versorgungslagers Drogen und pharmazeutische Grundsubstanzen zu bearbeiten. Die Abteilung Qualitätskontrolle der Bezirksdirektion für Pharmazie und Medizintechnik ist entsprechend zu informieren. In Abstimmung mit der Abteilung Qualitätskontrolle der Bezirksdirektion für Pharmazie und Medizintechnik sind durch den Leiter des Versorgungslagers Drogen und pharmazeutische Grundsubstanzen Entscheidungen über vorläufige Maßnahmen zu treffen.
Beanstandete Artikel sind bis zur endgültigen Entscheidung für die weitere Auslieferung zu sperren, und als solche zu kennzeichnen (Anlage 4).
Gleichzeitig ist das Institut für Arzneimittelwesen der DDR über Art der Beanstandung und über die getroffenen Entscheidungen vorläufiger Maßnahmen zu informieren.

Anlage 1

Arbeitsjournal

1	2	3	4	5	6	7	8	9	10
004	20. 3. 79	Amino-phyllin	2. AB-DDR	20 kg/2	0179	Berlin-Chemie BT Rheinsberg	2 × 20 g	5. 04. 79	–
005	23. 3. 79	Lithium citr.	2. AB-DDR	5 kg/1	–		1 × 10 g	5. 04. 79	52/0479

1. Lfd. Nr. Wareneingangsnummer (für jede Charge zu erteilen)
2. Datum des Wareneingangs
3. Bezeichnung des Erzeugnisses
4. Qualitätsbezeichnung
5. Gesamtmenge des Einganges Anzahl der Gebinde
6. Chargennummer des Herstellers bzw. Erntejahr
7. Lieferfirma
8. Anzahl und Menge der gezogenen Muster
9. Datum der Übergabe des Untersuchungsbefundes
10. Chargennummer für Importe bzw. bei Inlanderzeugnissen sofern die Chargen-Nr. nicht dem festgelegten Schlüssel entspricht

Anlage 2

Untersuchungsbefund

Anschrift der Abt. Qualitätskontrolle der Bezirksdirektion für Pharmazie und Medizintechnik

Datum,

Bezeichnung des Versorgungsdepots

Untersuchungsbefund Nummer

Bezeichnung des Erzeugnisses mit Qualitätsangabe

Hersteller/Lieferant

Charge

Lfd. Nr. des Arbeitsjournals

Anzahl der Proben

Probeneingang

Ergebnis: entspricht/nicht den Forderungen des 2. AB-DDR

Beanstandungen

Freigabe / telefonisch vorab am ...... unter der Nummer des Untersuchungsbefundes

Freigabebedingungen

Prüfungsgebühren

Unterschrift des Leiters der Abt. Qualitätskontrolle der Bezirksdirektion für Pharmazie und Medizintechnik

Anlage 3

Etikett

Bezeichnung des Erzeugnisses mit Qualitätsangabe

Freigegeben
mit/ohne Untersuchung

Chargennummer:

Gebindenummer:

Datum:

Unterschrift und Stempel der Abteilung Qualitätskontrolle der Bezirksdirektion für Pharmazie und Medizintechnik

Anlage 4

Etikett

Staatliches Versorgungskontor für Pharmazie und Medizintechnik (Stempelaufdruck mit Nummer des VD)

Bezeichnung des Erzeugnisses mit Qualitätsangabe

Menge

Artikelnummer

Chargennummer

Aufbewahrungsvorschrift

Signum des Konfektionärs

Anlage 5

Sperrung der Auslieferung

Etikett (rot auf weiß: 5 × 11,5 cm)

Erzeugnis gesperrt

Auslieferung darf nicht erfolgen

[1]) In Kraft gesetzt im Einvernehmen mit dem Institut für Arzneimittelwesen der DDR mit Weisung Nr. 19/79 des Hauptdirektors des Staatlichen Versorgungskontors für Pharmazie und Medizintechnik.

Institut für Arzneimittelwesen der DDR

Fragespiegel zur Durchführung von Kontrollen in Arzneimittelbetrieben[1])

Angaben zum Protokoll

1. Name des kontrollierten Betriebes:
2. Namen und Dienststellungen der Kontrollbeauftragten des IFAR:
3. Datum der Betriebskontrolle:
4. Anlaß der Betriebskontrolle:
5. Namen und Dienststellungen der Verhandlungspartner:

TKO

Allgemeines

Wieviel Mitarbeiter hat die TKO?

6. — insgesamt
7. — Hochschulkader
8. Sind für die leitenden Mitarbeiter der TKO Funktionspläne vorhanden?
9. Ist die personelle Besetzung ausreichend?
10. Entspricht die Laborgröße den Aufgaben?
11. Verfügt die TKO über alle notwendigen apparativen Hilfsmittel?
12. Sind die wichtigsten ausländischen Arzneibücher und andere benötigte Literatur vorhanden oder im Betrieb zugänglich?
13. Ist das AB auf dem neuesten Stand?

Eingangskontrolle

Arzneistoffe

Erfolgt die Probenahme von Wirk- oder Hilfsstoffen durch

14. — TKO-Mitarbeiter?
15. — einen von der TKO festgelegten Personenkreis?
16. Erfolgt die Protokollierung der Probenahme gemäß AB?
17. Entspricht der Umfang der Eingangskontrolle der Richtlinie des IFAR vom 5. 9. 72?
18. Wurden Abweichungen festgestellt?

19. Sind diese begründet?
20. Ist bei der Probenahme eine Verunreinigung des Lagerbestandes und des entnommenen Musters ausgeschlossen?
21. Erfolgt nach der Probenahme ein einwandfreier Verschluß der Behälter, aus denen die Probe entnommen wurde?
22. Werden Proben und Behältnisse so gekennzeichnet, daß bei Unstimmigkeiten festgestellt werden kann, aus welchem Behältnis die Probe stammt?
23. Wird die Freigabe von Wirk- und Hilfsstoffen mit der Festlegung eines Datums zur erneuten Untersuchung verbunden?
24. Bestehen hinsichtlich der Eingangskontrolle von Arzneistoffen Ausnahmegenehmigungen gemäß Richtlinie des IFAR vom 5. 9. 72?
25. Ist die Dokumentation der Ergebnisse der Eingangskontrolle übersichtlich?
26. Für welche Wirk- und Hilfsstoffe besteht keine Arzneibuchmonografie?

Verpackungsmittel und -hilfsmittel

Erfolgt die Probenahme durch

27. – TKO-Mitarbeiter?
28. – einen von der TKO festgelegten Personenkreis?
29. Erfolgt die Eingangskontrolle jedes WE von Verpackungsmitteln und -hilfsmitteln in dem erforderlichen Umfang?
30. Werden die wesentlichen Parameter überprüft?
31. Werden Etiketten, Faltschachteln u. a. bedruckte Verpackungsmittel bei Eingang ordnungsgemäß kontrolliert?
32. Ist die entsprechende Mustersammlung auf dem neuesten Stand?
33. Ist die Dokumentation der Ergebnisse der Eingangskontrolle übersichtlich?
34. Werden Entwürfe für neue und geänderte bedruckte Verpackungsmittel mit der TKO abgestimmt?

Zwischenprüfung und Endkontrolle

35. Werden Zwischenprüfungen (Halbfertigwaren) ordnungsgemäß durchgeführt?
36. Ist eine ausreichende Endkontrolle (konfektionierte Arzneifertigwaren) gewährleistet?
37. Ist die Dokumentation der Ergebnisse von Zwischenprüfungen und Endkontrollen übersichtlich?
38. Ist aus dem Prüfbefund ersichtlich, ob das Zwischen- oder/und Endprodukt chemisch geprüft wurde?
39. Wird jede Charge/Teilcharge einmal vollständig gemäß Gütevorschrift geprüft?
40. Sind Abstände festgelegt, nach denen auch protokollpflichtige Wirkstoffe bestimmt werden?

41. Werden zu reinigende Verpackungsmittel und -hilfsmittel (z. B. Ampullen, Flaschen, Tuben) auf einen ausreichenden Reinigungseffekt hin überprüft?
42. Werden Doppelbestimmungen durchgeführt?
43. Erfolgen sämtliche Freigaben der TKO schriftlich?
44. Erfolgten eigenmächtige Freigaben bei nicht den gültigen Standards entsprechenden Wirk- und Hilfsstoffen, Materialien und Fertigwaren?
45. Sind bestimmte Prüfbefugnisse auf andere Personen außerhalb der TKO delegiert worden (z. B. für protokollpflichtigen Einsatz von Wirkstoffen)?
46. Existieren dazu schriftliche Vereinbarungen?

Operative Kontrolle und Produktionsbegleitschein

47. Wird für jede Charge einer Arzneifertigware ein PBS geführt (entsprechend der Rahmenrichtlinie für die Führung von PBS)?
48. Erfolgt die ordnungsgemäße Protokollierung des Einsatzes von Wirk- und Hilfsstoffen auf den PBS mit Namen, Menge, Untersuchungsprotokoll-Nr. der TKO und Identitätsprüfung (je Behältnis) für jede Substanz?
49. Enthält der PBS einen Hinweis auf die gültige Herstellungsvorschrift?
50. Erfassen die PBS die erforderlichen Angaben für alle wesentlichen Arbeitsgänge?
51. Enthalten die PBS Angaben über die tatsächliche Ausbeute im Vergleich zur theoretischen Ausbeute der Charge?
52. Enthalten die PBS diese Angaben auch für die verschiedenen Herstellungsstufen der Charge?
53. Sind alle Abschnitte vollständig und dauerhaft ausgefüllt und mit Datum und Unterschrift versehen?
54. Ist der Freigabevermerk der TKO auf den PBS stets vorhanden?
55. Sind die Angaben auf den PBS durch die Unterschrift des jeweils Ausführenden bestätigt?
56. Wie erfolgt die Dokumentation der Freigabe auf den PBS für freigegebene Teilmengen?
57. Erfolgt ein Vermerk über die durchgeführte Überprüfung des PBS durch den verantwortlichen Leiter für die jeweilige Produktionsphase?
58. Erfolgt eine ordnungsgemäße Dokumentation über verarbeitete Rückläufe (z. B. Tablettenausschuß) auf den PBS (Identitätsprüfung, Menge, Chargennummer)?
59. Wird der protokollpflichtige Einsatz von Substanzen ordnungsgemäß dokumentiert?
60. Enthalten die PBS Aufzeichnungen über die Ergebnisse von Qualitätskontrollen während der Produktion (Inprocess-Kontrollen)?
61. Enthalten die PBS Aufzeichnungen über die verwendeten Druckmaterialien, Verpackungsmittel und -hilfsmittel mit Angabe der Untersuchungsprotokoll-Nr. der TKO?

62. Enthalten die PBS Aufzeichnungen über die ordnungsgemäße Reinigung von Räumen, Maschinen und Geräten vor Produktionsaufnahme bzw. Präparate- und Chargenwechsel?
63. Werden die PBS in der TKO aufbewahrt?
64. Nimmt die TKO Einfluß auf die ordnungsgemäße Führung durch die Produktionsabteilungen?
65. Führt die TKO ein Produktionskontrollbuch gemäß Auflage des IFAR vom März 1967 mit Angabe von Datum, Kurzzeichen des Kontrollbeauftragten, kontrolliertem Bereich, festgestellten Mängeln, veranlaßten Maßnahmen und Ergebnis?
66. Werden Produktions- und Lagerbereiche regelmäßig und umfassend kontrolliert?
67. Erfolgt ggf. eine regelmäßige Kontrolle der Außenlager?

Sonstiges

68. Werden von jeder Charge der Arzneifertigwaren Rückstellmuster in dem erforderlichen Umfang aufbewahrt?
69. Sind die Lagerungsbedingungen für die Rückstellmuster einwandfrei?
70. Befinden sich die Rückstellmusterräume unter Verschluß?
71. Werden von allen Wirk- und Hilfsstoffen Rückstellmuster aufbewahrt?
72. Besteht eine Dokumentation über eingehende Reklamationen?
73. Sind daraus die Bearbeitungsergebnisse zu ersehen?
74. Entscheidet die TKO über die Verwendung oder Vernichtung von Arzneimittelrücksendungen?
75. Ist die rechtzeitige Einschaltung der TKO in Entwicklungsarbeiten gewährleistet (Haltbarkeit, Verpackung, Gütevorschriften, Rezepturänderungen usw.)?
76. Entsprechen die von der TKO eingereichten Entwürfe für Gütevorschriften neuer Erzeugnisse den aktuellen wissenschaftlichen Anforderungen?
77. Wird die TKO über alle Änderungen und Abwandlungen der Herstellungsverfahren und der schriftlichen Anweisungen, soweit diese qualitätsbeeinflussend sind, unverzüglich informiert?
78. Erfolgt eine den übrigen Erzeugnissen vergleichbare Qualitätssicherung bei Erzeugnissen, die im Lohnauftrag hergestellt werden?
79. Übt die TKO Einfluß auf Einbeziehung von Qualitätsforderungen in Verträge über die Lieferung von Wirk- und Hilfsstoffen aus?
80. Werden die Richtlinien und Standards auf dem Gebiet des Meßwesens beachtet?
81. Hat die TKO einen Überblick über alle gemeldeten Nebenwirkungen, Zwischenfälle und sonstige Beanstandungen von Arzneimitteln?
82. Welche besonderen Probleme wurden von der TKO angesprochen?

Lagerbereiche

Allgemeines

83. Weisen die Lagerräume einen dem jeweiligen Lagergut entsprechenden ausreichend guten baulichen Zustand auf?
84. Reicht die Lagerfläche für eine den Erfordernissen entsprechende geordnete Lagerung aus?
85. Sind die Lagerräume gegen Zutritt lagerfremden Personals gesichert?
86. Gibt es Vorschriften über Umfang und Häufigkeit der Reinigung der Räume und der Arbeitsgeräte (z. B. Schaufeln, Trichter) sowie Festlegungen hinsichtlich der dafür verantwortlichen Personen?
87. Sind die vom Lagerpersonal zur Qualitätssicherung einzuhaltenden Bestimmungen Bestandteil der gültigen Lagerordnung?
88. Gibt es ein Bestandsverzeichnis über alle Wirk- und Hilfsstoffe?

Enthält dieses Angaben über

89. – Lieferer und Herkunft?
90. – Eingangsdatum?
91. – Freigabedatum?
92. – die nachfolgende Verwendung in der Produktion?

Gibt es in der Nähe der Arbeitsplätze eine ausreichende Anzahl von

93. – sauberen, gut belüfteten Toiletten mit Waschgelegenheit?
94. – Umkleideräumen?
95. – Personalräumen?

Lager für Wirk- und Hilfsstoffe

Lagerungsorte

96. Erfolgt die Lagerhaltung getrennt von anderen, nicht zur Herstellung von Arzneimitteln bestimmten Materialien?
97. Werden Wareneingänge bis zur TKO-Freigabe gesondert gelagert?
98. Werden Massengüter bis zur TKO-Freigabe gesondert gelagert?
99. Gibt es ein Quarantäne-Lager?
100. Gibt es Außenlager?
101. Gibt es Tanklagerung?
102. Welche Dokumentation wird hierbei geführt (Tankbuch über Zu- und Abgang der Mengen, Datum, Freigabe, Reinigung; Vermerk über durchgeführte Identitätsprüfung)?

Kennzeichnung der Behältnisse

103. Ist jedes Behältnis dauerhaft und eindeutig mit dem Namen des Wirk- oder Hilfsstoffes und der Chargen-Nr. oder WE-Nummer gekennzeichnet?
104. Werden zusätzlich Einlegekarten, die diese Angaben enthalten, für die Behältnisse verwendet?
105. Wird die Kennzeichnung auf den Behältnissen angebracht?
106. Wird jedes Behältnis mit freigegebenen Wirk- oder Hilfsstoffen mit einem Freigabevermerk versehen?
107. Vom Lagerpersonal?
108. Erfolgt die Freigabekennzeichnung durch standardisierte Etiketten

(in grüner Schrift TKO
Frei
U-Nr.:
Frei bis
Bemerkung)?

109. Ist aus der Untersuchungsprotokollnummer das Jahr der Freigabe ersichtlich?
110. Ist eine Dokumentation über die erfolgte Freigabe durch die TKO im Lager vorhanden?

Kennzeichnung von Massengütern

111. Werden Standgruppen, die eine Charge oder einen Wareneingang umfassen müssen, mit einem Schild gemäß 103. und 108. gekennzeichnet?
112. Werden die Behältnisse bei Abgabe solcher Massengüter an die Produktionsabteilungen einzeln gemäß 103. und 108. gekennzeichnet?
113. Erfolgt eine vollständige und sichere Kennzeichnung von Paletten, Kontainern o. ä. bei Abgabe solcher Massengüter an die Produktionsabteilungen?

Allgemeine Lagerungsanforderungen

114. Werden Säcke und Beutel mit Wirk-, Hilfsstoffen und Drogen auf Holzrosten oder in Regalen gelagert?
115. Werden bei der Lagerung die Aufbewahrungsvorschriften des Arzneibuchs eingehalten (z. B. Lichtschutz, Temperatur)?
116. Erfolgt die Aufbewahrung von Giften und Suchtmitteln entsprechend den gesetzlichen Bestimmungen?
117. Sind die Behälter (Trommeln, Säcke, Beutel, Fässer usw.) und Verschlüsse von einwandfreier Beschaffenheit?

118. Sind überalterte, qualitätsgeminderte oder nicht mehr zur Produktion erforderliche Bestände vorhanden?
119. Gibt es gesperrte Wirk- und Hilfsstoffe?
120. Wo werden diese gelagert?
121. Erfolgt die Kennzeichnung mit standardisierten Etiketten

(in roter Schrift TKO
Gesperrt
U-Nr.:)?

122. Erfolgt die Lagerung insgesamt geordnet und sauber?
123. Werden Wirk- oder Hilfsstoffe im Freien gelagert?
124. Ist hierbei eine dauerhafte und ordnungsgemäße Kennzeichnung und Schutz des Inhalts vor Witterungseinflüssen gesichert?
125. Wird bei Entnahme eine Beeinträchtigung des Inhalts der Behältnisse durch mechanische Verunreinigungen und Feuchtigkeit ausgeschlossen?
126. Erfolgt die Ausgabe der Wirk- und Hilfsstoffe gegen schriftlichen Auftrag der Produktionsabteilungen durch das Lagerpersonal?
127. Entsprechen die angeforderten Mengen nur jeweils den für eine Charge oder einen Ansatz benötigten?

Lager für Verpackungsmittel und -hilfsmittel

Etiketten, Faltschachteln und andere bedruckte Verpackungsmittel

128. Sind die Räume ausschließlich der Lagerung von Etiketten u. a. bedruckten Verpackungsmitteln vorbehalten?
129. Werden Wareneingänge bis zur TKO-Freigabe gesondert gelagert?
130. Erfolgt eine Freigabekennzeichnung des geprüften und freigegebenen Materials?
131. Ist eine Dokumentation über die erfolgte Freigabe im Lager vorhanden?
132. Werden Etiketten und andere bedruckte Verpackungsmittel, die ein unterschiedliches Produkt, unterschiedliche Stärke oder Applikation repräsentieren, in getrennten Fächern gelagert?
133. Sind überholte und verfallene Etiketten oder andere bedruckte Verpackungsmittel vorhanden?
134. Wird das Lager informiert, wenn geänderte Etiketten oder andere bedruckte Verpackungsmittel die alten Bestände ersetzen und deren Vernichtung erfordern?
135. Erfolgt die Ausgabe der Etiketten und anderen bedruckten Verpackungsmittel nur gegen schriftlichen Auftrag der Produktionsabteilungen?
136. Erfolgt die Ausgabe in dem jeweiligen Bedarf entsprechenden Mengen?
137. Gibt es Rückgaben von bedruckten Verpackungsmitteln?
138. Gibt es fortlaufende Inventurberichte einschließlich Datum, Menge, Angabe der Person, welche das Material ausgegeben hat?

Verpackungsmittel und -hilfsmittel

139. Werden die Lagerraume zweckentsprechend benutzt?
140. Erfolgt eine Freigabekennzeichnung des freigegebenen Materials?
141. Ist eine Dokumentation über die erfolgte Freigabe im Lager vorhanden?
142. Werden gesperrte Bestände gesondert gelagert?
143. Sind sie entsprechend gekennzeichnet?
144. Erfolgt die Lagerung insgesamt geordnet und sauber?

Zwischenlager

145. Werden die Lagerräume ausschließlich für die Lagerung von Zwischenprodukten oder Restbeständen an Wirk- oder Hilfsstoffen benutzt?
146. Erfolgt eine Lagerung auch außerhalb der Räume des Zwischenlagers?
147. Ist der Inhalt der Behältnisse bei der Lagerung außerhalb der Räume gesichert (verplombt)?
148. Ist jedes Behältnis dauerhaft und eindeutig mit dem Namen des Wirk-, Hilfsstoffes oder Zwischenproduktes, der Chargen-Nummer oder WE-Nummer sowie bei Wirk- und Hilfsstoffen mit dem grünen Freigabeetikett der TKO gekennzeichnet?
149. Werden unbedruckte oder nichtetikettierte Ampullen oder Flaschen chargenweise gelagert und mit mindestens 1 Einlegezettel je Transportbehältnis gekennzeichnet, auf welchem der Name der Arzneifertigware und die Chargennummer vermerkt sind?
150. Sind die Behältnisse und Verschlüsse von einwandfreier Beschaffenheit?
151. Sind überalterte, qualitätsgeminderte oder nicht mehr zur Produktion erforderliche Bestände vorhanden?
152. Werden bei der Lagerung die Aufbewahrungsvorschriften des Arzneibuches eingehalten (z. B. Lichtschutz, Temperatur)?
153. Erfolgt die Lagerung insgesamt geordnet und sauber?

Lager für Arzneifertigwaren

154. Werden die Lagerräume ausschließlich für die Lagerung von Fertigwaren benutzt?
155. Sind die von den Produktionsabteilungen zu übernehmenden Fertigwaren vor der Übernahme durch die TKO zum Versand freigegeben?
156. Werden auch nicht freigegebene Fertigwaren übernommen?
157. Erfolgt eine gesonderte Kennzeichnung dieser Bestände?
158. Ist eine Dokumentation über die erfolgte Freigabe im Lager vorhanden?
159. Erfolgt die Lagerung chargenweise so, daß zuerst die Auslieferung der ältesten Bestände gewährleistet ist?

160. Erfolgt eine gesonderte Lagerung von Rücksendungen?
161. Sind sie entsprechend gekennzeichnet?
162. Werden die vorgeschriebenen Lagerbedingungen (Temperatur, Lichtschutz, Feuchtigkeit) eingehalten?
163. Erfolgt die Lagerung insgesamt geordnet und sauber?

Produktionsbereiche

Produktionsräume und Hygiene

Stehen ausreichend große und getrennte Bereiche zur Verfügung für

164. – Herstellung?
165. – Konfektionierung?
166. Werden sie ausschließlich für den vorgesehenen Zweck verwendet?

Sind die Räume

167. – ausreichend beleuchtet, belüftet, beheizbar?
168. – so beschaffen, daß Wände, Decken und Fußböden keine Partikel in den Raum abgeben können?
169. – leicht zu reinigen und, wenn nötig, zu desinfizieren?
170. Herrschen in den Räumen geeignete Klimabedingungen?
171. Liegen zur Raumreinigung Arbeitsvorschriften vor?
172. Regeln diese Vorschriften Art, Umfang und Häufigkeit der Reinigung?
173. Ist der damit beauftragte Personenkreis festgelegt?
174. Ist die Reinigung der technischen Ausrüstung (z. B. Maschinen, Beleuchtungs- und Heizungskörper, Rohrleitungen) in die Reinigungsvorschriften einbezogen?
175. Sind diese Vorschriften allen Betroffenen frei zugänglich?

Ist die Sauberkeit in den Arbeitsräumen unter Berücksichtigung der Art der Produktion ausreichend für die

176. – Decken?
177. – Wände?
178. – Fußböden?
179. Ist der allgemeine Ordnungszustand in den Räumen und an den Arbeitsplätzen ausreichend?
180. Ist ausreichend Raum an jedem Arbeitsplatz vorhanden?

Werden für den jeweiligen Produktionsprozeß nicht benötigte Gegenstände und Materialien im Arbeitsraum aufbewahrt,

181. – persönliche Gegenstände?

182. — Verpackungsmittel?
183. — Verpackungshilfsmittel?
184. — Arzneistoffe?
185. — Halbfertigwaren?
186. — Arzneifertigwaren?
187. Sind die zum jeweiligen Arbeitsprozeß gehörenden Gegenstände und Materialien übersichtlich und geordnet bereitgestellt?
188. Sichern Art und Verschluß der im Raum befindlichen Behälter mit Arzneistoffen und Halbfertigwaren den Inhalt vor Verunreinigung und Zersetzung?
189. Werden saubere Behälter zum Transport und zur Aufbewahrung der Halbfertigwaren verwendet?
190. Liegt eine deutliche Trennung der verschiedenen Halbfertigwaren und Arzneifertigwaren bei erforderlicher Simultanproduktion vor?

Sind die Herstellungsgebäude

191. — frei von angesammeltem Abprodukten?
192. — frei von Ungeziefer?
193. Sind Essen und Rauchen in den Herstellungsräumen verboten?
Wird das Verbot eingehalten?

Gibt es in der Nähe der Arbeitsplätze eine ausreichende Anzahl von

194. — sauberen, gut belüfteten Toiletten mit Waschgelegenheit?
195. — Umkleideräumen?
196. — Personalräumen?
197. Wird eine dem Umfang des Kontaktes mit den Arzneimitteln entsprechende Arbeitsschutzkleidung getragen (z. B. Handschuhe bei direktem Kontakt mit Feststoffen)?
198. Verbleibt die Schutzkleidung in den Arbeitsbereichen?
199. Wird das Personal regelmäßig ärztlich untersucht?
200. Ist Vorsorge getroffen, daß Personen, von denen bekannt ist, daß sie Infektionsüberträger sind, nicht bei der Herstellung eingesetzt werden?

Technische Ausrüstung

201. Ist sie für den vorgesehenen Verwendungszweck geeignet?
202. Ist eine gründliche Reinigung leicht möglich?
203. Sind die Maschinen und Geräte zur Arzneimittelherstellung so aufgestellt, daß von hängenden Ausrüstungsgegenständen (z. B. Beleuchtungskörper, Rohrleitungen) keine Fremdsubstanz auf Arzneimittel während ihrer Verarbeitung und vorübergehenden Lagerung fallen kann?
204. Sind ausreichende Maßnahmen getroffen, um Verunreinigungen der Arzneimittel und ihrer Behältnisse während des Herstellungsprozesses auszuschließen?

205. Stehen für die Feststoffverarbeitung wirksame Absauganlagen im ausreichenden Umfang zur Verfügung?
206. Wird die Rückführung verunreinigter Luft vermieden?
207. Bestehen Mängel bezüglich einer effektiven Reinigung von Verpackungsmitteln und -hilfsmitteln, die einen unmittelbaren Kontakt zum Arzneimittel haben (z. B. Ampullen, Drageegläser, Tablettenröhrchen, Flaschen, Elaststopfen, Tuben, Tropfpipetten)?
208. Bestehen Mängel, die als Einschränkungen einer nach dem derzeitigen technischen Niveau soliden Fertigungstechnik angesehen werden müssen?
209. Werden den geltenden Bestimmungen entsprechend genaue Volumenmeßmittel und geeichte Gewichte und Waagen verwendet?

Produktionsablauf

Gibt es für alle Produktionsabschnitte

210. – Herstellungsvorschriften?
211. – Bedienungsanweisungen?
212. – Reinigungsvorschriften für Behältnisse und Apparateteile, die Kontakt mit Arzneimitteln haben?
213. Entsprechen diese Vorschriften der Richtlinie zur Erarbeitung von Herstellungsvorschriften?
214. Sind diese Vorschriften den betreffenden Produktionsarbeitern jederzeit zugänglich?
215. Besteht ein Nachweis über die erfolgte Verpflichtung der Produktionsarbeiter über die einzuhaltenden Arbeitsvorschriften?

Liegen Arbeitsanweisungen vor, die von Produktionsarbeitern zu beachtende Qualitätssicherungsmaßnahmen festlegen, wie

216. – Ausfüllung der PBS, dauerhaft und simultan zum Arbeitsprozeß?
217. – Verwendung von Wirk- und Hilfsstoffen nur aus Behältnissen, die eine Freigabekennzeichnung der TKO aufweisen?
218. – Identitätsprüfung der Wirk- und Hilfsstoffe unmittelbar vor Einsatz?
219. – Behandlung von Ausschuß (bei Vernichtung oder Aufarbeitung)?
220. – Vernichtung bzw. Aussonderung überzähliger Etiketten, Faltschachteln oder bedruckter Behältnisse, die mit der Chargennummer versehen sind?
221. – getrennte Lagerung und Verarbeitung verschiedener Chargen oder Präparate?
222. – selbst vorzunehmende Kennzeichnungen?
223. – Einstellung der Chargennummer an Maschinen?
224. – durchzuführende Inprocess-Kontrollen?
225. Sind alle Gefäße und Behälter klar sichtbar gekennzeichnet?

226. — mit Namen des darin enthaltenen Materials?
227. — mit der Chargennummer?
228. Sind analoge Kennzeichnungen an den Maschinen während der Benutzung angebracht?
229. Bestehen die Voraussetzungen für eine ordnungsgemäße Durchführung der Identitätsprüfungen der Wirk- und Hilfsstoffe unmittelbar vor Einsatz?
230. Gibt es kontinuierliche Produktionsverfahren?
231. Wie erfolgt ihre Kontrolle?
232. Gibt es Mängel bei der Einhaltung qualitätsbeeinflussender Parameter (Temperatur, Licht, Feuchtigkeit) bei der Herstellung von Arzneimitteln oder bei der Lagerung von Halbfertigwaren?

Sterile Zubereitungen

Stehen die erforderlichen Spezialbereiche zur Verfügung für

233. — eine keimarme Herstellung (für Produkte, die in ihren Behältnissen sterilisiert werden)?
234. — eine aseptische Herstellung (für Produkte, die in ihren Behältnissen nicht sterilisiert werden)?
235. Gelangen Personen und Materialien nur über Schleusen in die Produktionsräume?
236. Ist die dabei einzuhaltende Verfahrensweise durch schriftliche Arbeitsanweisungen geregelt?
237. Ist der Zugang eingeschränkt?

Ist der aseptische Bereich geschützt

238. — durch Methoden wie Laminar-Flow-Technik?
239. — dadurch, daß saubere Sterilkleidung, Hauben, Atemmasken, Gummihandschuhe, und Überschuhe getragen werden?
240. — durch Händedesinfektion vor dem Ankleiden und Betreten?
241. Erfolgen regelmäßige mikrobiologische Kontrollen der Luft und an Arbeitsplätzen?
242. Werden Aufzeichnungen darüber aufbewahrt?
243. Ermöglicht die Anordnung der Maschinen und Einrichtungsgegenstände eine optimale Reinigung bzw. Sterilisation der Räume?

Werden bei aseptischer Produktion

244. — die eingesetzten Arzneistoffe
245. — die Leerbehälter sterilisiert?
246. Werden sterilisierte leere Behälter vor Keimbefall geschützt aufbewahrt?

247. Werden die Halbfertigwaren sicher gekennzeichnet und die Chargen ausreichend voneinander getrennt?

Werden die Betriebsbedingungen innerhalb der Sterilisationsapparate

248. – überwacht?
249. – durch welche Methoden in welchen Abständen überprüft?
250. Werden Aufzeichnungen darüber aufbewahrt?
251. Ist sichergestellt, daß keine Verwechslung zwischen sterilisierten und nicht sterilisierten Erzeugnissen vorkommen kann?

252. Gesamteinschätzung:

[1]) Im Protokoll ist auf die inhaltlichen Positionen in der Reihenfolge des Fragespiegels einzugehen, wobei die Angabe der jeweiligen Nummer ausreichend ist.

Richtlinie zur Durchführung der Eingangskontrolle von Arzneistoffen

vom 14. 6. 1971 in der ab 5. September 1972 verbindlichen Fassung

Zur Sicherung des Gesundheitsschutzes bei der Herstellung von Arznei- und Gesundheitspflegemitteln wird Ihnen im Einvernehmen mit dem Staatlichen Veterinärmedizinischen Prüfungsinstitut gemäß § 29 Abs. 1 des Arzneimittelgesetzes in Verbindung mit Abs. 2 der Vereinbarung über die staatliche Qualitätskontrolle für Arznei- und Gesundheitspflegemittel vom 23. 11. 1970 (Verf. u. Mitt. Nr. 1/1971 S. 1) zur Durchführung der Eingangskontrolle von Wirk- und Hilfsstoffen (ausgenommen Drogen) folgende Auflage als Mindestforderung für die Arbeit der TKO erteilt:

I.

Wenn das zu prüfende Material einer Charge in mehreren Behältnissen vorliegt, so sind aus mindestens $0{,}4\sqrt{n}$ Behältnissen Proben gemäß *DAB-DDR*[1]) zu entnehmen, wobei für n die Anzahl der Behältnisse je Charge einzusetzen ist. An der nach der Formel $0{,}4\sqrt{n}$ erhaltenen Zahl ist gegebenenfalls eine Rundung vorzunehmen, wobei gebrochene Zahlen auf die nächsthöhere ganze Zahl gerundet werden.
Die entnommenen Proben sind organoleptisch auf Einheitlichkeit zu prüfen und erst dann zu mischen. Mit diesem Mischmuster ist eine vollständige Prüfung gemäß den Forderungen der betreffenden *DAB*[1])-Monografie durchzuführen, gegebenenfalls unter sinnvoller Einschränkung der Identitätsprüfung.
Die organoleptische Prüfung auf Einheitlichkeit ist an mindestens 3 entnommenen Proben durchzuführen, sofern sich nicht nach der nach der Formel $0{,}4\sqrt{n}$ erhaltenen und gerundeten Zahl höhere Zahlenwerte ergeben.
Falls der Inhalt von Behältnissen gegenüber anderen Behältnissen als verschiedenartig festgestellt wird, sind alle Behältnisse der gelieferten Charge organoleptisch zu prüfen.
Lassen sich auf Grund des Ergebnisses der organoleptischen Prüfung Gruppen von Behältnissen aus der gesamten Charge bilden und werden diese Behältnisse für eine Übernahme in Betracht gezogen, so sind von jeder Gruppe mindestens $0{,}4\sqrt{n}$ Behältnisse gesondert wie oben angegeben zu prüfen, wobei für n die Anzahl der Behältnisse je Gruppe einzusetzen ist.
Falls keine Chargenkennzeichnung an den Behältnissen einer Lieferung vermerkt ist, wird die jeweilige Lieferung als einer Charge zugehörig betrachtet, und das genannte Verfahren für die Durchführung der Eingangskontrolle gilt entsprechend.

Unabhängig von diesen Festlegungen zur Durchführung der Eingangskontrolle ist der Inhalt jedes Behältnisses unmittelbar vor dem Einsatz zur Produktion in geeigneter Weise auf seine Identität zu prüfen.

II.

Auf Antrag der Arznei- und Gesundheitspflegemittel herstellenden Betriebe der DDR erteilt das *Deutsche Institut für Arzneimittelwesen*[2]) Ausnahmegenehmigungen hinsichtlich des unter I. genannten Verfahrens zur Durchführung der Eingangskontrolle dahingehend, daß Substanzen, deren Qualität den Vorschriften des *DAB-DDR*[1]) oder anderen mit Zustimmung des *DIAR*[2]) vertraglich vereinbarten Qualitätsnormen entspricht und die in besonders gesicherten (verplombten) Behältnissen geliefert werden, nicht den unter I. genannten Festlegungen zur Durchführung der Eingangskontrolle beim Empfänger unterliegen.
Der Inhalt jedes Behältnisses ist jedoch unmittelbar vor dem Einsatz zur Produktion in geeigneter Weise auf seine Identität zu prüfen.
Bei der Antragstellung sind folgende Angaben von den Betrieben dem *DIAR*[2]) schriftlich mitzuteilen:

> Name der Substanz bzw. Zubereitung, Qualitätsbezeichnung, Hersteller bzw. Lieferant, genaue Beschreibung der Art der besonders gesicherten Verpackung, Packungsgröße, ungefähre Anzahl der gelieferten Chargen pro Jahr und bezogene Jahresmenge.

Die Ausnahmegenehmigung wird in der Regel auf 5 Jahre befristet und mit der Auflage verbunden, mindestens einmal im Jahr bzw. zumindest an jeder zehnten Charge eine Eingangsprüfung der Substanz gemäß den unter I. genannten Forderungen durchzuführen.
Ausnahmegenehmigungen für Importe werden in diesem Sinne nicht erteilt.
Die Übermittlung von Qualitätszertifikaten und Untersuchungsbefunden vom Hersteller der Substanzen an den Empfänger wird von unserer Seite aus nicht für erforderlich gehalten.
Durch die vom *Deutschen Institut für Arzneimittelwesen*[2]) erteilten Ausnahmegenehmigungen hinsichtlich der Durchführung der Eingangskontrolle wird die Verantwortung der Arzneimittelbetriebe für die Qualität der Erzeugnisse weder eingeschränkt noch aufgehoben.

[1]) Jetzt: Arzneibuch der DDR, 2. Ausgabe; 2. AB-DDR
[2]) Jetzt: Institut für Arzneimittelwesen der DDR; IFAR

Zertifikationsplan über die Qualität pharmazeutischer Produkte, die im internationalen Handel ausgetauscht werden[1] [2] [3]

Teil I — Zertifikation pharmazeutischer Produkte

1. Für den Zweck dieses Zertifikationsplans bedeutet „pharmazeutisches Produkt" jedes Arzneimittel in seiner endgültigen Verabreichungsform, bestimmt für den menschlichen Gebrauch, das der Kontrolle durch die Gesetzgebung im exportierenden Mitgliedstaat oder im importierenden Mitgliedstaat unterliegt.
2. Ein pharmazeutisches Produkt, das unter diesem Zertifikationsplan exportiert oder importiert wird, wird von der zuständigen Behörde des exportierenden Mitgliedstaates auf einem Zertifikat für Pharmazeutische Produkte, auf Ersuchen der interessierten Partei zertifiziert, um der zuständigen Behörde des importierenden Mitgliedstaates vorgelegt zu werden, welche die Berechtigung zum Verkauf oder zum Vertrieb des zertifizierten Produktes erteilt oder verweigert oder die Berechtigung von der Vorlage zusätzlicher Anlagen abhängig macht.
3. Die Erteilung eines Zertifikats für Pharmazeutische Produkte ist abhängig von den Bedingungen, welche die zuständige Behörde des exportierenden Mitgliedstaates fordert, um zu bestätigen, daß —

   (a) das Produkt für den Verkauf oder den Vertrieb im exportierenden Mitgliedstaat zugelassen ist (wenn nicht, werden die Gründe dafür auf dem Zertifikat vermerkt) und

   (b) der Herstellungsbetrieb, in dem das Produkt hergestellt wird, Kontrollen zu geeigneten Zeitpunkten unterworfen ist, um nachzuweisen, daß der Betrieb den Anforderungen der von der Weltgesundheitsorganisation empfohlenen GMP-Richtlinien genügt, und zwar für Produkte, die im Herkunftsland verkauft oder vertrieben oder exportiert werden sollen.

   Ein vorgeschlagener Entwurf eines Zertifikats für Pharmazeutische Produkte mit Kommentar ist beigefügt.
4. Wenn Zertifikate einzelner Chargen, die den Bestimmungen des Zertifikats für Pharmazeutische Produkte unterliegen, erforderlich sind, dann können solche Zertifikate entweder vom Herstellerbetrieb oder von der zuständigen Behörde des exportierenden Mitgliedstaates erteilt werden, entsprechend der Art des Produktes und den Forderungen des exportierenden Mitgliedstaates oder des importierenden Mitgliedstaates. Das Chargenzertifikat vermerkt den Namen und die Verabreichungsform des Produktes, die Chargennummer, das Verfallsdatum und die Lagerbedingungen, einen Hinweis auf das Zertifikat für Pharmazeutische Produkte und die Feststellung, daß die Charge

entweder den Forderungen der zuständigen Behörde an den Verkauf oder den Vertrieb im exportierenden Mitgliedstaat entspricht (mit Hinweis auf die Erteilung einer Zulassung) oder, je nachdem, den veröffentlichten Vorschriften oder den vom Herstellerbetrieb vorgelegten festgelegten Vorschriften. Das Zertifikat sollte auch Angaben über Verpackung, Etikettierung, Art des Behältnisses, Herstellungsdatum, Analysenergebnisse und andere Angaben enthalten.

Teil II — Informationsaustausch

1. Auf Ersuchen der zuständigen Behörde des Mitgliedstaates, in den ein pharmazeutisches Produkt unter diesem Zertifikationsplan importiert werden soll oder worden ist, sollte die zuständige Behörde des exportierenden Mitgliedstaates liefern —

   (a) Informationen über die Verwirklichung der Forderungen für die GMP, wie von der Weltgesundheitsorganisation empfohlen[4]);
   (b) Informationen über Prüfungen des Produktes, wie von der zuständigen Behörde des exportierenden Mitgliedstaates durchgeführt;
   (c) Nennung von Namen und Funktionen der Personen, die Zertifikate der einzelnen Chargen unterschreiben, die exportiert werden sollen.

   Informationen über allgemeine und besondere Normen der Qualitätskontrolle des zu exportierenden Produkts, insofern sie erforderlich sind, um den gesetzlichen Bestimmungen des importierenden Mitgliedstaates zu entsprechen, könnten mit Zustimmung des Herstellerbetriebes ebenfalls geliefert werden.

2. Im Falle, daß Qualitätsmängel von unter diesem Zertifikationsplan importierten Produkten vom importierenden Land als ernsthaft betrachtet werden, wenn nicht durch örtliche Bedingungen und Umstände bedingt, und nach der Einfuhr einer bestimmten Charge in den importierenden Mitgliedstaat aufgetreten, dann sollte die zuständige Behörde die zuständige Behörde des exportierenden Mitgliedstaates von dem Vorkommnis, zusammen mit den relevanten Fakten, unterrichten, die das Zertifikat für das betroffene Produkt ausgestellt hat, mit dem Ersuchen um Einleitung von Nachforschungen.
   Im umgekehrten Falle, wenn die zuständige Behörde des exportierenden Mitgliedstaates ernsthafte Qualitätskontrollmängel feststellt, dann sollte diese zuständige Behörde die zuständige Behörde des importierenden Mitgliedstaates davon unterrichten.

Teil III — Teilnehmende Mitgliedstaaten

1. Jeder Mitgliedstaat, der sich an dem Zertifikationsplan beteiligen möchte, teilt (a) den Namen und die Anschrift seiner als zuständig innerhalb der Bedeutung des Zertifikationsplans betrachteten Behörde und (b) alle bedeutenden Vorbehalte hinsichtlich seiner Beteiligung dem Generaldirektor der Weltgesundheitsorganisation mit, der seinerseits alle anderen Mitgliedstaaten davon unterrichtet.

2. Exportierende Mitgliedstaaten, die an dem Zertifikationsplan teilnehmen, sollen gewährleisten, daß –

(a) die Zulassung pharmazeutischer Produkte zum Verkauf oder zum Vertrieb den entsprechenden, zur Sicherung ihrer Qualität vorgesehenen Prüfmaßnahmen durch die zuständige Behörde unterliegt und daß angemessene Laboreinrichtungen für diesen Zweck zur Verfügung stehen;

(b) die pharmazeutische Industrie an die Forderungen der GMP gebunden ist, wie von der Weltgesundheitsorganisation empfohlen;

(c) die zuständige Behörde berechtigt ist, angemessene Nachforschungen zu betreiben, um zu sichern, daß die Herstellerbetriebe den in (b) genannten Anforderungen gerecht werden, einschließlich z. B. der Prüfung von Protokollen und der Musterentnahme;

(d) die Kontrollbeauftragten im Dienste ihrer zuständigen Behörde angemessene Qualifikation und Erfahrung besitzen.

3. Exportierende, am Zertifikationsplan teilnehmende Mitgliedstaaten sollten, wann immer möglich, gewährleisten, daß die internationalen, nicht schutzfähigen Bezeichnungen, wann immer vorhanden, bei der Angabe der Zusammensetzung des Produktes auf den Zertifikaten verwendet werden und, so weit möglich, bei der Kennzeichnung der pharmazeutischen Produkte, die unter dem Zertifikationsplan exportiert werden sollen, aufgeführt werden.

„Muster für Zertifikat"

Zertifikat für pharmazeutisches Produkt[5])
pharmazeutische Produkte

Name und Verabreichungsform des Produktes: . . . .

Name und Menge jedes arzneilich wirkenden Bestandteiles[6]): . . . .

Herstellerbetrieb und/oder, wenn anwendbar, die Person, die für das In-Verkehr-Bringen des Produktes verantwortlich ist: . . . .

Anschrift: . . . .

Es wird bescheinigt, daß:

▱ dieses Produkt für das In-Verkehr-Bringen in diesem Lande zugelassen ist.
Nummer und Ausstellungsdatum der Erlaubnis (wenn anwendbar): . . . . . .

▱ dieses Produkt ist nicht für das In-Verkehr-Bringen in diesem Lande zugelassen aus folgenden Gründen: . . . .

Außerdem wird bestätigt, daß (a) der Herstellerbetrieb des Produktes Kontrollen zu geeigneten Zeitpunkten unterliegt und (b) der Hersteller die von der WHO empfohlenen Grundregeln für die Herstellung von Arzneimitteln und die Sicherung ihrer Qualität einhält, und zwar für Produkte, die im Herkunftsland verkauft oder vertrieben oder exportiert werden sollen (s. Kommentar auf der Rückseite).

. . . .
(Ort und Datum)

. . . .
(Unterschrift der benannten Behörde)

Kommentar

Zertifikat für pharmazeutisches Produkt/pharmazeutische Produkte

Dieses Zertifikat soll den Status des pharmazeutischen Produktes und seines Herstellerbetriebes im exportierenden Land definieren. Es wird von der zuständigen Behörde im exportierenden Land in Übereinstimmung mit den Forderungen der zuständigen Behörde im importierenden Land ausgestellt. Es kann vom importierenden Land beim ersten Import und auch danach gefordert werden, wenn eine Bestätigung oder Aktualisierung erforderlich ist.
Die Forderungen der GMP, erwähnt im Zertifikat, beziehen sich auf den Text[7]), der von der 22. World Health Assembly in ihrer Resolution WHA 22.50 empfohlen und zusammen mit allen Veränderungen später von der WHA angenommen wurde.

Chargenzertifikate

Wenn Zertifikate einzelner Chargen, für die das Zertifikat für Pharmazeutische Produkte gilt, erforderlich werden, können diese entweder vom Herstellerbetrieb oder von der zuständigen Behörde des exportierenden Mitgliedstaates erteilt werden, entsprechend der Art des Produktes und den Forderungen des exportierenden Mitgliedstaates oder des importierenden Mitgliedstaates. Das Chargenzertifikat gibt den Namen und die Verabreichungsform des Produktes, die Chargennummer, das Verfallsdatum und die Lagerbedingungen, einen Hinweis auf das Zertifikat für Pharmazeutische Produkte an und eine Feststellung, daß die Charge den Forderungen der zuständigen Behörde für Verkauf oder Vertrieb innerhalb des exportierenden Mitgliedstaates (mit Hinweis auf die Erteilung einer Zulassung) oder, wo angebracht, den veröffentlichten Vorschriften oder den festgelegten Vorschriften, die vom Herstellerbetrieb beizubringen sind, entspricht. Das Zertifikat könnte auch Angaben über Verpackung, Etikettierung, Art des Behältnisses, Herstellungsdatum, Analysenergebnisse und andere Angaben enthalten.

[1]) Certification Scheme on the Quality of Pharmaceutical Products, Technical Report Series No. 567, page 28, World Health Organization, Geneva 1975.

[2]) Übersetzung des Instituts für Arzneimittelwesen der DDR.

[3]) Dieser Zertifikationsplan ist eine überarbeitete und erweiterte Fassung der in den WHO Official Records, No. 176, 1969, S. 104—105 veröffentlichten.

[4]) Es besteht Klarheit darüber, daß das in einigen Ländern die Zustimmung des Herstellerbetriebes erfordern kann.

[5]) Dieses Formular kann auch für mehrere Produkte desselben Herstellerbetriebes benutzt werden.

[6]) Wann immer möglich, internationale, nicht schutzfähige Bezeichnungen (INN) oder national nicht schutzfähige Bezeichnungen verwenden.

[7]) WHO Official Record, No. 176, 1969, S. 99, Anhang 12 (Text auch im Supplement 1971 zur zweiten Ausgabe der Internationalen Pharmakopöe, Genf, Weltgesundheitsorganisation, 1971, S. 99, Anhang 70, veröffentlicht).

Anordnung über die kommerzielle Warenkontrolle zur Sicherung der Qualität von Ex- und Importwaren

vom 31. März 1975

(GBl. I Nr. 20 S. 350)

Die planmäßig weiterzuentwickelnden Außenhandelsbeziehungen der DDR erfordern hinsichtlich der Gewährleistung einer hohen Effektivität erhöhte Anstrengungen zur Sicherung der Qualität der Ex- und Importwaren durch alle am Außenhandel beteiligten Organe und Betriebe. Hierbei kommt der wirksamen Durchführung kommerzieller Warenkontrollen besondere Bedeutung zu. Im Einvernehmen mit den Leitern der zuständigen zentralen Staatsorgane wird folgendes angeordnet:

§ 1

(1) Die kommerzielle Warenkontrolle an Ex- und Importwaren der DDR einschließlich der Kontrolle von reklamierten Ex- und Importwaren innerhalb und außerhalb der DDR sowie der Kontrolle von Transitwaren ist von dem dafür spezialisierten Betrieb, der Warenkontrollgesellschaft der DDR Intercontrol GmbH (nachfolgend Intercontrol genannt), wahrzunehmen.

(2) Intercontrol ist allein berechtigt, Beziehungen zu gleichgearteten Unternehmen außerhalb der DDR zu unterhalten und kann sich dieser Unternehmen zur Durchführung von Kontrollen in Abstimmung mit dem Auftraggeber bedienen. Die Entgegennahme von Aufträgen von Firmen außerhalb der DDR für kommerzielle Warenkontrollen ist nur Intercontrol gestattet.

(3) Wenn im Einzelfall im Ex- und Importvertrag vereinbart werden soll, daß Kontrollorganisationen mit Sitz außerhalb der DDR eine kommerzielle Warenkontrolle selbst durchführen sollen, bedürfen derartige Vereinbarungen der vorherigen Abstimmung mit Intercontrol. Sollen derartige Kontrollen auf dem Staatsgebiet der DDR erfolgen, ist für die Vereinbarung im Ex- oder Importvertrag die vorherige Zustimmung der Intercontrol einzuholen.

§ 2

(1) In den Ex- und Importverträgen ist eine kommerzielle Warenkontrolle zu vereinbaren, wenn

– eine besondere volkswirtschaftliche oder handelspolitische Bedeutung des Ex- bzw. Importes vorliegt;

- die kommerzielle Warenkontrolle auf Grund der spezifischen Eigenschaften der Ware im Handel zwischen den Staaten gebräuchlich ist oder sich im Außenhandel der DDR bewährt hat (zu diesen Waren gehören die Erzeugnisse der Land-, Nahrungsgüter- und Forstwirtschaft, Erze und andere mineralische Rohstoffe sowie einige Konsumgüter);
- bei den betreffenden Waren wiederholt Qualitäts- oder auch Quantitätsreklamationen aufgetreten sind;
- bei Erstimporten keine ausreichenden Kenntnisse über die zu erwartende Warenqualität vorhanden sind.

(2) Bei der Vereinbarung der kommerziellen Warenkontrolle sind die zwischenstaatlichen Vereinbarungen der DDR zu berücksichtigen.

§ 3

(1) Die Beauftragung zur Durchführung der Warenkontrolle durch die Intercontrol hat entsprechend den in den Ex- bzw. Importverträgen getroffenen Vereinbarungen — soweit die Aufträge nicht durch Firmen außerhalb der DDR zu erteilen sind — bei Exportkontrollen durch die Exportbetriebe und bei Importkontrollen durch die importierenden Außenhandelsbetriebe zu erfolgen. Die Kosten für die Warenkontrolle hat grundsätzlich der für die Beauftragung der Intercontrol verantwortliche Betrieb zu tragen.
(2) Beim Import von Industrieanlagen hat die Beauftragung der Intercontrol grundsätzlich durch den importierenden Betrieb zu erfolgen.
(3) In Fällen, in denen die Exportbetriebe ihrer Beauftragungspflicht gemäß Abs. 1 nicht nachkommen, kann die Beauftragung von Intercontrol durch den zuständigen Außenhandelsbetrieb erfolgen.
(4) Die Außenhandelsbetriebe sind berechtigt, der Intercontrol unabhängig von den Festlegungen der Absätze 1 bis 3 eigenverantwortlich auf ihre Kosten Kontrollaufträge zu erteilen.

§ 4

Die Vereinbarung von Abnahmen außerhalb der DDR ist nur in Ausnahmefällen zulässig. Hierzu ist die vorherige Zustimmung der Intercontrol erforderlich.

§ 5

Intercontrol arbeitet nach Preisbildungsprinzipien, die vom Ministerium für Außenhandel bestätigt sind. Sie ist für die kommerzielle Warenkontrolle alleiniger Valutaplanträger.

§ 6

(1) Intercontrol ist berechtigt, in die Durchführung ihrer Aufgaben Experten aus Industrie, Handel und Landwirtschaft einzubeziehen. Über die Bereitstellung von Experten sind zwischen Intercontrol und den betreffenden Betrieben nach Zustimmung des jeweils übergeordneten Organs Vereinbarungen abzuschließen (über Zeitdauer, Kostentragung u. a.).
(2) Intercontrol ist berechtigt, außerhalb der DDR zeitweilige Kontrollgruppen unter Einhaltung der Rechtsvorschriften über die Einrichtung der äußeren Absatz- und Bezugsorganisation einzusetzen.

§ 7

Die Rechte und Pflichten der Intercontrol und ihrer Auftraggeber aus der DDR regeln sich nach der Anordnung vom 21. Oktober 1970 über die Allgemeinen Leistungsbedingungen für die kommerzielle Warenkontrolle (GBl. II Nr. 88 S. 624).

§ 8

(1) Diese Anordnung tritt mit ihrer Veröffentlichung in Kraft.
(2) Die Anordnung gilt nicht für

a) Tallierungsarbeiten der Tallierungsgesellschaft mbH Rostock,
b) Prüfungstätigkeiten anderer Kontrollorgane der DDR (z. B. Amt für Standardisierung, Meßwesen und Warenprüfung, Technische Überwachung der DDR, DDR-Schiffs-Revision und -Klassifikation, Deutsche Post, Deutsche Reichsbahn, Staatliche Bauaufsicht, **Institut für Arzneimittelwesen der DDR**[1]), Zentrale Lebensmittelhygienische Untersuchungsstelle), die für ihre speziellen Aufgaben auf Grund von Rechtsvorschriften eine Berechtigung zur Durchführung von bestimmten Warenkontrollen haben.

(3) Alle Warenkontrollen von Betrieben und Einrichtungen, die keine ausdrückliche spezielle Regelung gemäß Abs. 2 gefunden haben, sind mit Inkrafttreten dieser Anordnung einzustellen bzw. an die Intercontrol überzuleiten.

[1]) Hervorhebung durch Herausgeber AAR.

Anweisung über die Wahrung krankenhaushygienischer Erfordernisse in ambulanten und stationären Gesundheitseinrichtungen
vom 1. Juni 1977

(VuM MfGe Nr. 6 S. 42)

In Abstimmung mit den zuständigen zentralen staatlichen Organen wird zur Wahrung krankenhaushygienischer Erfordernisse für alle ambulanten und stationären Gesundheitseinrichtungen angewiesen:

1

Der Leiter einer Gesundheitseinrichtung ist für die Sicherung der krankenhaushygienischen Erfordernisse in der Einrichtung verantwortlich.

2

(1) In Krankenhäusern, Polikliniken und Ambulatorien benennt der Leiter der Gesundheitseinrichtung einen Arzt mit möglichst großer Berufserfahrung als Hygienebeauftragten.
(2) Der Hygienebeauftragte ist dem Leiter der Einrichtung direkt unterstellt und handelt in dessen Auftrag. Er übt seine Funktion als Hygienebeauftragter nebenamtlich aus. In seinem Funktionsplan bzw. Arbeitsvertrag ist die Tätigkeit als Hygienebeauftragter gesondert auszuweisen.
Die ihm für die Ausübung seiner Tätigkeit als Hygienebeauftragter zur Verfügung stehende Zeit wird vom Leiter der Einrichtung entsprechend der Größe der Einrichtung nach Abstimmung mit dem Leiter der Kreis-Hygieneinspektion festgelegt.
(3) Der Leiter der Einrichtung ist für die funktionsbezogene Weiterbildung des Hygienebeauftragten verantwortlich.

3

Der Hygienebeauftragte nimmt an Leitungsberatungen in der Einrichtung teil, sofern Fragen der Hygiene auf der Tagesordnung stehen. Er ist verpflichtet, dem Leiter vierteljährlich und – soweit akute hygienische Mängel festgestellt werden – sofort Bericht zu erstatten.

4

In Krankenhäusern, Polikliniken und Ambulatorien werden Hygienekommissionen gebildet, die vom Hygienebeauftragten geleitet werden. Die Mitglieder der Hygienekommission werden vom Leiter der Einrichtung benannt. Der Hygienebeauftragte ist befugt, den

Kommissionsmitgliedern Aufgaben für ihre Anleitungs- und Kontrolltätigkeit zu übertragen. Er ist für ihre Weiterbildung auf dem Gebiet krankenhaushygienischer Erfordernisse verantwortlich.

5

Der Hygienebeauftragte führt unter Mitwirkung der Mitglieder der Hygienekommission Kontrollen in allen Bereichen der Einrichtung nach einem Begehungs- und Kontrollplan durch. Er ist befugt, im Rahmen der Kontrolltätigkeit alle Bereiche der Einrichtung zu betreten. Er kann die sofortige Abstellung grober Mängel nach Rücksprache mit dem zuständigen Leiter verlangen. Die Ergebnisse jeder Begehung werden im Hygienekontrollbuch oder in einem Protokoll festgehalten, das dem Leiter der Einrichtung vorzulegen ist.

6

Die Leiter der Fachabteilungen, Stationen und anderer Struktureinheiten sind für die Wahrung hygienischer Erfordernisse in ihrem Bereich verantwortlich. Hierüber sind sie dem Leiter der Einrichtung rechenschaftspflichtig. Dem Hygienebeauftragten gegenüber sind sie auskunftspflichtig.

7

Als Arbeitsgrundlage für die praktische Verwirklichung der Erfordernisse der Krankenhaushygiene in allen ambulanten und stationären Einrichtungen und zur Unterstützung der Leiter bei der Wahrnehmung ihrer Verantwortung findet die Vorläufige Rahmenhygieneordnung vom 1. Juni 1977 für ambulante und stationäre Gesundheitseinrichtungen[1]) Anwendung. Sie ist entsprechend den spezifischen Bedingungen in der Einrichtung anzuwenden.

8

Der Leiter der zuständigen Kreis-Hygieneinspektion ist für die fachliche Anleitung, Beratung und Kontrolle des Leiters der Einrichtung und des Hygienebeauftragten verantwortlich. Er unterstützt die funktionsbezogene Weiterbildung des Hygienebeauftragten und der Mitglieder der Hygienekommission.

9

Die Bezirksakademien und Betriebsakademien (Kreisbildungsstätten) des Gesundheits- und Sozialwesens unterstützen die Weiterbildung auf dem Gebiet der Krankenhaushygiene durch entsprechende Weiterbildungsveranstaltungen.

[1]) Sonderdruck, Verteilung erfolgt ab 1. 10. 1977 über die Abteilungen Gesundheits- und Sozialwesen der Räte der Bezirke und Kreise; auszugsweise abgedruckt unter C **06 01 02**.

Vorläufige Rahmenhygieneordnung für ambulante und stationäre Gesundheitseinrichtungen (RHO Ge) vom 1. Juni 1977

— Auszug —

Inhaltsverzeichnis

AAR 2. Lieferung

Erklärung von Zeichen und Abkürzungen

In tabellarischen Übersichten verwendete Zeichen und Abkürzungen

+	gut wirksames Verfahren
++	sehr gut wirksames Verfahren
⊕	gut wirksames Verfahren, jedoch nur anzuwenden, wenn eine entsprechende Qualitätsanforderung besteht
(+)	behelfsmäßiges Verfahren, weil der beabsichtigte Effekt nicht sicher oder nur unter Einhaltung bestimmter Bedingungen erzielt wird
—	unwirksames bzw. nicht zweckentsprechendes Verfahren

tgl	täglich	n B	nach Benutzung
wö	wöchentlich	n E	nach Entlassung des Patienten
mo	monatlich	Tab	Tabelle
vi	vierteljährlich	Abschn	Abschnitt

Weitere im Text benutzte Abkürzungen

KHI	Kreis-Hygieneinspektion
BHI	Bezirks-Hygieneinspektion und -institut
G	gesetzliche Bestimmung (Abschnitt 7.1.1.)

L	Literaturnachweis (Abschnitt 7.1.2.)
RHO Ge	Vorläufige Rahmenhygieneordnung für ambulante und stationäre Gesundheitseinrichtungen vom 1. 6. 1977

Im Verzeichnis der gesetzlichen Grundlagen und Literatur benutzte Abkürzungen

GBl I	Gesetzblatt der Deutschen Demokratischen Republik, Teil I
GBl II	Gesetzblatt der Deutschen Demokratischen Republik, Teil II
DB	Durchführungsbestimmung
VO	Verordnung
AO	Anordnung
Verf. u. Mitt.	Verfügungen und Mitteilungen des Ministeriums für Gesundheitswesen der DDR
2. AB-DDR	Arzneibuch der DDR, 2. Ausgabe

Zielstellung

Die ständige Verbesserung der Hygiene in den Einrichtungen des Gesundheitswesens ist ein wesentlicher Faktor zur Erhöhung der Qualität der medizinischen Betreuung.
Die vorliegende „Vorläufige Rahmenhygieneordnung für ambulante und stationäre Gesundheitseinrichtungen" (RHO Ge) soll:

- eine Arbeitsgrundlage für die praktische Durchsetzung der Belange der Krankenhaushygiene in den Einrichtungen des Gesundheitswesens sein,
- den Leiter bei der Wahrnehmung seiner Verantwortung unterstützen,
- die für das Hygieneregime der Einrichtungen des Gesundheitswesens gültigen gesetzlichen Bestimmungen in übersichtlicher Form zusammenfassen und
- in Abhängigkeit von der konkreten Situation und den Erfordernissen eine gewisse Auswahl zwischen verschiedenen hygienisch wirksamen Verfahren ermöglichen.

1. Verantwortung des Leiters der Einrichtung und die Pflichten der Mitarbeiter

1.1. Verantwortlichkeit

Der Leiter der Einrichtung ist für die Anleitung und Kontrolle auf dem Gebiet der Krankenhaushygiene verantwortlich.
Er ist verpflichtet, die RHO Ge entsprechend den jeweiligen Bedingungen in der Einrichtung zu präzisieren, zu ergänzen und anzuwenden. Die Ordnung ist gegebenenfalls durch fachspezifische Ergänzungen für die verschiedenen Bereiche zu präzisieren. Ent-

sprechend den spezifischen Aufgaben der Einrichtung sind die Schwerpunkte unter Berücksichtigung von Bereichen mit besonderen hygienischen Anforderungen[1]) festzulegen. Dabei sollte er sich mit dem Leiter der zuständigen KHI beraten.
Der Leiter beauftragt zu seiner Unterstützung einen Arzt mit möglichst großer Berufserfahrung und sorgt für dessen funktionsbezogene Weiterbildung.
Dieser Hygienebeauftragte ist dem Leiter der Einrichtung in seiner Funktion direkt unterstellt und handelt hierbei in dessen ständigem Auftrag. Für diese Funktion erhält er einen gesonderten Funktionsplan (s. Abschn. 7.2.) und einen der Einrichtungsgröße und -struktur angepaßten Arbeitszeitfonds.
Er nimmt an Beratungen der Leitung teil, wenn Fragen der Hygiene besprochen werden und ist dem Leiter

– vierteljährlich und
– sofort bei Bekanntwerden akuter hygienischer Mißstände

berichtspflichtig.
In Krankenhäusern, Polikliniken und Ambulatorien empfiehlt es sich, eine Hygienekommission zu bilden, die vom Hygienebeauftragten geleitet wird. Die Mitglieder der Hygienekommission werden vom Leiter der Einrichtung benannt. Der Hygienebeauftragte ist verantwortlich für die Qualifizierung der Kommissionsmitglieder und befugt, ihnen Aufgaben für ihre Anleitungs- und Kontrolltätigkeit zu übertragen (s. 7.2.).
Es wird empfohlen, die Mitglieder des DRK in der DDR in die Arbeit der Hygienekommission einzubeziehen.
Unter Mitarbeit der Hygienekommission führt der Hygienebeauftragte Kontrollen in allen Bereichen der Einrichtung nach einem Begehungs- und Kontrollplan durch. Der Hygienebeauftragte ist befugt, im Rahmen der Kontrolltätigkeit alle Bereiche der Einrichtung zu betreten.
Er kann die sofortige Abstellung grober Mängel, die eine akute Gefährdung von Leben und Gesundheit beeinhalten, nach Rücksprachen mit dem zuständigen Abteilungsarzt bzw. -leiter verlangen. Die Ergebnisse jeder Begehung werden im Hygienekontrollbuch oder in einem Protokoll festgehalten, das dem Leiter der Einrichtung vorgelegt wird.
Die Leiter jeder Leitungsebene tragen die Verantwortung für ihren Unterstellungsbereich. Sie sind in ihrem Bereich für die Wahrung hygienischer Belange verantwortlich.
Sie präzisieren auf der Grundlage der RHO Ge die hygienischen Schwerpunkte und die Arbeitsweise für ihren Verantwortungsbereich.
Der ökonomische Leiter trägt insbesondere die Verantwortung für

– die Ordnung und Sauberkeit in den zentral genutzten Räumen, Treppenhäusern und Fluren, im Gelände der Einrichtung,
– die Bereitstellung entsprechender Arbeitsmittel für hygienisch notwendige Arbeiten,
– die Beseitigung baulicher und technischer Mängel sowie
– die Auftragserteilung an die zugelassenen Schädlingsbekämpfungsbetriebe zur Bekämpfung von Gesundheitsschädlingen.

Die leitenden Schwestern der verschiedenen Bereiche sind für die ordnungsgemäße Durchführung der vorgeschriebenen Desinfektion und Sterilisation, die pflegerische Hygiene sowie Ordnung und Sauberkeit verantwortlich.
Der Desinfektor (Facharbeiter) bzw. ein beauftragter Mitarbeiter ist für die ordnungsgemäße Durchführung der Schlußdesinfektion (Raumdesinfektion), für die Bedienung der Desinfektionskammer sowie alle seinem Berufsbild entsprechenden Tätigkeiten verantwortlich.
Alle Beschäftigten der Gesundheitseinrichtungen sind verpflichtet,

- die Hygieneordnung der Einrichtung einzuhalten und
- bei der ständigen Verbesserung der Arbeits- und Lebensbedingungen in der Einrichtung selbst sowie bei der Entwicklung des Gesundheitsbewußtseins der betreuten Bürger mitzuwirken.

Die Hygiene der Einrichtung sollte zum Gegenstand des sozialistischen Wettbewerbs, der Neuererbewegung, des Berufswettbewerbs und der wissenschaftlichen Arbeitsorganisation gemacht werden.

1.2. Kontrolle

Zur Kontrolle des Standes der Hygiene in der Einrichtung sollten mindestens folgende Maßnahmen durch den Leiter festgelegt werden: An der mindestens einmal im Jahr stattfindenden Begehung der gesamten Einrichtung nimmt der Leiter selbst teil. Dazu sollte er

- Vertreter des örtlichen Rates,
- der Kreishygieneinspektion und
- der gesellschaftlichen Organisationen

einladen. Damit sollen örtliche Initiativen auf die Beseitigung hygienischer Mängel und die Verbesserung der Arbeits- und Lebensbedingungen der Mitarbeiter der Einrichtung gelenkt werden.

- Der Hygienebeauftragte informiert den Leiter der Einrichtung über die Kontrolltätigkeit der Hygienekommission und die dabei festgestellten Mängel.
- Die Leiter der verschiedenen Bereiche berichten über Fragen der Hygiene in Leitungsberatungen.
- Die leitenden Schwestern kontrollieren den Stand der pflegerischen Hygiene, werten die Ergebnisse mit dem Betreuungspersonal aus und leiten gegebenenfalls Maßnahmen zur Verbesserung der pflegerischen Hygiene ein.
- Zur weiteren Verbesserung der hygienischen Situation sind aufgaben- und funktionsbezogene Vorgaben im Plan der Einrichtung festzulegen, deren Erfüllung in der Planabrechnung überprüft wird.

1.3. Weiterbildung

Der Leiter der Einrichtung ist verpflichtet, den Erwerb von Kenntnissen, Fähigkeiten und Fertigkeiten zu Fragen der Hygiene für die Beschäftigten durch systematische Weiterbildung zu sichern, insbesondere durch

- die Delegierung des Hygienebeauftragten zu fachbezogenen Weiterbildungsveranstaltungen,
- die Delegierung des medizinischen Personals zu Weiterbildungsveranstaltungen der Hygieneorgane bzw. der Kreis- und Bezirksbildungsstätten des Gesundheits- und Sozialwesens,
- die Delegierung des Küchenpersonals zu Fachlehrgängen,
- die Vermittlung von Grundkenntnissen über Maßnahmen der hygienisch-antiepidemischen Sicherstellung als Bestandteil des medizinischen Schutzes der Bevölkerung.

Die Weiterbildung am Arbeitsplatz sollte gemeinsam mit den Arbeitsschutzbelehrungen erfolgen und im Arbeitsschutzkontrollbuch dokumentiert werden.

2. Verfahren des antimikrobiellen Regimes

Die erfolgreiche Bekämpfung von Krankheitserregern, insbesondere von Erregern des infektiösen Hospitalismus, setzt ein System von antimikrobiellen Maßnahmen voraus, das sog. „antivirale, antimikrobielle und antiparasitäre Regime", kurz „antimikrobielles Regime" (L 30). Die Keimbekämpfung in bzw. auf dem Organismus umfaßt die Teilgebiete Antiseptik, Chemotherapie und Impfprophylaxe. Der Anwendungsbereich der Sterilisation, Entwesung und antimikrobiellen Ausrüstung beschränkt sich auf leblose Materialien. Desinfektion und Reinigung werden sowohl auf Körperoberflächen als auch auf Materialien durchgeführt. Distanzierung, organisatorische Maßnahmen, Überwachung und ständige Weiterentwicklung sind die weiteren wichtigen Bestandteile des antimikrobiellen Regimes.

2.1. Keimzahlvermindernde Maßnahmen

Bei allen keimzahlvermindernden Maßnahmen kommt es darauf an, daß sie möglichst häufig, regelmäßig und gründlich durchgeführt werden. Die Reinigung ist die wichtigste dieser Maßnahmen, wobei man die Grundreinigung von der laufenden Reinigung unterscheidet.

2.1.1. Grundreinigung

Die Grundreinigung sollte 2mal im Jahr durchgeführt werden. Alles bewegliche Inventar ist aus den zu reinigenden Räumen zu entfernen. Der Fußbodenpflegefilm samt dem eingetretenen Schmutz wird vollständig entfernt. Der Einsatz von Fußbodenpflegemaschinen ist optimal. Anschließend ist der Wachsfilm zu erneuern und zu glänzen.
Alle übrigen Flächen im Raum und installierten Gegenstände werden gründlich gereinigt.

2.1.2. Laufende Reinigung (vgl. Tab. 3.1.1. und 3.1.2.)

Die Anwendung von Besen bzw. trockenem Mop ist untersagt. Zur Reinigung von textilen Fußböden können keimdichte Staubsauger benutzt werden. Es sind nur Feuchtreinigungsverfahren einzusetzen (Ausnahme: Wachsen und Glänzen). Für PVC- und Gummibeläge keine alkalischen Reinigungsmittel verwenden. Für Gummibeläge außerdem kein Benzin oder Terpentinöl verwenden. Auf Fliesen und Steinfußböden sind Säuren und Laugen kontraindiziert.

Feuchtwischen: mit Schwammwischgerät bzw. Wischlappen und Schrubber; Schwämme nach Benutzung in Desinfektionsmittel einlegen, waschen, erneut in Desinfektionsmittel einlegen, feucht in Plastesäcke verpacken.

Feuchtwischmop: kann bei geringerer Verschmutzung zwischenzeitlich anstelle des Schwammwischgerätes eingesetzt werden, Fransenbezüge nach 60 bis 80 m^2 wechseln, benutzte Bezüge im Desinfektionswaschverfahren behandeln, evtl. in Desinfektionslösung eintauchen und feucht verpacken.

Sooger: Reinigungsmaschine benetzt und schrubbt den Fußboden, Saugmaschine nimmt das Schmutzwasser auf.

Wachsen: möglichst trittfeste Bohnerwachse verwenden, evtl. mit antimikrobiellen Zusätzen; Anwendungsrhythmus: Selbstglanzwachse 14tägig, Öl- bzw. Emulsionsware 7–14tägig, Wischwachse täglich (2–3monatig Ölware).

Staubwischen: ausschließlich als Wischdesinfektion (s. 2.2.3.) durchführen.

Oft werden zur Reinigung Desinfektionslösungen verwendet. Dabei ist zu beachten, daß hiermit nur eine keinzahlvermindernde Wirkung erreicht wird, weil die Einwirkungszeit für einen Desinfektionseffekt nicht ausreicht.

2.1.3. Reinigung von Instrumenten (vgl. Tab. 3.2.)

Erst desinfizieren, dann reinigen (bzw. beide Arbeitsgänge kombinieren).

Ultraschall: für mechanisch schwer zu reinigende (besonders Metall-) Instrumente; Ultraschallreinigung ist keine Desinfektion.

Laborglas: Laborglaswaschmaschine, Reinigungsmittel, z. B. Gr-contral 0,25–0,5%ig, wenn gefordert anschließend spülen.

Spritzen: Spritzen z. B. mit Trosilin FHS super konzentriert oder Gr-Ampullin P reinigen; Spülen mit Klarwasser und dest. Wasser; Trocknen vor der Heißluftsterilisation.

2.1.4. Antiseptische Seifenwaschung

Aufgabe der antiseptischen Seifenwaschung ist die Verminderung und eine möglichst lang anhaltende Vermehrungshemmung pathogener Anflugkeime (Krankheitserreger) auf der Haut unter Schonung der Standortflora. Im Rahmen der „laufenden Antiseptik" ist die antiseptische Seifenwaschung eine Maßnahme zur Prophylaxe von Hospitalinfektionen (L 17).
Sie ist anzuwenden, wenn die Händedesinfektion nicht unbedingt erforderlich ist.
Für die regelmäßige antiseptische Händewaschung empfiehlt sich die Anwendung von alkaliseifenfreien Körperreinigungsmitteln, z. B. episan antiseptisch^R.

2.1.5. Keimzahlverminderung der Raumluft

Verfahren	Hilfsmittel	Hinweise
Lüftung	Fenster	zur Keimzahlverminderung in Patientenzimmern außerhalb der Bereiche mit besonderen hygienischen Anforderun genausreichend
	Ventilatoren	zur Keimzahlverminderung in Patientenzimmern außerhalb der Bereiche mit besonderen hygienischen Anforderungen ausreichend (z. B. Abstellräume, Bad, Toilette)
Aerosol-Verfahren	Aerosolgenerator, Aerogerm^R	auf 1 m^3 Raumluft 0,3 bis 0,5 g Aerogerm; Fenster und Türen schließen, Dauer nach Betriebsanleitung
Ultraviolett-bestrahlung	UV-Strahler	in Schleusen, Operationsräumen und an Arbeitsplätzen mit hohen Anforderungen an die Aseptik anzubringen; nach Verlassen des Raumes UV-Strahler 4 Std. einschalten; Keimzahlverminderung bei guter Luftzirkulation etwa 70 bis 90% (Arbeitsschutz beachten), optimale Anzahl von UV-Strahlern/m^3 (s. L 9, 38), Wirkungsbereich optimal bei rel. Luftfeuchte zwischen 40—70%, geringe Staubschicht kann Wirkung bereits aufheben; indirekte Bestrahlung durch Richtung des UV-Strahlers an die Zimmerdecke, Keimzahlverminderung nur etwa 20%, bei nichtreflektierendem Deckenanstrich (Reflexion der Wände muß < 10% sein; Spezialanstriche auf Zink- und Eiweißbasis, keine Pigment- und wasserlöslichen Farben), Überprüfung auf Leistungsfähigkeit nötig; UV-Strahler nach 16.000 Betriebsstunden auswechseln, d. h. bei täglich 4 Betriebsstunden nach ca. 10 Jahren (L 9).
Luftfiltration	Klimaanlagen oder -truhen mit Spezialfiltern	modernes Verfahren; besonders in aseptischen Bereichen verwendet; Wartung und Kontrolle der Anlagen beachten; bei entsprechenden Filtern hoher keimzahlvermindernder Effekt; für aseptische Arbeitsplätze Laminarboxsysteme

2.2. Desinfektion

2.2.1. Allgemeines (G 1, 19, 20; L 1, 2, 7, 8, 9, 10, 15, 28, 29)

Desinfizieren heißt, totes und lebendes Material mit keimtötenden Mitteln in den Zustand zu versetzen, daß es nicht mehr infektiös ist. Bakteriensporen werden nicht durch alle Mittel mit Sicherheit erfaßt.
Vom Ministerium für Gesundheitswesen wird alljährlich in Verfügungen und Mitteilungen die Liste der Desinfektionsmittel herausgegeben, die auf dem Gebiet der Humanmedizin verbindlich ist (G 45). Sie enthält Angaben über die Konzentrationen und Einwirkungszeiten von Desinfektionsmitteln bei der Hände-, Wäsche-, Flächen-, Instrumenten-, Stuhl- und Sputumdesinfektion sowie für die gezielte Desinfektion gegen Tuberkuloseerreger, Staphylokokken, Pilze und Choleravibrionen. Diese Angaben sind allen Maßnahmen der chemischen Desinfektion zugrunde zu legen.
Es gibt kein Universaldesinfektionsmittel! (L 34) Für die jeweilige Desinfektionsaufgabe muß das geeignete Mittel ausgewählt und in der vorgeschriebenen Konzentration und Einwirkungszeit angewendet werden. Es empfiehlt sich für eine Einrichtung, aus der Palette der wirksamen Desinfektionsmittel für den beabsichtigten Verwendungszweck jeweils nur wenige Präparate auszuwählen. Dadurch können fehlerhafte Anwendung und Verschwendung (z. B. Anwendung von Händedesinfektionsmitteln zur Scheuerdesinfektion der Fußböden) vermieden werden.
Die Wirksamkeit chemischer Desinfektionsmittel ist temperaturabhängig. Deshalb sind Desinfektionslösungen mit Wasser von mindestens 20 °C anzusetzen und zu verwenden (Ausnahme: Wofasteril nicht über 20 °C anwenden!) (L 15).
In der Desinfektionspraxis wird zwischen der laufenden Desinfektion und der Schlußdesinfektion unterschieden. Ziel der laufenden Desinfektion ist, die Kontamination der Räume und Einrichtungsgegenstände im unmittelbaren Bereich einer Infektionsquelle möglichst gering zu halten. Das erfordert die regelmäßige Desinfektion der Ausscheidungen des Patienten sowie der Hände und aller Gegenstände, die mit dem Kranken selbst oder mit seinen Ausscheidungen in Berührung gekommen sind und die Krankheitserreger enthalten bzw. auf denen solche haften können.
Durch die Schlußdesinfektion werden alle vegetativen Krankheitserreger, die sich in einem Raum befinden, vernichtet (z. B. nach Entlassung des Patienten). Nach dem Prinzip der Schlußdesinfektion sollten regelmäßig alle Räume der Einrichtung desinfiziert werden (Desinfektionsplan). Die Schlußdesinfektion ist durch den Desinfektor bzw. einen damit beauftragten Mitarbeiter vorzunehmen.
An den Arbeitsplätzen, an denen Desinfektionslösungen zubereitet werden, müssen entsprechende Hilfsmittel (Meßbecher) und Arbeitsvorschriften für die Desinfektion vorhanden sein. Beim Umgang mit Desinfektionsmitteln (z. B. Herstellen von Gebrauchslösungen, Grobdesinfektion usw.) sind die Maßnahmen des Arbeitsschutzes (Tragen von Gummihandschuhen, Schutzbrille, Maske usw.) zu beachten (G 9, 18).

2.2.2. Hände- und Hautdesinfektion

Maßnahme	Hilfsmittel	Präparate (G 45)	Hinweise
Hygienische Händedesinfektion		Erst desinfizieren, dann reinigen!	
Desinfizieren	Wandspenderflasche mit Fußbedienung (Schüssel oder Undine als Notbehelf)	Händedesinfektionsmittel der Liste („hyg. Händedesinfektion“)	in Kinderabteilungen keine Wandspenderflaschen in Patientenzimmern (Vergiftungsgefahr), Plastspritzflaschen verwenden
Waschen	Seifenspender Nagelbürste		bei schnell verdunstenden Präparaten (z. B. Fesia-cito, Alkohole) kann ohne Nachwäsche und Trocknen der Hände weitergearbeitet werden
Trocknen	möglichst Einmalgebrauchs- oder Einweghandtuch		
Chirurgische Händedesinfektion		Erst reinigen, dann desinfizieren!	
Waschen	Seifenspender, sterile Nagelbürste oder Nagelreiniger	feste oder flüssige Seifen ohne Wirkstoff oder mit antimikrobiellen Zusätzen	3 bis 5 min Seifen-Bürsten-Waschung, besonders Nagelreinigung beachten
Desinfizieren	Wandspenderflasche mit Fußbedienung (Schüssel oder Undine sind möglich)	Händedesinfektionsmittel der Liste („chir. Händedesinfektion“)	ausreichend Desinfektionsmittel auf Händen und Unterarm verwenden
Trocknen	steriles Einmalgebrauchshandtuch oder Einweghandtuch		
Chirurgische Händeschnelldesinfektion		Notfalls kann das Waschen unterbleiben!	
Desinfizieren	Wandspenderflasche mit Fußbedienung	Schnelldesinfektionsmittel (Fesia-cito)	Schnelldesinfektionsmittel desinfizieren und reinigen gleichzeitig
Trocknen	steriles Einmalgebrauchs- oder Einweghandtuch		
Hautdesinfektion	sterile Tupfer bzw. Mulläppchen oder Spraydosen	Wofasteril 0,5%[2])[4]) Wofasteril 0,5%[4]) in 40%igem Äthanol od. n-Propanol[2]) Jodtinktur[2]) Äthanol 70% n-Propanol 40% Fesia-cito unverdünnt Hautdesinf.-Spray[3])	Alkohole sterilfiltriert verwenden; Präparate in Abhängigkeit von der Aufgabenstellung einsetzen; Äther und Benzin sind keine Desinfektionsmittel!

2.2.3. Desinfektion von Gegenständen und Materialien (G 45)

Erst desinfizieren, dann reinigen!

Maßnahme	Hilfsmittel	Präparate (G 45)	Hinweise
Instrumenten- und Spritzen-desinfektion	Schüsseln, Becken	Wofasteril 0,5%ig 15 min Äthanol 70%ig 30 min Fesia-form 4%ig 2 h Kombinal asept 2%ig 2 h C_4 und Fesia-mon nicht verwenden!	in Desinfektionslösung einlegen und dabei gleichzeitig grobe Verunreinigungen entfernen, Spritzen und Kanülen mit Desinfektionslösung durchspülen; die Einwirkungszeit rechnet nach Einlegen des letzten Instruments; bei Wofasteril Korrosionsgefahr
Desinfektion von Ausscheidungen	entsprechende Gefäße, Stäbchen zum Zerkleinern, Desinfektionsraum	Grobdesinfektionsmittel der Liste („Stuhldesinfektion")	Ausscheidungen in Auffanggefäß mit doppelter Menge Desinfektionsmittel übergießen; feste Bestandteile mit Stäbchen zerkleinern, Stäbchen ebenfalls in Desinfektionsmittel einlegen oder verbrennen; Einwirkungszeit 6 h
Sputum-desinfektion	Sputumgläser Sammelgefäße Desinfektionsraum	**nur:** Sputasept 5% Chloramin techn. 6% Wofasept Tbk 5%	Sputum mit der doppelten Menge Desinfektionsmittel übergießen; Einwirkungszeit mindestens 6 h
Raum-desinfektion	Formaldehydverdampfer (Flüggegerät) oder Aerosolgenerator Ammoniakverdampfer	Formaldehydlösung 2. AB-DDR od. techn.; Ammoniak (zur Neutralisation)	genaue Anleitung siehe Richtlinie über die Desinfektion auf dem Gebiet der Humanmedizin (G 19, 20; L 15), nach der Raumdesinfektion soll eine Scheuerdesinfektion erfolgen
Flächendesinfektion			
— Scheuer-desinfektion	optimal: Soogerverfahren; allgemein: 2-Eimer-Methode	Grobdesinfektionsmittel der Liste	Fußboden bzw. Einrichtungsgegenstände mit Desinfektionsmittel benetzen und kräftig schrubben; Einwirkungszeit 4 h, erst dann nachwischen oder bohnern
— Wisch-desinfektion	Scheuer- bzw. Wischtuch	Flächendesinfektionsmittel der Liste	alle Flächen gleichmäßig benetzen und gut abwischen; Einwirkungszeit 4 h (Wofasteril 30 min); dann u. U. mit Wasser nachwischen

2.2.3. Desinfektion von Gegenständen und Materialien (G 45) (Fortsetzung)

Maßnahme	Hilfsmittel	Präparate (G 45)	Hinweise
— Sprühdesinfektion	geeignete Spritz- oder Sprühgeräte (z. B. Handdruckspritze)	vorrangig formaldehydhaltige Präparate	für Flächen, die mit Scheuer- oder Wischdesinfektion nicht erfaßt werden können; Flächen gleichmäßig benetzen; Wirkung ist von Temperatur, Tröpfchengröße, Düsengröße und Desinfektionsmittelmenge abhängig; deshalb besonders sorgfältig arbeiten und 2mal sprühen; nach 4 h u. U. nachwischen
Desinfektion von Matratzen, Kopfkissen, Schaumgummimatr. usw.	Formaldehydkammer (G 20); optimal: VDV-Verfahren (L 15)	Formaldehydlösung technisch	Verfahren vom Desinfektor oder einem beauftragten Mitarbeiter durchzuführen (s. auch 2.2.4. Physikalische Desinfektion)
Wäschedesinfektion (s. auch 3.5: Umgang mit Wäsche)			
— chemische Desinfektion	Becken u. ä. Behälter, Desinfektionsraum	Grobdesinfektionsmittel der Liste („Wäschedesinfektion“)	weiße und bunte Wäsche getrennt desinfizieren; Wäsche vorsichtig aus dem Wäschesack in die Desinfektionslösung gleiten lassen; gut umrühren; Wäsche muß ganz mit Desinfektionslösung bedeckt sein, Luftblasen entfernen; Einwirkungszeit je nach Desinfektionsmittelkonzentration 5 h oder 12 h
— Kochen	s. 2.2.4.: Physikalische Desinfektion		
— Desinfektionswaschverfahren s. 3.5.2.			

2.2.4. Physikalische Desinfektion

Alle angegebenen Verfahren führen auch zur Entwesung.

Wirksames Prinzip	Verfahren	Technische Angaben	Zu desinfizierende Gegenstände und Materialien	Hinweise
Trockene Hitze	Verbrennen		wertlose Gegenstände, Abfälle, Verbandsmaterial	bei besonderer Infektionsgefahr evtl. auch wertvollere Gegenstände verbrennen (G 7, 14); infektiöses Material in Plastbeuteln sammeln
	Heißluftdesinfektion	120 °C, 150 min	nur für hitzestabile Materialien	bei Pocken, Pest, Cholera und Milzbrand mechanisch bewegte Heißluft 120 °C, 180 min

2.2.4. Physikalische Desinfektion (Fortsetzung)

Wirksames Prinzip	Verfahren	Technische Angaben	Zu desinfizierende Gegenstände und Materialien	Hinweise
Feuchte Hitze	Kochen	in kaltem Wasser ansetzen; 15 min kochen	kochbare Textilien, Glas-, Porzellan-, Metallgegenstände	Wäsche bei Hepatitis und Milzbrand 60 min kochen; Zusatz geeigneter Wasch- bzw. Reinigungsmittel erforderlich; Kochen ist keine Sterilisation!
	Dampfdesinfektion	strömender gesättigter Dampf 100 °C, 60 min	Matratzen, hitzestabile Textilien u. a.	hitzelabile, feuchtempfindliche Materialien (z. B. Plast, furniertes Holz, Bücher) können mit dem einfachen Dampfverfahren nicht desinfiziert werden; Desinfektionsgut locker in die Kammer einhängen; Nachtrocknung 15 bis 30 min
		gespannter Dampf 1,2 kp/cm^2 30 bis 60 min		

Es gibt eine Reihe weiterer sogenannter Kammerdesinfektionsverfahren. Durch die Verwendung von Vakuum, Strömung und Überdruck bzw. durch Zusatz von Formaldehyd wird die Desinfektionswirkung verbessert. Mit diesen Verfahren können auch die meisten hitzelabilen Materialien desinfiziert werden (z. B. Schaumgummimatratzen; s. auch 2.2.3.) (L 15).
Für den Betrieb von Desinfektionskammern müssen bestimmte Arbeitsvorschriften eingehalten werden. Die hier tätigen Mitarbeiter sind entsprechend zu unterweisen und aktenkundig zu belehren. Die Betriebsanleitung für den Desinfektionsapparat muß am Arbeitsplatz ausliegen.

2.2.5. Kontrolle der Desinfektion

Die Kontrolle der Desinfektion ist gemeinsam durch die Hygienekommission der Einrichtung und durch die Organe der Hygiene-Inspektion vorzunehmen. Mikrobiologische Verfahren können nur in Abstimmung mit den Hygieneorganen vorgenommen werden.

Maßnahme bzw. Verfahren	Wann, wie oft?	Durchführung	Hinweise
Flächen- und Händedesinfektion	nach Kontrollplan bzw. nach epidemiologischer Situation	Abklatsch- oder Abstrichproben	zur Überprüfung der richtigen Anwendung von Flächen- und Händedesinfektion
Raumdesinfektion	nach Bedarf	Aufstellen von kontaminierten Testflächen an verschiedenen Stellen des Raumes	zur Überprüfung der Wirksamkeit der Formaldehyd-Wasserdampf-Raumdesinfektion

2.2.5. Kontrolle der Desinfektion (Fortsetzung)

Maßnahmen bzw. Verfahren	Wann, wie oft?	Durchführung	Hinweise
Desinfektionsapparate	vor Erstinbetriebnahme, nach Reparaturen, sonst jährlich 1mal	Einlegen von kontaminierten Testpäckchen (Testkeime meist Staphylokokken, für die Milzbranddesinfektion Sporen)	Testpäckchen werden bei einem normalen Desinfektionsvorgang mitbehandelt; an verschiedenen Stellen des Apparates verteilen
Chemische Desinfektionsmittel	besonders nach längerer Lagerung	Proben dieser Mittel an das Referenzlabor für Desinfektion, 9935 Markneukirchen schicken, Chargennummer ermitteln und beilegen; Beanstandungen und Nebenwirkungen sind dem Institut für Arzneimittelwesen der DDR, 112 Berlin, Große Seestraße 4, mitzuteilen	
Desinfektionswaschverfahren	vor Erstinbetriebnahme, nach Reparaturen, sonst mindestens $^1/_2$jährl.	von zuständiger KHI bzw. HIB	Mitwaschen von kontaminierten Testläppchen

2.3. Sterilisation

2.3.1. Allgemeines (L 3, 9, 10, 27, 36)

Sterilisieren heißt Abtöten oder Entfernen der in Stoffen, Zubereitungen oder an Gegenständen vorkommenden lebensfähigen Formen von Mikroorganismen.
Unter Sterilisiergut versteht man die Gesamtheit der zu sterilisierenden Gegenstände, Stoffe und Zubereitungen.
Steril müssen sein

- alle Gegenstände, mit denen beim Menschen Haut und Schleimhäute durchtrennt werden,
- Gegenstände, Stoffe und Zubereitungen, die unter die Haut, die Schleimhäute oder in unspezifisch infektionsempfängliche Hohlräume zum zeitweiligen oder dauernden Verbleib eingebracht oder mit denen freiliegende Gewebeschichten berührt werden,
- Zubereitungen, die injiziert oder infundiert werden sowie die dazu erforderlichen Gegenstände, ferner
- Gegenstände, die zur Gewinnung oder Aufnahme bzw. Übertragung von Bestandteilen des menschlichen Organismus zur Wiederverwendung am Menschen bestimmt sind.

Als steril dürfen Stoffe, Zubereitungen oder Gegenstände nur dann bezeichnet werden, wenn sie frei von lebensfähigen Formen von Mikroorganismen sind, die unter den unter

„Prüfung auf Sterilität“ im gültigen Arzneibuch der DDR (L 3) angegebenen Bedingungen nachgewiesen werden können.
Die Sterilisation hat nach den im Arzneibuch der DDR festgelegten Verfahren zu erfolgen. Verfahren, die nicht im Arzneibuch der DDR (L 3) beschrieben sind, dürfen nur dann angewendet werden, wenn sie vom Ministerium für Gesundheitswesen generell oder im Einzelfall von dafür bestimmten BHI nach experimenteller Prüfung bestätigt wurden. Die Bestätigung hat gleichzeitig die Anwendungsbedingungen und -begrenzungen sowie die Art und Häufigkeit der notwendigen Kontrollen zu enthalten. Als Leiter bzw. Stellvertreter zentraler Sterilgutversorgungsabteilungen dürfen nur Mitarbeiter eingesetzt werden, die im Besitz eines entsprechenden Qualifizierungsnachweises sind.

2.3.2. Aufbereitung und Verpackung von Sterilisiergut

Kontaminiertes Gut ist zum frühest möglichen Zeitpunkt zu desinfizieren und anschließend zu reinigen. Das Sterilisiergut muß den Reinheitsforderungen genügen.
Die Verpackung des Sterilisiergutes soll so erfolgen, daß ein Umpacken nach der Sterilisation vermieden wird. Die Sterilisation des Sterilisiergutes erfolgt bedarfsgerecht unterteilt in einer sterilisierbaren und sterilhaltenden Endverpackung. Lassen Verpackung oder Behälter das darin befindliche Sterilisiergut nicht erkennen, ist eine geeignete Kennzeichnung erforderlich.
Die Verpackung muß das Sterilgut bis zu seiner Verwendung vor Rekontamination schützen. Einzelverpackung, Packungsgrößen für jeweils einen Patienten und zentralisierte Sterilisation gewährleisten erhöhte Sicherheit.
Das Verpackungsmaterial muß keimdicht sein, den Durchtritt des sterilisierenden Prinzips gewährleisten, indifferent gegenüber dem Sterilisiergut und mechanisch widerstandsfähig sein.
Als Verpackungsmaterial können geprüfte Papiere, Kartons, Metallfolien, Plastfolien, Sterilisierbehälter und keimdicht verschlossene Glasbehälter verwendet werden. Geprüfte Textilien sind in mehrfacher Lage nur für kurzzeitige Aufbewahrung zu verwenden. Sterilisierbehälter und -umhüllungen sind vor ihrer Verwendung auf Unversehrtheit zu überprüfen und gemeinsam mit dem Sterilisiergut zu sterilisieren.

2.3.3. Durchführung der Sterilisation (L 13, 25, 27)

Für die Durchführung der Sterilisation dürfen nur Geräte verwendet werden, die den Bestimmungen der einschlägigen TGL entsprechen (G 47, 52, 54).
Die Anwendung von siedendem Wasser – auch mit Zusätzen – und strömendem Wasserdampf ist eine Desinfektionsmaßnahme und kein Sterilisationsverfahren.
Bei der Beschickung von Sterilisatoren ist das Sterilisiergut nach Art und Menge so im

Nutzraum zu verteilen, daß das wirksame Prinzip leichten Zutritt zum Sterilisiergut hat und damit die Ausgleichszeit möglichst kurz wird.
Werden die für das jeweilige Verfahren geforderten Parameter (s. 2.3.5.) nicht sofort an allen kontaminierbaren Stellen des Sterilisiergutes erreicht, so ist eine entsprechende Ausgleichszeit vorzusehen. Das ist die Zeit zwischen dem Anzeigen der Sterilisiertemperatur am Anzeigethermometer und der Erwärmung des gesamten Sterilisiergutes bis zur Sterilisiertemperatur. Diese Ausgleichszeit ist abhängig vom Sterilisatortyp, von Art, Menge und Verteilung des Sterilisiergutes sowie der Sterilisiertemperatur (Heißluftsterilisation). Die Ausgleichszeit wird durch Temperaturmessungen an den thermodynamisch ungünstigsten Stellen im oder am Sterilisiergut direkt (physikalischer Test) oder durch Mitführen von Sterilisationsindikatoren indirekt ermittelt. Nach Beendigung der Ausgleichszeit muß im Sterilisiergut solange die Sterilisiertemperatur herrschen, wie die angegebene Einwirkungszeit vorschreibt. In dieser Einwirkungszeit ist ein Sicherheitszuschlag enthalten. Der sterilisationsverzögernde Einfluß der Verpackung ist zu berücksichtigen.
Bei Unterbrechung der Sterilisation oder bei Nichteinhaltung der geforderten Parameter muß die Sterilisation wiederholt werden.
Nach erfolgter Sterilisation sind bei der Öffnung des Nutzraumes und bei der Entnahme des Sterilgutes die entsprechenden Sicherheitsbestimmungen zu beachten (2.3.6.).
Die Verwechslung von sterilisiertem und nichtsterilisiertem Gut ist durch die Verwendung von Sicherheitsindikatoren zu verhüten (L 9).

2.3.4. Aufbewahrung von Sterilgut

Aufbewahrung und Transport des sterilisierten Gutes haben vor Nässe, Staub, Zugluft und dem Zugriff Unbefugter geschützt zu erfolgen. Durch planmäßigen Verbrauch des sterilisierten Gutes ist der begrenzten Lagerfähigkeit Rechnung zu tragen.
Das sterilisierte Gut gilt als unsteril, wenn die Verpackung angebrochen, staubig, undicht oder naß geworden ist (bei Sterilisierumhüllungen aus Papier, Karton oder Metallfolie).
Angebrochene Sammelpackungen sind mindestens täglich neu zu sterilisieren. Das Umpacken von sterilisiertem Gut aus einer Verpackung in eine andere ist untersagt.
Die Gefahr der Rekontamination erhöht sich mit zunehmender Lagerzeit. Maximale Aufbewahrungszeiten für Sterilgut sind

- in Sterilisierumhüllungen aus Textilien und Sterilisierbehältern: 7 Tage
- in Sterilisierumhüllungen aus Papier, Karton oder Metallfolie: 30 Tage

Die Verwendbarkeitsdauer von Stoffen, Zubereitungen und Gegenständen, die in hermetisch verschlossenen oder in Plastbehältnissen verpackt und sterilisiert wurden, kann so lange ausgedehnt werden, wie die Verpackung sichtbar intakt bleibt.
Das Einlegen von Sterilgut in Alkohole oder in Desinfektionslösungen zur Sterilhaltung ist unzulässig.

2.3.5. Sterilisationsverfahren

Verfahren	Parameter	Verpackung	Hinweise
Thermische Verfahren:	Die Sterilisierzeit setzt sich aus der Ausgleichs- und der Einwirkzeit zusammen. Die Ausgleichszeit ist bei der Einführung veränderter Betriebsweisen neu zu bestimmen (s. 2.3.3.).		
— Dampfsterilisation (Verfahren a_1 des 2. AB-DDR)	110 bis 140 °C Einwirkungszeit siehe Diagramm 1 Beispiel: 121 °C, 12 min oder 134 °C, 36 s	Papier Textilien in mind. 4 Lagen, hermetisch verschlossene Behälter	Zugang des Wasserdampfes zu allen kontaminierbaren Stellen des Sterilisiergutes gewährleisten; vor Beginn der Sterilisierzeit Luft aus Nutzraum und Sterilisiergut entfernen; Sterilisiergut so in den Nutzraum einbringen, daß Ein- und Austrittsöffnungen für Wasserdampf dessen Vordringen von oben nach unten entsprechen; Sterilisierbehälter nach Schimmelbusch nicht mehr verwenden; bei Trocknung des Sterilgutes Rekontamination ausschließen.
— Heißluftsterilisation (Verfahren a_2 des 2. AB-DDR)	160 bis 200 °C Einwirkungszeit siehe Diagramm 2 Beispiel: 180 °C, 15 min	Papier Aluminiumfolie	nur trockenes Sterilisiergut verwenden; dickwandige Spritzen- und Kanülenbehälter aus Glas sind ungeeignet.
— Öl-sterilisation	160 °C, 150 min oder 170 °C, 50 min		trockene Hand- und Winkelstücke völlig in Öl eintauchen; nach Abkühlen unter aseptischen Bedingungen zentrifugieren.
— Strahlensterilisation (Verf. b des 2. AB-DDR)	Strahlendosis mind. 2,5 Mrad	Plastfolien Papier	
Chemische Verfahren	Das Sterilisiergut muß durch spezielle Vorbehandlung keimarm sein. Die Einwirkungszeiten sind entsprechend 2.3.3. mit Hilfe von Sterilisationsindikatoren am vorgesehenen Sterilisiergut zu ermitteln.		
— Äthylenoxidsterilisation (Verf. c_1 des 2. AB-DDR)	800—1200 mg AeO/l bei 20—70 °C u. mind. 45% rel. Feuchte; Einwirkungszeit mind. 120 min	Papier Polyäthylenfolie (verzögert die Entgasung!)	Verwendung des sterilisierten Gutes erst nach völliger Entfernung der Äthylenoxidrückstände

2.3.5. Sterilisationsverfahren (Fortsetzung)

Verfahren	Parameter	Verpackung	Hinweise
– Peressigsäure-sterilisation (Verf. c_2 der 2. AB-DDR)	Wofasteril (40%ige Peressigsäure) in der Verdünnung 1:100; 1:200; 1:400 entsprechend einer Wofasterilkonzentration von 1%; 0,5% und 0,25% Einwirkungszeiten mind. 5, 10 bzw. 15 min	nicht verpacken, sterilisiertes Gut sofort verwenden	Anwendung nach sorgfältiger Vorreinigung; vollständigen Oberflächenkontakt gewährleisten; Spülen des sterilisierten Gutes unter aseptischen Bedingungen erforderlich
Bakterienfreie Filtration (Verfahren des 2. AB-DDR)	abhängig von den verwendeten Unter- bzw. Überdruckfiltrationssystemen	sterilisierte Gefäße	sterilisierte Filtersysteme verwenden; Gewinnung und Entnahme des Filtrates unter aseptischen Bedingungen

Diagramm 1: Parameter für die Dampfsterilisation (a_1)

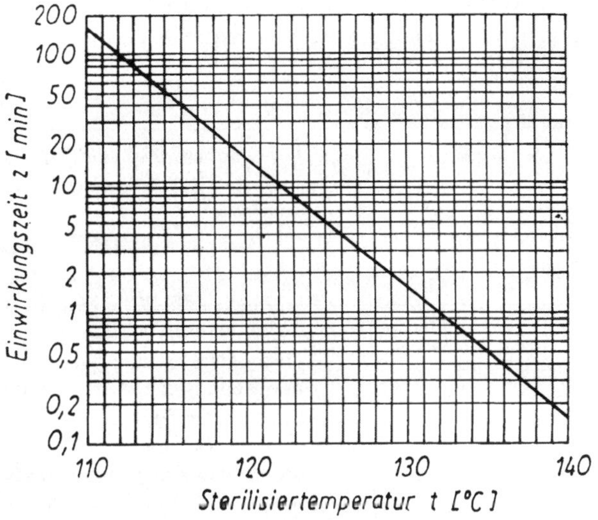

Diagramm 4: Parameter für die Heißluftsterilisation (a_2)

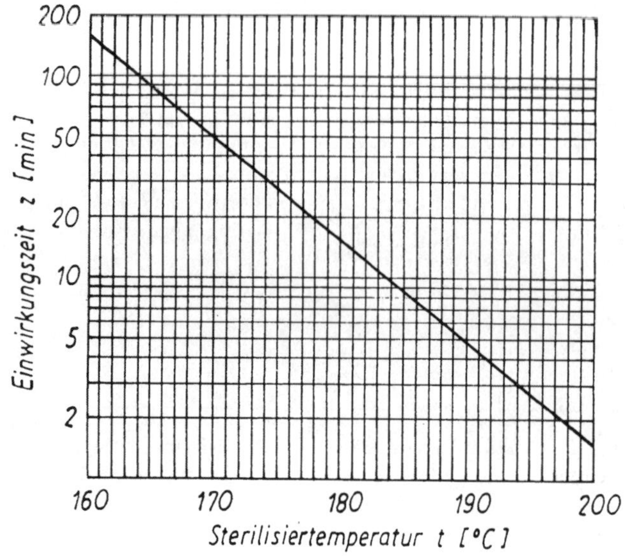

2.3.6. Eignung der Sterilisationsverfahren für verschiedene Substanzen und Materialien

Es ist jeweils das in dieser Tabelle zuerst genannte Verfahren zu bevorzugen. Thermische Verfahren sterilisieren sicherer als chemische. Die Dampfsterilisation kann die Heißluftsterilisation fast immer ersetzen, umgekehrt nur selten. Die Strahlensterilisation kann angewendet werden, wenn Wirksamkeit, Verträglichkeit und Funktionsfähigkeit des Sterilisiergutes nicht beeinträchtigt werden. Mit Ausnahme der bakterienfreien Filtration gewährleisten alle Verfahren eine Inaktivierung von Viren und Mykoplasmen.

Substanzen und Materialien	Verfahren	Hinweise
Metallinstrumente, Glas- und Porzellangeräte	H, D	bei Dampfsterilisation von leeren Gefäßen u. ä. Zutritt des Wasserdampfes gewährleisten.
Spritzen	H, D	bei Dampfsterilisation zusammengesetzter Spritzen ist die Ausgleichszeit um 100% zu erhöhen; erfolgt die Sterilisation ohne Vakuum, muß der Kolben bis zum Ende der Mengenmarkierung zurückgezogen werden; bei Heißluftsterilisation sind die Spritzen zusammengesetzt zu sterilisieren; Rekordspritzen können zusammengesetzt weder durch Dampf noch durch Heißluft sterilisiert werden.

2.3.6. Eignung der Sterilisationsverfahren für verschiedene Substanzen und Materialien (Fortsetzung)

Substanzen und Materialien	Verfahren	Hinweise
Hand- und Winkelstücke[5])	H, Ö	bei Heißluftsterilisation Schmieren mit thermostabilem Öl
Turbinenwinkelstücke[5])	Ä	Winkelstücke zur Sterilisation zerlegen
Wäsche	D	nicht zu dicht im Sterilisierbehälter packen
Verbandstoffe, Holz, Papier, Zellstoff	D, Ä	
Thermostabile Pulver	H	Sterilisation in dem Verbrauch angemessenen kleinen Portionen; für Talkum z. B. in einer Schichtdicke von 5 mm
Thermolabile Pulver	Ä	
Thermostabile Plaste	D, H	
Thermolabile Plaste	Ä, P	
Gegenstände aus Elasten	D (121°C) Ä, P	Gummiwaren nicht knicken; Zwischenlagen von Papier oder Textilien erforderlich
Silikonkautschuk	D, H	
Wasser, wäßrige Lösungen von thermostabilen Substanzen	D	dampfdicht verschlossene Behältnisse nur bis max. 85 Vol.-% ihres Fassungsvermögens füllen; Explosionsgefahr durch ungleichmäßige Abkühlung bei vorzeitiger Öffnung des Nutzraumes (G 47)
Thermolabile flüssige Substanzen, Lösungen thermolabiler Substanzen, Gase	b F	
Fette, fette Öle, Paraffine, Wachse, nichtwäßrige Lösungen thermostabiler Substanzen	H, b F	
Gegenstände mit optischen und elektrischen Einricht.	Ä	
Teile von Herz-Lungen-Maschinen, Narkosegeräten, Beatmungsgeräten	Ä, P	
Hämodialyseanlagen	P	

Verzeichnis der Abkürzungen

Ä = Äthylenoxidsterilisation
H = Heißluftsterilisation
S = Strahlensterilisation
bF = bakterienfreie Filtration
Ö = Ölsterilisation
D = Dampfsterilisation
P = Peressigsäuresterilisation

2.3.7. Überwachung der Sterilisation

Die Überwachung der Sterilisation besteht in der Prüfung der Sterilisatoren und der laufenden Kontrolle der Durchführung der Sterilisation.
Für jeden Sterilisator ist eine Dokumentation zu führen (sinngemäß auch für die Durchführung der Peressigsäuresterilisation).
Die Dokumentation muß enthalten:

- Angaben zum Gerät (Hersteller, Typ, Baujahr, Gerätenummer, Nennspannung, Leistungsaufnahme)
- Bedienungsvorschriften des Gerätes
- Betriebsvorschrift des Gerätes
- Ergebnisse von Prüfungen
- festgestellte Mängel am Gerät und am Sterilisiergut
- Reparaturanforderungen
- durchgeführte Reparaturen
- Anweisungen der Organe der Hygieneinspektion.

Jede Sterilisation ist in einem Kontrollbuch einzutragen. Es enthält z. B. für die Dampfsterilisation folgende Angaben:

Daten	Sterilisiergut (Art, Füllungsgrad bzw. Menge und Verteilung)	Beginn der Betriebszeit (Uhr)
	Daten der Sterilisierzeit	

Beginn			Ende		
Temp. (°C)	Überdruck (kp/cm²)	Uhr	Temp. (°C)	Überdruck (kp/cm²)	Uhr
Bemerkungen			Ausführender (Unterschrift)		

Bei automatischen Sterilisieranlagen sind die Diagramme der Sterilisationsparameter als Kontrolldokumente aufzubewahren. Datum und Angaben über das Sterilisiergut sind analog dem Kontrollbuch auf den Diagrammen zu ergänzen. Die Hygieneinspektion kann die Mitwirkung der Einrichtung für bestimmte Aufgaben der Prüfung der Sterilisatoren verlangen und die laufende Kontrolle der Einrichtung übertragen.
Zur Prüfung der Sterilisatoren werden 2 Methoden eingesetzt:

- Methode 1: Messungen des zeitlichen Temperaturverlaufs mittels Thermoelementen, Widerstandsthermometern oder Thermistoren,
- Methode 2: Einsatz von Sterilisationsindikatoren.

Als Meßorte sind die kontaminierbaren, für das wirksame Prinzip am schwersten zugänglichen Stellen im bzw. am Sterilisiergut auszuwählen. Dabei ist möglichst der gesamte Nutzraum zu erfassen. Die Meßorte sind verbal oder durch eine Skizze zu beschreiben.
Zur laufenden Kontrolle der Sterilisation können folgende Methoden eingesetzt werden:

- Methode 3: Dosimetrie bei der Strahlensterilisation
- Methode 4: Sicherheitsindikatoren (vgl. 2.3.9.). Sie werden zum Schutz vor Verwechslung von sterilisiertem mit nicht sterilisiertem Gut angewendet und zeigen an, ob die Anwendung eines Verfahrens erfolgt ist, ohne daß genaue Aussagen über die Einhaltung der Sterilisationsparameter möglich sind.
- Methode 5: Prüfung der elektrischen Leistungsaufnahme eines Sterilisators unter Verwendung eines Einschraubamperemeters und eines Spannungsmessers
- Methode 6: Gehaltsbestimmung eingesetzter Sterilisationslösungen z. B. bei der Peressigsäuresterilisation[6])
- Methode 7: Kontrolle spezifischer Parameter, wie z. B. Maximaltemperatur, Feuchtigkeit und Aethylenoxidpartialdruck bei der Aethyloxidsterilisation.

2.3.8. Übersicht über Methoden zur Prüfung und laufenden Kontrolle

Prüfung Sterilisations-verfahren	Methode	Zeitspanne in Jahren	lfd. Kontrolle Methode	Zeitspanne	Hinweise
D (a_1)	1 od. 2	$\leqq 2$	4		für Operations-bereiche
H (a_2)	1 od. 2	$\leqq 2$	4, 5	mo.	$^1/_2$jährlich empfohlen
Ö	1	$\leqq 2$	5	mo.	
S (b)	2	$\leqq 2$	3	tgl.	
Ä (c_1)	2	$\leqq 1$	4, 7	wö.	
P (c_2)	2	$\leqq 1$	6	wö.	zusätzlich hygienische Kontrollen

Die Methoden-Nummern beziehen sich auf die Erläuterungen im Abschnitt 2.3.7. Methode 4 – Sicherheitsindikatoren und Methode 3 Dosimetrie bei der Strahlensterilisation sollen in jedem Sterilisationsverfahren mitgeführt werden. Für die an 2. Stelle genannte Methode gilt die angegebene Zeitspanne.

2.3.9. Sterilisations- und Sicherheitsindikatoren

Verfahren	Sterilisationsindikator	Sicherheitsindikator
D (a_1)	Sporen von Bac. stearothermophilus	mit Indikator imprägniertes Papier[7])
H (a_2)	mit Indikator imprägniertes Papier	mit Indikator imprägniertes Papier[8])
S (b)	Sporen von Bac. pumilus BE 106	Plastplättchen[9])
Ä (c_1)	Bakteriensporen	mit Indikator imprägniertes Papier[10])
P (c_2)	Bakteriensporen	—

Stehen Sterilisationsindikatoren nicht zur Verfügung, ist Sporenerde als biologisches Testmaterial einzusetzen.
Sicherheitsindikatoren und der Sterilisationsindikator für das Verfahren H sind jeweils an jeder Einzelverpackung, zumindest aber an jedem mitsterilisierten Schutzbehältnis mitzuführen.

2.3.10. Zentralsterilisation

Die zentrale Sterilgutversorgung stellt die modernste, sicherste und ökonomischste Organisationsform für die Bereitstellung sterilisierten Gutes dar.
Für die Einrichtung einer zentralen Sterilgutversorgung gilt G 39.

2.4. Bekämpfung von Gesundheitsschädlingen

2.4.1. Allgemeines (G 1, 4, 5, 6, 42; L 6, 15, 16)

Gesundheitsschädlinge sind Gliedertiere und Wirbeltiere, die direkt oder indirekt die Gesundheit, das Leistungsvermögen und das Wohlbefinden des Menschen beeinträchtigen können.
Bei Befall der Einrichtung durch Gesundheitsschädlinge sind in Zusammenarbeit mit den staatlich zugelassenen Schädlingsbekämpfungsbetrieben oder Schädlingsbekämpfern Bekämpfungsmaßnahmen einzuleiten. Der Abschluß eines langfristigen, jährlich zu erneuernden Vertrages wird empfohlen. Der Hygienebeauftragte legt gemeinsam mit dem ökonomischen Leiter und dem Bekämpfungsbetrieb den Jahresplan der Bekämpfungsmaßnahmen fest. Bei auftretenden Schwierigkeiten sind über die KHI die Parasitologen des zuständigen HIB zu konsultieren.
Um einer Resistenzentwicklung bei den Schädlingen vorzubeugen, müssen die Wirkstoffgruppen der Präparate gewechselt werden. Die selbständige Anwendung von Haushaltspräparaten sollte nur in Absprache mit der KHI oder dem Schädlingsbekämpfungsbetrieb erfolgen.

Wesentliche Voraussetzungen für den Erfolg der Schädlingsbekämpfung durch den Bekämpfungsbetrieb sind

- Information und Einbeziehung von Mitarbeitern der Einrichtung,
- Gewährleistung der Sicherheitsvorschriften und Vorsichtsmaßnahmen,
- Gewährleistung des Zugangs zu allen Räumen und Einrichtungsgegenständen durch die Mitarbeiter,
- Unterstützung bei der erforderlichen Nachreinigung,
- für alle Gesundheitsschädlinge unzugängliche Aufbewahrung aller Lebensmittel und tägliche Beseitigung der Lebensmittelabfälle.

2.4.2. Bekämpfung einzelner Gesundheitsschädlinge

Schädlinge	Verfahren und Präparate	Unterstützende Maßnahmen und Bekämpfungshinweise
Fliegen[11])	Sprüh- oder Nebelverfahren, Anbringen von imprägnierten Streifen (DDVP)[12]) Spraydosen[12])	Eliminierung von Fliegenbrutstellen, kurzfristige Beseitigung aller organischen Abfälle (8 Tage); fliegensichere Lagerung von Lebensmitteln und Abfällen; Gazefenster für Küchen und Lagerräume, Infektions- und pathologische Abteilungen usw.
Schaben[13])		Abdichten von Rohrdurchbrüchen, Behebung von Wandschäden, Transportschleusen für Lebensmittel (L 19)
	Sprüh- und Nebelverfahren, phosphororganische Präparate	konsequentes, gut organisiertes Vorgehen erforderlich; im schwach befallenen Gebäudeteil beginnen und im stark befallenen Bereich enden (Totalentwesung); Wiederholungsaktion nach 3 bis 5 Wochen (deutsche Schabe) bzw. 3 bis 4 M. (orientalische Schabe), weil Eikokons bei der 1. Aktion nicht abgetötet werden; anschließend Herdbekämpfung, z. B. in Küchen, zunächst monatlich; Atemschutzmaske tragen
	Verdampfung Dichlorvos 50	sehr wirksam; zeitweilige Räumung von Gebäudeteilen erforderlich
Pharaoameisen[13])		unterstützende Maßnahmen wie bei Schaben
	Fraßköderverfahren Ameisenfreßlack (arsenhaltig)	Köder wird täglich erneuert, bis 2 bis 4 Wochen keine Ameisen mehr erscheinen; Kinder fernhalten; Belehrung von Personal und Patienten (L 14)
	Sprühverfahren	nur aus dem Nest gelaufene Ameisen werden erfaßt

2.4.2. Bekämpfung einzelner Gesundheitsschädlinge (Fortsetzung)

Schädlinge	Verfahren und Präparat	Unterstützende Maßnahmen und Bekämpfungshinweise
Sonstige Ameisen[11])	Nebel-, Sprüh-, Köder- und Stäubeverfahren, lindanhaltige oder phorsphororganische Präparate	unterstützende Maßnahmen wie bei Schaben Insektizide möglichst beim Nest und auf den „Wanderstraßen" anwenden
Ratten[14]) und Mäuse[11])		Behebung baulicher Schäden; schädlingssichere Lagerung von Abfällen; Rattengitter vor Kellerfenstern u. ä.
	Fraßköder, Streupuder	Kinder fernhalten; Belehrung von Personal und Patienten; regelmäßige Befallskontrolle der Einrichtung
Flöhe[11])	Sprühverfahren, Grobdesinfektion[12])	Besprühung von Fußböden und Wänden (1 m hoch); regelmäßige Grobdesinfektion vernichtet Flohlarven; fugenfreie Fußböden
Wanzen[14])	Sprühverfahren	
Freilandmücken[11])	Spraydosen[12])	Bekämpfung im Gelände unter Leitung der KHI; Gazefenster
Hausmücken[11])		Beseitigung von Brutplätzen und Wasseransammlung im Gelände
Hausmilben[13])	Sprühverfahren	
Kleiderläuse	Kammerdesinfektion	(s. 2.2.4.) möglichst in der Einrichtung bekämpfen
Kopf- und Filzläuse	Delicia-Delitex-Haarwäsche Delicia-Delitex-Puder	Bekämpfung durch Mitarbeiter des Gesundheitswesens (nach ärztlicher Anordnung); Wiederholung nach 10 Tagen; persönliche Hygiene des Befallenen verbessern

2.5. Spezifische Prophylaxe für die Mitarbeiter

2.5.1. Schutzimpfungen (G 22, 41; L 5)

Der Leiter der Einrichtung ist für die Sicherung des gesetzlich vorgeschriebenen Impfstandes aller Mitarbeiter verantwortlich.

Impforganisation: Impfungen sind nur durch Ärzte mit gültiger Impfberechtigung (ausgenommen Tetanusprophylaxe im Verletzungsfall; die BCG-Impfung darf von durch den Leiter der PALT beauftragten Ärzten sowie ausgebildeten Impfschwestern und Fürsorgerinnen durchgeführt werden) unter Beachtung der Kontraindikationen und der gesetzlich geforderten zeitlichen Mindestabstände vorzunehmen. Für die Durchsetzung der gesetzlich vorgeschriebenen Impfungen sind verantwortlich

- die leitenden Ärzte in ihrem Verantwortungsbereich,
- ein beauftragter Arzt (Betriebsarzt) für Lehrlinge, Mitarbeiter der wirtschaftlich-technischen und diagnostischen Bereiche sowie der Verwaltung.

Impfdokumentation: Für jede Impfung sind Impflisten zu führen, die nach durchgeführter Impfung beim Hygienebeauftragten aufzubewahren sind. Bei der Führung der Impflisten ist eine enge Zusammenarbeit mit der KHI erforderlich (Duplikat der Impfliste zur KHI geben). Jede Impfung ist im SV-Ausweis des Geimpften, bei Tetanus zusätzlich durch Stempel im Personalausweis zu dokumentieren. Für die Dokumentation der durchgeführten Impfungen können verantwortlich gemacht werden

- in den medizinischen Bereichen die Abteilungsschwestern,
- im Bereich Lehrausbildung der Leiter der Berufsausbildung,
- für die wirtschaftlich-technischen, diagnostischen und Verwaltungsbereiche ein beauftragter Arzt (Betriebsarzt).

Atypischer Verlauf von Schutzimpfungen! Bei atypischem Verlauf von Schutzimpfungen sind nach Möglichkeit Reste des verwendeten Impfstoffes sicherzustellen. Die Erkrankung ist der KHI über den Leiter der Einrichtung unter Angabe der folgenden Daten unverzüglich zu melden: Angaben zur Person, Art des Schadens, Impfdatum, Chargennummer des Impfstoffes usw.

2.5.2. Reihenuntersuchungen

Die regelmäßige Durchführung von Reihenuntersuchungen aller Mitarbeiter ist ein wichtiger Teilbereich einer wirksamen Prophylaxe.

2.5.3. Absonderungsmaßnahmen (G 14, 15)

Bei Auftreten von Infektionskrankheiten sind die ersten antiepidemischen Maßnahmen (einschließlich der Absonderungen) durch den erstbehandelnden Arzt einzuleiten und der KHI sofort zu melden, die alle weiteren Maßnahmen festlegt.
Die von der KHI ausgestellten Absonderungsbescheinigungen sind umgehend vorzulegen, und zwar

- für das mittlere medizinische Personal bei der Oberschwester,
- für Ärzte und übrige Beschäftigte beim Leiter der Einrichtung und dem von diesem Beauftragten.

Auftretende Durchfallerkrankungen sind dem Leiter der Einrichtung sofort mitzuteilen, und zwar

- bei Beschäftigten auf Säuglings- und Kinderstationen durch den Abteilungsarzt,
- beim Küchenpersonal durch den leitenden Koch.

Hinweise zur Durchführung der Impfungen

Der Umfang der durchzuführenden Impfungen wird entsprechend den vom Ministerium für Gesundheitswesen und der zuständigen Bezirkshygieneinspektion erlassenen Richtlinien festgelegt.

Impfung gegen	Personenkreis	wann? wie oft?	Hinweise
Grippe	möglichst alle Mitarbeiter	1mal jährlich	Impfung erfolgt auf freiwilliger Basis
Pocken	alle Mitarbeiter, die mit Pockenkranken, Krankheitsverdächtigen, mit durch Pockenviren kontaminierten Gegenständen und mit infektiösem Untersuchungsmaterial in Berührung kommen können	wenn die letzte erfolgreiche Impfung länger als 3 Jahre zurückliegt	Pockengeimpfte Mitarbeiter mit Bläschen- oder Pustelreaktion dürfen für 4 Wochen, solche mit Knötchen für 2 Wochen nicht mit gefährdeten Hautkranken in Berührung kommen (G 17)
Typhus/ Paratyphus	Pflicht für alle Mitarbeiter der Infektionsstationen und mikrobiologischen Labors, die mit Typhus- bzw. Paratyphuskranken oder deren Ausscheidungen Kontakt haben	1mal jährlich Schluckimpfung	KHI kann bei epidemiologischer Indikation Personenkreis erweitern
Tuberkulose (BCG-Impfung)	Beschäftigte in Tb-Einrichtungen, Personen, die mit Tb-Kranken, tuberkulösem Material und tuberkulösen Tieren umgehen	bei negativem Ergebnis der Tuberkulin-Testung	Tuberkulintestung erfolgt durch Ärzte oder BCG-Impfschwestern mit gültiger Test- und Impferlaubnis (G 43) bei der Einstellung

2.6. Organisatorische Maßnahmen

Wesentlich für das Gelingen der antimikrobiellen Maßnahmen ist die Einhaltung fester Organisationsformen und persönlicher Verhaltensweisen. Das persönliche Verhalten des einzelnen ist die Voraussetzung für eine effektive Distanzierung und für den situationsgerechten Einsatz der antimikrobiellen Maßnahmen.

2.6.1. Distanzierung

Distanzierung ist die Trennung zwischen kontaminierten Gegenständen bzw. infizierten Körperregionen und nichtkontaminierten bzw. nichtinfizierten.

Realisierungsmöglichkeiten	Erläuterung	Schwerpunkte
Prinzip der non-infection von Personal und Patient	Berühren möglicherweise kontaminierter Gegenstände vermeiden und dadurch Entstehung von Infektketten verhindern	Organisation des Pflegedienstes; persönliche Verhaltensweisen (z. B. Toilettenhygiene)

2.6.1. Distanzierung (Fortsetzung)

Realisierungs-möglichkeiten	Erläuterung	Schwerpunkte
Bauliche Distanzierung	Bauliche Maßnahmen sind wesentliche Voraussetzung für das antimikrobielle Regime; bei Rekonstruktion von Altbauten und Neuplanung besonders Gewicht auf bauliche Veränderung zur Verbesserung der Krankenhaushygiene legen; in Alt- und Ersatzbauten schrittweise Verwirklichung der TGL 10 733 (G 50) anstreben	Schaffung kleiner Pflegeeinheiten; Schleusen vor Bereichen mit besonderen hygienischen Anforderungen; Durchreichesystem
Schwarz-Weiß-Trennung mit organisatorischen Maßnahmen und entsprechender Ausstattung	Einrichtungen des Gesundheitswesens sind Arbeitsstätten, die gemäß TGL 10 699 (G 49) besondere hygienische Maßnahmen erfordern.	kontaktfreie Aufbewahrung von Straßen- und Arbeitskleidung; Wäschereiorganisation; Küchen- und Milchküchenorganisation; Trennung saubere/unsaubere Zonen in Bereichen mit besonderen hygienischen Anforderungen
Einwegmaterialien (Wegwerfartikel)	Vernichtung nach einmaligem Gebrauch; Verwendung aufwendiger Artikel vorzugsweise in Bereichen mit besonderen hygienischen Anforderungen und im ambulanten Sektor	Verbandstoffe, Tupfer, Spatel, Plastartikel wie Infusionsbesteck u. a. je nach Möglichkeiten
Einmalgebrauchsgegenstände	nach einmaligem Gebrauch aufbereiten (Desinfektion, Reinigung, Sterilisation); erst dann wiederverwenden (s. 3.2.)	Glasspritzen, Metallinstrumente usw.
Vermeiden einer Keimverbreitung durch Geräte bzw. Gerätesysteme („apparativer Hospitalismus“)	Beachtung der Bedienungsanleitung von Geräten bzw. Gerätesystemen; Einleitung von Gegenmaßnahmen bei Geräten mit fehlerhafter Konstruktion	laufende Desinfektion der Abluft des Injektorabsaugers; laufende Desinfektion des Systems von Beatmungsgeräten; Desinfektion und Reinigung der Filtersysteme von Klima- und Belüftungsanlagen, Flüssigkeitsbehälter von Befeuchtungsanlagen usw.

2.6.2. Vorschriften für das persönliche Verhalten

Hygienekleidung. Es ist Hygienekleidung entsprechend dem „Katalog für Hygiene- und Arbeitskleidung des Staatlichen Textil-Kontors“ zu tragen. Die Oberbekleidung ist zu Arbeitsbeginn und -ende (Schwarz-Weiß-Trennung beachten, s. 2.6.1.) sowie in Schleusen vor speziellen aseptischen und anderen Bereichen mit besonderen hygienischen Anforderungen zu wechseln.

Das Tragen der Hygienekleidung außerhalb der Einrichtung bzw. außerhalb der für sie bestimmten Arbeitsbereiche ist verboten. Die Hygienekleidung der Bereiche mit besonderen hygienischen Anforderungen sollte farblich oder durch andere Kennzeichnung (z. B. aufgenähte Farbstreifen) von der Hygienekleidung der gesamten Einrichtung zu unterscheiden sein und möglichst täglich, erforderlichenfalls noch häufiger, gewechselt werden.

In den Bereichen mit besonderen hygienischen Anforderungen dürfen nur für diese Bereiche bestimmte Schuhe getragen werden. Das Überstreifen von Plastbezügen über die Straßenschuhe ist eine Behelfsmaßnahme. Das Tragen von Straßenschuhen und das Überstreifen von Gummigaloschen sind bedenklich. Die in diesen Bereichen getragenen Schuhe müssen täglich desinfiziert werden. Lederschuhe sind täglich mit Schuhcreme zu behandeln. In bestimmten Bereichen ist das Tragen eines Haarschutzes, z. T. auch eines Mund-Nasen-Schutzes erforderlich.

Sonstige Vorschriften. Bei Arbeitsbeginn und -ende sowie in Schleusen vor oder nach Bereichen mit besonderen hygienischen Anforderungen sind hygienische Händedesinfektionen durchzuführen.
In jeder Einrichtung sind die Bereiche zu benennen, in denen Mitarbeiter beim Vorliegen eitriger Hauterkrankungen bzw. anderer infektiöser Erkrankungen nicht arbeiten dürfen. Erforderlichenfalls ist eine zeitweilige Umsetzung in einen anderen Bereich vorzusehen.
Die Mitarbeiter der Einrichtung sind zu belehren, daß sie ihren eigenen Gesundheitszustand kontrollieren und bei Verdacht einer Erkrankung einen Arzt aufsuchen sowie ihrem Abteilungsarzt bzw. -leiter davon Mitteilung machen.

2.6.3. Maßnahmen beim epidemischen Auftreten von Hospitalinfektionen

Hospitalinfektionen sind infektiöse Erkrankungen, die unter dem Einfluß des Krankenhauses bzw. der medizinischen Einrichtung zustande kommen.
Die Infektionsquellensuche sollte in Zusammenarbeit mit der KHI und einer mikrobiologischen Abteilung vorgenommen werden. An erster Stelle steht bei der Prophylaxe und Bekämpfung von Hospitalinfektionen deren Ermittlung.
Alle Maßnahmen sind in Abhängigkeit von der Art der Erkrankung und dem Übertragungsweg festzulegen.
Folgende Sofortmaßnahmen sind zu erwägen:

- Einberufung der Hygienekommission, Meldung an die KHI und orientierende Besichtigung aller Räume der Station,
- Isolierung von Patienten mit Hospitalinfektionen und Isolierung von besonders gefährdeten Patienten,
- Abstriche beim Personal in Bereichen mit besonderen hygienischen Anforderungen bzw. in Schlüsselpositionen möglicher Infektionsketten,
- evtl. Besuchersperre, bei schwer beherrschbarem Hospitalismus evtl. vorübergehende Schließung der Station bzw. des Gebäudetraktes.

Es ist Wert auf eine schnelle Festlegung und Identifizierung des Erregers zu legen.
Im Anschluß an die Sofortmaßnahmen sind folgende Maßnahmen der Keimbekämpfung besonders streng durchzuführen:

- Desinfektion (besonders Händedesinfektion),
- Ordnung und Sauberkeit im Krankenhaus und auf der Station,

- pflegerische Hygiene,
- Schwarz-Weiß-Trennung,
- Sterilisation (besonders Instrumentensterilisation),
- Sanierung der Infektions- und Kontaminationsquellen.

Schließlich ist die Kontrolle der Bereiche Wäscherei, Wasserversorgung, Antibiotikaregime und Befall mit Gesundheitsschädlingen empfehlenswert.

3. Anforderungen an hygienisch wichtige Arbeitsabläufe

3.1. Desinfektion und Reinigung der Räume und ihrer Einrichtung

3.1.1. Möglichkeiten der Desinfektion und Reinigung

Raumteile Einrichtungsgegenstände	Fußböden	Wände	Türen	Türgriffe	Fenster	Fensterbrett	Raumtextilien	Tische	Stühle	Schränke, außen	Kleiderschränke, innen	Instrumentenschrank	Materialschränke	Nachttische	Bettgestelle	Matratzen	Untersuchungsliegen	Waschbeck. u. -schüssel	Toilettenbecken	Badewannen u. Stöpsel	Verbandwagen	Nachtstühle
Laufd. Reinigung und Desinfekt. m. Desinfekionsmittel, feucht wischen	+	+	+	+	+	+	–	+	+	+	+	+	+	+	+	–	+	+	–	–	+	+
Bei Kontamination m. Desinfektionsmitteln übergießen oder abwaschen	+	+	+	+	+	+	–	+	+	+	(+)	+	(+)	+	+	–	+	+	++	++	+	+
Schlußdesinfektion Formaldehyd-Wasserdampf-Raumdesinfektion	+	+	+	+	+	+	+	+	+	+	+	+	+	+	+	(+)	+	+	–	–	+	+
Scheuerdesinfektion	+	+	+	+	+	+	–	+	+	+	(+)	+	(+)	+	+	(+)	+	++	++	++	+	++
Kammerdesinfektion	–	–	–	–	–	–	+	(+)	(+)	–	–	–	–	(+)	++	++	(+)	–	–	–	(+)	(+)
Desinfekt.-Waschverf.	–	–	–	–	–	–	++	–	–	–	–	–	–	–	–	–	–	–	–	–	–	–

3.1.2. Frequenz der Desinfektions- und Reinigungsmaßnahmen

Die Überarbeitung dieser Tabelle in Abhängigkeit von den Besonderheiten der Einrichtung, der Bereiche mit besonderen hygienischen Anforderungen u. ä. muß besonders sorgfältig erfolgen, teilweise werden die Zeitspannen kürzer sein müssen, teilweise werden sie länger sein können.

Objekte	Funktionsräume	Krankenzimmer	Dienstzimmer	Aufenth.- u. Warteräume	Flure und Treppen	Abstellräume	Spülräume	Bad u. Toiletten	Stationsküchen	Speisesaal
Fußböden	tgl	tgl	tgl	tgl	tgl	tgl	tgl[15])	tgl[15])	tgl	tgl
Wände (Kacheln, Ölanstrich)	wö	mo	mo	mo	vi	vi	wö[15])	tgl	wö	wö
Türen	tgl	wö[15])	wö[15])	tgl	wö	mo	tgl	tgl	wö	wö
Türgriffe	tgl	tgl	tgl	tgl	tgl	tgl	tgl[15])	tgl[15])	tgl	tgl
Fenster	vi	vi	vi	vi	vi	vi	vi	vi	vi	vi
Fensterbretter	tgl	tgl	tgl	tgl	tgl	wö	tgl	tgl	tgl	tgl
Heizkörper (oberer Teil)	tgl	tgl	wö	wö	mo	vi	tgl	tgl	tgl	tgl
Gardinen/Vorhänge	—	vi	vi	vi	vi	—	—	—	—	wö
Tischdecken	mo	mo	mo	mo	—	—	—	—	—	wö
Tische	tgl	tgl	tgl	tgl	tgl	—	tgl	—	tgl	tgl
Schreibtisch, Regale	tgl	—	tgl	—	—	wö	tgl	—	tgl	—
Stühle	tgl	tgl	wö	tgl	tgl	—	tgl	—	tgl	tgl
Schränke, außen	tgl	tgl	wö[15])	wö	wö	mo	tgl	—	tgl	—
Kleiderschränke, innen	—	nE	wö	mo	—	—	—	—	—	—
Instrumentenschränke	tgl	—	wö[15])	—	—	—	—	—	—	—
Materialschränke	mo	—	mo	mo	mo	mo	wö	—	wö	—
Nachttische	—	tgl	—	—	—	—	—	—	—	—
Bettgestelle	—	nE	—	—	—	—	—	—	—	—
Matratzen	—	nE	—	—	—	—	—	—	—	—
Untersuchungsliegen	nB	—	nB	—	—	—	—	—	—	—
Waschbecken	tgl	tgl	tgl	tgl	—	—	tgl[15])	tgl[15])	tgl	tgl
Toilettenbecken und -brille	—	—	—	—	—	—	—	tgl[15])	—	—
Badewannen und Stöpsel	—	—	—	—	—	—	—	nB	—	—
Nachtstühle	—	tgl	—	—	—	—	tgl	—	—	—
Verbandwagen	tgl[15])	—	—	—	—	—	—	—	—	—
Kühlschränke	wö	—	wö	—	—	—	—	—	wö	—
Aufzüge	tgl	—	—	—	tgl	—	—	—	tgl	tgl

3.2. Möglichkeiten für die Aufbereitung der gebräuchlichsten Instrumente und Materialien in der Reihenfolge der Arbeitsgänge

Instrumente und Materialien	Desinfektion: in Desinf.-Lsg. ausspülen und einlegen								Reinigung							Verpackung			Sterilisation			
	formaldehydhaltig	aktives Chlor (Chloramin)	Phenolderivate	Peressigsäure	Auskochen	Kammerdesinfekt.	Flächen-/Scheuerdesinfektion	Desinf.-Waschverf.	Waschmaschine	Ultraschall	mechanisch	Waschmittellösung	Spülen mit Leitungswasser	Spülen mit dest. Wasser	Trocknen	Sammelverpackung	Einzelverpackung	Packs oder Sets	Heißluft	gespannter Dampf	Äthylenoxid[18]	Peressigsäure
Spritzen und Kanülen	+	+	−	⊕	+	−	−	−	+	−	+	+	+	+	16)	(+)	+	⊕	+	+	−	−
Glasgeräte	+	+	−	+	+	(−)	+	−	+	−	+	+	+	⊕	16)	(+)	+	⊕	+	+	−	+
Fieberthermometer[17]	+	+	−	+	−	−	+	−	−	−	+	⊕	+	−	+							
Metallinstrumente	+	+	−	(+)	(+)	(+)	(+)	−	+	+	+	+	+	⊕	16)	(+)	+	+	+	+	−	⊕
Gummiwaren	+	(+)	−	(+)	+	(+)	+	−	+	−	+	+	+	⊕	⊕	(+)	+	+	−	+	−	⊕
Plaste	+	(+)	(+)	(+)	(+)	⊕	+	−	+	−	+	+	+	⊕	⊕	(+)	+	+	−	(+)	(+)	+
Textilien	+	+	+	−	+	⊕	(+)	⊕	+	−	+	+	+	−	+	(+)	⊕	+	−	(+)	−	−
Verbandmaterial	(in der Regel keine Aufbereitung)															(+)	+	+	−	+	−	−
Opt. Geräte	(+)	(+)	(+)	⊕	−	(+)	(+)	−	−	−	+	+	+	+	+	(+)	+	−	−	−	+	+

3.3. Injektionen, Infusionen, Transfusionen

Alle verwendeten Instrumente und Materialien müssen steril sein (s. 2.3.1.). Für die Infusionen und Transfusionen sind ausschließlich Einwegmaterialien (s. 2.6.1.) zu verwenden. Infusionen und Transfusionen werden im geschlossenen System durchgeführt. Die gesetzlichen Bestimmungen sowie die Infusions- und Transfusionsordnungen der Einrichtungen sind zu beachten.

Maßnahmen	Hilfsmittel	Hinweise
Aufbereitung der Instrumente und Materialien		Desinfektion s. 2.2.3.; Sterilisation s. 2.3. Übersicht s. 3.2. Einzelverpackung für Spritzen ist optimal

3.3. Injektionen, Infusionen, Transfusionen (Fortsetzung)

Maßnahmen	Hilfsmittel	Hinweise
Entnahme der Instrumente	sterile Pinzetten oder Zangen Standgläser	alle Hilfsmittel tgl. sterilisieren; trockene Aufbewahrung in Standgläsern mit Deckel oder in Instrumentenlösung nach Galli-Valerio[19]); Lösung muß das Instrument weitgehend bedecken; sie ist tgl. zu erneuern Sterilisierbehälter nur innen mit den Entnahmeinstrumenten berühren, sofort nach Entnahme verschließen
Füllen der Spritzen		Konus nicht kontaminieren; Spritze unmittelbar vor Gebrauch füllen; aufgezogene Spritzen sofort verwenden
Kanüle aufsetzen	sterile Pinzetten	aufgesetzte Kanüle nicht kontaminieren
Hautdesinfektion		s. 2.2.2.

3.5. Umgang mit Wäsche

3.5.1. Chemische Desinfektion

Desinfektion auf Station s. 2.2.3. Wäschedesinfektion

3.5.2. Desinfektionswaschverfahren (G 40; L 32, 33)

Maßnahmen	Hilfsmittel	Hinweise
Einsammeln	optimal: Wäschetransportkarren mit eingehängtem Wäschesack	Vor Einsammeln nur für diese Zwecke zu benutzende Schutzkleidung anlegen; Schmutzwäsche am Anfallort getrennt nach Wäscheart (Weiß-, Buntwäsche usw.) einfüllen; nicht zu voll füllen; keine Fremdgegenstände einlegen; Außenseiten der Säcke nicht kontaminieren; Wäsche nicht zählen!
	Wäschesäcke aus Polyäthylenfolie	mindestens eine Seitennaht der Säcke mit wasserlöslichem Faden bzw. Klebeband, selbsttätige Entleerung in der Waschmaschine; Foliensäcke nur 1mal verwenden
Verschließen der Säcke	wasserlösliche Kordel oder Klebeband	nach Verschließen Schutzkleidung ablegen; Händedesinfektion
Lagerung bis zum Abtransport		Wäsche maximal 1 Tag im Schmutzwäscheraum der Einrichtung lagern; nach Abtransport Scheuerdesinfektion

3.5.2. Desinfektionswaschverfahren (Fortsetzung)

Maßnahmen	Hilfsmitttel	Hinweise
Transport von Schmutzwäsche (innerbetrieblich)	Wäschetransport-wagen	Schutzkleidung tragen, wie oben; Kittelwechsel; Händedesinfektion; für Wäschetransport keine Wäschekörbe benutzen; Werfen und Schleifen der Säcke nicht zulässig; Abwurfschächte verboten; kürzesten Transportweg benutzen; nicht durch andere Abteilungen, Transportmittel desinfizieren
Wäschetausch		optimal: Mietwäschedienst mit ausreichendem Wäscheumschlag
Transport von sauberer Wäsche	Kraftfahrzeuge, Transportwagen	optimal: Wäsche wird von der Wäscherei in kontaminationssicherer Verpackung geliefert (z. B. Foliensäcke, Papierverpackung) beim Transport von sauberer und Schmutzwäsche Schwarz-Weiß-Trennung beachten
Lagerung	verschließbare Schränke	Notreserven regelmäßig wälzen; Möglichkeiten der Rekontamination ausschließen

Das Arbeiten nach Desinfektionswaschverfahren ist genehmigungspflichtig (G 40).

3.6. Umgang mit infektiösem Material

Alle Körperausscheidungen sind als infektiös zu betrachten und entsprechend zu behandeln.

Maßnahme	Gegenstand	Verfahrensweise	Stuhl	Urin	Sputum	Erbrochenes	Eiter	Blut
Distanzierung (s. 2.6.1.)	Gefäße	verschließen	+	+	+	+	+	+
		Aufbereitung nach jeder Benutzung (Einmalgebrauch)	+	+	+	+	+	+
		oder Einweggefäße	⊕	⊕	⊕	⊕	⊕	⊕
	Hände	Schutz der Hände vor unnötiger Beschmutzung	+	+	+	+	+	+
		evtl. Tragen von Gummihandschuhen	+	+	+	+	+	+
		oder Tragen von Einweghandschuhen	⊕	⊕	⊕	⊕	⊕	⊕

3.6. Umgang mit infektiösem Material (Fortsetzung)

Maßnahme	Gegenstand	Verfahrensweise	Stuhl	Urin	Sputum	Erbrochenes	Eiter	Blut
Distanzierung (s. 2.6.1.)	Kleidung	Tragen von spezieller Hygienekleidung, Kittelwechsel	⊕	⊕	⊕	⊕	⊕	–
Desinfektion (s. 2.2.3.)	infektiöses Material	Übergießen mit doppelter Menge Desinfektionslösung	+	+	+	+	+	+
		oder Verbrennen	–	–	+	+	+	+
		oder Behandlung im Desinfektions- und Reinigungsautomaten	⊕	⊕	–	⊕	⊕	⊕
	Gefäße und kontaminierte Gegenstände	vor Benutzung Gefäße zu 2/3 mit Desinfektionslösung füllen	–	–	+	–	–	–
		nach Kontamination 6 Std. in Desinfektionslösung legen	+	+	+	+	+	+
		bzw. Einweggefäße verbrennen	⊕	⊕	⊕	⊕	⊕	⊕
		Flächendesinfektion kontaminierter Gegenstände	+	+	+	+	+	+
	Hände	hygienische Händedesinfektion (s. 2.2.2.) (erst danach Händereinigung)	+	+	+	+	+	+
Reinigung	Gefäße	Behandlung im Desinfektions-Reinigungs-Automaten	⊕	⊕	–	⊕	⊕	⊕
		oder Entleeren des desinfizierten Materials in Fäkalienbecken, danach Desinfektion (s. o.)	+	+	+	+	+	+
		anschließend mechanische Reinigung mit warmem Wasser und Waschmitteln	+	+	+	+	+	+

3.8. Abfallbeseitigung

Maßnahmen	Hilfsmittel	Hinweise
Sammlung	Behälter mit gut schließendem Deckel, Plastbeutel oder geeignete Papiersäcke	Sammlung von veraschbaren Abfällen in Plastbeuteln oder Papiersäcken getrennt von Glas- und Metallabfällen; Desinfektion und Reinigung der Behälter nach jeder Leerung
Transport	wie oben, außerdem Transportwagen, Aufzüge	kürzesten Transportweg benutzen, nicht durch andere Abteilungen; Müllabwurfschächte sind verboten; laufende Desinfektion, besonders Transportwagen und Aufzüge

3.8. Abfallbeseitigung (Fortsetzung)

Behandlung der Abfälle

Abfallarten	Medizinisch bedingte Abfälle	Wirtschaftl.-techn. Abfälle
Glas- und Metallabfälle	mit Desinfektionslösung übergießen oder autoklavieren (nach Möglichkeit in einem Autoklaven, der nur zu diesem Zweck benutzt wird)	zur Müllabfuhr
Veraschbare Abfälle	Verbrennung!	Verbrennung oder Müllabfuhr
Organreste	Desinfektion, Verbrennung	
Radioaktive Abfälle	Beseitigung lt. Strahlenschutzverordnung (G 24, 25)	
Küchenabfälle	Speisereste vor Verfütterung aufkochen zur Schweinemast (s. 3.4.2.)	

7.1.2. Literaturhinweise

L 1 Autorenkollektiv: Aktuelle Probleme der Sterilisation und Desinfektion. Wiss. Z. Humboldt-Univ. Berlin, math.-naturw. R **18** (1969) 989–1222

L 2 Autorenkollektiv: Forschungsergebnisse und Anwendung der Sterilisation und Desinfektion. Wiss. Z. Humboldt-Univ. Berlin, math.-naturw. R **21** (1972) 567–728

L 3 Autorenkollektiv: Arzneibuch der Deutschen Demokratischen Republik, 2. Ausgabe — 2. AB-DDR — Akademie-Verlag, Berlin 1975

L 4 Autorenkollektiv: Seuchenschutz. Verlag Thieme, 3. Aufl., Leipzig, 1974. Herausgegeben von der Arbeitsgruppe Epidemiologie am Hygiene-Institut Wernigerode und am Institut für Experimentelle Epidemiologie Wernigerode

L 5 Dittmann, S., und H. Müller: Vademekum für Impfärzte, 4. Auflage. Min f. Gesundheitswesen der DDR, Berlin 1972

L 6 Dogiel, V. A.: Allgemeine Parasitologie. Verlag Fischer, Jena 1963

L 7 Grahneis, H., und K. Horn: Taschenbuch der Hygiene, 2. Auflage. Desinfektion, von H. Wigert und H. Schwotzer, S. 617–629. Verlag Volk und Gesundheit, Berlin 1972

L 8 Horn, H., M. Privora und W. Weuffen: Handbuch der Desinfektion und Sterilisation. Band 1: Grundlagen der Desinfektion. Verlag Volk und Gesundheit, Berlin 1972

L 9 Horn, H., M. Privora und W. Weuffen: Handbuch der Desinfektion und Sterilisation. Band 2: Grundlagen der Sterilisation. Verlag Volk und Gesundheit, Berlin 1973

L 10 Horn, H., M. Privora und W. Weuffen: Handbuch der Desinfektion und Sterilisation. Band 3: Spezialgebiete der Desinfektion und Sterilisation. Verlag Volk und Gesundheit, Berlin 1974

L 11 Autorenkollektiv: Bericht über die VIII. Brambacher Tagung „Hygienische Probleme im Krankenhaus". Dresden 29.–30. März 1973. Stat. ambul. Gesundheitswes. **25** (1976), 5–43

L 12 Horn, H., und G. Schau: Ausbringung, Flug und Sedimentation von Mikroorganismen in der Raumluft als Grundlage der Verhütung und Bekämpfung aerogener Infektionen. Z. ges. Hyg. **19** (1973), 477–484

L 13 Horn, H., und Mitarbeiter: Bestimmung über die Ausführung der Sterilisation. Vorschlag zum Arzneibuch der DDR, II. Ausgabe Zbl. Pharm. **112** (1973), 919–927

L 14 Hudemann, H., U. Mielke und H.-D. Schulze: Erfahrungen bei der Bekämpfung von Pharaoameisen in einem Großklinikum. Z. ges. Hyg. **18** (1972), 593–596
L 15 Hudemann, H., und W. Weuffen: Leitfaden der Desinfektionspraxis. Verlag Barth, Leipzig 1973
L 16 Jirovec, O.: Parasitologie für Ärzte. Verlag Fischer, Jena 1960
L 17 Kramer, A., W. Weuffen und W. Schwenke: Mikrobiologische und dermatologische Anforderungen an antiseptische Seifen. Derm. Mschr. **159** (1973), 526–539
L 18 Martini, E.: Lehrbuch der medizinischen Entomologie, 4. Aufl., Fischer Verlag, Jena 1954
L 19 Mielke, U., und G. Schuschke: Erfolgreiche Schabenbekämpfung in einem Großkrankenhaus durch ein fortpflanzungsbiologisch orientiertes vertragsgebundenes Bekämpfungsregime. Z. ges. Hyg. **18** (1973), 325–327, s. auch Heilberufe **25** (1973), 375–377
L 20 Musielski, H., R. Przyborowski und E. Kubo: Anwendung thermoelektrischer Meßmethoden für die Prüfung der Hitzesterilisation. Wiss. Z. Humboldt-Univ. Berlin, math.-naturwiss. R **18** (1969), 1039
L 21 Oberdoerster, F., und A. Zeuner: Probleme der hygienisch-antiepidemischen Sicherstellung im medizinischen Schutz der Bevölkerung. Schriftenreihe „Zivile Verteidigung" Heft 18, Militärverlag der DDR, Berlin 1973
L 22 Opitz, B., G. Schau und D. Göring: Über Verimpfung von Hautkeimen bei Injektionen. Z. ges. Hyg. **18** (1972), 648
L 23 Paulenz, H., J. Gutsche und G. Graichen: Hygienische Probleme bei der Projektierung und dem Bau von Gemeinschaftsküchen. Z. ges. Hyg. **18** (1972), 207–213
L 24 Przyborowski, R., und K. Tanneberger: Erfahrungen bei der Testung von Sterilisatoren in Einrichtungen des Gesundheitswesens. Wiss. Z. Humboldt-Univ. Berlin, math.-naturw. R **18** (1969), 1029–1032
L 25 Przyborowski, R. und G. Würfel: Leitfaden für die Sterilisationspraxis. Verlag Barth, Leipzig 1967
L 26 Przyborowski, R., J. Herde und E. Al-Souri: Zum Problem der Durchwärmungszeiten. Wiss. Z. Humboldt-Univ. Berlin, math.-naturw. R **18** (1969), 1059–1062
L 27 Schmidt, J., G. Naumann und W. Horsch: Sterilisation, Desinfektion und Entwesung. Verlag Thieme, Leipzig 1968
L 28 Weuffen, W., und H. Wigert: Stand und Entwicklungstendenzen der Desinfektion in der DDR. Z. ges. Hyg. **18** (1972), 633–638
L 29 Weuffen, W., H. Hudemann und H. Wigert: Zur Praxis der Desinfektion bei den wichtigsten übertragbaren Krankheiten des Menschen. Dtsch. Ges. Wesen **28** (1973), 2065–2070
L 30 Weuffen, W.: Das antimikrobielle Regime. Wiss. Z. Humboldt-Univ. Berlin, math.-naturw. R **21** (1972), 571–572, Zbl. Bakteriol. Parasitenkunde Infektionskrankh. Abt. I Orig. Reihe B **157** (1973), 114–131
L 31 Wigert, H.: Die I. Liste der empfohlenen Desinfektionsmittel — Kommentar —. Dtsch. Ges. Wesen **23** (1968), 367–370
L 32 Wigert, H., und W. Emde: Hygienische Probleme der Verpackung und des Transports von Wäsche im Gesundheitswesen. Textilreinigung **16** (1969), 71–77
L 33 Wigert, H.: Bearbeiten von Wäsche des Gesundheits- und Sozialwesens in Betrieben der örtlichen Versorgungswirtschaft. Textilreinigung **17** (1970), 106–110. Med.-techn. Vers. **6** (1970), 77–82
L 34 Wigert, H.: Spezifische Wirkung und Wahl der Desinfektionsmittel, Heilberufe, im Druck
L 35 Winter, K.: Lehrbuch der Sozialhygiene, 5. verbesserte Aufl., Verlag Volk und Gesundheit, Berlin 1970
L 36 Würfel, G., und R. Przyborowski: Arbeitsschutzmaßnahmen beim Betrieb von Sterilisatoren. Wiss. Z. Humboldt-Univ. Berlin, math.-naturw. R **16** (1967), 273
L 37 Schriftenreihe „Mikrobielle Umwelt und antimikrobielle Maßnahmen". Herausgegeben von H. Horn, W. Weuffen und H. Wigert. Verlag J. A. Barth, Leipzig
L 38 Autorenkollektiv: Krankenhaushygiene. Herausgegeben von W. Weuffen und F. Oberdoerster. Verlag J. A. Barth, Leipzig 1977

Rahmenfunktionsplan des Hygienebeauftragten

(Aus diesem Rahmenfunktionsplan sollten nur die für die Einrichtung wichtigen Aufgaben übernommen werden.)

Bezeichnung der Funktion

– Stellenbezeichnung: Hygienebeauftragter

Unterstellungsverhältnis

– diese Stelle ist unterstellt: dem Leiter der Einrichtung

Verantwortungsbereich

Der Hygienebeauftragte ist im ständigen Auftrag des Leiters verantwortlich für die Anleitung und Kontrolle bei der Wahrung von Ordnung, Sauberkeit und Hygiene in der gesamten Einrichtung.

Aufgaben

Der Hygienebeauftragte

– erarbeitet auf der Grundlage der RHO Ge die Aufgabenstellung der Einrichtung und kontrolliert deren Einhaltung bzw. schrittweise Verwirklichung,
– führt nach einem Terminkontrollplan eigenverantwortlich Kontrollen durch mit besonderer Berücksichtigung der Bereiche mit besonderen hygienischen Anforderungen und bestimmter Schwerpunkte bei der Realisierung der RHO Ge,
– überträgt den Mitgliedern der Hygienekommission im Auftrag des Leiters der Einrichtung Teilaufgaben für die Anleitungs- und Kontrolltätigkeit,
– sorgt für die funktionsbezogene Weiterbildung der Mitglieder und schlägt dem Leiter der Einrichtung Mitglieder der Kommission zur Qualifizierung vor,
– überwacht die in der Einrichtung geführte Dokumentation der Schutzimpfungen der Beschäftigten,
– führt die Dokumentation über Hospitalinfektionen bei Patienten und Mitarbeitern,
– führt das Hygienekontrollbuch der Einrichtung,
– arbeitet bei der Gesundheitserziehung der Beschäftigten mit,
– nimmt Einfluß auf die ernährungsphysiologische Gestaltung der Speisepläne für Krankenkost und Werkküchenessen,
– arbeitet eng mit dem Betriebsarzt, mit dem Kreis-Hygienearzt und mit der Küchenkommission zusammen,
– ist dem Leiter der Einrichtung gegenüber rechenschafts- und berichtspflichtig.

Der Hygienebeauftragte berät
- das Leitungskollektiv bei der Festlegung von Maßnahmen zur Verbesserung der Hygiene,
- den ökonomischen Leiter bei der Planung von Arbeitsmitteln für die Gewährleistung der Hygiene in der Einrichtung.

Befugnisse

Der Hygienebeauftragte ist befugt
- alle Betriebsanlagen im Rahmen der Kontrolltätigkeit zu betreten,
- die Abstellung grober Mängel nach Auswertung mit dem jeweils leitenden Arzt bzw. Abteilungsleiter zu verlangen,
- den Kommissionsmitgliedern Teilaufgaben zu übertragen.

Zusätzliche fachliche Anleitung

Der Hygienebeauftragte gibt allen Mitarbeitern der Einrichtung zusätzliche Anleitung. Er erhält Anleitung durch den Kreis-Hygienearzt und Mitarbeiter der territorial zuständigen Hygieneorgane.

Qualifizierungsmerkmale

Abgeschlossene Facharztausbildung.

Stellvertreter

Verbindliche Unterlagen
- RHO Ge nebst einrichtungsspezifischen Ergänzungen und Präzisierungen
- Weisungen des Leiters der Einrichtung
- gesetzliche Bestimmungen auf dem Gebiet der Hygiene.

Datum . . . . . .

Leiter der Einrichtung

[1]) Unter Bereichen mit besonderen hygienischen Anforderungen sind Bereiche mit besonderer Gefährdung der betreuten Bürger bzw. der Mitarbeiter durch chemische und physikalische Noxen oder mit erhöhter Infektionsgefahr zu verstehen. Dazu gehören z. B. Chirurgische Fachdisziplinen, OP-Trakt, Intensivtherapie, Pädiatrie, Infektionsabteilungen, Geriatrie, Wäscherei, Küche, Abfallbeseitigung usw.

[2]) Nur diese Präparate sind sporizid wirksam.

[3]) Nur für Massenimpfung.

[4]) Beim Umgang mit konz. Wofasterillösung Arbeitsschutzbestimmungen beachten; unnötigen Kontakt und Einatmen mit bzw. von Wofasteril vermeiden; gebrauchsfertige Wofasterillösung ist nur wenige Tage haltbar.

5) Kiefer-, Gesichtschirurgie, Otorhinolaryngologie und Stomatologie.

6) Die Gehaltsbestimmung der eingesetzten Desinfektionslösungen wird nach standardisierten Vorschriften in Apotheken und ähnlichen Einrichtungen vorgenommen.

7) In Vorbereitung.

8) Gilbungsindikator

9) Steridon, VEB Chemiewerk Nünchritz

10) Aebrolinol

11) Bei starkem Befall und in regelmäßigen Abständen durch Schädlingsbekämpfungsbetrieb bekämpfen, zwischenzeitlich Bekämpfung mit Haushaltspräparaten u. ä. in Absprache mit dem Bekämpfungsbetrieb.

12) Für die zwischenzeitliche Bekämpfung geeignete Mittel und Verfahren.

13) Erfolgreiche Bekämpfung nur durch Schädlingsbekämpfungsbetrieb möglich.

14) Bekämpfung nur vom staatlich zugelassenen Schädlingsbekämpfungsbetrieb durchzuführen, der Befall ist dem Betrieb innerhalb von 8 Tagen anzuzeigen (G 4).

15) Bei grober Verschmutzung mehrfach täglich.

16) Trocknen vor der Sterilisation nur bei Heißluftsterilisation.

17) Vollkommen in Desinfektionslösung einlegen.

18) Desorptionszeit beachten (s. 2.3.5.).

19) 25 ml konz. Formaldehydlösung, 5 g Phenol liqu., 15 g Borax auf 1000 ml dest. Wasser.

Richtlinie für die Planung und Entwicklung der zentralen Sterilgutversorgung vom 2. April 1973

(VuM MfGe Nr. 8 S. 75)

1. Geltungsbereich

Für die Planung und Entwicklung der zentralen Sterilgutversorgung gelten die in der Anlage veröffentlichten Grundsätze.
Sie bilden die Grundlage für alle entsprechenden Rekonstruktionsmaßnahmen und Neubauten.

2. Inkrafttreten

Diese Richtlinie tritt mit ihrer Veröffentlichung in Kraft.

Anlage

Inhaltsverzeichnis

1. Allgemeine Grundsätze

1.1. Folgende Hauptaufgaben hat eine moderne zentralisierte Sterilgutversorgung (ZSV) zu erfüllen:

- die Versorgung mit sterilen Gegenständen von einer Zentrale aus sicherzustellen
- die Aufbereitung der Gegenstände unter rationellen Bedingungen und die Sterilisation entsprechend den gesetzlichen Bestimmungen und neuen wissenschaftlichen Erkenntnissen durchzuführen
- durch Konzentration von Maschinen und Geräten unter Anwendung der modernen Technik hohe Leistungssteigerung gegenüber der dezentralisierten Methode zu erreichen.

1.2. Die Zentralisation der Sterilgutversorgung muß folgende Maßnahmen ermöglichen:

- moderne, leistungsstarke Maschinen und Geräte rationell einzusetzen
- die volle Auslastung der Maschinen und Geräte durch einen kontinuierlichen Arbeitsablauf zu gewährleisten
- die mehrfache Anschaffung von Apparaten, die für die Aufbereitung und Sterilisation notwendig oder zweckmäßig sind, zu vermeiden
- zeit- und kraftsparende Hilfsmittel wirtschaftlich anzuwenden
- eine genaue Kontrolle jeden Arbeitsvorganges durchzuführen
- das Infektionsrisiko herabzusetzen und dadurch eine größere Sicherheit für den Patienten zu gewährleisten
- das Personal der Pflege- und Behandlungsabteilungen von Reinigungs- und Botendiensten zu entlasten und ihm folglich mehr Zeit für die Betreuung der Patienten zur Verfügung zu stellen
- den Arbeitsablauf wie den eines Produktionsbetriebes zu gestalten
- die Gegenstände pfleglicher zu behandeln
- die Produktivität zu steigern

– die Durchführung der Sterilisation auf den Krankenstationen und in den ambulanten Fachabteilungen vollständig abzulösen.

1.3. Bei der Einrichtung von Neubauten hat die Zentralisierung der Sterilisation so zu erfolgen, daß die räumlichen Voraussetzungen und die Lage innerhalb oder außerhalb des Krankenhausbereiches es zulassen, daß diese Zentralsterilisation ohne Störung des Krankenhausbetriebes in eine zentrale Sterilgutversorgung (ZSV) ausgebaut werden kann. Sie muß in der Lage sein, alle stationären und ambulanten Einrichtungen eines größeren Gebietes mit Sterilgut zu versorgen.

1.4. Für Routinearbeiten, wo Übersicht und Kontrolle durch qualifizierte Kräfte gesichert sind, muß speziell für diese Tätigkeiten ausgebildetes oder auch angelerntes Personal eingesetzt werden können.
Die Möglichkeit des Betriebes im Schichtdienst muß gewährleistet sein.

2. Eignung der Gegenstände der einzelnen Bereiche für eine Zentralisierung der Sterilgutversorgung.

2.1. Stationärer Bereich
Die steril benötigten Gegenstände der Krankenstationen aller Fachrichtungen eignen sich grundsätzlich für die Aufbereitung und Sterilisation nach industriellen Methoden und sollen daher zentral bearbeitet werden.

2.2. Ambulanter Bereich
Die steril benötigten Gegenstände aus diesem Bereich eignen sich durchweg für die Aufbereitung und Sterilisation nach industriellen Methoden und sollen grundsätzlich zentral bearbeitet werden.

2.3. Diagnostisch-therapeutischer Bereich

2.3.1. Operations- und Entbindungsbereich
Um rationell arbeiten zu können, ist es wichtig, daß möglichst große Mengen möglichst gleichartiger Gegenstände anfallen.
Bei der zentralen Aufbereitung des Operationsinstrumentariums sind diese Bedingungen durch die Vielzahl der oft komplizierten Instrumente nicht mehr gewährleistet. Entsprechend den örtlichen Gegebenheiten ist zu entscheiden, ob das Op-Instrumentarium in den zentralen Aufbereitungsprozeß mit einbezogen wird oder ob für den Op- und Entbindungsbereich eine eigene Sterilisationskapazität vorteilhaft ist.
Injektionsspritzen, Kanülen, Handschuhe, Wäsche, Utensilien, die steril in den Op-Abteilungen gebraucht werden, eignen sich für die Aufbereitung nach industriellen Methoden und sollen grundsätzlich zentral aufbereitet werden.

2.3.2. Anästhesiebereich
Die steril benötigten Gegenstände aus diesem Bereich eignen sich für die zentrale Aufbereitung und Sterilisation.

2.3.3. **Laborbereich**
Im Bereich der Laboratorien besteht ein Bedarf an sterilen Gegenständen, die sich für die zentrale Aufbereitung und Sterilisation eignen. Auch diese sollen grundsätzlich zentral bearbeitet werden. Aus Gründen der Sicherheit sollten bakteriologische Laboratorien ihren Bedarf an Sterilgut entsprechend den örtlichen Gegebenheiten selbst desinfizieren, warten und aufbereiten. Gegen eine zentrale Sterilisation dieser Gegenstände bestehen keine Bedenken.

2.3.4. Prosekturbereich
Entsprechend den örtlichen Gegebenheiten ist zu entscheiden, ob die Gegenstände der Prosektur in den zentralen Aufbereitungsprozeß mit einbezogen werden, oder ob eine gesonderte Sterilisationskapazität in der Prosektur vorteilhaft ist.
Die Desinfektion sollte entsprechend 3.3.3. Laborbereich erfolgen.

2.4. Apothekenbereich
Für den Apothekenbereich bestehen besondere Bedingungen, so daß keine Gegenstände für die Bearbeitung in der ZSV anfallen.

2.5. Kontaminierte Gegenstände, die ein Infektionsrisiko darstellen (z. B. aus Infektionsstationen und septischen Bereichen), sind vorher nach den geltenden gesetzlichen Bestimmungen (Liste der empfohlenen Desinfektionsmittel, siehe Verfügungen und Mitteilungen des Ministeriums für Gesundheitswesen) zu desinfizieren. Für solche Bereiche sind Einwegmaterialien besonders geeignet und daher dort vorrangig einzusetzen.

3. Die Kategorie der Güter

Nach Kenntnis der anfallenden zu sterilisierenden Gegenständen sind folgende Kategorien der zu bearbeitenden, zu lagernden und zu verteilenden Gegenstände zu unterscheiden:

a) kontaminierte Gegenstände	Kennfarbe rot
b) saubere Gegenstände	Kennfarbe gelb
c) sterile Gegenstände	Kennfarbe grün

3.1. Kontaminiert sind alle gebrauchten Gegenstände, z. B. Injektionsspritzen oder Instrumente, an denen pathogene Mikroorganismen haften können

3.2. Sauber sind im allgemeinen gereinigte Gegenstände, fabrikneue Artikel, frisch gewaschene Wäsche, Verpackungsmaterial und überlagerte Güter, die nicht gebraucht wurden

3.3. Steril werden jene Gegenstände bezeichnet, welche in sterilhaltender Verpackung sterilisiert oder als steriles Einwegmaterial geliefert wurden, nicht über den gekennzeichneten Termin gelagert sind und deren Verpackung bzw. Verschluß unverletzt ist.

4. Funktionelle Anforderungen

Die kontaminierten, die neuen und die sauberen Gegenstände müssen mehrere Arbeitsgänge durchlaufen, um gebrauchsfertig steril zur Verfügung zu stehen.
Der Aufbereitungsprozeß gliedert sich in folgende Bereiche (Funktionsschema):

Bereich a: Annahme

- der gebrauchten kontaminierten, gegebenenfalls desinfizierten Gegenstände von den verschiedenen Bedarfsträgern
- der neuen, ungebrauchten Gegenstände, der sauberen Wäsche von der Wäscherei

Bereich b: Lager

- für ungebrauchte, unsterile Gegenstände, für saubere Wäsche, für Verpackungsmaterial

Bereich c: Reinigung

- und Trocknung aller gebrauchten Gegenstände und — soweit notwendig — der Gegenstände aus dem Lager

Bereich d: Kontrolle, Zusammenstellung und Verpackung

- der verschiedenen sauberen Gegenstände einzeln oder zu standardisierten Sterilpackungen

Bereich e: Sterilisation

- entsprechend den vorgeschriebenen Verfahren

Bereich f: Lager

- für sterile, gebrauchsfertige Gegenstände

Bereich g: Auslieferung und Verteilung.

Die Einrichtung eines Arbeitsplatzes bzw. einer kleinen Werkstatt für die Reparatur und das Anschleifen bestimmter Gegenstände ist vorteilhaft.
Für die Reinigung der Materialien sind grundsätzlich Waschmaschinen oder Automaten einzusetzen, in denen möglichst alle anfallenden Gegenstände bearbeitet und getrocknet werden können.
Arbeits- und kraftsparende Geräte und Maschinen sind weitgehend einzusetzen (Förderbänder usw.). Die Sterilisation soll hauptsächlich mit Durchgabe- oder Durchlaufsterilisatoren durchgeführt werden, um eine klare Trennung des sterilen Bereiches zu ermöglichen. Die Sterilisation thermolabiler Gegenstände muß mit einem entsprechenden zugelassenen Verfahren gewährleistet sein.
(Chemische Sterilisation, Strahlensterilisation)

4.1. Gestaltung der Arbeitsplätze
Die verschiedenen Arbeitsplätze für Reinigung, Aufbereitung und Verpackung sind nach dem günstigsten Ablauf der einzelnen Tätigkeiten zu gestalten.

Die Belichtung der Arbeitsplätze mit Tageslicht ist anzustreben. Für die künstliche Beleuchtung ist Blendungsfreiheit und ausreichende Helligkeit von mindestens 250 Lux am Arbeitsplatz zu gewährleisten.
Die gesetzlichen Bestimmungen für die Einrichtung von Arbeitsräumen sind einzuhalten.
Es ist eine Be- und Entlüftung im Bereich der Sterilisatoren vorzusehen, damit eine Raumtemperatur von ca. 26 °C nicht überschritten wird.
Die Fußbodenbeläge sollen fugenlos, trittsicher, möglichst mikrobizid wirksam und leicht zu reinigen sein. Die Wände der Arbeitsräume müssen mindestens bis 2,00 m Höhe eine Behandlung mit Desinfektionslösung ermöglichen. Das Anbringen von Fliesen in Räumen, die der Aufbereitung und Lagerung der Materialien dienen, sowie in Umkleideräumen, Duschen und Toiletten für das Personal, ist zweckmäßig.

4.2. Sicherheitsbestimmungen

Für die Sicherheit der Patienten ist es wichtig, den Nachweis zu führen, daß die gesetzlich vorgeschriebene Abtötungszeit bei entsprechender Temperatur bzw. Konzentration eingehalten wurde. Dazu sind folgende Maßnahmen durchzuführen:

a) die Zeit-Temperatur-Korrelation im Nutzraum der Sterilisatoren ist mit geeigneten Bandschreibern aufzuzeigen,
b) jeder Packung ist ein Thermo- bzw. Chemoindikator beizufügen,
c) über jede durchgeführte Sterilisation ist eine geeignete Dokumentation zu führen.

5. Die Verpackung der Gegenstände

Die gebräuchlichen Sterilisierbehälter und Spritzenkästen sind wegen der Infektionsgefahr für die Sterilisation und Aufbewahrung unverpackter Sterilgüter nicht geeignet. Einzelverpackung in geeignetem Papier oder thermoresistenter, möglichst durchsichtiger Folie ist anzustreben. Es ist vorteilhaft, die verpackten Gegenstände in Faltschachteln, Kartons oder Körben zu lagern und zu sterilisieren.
Vorhandene Sterilisierbehälter können als äußere Schutzverpackung weiter verwendet werden.
Die einzeln verpackten Gegenstände erhalten das Sterilisationsdatum aufgedruckt und, wenn die Verpackung undurchsichtig ist, eine Kennzeichnung des Inhaltes. Der Verschluß der Behälter aus Papier oder Folie erfolgt durch Dampf- und hitzebeständige Klebestreifen, durch Heißsiegelung oder durch mehrmaliges Falten und Fixieren mit einem eingearbeiteten Metallstreifen. Es muß gewährleistet sein, daß bei sachgemäßer Lagerung die steril verpackten Gegenstände mindestens eine Woche lang sicher steril bleiben.
Die Einführung von „Sterilpackungen“, das sind Kombinationen von Kompressen, Instrumenten, Schalen, Tupfern usw., wie sie zum Beispiel für einen Verbandwechsel benötigt werden, ist anzustreben.

6. Der interne Transport

Für den Transport innerhalb der Zentrale haben sich drei Arten bewährt:

a) Transport mittels kleiner Wagen, deren Beladefläche sich in Tischhöhe befindet, um ein Anheben der Behälter zu vermeiden. Eine farbige Kennzeichnung der Wagen (nach 4.) für sauberen und unsauberen Transport ist erforderlich
b) Transport durch Förderbänder
c) Kombination von Transportband und Transportwagen.

Als funktioneller Vorteil bei der Automatisierung des Arbeitsprozesses erweist sich die Benutzung eines Transportbandes in Verbindung mit Durchlaufsterilisatoren.

7. Der Transport außerhalb der Zentrale und das Bestellsystem

Der Transport der sterilen Gegenstände zu den Abnehmern und der Rücktransport der kontaminierten Gegenstände zur ZSV ist von einem Transportdienst durchzuführen. Bei kleinen ZSV kann der Bedarf auch abgeholt werden.
Um die Verteilung der sterilen Gegenstände und den Rücktransport der kontaminierten Gegenstände bei territorialer Versorgung rationell und wirtschaftlich durchzuführen, sind für Abnehmer mit geringem Bedarf an geeigneten Standorten Depotstellen bei Großabnehmern einzurichten. Von dort wird das benötigte Sterilgut von Abnehmern mit geringem Sterilgutbedarf abgeholt.
Bei der Bevorratung innerhalb der einzelnen Einrichtungen ist darauf zu achten, daß kein Sterilgut überlagert und die strenge Trennung zwischen sterilisierten und kontaminierten Gütern eingehalten wird.

7.1. Das Bestellsystem

Um schriftliche oder telefonische Bestellungen zu vermeiden, empfiehlt es sich, das „Tauschsystem“ anzuwenden. Bei dieser Art der Versorgung erhält jeder Abnehmer einen bestimmten Vorrat an sterilen Gegenständen, von dem jeweils die gleiche Art und Menge ersetzt wird, die als gebraucht zur ZSV zurückgeht. Bei einem veränderten Bedarf muß dieser berücksichtigt werden können. Es können aber auch die üblichen Bestellsysteme Anwendung finden.

8. Der Standort

In der Praxis werden hauptsächlich drei verschiedene Standortlösungen angewendet:

a) Lage direkt neben der Op-Abteilung
b) Lage im Unter- oder Obergeschoß der Op-Abteilung oder des Bettenhauses
c) Lage in einem eigens für diesen Zweck errichteten Gebäude innerhalb oder außerhalb des Krankenhausbereiches.

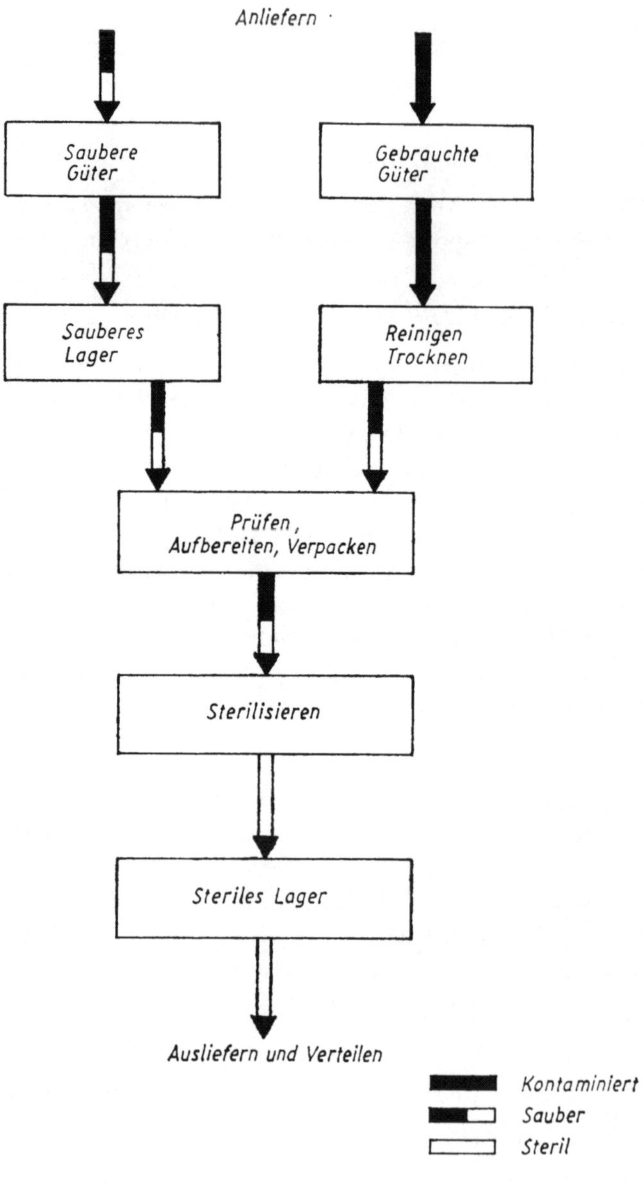
Anliefern
Saubere Güter
Gebrauchte Güter
Sauberes Lager
Reinigen Trocknen
Prüfen, Aufbereiten, Verpacken
Sterilisieren
Steriles Lager
Ausliefern und Verteilen
Kontaminiert
Sauber
Steril

8.1. Lösung a
Die Lage neben der Op-Abteilung ist nur bei kleinen und mittleren Einrichtungen anwendbar. Es ist sicherzustellen, daß die Aufbereitung und der Transport der sterilen und der kontaminierten Gegenstände ohne Gefährdung und Störung des Op-Betriebes durchgeführt werden kann.

8.2. Lösung b
Die Lage im Unter- bzw. Obergeschoß der Op-Abteilung oder des Bettenhauses ist auch für größere Krankenhäuser anwendbar.
Die Verbindung zu den zu versorgenden Bereichen wird durch Aufzüge oder andere mechanische Förderanlagen hergestellt.

8.3. Lösung c
Der Standort der ZSV innerhalb oder außerhalb des Krankenhausbereiches ermöglicht es, die ZSV in einem eignen Baukörper unterzubringen, der für die eigentliche Aufgabe – ohne Rücksicht auf andere Funktionsabteilungen des Krankenhauses – gestaltet werden kann.
In diesem Falle lassen sich die besten funktionellen, ökonomischen und produktionstechnischen Methoden verwirklichen. Eine solche ZSV ist in der Lage, alle Krankenhäuser, ambulanten Einrichtungen und sonstigen Stellen eines bestimmten Versorgungsbereiches, die sterile Gegenstände benötigen, damit zu versorgen.
Der Standort der ZSV innerhalb des Krankenhausbereiches darf keinen zusätzlichen Störfaktor bedeuten. (Verkehr, Aufbereitung der Gegenstände)
Die Lösung c ist bei der Zentralisierung der Sterilgutversorgung anzustreben.

9. **Der Bedarf an Sterilgut/Tag** (ohne Op-Instrumentarium)

Für den Bedarf an Sterilgut wird unterteilt in den stationären Bereich mit der Bezugsgröße pro Bettenplatz (BPL) und für den ambulanten Bereich mit der Bezugsgröße pro ärztlichen Arbeitsplatz (ÄAPl).
Folgender durchschnittlicher Sterilgutbedarf je Tag kann auf Grund repräsentativer Erhebungen und internationaler Vergleiche genommen werden:

	Spritzen Stück	Kanülen Stück	Instrumente Stück	Handschuhe Paar	Verband-material kg
BPL	1,3	1,5	2,1	0,2	0,04
ÄAPL	10	12	30	6	0,5

Bei Einbeziehung des Op-Bedarfes ist die Gesamtmenge an Handschuhen zu verdoppeln; die Umlaufmenge des Op Instrumentariums verdreifacht sich.

Die Bedarfsträger sollten in Anlehnung an diese Richtwerte durch Analysen und Berücksichtigung der Prognose den eigenen Bedarf exakt ermitteln.

10. Raumbedarf

Bei der Sterilgutversorgung durch selbständige ZSV nach 9.3. werden
pro BPL ca. 0,2 m^2 und
pro ÄAPL ca. 1,0 m^2
benötigt.
Bei Lösung nach 9.1. oder 9.2., das heißt bei Um- und Erweiterungsbauten, ist mit einem höheren Raumbedarf zu rechnen.

11. Verwaltungs- und Sozialbereich

Für Verwaltungs- und Leitungsaufgaben sind entsprechende Räume einzuplanen.
Für das Personal sind Umkleideräume mit Wasch- und Duschmöglichkeit, WC-Anlagen sowie ein Aufenthaltsraum vorzusehen. Hierbei ist die TGL 10699 zu beachten.

Anweisung über die Durchführung und Überwachung der Desinfektionswaschverfahren in den Wäschereien des Gesundheits- und Sozialwesens

vom 25. September 1974

(VuM MfGe Nr. 18 S. 136)

Zur Verbesserung der Wäsche- und Textilhygiene im Bereich des staatlichen Gesundheits- und Sozialwesens wird angewiesen:

1. Desinfektionswaschverfahren dienen der Verhütung und Bekämpfung von Infektionskrankheiten einschließlich des infektiösen Hospitalismus. Sie sind anzuwenden zur Desinfektion der Wäsche aus den Einrichtungen des Gesundheits und Sozialwesens, einschließlich der Wäsche aus Infektions- und Tuberkuloseeinrichtungen.
2. Die Desinfektion der Wäsche durch Anwendung der Desinfektionswaschverfahren erfolgt in den Zentralwäschereien des Gesundheitswesens. Wird Wäsche aus Einrichtungen des Gesundheits- und Sozialwesens in Wäschereien der örtlichen Versorgungswirtschaft behandelt, sind die Bedingungen dieser Anweisung zum Gegenstand des Vertrages zwischen Einrichtung und Wäscherei zu machen. Ist die Wäscherei nicht bereit oder in der Lage, diese Bedingungen zu erfüllen, darf die Einrichtung keine Wäsche in dieser Wäscherei bearbeiten lassen.
3. Die Desinfektion der Wäsche nach einem Desinfektionswaschverfahren ist genehmigungspflichtig. Die Genehmigung ist beim Referenzlaboratorium für Desinfektion zu beantragen. Sie darf erst nach Überprüfung der geforderten Voraussetzungen und in Abhängigkeit von einer Probewaschung durch das Referenzlaboratorium erteilt werden.
4. Dem Antrag auf Genehmigung ist eine Bescheinigung des Ärztlichen Direktors bzw. des Leiters selbständiger Wäschereien beizufügen, daß die in Anlage 1 dieser Anweisung genannten Bedingungen erfüllt sind. Sind einzelne Bedingungen nicht erfüllt, ist wegen der großen Bedeutung der Desinfektionswaschverfahren für die Bekämpfung des infektiösen Hospitalismus nicht von diesen Verfahren Abstand zu nehmen, sondern es sind alle Maßnahmen zu ihrer Erfüllung einzuleiten. Dem Antrag ist der Nachweis über eingeleitete Maßnahmen beizulegen.
5. Wäschereien, die Desinfektionswaschverfahren anwenden, werden durch das Referenzlaboratorium für Desinfektion überwacht. Die Überwachungsmaßnahmen bestehen aus der bakteriologischen Kontrolle, der Qualitätskontrolle und der Betriebskontrolle.
   Bakteriologische Kontrolle und Betriebskontrolle sind halbjährlich durchzuführen. Die Qualitätskontrolle hat zu erfolgen:
   – in Wäschereien mit einer Jahresleistung von weniger als 200 t Wäsche 1mal im Jahr

- in Wäschereien mit einer Jahresleistung von 200 t bis 1 000 t Wäsche 2mal im Jahr
- in Wäschereien mit einer Jahresleistung von mehr als 1 000 t 4mal im Jahr

6. Werden im Ergebnis der Untersuchungen Auflagen erforderlich, so kann die zuständige Kreishygieneinspektion diese nach Vorschlag durch das Referenzlaboratorium für Desinfektion erteilen.
7. Als Desinfektionswaschverfahren sind die in Anlage 2 aufgeführten Verfahren zugelassen. Zur Desinfektion von Infektions- und Tuberkulosewäsche sind bevorzugt Chemothermodesinfektions-Waschverfahren einzusetzen.
8. Diese Anweisung tritt am 1. Januar 1975 in Kraft.
   Gleichzeitig treten außer Kraft:
   - die Vorläufige Richtlinie vom 20. April 1964 über die Durchführung der Desinfektions-Waschverfahren (Verf. u. Mitt. Nr. 15 S. 112),
   - die Vorläufige Richtlinie vom 20. April 1964 über die Überwachung der Desinfektions-Waschverfahren (Verf. u. Mitt. Nr. 15 S. 115),
   - die Anweisung vom 7. Dezember 1964 über die Zulassung von Desinfektions-Waschverfahren als alleinige Desinfektionsverfahren für Wäsche aus Infektions- und Tuberkulose-Einrichtungen (Verf. u. Mitt. Nr. 2/1965 S. 18),
   - die Anweisung vom 2. Mai 1967 über die Durchführung der Desinfektions-Waschverfahren (Verf. u. Mitt. Nr. 11 S. 75).

Anlage 1

zu vorstehender Anweisung

Voraussetzungen für die Durchführung von Desinfektionswaschverfahren

1. Voraussetzungen in der Wäscherei

1.1. Desinfektionswaschverfahren dürfen nur in Waschmaschinen durchgeführt werden, die mit Meßgeräten zur Temperatur- und Flottenstandsmessung ausgerüstet sind. Rekonstruierte bzw. neu erbaute Zentralwäschereien müssen mit automatisch steuerbaren Desinfektionswaschmaschinen mit getrennter Be- und Entlademöglichkeit ausgerüstet werden. Diese Maschinen sind zur Schwarz-Weiß-Trennung in eine Trennwand einzubauen, die die unreine Seite der Wäscherei von der reinen Seite abgrenzt.

1.2. Zur Erzielung der geforderten Desinfektions- und Waschtemperaturen muß Dampf in den erforderlichen Druckstufen verfügbar sein. Die vorgeschriebenen Temperaturen müssen innerhalb von max. 15 min erreicht sein. Bei mit direktem Dampf beheizten Maschinen darf das Flüssigkeitsvolumen nachweislich nicht um mehr als 10% des Anfangsvolumens zunehmen.

1.3. Die an der Waschmaschine durch die angebrachten Thermometer oder Temperaturschreiber angezeigten Temperaturen dürfen nicht mehr als ±5 °C von den nach Öffnen der Maschine im Waschgut gemessenen Temperaturen abweichen.

1.4. Zum Waschen nach Desinfektionswaschverfahren muß Brauchwasser mit Trinkwasserqualität in ausreichender Menge zur Verfügung stehen. Bei einer Wasserhärte von mehr als 8 °dH ist eine apparative Wasserenthärtung vorzunehmen.

1.5. Die verpackt anzuliefernde Schmutzwäsche muß in Boxen getrennt nach Infektionswäsche bzw. Wäsche anderer Gesundheitseinrichtungen gelagert werden. Zur Verpackung von Wäsche aus Infektions- und Kindereinrichtungen sowie aus Feierabend- und Pflegeheimen, aus psychiatrischen Anstalten, chirurgisch-septischen Stationen, Op-Sälen und dermatologischen Kliniken dürfen nur keimdichte Behältnisse (z. B. Wäschetransportsäcke aus Polyäthylen oder Container) benutzt werden. Für Wäsche anderer Einrichtungen darf daneben auch das vom Ministerium für Gesundheitswesen freigegebene Baumwollgewebe verwendet werden.

1.6. Desinfizierte und gewaschene Wäsche muß verunreinigungssicher gelagert und entsprechend verpackt ausgeliefert werden.

1.7. Desinfektionsmittel und desinfizierende Waschmittel müssen in einem kühlen, aber frostsicheren, sonnenlichtgeschützten Raum in verschlossener Packung aufbewahrt werden. Desinfektionsmittel mit deutlichem Bodensatz sind nicht mehr verwendungsfähig.

1.8. In Zentralwäschereien müssen die Wäschereileiter Ingenieure, die Schichtleiter Meister sein.

1.9. Der Wäschereileiter ist zu verpflichten, über in Chemothermodesinfektionswaschverfahren (CTD-Verfahren) behandelte Chargen und den Verbrauch an Desinfektionsmitteln bzw. an desinfizierenden Waschmitteln täglich Buch zu führen.
Das Wäschereipersonal muß darüber belehrt sein, daß von den in Anlage 2 gegebenen Arbeitsvorschriften nicht abgewichen werden darf.

1.10. Durch entsprechende Arbeitsorganisation ist bei fehlender räumlicher Schwarz-Weiß-Trennung zu sichern, daß Personal, das die Maschinen mit Schmutzwäsche belädt, diese nicht auch entlädt. Ist dies nicht möglich, so müssen die Bedienungskräfte nach der Beladung und Inbetriebnahme der Maschine die farbige Arbeitsschutzkleidung wechseln, sich die Hände desinfizieren und weiße Arbeitsbekleidung anlegen. Erst dann dürfen Entladevorgänge ausgeführt werden. Vor jeder Beladung muß die Maschine vollständig entladen sein. Es müssen getrennte Transportmittel für Schmutzwäsche bzw. desinfizierte und gewaschene Wäsche benutzt werden, die durch Farbgebung zu unterscheiden sind (unreine Wäsche: rot, desinfizierte Wäsche: naturfarben, d. h. ohne besondere Kennzeichnung).
Wird Infektionswäsche desinfizierend gewaschen, so sind nach der Inbetriebnahme die Bedienungsgriffe und die Umgebung der Beladeöffnung der Maschine zu desinfizieren.

1.11. Infektionswäsche ist getrennt von anderer Wäsche, aber in den gleichen Maschinen, desinfizierend zu waschen.
Es ist auszuschließen, daß Wäsche anderer gesellschaftlicher Bedarfsträger bzw. Haushaltswäsche in den Räumen der Zentralwäscherei bearbeitet wird.

1.12. Sind die Voraussetzungen auch vorübergehend nicht erfüllt, hat der Wäschereileiter dies dem Ärztlichen Direktor unverzüglich mitzuteilen. Der Ärztliche Direktor hat für seinen Versorgungsbereich unverzüglich festzulegen, welche Wäschearten ersatzweise auf den Stationen vorzudesinfizieren sind.

2. Voraussetzungen beim Wäschetransport

2.1. Der Abtransport der Schmutzwäsche erfolgt täglich.

2.2. Für den Transport ist der kürzeste infektionssichere Weg zu wählen. Die Wäschebehältnisse dürfen dabei nicht geworfen oder geschleift werden. Abwurfschächte sind auszuschließen.

2.3. Bei Folienverpackung ist durch entsprechende Schutzmaßnahmen (z. B. Übersack) zu gewährleisten, daß es nicht durch beschädigte Wäschesäcke zur Keimstreuung kommt.

2.4. Lebensmittel- und Medikamententransporte dürfen keinesfalls zusammen mit Wäsche erfolgen.

2.5. Vorrangig sind geschlossene Fahrzeuge einzusetzen, für den Containertransport Spezialfahrzeuge. Stehen nur offene Fahrzeuge zur Verfügung, so ist die Ladung mit einer wasserdichten Plane abzudecken.

2.6. Der gleichzeitige Transport von Infektionswäsche oder anderer Schmutzwäsche mit desinfizierter Wäsche ist nur zulässig, wenn dafür im Fahrzeug getrennte Wäscheabteile mit separater Tür vorhanden sind. Andernfalls sind die Fahrten so auszuführen, daß erst die gesamte desinfizierte Wäsche in den Einrichtungen abgeliefert und auf der Rückfahrt nur die Schmutzwäsche transportiert wird.

2.7. Die Ladefläche der Transportfahrzeuge ist nach jeder Schicht zu desinfizieren. Beim Transport von Infektionswäsche erfolgt die Desinfektion nach jedem Transport.

2.8. Die desinfizierte Wäsche ist den Einrichtungen verunreinigungssicher verpackt zuzustellen. Sie darf weder in der Wäscherei noch auf dem Transport oder in der Einrichtung mit Schmutzwäsche in Kontakt kommen.

2.9. Die von der Wäscherei bzw. vom zentralen Wäschelager an die Einrichtungen zu liefernde Wäschemenge muß dem derzeitigen Bedarf jeder Station einschließlich Zugangsreserve entsprechen.

3. Voraussetzungen auf den Stationen

3.1. Für die Wäschesäcke müssen Sacktransportkarren vorhanden sein. Darin ist der Sack so einzuhängen, daß beim Einwerfen der Wäsche die Sackaußenseite nicht berührt wird. Die Wäsche ist beim Einsammeln in Weiß-, Bunt- und Wollwäsche zu sortieren.

3.2. Die Säcke dürfen nicht zu voll gefüllt werden. Das vorschriftsmäßige Verschließen der Säcke muß gewährleistet sein (z. B. mit wasserlöslicher Kordel oder durch zweimaliges Umlegen der Sackoberkante mit nachfolgendem Umwickeln mit Textilklebeband).

3.3. Der Leiter der Einrichtung hat zu sichern, daß das Stationspersonal darüber belehrt wird, daß Fremdkörper, wie Instrumente, Ampullen, Schreibutensilien, Thermometer, keinesfalls in die Säcke gelangen dürfen.

3.4. Das Verschließen der Wäschesäcke in Infektions- und Kindereinrichtungen darf erst nach Ablegen der im Patientenzimmer getragenen Überkleidung und nach Händedesinfektion erfolgen.

3.5. Auf den Stationen bzw. in den Einrichtungen müssen geeignete, transportgünstig gelegene Schmutzwäscheräume für die Lagerung der Wäschesäcke vorhanden sein.

3.6. Verantwortlich für die ordnungsgemäße Verfahrensweise ist die Stationsschwester.

Anlage 2

zu vorstehender Anweisung

Desinfektionswaschverfahren

I. Thermodesinfektionswaschverfahren (TD-Verfahren)

(Windel-, Leib-, Bettwäsche usw.)

1. TD-Verfahren

Füllverhältnis 1:16

Arbeitsgang	Zeit (min)	Temp. (°C)	Flotte	Wasch- und Waschhilfsmittelzusätze je kg Trockenwäsche	
Vorwäsche	10	35	1:6	Fedapon	30 g
	Flotte nicht ablassen, sondern aufheizen auf 85 – 90 °C und weiterwaschen unter Zusatz von:				
Desinfektion	15	85 – 90		Siliron W oder Duxil	15 – 20 g
	Flotte ablassen, zwischenspülen				
Klarwaschen	15	85	1:6	Fedapon	20 g
				Siliron W oder Duxil	5 – 10 g
				Orzon	2 g
1. Spülgang	5	heiß	1:5		
2. Spülgang	3	warm	1:6		
3. Spülgang	3	warm	1:7		
4. Spülgang	3	kalt	1:7	evtl. Avi-fresh	3 – 5 g
5. Spülgang	3	kalt	1:9		

Anmerkung: Bei stark verschmutzter Wäsche ist nach der Desinfektionsstufe eine weitere Zwischenspülung vorzunehmen.

2. TD-Verfahren

Füllverhältnis 1:14

Arbeitsgang	Zeit (min)	Temp. (°C)	Flotte	Wasch- und Waschmittelzusätze je kg Trockenwäsche	
Vorwäsche	10	35–40	1:6	Siliron sapon	25 g
	Flotte nicht ablassen, sondern aufheizen auf 90 °C und weiterwaschen				
Desinfektion	15	90			
	Flotte ablassen, zwischenspülen				
Klarwäsche	15	85–90	1:5	Siliron sapon	15 g
				Chlorbleichlauge	1 g
1. Spülgang	5	heiß	1:5		
2. Spülgang	3	warm	1:6		
3. Spülgang	3	warm	1:7		
4. Spülgang	3	kalt	1:7	evtl. Avi-fresh	3–5 g
5. Spülgang	3	kalt	1:9		

Anmerkung: Bei stark verschmutzter Wäsche ist nach der Desinfektionsstufe eine weitere Zwischenspülung vorzunehmen.

II. Chemothermodesinfektionswaschverfahren (CTD-Verfahren)

(Windel-, Leib-, Bettwäsche usw.)

Allgemeine Vorschriften:

1. Das Füllen der Waschmaschinen darf erst nach vollständiger Entladung vorgenommen werden.
2. Sämtliche Waschzeiten gelten vom Erreichen der vorgeschriebenen Temperatur an. Vor der Vorwaschstufe ist ein 3 Minuten langer Sacklösevorgang durchzuführen.
3. Der Zusatz der Wasch- bzw. Waschhilfsmittel darf erst nach Erreichen der vorgeschriebenen Temperatur erfolgen.
4. Höhere Einsatzmengen in den Angaben gelten für stärkere Verschmutzungsgrade der Wäsche.
5. Bei stärker verschmutzter Wäsche ist die Zwischenspülung mehrfach vorzunehmen.

1. CTD-Verfahren

Füllverhältnis 1:14

Arbeitsgang	Zeit (min)	Temp. (°C)	Flotte	Wasch- und Waschhilfsmittelzusätze je kg Trockenwäsche	
Vorwäsche	10	35 – 40	1:6	Siliron sapon	25 g
				Fesia-form	18 g
	Nach Beendigung der Vorwäsche Flotte nicht ablassen, sondern aufheizen auf 50 °C und weiterwaschen:				
Desinfektion	20	50			
	Flotte ablassen und zwischenspülen				
Zwischenspülen	3	45	1:5	ohne Zusätze	
Klarwäsche	15	85 – 90	1:5	Siliron sapon	15 g
				Chlorbleichlauge	1 g
1. Spülgang	5	heiß	1:5		
2. Spülgang	3	warm	1:6		
3. Spülgang	3	warm	1:7		
4. Spülgang	3	kalt	1:7	evtl. Avi-fresh	3 – 5 g
5. Spülgang	3	kalt	1:9		

2. CTD-Verfahren

Füllverhältnis 1:14, Betriebswasserhärte bis 8 °dH

Arbeitsgang	Zeit (min)	Temp. (°C)	Flotte	Wasch- und Waschhilfsmittelzusätze je kg Trockenwäsche	
Vorwäsche	3	35	1:6	ohne Zusätze	
	10	35		Fedapon	5 – 10 g
				Fesiaform	18 g
	Nach Beendigung der Vorwäsche Flotte nicht ablassen, sondern aufheizen auf 50 °C. Ist diese Temperatur erreicht, wird weiteres Waschmittel zugesetzt:				
Desinfektion	20	50	1:6	Fedapon	15 – 20 g
	Flotte ablassen und zwischenspülen				

2. CTD-Verfahren (Fortsetzung)

Arbeitsgang	Zeit (min)	Temp. (°C)	Flotte	Wasch- und Waschhilfsmittelzusätze je kg Trockenwäsche	
Zwischenspülen	3	warm	1:6	ohne Zusätze	
Klarwäsche	15	85–90	1:5	Fedapon	15–20 g
				Chlorbleichlauge oder H_2O_2	1 ml
1. Spülgang	5	heiß	1:5		
2. Spülgang	3	warm	1:6		
3. Spülgang	3	warm	1:7		
4. Spülgang	3	kalt	1:7	evtl. Avi-fresh	3–5 g
5. Spülgang	3	kalt	1:9		

3. CTD-Verfahren

Arbeitsgang	Zeit (min)	Temp. (°C)	Flotte	Wasch- und Waschhilfsmittelzusätze je kg Trockenwäsche	
Vorwäsche	10	35	1:6	Siliron septapon	30 g
	Nach Beendigung der Vorwäsche Flotte nicht ablassen, sondern aufheizen auf 60 °C und weiterwaschen:				
Desinfektion	12	60			
Zwischenspülen	3	warm	1:6	ohne Zusätze	
Klarwäsche	10–15	85–95	1:5	Siliron septapon	15–20 g
1. Spülgang	5	heiß	1:5		
2. Spülgang	3	warm	1:6		
3. Spülgang	3	warm	1:7		
4. Spülgang	3	kalt	1:7		
5. Spülgang	3	kalt	1:9		

Anmerkung: Die Neutra-Spültechnik ist bei diesem CTD-Verfahren nicht anzuwenden.

4. CTD-Verfahren

Arbeitsgang	Zeit (min)	Temp. (°C)	Flotte	Wasch- und Waschhilfsmittelzusätze je kg Trockenwäsche	
Vorwäsche	5	35	1:6,1	Desipon Duxil bzw. Siliron W	25 g 10 g
	Nach Beendigung der Vorwäsche Flotte nicht ablassen, sondern aufheizen auf 60 °C und weiterwaschen:				
Desinfektion	15	60			
Zwischenspülen (1–2mal)	3	warm	1:6,1		
Zwischen-schleudern					
Klarwäsche	12	80	1:4,7	Fedapon SR	20 g
Zwischen-schleudern					
1. Spülgang	4	heiß	1:6,1	Neutrasent oder Oxalsäure	10 g 2–3 g
Zwischen-schleudern					
2. Spülgang	4	kalt	1:6,1	Avi-fresh	3–5 g
Zwischen-schleudern					
3. Spülgang	3	kalt	1:6,1		
Endschleudern	12				

Anmerkung:

a) Das Verfahren ist geeignet für stark verschmutzte Wäsche, wie z. B. Windeln, Kinderwäsche, Salbenwäsche, Op-Wäsche.

b) Die vorstehende Vorschrift gilt für den Einsatz des Verfahrens in Waschschleuderautomaten. In Trommelwaschmaschinen entfallen die Schleudervorgänge, dafür sind ein 4. und 5. Spülgang erforderlich.

5. CTD-Verfahren

Einlaugen-Aufstockdesinfektionswaschverfahren

Arbeitsgang	Zeit (min)	Temp. (°C)	Flotte	Wasch- und Waschhilfsmittelzusätze je kg Trockenwäsche	
Vorwäsche	10	35	1:4,7	Fesia-form	16 g
				Duxil oder Siliron W	15–20 g
	Nach Beendigung der Vorwäsche Flotte nicht ablassen, sondern aufheizen auf 85–90 °C und weiterwaschen:				
Klarwäsche und Desinfektion	15	85–90	1:6,1	Fedapon SR	8–10 g
				oder Fedapon SH	10 g
				Chlorbleichlauge	1,5 ml
Zwischenschleudern					
1. Spülgang	4	heiß	1:6,1	Oxalsäure	2 g
Zwischenschleudern					
2. Spülgang	4	warm	1:6,1	ohne Zusätze	
Zwischenschleudern					
3. Spülgang	4	kalt	1:6,1	ohne Zusätze	
Endschleudern	12				

Anmerkung:

a) Das Verfahren ist nicht geeignet für Kinder-, Blut- und Salbenwäsche.

b) Bei Anwendung in Trommelwaschmaschinen entfallen die Schleudervorgänge, dafür sind ein 4. und 5. Spülgang erforderlich.

Vierte Durchführungsbestimmung zur Verordnung über die Bekämpfung von Gesundheitsschädlingen
vom 28. Februar 1975

(GBl. I Nr. 14 S. 283)

Gemäß § 3 Abs. 2 und § 8 in Verbindung mit § 13 der Verordnung vom 6. Juni 1957 über die Bekämpfung von Gesundheitsschädlingen (GBl. I Nr. 42 S. 329) wird folgendes bestimmt:

§ 1

Die Anwendung der Verordnung vom 6. Juni 1957 über die Bekämpfung von Gesundheitsschädlingen wird auf alle Gliedertiere (Arthropoda) und Wirbeltiere (Vertebrata) ausgedehnt, die direkt oder indirekt die Gesundheit, das Leistungsvermögen und das Wohlbefinden der Menschen beeinträchtigen können, insbesondere:

1. Ratten (Rattus)
2. Mäuse (Muridae)
3. Stechmücken (Culicidae)
4. Gnitzen (Ceratopogonidae)
5. Bremsen (Tabanidae)
6. Lausfliegen im Wohnbereich (Hippoboscidae)
7. Synanthrope Fliegen (Brachycera)
8. Flöhe (Siphonaptera)
9. Läuse (Pediculidae) (die Bekämpfung der Läuse obliegt nicht den Schädlingsbekämpfungsbetrieben)
10. Bettwanzen (Cimicidae)
11. Wespen (Vespidae)
12. Pharao-Ameisen (Monomorium pharaonis L.)
13. sonstige Ameisen (Formicidae) in Wohnungen
14. Schaben (Blattaria)
15. Heimchen (Acheta domestica L.)
16. Wohnungsfischchen (Lepismatidae)
17. Milben (Acarina) in Wohnungen
18. Herbstmilben (Trombiculidae)
19. Schildzecken (Ixodidae)
20. Lederzecken (Argasidae).

§ 2

(1) Mit der staatlichen Prüfung von Mitteln zur Bekämpfung von gesundheitsschädlichen Gliedertieren wird das Staatliche Kontrollinstitut für Seren und Impfstoffe, Referenzlaboratorium für die Bekämpfung gesundheitsschädlicher Arthropoden[2]), beauftragt.
(2) Bekämpfungsmittel gegen Ratten und Mäuse werden in der Akademie der Landwirtschaftswissenschaften der DDR, Institut für Pflanzenschutzforschung[3]), geprüft.
(3) Mittel zur Bekämpfung von Gesundheitsschädlingen (§ 1), die in Tierunterkünften oder so, daß Haus- oder Nutztiere damit direkt oder indirekt (z. B. durch Trinkwasser oder Futtermittel) in Berührung kommen können, angewendet werden sollen, sind durch das Staatliche Veterinärmedizinische Prüfungsinstitut[4]) auf Unschädlichkeit für Haus- und Nutztiere zu prüfen.

§ 3

(1) Das Verzeichnis der staatlich zugelassenen Mittel zur Bekämpfung von Gesundheitsschädlingen wird im Pflanzenschutzmittelverzeichnis bekanntgemacht, das von der Akademie der Landwirtschaftswissenschaften der DDR, Institut für Pflanzenschutzforschung, herausgegeben wird.
(2) Über zwischenzeitlich zugelassene Mittel zur Bekämpfung von Gesundheitsschädlingen werden die Bezirks-Hygieneinspektionen vom Ministerium für Gesundheitswesen, Staatliche Hygieneinspektion, informiert.

§ 4

(1) Diese Durchführungsbestimmung tritt am 1. Mai 1975 in Kraft.
(2) Gleichzeitig tritt die Dritte Durchführungsbestimmung vom 28. Februar 1967 zur Verordnung über die Bekämpfung von Gesundheitsschädlingen (GBl. II Nr. 23 S. 141) außer Kraft.

[1]) DB vom 28. Februar 1967 (GBl. II Nr. 23 S. 141).
[2]) Staatliches Kontrollinstitut für Seren und Impfstoffe, Referenzlaboratorium für die Bekämpfung gesundheitsschädlicher Arthropoden, 1532 Kleinmachnow, Ginsterheide 19
[3]) Akademie der Landwirtschaftswissenschaften der DDR, Institut für Pflanzenschutzforschung, 1532 Kleinmachnow, Stahnsdorfer Damm 81
[4]) Staatliches Veterinärmedizinisches Prüfungsinstitut, 104 Berlin, Hannoversche Str. 27

Anordnung Nr. 4[1]) über die Behandlung von Lebensmitteln im Lebensmittelverkehr

vom 12. Januar 1973

(GBl. I Nr. 6 S. 81)

Auf Grund des § 11 Abs. 1 des Lebensmittelgesetzes vom 30. November 1962 (GBl. I Nr. 12 S. 111) wird im Einvernehmen mit den Leitern der zuständigen zentralen staatlichen Organe folgendes angeordnet:

§ 1

Der § 64 der Anordnung vom 25. August 1956 über die Behandlung von Lebensmitteln im Lebensmittelverkehr (GBl. I Nr. 86 S. 788) erhält folgende Fassung:

„§ 64

(1) Beschäftigte im Lebensmittelverkehr haben saubere Hygienekleidung zu tragen, die über eine eventuelle Funktion als Arbeitsschutz- bzw. Berufskleidung hinaus die Aufgabe hat, die Lebensmittel vor nachteiligen Beeinflussungen zu schützen.
(2) Für spezielle Tätigkeiten ist die Hygienekleidung durch Nackenschutz, Atemschutz, Schürze, Stapelschuhe u. ä. zu ergänzen.
(3) Die Hygienekleidung ist so zu tragen, daß ein direkter Kontakt der Lebensmittel mit anderer Kleidung ausgeschlossen ist.
(4) Beschäftigte der Lebensmittelproduktion, der Gemeinschaftsküchen und der Lagerwirtschaft, die funktionsbedingt mit Lebensmitteln direkt in Berührung kommen, haben eine kochfeste, luftdurchlässige Hygienekleidung einschließlich Haarschutz (engmaschiges Haarnetz, Haube, Mütze oder Tuch), der das Kopfhaar weitestgehend bedeckt, zu tragen.
(5) Für die sonstigen Beschäftigten im Lebensmittelverkehr ist das Tragen eines Haarschutzes nicht erforderlich, jedoch haben sie langes Kopfhaar hoch- bzw. zurückgesteckt zu tragen, sofern sie nicht ausschließlich im Verkehr mit verpackten Lebensmitteln tätig sind.
(6) Die Hygienekleidung ist vom Betrieb in ausreichender Menge kostenlos entsprechend dem Katalog für Hygienekleidung zur Verfügung zu stellen.
(7) Der Betrieb ist für die Reinigung und Instandhaltung verantwortlich und hat hierfür die Kosten zu tragen. Die Reinigung hat zumindest für die Beschäftigten der industriemäßigen Produktion, der Gemeinschaftsküchen und der Lagerwirtschaft zentral zu erfolgen.

(8) Die besonderen Anforderungen für die Hygienekleidung sind zweigspezifisch bzw. innerbetrieblich für die verschiedenen Beschäftigtengruppen festzulegen[2]). Sie müssen den Grundsätzen dieser Anordnung entsprechen, können aber in ihren Forderungen über die in dieser Anordnung getroffenen Festlegungen hinausgehen."

§ 2

(1) Diese Anordnung tritt am 1. April 1973 in Kraft.

(2) Gleichzeitig tritt die Anordnung Nr. 3 vom 19. Januar 1966 über die Behandlung von Lebensmitteln im Lebensmittelverkehr (GBl. II Nr. 14 S. 64) außer Kraft.

[1]) Anordnung Nr. 3 vom 19. Januar 1966 (GBl. II Nr. 14 S. 64)

[2]) Muster für Hygienekleidung enthält der Bildkatalog für Hygienekleidung, herausgegeben vom Staatlichen Textilkontor Karl-Marx-Stadt.

Anordnung über die Kennzeichnung der Lebensmittel im Lebensmittelverkehr
vom 14. November 1975

(GBl. I Nr. 47 S. 764) – Auszug –

Auf Grund des § 27 in Verbindung mit § 10 des Lebensmittelgesetzes vom 30. November 1962 (GBl. I Nr. 12 S. 111) in der Fassung der Ziff. 35 der Anlage zum Anpassungsgesetz vom 11. Juni 1968 (GBl. I Nr. 11 S. 242) wird im Einvernehmen mit den Leitern der zuständigen zentralen Staatsorgane folgendes angeordnet:

§ 1 Geltungsbereich

(1) Lebensmittel im Sinne des § 2 Absätze 1, 2 und 4 Buchst. b des Lebensmittelgesetzes vom 30. November 1962 (GBl. I Nr. 12 S. 111) sind zu kennzeichnen, wenn sie

1. industriell abgepackt als Kleinverbraucher-, Einzelhandels- und Großverbraucherpackungen in den Verkehr gebracht werden;

...

(2) Im Sinne dieser Anordnung sind

– Kleinverbraucherpackungen solche Packungen, die Lebensmittel in einer für Kleinverbraucher bedarfsgerechten Masse oder Stückzahl enthalten,
– Einzelhandelspackungen solche Packungen, die mehrere Kleinverbraucherpackungen enthalten (z. B. Sammelpackungen, Versandpackungen), nicht jedoch Behältnisse, die ausschließlich Transportzwecken dienen (z. B. Getränke- und Backwarentransportbehälter, Gitterboxpaletten),
– Großverbraucherpackungen solche Packungen, die unverpackte Lebensmittel in einer für Großverbraucher bedarfsgerechten Masse oder Stückzahl enthalten.

§ 2 Art und Form der Kennzeichnung

(1) Die Kennzeichnung hat in deutscher Schriftsprache deutlich lesbar, sichtbar und unmißverständlich zu erfolgen.
(2) Bei Sichtverpackung kann die Kennzeichnung auch durch Einlegzettel erfolgen, sofern hygienische Bedenken nicht bestehen.
(3) Außer der vorgeschriebenen Kennzeichnung im Sinne dieser Anordnung dürfen nur solche Bezeichnungen, Zeichen und Angaben verwandt werden, die den Tatsachen entsprechen und nicht irreführend sind.
(4) Die Festlegungen des Abs. 1 betreffen auch die Werbung hinsichtlich der Beschaffenheit, Zusammensetzung, Herkunft, Art der Herstellung oder Gewinnung der Lebensmittel,

die Hervorhebung besonderer Bestandteile und Eigenschaften, die bildliche Darstellung und ähnliches.

(5) Bei Verwendung von zusätzlichen Bezeichnungen (Warenzeichen oder Phantasiebezeichnungen) muß die Schriftgröße der vorgeschriebenen Kennzeichnung der Warenart in angemessenem Verhältnis zur zusätzlichen Bezeichnung stehen.

§ 3 Kleinverbraucherpackungen

(1) Kleinverbraucherpackungen sind auf der Verpackung wie folgt zu kennzeichnen:

1. Name und Sitz des Herstellerbetriebes bzw. des Abfüll- oder Abpackbetriebes. ...
2. Bezeichnung des Erzeugnisses und/oder Sorte sowie Qualitätsangabe gemäß den Rechtsvorschriften oder staatlichen Standards;
3. Lebensmittel sind mit den in Rechtsvorschriften oder staatlichen Standards festgelegten Verbrauchsfristen wie folgt zu kennzeichnen: „zu verbrauchen bis ...“. Lebensmittel, für die eine Verbrauchsfrist nicht oder noch nicht festgelegt werden kann, sind mit dem Herstellungs-, Abpack- oder Abfülldatum zu kennzeichnen. Die Daten sind nach Tag, Monat und Jahr ... anzugeben. ...
   Die Verbrauchsfrist ist der Zeitraum von der Herstellung bis zum Verbrauch, in dem das Lebensmittel unter entsprechenden Lagerungsbedingungen keine entscheidenden Qualitätsverluste erleidet und den ernährungsphysiologischen und hygienischen Erfordernissen entspricht;
4. „Gefärbt“, sofern eine Färbung des Lebensmittels vorliegt und die Kennzeichnung in der Anordnung vom 18. Oktober 1963 über Lebensmittelfarbstoffe (GBl. II Nr. 106 S. 826) gefordert wird;
5. Gebrauchsanweisungen für Lebensmittel, die nur auf Grund besonderer Hinweise zweckentsprechend zubereitet werden können;
6. Schlüsselnummer des Binnenhandels (HSL);
7. Inhalt nach Volumen oder Masse zur Zeit der Abpackung oder Abfüllung.
   Bei Lebensmitteln, die in bestimmten Masseeinheiten hergestellt werden, kann anstelle der Masse die Stückzahl angegeben werden, sofern dies nach Zustimmung des Ministers für Gesundheitswesen in staatlichen Standards festgelegt ist. Bei Lebensmitteln in standardisierten Flaschen genügt die Angabe des Volumens auf der Flasche;
8. Einzelhandelsverkaufspreis (EVP) je Packungseinheit.

...

§ 4 Einzelhandelspackungen

Einzelhandelspackungen sind entsprechend § 3 Abs. 1 Ziffern 1, 2, 3, 6, 7 und 8 zu kennzeichnen.

§ 5 Großverbraucherpackungen

(1) Großverbraucherpackungen sind entsprechend § 3 Abs. 1 Ziffern 1 bis 7 zu kennzeichnen.

...

§ 6 Ergänzungen und Abweichungen

(1) Für Ergänzungen und Abweichungen in der Kennzeichnung bestimmter verpackter Lebensmittel gelten die Festlegungen der Anlage 2. (Nicht abgedruckt)
(2) Für verpackte Lebensmittel, die in die DDR importiert und in den Verkehr gebracht werden, sind die in der Anlage 3 (nicht abgedruckt) festgelegten Abweichungen zulässig.

§ 7 Unverpackte und handelsseitig abgepackte Lebensmittel

...

Besondere Kennzeichnung zur Förderung einer gesunden Ernährung

§ 8

(1) Lebensmittel in Kleinverbraucherpackungen, ausgenommen Import-Lebensmittel, Kaffee, Tee, Mineralwasser und Kaugummi, sowie Speisen der Gemeinschaftsverpflegung und Gaststätten müssen zusätzlich in der Kennzeichnung folgende Angaben als Mittelwert enthalten:

Kalorien	kcal je 100 g Lebensmittel
Eiweiß	g je 100 g Lebensmittel
Fett	g je 100 g Lebensmittel
Kohlenhydrate	g je 100 g Lebensmittel.

Bei Speisen in Einrichtungen der Gemeinschaftsverpflegung und der Gaststätten müssen sich die Angaben auf die Essenportionen beziehen.
(2) Bei tischfertigen Gerichten, kochfertigen Suppen und Soßen sowie Pudding müssen sich die Angaben gemäß Abs. 1 auf die Verpackungseinheit beziehen.
(3) Bei Kalt- und Imbißverpflegung sowie im Rahmen der Schul- und Kinderspeisung, der Verpflegung in Gemeinschaftsunterkünften, in Krankenhäusern und Kureinrichtungen kann die Kennzeichnung gemäß Abs. 1 entfallen.
(4) Bei Spirituosen, Bier und Wein ist in Abweichung zu den Forderungen gemäß Abs. 1 nur der Gehalt an Kalorien anzugeben.
(5) Hauptnährstoffe, deren Brennwert in den verzehrfertigen Lebensmitteln weniger als 5% des Kaloriengehaltes beträgt oder deren Gehalt den Wert von 0,5% unterschreitet, sind in der Kennzeichnung nicht anzugeben.

§ 9

(1) Lebensmittel, die gegenüber Lebensmitteln gleicher Art eine Kalorienreduzierung erfahren haben, können mit dem Begriff „kalorienreduziert" gekennzeichnet werden, sofern der Minister für Gesundheitswesen hierzu die Genehmigung erteilt hat.

(2) Weitergehende Hinweise auf diätetische oder gesundheitliche Wirkungen auf der Verpackung oder für Zwecke der Werbung bedürfen ebenfalls der Genehmigung des Ministers für Gesundheitswesen.

§ 10

Bei der Kennzeichnung der Lebensmittel auf Kleinverbraucherpackungen darf der Gehalt an Vitaminen, Kalzium und Eisen angegeben werden, wenn die Lebensmittel mehr als 10 mg „Vitamin C" (Gesamtaskorbinsäure), 0,15 mg Vitamin B_1 (als Gesamtthiamin), 80 mg Kalzium, 1 mg Eisen (als zweiwertiges Eisen) je 100 g enthalten und dieser Gehalt für die Zeit der Verbrauchsfrist oder für mindestens 6 Monate garantiert wird.

§ 11 Zusätzliche Kennzeichnung

(1) Soweit für Lebensmittel weitergehende Kennzeichnungsvorschriften bestehen, bleiben sie von dieser Anordnung unberührt.
(2) Sollen Lebensmittel hergestellt oder sonst in den Verkehr gebracht werden, für die eine besondere Genehmigung des Ministers für Gesundheitswesen erforderlich ist, kann diese mit Auflagen für eine über die Festlegungen dieser Anordnung hinausgehende Kennzeichnung verbunden werden.

Verantwortung für die Kennzeichnung

§ 12

(1) Für die Kennzeichnung verpackter Lebensmittel ist der Hersteller-, Abfüll- oder Abpackbetrieb bzw. derjenige verantwortlich, der unter seinem Namen das Lebensmittel in den Verkehr bringt.
(2) Für die Kennzeichnung der Lebensmittel, die unverpackt oder handelsseitig abgepackt (§ 7) oder die als Kleinverbraucherpackungen mit fremder Schriftsprache oder unvollständig gekennzeichnet (§ 3 Abs. 3) im Einzelhandel angeboten werden, sind die Betriebe des Binnenhandels verantwortlich.

§ 13

(1) Für die Kennzeichnung der original in Kleinverbraucher-, Einzelhandels- und Großverbraucherpackungen importierten Lebensmittel ist der Außenhandelsbetrieb verantwortlich.
(2) Die Kennzeichnung ist im Auftrag des Außenhandelsbetriebes von den mit der Abwicklung von Importen beauftragten sozialistischen Großhandelsbetrieben durchzuführen, sofern durch den Außenhandelsbetrieb eine Kennzeichnung nach dieser Anordnung beim Exporteur nicht durchgesetzt werden kann. Die den sozialistischen Großhandels-

betrieben im Zusammenhang mit der Kennzeichnung entstehenden Kosten sind ihnen von den Außenhandelsbetrieben durch Pauschalabgeltung zu erstatten. Die Höhe der Pauschalabgeltung ist zwischen den Partnern zu vereinbaren.

§ 14

(1) Bei Verlust von Originaletiketten oder bei ihrer Entfernung aus zwingendem Grund, wie Verschmutzung oder Beschädigung, ist eine erneute, gleichlautende Kennzeichnung der Ware vorzunehmen. Bei Änderung von Qualitätsklassen, von Einzelhandelsverkaufspreisen und sonstigen Angaben ist die Kennzeichnung unverzüglich nach dieser Anordnung zu berichtigen.
(2) In Fällen, in denen zum Zeitpunkt der Abpackung der Kleinverbraucherpackung Angaben über die Qualität, die Masse und/oder den Preis wegen der Beschaffenheit der Ware nicht möglich sind, ist die Durchführung der ergänzenden Kennzeichnung zwischen Hersteller und Abnehmer zu vereinbaren.

§ 16 Rechtsfolgen bei Verstößen gegen die Festlegungen dieser Anordnung

(1) Bei Verletzung der Kennzeichnungspflichten nach dieser Anordnung finden die Vorschriften des Vertragsgesetzes vom 25. Februar 1965 (GBl. I Nr. 7 S. 107) über die nicht qualitätsgerechte Leistung entsprechend Anwendung. Die Vertragsstrafe beträgt in diesen Fällen 3% des Wertes des Vertragsgegenstandes oder des von der Vertragsverletzung betroffenen Teiles, mindestens jedoch 30 M.

§ 17 Schlußbestimmungen

(1) Diese Anordnung tritt am 1. Januar 1976 in Kraft.
(3) Die Anordnung vom 7. April 1972 über die Pflicht zur Etikettierung von Konsumgütern (GBl. II Nr. 20 S. 230) ist im Geltungsbereich dieser Anordnung nicht mehr anzuwenden.
(4) Der § 4 der Anordnung vom 9. April 1970 zur einheitlichen datenverarbeitungsgerechten Warenauszeichnung und Etikettierung (GBl. II Nr. 40 S. 295) ist im Geltungsbereich dieser Anordnung nicht mehr anzuwenden.
(5) Vor dem 8. Mai 1945 erlassene Rechtsvorschriften über die Kennzeichnung von Lebensmitteln sind nicht mehr anzuwenden.

Anordnung über Rückstände von Pflanzenschutz- und Schädlingsbekämpfungsmitteln in Lebensmitteln
vom 28. Juni 1971

(GBl. II Nr. 60 S. 526)

i. d. F. der Anordnung Nr. 2 über Rückstände von Pflanzenschutz- und Schädlingsbekämpfungsmitteln in Lebensmitteln
vom 18. Dezember 1973 — Auszug —

(GBl. I Nr. 3 S. 27)

Auf Grund des § 27 in Verbindung mit § 4 und § 6 Absätze 1 und 6 des Lebensmittelgesetzes vom 30. November 1962 (GBl. I S. 111) in der Fassung der Ziff. 35 der Anlage zum Anpassungsgesetz vom 11. Juni 1968 (GBl. I S. 242) wird folgendes angeordnet:

§ 1

(1) In Lebensmitteln dürfen nur Rückstände von Pflanzenschutz- und Schädlingsbekämpfungsmitteln entsprechend den in Anlage 1 (Allgemeine Toleranzliste) und Anlage 2 (Toleranzliste für spezielle Anwendungen) festgelegten Mengen enthalten sein.
(2) Die Forderungen des Abs. 1 gelten auch für Lebensmittel von Tieren, an denen Parasitenbekämpfungsmaßnahmen mit Tierarzneimitteln durchgeführt wurden, die gleiche Wirkstoffe wie Pflanzenschutz- und Schädlingsbekämpfungsmittel enthalten.
(3) Die mit 0 angegebenen Rückstandsmengen gelten als eingehalten, wenn die für die einzelnen Toxizitätsgruppen festgelegten Rückstandswerte nicht überschritten werden, und zwar bei Gruppe

I	0,1 ppm
II	0,02 ppm
III	0,004 ppm.

§ 2

Bei Vorhandensein mehrerer der zugelassenen Pflanzenschutz- und Schädlingsbekämpfungsmittel auf einem Lebensmittel dürfen von jedem einzelnen Wirkstoff nur soviel Prozent der jeweils zugelassenen Höchstmenge enthalten sein, daß die Summe dieser Prozente 100 nicht übersteigt. Bei unerwünschten Kombinationseffekten können die zuässigen Wirkstoffanteile begrenzt werden.

§ 3

Vom Verkehr ausgeschlossen sind

a) Lebensmittel gemäß Anlagen 1 und 2, sofern sie Rückstände über die tolerierten Mengen hinaus enthalten;
b) Lebensmittel, die nicht in Anlage 1 angeführt sind, wenn sie größere Rückstandsmengen als den 0-Wert der Toxizitätsgruppe des nachgewiesenen Wirkstoffes (§ 1 Abs. 3) enthalten;
c) Lebensmittel, die in den Anlagen 1 und 2 nicht angeführte Wirkstoffe aus Pflanzenschutz- und Schädlingsbekämpfungsmitteln enthalten.

§ 4

(1) Abweichungen von den Festlegungen dieser Anordnung in besonders begründeten Einzelfällen sind nur mit Genehmigung des Ministeriums für Gesundheitswesen zulässig.
(2) Neue Pflanzenschutz- und Schädlingsbekämpfungsmittel mit Wirkstoffen, die in den Anlagen nicht aufgeführt sind und die bei landwirtschaftlichen Produkten und bei Lebensmitteln, die sofort oder zu einem späteren Zeitpunkt für die menschliche Ernährung bestimmt sind, zur Anwendung kommen sollen, dürfen nur zugelassen werden[1]) nach Festsetzung der entsprechenden Toleranzwerte durch das Ministerium für Gesundheitswesen.

§ 5

Diese Anordnung tritt mit ihrer Veröffentlichung in Kraft.

[1]) Für die Zulassung gilt gegenwärtig das Gesetz vom 25. November 1953 zum Schutze der Kultur- und Nutzpflanzen (GBl. Nr. 125 S. 1179) mit Durchführungsbestimmungen hierzu.

Anlage 1
zu vorstehender Anordnung Nr. 2

Allgemeine Toleranzliste
(Angaben in ppm = mg Wirkstoff/kg Lebensmittel)

Wirkstoff	Lebensmittel									Lebensmittel und Fertignahrung für Kleinkinder	0-Toleranz nach Toxizitätsgruppe[1])
	Kernobst	Schalenobst	Zitrusfrüchte	Getreide	Mahlerzeugnisse	Kartoffeln	Wurzelgemüse	Blattgemüse	Milch (TGL 2760 Blatt 1)		
1	2	6	7	8	9	10	11	12	23	24	25
Insektizide/Akarizide											
Bromophos[2])	1	0	1	0	0	0	1	1	0	0	II
Butonat	1	0	1	0	0	0	1	1	0	0	II
Carbaryl	3	1	3	0	0	0	5	5	0	0	II
Chlordimeform	0,5	0	0,5	0	0	0	0,5	0,5	0	0	III
Chlorfenson	2	0	2	0	0	0	1	1	0	0	I
Chlorfenvinphos	0	0	0	0	0	0,05	0	0	0	0	III
DDT[3])	0,5	0,1	0,1	0	0	0,1(0)[4])	0,2	0,1	0,05	0	II
Demephion (Methyl-demeton-methyl)	0,15	0	0,15	0	0	0,15	0,15	0,15	0	0	III
Dichlorvos	0,2	0	0,2	0,2	0,05	0	0,2	0,2	0	0	II
Dicofol	1	0	2	0	0	0	0,5	1	0	0	II
Dimethoat[2])	0,5	0	0,5	0,05	0	0	0,5	0,5	0	0	III
Endosulfan	0,1	0	0,5	0	0	0	0,2	0,2	0	0	II
Fenitrothion	0,5	0	0,5	0	0	0	0,5	0,5	0	0	II
Kelevan + Kepone	0	0	0	0	0	0,01	0	0	0	0	III
Lindan	1	0,1	1	0,5	0,1	0,5(0,1)[4])	0,5	2	0	0	II
Malathion[2])	3	0	3	3	0,5	0	1	3	0	0	II
Methoxychlor	3	0	3	0,1	0	0,5	1	1	0	0	I
Mevinphos	0	0	0	0	0	0	0	0	0	0	III
Parathion u./od. Parathionmethyl[2])	0,5	0	0,5	0	0	0	0,5	0,5	0	0	III

Allgemeine Toleranzliste (Fortsetzung)

Wirkstoff	Lebensmittel									Lebensmittel und Fertig-nahrung für Kleinkinder	0-Toleranz nach Toxizitätsgruppe)
	Kern-obst	Schalen-obst	Zitrus-früchte	Getreide	Mahl-erzeug-nisse	Kar-toffeln	Wurzel-gemüse	Blatt-gemüse	Milch (TGL 2760 Blatt 1)		
1	2	6	7	8	9	10	11	12	23	24	25
Polychlorcamphen	0,5	0	0	0	0	0	0,5	0,5	0	0	II
Tetradifon + Tetrasul	2	0	2	0	0	0	1	1	0	0	I
Trichlorphon	0,5	0	0,5	0,2	0,05	0	0,5	0,5	0	0	II
Fungizide											
Benomyl	1	0	10	0,2	0	0,1	0	0	0	0	I
Captan	5	5	5	0	0	0	5	5	0	0	II
Cu-Verb. als Cu[9])	10	10	10	2	—[10])	2	10	10	—	—	—
Dichlofluanid	0	0	0	0	0	0	0	0	0	0	I
Dimethirimol	0	0	0	0	0	0	0	0	0	0	I
Dinocap	1	0	1	0	0	0	1	1	0	0	II
Dithiocarbamate[11]) ber. als Schwefel-kohlenstoff	3	3	0	0	0	0	3	3	0	0	I
Ethirimol	0	0	0	0,5	0	0	0	0	0	0	I
Folpet (Phaltan)	5	5	5	0	0	1	5	5	0	0	II
Hexachlorbenzol	0	0	0	0	0	0	0	0	0	0	II
Schwefel[9])	50	—	—	—	—	—	—	—	—	—	—
Thiabendazol	0,2	0,2	0	0	0	0,2	0	0	0	0	II
Thiram	3	3	3	0	0	0	3	3	0	0	II
Tridemorph	0	0	0	0,05	0	0	0	0	0	0	II
Herbizide											
Alachlor	0	0	0	0	0	0	0	0	0	0	I
Amitrol	0	0	0	0	0	0	0	0	0	0	III
Atrazin	0	0	0	0	0	0	0,1	0,1	0	0	II
Barban	0	0	0	0	0	0	0	0	0	0	I
Chloralhydrat	0	0	0	0	0	0	0	0	0	0	II

2,4-D	0	0	0	0,05	0	0	0	0	0	0	II
2,4-DB	0	0	0	0,05	0	0	0	0	0	0	II
Dalapon	0	0	0	0	0	0,1	0,1	0	0	0	II
Dicamba	0	0	0	0	0	0	0	0	0	0	I
Dichlobenil	0	0	0	0	0	0	0	0	0	0	I
Dichlorprop	0	0	0	0,05	0	0	0	0	0	0	II
DNOC	0	0	0	0	0	0	0	0	0	0	III
Dinoseb, Dinosebazetat	0	0	0	0	0	0	0,05	0,05	0	0	III
Diphenyläther	0	0	0	0	0	0	0	0	0	0	II
Fenuron	0	0	0	0	0	0	0	0	0	0	I
Ioxynil	0	0	0	0	0	0	0	0	0	0	II
Lenacil	0	0	0	0	0	0	0	0	0	0	I
MCPA	0	0	0	0,05	0	0,05	0	0	0	0	II
MCPB	0	0	0	0,1	0	0	0	0,1	0	0	II
Mecoprop	0	0	0	0,05	0	0	0	0	0	0	II
Methabenzthiazuron	0	0	0	0	0	0	0	0	0	0	I
Metobromuron	0	0	0	0	0	0	0	0	0	0	I
Monuron, Diuron	0	0	0	0	0	0	0	0	0	0	I
Propazin	0	0	0	0	0	0	0,01	0	0	0	II
Prometryn	0	0	0	0	0	0	0,1	0,1	0	0	II
Simazin	0	0	0	0	0	0	0,1	0,1	0	0	II
Triallat	0	0	0	0	0	0	0	0	0	0	I
Trifluralin	0	0	0	0	0	0	0	0	0	0	II

Anmerkungen zu Anlage 1

[1]) Gruppe I = weniger als 0,1 mg/kg
Gruppe II = weniger als 0,02 mg/kg
Gruppe III = weniger als 0,004 mg/kg

[2]) nicht mehr als 0,1 ppm Omethoat

[3]) Gesamt-DDT (DDT + DDE + DDD)
Eine planmäßige Reduzierung dieser Toleranzen ist vorzusehen.

[4]) Klammerwerte nach dem Schälen.

[5]) Klammerwert-Toleranz für Rapsöl

[6]) Klammerwert-Toleranz für Butter

[7]) Weintrauben

[8]) Champignons

[9]) als Oberflächenbelag

[10]) keine Behandlungsrückstände

[11]) betr. Mancozeb, Maneb, Propineb, Zineb, Ziram:
für die Bestimmung einzelner Wirkstoffe sind die spezifischen Umrechnungsfaktoren zu berücksichtigen.

Anlage 2

zu vorstehender Anordnung Nr. 2

Toleranzen für Wirkstoffe mit speziellem Anwendungsbereich (Angaben in ppm = mg Wirkstoff/kg Lebensmittel)

Wirkstoff	Anwendungsbereich	Toleranz ppm
Aldicarb	Hopfen[1])	0,1
Ametryn	Kartoffeln	0,2
Äthylenoxid	Getreide	1,0
	Gewürze	10
	Mahlerzeugnisse	0
Chlorat	Kartoffeln	0,2
Chloroxuron	Erdbeeren	0,2
Chlorthiamid	Beerenobst (Weinbau)	0,1
Cyanwasserstoff	Getreide[2]), Hülsenfrüchte, Mahlerzeugnisse, Tee, Gewürze	6,0
	sonstige Vorratsgüter	0,1
Desmetryn	Kohl	0,25
Dimefox	Hopfen[1])	0,01
Diquat	Kartoffeln	0,2
	Raps	0,5
	Mohn	0,05
Fentinhydroxid	Sellerie	1,0
bzw. Fentinazetat	Kartoffeln	0,1
Methylbromid[3])	Zitrusfrüchte, Getreide, Reis, Hülsenfrüchte (außer Speisebohnen), importierte Kartoffeln	30
	Kaffee- und Kakaobohnen	50
	Ölfrüchte (einschl. Sojabohnen zur Ölgewinnung), bittere Mandeln, Trockenfrüchte	100
	Gewürze und Tabak	200
Naptalam	Gurken	1,0
Phosphor-wasserstoff	Getreide	0,05
	Mahlerzeugnisse, Teigwaren, Hülsenfrüchte, Ölfrüchte, Tabak, Tee, Kakaobohnen, Kaffeebohnen, Trockenfrüchte	0,01
Piperonylbutoxid	Getreide	8,0

Propachlor	Zwiebeln	0,2
Propham, Chlor-	Blatt-, Wurzelgemüse, Zwiebeln, Kamille	0,1
propham	Kartoffeln	5,0
	Kartoffeln ohne Schalen	0,5
Proximpham	Blattgemüse	0,1
Pyrethrum	Getreide, Hülsenfrüchte	1,0
Quintozen	Salat	1,0
	Kohl	1,0(0,3)[4]
Schradan	Hopfen[1]	0,01

Anmerkungen zu Anlage 2

[1]) nach dem Darren
[2]) nicht zum Direktgenuß
[3]) Rückstände beziehen sich auf anorganisches Bromid einschließlich des natürlichen vorhandenen Bromids
[4]) bei Dauerkohl nach Entfernen der Außenblätter

Anordnung über die allgemeinen Bedingungen für den Anschluß von Grundstücken an die öffentlichen Wasserversorgungsanlagen und für die Lieferung und Abnahme von Trink- und Betriebswasser — Wasserversorgungsbedingungen —

vom 26. Januar 1978 (GBl. I Nr. 6 S. 89) in d. F. der AO zur Änderung der Wasserversorgungsbedingungen vom 15. Januar 1979 — Auszug —

(GBl. I Nr. 6 S. 60)

§ 12 Allgemeine Gütebedingungen für Trink- und Betriebswasser

(1) Der Versorgungsträger ist verpflichtet, an den Bedarfsträger Trinkwasser entsprechend den geltenden Rechtsvorschriften[1]) zu liefern, wenn nicht ausdrücklich die Lieferung von Betriebswasser vereinbart wurde. Die Beschaffenheit von Betriebswasser ist im Wasserlieferungsvertrag festzulegen.

(2) Die Beschaffenheit des Trinkwassers hat an der Öffentlichkeitsgrenze den Rechtsvorschriften zu entsprechen. Der Versorgungsträger ist nicht verpflichtet, über diese Vorschriften hinausgehende Anforderungen des Bedarfsträgers zu erfüllen.

(3) Entspricht das gelieferte Wasser nicht der Beschaffenheit gemäß Abs. 1, kann der Bedarfsträger entsprechend dem Vertragsgesetz Qualitätsvertragsstrafe bzw. entsprechend dem Zivilgesetzbuch Preisminderung verlangen. Wird die Beschaffenheit durch rechtzeitig und ortsüblich bekanntgegebene Arbeiten an den Versorgungsanlagen vorübergehend beeinträchtigt, besteht kein Anspruch auf Qualitätsvertragsstrafe.

[1]) z. Zt. gilt die TGL 22433

Vereinbarung über die Beantragung, Zulassung und Beurteilung von Grenzwertüberschreitungen zum DDR-Standard TGL 22433 — Trinkwasser, Gütebedingungen — vom 5. Juni 1974

(VuM MfGe Nr. 15 S. 117)

Zur Gewährleistung einer einheitlichen Verfahrensweise für die Beantragung, Zulassung und Beurteilung von Grenzwertüberschreitungen der Trinkwasserinhaltsstoffe gemäß Ziff. 2 der TGL 22433 – Trinkwasser, Gütebedingungen – wird vereinbart:

1. Beantragung

1.1. Die Zulassung von Trinkwasser mit Grenzwertüberschreitungen der Wasserinhaltsstoffe wird durch den Versorgungsträger, vertreten durch den für die Wasserversorgungsanlage (WVA) verantwortlichen Leiter, bei der zuständigen Hygieneinspektion des Kreises beantragt.

1.2. Die Beantragung muß für jede WVA gesondert erfolgen.

1.3. Der Antrag muß enthalten:
kurze Begründung und allgemeine Angaben, wie Objektbezeichnung, durchschnittliche und maximale Wasserabgabe pro Tag, angeschlossene Einwohnerzahl:
Befunde, aus denen die Grenzwertüberschreitungen hervorgehen (die Befundermittlung muß innerhalb der letzten 6 Monate liegen);
Angaben über die Schwankungsbreite (es ist der Zeitraum von etwa 3 Jahren zu erfassen);
Aussagen über die planmäßige Behebung des Zustandes (Maßnahmeplan).

2. Zulassung

2.1. Die Hygieneinspektion des Kreises entscheidet über die Zulassung der Grenzwertüberschreitung gemäß den einschlägigen gesetzlichen Bestimmungen.

2.2. Die Zulassung von Grenzwertüberschreitungen ist unter Berücksichtigung der örtlichen Gegebenheiten zu befristen für:

– technologisch beeinflußbare Kriterien (pH-Wert), Kalium-Permanganat-Verbrauch, Sauerstoff, Eisen, Mangan, Aluminium) auf maximal 5 Jahre

– mit den gegenwärtig anwendbaren Aufbereitungsverfahren nicht beeinflußbare

Kriterien (Chlorid-, Sulfat-, Phosphat-, Nitrit-, Ammonium-, Kalium-, Natrium-, Kalzium-, Magnesium-Ion, Gesamthärte, Karbonathärte, Kieselsäure, Abdampfrückstand) auf einen längeren Zeitraum.

2.3. Die Entscheidung der Hygieneinspektion ist dem Antragsteller innerhalb von 8 Wochen schriftlich mitzuteilen.

3. Beurteilung

3.1. Trinkwasser, bei dem keine Grenzwertüberschreitung vorliegt, ist als TGL-gerecht zu deklarieren.

3.2. Bei Grenzwertüberschreitung ist das Wasser ausnahmslos zu beanstanden.

3.2.1. Kann die Grenzwertüberschreitung aus gesundheitlicher Sicht zugelassen werden, ist das Trinkwasser als qualitätsgemindert zu bezeichnen.

3.2.2. Wasser, das eine Grenzwertüberschreitung aufweist, der aus gesundheitlicher Sicht nicht zugestimmt werden kann, ist kein Trinkwasser.

Verordnung über das Meßwesen vom 18. Mai 1961 (GBl. II Nr. 32 S. 191) i. d. F. der Verordnung zur Anpassung der geltenden Ordnungsstraf- und Übertretungsstrafbestimmungen und von Strafhinweisen — Anpassungsverordnung — vom 13. Juni 1968

(GBl. II Nr. 62 S. 363)

Zur Herstellung und Gewährleistung der meßtechnischen Ordnung auf allen Gebieten der Volkswirtschaft ist die staatliche Einflußnahme auf das gesamte Meßwesen, insbesondere auch auf das betriebliche Meßwesen, auf die Meßgeräteproduktion, auf die Güte und den technischen Stand der Meßgeräte und auf die Beratung der Meßgerätebenutzer zu erweitern.
Es wird deshalb folgendes verordnet:

I. Einsatz von Meßgeräten

§ 1 Das betriebliche Meßwesen

(1) Alle Betriebe sind verpflichtet, im Produktionsprozeß und zur Überwachung der Quantität und Qualität der Erzeugnisse, zum An- und Verkauf von Waren, zur Ermittlung und Kontrolle von Planziffern und Beständen sowie zur Bewertung der Arbeitsleistung geeignete Meßgeräte (Betriebsmeßgeräte) anzuwenden und diese in angemessenen Fristen mit beglaubigten Normalen zu vergleichen oder vergleichen zu lassen.
(2) Für die Auswahl und Beschaffung der erforderlichen Betriebsmeßgeräte sowie für ihren Vergleich mit Normalen und die Festlegung der dabei zu beachtenden Fristen sind die Leiter der Betriebe verantwortlich.

§ 2 Eichpflicht

(1) Diejenigen Meßgeräte, die in der „Liste der eichpflichtigen Meßgeräte" (nachfolgend kurz als „Meßgeräteliste" bezeichnet) enthalten sind und

a) im rechtsgeschäftlichen Verkehr zur Bestimmung der Quantität oder Qualität,
b) im Gesundheitswesen, im Arbeitsschutz, im Sicherheitswesen und bei der Überwachung des Straßenverkehrs,
c) bei der Erstattung von Gutachten und bei der Durchführung von Abnahmeprüfungen und Musterprüfungen

verwendet oder bereitgehalten werden, müssen vom *Deutschen Amt für Meßwesen*[1]) geeicht sein (eichpflichtige Meßgeräte).

(2) Die nach Abs. 1 eichpflichtigen Meßgeräte sind innerhalb der in der Meßgeräteliste angegebenen Fristen sowie nach jeder die meßtechnischen Eigenschaften berührenden Reparatur oder Änderung und nach jeder nachträglichen Anbringung von Maßen, Teilungen oder Nebeneinrichtungen dem *Deutschen Amt für Meßwesen*[1]) zur Nacheichung vorzulegen.

§ 3 Verantwortlichkeit für die Meßgeräte

(1) Wer auf Grund seiner Funktion in einem Staatsorgan, einem Betrieb oder einer sonstigen Institution oder sonst über den Einsatz von Meßgeräten im Rahmen der §§ 1 und 2 zu verfügen hat, ist dafür verantwortlich, daß

a) die Meßgeräte richtig sind, d. h. Meßwerte ergeben, die festgesetzte Fehlergrenzen nicht überschreiten,
b) die Aufstellung, Benutzung und Wartung der Meßgeräte ordnungsgemäß erfolgt,
c) die Meßgeräte rechtzeitig dem *Deutschen Amt für Meßwesen*[1]) zur Eichung und Nacheichung und, soweit sie als Normale verwendet werden, zur Beglaubigung vorgelegt werden.

(2) Bei der nach § 2 Abs. 2 durch Reparatur, Änderung oder nachträgliche Anbringung von Maßen, Teilungen oder Nebeneinrichtungen notwendig werdenden Nacheichung trifft die Verantwortlichkeit nach Abs. 1 Buchst. c auch denjenigen, der die Reparatur oder Änderung ausgeführt oder die Maße, Teilungen oder Nebeneinrichtungen angebracht hat.

II. Aufgaben und Rechte des *Deutschen Amtes für Meßwesen*[1])

§ 4 Name

Das bisherige Deutsche Amt für Maß und Gewicht wird in *Deutsches Amt für Meßwesen*[1]) umbenannt.

§ 5 Aufgaben des *Deutschen Amtes für Meßwesen*[1])

Als zentrales staatliches Organ für das Meßwesen hat das *Deutsche Amt für Meßwesen* die Einheitlichkeit im gesamten Meßwesen zu sichern, für die Richtigkeit der Meßgeräte zu sorgen, die Entwicklung des modernen betrieblichen Meßwesens zu fördern, auf die Meßgeräteproduktion im Sinne der Befriedigung des Bedarfs an Meßgeräten und im Sinne der Durchsetzung der neuesten Technik Einfluß zu nehmen und die Meßgerätebenutzer bei der Anwendung der Meßgeräte zu beraten. Insbesondere hat es:

1. im Rahmen der hierfür geltenden Bestimmungen die zulässigen physikalisch-technischen Einheiten festzusetzen, die diese Einheiten darstellenden Normale und Normalverfahren zu entwickeln und zu vervollkommnen und die dazu erforderlichen wissenschaftlichen Untersuchungen durchzuführen;

2. die Meßgerätehersteller und Meßgerätebenutzer, insbesondere die Industriebetriebe, in Fragen der Meßgeräteentwicklung, des Meßgeräteeinsatzes und der Einführung einer modernen Meßtechnik zu beraten und durch Vermittlung neuer wissenschaftlicher Erkenntnisse und Erfahrungen zu unterstützen;
3. die staatliche Material- und Warenprüfung für Maße und Meßgeräte, einschließlich der Erteilung der Gütezeichen, im Rahmen der hierfür geltenden Bestimmungen durchzuführen;
4. die für die Einfuhr vorgesehenen Meßgeräte meßtechnisch zu beurteilen;
5. die Tätigkeit der Meßgeräte instand setzenden Betriebe zu überwachen;
6. die Meßgeräteliste aufzustellen und zu veröffentlichen und in angemessenen Abständen den Bedürfnissen der wissenschaftlichen, technischen und ökonomischen Entwicklung anzupassen;
7. die Durchführung der Beglaubigung der Normale sowie der Eichung und Nacheichung der nach § 2 eichpflichtigen Meßgeräte zu organisieren;
8. die bei der Beglaubigung und bei der durch § 2 vorgeschriebenen Eichung und Nacheichung an die Meßgeräte zu stellenden Anforderungen, das dabei zu beachtende Verfahren und die anzuwendenden Stempelzeichen festzusetzen;
9. bei der Planung, Ausarbeitung, organisierten Durchsetzung und beim Erlaß von Standards und sonstigen allgemeinverbindlichen Normen für das Meßwesen, insbesondere für die Herstellung von Meßgeräten, mitzuwirken;
10. in Zusammenarbeit mit den zuständigen Staatsorganen bei der Ausbildung meßtechnischer Kader mitzuwirken;
11. die Kontrolle der Durchführung dieser Verordnung auszuüben.

§ 6 Rechte des *Deutschen Amtes für Meßwesen*[1])

Das *Deutsche Amt für Meßwesen* ist zur Erfüllung seiner Aufgaben berechtigt:

1. den Meßgerätebenutzern zur Abstellung von Mängeln bei der Erfüllung der ihnen nach §§ 1 und 3 obliegenden Pflichten Auflagen zu erteilen, insbesondere auch den Einsatz bestimmter Meßgeräte zu verlangen, die nach § 1 Abs. 2 festgesetzten Vergleichsfristen zu ändern und erforderlichenfalls anzuordnen, daß ihm für eine bestimmte Zeitdauer die betrieblichen Meßmittel im ganzen oder hinsichtlich bestimmter Meßgerätegruppen zur Eichung und Nacheichung vorzulegen sind;
2. zur Sicherung einer qualitativ einwandfreien Fertigung die Vorlage von Mustern zu verlangen, bei gegebenem Anlaß Muster zu entnehmen und anzuordnen, daß ihm für eine bestimmte Zeitdauer die neu hergestellten Meßgeräte vor ihrer Auslieferung aus dem Herstellerbetrieb zur Eichung bzw. Beglaubigung vorzulegen sind;
3. für einzelne Meßgeräte oder Meßgerätegruppen hinsichtlich der Eichpflicht und der Nacheichfristen Abweichungen von den allgemeinen Regeln anzuordnen oder zuzulassen, insbesondere auch zu bestimmen, daß ihm bestimmte Meßgeräte zur Eichung vorzulegen sind, ehe sie in den Handel gebracht werden dürfen;

4. im Rahmen der Kontrolle der Durchführung dieser Verordnung
   a) die erforderlichen Auskünfte über Art, Anzahl, Einsatz, Benutzung und Wartung der vorhandenen Meßgeräte und Normale zu verlangen und diese im Einsatz zu kontrollieren;
   b) die Weiterbenutzung vorschriftswidriger Meßgeräte zu verhindern;
5. in geeigneten Fällen seine Befugnisse auf andere Stellen, insbesondere auf Prüfstellen in Industriebetrieben, zu übertragen.

§ 7 Statut

Im einzelnen werden die Aufgaben, Rechte und Pflichten des *Deutschen Amtes für Meßwesen*[1]) in einem Statut geregelt, das vom Vorsitzenden der Staatlichen Plankommission zu erlassen ist.

III. Sonstige Bestimmungen

§ 8 Gebühren

Für die Tätigkeit des *Deutschen Amtes für Meßwesen*[1]) und der von ihm mit der Durchführung von Aufgaben beauftragten Prüfstellen werden Gebühren gemäß der Verordnung vom 28. Oktober 1955 über die staatlichen Verwaltungsgebühren (GBl. I S. 787) und den dazu ergangenen Anordnungen erhoben.

§ 9

(1) Wer vorsätzlich oder fahrlässig als Verantwortlicher in Betrieben oder Institutionen

a) zum Vergleich von Betriebsmeßgeräten im Sinne von § 1 nicht beglaubigte Normale verwendet oder bereithält

b) in den Fällen des § 2 Meßgeräte verwendet oder bereithält, die nicht vom *Deutschen Amt für Meßwesen und Warenprüfung*[1]) geeicht oder rechtzeitig nachgeeicht sind

c) seinen Verpflichtungen aus § 3 nicht nachkommt

d) Auflagen und anderen Anweisungen, die das *Deutsche Amt für Meßwesen und Warenprüfung*[1]) auf Grund dieser Verordnung oder der dazu ergangenen Durchführungsbestimmungen im Einzelfall schriftlich erteilt, nicht nachkommt

kann mit Verweis oder Ordnungsstrafe von 10 bis 300 M belegt werden.

(2) Ist eine vorsätzliche Handlung nach Abs. 1 aus Vorteilsstreben oder ähnlichen, die gesellschaftlichen Interessen mißachtenden Beweggründen oder wiederholt innerhalb von zwei Jahren begangen und mit Ordnungsstrafe geahndet worden oder ist ein größerer Schaden verursacht worden oder hätte er verursacht werden können, kann eine Ordnungsstrafe bis zu 1000 M ausgesprochen werden.

(3) Die Durchführung des Ordnungsstrafverfahrens obliegt dem Präsidenten des *Deutschen Amtes für Meßwesen und Warenprüfung*[1]).

(4) Bei geringfügigen Ordnungswidrigkeiten gemäß Abs. 1 sind die vom Präsidenten des *Deutschen Amtes für Meßwesen und Warenprüfung*[1]) dazu ermächtigten Mitarbeiter befugt, eine Verwarnung mit Ordnungsgeld in Höhe von 1, 3, 5 oder 10 M auszusprechen.

(5) Für die Durchführung des Ordnungsstrafverfahrens und den Ausspruch von Ordnungsstrafmaßnahmen gilt das Gesetz vom 12. Januar 1968 zur Bekämpfung von Ordnungswidrigkeiten — OWG — (GBl. I S. 101).

§ 10 wird gegenstandslos.

§ 11 Durchführungsbestimmungen

Durchführungsbestimmungen erläßt der Vorsitzende der Staatlichen Plankommission.

§ 12 Schlußbestimmungen

(1) Diese Verordnung tritt am 1. Juli 1961 in Kraft.

(2) Gleichzeitig treten außer Kraft:

a) das Maß- und Gewichtsgesetz vom 13. Dezember 1935 (RGBl. I S. 1499);

b) die Ausführungsverordnung vom 20. Mai 1936 zum Maß- und Gewichtsgesetz (RGBl. I S. 459);

c) die Erste und Zweite Verordnung zur Änderung des Maß- und Gewichtsgesetzes vom 18. Mai 1936 bzw. 12. März 1940 (RGBl. I 1936 S. 452 bzw. 1940 S. 497);
die Verordnung vom 28. Juni 1938 zur Ergänzung des Maß- und Gewichtsgesetzes (RGBl. I S. 785);
die Erste bis Fünfte Verordnung zur Ergänzung bzw. Änderung der Ausführungsverordnung zum Maß- und Gewichtsgesetz vom 11. März und 17. Juni 1937, 26. Februar und 28. Dezember 1938, 19. Dezember 1941 (RGBl. I 1937 S. 296 und 651, 1938 S. 225 und 2012, 1941 S. 798);
die Erste bis Dritte Verordnung zur Änderung des Maß- und Eichrechts vom 31. Dezember 1940, 30. November 1942, 19. Januar 1944 (RGBl. I 1941 S. 17 mit 62, 1942 S. 669, 1944 S. 39 mit 62);
Abschnitt II der Verordnung vom 9. Oktober 1941 zur Änderung gewerberechtlicher Vorschriften (RGBl. I S. 635);
die Verordnung vom 22. September 1944 zur Vereinfachung des Eichwesens (RGBl. I S. 227 mit 342);

d) die Verordnung vom 30. September 1954 über die amtliche Prüfung von Meßgeräten zur Messung des Verbrauchs von Elektrizität, von Gas und von Wasser (GBl. S. 819);

e) die Erste Durchführungsbestimmung vom 1. März 1955 zur Verordnung über die amtliche Prüfung von Meßgeräten zur Messung des Verbrauchs von Elektrizität, von Gas und von Wasser (GBl. I S. 254);

f) die Anordnung vom 13. Juli 1949 über die Kontrolle der Maße und Meßgeräte (ZVOBl. I S. 529) und die Erste Durchführungsanweisung vom 11. August 1949 (ZVOBl. I S. 750);
die Erste und Zweite Anweisung vom 12. März 1954 (ZBl. S. 115 und 116);
g) die Anordnung vom 13. Juli 1949 über die Eichung von Waagen und Gewichten in Zuckerfabriken und in kartoffelverarbeitenden Betrieben (ZVOBl. I S. 530);
h) die Anordnung vom 7. Februar 1956 zur Ergänzung der Verordnung über gebührenpflichtige Verwarnungen (GBl. I S. 207);
i) die Anordnung vom 20. Februar 1960 über die Aufhebung der Nacheichpflicht für Maßstäbe und Flüssigkeitsmaße (GBl. S. 165).

[1]) Jetzt: Amt für Standardisierung, Meßwesen und Warenprüfung, ASMW.

Erste Durchführungsbestimmung zur Verordnung über das Meßwesen

vom 15. August 1961 (GBl. II Nr. 66 S. 437) i. d. F. der Dritten Durchführungsbestimmung zur Verordnung über das Meßwesen vom 26. November 1971

(GBl. II Nr. 79 S. 701)

Auf Grund des § 11 der Verordnung vom 18. Mai 1961 über das Meßwesen (GBl. II S. 191) wird folgendes bestimmt:

§ 1 Begriff des Meßgerätes

Meßgeräte im Sinne der Verordnung sind Erzeugnisse, die zu Meßzwecken dienen und

a) physikalisch-technische Einheiten oder Vielfache bzw. Teile solcher Einheiten verkörpern;
b) mit denen Beträge physikalischer Größen, Beziehungen zwischen diesen oder Eigenschaften zahlenmäßig festgestellt, verglichen, dargestellt oder ausgewertet werden;
c) mit denen Beträge physikalischer Größen in definierter Art umgeformt werden.

Zu § 1 der Verordnung:

§ 2 Organisation des betrieblichen Meßwesens

(1) Das betriebliche Meßwesen ist unter Berücksichtigung der Eigenart des betrieblichen Geschehens sowie der Art, Anzahl und Benutzungshäufigkeit der vorhandenen Meßgeräte und der erforderlichen Meßgenauigkeit zu gestalten. Dies hat unabhängig davon zu geschehen, ob die eingesetzten Meßgeräte außerdem der Eichpflicht unterliegen. Wenn es infolge der Größe des vorhandenen Meßmittelparks oder aus anderen Gründen angebracht ist, kann das *Deutsche Amt für Meßwesen (DAM)*[1]) von den Betrieben die Aufstellung von Prüfschemas und deren Einreichung zur Bestätigung verlangen.
(2) Bei Dienstleistungsbetrieben (z. B. Reparaturbetrieben) ist als Produktionsprozeß bzw. als Erzeugnis im Sinne des § 1 der Verordnung die Durchführung der Dienstleistungen bzw. deren Ergebnis anzusehen.
(3) In Betrieben, die Meßgeräte herstellen oder instand setzen, muß das betriebliche Meßwesen so gestaltet sein, daß die gefertigten bzw. instand gesetzten Meßgeräte vor ihrer Auslieferung auf Einhaltung der ihrer Art und Güte nach zu erwartenden Meßgenauigkeit auch dann geprüft werden, wenn sie nicht für die Verwendung als eichpflichtige Meßgeräte geeignet oder vorgesehen sind.

§ 3 Vergleich der Betriebsmeßgeräte

(1) Erforderlichenfalls entscheidet das *DAM*[1]) darüber, ob ein von einem Betrieb eingesetztes Meßmittel als Betriebsmeßgerät im Sinne des § 1 der Verordnung anzusehen ist.
(2) Der Vergleich der Betriebsmeßgeräte mit Normalen darf nur dann von den Betrieben selbst vorgenommen werden, wenn diese die erforderlichen beglaubigten Normale besitzen. Soweit DDR-Standards bestehen oder das *DAM*[1]) für diesen Vergleich Vorschriften erlassen oder besondere Weisungen gegeben hat, ist der Vergleich danach vorzunehmen.
„(3) Betriebe, die nicht selbst Vergleiche durchführen dürfen, lassen ihre betrieblichen Meßmittel bei anderen Betrieben vergleichen, die geeignete beglaubigte Normale besitzen und sich vertraglich zur ordnungsgemäßen Durchführung der Vergleiche verpflichten."

§ 4 Normale

(1) Normale sind Meßgeräte, die zum Prüfen anderer Meßgeräte bestimmt sind. Sie dürfen, sofern vom *DAM*[1]) im Einzelfall keine Ausnahmen gestattet werden, nicht gleichzeitig als Betriebsmeßgeräte verwendet werden.
(2) Die Normale werden nach ihrer Meßgenauigkeit in Ordnungen gestaffelt.
(3) Die Betriebe haben dem *DAM*[1]) jede Änderung im Bestand der Normale unaufgefordert mitzuteilen.

§ 5 Beglaubigung der Normale

(1) Die Beglaubigung der Normale besteht in der Prüfung der technischen Eigenschaften des Meßgerätes, der Beurkundung des Prüfergebnisses und der Zulassung des Gerätes zur Verwendung als Normal. Sie erfolgt durch die Dienststellen des *DAM*[1]) oder durch Prüfstellen, die vom *DAM* zur Durchführung von Beglaubigungen ermächtigt werden.
(2) Die Beglaubigungsfrist für Normale legt das *DAM*[1]) fest.
(3) Vergleichsmeßgeräte (Komparatoren) und Hilfsmeßgeräte, welche die Betriebe bei Vergleichen ihrer Betriebsmeßgeräte mit Normalen und beim Prüfen ihrer Normale mit Normalen höherer Ordnung verwenden, sind nur zu beglaubigen, sofern dies vom *DAM*[1]) bestimmt wird; andernfalls sind sie wie Betriebsmeßgeräte zu behandeln.

Zu § 2 der Verordnung:

§ 6 Begriff der Eichung

(1) Die Eichung im Sinne von § 2 der Verordnung besteht in der Prüfung der technischen Eigenschaften der Meßgeräte und der Beurkundung des Prüfergebnisses durch die Dienststellen des *DAM*[1]) oder durch Prüfstellen, die vom *DAM* zur Durchführung von Eichungen ermächtigt werden.

(2) Durch die Eichung wird festgestellt, daß das Meßgerät bei der Prüfung der technischen Eigenschaften den vom *DAM*[1]) festgesetzten Anforderungen genügt hat.
(3) Die erstmalige Eichung eines Meßgerätes wird als Ersteichung, jede danach vorgenommene Eichung als Nacheichung bezeichnet.

§ 7 Bereithalten von Meßgeräten

Bereitgehalten im Sinne der Verordnung ist ein Meßgerät, wenn die Umstände erkennen lassen, daß es ohne besondere Vorbereitung in Gebrauch genommen werden kann.

§ 8 Nacheichfristen

(1) Die in der Meßgeräteliste festgelegten Fristen für die Nacheichung beginnen mit dem Ablauf des Kalenderjahres, in dem die letzte Eichung vorgenommen worden ist.
(2) Zur Sicherung einer zügigen Durchführung des Nacheichplanes können die Dienststellen des *DAM*[1]) anordnen, daß Meßgeräte, deren dauernde Verwendung für einen der im § 2 Abs. 1 der Verordnung genannten Zwecke außer Zweifel steht, noch vor Ablauf der nach Abs. 1 berechneten Frist zur Eichung vorzulegen sind, sofern seit der letzten Eichung mindestens die Hälfte dieser Frist verstrichen ist.

§ 9 Zusammenarbeit zwischen *DAM*[1]) und örtlichen Staatsorganen

(1) Bei der Durchführung von Maßnahmen, die einer zweckmäßigen Organisation der Eichungen dienen oder den nach § 3 Abs. 1 Buchst. c der Verordnung Vorlagepflichtigen die Erfüllung der Eichpflicht erleichtern sollen, haben die Dienststellen des *DAM*[1]) mit den örtlichen Staatsorganen zusammenzuarbeiten.
(2) Insbesondere hat sich die Zusammenarbeit nach Abs. 1 auf die Bekanntgabe der Nacheichtermine, auf die Ladung der Vorlagepflichtigen sowie auf die Bereitstellung geeigneter Räume zu erstrecken.

Zu § 3 der Verordnung:

§ 10 Verantwortlichkeit für Zähler

Bei Meßgeräten zur Messung von elektrischer Arbeit und des Verbrauchs von Gas oder Wasser ist der Versorgungsbetrieb für alle Meßgeräte in seinem Versorgungsnetz, nach deren Anzeigen er mit dem Abnehmer abrechnet, verantwortlich.

§ 11 Aufstellung, Benutzung und Wartung der Meßgeräte

Für die Aufstellung, Benutzung und Wartung von Meßgeräten sind bestehende Benutzungsanweisungen der Hersteller und Anweisungen des *DAM*[1]) zu beachten und einzuhalten.

§ 12 Vorlage der Meßgeräte zur Eichung

(1) Soweit nicht in Prüfvorschriften oder durch besondere Anweisungen im Einzelfall die Eichung am Gebrauchs- oder Aufstellungsort der Meßgeräte angeordnet ist, sind diese den Dienststellen des *DAM*[1]) in ihren Diensträumen oder an den von ihnen sonst bestimmten Stellen zur Eichung vorzulegen.
(2) Die Meßgeräte sind in gebrauchsfähigem Zustand und gereinigt zur Eichung vorzulegen. Bei Eichung und Beglaubigung am Gebrauchs- oder Aufstellungsort hat der Vorlagepflichtige für gefahrlosen Zugang zu den Meßgeräten, für ausreichenden Raum zur Durchführung der Eichung oder Beglaubigung und für Bereitstellung des nach den Prüfvorschriften erforderlichen Meßgutes zu sorgen sowie erforderlichenfalls Arbeitshilfe zu stellen.
(3) Kosten und Gefahr der Beförderung der Meßgeräte zum und vom Ort der Eichung oder der Beglaubigung hat der Vorlagepflichtige zu tragen. Er hat auf seine Kosten und Gefahr in Fällen, in denen die Meßgeräte am Aufstellungsort geprüft werden sollen oder müssen, für den An- und Abtransport der Prüfmittel des *DAM*[1]) zu sorgen.
(4) Ersatzansprüche für Meßgeräte, die durch die Eichung oder Beglaubigung beschädigt oder zerstört werden, können nicht geltend gemacht werden.

Zu § 5 Ziff. 4 der Verordnung:

§ 13 Meßtechnische Beurteilung der für die Einfuhr vorgesehenen Meßgeräte

(1) Die Außenhandelsorgane dürfen Verträge über die Einfuhr von Meßgeräten aus anderen Staaten nur abschließen, wenn der inländische Besteller eine Stellungnahme des *DAM*[1]) darüber vorlegt, daß die Einfuhr empfohlen werden kann.
(2) Wer beim *DAM*[1]) eine Stellungnahme nach Abs. 1 beantragt, hat dabei ein Mustergerät zur meßtechnischen Beurteilung vorzulegen. Das *DAM* hat das Gerät unter Beachtung der für die Musterprüfung von Meßgeräten geltenden Grundsätze zu untersuchen und die Ergebnisse dieser Untersuchung seiner Stellungnahme zugrunde zu legen. Es kann seine Stellungnahme auch dahingehend abgeben, daß die Einfuhr nur zu empfehlen ist, wenn bestimmte Änderungen an dem Gerät verlangt werden.
(3) Liegen ausreichende Unterlagen (Beschreibungen, Zeichnungen, Schaltskizzen u. ä.) über das für die Einfuhr vorgesehene Gerät vor, so kann die meßtechnische Beurteilung auch ohne Vorlage eines Mustergerätes auf Grund dieser Unterlagen erfolgen. Die Entscheidung darüber, ob die Unterlagen ausreichen, trifft das *DAM*[1]).

(4) Die Außenhandelsorgane dürfen von den Empfehlungen des *DAM*[1]) nur mit Zustimmung der zuständigen Organe des zentralen Staatsapparates abweichen.
(5) Für die Einfuhr einzelner Meßgeräte für Forschungs- und Entwicklungszwecke kann das *DAM*[1]) mit den zuständigen Stellen Sonderregelungen treffen.

Zu § 5 Ziff. 6 der Verordnung:

§ 14 Meßgeräteliste

(1) Die auf Grund von § 5 Ziff. 6 der Verordnung vom *DAM*[1]) aufgestellte Liste der eichpflichtigen Meßgeräte (Meßgeräteliste) wird als Anlage zu dieser Durchführungsbestimmung veröffentlicht.
(2) Ergänzungen und Änderungen der Meßgeräteliste werden vom Präsidenten des *DAM*[1]) im Gesetzblatt der DDR Teil III bekanntgegeben.
(3) Meßgeräte, die durch Aufnahme in die Meßgeräteliste erstmalig eichpflichtig werden, sind in der vom *DAM*[1]) aufgerufenen Reihenfolge zur Eichung vorzulegen.

Zu § 6 Ziff. 5 der Verordnung:

§ 15 Ermächtigung von Prüfstellen

(1) Die Ermächtigung von Prüfstellen erfolgt in der Regel auf Antrag. Die Voraussetzungen für die Ermächtigung und die Form des Antrages legt das *DAM*[1]) fest. Der Umfang der Ermächtigung wird in einer vom *DAM* ausgestellten Zulassungsurkunde festgelegt.
(2) Die Ermächtigung kann zurückgezogen werden, wenn die Prüfstelle gegen die ihr obliegenden Pflichten verstößt oder wenn nach den Feststellungen des *DAM*[1]) der Einsatz der Prüfstelle nicht mehr erforderlich ist.
(3) Im Interesse der Aufrechterhaltung eines geordneten Meßwesens kann das *DAM*[1]) im Einvernehmen mit den zuständigen zentralen staatlichen Organen in Betrieben oder anderen Institutionen bestehende Prüfstellen auch ohne deren Antrag zur Durchführung staatlicher Aufgaben auf dem Gebiet des Meßwesens verpflichten und in dringenden Fällen die Erweiterung bestehender sowie die Errichtung neuer Prüfstellen verlangen.

§ 16 Stellung und Pflichten der Prüfstellen

(1) Die Prüfstellen sind materiell und personell von den Betrieben oder Institutionen zu finanzieren und zu unterhalten, bei denen sie eingerichtet sind. Sie unterliegen hinsichtlich ihrer Tätigkeit bei der Lösung der ihnen übertragenen meßtechnischen Aufgaben und hinsichtlich der dabei verwendeten technischen Ausrüstung der Anleitung und Aufsicht

des *DAM*[1]). Die Verantwortlichkeit der Betriebe oder Institutionen für die Prüfstellen wird durch diese Anleitung und Aufsicht des *DAM* nicht eingeschränkt.
(2) Der Leiter der Prüfstelle und dessen Stellvertreter müssen vom *DAM*[1]) auf die gewissenhafte und objektive Durchführung der der Prüfstelle übertragenen Aufgaben verpflichtet sein. Die Verpflichtung ist vom Betrieb oder der Institution zu beantragen.
(3) Das *DAM*[1]) kann die Ablösung von Mitarbeitern der Prüfstelle verlangen, die sich als ungeeignet oder unzuverlässig erweisen.
(4) Auf Anforderung des *DAM*[1]) haben die Prüfstellen Tätigkeitsberichte und statistisches Material vorzulegen. Veröffentlichungen über die Tätigkeit der Prüfstellen hinsichtlich der ihnen vom *DAM* übertragenen meßtechnischen Aufgaben bedürfen der Genehmigung des *DAM*[1]). Tätigkeitsberichte der Prüfstellen über Meßgeräte für Verteidigungszwecke bedürfen außerdem der Zustimmung der zuständigen Dienststelle der bewaffneten Organe.

§ 17 Inkrafttreten

Diese Durchführungsbestimmung tritt am 1. September 1961 in Kraft.

Anlage

zu § 14 vorstehender Erster Durchführungsbestimmung s. C **06 03 03**.

[1]) **Jetzt: Amt für Standardisierung, Meßwesen und Warenprüfung, ASMW.**

Anordnung über die Liste der eichpflichtigen Meßgeräte
vom 10. Juni 1977 — Auszug —

(GBl. I Nr. 19 S. 252)

Auf Grund des § 5 Ziff. 6 der Verordnung vom 18. Mai 1961 über das Meßwesen (GBl. II Nr. 32 S. 191) und des § 14 Abs. 2 der Ersten Durchführungsbestimmung vom 15. August 1961 zur Verordnung über das Meßwesen (GBl. II Nr. 66 S. 437) wird folgendes angeordnet:

§ 1

Die Liste der eichpflichtigen Meßgeräte (Meßgeräteliste) erhält folgende Fassung:

Meßmittel und ihr Einsatz	Die Eichung durchführende Stelle		Gültigkeitsdauer der Eichung (in Jahren)	Bemerkungen
	ASMW	Meßtechnische Prüfstelle		
1	2	3	4	5
1. Meßmittel zur Mengenbestimmung im grenzüberschreitenden Warenverkehr[1])				
Waagen und zugehörige Wägestücke	×	×	3	
Längen- und Flächenmeßmaschinen	×	×	2	
Meßeinrichtungen zur Bestimmung des Volumens oder der Masse strömender Flüssigkeiten oder Gase	×	×	2	
Volumenmeßeinrichtungen an Tankfahrzeugen	×	×	2	
Transportmeßbehälter auf Straßenfahrzeugen	×	×	5	

AAR 2. Lieferung

(Fortsetzung)

Meßmittel und ihr Einsatz	Die Eichung durchführende Stelle		Gültigkeitsdauer der Eichung (in Jahren)	Bemerkungen
	ASMW	Meßtechnische Prüfstelle		
1	2	3	4	5
Lagermeßbehälter in Tanklagern	×	×	20	
Meßmittel der „Intercontrol" u. a. Außenhandelskontrollorgane	×		gemäß Vereinbarung Intercontrol-ASMW	
Meßmittel für elektrische Energie		×	gemäß Vereinbarung ASMW-Versorgungsbetrieb	
3. Meßmittel zur Mengenbestimmung bei zwischenbetrieblichen Verrechnungen auf der Grundlage der Lieferung von Erzeugnissen der Produktions- oder Versorgungsbetriebe an Abnehmer oder Verbraucher				
Längen- und Flächenmeßmaschinen	×	×	2	
Waagen und Wägeeinrichtungen (auch als Teil anderer Anlagen) mit einer Höchstlast über 3000 kg	×	×	3	
Förderbandwaagen	×	×	3	
Elektrische Getreidefeuchtemeßmittel		×	1	

Meßmittel und ihr Einsatz	Die Eichung durchführende Stelle		Gültigkeitsdauer der Eichung (in Jahren)	Bemerkungen
	ASMW	Meßtechnische Prüfstelle		
1	2	3	4	5
Meßeinrichtungen zur Bestimmung des Volumens oder der Masse für Flüssigkeiten oder Gase		×	2	
Meßmittel für				
– Wasser		×	gemäß Vereinbarung ASMW-Versorgungsbetrieb	
– Gas		×		
– Elektrische Energie				
– Wärmeenergie		×		
5. Meßmittel im Gesundheitswesen, Strahlenschutz, Arbeitsschutz, Sicherheitswesen und im Umweltschutz				
Körpertemperaturmeßmittel[2])		×	1	
Blutdruckmeßmittel		×	2	
Augendruckmeßmittel	×	×	2	
Audiometer	×	×	2	
Meßmittel des bewerteten und unbewerteten Schalldruckpegels	×	×	2	
Strahlenschutzdosimeter	×	×	2	
Medizinische Dosimeter	×	×	2	
Aktivitätsmeßgeräte für Strahlenschutzzwecke	×	×	2	
Nuklearmedizinische Aktivitätsmeßgeräte	×	×	2	
Zugfestigkeitsprüfmaschinen für Ketten, Seile, Anschlagmittel und Isolatoren	×	×	1	

Meßmittel und ihr Einsatz	Die Eichung durch führende Stelle		Gültigkeitsdauer der Eichung (in Jahren)	Bemerkungen
	ASMW	Meßtechnische Prüfstelle		
1	2	3	4	5
Prüfeinrichtungen für Atemschutzgeräte		×	2	
Waagen der Klassen 1 und 2 und zugehörige Wägestücke	×	×	3	auch in Apotheken
7. Meßmittel zur Erstattung von Gutachten				
Waagen der Klassen 1 und 2 und zugehörige Wägestücke	×	×	3	
Waagen der Klasse 3 bis zu einer Höchstlast von 3000 kg und zugehörige Wägestücke		×	3	
Temperaturmeßmittel		×	2	
Zug-Druck-Festigkeitsprüfmaschinen	×	×	1	
Druckmeßmittel	×	×	2	
Härtemeßgeräte	×	×	1	
Drehmomentenmeßmittel	×	×	1	

§ 2

(1) Diese Anordnung tritt am 1. Juli 1977 in Kraft.
(2) Gleichzeitig treten außer Kraft:

Anlage zum § 14 der Ersten Durchführungsbestimmung vom 15. August 1961 zur Verordnung über das Meßwesen (GBl. II Nr. 66 S. 437),

Anordnung vom 24. Dezember 1965 über die Änderung der Liste der eichpflichtigen Meßgeräte (GBl. II 1966 Nr. 3 S. 9),

Anordnung Nr. 2 vom 12. Oktober 1967 über die Änderung der Liste der eichpflichtigen Meßgeräte (GBl. II Nr. 100 S. 720),

Anordnung Nr. 3 vom 22. Januar 1971 über die Änderung der Liste der eichpflichtigen Meßgeräte (GBl. II Nr. 12 S. 84),

Anordnung Nr. 4 vom 12. August 1971 über die Änderung der Liste der eichpflichtigen Meßgeräte (GBl. II Nr. 65 S. 570),

Anordnung Nr. 5 vom 24. Mai 1972 über die Änderung der Liste der eichpflichtigen Meßgeräte (GBl. II Nr. 36 S. 418),

Anordnung Nr. 6 vom 22. November 1973 über die Änderung der Liste der eichpflichtigen Meßgeräte (GBl. I Nr. 56 S. 554),

Anordnung Nr. 7 vom 27. Mai 1974 über die Änderung der Liste der eichpflichtigen Meßgeräte (GBl. I Nr. 29 S. 287).

[1]) Gilt nur für Meßmittel,
- deren Meßergebnis unabhängig vom Ort der Messung als Berechnungsbasis vereinbart ist,
- deren Meßergebnis Grundlage der Gebührenberechnung im internationalen Postverkehr darstellt.

[2]) Soweit Meßmittel aus Glas, keine Begrenzung der Gültigkeitsdauer.

Grundlinie zur Umstellung bisher verwendeter alter Maßeinheiten auf Maßeinheiten des „Internationalen Einheitensystems (SI)“ mit der Einführung des DDR-Standards „Einheiten physikalischer Größen“ in allen gesellschaftlichen Bereichen der DDR

Zur Überwindung der großen Unterschiede zwischen den Maßeinheiten der verschiedenen Länder und zur Schaffung einer einheitlichen Verständigungsbasis für die Internationale Zusammenarbeit in Wissenschaft, Technik und Produktion wurde im Rahmen der zwischenstaatlichen „Meterkonvention“ unter aktiver Mitwirkung der RGW-Länder das „Internationale Einheitensystem (SI)“ erarbeitet. Seine Anwendung in allen Ländern empfahl 1960 die 11. Generalkonferenz für Maß und Gewicht als höchstes Organ der internationalen „Meterkonvention“.
Parallel zur Situation in vielen anderen Ländern sammelte auch die DDR seit den 60er Jahren umfangreiche Erfahrungen mit der Anwendung der Maßeinheiten des „Internationalen Einheitensystems“ und wendet sie auf den meisten Meßgebieten seit Jahren an. Darauf aufbauend und übereinstimmend mit den Aktivitäten in den Ländern des RGW sowie des nichtsozialistischen Wirtschaftsgebietes wird es nunmehr notwendig, weitere Schritte zur Einführung des „Internationalen Einheitensystems“ zu tun, das heißt, bisher noch verwendete alte Maßeinheiten (sogenannte „SI-fremde“ Maßeinheiten) auf Maßeinheiten des SI-Systems umzustellen.
Die generelle Grundlinie der dazu vorzubereitenden bzw. durchzuführenden Maßnahmen und Aufgaben im Verantwortungsbereich der Ministerien und anderen zentralen staatlichen Organe wurde mit dem Beschluß des Ministerrates der DDR vom 23. 3. 1978 vorgegeben. Sie berücksichtigt sowohl die außenwirtschaftlichen Interessen unserer Republik und die volkswirtschaftlichen Möglichkeiten zur Verwirklichung der erforderlichen Maßnahmen mit minimalem Aufwand als auch den längerfristigen Charakter des Prozesses der Umstellung, insbesondere bei der Vorbereitung der Menschen auf die Anwendung der neuen Maßeinheiten sowie bei der Umstellung der Meßmittel, Maschinen und Anlagen auf die neuen Maßeinheiten. Sie fordert das in Übereinstimmung mit der UdSSR und den anderen RGW-Ländern koordinierte Vorgehen.
Der Schwerpunkt bei der Umstellung von Maßeinheiten liegt vor allem bei den Meßgrößen der Kraft (Umstellung von Kilopond auf Newton), des Druckes (von Millimeter Wassersäule, Meter Wassersäule, Torr und Technische Atmosphäre auf Pascal), der Leistung (von Pferdestärke auf Watt) sowie der Wärmemenge (von Kalorie auf Joule). Verbunden mit diesen genannten Maßeinheiten, die umzustellen sind, sind noch einige davon abgeleitete Maßeinheiten betroffen, wie die mechanische Spannung (von Kilopond pro mm^2 auf Pascal). Darüber hinaus beziehen sich die umzustellenden Maßeinheiten auf weitere, jedoch auf sehr eng begrenzten Gebieten verwendete physikalische Größen.

Insgesamt bedeutet der vor uns stehende Schritt der weiteren Einführung des „Internationalen Einheitensystems" nicht, alle bisher verwendeten alten — also „SI-fremden" — Maßeinheiten umzustellen, da es sich aus der internationalen Abstimmung ergeben hat, einige zweckmäßigerweise auch künftig zu benutzen oder in bestimmten Fällen ihre Anwendung auf engen Spezialgebieten noch ohne zeitliche Befristung zuzulassen.
Auf Grund des Beschlusses des Ministerrates der DDR vom 23. 3. 1978 zur weiteren schrittweisen Einführung des „Internationalen Einheitensystems (SI)" entspricht die Anordnung über die Tafel der gesetzlichen Einheiten vom 26. 11. 1968 (GBl. SDr. 605) nicht mehr den neuen Erfordernissen. Sie wird mit dem DDR-Standard „Einheiten physikalischer Größen" ersetzt, der inhaltlich mit dem in der Ständigen Kommission des RGW für Standardisierung erarbeiteten Entwurf des RGW-Standards übereinstimmt und die Grundlage für die künftig in der DDR gesetzlich gültigen Maßeinheiten und damit auch für die Umstellung der alten auf die neuen Maßeinheiten bildet.
Der DDR-Standard-Entwurf enthält die künftig in der DDR gültigen Maßeinheiten des „Internationalen Einheitensystems", die weiterhin allgemein oder in Spezialgebieten gültigen alten („SI-fremden") Maßeinheiten sowie die nur noch befristet gültigen alten Maßeinheiten, deren Umstellung auf neue Maßeinheiten in der nächsten Zeit entsprechend dem Ministerratsbeschluß vom 23. 3. 1978 durchzuführen ist. Der staatlich verbindliche Termin für die endgültige Ablösung dieser alten Maßeinheiten durch die neuen wird in Abstimmung mit der UdSSR und den anderen RGW-Ländern festgelegt. Außerdem gibt der DDR-Standard die Regeln für die Bildung und Anwendung der Maßeinheiten und der zu benutzenden Zeichen vor.
Die von der Umstellung von alten auf neue Maßeinheiten betroffenen Bereiche konzentrieren sich besonders auf die Betriebe und Kombinate, die Meßmittel herstellen bzw. Bilanzfunktion für bestimmte Meßmittel haben, und auf die Betriebe und Einrichtungen, die diese Meßmittel mit neuen Maßeinheiten anwenden oder Angaben an Anlagen in neuen Maßeinheiten machen müssen.
Die neuen Maßeinheiten sind aber auch in der wissenschaftlichen und technischen Fachliteratur, in Rechtsvorschriften einschließlich Standards, Angebotsunterlagen, betrieblichen Arbeitsunterlagen u. a. zu berücksichtigen.
Da der Umgang mit den bisher gebräuchlichen alten Maßeinheiten sich tief in das Denken und Handeln der Menschen eingeprägt hat und die Umstellung auf die Anwendung der neuen Maßeinheiten deshalb gründlich vorbereitet werden muß, sind nicht nur in der Industrie, sondern auch in den anderen volkswirtschaftlichen Bereichen weitere Schritte zur Umstellung von den alten auf die neuen Maßeinheiten durchzuführen.
Unter Berücksichtigung des Entwurfs des DDR-Standards „Einheiten physikalischer Größen" erfolgen das Vorgehen bei der weiteren Anwendung von Maßeinheiten des „Internationalen Einheitensystems" und die einzuleitenden Schritte unter Beachtung folgender Grundsätze:

1. Für die Umstellung der alten auf die neuen Maßeinheiten wird ein Zeitraum von mehreren Jahren vorgesehen.

   In diesem Übergangszeitraum, in dem die alten und die neuen Maßeinheiten für die

jeweilige physikalische Größe nebeneinander bestehen, werden in allen Druckerzeugnissen die neuen Maßeinheiten bevorzugt angewendet bei gleichzeitiger Angabe der alten Maßeinheiten in Klammern.
Die Ausbildung sowie die Qualifizierung der Werktätigen ist in allen diesbezüglichen Einrichtungen auf die neuen Maßeinheiten auszudehnen.

2. Die Einführung der neuen Maßeinheiten in die Standards, Vorschriften, Konstruktions- und Projektunterlagen, Dokumentationen sowie in die Lehrpläne und Lehrmaterialien wird mit der planmäßigen Überarbeitung bzw. Neuerarbeitung durchgeführt, so daß kein zusätzlicher Aufwand entsteht.
3. Im Zeitraum bis zur endgültigen Ablösung der alten Maßeinheiten entscheidet bei Exportaufträgen über die zu verwendenden Maßeinheiten die Anforderung der Außenhandelspartner. Bei der Produktion von Meßmitteln, Geräten und Anlagen für die Inlandbedarfsdeckung ist unter den Gesichtspunkten der Effektivität der Produktion vom Produzenten in Abstimmung mit den Kooperationspartnern und Anwendern festzulegen, bis wann auf der Basis der alten und ab wann auf der Basis der neuen Maßeinheiten geliefert wird. Zur Gewährleistung des Arbeitsschutzes und der technischen Sicherheit ist die Umstellung von alten auf neue Maßeinheiten gleichzeitig in geschlossenen Produktionsbereichen, Betriebsteilen oder Betrieben zu planen und zu realisieren. In Einrichtungen des Gesundheitswesens ist in entsprechender Weise zu verfahren.
4. In solchen Arbeitsbereichen, Labors u. ä., wo dies dem Arbeitsschutz und der technischen Sicherheit nicht widerspricht, sollten die betroffenen Meßmittel, Geräte oder Anlagen auf Basis alter Maßeinheiten, bei denen eine einfache Umstellung der Maßskale nicht möglich ist, erst mit dem normalen Verschleiß gegen Erzeugnisse mit neuen Maßeinheiten ausgetauscht werden. In diesen Fällen sind arbeitsplatzbezogene Umrechnungstabellen von alten auf neue Maßeinheiten zur Verfügung zu stellen.
5. Dort, wo es volkswirtschaftlich erforderlich ist, ist die Verwendung alter Maßeinheiten, auch über den staatlich verbindlichen Ablösetermin hinaus, auf der Grundlage einer vom ASMW erteilten Ausnahmegenehmigung vorgesehen.

Mit dem Beschluß des Ministerrates vom 23. 3. 1978 wurde festgelegt, daß für die Umstellung der alten auf die neuen Maßeinheiten die volkswirtschaftlich günstigste Variante zu realisieren ist.
Das setzt die verantwortungsbewußte Herausarbeitung der notwendigen Maßnahmen in den Bereichen der Ministerien und anderen zentralen Staatsorganen in Abstimmung mit den Kooperations- und Vertragspartnern voraus und bedarf der Koordinierung der Umstellung nach einheitlichen Gesichtspunkten durch das ASMW, welches sich dabei auf die mit Beschluß des Ministerrates vom 31. 10. 1974 gebildete zentrale Arbeitsgruppe stützt.
Erst auf der Grundlage der von den Ministerien und anderen zentralen staatlichen Organen erarbeiteten konkreten Maßnahmen und der daraus abgeleiteten Aufgaben für den Volkswirtschaftsplan wird es möglich, die Umstellung planmäßig und koordiniert mit minimalem Aufwand zu verwirklichen.

Anlage 1

Erforderliche Veränderungen bei der weiteren schrittweisen Einführung des SI-Systems

Größe	abzulösende Einheiten*)	einzuführende Einheiten	Umrechnungs-beziehung	hauptsächlich betroffene Industriezweige
Kraft	p (Pond) kp, Mp	N (Newton) kN	1 kp = 9,80665 N	Fördertechnik, Verkehrswesen, Bauwesen, Schwermaschinenbau
Druck	kp/cm^2 = at (Techn. Atmosphäre)	Pa (Pascal) kPa, MPa	1 at = 0,0980665 MPa	Chemische Industrie, Chemieanlagen, Energieversorgung, Schiffbau, Verkehrswesen
Spannung	m WS (Meter Wassersäule) mm WS	kPa, Pa	1 m WS = 9,80665 kPa	
	kp/mm^2	MPa (= N/mm^2)	1 kp/mm^2 = 9,80665 MPa	Metallverarbeitende Industrie, Metallurgie, Bauwesen
	Torr	Pa, kPa	1 Torr = 133,322 Pa	Vakuumtechnik, Gesundheitswesen
Dynamische Viskosität	P (Poise) cP	Pa.s (Pascalsekunde)	1 P = 0,1 Pa.s 1 cP = 1 mPa.s	Chemische Industrie
Kinematische Viskosität	St (Stokes) cSt	m^2/s	1 St = 10^{-4} m^2/s 1 cSt = 1 mm^2/s	Lebensmittelindustrie
Leistung	PS (Pferdestärke)	W (Watt) kW	1 PS = 735,499 W	Fahrzeugbau, Verkehrswesen, Schwermaschinenbau
Wärmemenge	cal (Kalorie) kcal	J (Joule) kJ	1 cal = 4,1868 J	Energieversorgung, Wärmetechnik, Gesundheitswesen, Lebensmittelind.
Exposition	R (Röntgen)	C/kg	1 R = 2,58 · 10^{-4} C/kg	Energieversorgung (Kernkraftwerke) Gesundheitswesen Materialprüfung, NVA
Aktivität	Ci (Curie)	Bq (Bequerel) 1 Bq = 1 s^{-1}	1 Ci = 3,7 · 10^{10} Bq	
Energiedosis	rd (Rad)	Gy (Gray) 1 Gy = 1 J/kg	1 rd = 10^{-2} Gy	

*) Hierzu gehören noch einige selten benutzte Einheiten, wie z. B. das Dyn (Einheitenzeichen dyn) für Kraft, die physikalische Atmosphäre (atm) für Druck, das Erg (erg) für Energie, das Stilb (sb) für Leuchtdichte sowie die von den abzulösenden Einheiten abgeleiteten Einheiten.

Anlage 2

Kurzcharakteristik des Internationalen Einheitensystems (SI)

Das Internationale Einheitensystem (SI) beruht auf 7 Basiseinheiten, aus denen auf einfache Weise alle weiteren in den verschiedenen Bereichen des gesellschaftlichen Lebens notwendigen Maßeinheiten ohne aufwendige Umrechnung ableitbar sind und diese in ihrer Anzahl auf ein Minimum beschränkt werden können. (Umrechnungsfaktoren kommen nur noch als Zahlenwerte von 1, 10 oder Potenzen von 10 vor. Das ist ein wesentlicher Vorteil gegenüber den alten Einheiten, bei denen sehr komplizierte Umrechnungsbeziehungen bestehen.) Basiseinheiten des SI sind

das Meter für die Länge, das Kilogramm für die Masse, die Sekunde für die Zeit, das Ampere für die Stromstärke, das Kelvin für die Temperatur, die Candela für die Lichtstärke und das Mol für die Stoffmenge.

Bei den Empfehlungen zur Anwendung des SI auf der Generalkonferenz für Maß und Gewicht im Jahre 1960, denen auch die UdSSR und andere sozialistische Länder zugestimmt haben, sind die der Internationalen Meterkonvention angehörenden Länder davon ausgegangen, daß der Nutzen eines solchen Systems einheitlicher Maßeinheiten für die einzelnen Länder im Falle seiner weltweiten Durchsetzung vor allem darin besteht, daß

– Effektivitätsgewinn in der Produktion und im Handel erzielbar ist, da
  - die Produzenten von Meßmitteln, Maschinen, Ausrüstungen und Anlagen ihre Produkte für die verschiedenen Handelspartner nicht mehr mit unterschiedlichen Maßangaben liefern müssen
  - für die Spezialisierung und Kooperation von Baugruppen, Baueinheiten und Meßmitteln infolge der einheitlichen meßtechnischen Basis Vorteile erwachsen, Nachrüstungen an Importerzeugnissen vermieden werden und auch die Ersatzteilhaltung für Meßeinrichtungen rationeller gestaltet werden kann
– der Arbeits- und Havarieschutz, insbesondere bei Anlagen, die mit hohen Drücken arbeiten, weiter verbessert werden kann, da irrtümliche Meßwertablesungen infolge unterschiedlicher Zahlenwerte für gleiche Meßgrößen nicht mehr möglich sind
– Rationalisierungseffekte für die wissenschaftlich-technische Arbeit erschließbar werden, weil z. B. die bisher erforderlichen Umrechnungen nach Vereinheitlichung der Maßeinheiten der verschiedenen Länder entfallen.

Anlage 3

Rahmenmaßnahmeplan für die zentralen Organe zur Einführung des DDR-Standards TGL 31 548 „Einheiten physikalischer Größen"

1. Analyse des Umfanges der im Verantwortunsbereich des betreffenden Staatsorgans abzulösenden „SI-fremden" Einheiten gemäß Tabelle 6 des o.g. Standards für die Herstellung und/oder Anwendung von Meßmitteln und in normativ-technischen Dokumenten.
Ableitung von Schlußfolgerungen und Maßnahmen.
2. Festlegung des Umfangs und der Termine für die Einstellung der Produktion von Meßmitteln, die in alten abzulösenden Einheiten kalibriert sind bzw. Fortsetzung der Produktion dieser Meßmittel für den Ersatzbedarf sowie Aufnahme der Produktion von Meßmitteln in SI-Einheiten.
3. Festlegung von Maßnahmen zum Neukalibrieren von Referenznormalen und Arbeitsmeßmitteln in abzulösenden Einheiten in SI-Einheiten im Rahmen der planmäßig vorbeugenden Instandhaltung bzw. Festlegung des Zeitpunktes für das Verwendungsverbot der in alten Einheiten kalibrierten Meßmittel.
4. Festlegung von Maßnahmen zur Überprüfung bzw. Überarbeitung der normativ-technischen Dokumente wie z. B. Standards, Vorschriften, Dokumentationen und Projektierungsunterlagen auf Ersatz alter abzulösender Einheiten durch die neuen Maßeinheiten.
5. Festlegung von Maßnahmen für die Erarbeitung der Planungsunterlagen und der Statistik auf der Grundlage der neuen Maßeinheiten.
6. Festlegung von Maßnahmen zur Änderung der Maßangaben an Anlagen und Rohrleitungen (z. B. für den Druck).
7. Festlegung von Maßnahmen zur Produktion von Maschinen, Anlagen und Geräten mit Maßangaben in neuen Maßeinheiten.
8. Festlegung der Anwendung von neuen Maßeinheiten im Gesundheits-, Arbeits-, Brand- und Umweltschutz sowie bei der technischen Sicherheit anstelle der alten Maßeinheiten.
9. Festlegung von Maßnahmen zur Ausrüstung der Arbeitsplätze mit Tabellen für die Umrechnung der alten in neue Maßeinheiten für den Zeitraum, in dem alte und neue Maßeinheiten noch nebeneinander verwendet werden.
10. Festlegung von Maßnahmen zur Überprüfung und/oder Neuherausgabe von Katalogen u. a. technischen Informationsmitteln in neue Maßeinheiten.

11. Vorgabe spezialisierter Maßnahmepläne zum Übergang der unterstellten Industriezweige und Einrichtungen zu den neuen Maßeinheiten.

12. Plan der Öffentlichkeitsarbeit
    - Verwendung neuer Maßeinheiten anstelle der alten in Presse, Rundfunk und Fernsehen
    - Aufstellung eines Planes der Weiterbildungsveranstaltungen zur Anwendung der neuen Maßeinheiten im Bereich des zentralen Organs
    - Durchführung von Lehrveranstaltungen zur Anwendung der neuen Maßeinheiten
    - Vorbereitung von Informationsmaterialien über die Anwendung der neuen Maßeinheiten mit industriebereichsspezifischen Anwendungsbeispielen
    - Vorbereitung von Informationsmaterialien, Rundfunk- und Fernsehsendungen sowie von Lehrfilmen zur Anwendung der neuen Maßeinheiten
    - Überprüfung und Umstellung der Lehrpläne und Lehrmaterialien der allgemeinbildenden Schulen, der Berufsbildung und der Hoch- und Fachschulen auf die neuen Maßeinheiten
    - Aufbau eines Netzes von Konsultationsstützpunkten zur Beratung der Anwender der neuen Maßeinheiten und Organisation des Erfahrungsaustausches.

Informations- und Argumentationsmaterial sowie Maßnahmeplan (Hauptaktivitäten) des MfGe zur Einführung des „Internationalen Einheitensystems (SI)“ im Gesundheits- und Sozialwesen der DDR

1. Gegenstand und Anliegen dieses Materials

Die in der vorliegenden Darstellung behandelte Problematik betrifft die zur quantitativen Beschreibung der Materie verwendeten Bezugsgrößen. Für diese als Einheiten bezeichneten Bezugsgrößen haben sich in den verschiedenen Ländern im Laufe der Entwicklung von Naturwissenschaft und Technik unterschiedliche Werte und Bezeichnungen herausgebildet; ja selbst innerhalb eines Landes und innerhalb eines wissenschaftlichen bzw. technischen Fachgebietes sind für ein und dieselbe Größenart (wie z. B. Masse, Druck und Energie) eine Vielzahl von Einheiten gebräuchlich, deren zahlenmäßige Relationen ohne Hilfsmittel kaum noch überblickt werden können.
Mit dem Anwachsen der internationalen wirtschaftlichen und wissenschaftlichen Zusammenarbeit ergab sich demzufolge die zwingende Notwendigkeit zur Entwicklung eines allgemein verbindlichen, zweckmäßigen, perspektivisch beständigen und logisch aufgebauten Systems physikalischer Einheiten. Dafür wurden durch die 1960 von der 11. Generalkonferenz für Maß und Gewicht in Paris mit dem Namen „Système International d'Unités“ (in allen Sprachen als SI abgekürzt) belegte wissenschaftliche Konzeption die Grundlagen geschaffen und zur Anwendung in allen Ländern empfohlen [1].
Die Mitgliedsländer des Rates für gegenseitige Wirtschaftshilfe haben sich durch Annahme der RGW-Standardisierungsempfehlung RS/3472-74 [2] zur Einführung dieses „Internationalen Einheitensystems (SI)“ entschlossen.
In der DDR wurde vom Ministerrat festgelegt [3], konkrete Maßnahmen zur Einführung des SI in allen Bereichen des gesellschaftlichen Lebens vorzubereiten.
Der Minister für Gesundheitswesen hat auf der Grundlage der zentralen Beschlüsse festgelegt, daß in allen Bereichen des Gesundheits- und Sozialwesens der DDR Vorbereitungen getroffen werden, damit die notwendigen Umstellungsschritte unter Wahrung der Sicherheit und Qualität der medizinischen und sozialen Betreuung entsprechend dem als Entwurf veröffentlichten zentralen staatlichen Maßnahmeplan [4] vollzogen werden können.
Das Anliegen dieses Informations- und Argumentationsmaterials ist es, den Inhalt des Internationalen Einheitensystems zu beschreiben, einige wesentliche Konsequenzen und Probleme seiner Einführung in Forschung, Praxis und Lehre des Gesundheits- und Sozialwesens aufzuzeigen, die Notwendigkeit dieses Schrittes zu erläutern sowie die Hauptaufgaben und prinzipiellen Lösungswege dieses Prozesses darzustellen.
Damit haben diese Ausführungen zum Ziel, die breite Diskussion zur Einführung des SI

in allen staatlichen und gesellschaftlichen Bereichen und Ebenen des Gesundheits- und Sozialwesens anzuregen, die Analyse der fachspezifischen Probleme zu veranlassen sowie Richtlinie für notwendige und sachlich richtige Entscheidungen in den differenzierten Leitungsebenen zu sein.
Das Leistungsvermögen des Gesundheits- und Sozialwesens und die Qualität seiner Arbeit werden entscheidend durch den Entwicklungsstand des Meßwesens beeinflußt. Die gegenwärtige Praxis auf diesem Gebiet ist charakterisiert durch einen allgemein hohen Entwicklungsstand der technischen Ausrüstung und der meßtechnischen Methoden, aber auch durch verschiedene Probleme der Qualität und Effektivität der Messungen, die sowohl auf theoretisch-wissenschaftliche als auch organisatorisch-praktische Mängel im richtigen und effektiven Messen zurückzuführen sind. Deshalb muß es als zunächst zwar sekundäre, aber doch wesentliche Aufgabe einer breiten Diskussion um die Einführung neuer Maßeinheiten im Gesundheits- und Sozialwesen angesehen werden, gleichzeitig die Praxis des Meßwesens kritisch zu analysieren und dann konkrete Schlußfolgerungen abzuleiten.

2. Einige Vorbemerkungen zum Meßwesen

2.1. Historischer Abriß der Entwicklung des Meßwesens [1, 5]

Messungen physikalischer Größe haben eine sehr lange Tradition. Mit der Herausbildung der gesellschaftlichen Arbeitsteilung entwickelte sich der Warenaustausch, und damit war die Notwendigkeit zum qualitativen und quantitativen Warenvergleich durch Messen gegeben. Die ersten Maßeinheiten waren aus dem menschlichen Körperbau abgeleitete Längenmaße, wie Fuß, Elle, Hand- und Fingerbreiten — die älteste Überlieferung ist der auf der Statue des sumerischen Fürsten Gudea (etwa 2100 v. u. Z.) aufgezeichnete „Fuß" mit einer Länge von 264,5 mm — weiterhin Wägestücke aus Steinen mit Handgriffen, z. T. in Form heiliger Tiere hergestellt, und Volumenmaße, wie z. B. die altrömischen Amphoren.
Diese Art der Einheiten überdauerte Jahrtausende, und in der Zeit des Feudalismus gehörte es zum Machtprinzip jedes Fürsten, daß er seine für ihn vorteilhaften landeseigenen Maße schuf. So wurden in Deutschland bis zur Einführung des Meter als Längeneinheiten Ellen von 55 bis 83 cm und als Hohlmaße Scheffel von 23 bis über 200 l benutzt. Allein in Baden gab es im Jahre 1810 noch 12 verschiedene Ellen, 92 Flächeneinheiten, 65 Hohlmaße, 163 Getreidemaße und 80 Pfunde.
Es war das Verdienst französischer Gelehrter im 18. Jahrhundert, die Längeneinheit auf eine „Naturkonstante", den Erdumfang, zurückzuführen und sie somit zu objektivieren. Dazu wurde eine Messung des durch die Pariser Sternwarte gehenden Erdmeridianquadranten zwischen Dünkirchen und Barcelona mit den damals besten Hilfsmitteln ausgeführt, und in der nachrevolutionären Phase hat 1795 die französische Nationalversammlung entschieden, den zehnmillionsten Teil dieses Erdmeridianquadranten als Längen-

einheit unter dem Namen Meter zu wählen. Von der Längeneinheit Meter abgeleitet, sind die Volumeneinheit Liter als Inhalt eines Quaders von 10 cm Kantenlänge und daraus die Masseeinheit Kilogramm als Masse eines Liter destillierten Wassers bei seiner größten Dichte (bei 4 °C) entstanden. Zur Maßverkörperung für das Meter und das Kilogramm dienten ein Platinstab und ein Platinzylinder, welche, bekannt unter den Namen „Urmeter" und „Urkilogramm", jetzt das französische Staatsarchiv aufbewahrt.
Das metrische System wurde durch die Maß- und Gewichtsordnung des Norddeutschen Bundes 1868 in Deutschland eingeführt.
Im Gegensatz zur Längen- und Massebestimmung erfolgte die Zeitmessung von Beginn an auf der Grundlage einer objektiven Naturgröße, der Erdumdrehung und dem Lauf der Erde um die Sonne. Geschichtliche Zeugen für die ersten Sonnenuhren, bei denen der „Gnom", ein Stab oder Obelisk, durch seinen Schatten die Zeit angab, stammen etwa aus dem Jahr 2700 v. u. Z. Auch die Tageseinteilung in Stunden ist noch vor der Zeitenwende entstanden. Die Zeitquantelung bis zur Sekunde geschah etwa im 15. Jahrhundert und wurde zur Beschreibung der immer intensiveren astronomischen Beobachtungen notwendig. Aus dem 14./15. Jahrhundert stammen auch die ersten mechanischen Uhrwerke, welche bereits im 17. Jahrhundert an den bekannten Kunstuhren zu wahren Meisterwerken an Schönheit und Präzision heranreiften. Und auch heute noch sind Zeitmessungen die mit der höchsten Genauigkeit ausführbaren Messungen. Daher rührt das Bestreben der Metrologen, hochpräzise Messungen möglichst auf eine Zeitbestimmung bzw. auf die adäquate Frequenzmessung zurückzuführen.
Ein historisch wichtiges Datum in der Entwicklungsgeschichte des Meßwesens ist der 20. Mai 1875. An diesem Tage schlossen 17 Staaten die sogenannte „Internationale Meterkonvention", der heute 41 Staaten angehören, ab. Vertreter dieser Länder kommen mindestens alle 6 Jahre zur Generalkonferenz für Maß und Gewicht (Conférence Générale des Poids et Mesures, CGPM) zusammen. Die Tagungen der Generalkonferenz werden vom Internationalen Komitee für Maß und Gewicht vorbereitet. Für die laufenden Arbeiten wurde das Internationale Büro für Maß und Gewicht (BIPM) in Sèvres bei Paris eingerichtet.
Die ersten Generalkonferenzen der Mitgliedsländer der Meterkonvention befaßten sich hauptsächlich mit der Einführung, Definition und Darstellung der Urmaße Meter, Kilogramm und Sekunde. Mit der weiteren Entwicklung von Naturwissenschaft und Technik wurden auch Einheiten anderer Gebiete wie Elektrizität, Thermodynamik, Optik und ionisierende Strahlung definiert. Das BIPM verfügt über Laboratorien, in denen Normale für die Urmaße bewahrt, die staatlichen Normale der Mitgliedsländer geprüft und untereinander verglichen sowie metrologische Forschungen durchgeführt werden. 1975 fand die 15. CGPM statt, welche u. a. neue Einheiten für die Größen der ionisierenden Strahlung verabschiedete.
Die DDR ist seit 1956 Mitglied der Internationalen Meterkonvention und somit verpflichtet, den Beschlüssen der Generalkonferenzen Gesetzeskraft zu verleihen.

2.2. Zur „Theorie" der Maß- bzw. Einheitensysteme

Um bei den kommenden Diskussionen zur Einführung der Internationalen Maßeinheiten im Gesundheits- und Sozialwesen von Anfang an mögliche emotional bzw. traditionell bedingte Fehlorientierungen zu vermeiden, sei an dieser Stelle auf einige theoretische Aspekte der Metrologie hingewiesen, deren Kenntnis zur sachgerechten Überprüfung aller in der Medizin gebräuchlichen Maßeinheiten notwendig erscheint [1, 5, 6, 7].

Die moderne Lehre von den Maßsystemen und dem Meßwesen, die Metrologie, geht bei der Beschreibung der Materie in all ihren Bewegungsformen vom Begriff „Größe" aus.

Eine Größe ist ein Merkmal eines Objektes, das qualitativ charakterisiert und quantitativ bestimmt, also gemessen werden kann.

Die Messung einer Größe besteht in dem quantitativen Vergleich dieser Größe mit einer Größe gleicher Art, welche durch Absprache (nationale oder internationale Konvention) als „Einheit" festgelegt ist. Die Zahl, die angibt, wie oft die Einheit in der betrachteten Größe enthalten ist, heißt „Zahlenwert" der Größe. Daher kann man jede Größe als Produkt darstellen:

$$\text{Größe} = \text{Zahlenwert} \times \text{Einheit}$$

Entsprechend der Vielfalt quantifizierbarer Merkmale der Materie unterscheidet man eine im Prinzip unbegrenzte Zahl von „Größenarten" (Länge, Zeit, Kraft, Energie usw.), zwischen denen im allgemeinen die aus der exakten Naturwissenschaft bekannten physikalischen Beziehungen bestehen, welche durch „Größengleichungen" (z. B.: Kraft = Masse mal Beschleunigung) mathematisch bestimmt sind.

Unter diesen Größenarten zeichnen sich einige wenige dadurch aus, daß sie aus sich heraus erklärt werden können und voneinander unabhängig sind; zwischen ihnen also keine Größengleichungen aufgestellt werden können. Diese Größenarten werden in der Theorie der Maßsysteme als sogenannte „Grund- oder Basisgrößenarten" bezeichnet, wohingegen alle aus diesen durch mathematische Beziehungen gebildeten Größenarten als „abgeleitete Größenarten" bezeichnet werden.

Entsprechend werden im Einheitensystem auch „Basiseinheiten" und „abgeleitete Einheiten" unterschieden, wobei die abgeleiteten Einheiten durch sogenannte „Einheitengleichungen" (z. B. 1 Newton = 1 Kilogramm × 1 Meter pro Sekundenquadrat) aus den Basiseinheiten entstehen.

Eine besondere Beachtung innerhalb der Einheitensysteme ist den sogenannten „Sondereinheiten" zu widmen. Darunter sollen solche Einheiten verstanden werden, in deren Namen Hinweise auf einen speziellen Sachbezug der damit gemessenen Größen enthalten sind, aber auch Einheiten für sogenannte Verhältnisgrößen und Zählgrößen.

Über die Zulässigkeit der Verwendung von Sondereinheiten entscheidet deren Ausweis in den nationalen gesetzlichen Bestimmungen über physikalische Einheiten [8, 4, 9]. Andererseits existieren gerade im Gesundheitswesen Sondereinheiten, welche ihrem Charakter nach nicht zu den physikalisch-technischen Einheiten gerechnet werden und deren Anwendung

deshalb weder speziell vorgeschrieben noch verboten ist (z. B. die Einheit Rem zur Angabe der auf die biologische Wirkung ausgerichteten sogenannten Äquivalentdosis einer ionisierenden Strahlung oder die „Internationale Einheit (IE)“ zur Kennzeichnung der biologischen Wirkung von Arzneimitteln).
Unter „Verhältnisgrößen“ werden abgeleitete Größen verstanden, die als Quotient zweier Größen gleicher Art definiert sind und die demzufolge „einheitenlos“ sind; z. B.:

$$\text{Massenverhältnisse in der Chemie} = \frac{\text{Masse des gelösten Stoffes}}{\text{Masse des Lösungsmittels}}$$

oder

$$\text{optische Brechungszahl} = \frac{\text{Lichtgeschwindigkeit im Vakuum}}{\text{Lichtgeschwindigkeit im Medium}}$$

Als Einheiten solcher Verhältnisgrößen sind gerade in der klinischen Chemie zahlreiche verschiedene Bezeichnungen in Gebrauch; z. B.: %, vol %, ppm. Jedoch ergibt sich aus den zu den Größengleichungen äquivalenten Einheitengleichungen als Einheit der Verhältnisgrößen die natürliche Zahl 1.
Für einige Verhältnisgrößen besitzen vor allem die logarithmierten Werte große praktische Bedeutung, z. B. bei den elektrischen Spannungs- und Leistungspegeln oder bei den Schallpegeln. Zur Kennzeichnung logarithmischer Verhältnisgrößen sind Ausdrücke wie „Bel“, „Neper“, „phon“, „pH-Wert“ gebräuchlich.
„Zählgrößen“ dienen zur quantitativen Beschreibung einer Menge. Dabei wird unter Zählen eine besondere Art des Messens verstanden, das in diesem Falle der Bestimmung der Anzahl von Zähleinheiten, welche in einer konkreten Menge gleichartiger Objekte enthalten sind, entspricht. Bekannte Zähleinheiten sind das Stück, das Paar, das Dutzend usw.
Allgemein ist es jedoch üblich, als Einheit der Zählgröße ebenso wie für die Einheit der Verhältnisgröße die Zahl 1 zu wählen, denn mit dieser Zählgröße kann man wie mit anderen Größen rechnen und insbesondere neue Größenarten bilden; z. B.: Einheit der Umdrehungszahl = 1 pro Minute; Einheit der Frequenz oder der Radioaktivität = 1 pro Sekunde.
Die Problematik der wissenschaftlich exakten und konsequenten Einführung eines neuen Einheitensystems besteht vor allem darin, zu entscheiden, welche Sondereinheiten im Sinne von nichtphysikalisch-technischen Einheiten zur Verwendung im jeweiligen Fachgebiet zugelassen werden dürfen.
Bei der Einführung des „Internationalen Einheitensystems (SI)“ im Gesundheits- und Sozialwesen wird vom Grundsatz ausgegangen, zukünftig nur solche Einheiten zu verwenden, die entsprechend unserem nationalen Standardwerk TGL 31548 „Einheiten physikalischer Größen“ zugelassen sind. Für die Verwendung weiterer Sondereinheiten, die zur Beschreibung vor allem fachspezifischer, komplexer medizinisch relevanter Sachverhalte unabdingbar notwendig erscheinen, sind beim Ministerium für Gesundheits-

wesen von einem entsprechenden wissenschaftlichen Gremium begründete Genehmigungsanträge zu stellen. Diese werden unter Beachtung der diesbezüglichen internationalen Trends mit dem Amt für Standardisierung, Meßwesen und Warenprüfung abgestimmt und als Listen der im Gesundheits- und Sozialwesen zugelassenen Sondereinheiten veröffentlicht.

3. Grundlagen und Besonderheiten des SI

Die historische Entwicklung der Metrologie hat zahlreiche Maß- und Einheitensysteme hervorgebracht. Hervorragende Bedeutung haben jedoch nur zwei Grundtypen von Systemen erreicht:

– das aus den Bedürfnissen der Praxis entstandene „technische Maßsystem" der Mechanik, das auf den Grundgrößen Länge, Kraft und Zeit bzw. den Grundeinheiten Meter, Kilopond und Sekunde beruht und
– die von der Naturwissenschaft, besonders der Physik, entwickelten „CGS-Systeme" der Mechanik und Elektrodynamik mit den Grundgrößen Länge, Masse und Zeit bzw. den Grundeinheiten Centimeter, Gramm und Sekunde.

(Bekannte und z. Z. noch verschiedentlich angewendete Einheiten dieser Systeme sind „Dyn", „Erg", „Bar", „Pond", „Poise", „Stokes", „Gauß", „Oerstedt" usw.)
Diese metrischen Einheitensysteme waren die historischen und wissenschaftlichen Quellen des Internationalen Einheitensystems. 1948 wurde auf der 9. Generalkonferenz für Maß und Gewicht beschlossen, das „absolute Ampere" als Grundeinheit für den elektrischen Strom, die „Candela" als Grundeinheit der Lichtstärke und die „Internationale Praktische Temperaturskala (ITPS)" (mit den durch Naturkonstanten – Schmelzpunkten, Siedepunkten usw. von Stoffen – bestimmten Temperaturfixpunkten) als Grundlage der Temperaturmessung in Grad Kelvin zu definieren.
Die 10. CGPM hat 1954 das „System praktischer Einheiten" mit den Grundeinheiten Meter, Kilogramm, Sekunde, Ampere, Grad Kelvin und Candela erarbeitet, das 1960 auf der 11. CGPM den Namen „Internationales Einheitensystem (SI)" erhielt.
In den weiteren Generalkonferenzen erfolgten dann noch einige Präzisierungen und Ergänzungen:

so wurde als Grundeinheit der Temperatur das „Kelvin" (früher Grad Kelvin) festgelegt; die 14. CGPM 1971 definierte die 7. Grundeinheit für die Stoffmenge, das „Mol", sowie für die abgeleitete Größe, den Druck, die Einheit „Pascal", und 1975 hat die 15. CGPM für die Energiedosis der ionisierenden Strahlung die Einheit „Gray" und für die Radioaktivität die Einheit „Becquerel" verabschiedet.

Der damit relativ abgeschlossene Entwicklungsstand des Internationalen Einheitensystems (SI) wird durch Tabelle 2 der TGL 31548 wiedergegeben. Danach besteht das SI aus 7 Basiseinheiten, 17 abgeleiteten Einheiten mit selbständigen Namen sowie 2 ergänzenden Einheiten und wird durch die sogenannten Vorsätze, welche die dekadischen Teile und Vielfache der SI-Einheiten bezeichnen, vervollständigt:

SI-Basiseinheiten

Größenart	Namen der Einheit	Kurzzeichen
Länge	Meter	m
Masse	Kilogramm	kg
Zeit	Sekunde	s
Stromstärke	Ampere	A
Temperatur	Kelvin	K
Stoffmenge	Mol	mol
Lichtstärke	Candela	cd

Abgeleitete SI-Einheiten mit selbständigem Namen

Größenart	Namen der Einheit	Kurzzeichen	Beziehung zu anderen SI-Einheiten
Frequenz	Hertz	Hz	1 Hz = 1/s
Kraft	Newton	N	1 N = 1 kg · m/s²
Druck	Pascal	Pa	1 Pa = 1 N/m²
Energie	Joule	J	1 J = 1 N · m
Leistung	Watt	W	1 W = 1 J/s
Elektrizitätsmenge	Coulomb	C	1 C = 1 A · s
Elektrische Spannung	Volt	V	1 V = 1 W/A
Elektrische Kapazität	Farad	F	1 F = 1 C/V
Elektrischer Widerstand	Ohm	Ω	1 = 1 V/A
Elektrischer Leitwert	Siemens	S	1 S = 1/Ω
Magnetischer Fluß	Weber	Wb	1 Wb = 1 V · s
Magnetische Flußdichte	Tesla	T	1 T = 1 Wb/m²
Induktivität	Henry	H	1 H = 1 Wb/A
Lichtstrom	Lumen	lm	1 lm = 1 cd · sr
Beleuchtungsstärke	Lux	lx	1 lx = 1 lm/m²
Energiedosis	Gray	Gy	1 Gy = 1 J/kg
Aktivität	Becquerel	Bq	1 Bq = 1/s

Ergänzende SI-Einheiten

Größenart	Namen der Einheit	Kurzzeichen
Ebener Winkel	Radiant	rad
Raumwinkel	Steradiant	sr

Die ergänzenden SI-Einheiten besitzen bezüglich Anwendung und Definition einen Doppelcharakter, einmal als Grundeinheit und zum anderen als Verhältniseinheit, also abgeleitete Einheit. Wenn es der physikalische Sachverhalt verlangt, sind die ergänzenden Einheiten wie Grundeinheiten anzuwenden (z. B. ist rad/s die SI-Einheit der Winkelgeschwindigkeit), andernfalls kann 1 rad = 1 und 1 sr = 1 gesetzt werden (z. B. ist 1/s die SI-Einheit der Umlauffrequenz bzw. Drehzahl).

Vorsätze

Multiplikationsfaktor der Einheit	10^{-18}	10^{-15}	10^{-12}	10^{-9}	10^{-6}	10^{-3}	10^{-2}	10^{-1}
Vorsatz	Atto	Femto	Pico	Nano	Mikro	Milli	Zenti	Dezi
Kurzzeichen	a	f	p	n	μ	m	c	d

Multiplikationsfaktor der Einheit	10^{1}	10^{2}	10^{3}	10^{6}	10^{9}	10^{12}	10^{15}	10^{18}
Vorsatz	Deka	Hekto	Kilo	Mega	Giga	Tera	Peta	Exa
Kurzzeichen	da	h	k	M	G	T	P	E

Betrachtet man diese Übersichten, so erkennt man den besonderen Systemcharakter des SI als sogenanntes „kohärentes“ Einheitensystem, d. h. die abgeleiteten Einheiten sind untereinander und mit den Grundeinheiten sowie ergänzenden Einheiten ausschließlich durch den Zahlenfaktor 1 verbunden. Darin besteht zugleich auch der Hauptvorteil des SI gegenüber allen anderen Einheitensystemen, bei denen ständig komplizierte Umrechnungsfaktoren, wie z. B. 9,80665 (Zahlenwert der mittleren Erdbeschleunigung) zu beachten sind. Dieser außerordentliche Vorzug, der infolge der Notwendigkeit, bestimmte traditionelle Einheitenvorstellungen durch neue zu ersetzen, oftmals negiert wird, kann erst richtig bewertet werden, wenn man die nach Überwindung einer schwierigen Umstellungsphase in Lehre, Forschung und Praxis insgesamt eingetretenen Veränderungen bewertet.

Darüber hinaus besitzt das SI eine Reihe von Eigenschaften, die es für die Anwendung in Theorie und Praxis besonders geeignet machen:

- Die Einheiten sind universell anwendbar;
- die Einheiten können mit hoher Genauigkeit in Form von Normalen praktisch dargestellt werden;
- das Einheitensystem ist „absolut", d. h., daß in ihm alle Kräfte und Energien in systemeigenen Einheiten ausgedrückt werden können.

Dennoch ist man sich heute international darüber einig, daß – auch bei konsequenter Benutzung des SI – auf einige inkohärente Einheiten nicht verzichtet werden kann. Einige systemfremde Einheiten haben sich im täglichen Leben so eingebürgert oder sind für den praktischen Gebrauch derart unumgänglich, daß das Internationale Komitee für Maß und Gewicht empfohlen hat, die betreffenden Einheiten neben dem SI unbefristet beizubehalten. Diese Empfehlung wurde auch in die eingangs zitierte RGW-Standardisierungsempfehlung RS 3472-74 und den DDR-Standardentwurf TGL 31548 (Tabelle 3) übernommen.
Es handelt sich dabei um die Einheiten Liter als Volumeneinheit, Grad, Minute und Sekunde als Winkeleinheiten, Tonne als Masseeinheit sowie Minute, Stunde und Tag als Zeiteinheiten. Darüber hinaus sind noch einige weitere SI-fremde Einheiten zur Anwendung in ausgewählten naturwissenschaftlich-technischen Gebieten gestattet (Astronomische Einheit, Lichtjahr, Parsec, Hektar, Gon, Atomare Masseeinheit und Elektronenvolt – Tabelle 4 der TGL 31548). Über die SI-Einheiten hinausgehend enthält der Standard der rechtsgültigen Einheiten physikalischer Größen, die TGL 31548 in Tabelle 6, weiterhin die zur Charakterisierung von Verhältnisgrößen anzuwendenden Einheiten (Zahl 1, Prozent, Promille, Millionstel = ppm sowie Bel, Dezibel und Neper für logarithmierte Verhältnisgrößen).
Alle weiteren physikalisch-technischen Einheiten mit selbständigem Namen sind entweder nur noch begrenzt bis zu einem bestimmten (entsprechend RS 3472-74 bis 1. 1. 1980) bzw. noch unbestimmten Zeitpunkt gültig (Einheiten in der Tabelle 5 der TGL 31548) oder sind in der DDR rechtlich überhaupt nicht zur allgemeinen Verwendung gestattet.
Die TGL 31548 enthält keine Aussage über die Rechtsverbindlichkeit von nichtphysikalisch-technischen Einheiten, deshalb sind dafür zweigspezifische Sonderregelungen zu treffen, die zweckmäßigerweise die internationalen Gepflogenheiten zu berücksichtigen haben.
Es muß an dieser Stelle betont werden, daß die vorstehend zitierte nationale Rechtsvorschrift, die TGL 31548, z. Z. noch im Entwurf vorliegt und erst in naher Zukunft nach Bestätigung des zentralen Maßnahmeplanes zu ihrer Einführung in der DDR durch den Ministerrat rechtskräftig wird[10]. (Mögliche Veränderungen des Entwurfes beziehen sich ausschließlich auf die Gültigkeitsdauer der noch befristet zur Anwendung zugelassenen physikalisch-technischen Einheiten.)

Bis dahin behalten die Verordnung vom 31. Mai 1967 über die physikalisch-technischen Einheiten (GBl. II 1967, Nr. 52, S. 351) sowie die Tafel der gesetzlichen Einheiten vom 26. November 1968 (GBl. Sonderdruck 605) ihre volle Gültigkeit[10].
Vom Amt für Standardisierung, Meßwesen und Warenprüfung (ASMW) wird jedoch empfohlen, bereits jetzt bei Verlagserzeugnissen, in neu zu erarbeitenden Standards sowie in der Ausbildung die neuen Einheiten bevorzugt anzuwenden. Dazu werden, in Ergänzung der gerade genannten gültigen Rechtsvorschriften, mit der Bekanntmachung des ASMW vom 25. Juni 1974 (Verf. u. Mitt. ASMW 1974, H. 4, S. 7) die Verwendung des Mol als Einheit der Stoffmenge und die Benennung Pascal für die SI-Einheit des Drucks in der DDR zugelassen.

4. Konsequenzen der Einführung des Internationalen Einheitensystems im Gesundheits- und Sozialwesen

Im Rahmen dieser Darstellung kann lediglich auf einige wesentliche, durch die Einführung der SI bedingte Veränderungen und deren Konsequenzen eingegangen werden. Eine genaue Analyse muß und kann nur das Ergebnis einer breiten und aufgeschlossenen Diskussion dieser Problematik in den medizinisch-wissenschaftlichen Gremien sowie in den Einrichtungen der Forschung, Lehre und Praxis des Gesundheits- und Sozialwesens sein.

4.1. Umstellung der Maßeinheiten des Druckes

Mit Sicherheit resultieren aus der Umstellung der Maßeinheiten des Druckes im Gesundheitswesen die größten Probleme.
Gegenwärtig werden folgende Maßeinheiten des Druckes in den verschiedenen Fachgebieten der medizinischen Lehre, Forschung und Praxis angewandt:

– Kilopond je Quadratzentimeter (kp/cm^2)

  bei Meßeinrichtungen an Druckgasflaschen für die Sauerstoffversorgung, für die Lachgasanaesthesie, für Druckluftversorgung, für Brenngase in der Flammenphotometrie (Azetylen, Propan); bei Druckmeßeinrichtungen an Dampf- und Heißluftsterilisatoren, an Herz-Lungenmaschinen und einigen weiteren Einrichtungen sowie an Kontrollinstrumenten der Krankenhausbetriebstechnik (z. B. Dampfheizung).

– Zentimeter bzw. Millimeter Wassersäule (cm H_2O bzw. mm H_2O)

  bei Druckmeßeinrichtungen an Geräten für die Lungenfunktionsdiagnostik und für künstliche Beatmung sowie in der Fachsprache der Physiologie der Atmung.

– Millimeter Quecksilbersäule bzw. Torr (mm Hg bzw. Torr)

  bei Druckmeßgeräten für die Kreislaufdiagnostik (Blutdruckmesser blutig und unblutig, Plethysmographen usw.), für die Partialdruckbestimmung von Blut- und Atemgasfraktionen und allgemein für Vakuum- bzw. Druckmessungen z. B. in der Gaschromatographie und bei Infusions- und Perfusionseinrichtungen sowie in der Fachsprache der Kreislaufphysiologie, Atemphysiologie, Urologie, Perinatologie, Ophthalmologie und Laboratoriumsdiagnostik.

Das SI enthält als neue einheitliche Maßeinheit des Druckes das Pascal (Pa). Entsprechend dem gegenwärtigen Stand der internationalen Abstimmungen ist für einen begrenzten, aber noch nicht terminisierten Zeitraum daneben noch die Einheit Bar (bar) zugelassen ($1 \text{ bar} = 10^5 \text{ Pa}$). Die somit freigestellte wahlweise Verwendung des Pa oder bar sollte, unter Beachtung der Orientierung auf die bevorzugte Anwendung des Pa, im Gesundheitswesen so entschieden werden, daß die Anwendung des Pascal für alle Druckangaben verbindlich ist.
Die Umrechnungsbeziehungen zwischen den gegenwärtig angewendeten Maßeinheiten und der SI-Einheit Pascal werden durch folgende Zahlenfaktoren bestimmt:

$1 \text{ kp/cm}^2 = 98{,}0665 \cdot 10^3 \text{ Pa} = 98{,}0665 \text{ kPa}$
$1 \text{ mm } H_2O = 9{,}80665 \text{ Pa}$
$1 \text{ cm } H_2O = 98{,}0665 \text{ Pa}$
$1 \text{ mm Hg} = 1 \text{ Torr} = 133{,}322 \text{ Pa}$

Während man bei den Einheiten kp/cm^2 und mm H_2O bzw. cm H_2O mit einem in der Medizin durchaus tolerierbaren Fehler von 2% zu relativ einfachen Umrechnungsbeziehungen

$1 \text{ kp/cm}^2 \quad 100 \text{ k Pa} = 0{,}1 \text{ M Pa}$
$1 \text{ mm } H_2O \quad 10 \text{ Pa}$
$1 \text{ cm } H_2O \quad 100 \text{ Pa} = 0{,}1 \text{ k Pa}$

gelangt, welche eine Umstellung vor allem auch der eingeprägten Denkgewohnheiten begünstigen (da zumindest die Ziffernfolge unverändert bleibt), ist bei der Umstellung der Einheit Torr mit wesentlich erheblicheren Problemen zu rechnen. Dies soll beispielsweise an der am breitesten angewandten Methode der Blutdruckmessung erläutert werden: Die Normalwerte der unblutigen Blutdruckmessung nach Riva-Rocci-Korotkoff liegen beim gesunden Erwachsenen bei 80 Torr für den diastolischen und bei 120 Torr für den systolischen Druck. Diese gleichen Normalwerte in Pascal ausgedrückt betragen 10770 Pa bzw. 16000 Pa oder mit dem Vorsatz für 1000, dem Kilo (k) ausgedrückt: 10,7 k Pa und 16 k Pa.
Aus diesem Überblick über die wesentlichen Anwendungsgebiete von Maßeinheiten des Druckes im Gesundheitswesen wird ersichtlich, daß ein schrittweiser Übergang zum SI mit äußerst umfangreichen Konsequenzen verbunden ist.
Dabei dürfte von absolut vorrangiger Bedeutung das Problem der Änderung fest eingeprägter Denkvorstellungen bezüglich des Verhältnisses zwischen Meßgröße und deren medizinischer Interpretation sein. Eine übereilte Umstellung birgt die Gefahr medizinischer Fehlentscheidungen in Risikosituationen, z. B. bei der Behandlung von akut Schwerkranken, in sich.

Von ebenfalls großer Bedeutung sind die mit der Umstellung verbundenen Änderungen in der Aus- und Weiterbildung, im Publikationswesen sowie die Änderungen von Standards (z. B. in der klinischen Labordiagnostik), Normwerttabellen, Arbeitsschutzvorschriften und ähnlichem.
Im Vergleich zu diesen schwer quantifizierbaren Problemen sind die ökonomischen Aufwendungen, welche aus der Umrüstung von Geräten resultieren, relativ gering.
Es läßt sich mit ziemlicher Sicherheit bereits jetzt nach einer groben Problemanalyse feststellen, daß der Übergang zur SI-Einheit des Druckes im Gesundheitswesen nicht bis zum 1. 1. 1980 abgeschlossen sein wird.

4.2. Umstellung der Maßeinheiten der ionisierenden Strahlung

Die mit der weiteren schrittweisen Einführung des SI verbundene Umstellung der Einheiten für die

- Exposition: 1 Röntgen (R) $= 2{,}58 \cdot 10^{-4} \dfrac{\text{Coulomb (C)}}{\text{Kilogramm (kg)}}$
- Energiedosis: 1 Rad (rd) $= 10^{-2}$ Gray (Gy)
- Aktivität: 1 Curie (Ci) $= 3{,}7 \cdot 10^{10}$ Becquerel (Bq)

ist mit Sicherheit hinsichtlich der zu lösenden Probleme gleich an zweiter Stelle zu nennen. Die Einsatzgebiete sind hierbei klar umrissen:

- Röntgendiagnostik
- nuklearmedizinische Funktionsdiagnostik
- Strahlentherapie

Die durch eine Umstellung der Einheiten auf diesen Gebieten bedingten Probleme werden sicherlich durch die notwendigen Veränderungen in der Aus- und Weiterbildung, im Publikationswesen sowie durch Änderungen von Standards, tabellarischen Werken, Arbeitsschutzvorschriften, maschinellen Rechenprogrammen u. ä. bestimmt.
Die notwendigen Umlernprozesse werden im Gegensatz zur Umstellung der Druckmaßeinheiten schneller realisiert werden können, da in den meisten Arbeitskollektiven der medizinischen Radiologie im allgemeinen naturwissenschaftlich-technische Kader tätig sind, welche hierbei sicher eine fördernde Rolle übernehmen können. Unbedingt zu beachten ist jedoch auch und gerade bei der Umstellung der radiologischen Maßeinheiten die Tatsache, daß die neuen Einheiten völlig veränderte Zahlen- und Größenordnungen z. B. für die Dosierung von Bestrahlungen bewirken, so daß der Umstellungsprozeß in nicht zu kurzer Zeit durchgeführt werden darf; ein Zeitraum bis zum 1. 1. 1980 wird als zu kurz angesehen.
Im Vergleich zu den vorgenannten Problemkreisen sind die mit der Umrüstung von Meßgeräten, insbesondere Dosimetern verbundenen ökonomischen Aufwendungen relativ gering, zumal hierbei durchaus mit Umrechnungstabellen gearbeitet werden kann.

Durch den mit Einführung der SI-Einheiten verbundenen Wegfall der Einheit Röntgen ergibt sich eine auch international bisher noch nicht gelöste Sonderproblematik, die der speziellen Beachtung bedarf:

Die Einheit der biologischen Äquivalentdosis ist das Rem. Als nichtphysikalisch-technische Einheit wird es in seiner Anwendung durch Einführung des SI primär nicht beschränkt. Da jedoch die Einheit Rem als Abkürzung für „röntgen-equivalent-man“ steht, wird mit Einführung des SI auch eine Änderung dieser Einheit notwendig.
Bezüglich der Vorbereitung und Durchführung von Maßnahmen zur weiteren schrittweisen Einführung der SI-Einheiten auf dem Gebiet der Messung ionisierender Strahlung ist auf eine Übereinstimmung der diesbezüglichen Aktivitäten des zivilen und des militärischen Sektors zu achten, da eine relativ enge personelle und technische Verflechtung beider Bereiche existiert. Dabei nimmt das Staatliche Amt für Atomsicherheit und Strahlenschutz eine Koordinierungsfunktion ein und ist deshalb in alle diesbezüglichen Entscheidungen einzubeziehen.

4.3. Umstellung der Maßeinheit der Arbeit, Energie bzw. Wärmemenge

Die mit der schrittweisen Einführung des SI verbundene Ablösung der Einheit Kalorie (cal)

1 Kalorie (cal) = 4,1868 Joule (J)

ist im Gesundheits- und Sozialwesen vor allem mit entsprechenden Konsequenzen auf dem Gebiet der richtigen und gesunden Ernährung verbunden; bestehende Ernährungstabellen für Massenverpflegung, Diätverpflegung usw. müssen überarbeitet werden, Aufdrucke auf Nahrungsgüterverpackungen sind zu ändern, das Personal von Großküchen muß geschult werden, die bevölkerungswirksamen Aktionen der Gesundheitserziehung sind entsprechend umzustellen usw.
Die notwendigen Arbeiten zur Umstellung auf diesem Gebiet lassen sich prinzipiell bis zum 1. 1. 1980 bewältigen, wenn vor allem eine rechtzeitige allgemeine Information der Bevölkerung durch die Presse- und Nachrichtenorgane erfolgt.

4.4. Umstellung durch Einführung der SI-Basiseinheit für die Stoffmenge

Die Einführung der neuen Einheit für die Stoffmenge, das Mol, hat vor allem zur Folge, daß die Standards und Vorschriften auf dem Gebiet des Arzneimittelwesens und der Laboratoriumsdiagnostik zu überarbeiten sind.
Mit der Herausgabe des 2. Arzneibuches der DDR wurden im Teil „Allgemeine Bestimmungen“ die SI-Einheiten als Synonyme zu den alten Einheiten sowie die Umrechnungsbeziehungen angegeben. Auch im Text der bisher veröffentlichten Monographien werden die neuen Einheiten teilweise bereits berücksichtigt. Eine konsequente Anwendung der neuen Einheiten im gesamten 2. Arzneibuch der DDR ist jedoch auf Grund des großen

Umfanges dieses Standardwerkes, das in seiner Neufassung gerade seit Anfang 1976 ausgeliefert wird, vor 1980 nicht möglich.
Besonders umfassend sind auch die auf dem Gebiet der Laboratoriumsanalytik mit Einführung des SI verbundenen Änderungen: z. B. muß die Konzentrationsangabe der Elektrolyte in Milliäquivalenten pro Liter (mval/*l*) mit Einführung des Mol einer Stoffmengenkonzentrationsangabe in Millimol pro Liter (mmol/*l*) weichen. Darüber hinaus erfolgen weitere Änderungen in der klinischen Chemie durch Wegfall solcher Einheiten wie Volumenprozente, Grammprozente usw.
Die neuen Einheiten der klinischen Laboratoriumsanalytik können mit der beabsichtigten Neuauflage des Teils „Diagnostische Labormethoden" des Arzneibuches der DDR bis 1980 eingeführt werden. Jedoch ist eine qualifizierte Schulung des Labor- und medizinischen Personals notwendig, um Irrtümer in der Diagnose sicher auszuschalten.

4.5. Umstellung weiterer Einheiten

Die Ablösung der alten

- Krafteinheit Kilopond
- Längeneinheit Angström
- Leuchtdichteeinheiten Stilb und Apostilb sowie
- Viskositätseinheiten Poise und Stokes

durch entsprechende SI-Einheiten wird als relativ unproblematisch eingeschätzt.
Dagegen wird die Aufstellung einer Übersicht begründeter Sondereinheiten, welche zusätzlich zu den physikalisch-technischen Einheiten im Gesundheits- und Sozialwesen verwendet werden dürfen, eine mit erheblichen Problemen verbundene Arbeit, die nur auf der breiten Basis einer umfassenden, wissenschaftlich geleiteten Diskussion von Vertretern der medizinischen Forschung und Praxis erfolgversprechend bewältigt werden kann.

5. Begründung der Einführung des SI im Gesundheits- und Sozialwesen

Wie im Abschnitt 1 dieses Materials dargelegt, hat der Minister für Gesundheitswesen die Vorbereitung der Einführung des SI im Gesundheits- und Sozialwesen angeordnet. Die Notwendigkeit dieses Schrittes ergibt sich grundsätzlich aus der Tatsache, daß im Sozialismus das Gesundheits- und Sozialwesen ein untrennbarer integrierter und in allen Bereichen verwurzelter Bestandteil des gesellschaftlichen Lebens ist.
Eine Herauslösung des Gesundheits- und Sozialwesens aus solchen nationalen Prozessen, wie sie die Einführung neuer Einheitensysteme darstellen, und damit eine bewußte Isolierung von der Entwicklung in den materiellen Bereichen der Volkswirtschaft führt beim heutigen hohen Verflechtungsgrad der Medizin mit den Naturwissenschaften und der Technik in kürzester Zeit zu großen Problemen bei der Sicherung der Qualitätsentwicklung der medizinischen und sozialen Betreuung. Dieser unbestreitbaren Tatsache muß

sich jeder bewußt sein, wenn er die hin und wieder in westlichen Fachzeitschriften aufgestellten Forderungen findet, die Medizin aus dem Prozeß der Einführung der SI-Einheiten auszuklammern.
Die internationalen medizinisch-wissenschaftlichen Organisationen haben auf den einzelnen Fachgebieten die bisher begonnene Entwicklung durch erste Analysen, Empfehlungen von Maßnahmen usw. unterstützt. Auch im Rahmen des RGW laufen Vorbereitungen, um die Einführung des SI im Gesundheits- und Sozialwesen in den wesentlichen Etappen abzustimmen.
Es muß aber betont werden, daß die Notwendigkeit der Einführung des SI im Gesundheits- und Sozialwesen sich keineswegs nur als unvermeidbares Übel darstellt, sondern daß auch bei Berücksichtigung aller in der Phase der Umstellung auftretenden Probleme und Belastungen letztlich eine echt positive Nutzensbilanz gezogen werden kann.
Langfristig betrachtet resultieren aus der Anwendung der international abgestimmten Einheiten Vorteile durch verbesserte Verständigung, durch Vereinfachung von verschiedenen Berechnungen in der Aus- und Weiterbildung, Forschung und medizinischen Praxis, durch Vermeidung von z. T. mehreren verschiedenen Einheiten für ein und dieselbe Größenart, durch größere Klarheit der Widerspiegelung des physikalischen Sachverhalts in der zweckmäßigeren Einheitenbezeichnung und letztlich durch Verbesserung der Qualität der medizinischen Betreuung infolge eines bewußteren und präziseren Messens.

6. Maßnahmen und Realisierungswege zur Einführung des SI

Zur nationalen Koordinierung aller Aktivitäten, die mit der Einführung des Internationalen Einheitensystems verbunden sind, wurde ein zentraler „Maßnahmeplan zur weiteren schrittweisen Einführung des Internationalen Einheitensystems (SI) in der Deutschen Demokratischen Republik“ im Ergebnis der Tätigkeit einer aus Vertretern verschiedener zentraler Staatsorgane zusammengesetzten Arbeitergruppe verabschiedet.
Nach Bestätigung dieses Maßnahmeplanentwurfes durch den Ministerrat sind in allen Zweigen der Volkswirtschaft zielstrebiger als bisher Wege zur konsequenten Einführung des SI in seiner Widerspiegelung durch die TGL 31548 zu beschreiten.
Für das Gesundheits- und Sozialwesen wurde ein entsprechender spezifischer Maßnahmeplan vorbereitet und durch den Minister für Gesundheitswesen bestätigt. Die darin enthaltenen Hauptaktivitäten betreffen:

1. Internationale Abstimmung über das koordinierte Vorgehen bei der Durchsetzung des Internationalen Einheitensystems im Gesundheits- und Sozialwesen bilateral mit der UdSSR und multilateral im RGW.
2. Information der Mitarbeiter im Gesundheits- und Sozialwesen durch
   - ein vom Minister für Gesundheitswesen veröffentlichtes Argumentations- und Informationsmaterial und
   - Leitartikel in medizinischen Fachzeitschriften.

3. Durchsetzung des SI in der Aus- und Weiterbildung durch Schulung der Lehrkräfte und Veränderung der Ausbildungsprogramme im Direkt-, Fern- und postgradualen Studium sowie in der Berufsausbildung mit dem Ziel, spätestens ab 1978 in der Aus- und Weiterbildung auf der Grundlage des SI zu lehren.
4. Durchsetzung des SI auf dem Gebiet der medizinischen Literatur durch
   - Information der Chefredakteure der Fachzeitschriften zur Einführung des SI in den Veröffentlichungen bis Ende 1977 und
   - Verwendung der SI-Einheiten bei Neuauflagen von Fach- und Lehrbüchern ab 1976.
5. Einführung des SI in das Informationssystem Wissenschaft und Technik — Medizin bis Ende 1979.
6. Einführung des SI in medizinisch relevante Standards durch
   - ausschließliche Verwendung von SI-Einheiten bei der Erarbeitung neuer Standards ab 1976 und
   - Einarbeitung der SI-Einheiten in alle bestehenden Standards bis Ende 1980.
7. Einführung des SI in rechtsverbindliche Regelungen des Gesundheits- und Sozialwesens bis Ende 1979.
8. Einführung des SI in die Prozesse der medizinischen und sozialen Betreuung durch
   - zentrale Information der Bezirksärzte und Leiter anderer staatlicher Bereiche, in denen Aufgaben der medizinischen und sozialen Betreuung wahrgenommen werden, sowie der Direktoren spezieller Gesundheitseinrichtungen, der Sicherheitsinspektoren, der Leiter medizinischer Forschungsgemeinschaften usw.
   - Analyse der Konsequenzen der Einführung des SI in den verschiedenen medizinischen Fachrichtungen und Betreuungsbereichen, Überarbeitung von wesentlichen medizinischen Normativen (Ernährungstabellen, Bestrahlungsrichtlinien, Dosierungstabellen für Pharmaka usw.) sowie Erarbeitung einer Liste der im Gesundheits- und Sozialwesen gültigen Sondereinheiten unter Einbeziehung medizinischer Forschungsvorhaben, medizinisch-wissenschaftlicher Institute und Gesellschaften
9. Einführungen des SI im materiell-technischen Bereich durch
   - Analyse der materiell-technischen Konsequenzen und Ausarbeitung eines Industrieforderungsprogramms
   - Umstellung der medizinischen Geräte im Rahmen des Wartungs- und Servicedienstes,
   - Einsatz von Geräten mit neuen Meßskalen ab 1978 und
   - Weiternutzung von speziellen Geräten mit alten Skalen nach 1980 durch Benutzung von Umrechnungstafeln.

Diese Liste der notwendigen Hauptaktivitäten ist Leitfaden und gleichzeitig Aufruf, weitere konkrete Schritte zur Einführung des Internationalen Einheitensystems vorzubereiten bzw. bereits einzuleiten. Mit der Veröffentlichung dieses Materials durch das

Ministerium für Gesundheitswesen und der Information der anderen zentralen staatlichen Organe, die auf dem Gebiet des Gesundheits- und Sozialwesens Verantwortung tragen, wird der offizielle Anstoß zur breiten Diskussion der Problematik und zur Auslösung erster Maßnahmen durch die zuständigen staatlichen Leiter gegeben.
Hinsichtlich der staatlichen Leitung der Umstellungsprozesse gilt es, einige generelle Grundsätze zu beachten:

1. Oberster Grundsatz bei der Festlegung von Maßnahmen zur Einführung des SI ist die absolute Ausschaltung jeglicher Gefährdung oder Beeinträchtigung von Leben und Gesundheit sowie jeglicher Mißdeutung von Meßdaten, medizinischen Dokumentationen, Forschungsberichten usw.
2. Alle mit der Umstellung der Maßeinheiten verbundenen Aktivitäten sind zentral koordiniert und mit klarer Darstellung der gesamtvolkswirtschaftlichen und wissenschaftlichen Notwendigkeit durchzuführen. Dabei sind besonders die emotional und traditionell bedingten ideologischen Probleme sowie die komplizierten Schulungsbedingungen für praktisch tätige Ärzte u. a. Mitarbeiter in Arztpraxen, Ambulatorien und Polikliniken zu beachten.
3. Bis zum Inkrafttreten der TGL 31548 als Rechtsgrundlage und Maßgabe der Einführung des Internationalen Einheitensystems (SI) sind die staatlich angeordneten Vorbereitungsmaßnahmen ab sofort auf

   - die Einführung der neuen Einheiten in der Aus- und Weiterbildung sowie Mitarbeiterschulung,
   - die Einführung der neuen Einheiten in der Literatur sowie in Standards und anderen Dokumentationen,
   - die Analyse der Konsequenzen der Einführung des SI sowie die Schaffung neuer Arbeitsgrundlagen und
   - die Ausarbeitung von Aktivitätenplänen für die Umstellung auf SI in den verschiedenen Leitungsebenen zu konzentrieren. Mit materiell-technischen Konsequenzen verbundene Umstellungsprozesse (z. B. Geräteumstellungen) sind erst nach Vorliegen des vom Ministerrat bestätigten zentralen Maßnahmeplanes und Veröffentlichung der TGL 31548 zu veranlassen.

4. Zur Minimierung des volkswirtschaftlichen Aufwandes soll der Umstellungsprozeß soweit wie möglich im Rahmen des abnutzungsbedingten Austausches von Meßmitteln, des regulären Service- und Wartungsdienstes, der turnusmäßigen Überarbeitung von Standards und Dokumentationen sowie der bedarfsbedingten Neuauflage von Lehr- und Fachbüchern erfolgen.
   Bei entsprechender volkswirtschaftlicher Begründung dürfen Meßmittel mit Beschriftung in allen Einheiten auch über den Richttermin des Abschlusses der Umstellung – das ist entsprechend dem letzten Maßnahmeplanentwurf der 31. 12. 1980 – weiter verwendet werden.

5. Treten bei der Umstellung der Maßeinheiten Probleme hinsichtlich der Entscheidung über die richtige und zulässige Wahl einer neuen Einheit bzw. über die Weiterverwendbarkeit einer gewohnten Einheit auf, so sollten diese Fragen durch die zuständigen medizinisch-wissenschaftlichen Fachgesellschaften in Zusammenarbeit mit den medizinischen Leitinstituten und Forschungsgemeinschaften unter Beachtung der internationalen Entwicklungstrends geklärt werden.
Einheiten, welche sich nicht aus den in der TGL 31 548 als unbefristet gültig ausgewiesenen Einheiten ableiten, bedürfen zu ihrer Weiterverwendung der Genehmigung des Ministers für Gesundheitswesen, die im Rahmen einer sogenannten Liste der zugelassenen Sondereinheiten des Gesundheits- und Sozialwesens zu gegebener Zeit und nach Abstimmung mit dem ASMW pauschal erteilt wird.
Infolge der in der TGL 31 548 noch enthaltenen Möglichkeit der Messung des Drucks entweder in der SI-Einheit Pascal oder in der SI-fremden Einheit Bar wird in Übereinstimmung mit den Empfehlungen des ASMW für das Gesundheits- und Sozialwesen die universelle Anwendung der Einheit Pascal empfohlen.

6. Bei der Organisation der Umstellung auf SI-Einheiten in den Einrichtungen des Gesundheits- und Sozialwesens wird empfohlen, daß die Leitung und Kontrolle der Prozesse in den unterschiedlichen territorialen Ebenen durch Arbeitsgruppen erfolgt, denen die Leitungsverantwortlichen für die Entwicklung der medizinischen Fachgebiete angehören (z. B. Beauftragte des Bezirksarztes für klinische Chemie und Laboratoriumsdiagnostik bzw. beratende Fachärzte usw.).
Weiter sollte berücksichtigt werden, daß innerhalb einer medizinischen Einrichtung die Maßnahmen der Umstellung möglichst in allen Arbeits- und Pflegebereichen gleichzeitig einsetzen, damit keine Informationsprobleme z. B. zwischen Zentrallabor und Stationsarzt entstehen.

7. Die Realisierung des umfangreichen Schulungsprogramms der Mitarbeiter des Gesundheitswesens soll soweit wie möglich im Rahmen der im GSW vorhandenen eigenen Weiterbildungskapazitäten erfolgen.

8. Neben diesen vorstehend genannten Grundsätzen sind die in den „Verfügungen und Mitteilungen des ASMW" und in den „Mitteilungen des ASMW" laufend veröffentlichten Hinweise zur Einführung des SI in der DDR zu beachten.

7. Literaturverzeichnis

[1] Bender, D., und Pippig, E.: „Einheiten, Maßsysteme, SI", 2. Auflage, Akademie-Verlag, Berlin 1975
[2] RS 3472-74, „Ordnung und Verfahren des Übergangs zum Internationalen Einheitensystem (SI), Allgemeine Empfehlungen", Dezember 1974
[3] Ministerratsbeschluß vom 31. 10. 74: „Zur Vorbereitung der weiteren schrittweisen Einführung des Internationalen Einheitensystems (SI) in der DDR entsprechend dem Komplexprogramm für die weitere Vertiefung und Vervollkommnung der Zusammenarbeit und die Entwicklung der sozialistischen ökonomischen Integration der Mitgliedsländer des RGW"

[4] TGL 31548 „Einheiten physikalischer Größen“, Entwurf Juni 1975, Mitteilungen des ASMW Berlin 2 (1975) H. 15

[5] Padelt, E., und Laporte, H.-G.: „Einheiten und Größenarten der Naturwissenschaften“, 2. Auflage, Fachbuchverlag, Leipzig 1967

[6] Fischer, R., Padelt, E., und Schindler, H.: „Physikalisch-technische Einheiten — richtig angewandt“, VEB Verlag Technik, Berlin 1975

[7] Oberdorfer, G.: „Das Internationale Maßsystem und die Kritik seines Aufbaus“, Fachbuchverlag, Leipzig 1969

[8] Anordnung über die Tafel der gesetzlichen Einheiten vom 26. November 1968, GBl. SDr. 605 (Berichtigung: GBl II, 1969, Nr. 45)

[9] Anordnung über die Einführung des Schlüssels der statistischen und der physikalisch-technischen Maßeinheiten vom 18. Juli 1973, GBl. SDr. 761

[10] Die VO vom 31. Mai 1967 über die physikalisch-technischen Einheiten (GBl. II Nr. 52 S. 351) wurde mit Wirkung vom 1. Januar 1980 durch den Ministerrat aufgehoben (Bktm. v. 10. Dezember 1979; GBl. I Nr. 44 S. 455). Die AO vom 28. November 1968 über die „Tafel der gesetzlichen Einheiten“ (SDr. Nr. 605; Ber. GBl. II 1969 Nr. 45 S. 291) wurde durch AO vom 10. Dezember 1979 (GBl. I Nr. 44 S. 455) mit Wirkung ab 1. Januar 1980 aufgehoben; zum gleichen Zeitpunkt tritt die Verbindlichkeit des Standards TGL 31548 ein.

DDR-Standard

TGL 31548; Ausgabe März 1979; verbindlich ab 1. Januar 1980[9])

Einheiten physikalischer Größen

Deskriptoren: **Meßwesen; Maßeinheit;**

Internationales Einheitensystem (SI)

In diesem Standard sind die Festlegungen des

ST RGW 1052-78[1])

enthalten, entsprechend der Konvention über die Anwendung des Standards des Rates für Gegenseitige Wirtschaftshilfe.

Dieser Standard gilt nicht für

– Einheiten von Größen, die nach vereinbarten Skalen bewertet werden, z. B. Härte nach Rockwell, Lichtempfindlichkeit von Fotomaterial,
– Zähleinheiten, z. B. Perioden, Hübe und ihre Kombination mit Einheiten physikalischer Größen,
– Statistische Maßeinheiten, z. B. Bruttoregistertonnen, Nutz-Kilometer,
– Einheiten der Informationsverarbeitung, z. B. bit, byte, kbyte
– die Schreibweise der Ersatzzeichen für Einheitenzeichen für Einrichtungen mit begrenzten Zeichenvorrat (nach TGL 28842)

Inhaltsverzeichnis

1. Internationales Einheitensystem (SI)

Das Internationale Einheitensystem (SI) ist in der DDR das gesetzliche System der Einheiten physikalischer Größen. Der Name Système International d'Unités (Internationales Einheitensystem) sowie die für alle Sprachen gültige Abkürzung SI wurden 1960 von der 11. Generalkonferenz für Maß und Gewicht angenommen.
Das SI umfaßt:

Basiseinheiten (bisher Grundeinheiten genannt)
abgeleitete Einheiten
ergänzende Einheiten.

Diese Einheiten werden als SI-Einheiten bezeichnet.

1.1. Basiseinheiten des SI

Basiseinheiten sind unabhängig voneinander gewählte, durch verbale Festlegungen definierte Einheiten, die die Basis eines Einheitensystems bilden. Die Basiseinheiten des SI sind (mit den Nummern der Tabelle 2):

das Meter (1.1.)	für die Länge
das Kilogramm (2.1.)	für die Masse

die Sekunde (1.7.)	für die Zeit
das Ampère (4.1.)	für die elektrische Stromstärke
das Kelvin (3.1.)	für die (thermodynamische) Temperatur
das Mol (7.1.)	für die Stoffmenge
die Candela (5.1.)	für die Lichtstärke

1.2. Abgeleitete SI-Einheiten

1.2.1. Abgeleitete SI-Einheiten sind alle aus den Basiseinheiten des SI und gegebenenfalls aus den ergänzenden SI-Einheiten (siehe Abschnitt 1.3.) kohärent, d. h. als Potenzprodukt mit dem Zahlenfaktor 1, gebildeten Einheiten.
Abgeleitete SI-Einheiten dürfen auch für Größen gebildet werden, die nicht in Tabelle 2 aufgeführt sind.

1.2.2. Einige abgeleitete SI-Einheiten haben selbständige Namen. Mit den Nummern der Tabelle 2 sind dies: Hertz (1.8.), Newton (2.9.), Pascal (2.12.), Joule (2.16.), Watt (2.17.), Coulomb (4.4.), Volt (4.10.), Farad (4.12.), Ohm (4.16.), Siemens (4.18.), Weber (4.20.), Tesla (4.21.), Henry (4.24.), Lumen (5.3.), Lux (5.4.), Gray (8.9.) und Becquerel (8.11.).
Die Benennungen der anderen abgeleiteten SI-Einheiten werden durch Zusammensetzen von Namen von Basiseinheiten, von abgeleiteten Einheiten mit selbständigem Namen und von Potenzbezeichnungen gebildet, z. B. Newtonmeter, Joule je Kilogramm, Quadratmeter.

1.2.3. Die in Tabelle 2 angegebenen Benennungen der abgeleiteten SI-Einheiten sind Beispiele und bevorzugt anzuwenden. Es ist jedoch zulässig, für abgeleitete Einheiten entsprechend ihrer Darstellung als Potenzprodukt von Basiseinheiten und abgeleiteten Einheiten mit selbständigem Namen andere Benennungen zu bilden, insbesondere wenn sonst die Größe nicht genügend gekennzeichnet wird.

Beispiele:

W · s statt J für elektrische Energie,

A · s statt C für die in einem Akkumulator gespeicherte Elektrizitätsmenge

Pa · m^3/s statt W für die Leckrate einer Vakuumapparatur.

1.2.4. Die in Tabelle 2 angegebenen Definitionen der abgeleiteten SI-Einheiten ergeben sich aus den Definitionsgleichungen der zugehörigen Größen; dabei sind gleichbenannte Einheiten für verschiedenartige Größen gleicher Dimension verschieden definiert, z. B. die Einheit Weber für magnetischen Fluß und die Einheit Weber für magnetische Polstärke.

1.3. Ergänzende SI-Einheiten

Ergänzende SI-Einheiten sind die Einheiten Radiant für den ebenen Winkel und Steradiant für den Raumwinkel. Die Größen ebener Winkel und Raumwinkel werden im allgemeinen als abgeleitete Größen aufgefaßt und sind dann Verhältnisgrößen; daher dürfen die ergänzenden Einheiten Radiant und Steradiant durch eins ersetzt werden. Die ergänzenden Einheiten Radiant und Steradiant sind jedoch wie Basiseinheiten anzuwenden, wenn es der physikalische Sachverhalt verlangt.

2. SI-fremde Einheiten

SI-fremde Einheiten gehören nicht zum SI und sind alle Einheiten, deren Beziehung zu den SI-Einheiten einen von eins verschiedenen Zahlenfaktor enthält. Folgende SI-fremde Einheiten sind zur Anwendung zugelassen:

SI-Einheiten mit Vorsätzen[2]) nach Tabelle 1,
allgemein gültige Einheiten nach Abschnitt 2.1.,
auf Spezialgebieten gültige Einheiten nach Abschnitt 2.2.,
gültige Einheiten für Verhältnisgrößen nach Abschnitt 2.3.,
Einheiten mit befristeter Gültigkeitsdauer nach Abschnitt 2.4.,
Einheiten, die als Potenzprodukte dieser Einheiten miteinander und mit SI-Einheiten gebildet sind, sowie Einheiten, die als dezimale Vielfache und Teile dieser Einheiten mit Vorsätzen nach Tabelle 1 gebildet sind, soweit dies nicht nach Abschnitt 3.3.2. ausgeschlossen ist.
Beispiele: kWh, km/h, dt/ha

Für SI-fremde Einheiten dürfen nur die selbständigen Namen angewendet werden, die in den Tabellen angegeben sind.

2.1. Allgemein gültige SI-fremde Einheiten (siehe Tabelle 3)

Allgemein gültige SI-fremde Einheiten sind Einheiten mit selbständigem Namen, die neben den SI-Einheiten unbefristet und unbeschränkt angewandt werden dürfen.

2.2. Auf Spezialgebieten gültige SI-fremde Einheiten (siehe Tabelle 4)

SI-fremde Einheiten für Spezialgebiete sind Einheiten, deren Anwendung unbefristet, jedoch nur in bestimmten Zweigen der Wissenschaft und Technik zulässig ist. Potenzprodukte mit anderen gültigen Einheiten dürfen ebenfalls nur in dem genannten Spezialgebiet angewendet werden.

2.3. Gültige Einheiten für Verhältnisgrößen (siehe Tabelle 5)

Die Tabelle enthält die gültigen Einheiten für Verhältnisgrößen und logarithmierte Verhältnisgrößen.
Neben den angegebenen allgemein anwendbaren Einheiten für Verhältnisgrößen und logarithmierte Verhältnisgrößen dürfen spezielle Einheiten angewendet werden, wenn sie in Standards definiert sind (z. B. das Phon nach TGL 33256/07).

2.4. SI-fremde Einheiten mit befristeter Gültigkeitsdauer (siehe Tabelle 6)

SI-fremde Einheiten mit befristeter Gültigkeitsdauer nach Tabelle 6 sowie alle davon abgeleiteten Einheiten (dezimale Vielfache und Teile, Potenzprodukte dieser Einheiten miteinander, mit SI-Einheiten oder mit Einheiten aus den Tabellen 3 oder 4) sind durch Einheiten nach Tabellen 2 bis 4 entsprechend den Festlegungen in der letzten Spalte der Tabelle 6 abzulösen.

3. Vorsätze zur Bildung von dezimalen Vielfachen und Teilen von Einheiten und ihre Anwendung (siehe Tabelle 1)

3.1. Anwendung der Vorsätze in Verbindung mit SI-Einheiten

3.1.1. Es sind möglichst solche Vorsätze anzuwenden, daß die Zahlenwerte der anzugebenden Größen zwischen 0,1 und 1000 liegen. In Tabellen ist jedoch möglichst ein einheitlicher Vorsatz anzuwenden, auch wenn dann einige Zahlen die genannten Grenzen überschreiten.

3.1.2. Berechnungen sind vorzugsweise mit SI-Einheiten durchzuführen, weil dann die Zahlenwertgleichungen formal mit den Größengleichungen übereinstimmen. Das Rechenergebnis ist mit einem geeigneten Vorsatz gemäß Abschnitt 3.1.1. anzugeben.

3.2. Anwendung der Vorsätze in Verbindung mit SI-fremden Einheiten
Abschnitt 3.1.1. gilt sinngemäß für die Anwendung der Vorsätze in Verbindung mit SI-fremden Einheiten (beachte aber Abschnitt 3.3.2.).

3.3. Regeln für die Anwendung der Vorsätze

3.3.1. Dezimale Vielfache und Teile von Einheiten mit selbständigem Namen werden durch Anfügen eines der in Tabelle 1 genannten Vorsätze vor den Namen der Einheit gebildet.

Beispiele: Kilometer, Milliampere, Gigahertz, Mikrogramm, Megapascal

3.3.2. Dezimale Vielfache und Teile entsprechend Abschnitt 3.3.1. dürfen nicht gebildet werden, wenn bei der betreffenden Einheit in den Tabellen 2 bis 6 die Bemerkung „Keine Vorsätze" steht.

Beispiele:

Falsch: Milligrad, Kilostunden, Mikrominute

3.3.3. Die Vorsatzzeichen zur Bildung von dezimalen Vielfachen und Teilen von Einheiten dürfen nur mit den Einheitenzeichen verbunden werden. Zwischen Vorsatzzeichen und Einheitenzeichen ist kein Zwischenraum zu lassen.

Beispiele: Richtig: km, mA
Falsch: Kilom, kmeter, MilliA, mAmpere, m A

3.3.4. Vorsätze, die einer ganzzahligen Potenz von Tausend (10^{3n}) entsprechen, sind zu bevorzugen. Die Vorsätze Hekto, Deka, Dezi und Zenti sollen nur noch zur Bezeichnung von solchen Vielfachen und Teilen von Einheiten verwendet werden, die bereits üblich sind.

Beispiele:

vorzugsweise:	km, mA, GHz, μg, MPa, kt
auch:	hl, cl, cm, dt
nicht:	cA, hHz, daN, cN

3.3.5. Zur Bildung von Vielfachen und Teilen einer Einheit mit selbständigem Namen darf jeweils nur ein Vorsatz benutzt werden.

Beispiele:

Richtig: Nanometer (nm), Gigawatt (GW), Pikofarad (pF)
Falsch: Millimikrometer (mμm), Kilomegawatt (kMW), Mikromikrofarad ($\mu\mu$F)

3.3.6. Die Kombination von Vorsatzzeichen und Einheitenzeichen gilt als **ein** Symbol, das ohne Verwendung von Klammern in eine Potenz erhoben werden kann.

Beispiele: cm^3 bedeutet $(0{,}01\ m)^3$, aber nicht $0{,}01\ m^3$
μs^{-1} bedeutet $(10^{-6}\ s)^{-1}$, aber nicht $10^{-6}\ s^{-1}$
Mm^3 bedeutet $(10^6\ m)^3$, aber nicht $10^6\ m^3$

3.3.7. Dezimale Vielfache und Teile von Einheiten ohne selbständigen Namen werden gebildet, indem Vorsätze vor einen oder mehrere der Namen der Einheiten angefügt werden, aus denen die Benennung zusammengesetzt ist. Vorsätze dürfen nicht vor Potenzbezeichnungen angefügt werden, da mit Potenzbezeichnungen gebildete Benennungen von Einheiten nicht als selbständige Namen gelten (siehe Abschnitt 1.2.2.).

Beispiele:

Richtig: Kilometer je Sekunde (km/s)
Ampere je Quadratmillimeter (A/mm^2)
Gramm je Kubikzentimeter (g/cm^3)
Kilogramm je Quadratzentimeter (kg/cm^2)
Kubikmegameter Mm^3 für $(10^6\ m)^3$
Falsch: Megakubikmeter (Mm^3) für $10^5\ m^3$

3.3.8. Dezimale Vielfache und Teile von zusammengesetzten Einheiten ohne selbständigen Namen sollen vorzugsweise so gebildet werden, daß nur ein Vorsatz und dieser beim ersten Faktor im Zähler angewendet wird. Hiervon darf nur dann abgewichen werden, wenn besondere Gründe vorliegen, z. B. wenn dadurch die Anschaulichkeit wesentlich erhöht wird.

Beispiele:

vorzugsweise:	km/s, $\mu\Omega \cdot m$ (bisher $\Omega \cdot mm^2/m$)
auch:	A/mm^2, g/cm^3
nicht:	kV/km

4. Schreibweise der Einheitenbenennungen, der Einheitenzeichen und der Größen aus Zahlenwert und Einheit

4.1. Einheitenbenennungen

Die in den Tabellen 2 bis 6 angewendete Schreibweise der Benennungen von Einheiten ohne selbständigen Namen ist zu bevorzugen. Anstelle der Zusammenfassung eines Einheitenproduktes in ein Wort (z. B. Newtonmeter) dürfen jedoch auch zwei Einheiten durch das Wort „mal“ verbunden werden (z. B. Newton mal Meter). Für Produkte im Nenner ist statt des Bindewortes „mal“ das Bindewort „und“ zu bevorzugen (z. B. Joule je Kilogramm und Kelvin, aber auch Joule je Kilogramm mal Kelvin). Die Bindewörter „mal“ oder „und“ dürfen auch durch einen Bindestrich ersetzt werden (z. B. Joule je Kilogramm-Kelvin).

4.2. Einheitenzeichen

4.2.1. Außer der in den Tabellen 2 und 6 angewendeten Schreibweise der Potenzprodukte aus Einheitenzeichen sind andere Schreibweisen zugelassen. Für den Punkt als Multiplikationszeichen ist neben der Schreibweise auf der Mittellinie zwischen zwei Einheitenzeichen bei Schreibmaschinenschrift auch die Schreibweise auf der Grundlinie der Zeile zugelassen. Der Punkt darf auch weggelassen und durch einen Zwischenraum (Ausschluß, Leerraum) ersetzt werden, wenn dies nicht zu Mißverständnissen führt.

Beispiel: N·m, N.m, N · m, N . m oder N m

Ohne Punkt und Zwischenraum darf das Einheitenprodukt nur in den folgenden, in der Praxis häufig vorkommenden Fällen geschrieben werden: Wh, VA (als Einheit der Scheinleistung) und Ah (als Einheit der „Kapazität“ von elektrochemischen Batterien) sowie ihren dezimalen Vielfachen und Teilen (z. B. MWh).

4.2.2. Wenn eine abgeleitete Einheit als Quotient gebildet wird, können der schräge Bruchstrich, der waagerechte Bruchstrich oder negative Potenzexponenten verwendet werden. Bei mehreren Faktoren darf jedoch jeweils nur ein schräger Bruchstrich in einer Zeile verwendet werden, sofern nicht Klammern hinzugefügt werden. Produkte nach einem schrägen Bruchstrich sind in Klammern zu setzen. Eine gemischte Verwendung von Bruchstrichen und negativen Exponenten ist zu vermeiden.

Beispiele:

Richtig: $\frac{\mathrm{W}}{\mathrm{m}^2 \cdot \mathrm{K}}$, $\mathrm{W}/(\mathrm{m}^2 \cdot \mathrm{K})$, $\mathrm{W} \cdot \mathrm{m}^{-2} \cdot \mathrm{K}^{-1}$, $\frac{\mathrm{W}/(\mathrm{m} \cdot \mathrm{K})}{(\mathrm{kg}/\mathrm{m}^3) \cdot \mathrm{J}/(\mathrm{kg} \cdot \mathrm{K})}$, $\frac{\frac{\mathrm{W}}{\mathrm{m} \cdot \mathrm{K}}}{\frac{\mathrm{kg}}{\mathrm{m}^3} \cdot \frac{\mathrm{J}}{\mathrm{kg} \cdot \mathrm{K}}}$

Falsch: $\frac{\frac{\mathrm{W}}{\mathrm{m}^2}}{\mathrm{K}}$, $\mathrm{W}/\mathrm{m}^2/\mathrm{K}$, $\mathrm{W}/\mathrm{m}^2 \cdot \mathrm{K}$, $\mathrm{W} \cdot \mathrm{m}^{-2}/\mathrm{K}$

4.2.3. Einheitenzeichen dürfen nur mit Einheitenzeichen, Einheitenbenennungen nur mit Einheitenbenennungen kombiniert werden.

Beispiele:

Richtig: km/h, Kilometer je Stunde
Falsch: km/Stunde, km je Stunde, Kilometer/h

4.2.4. Das Einheitenzeichen ist mit einem Zwischenraum hinter den gesamten Zahlenwert der Größe in eine Zeile zu setzen. Der Zwischenraum entfällt bei hochgestellten Zeichen wie °, ′, ″, jedoch nicht bei °C.

Beispiele:

Richtig: 1,50 m; 22 N; 80 %; 20 °C; 180°
Falsch: 1 m,50; 22N; 80%; 20° C; 180 °

4.2.5. Bei Angabe von Größen mit Toleranzen ist der Zahlenwert mit seiner Toleranz in Klammern vor das Einheitenzeichen oder das Einheitenzeichen sowohl hinter den Zahlenwert als auch hinter die Toleranz zu setzen.

Beispiele:

Richtig: (250 ± 0,1) kg, 250 kg ± 0,1 kg
Falsch: 250 ± 0,1 kg, 250 kg ± 0,1

Es ist auch zulässig, die Toleranz relativ (bezogen auf den Wert der Größe) anzugeben.

Beispiele:

Richtig: 200,06 (1 ± 0,0004) mm; 200,06 mm (1 ± 0,0004)
200,06 mm (1 ± 0,04 %)
Falsch: 200,06 mm ± 0,04 %

4.2.6. Einheitenzeichen dürfen nicht mit Indizes und nicht in Verbindung mit anderen Kurzzeichen verwendet werden (z. B. nicht: V_{eff}, $V_{\sim}$, sondern: U_{eff}, $U_{\sim}$ in V).

Tabelle 1. Vorsätze zur Bildung von dezimalen Vielfachen und Teilen von Einheiten

Vorsatz	Vorsatzzeichen	Faktor, mit dem die Einheit multipliziert wird	Vorsatz	Vorsatzzeichen	Faktor, mit dem die Einheit multipliziert wird
Exa	E	10^{18}	Dezi	d	10^{-1}
Peta	P	10^{15}	Zenti	c	10^{-2}
Tera	T	10^{12}	Milli	m	10^{-3}
Giga	G	10^{9}	Mikro	μ	10^{-6}
Mega	M	10^{6}	Nano	n	10^{-9}
Kilo	k	10^{3}	Piko	p	10^{-12}
Hekto	h	10^{2}	Femto	f	10^{-15}
Deka	da	10	Atto	a	10^{-18}

Tabelle 2. SI-Einheiten

Nr.	Größe	Benennung der Einheit	Einheitenzeichen	Definition der Einheit	Bemerkungen
1. Raum und Zeit					
1.1.	Länge	Meter	m	Das Meter ist gleich 1650763,73 Vakuum-Wellenlängen der Strahlung, die dem Übergang zwischen den Niveaus 2 p_{10} und 5 d_5 des Atoms Krypton 86 entspricht.	Basiseinheit
1.2.	Wellenzahl	Eins je Meter	1/m	$1/m = 1\ m^{-1}$	—
1.3.	Fläche	Quadratmeter	m^2	$1\ m^2 = 1\ m \cdot m$	—
1.4.	Volumen	Kubikmeter	m^3	$1\ m^3 = 1\ m \cdot m \cdot m$	—
1.5.	Ebener Winkel	Radiant	rad	1 rad = 1 m/m	Der Radiant ist der Winkel zwischen zwei Kreisradien, die aus dem Kreisumfang einen Bogen ausschneiden, dessen Länge gleich dem Radius ist. Siehe Abschnitt 1.3.
1.6.	Raumwinkel	Steradiant	sr	$1\ sr = 1\ m^2/m^2$	Der Steradiant ist der Raumwinkel, dessen Scheitelpunkt im Mittelpunkt einer Kugel liegt und der aus der Oberfläche dieser Kugel eine Fläche ausschneidet, die gleich der eines Quadrates ist, dessen Seite mit dem Kugelradius übereinstimmt. Siehe Abschnitt 1.3.
1.7.	Zeit	Sekunde	s	Die Sekunde ist die Dauer von 9192631770 Perioden der Strahlung, die dem Übergang zwischen den beiden Hyperfeinstrukturniveaus des Grundzustandes des Atoms Zäsium 133 entspricht.	Basiseinheit

Tabelle 2 (Fortsetzung)

Nr.	Größe	Benennung der Einheit	Einheiten-zeichen	Definition der Einheit	Bemerkungen
1.8.	Frequenz	Hertz	Hz	$1\ Hz = 1\ s^{-1}$	Wird bei Angabe von Umlauffrequenzen (Drehzahlen) vorzugsweise Eins je Sekunde (1/s) benannt.
1.9.	Geschwindigkeit	Meter je Sekunde	m/s	$1\ m/s = 1\ m \cdot s^{-1}$	—
1.10.	Winkelgeschwindigkeit (Winkelfrequenz, Kreisfrequenz)	Radiant je Sekunde, eins je Sekunde	rad/s, 1/s	$1\ rad/s = 1\ m \cdot m^{-1} \cdot s^{-1}$	Siehe Abschnitt 1.3.
1.11.	Beschleunigung	Meter je Quadratsekunde	m/s^2	$1\ m/s^2$	—
1.12.	Winkelbeschleunigung	Radiant je Quadratsekunde	rad/s^2	$1\ rad/s^2 = 1\ m \cdot m^{-1} \cdot s^{-2}$	Siehe Abschnitt 1.3.
1.13.	Volumenstrom (Volumendurchfluß, Volumendurchsatz)	Kubikmeter je Sekunde	m^3/s	$1\ m^3/s = 1\ m^3 \cdot s^{-1}$	—
2.	Mechanik				
2.1.	Masse	Kilogramm	kg	Das Kilogramm ist die Masse des internationalen Kilogrammprototyps.	1. Basiseinheit 2. Die durch einen Vorsatz bezeichneten dezimalen Vielfachen und Teile werden nicht von der Einheit Kilogramm, sondern von ihrem 1000sten Teil, dem Gramm, gebildet.
2.2.	Längenbezogene Masse	Kilogramm je Meter	kg/m	$1\ kg/m = 1\ m^{-1} \cdot kg$	—

2.3.	Flächenbezogene Masse	Kilogramm je Quadratmeter	kg/m^2	$1\ kg/m^2 = 1\ m^{-2} \cdot kg$	—
2.4.	Dichte	Kilogramm je Kubikmeter	kg/m^3	$1\ kg/m^3 = 1\ m^{-3} \cdot kg$	—
2.5.	Spezifisches Volumen	Kubikmeter je Kilogramm	m^3/kg	$1\ m^3/kg = 1\ m^3 \cdot kg^{-1}$	—
2.6.	Impuls	Kilogrammeter je Sekunde	$kg \cdot m/s$	$1\ kg \cdot m/s = 1\ m \cdot kg \cdot s^{-1}$	—
2.7.	Drehimpuls	Kilogramm mal Quadratmeter je Sekunde	$kg \cdot m^2/s$	$1\ kg \cdot m^2/s = 1\ m^2 \cdot kg \cdot s^{-1}$	—
2.8.	Massenträgheitsmoment	Kilogramm mal Quadratmeter	$kg \cdot m^2$	$1\ kg \cdot m^2 = 1\ m^2 \cdot kg$	—
2.9.	Kraft	Newton	N	$1\ N = 1\ m \cdot kg \cdot s^{-2}$	—
2.10.	Kraftmoment	Newtonmeter	$N \cdot m$	$1\ N \cdot m = 1\ m^2 \cdot kg \cdot s^{-2}$	Drehmoment, Biegemoment
2.11.	Kraftstoß	Newtonsekunde	$N \cdot s$	$1\ N \cdot s = 1\ m^2 \cdot kg \cdot s^{-1}$	—
2.12.	Druck	Pascal	Pa	$1\ Pa = 1\ N/m^2 = 1\ m^{-1} \cdot kg \cdot s^{-2}$	Die Einheit Pascal ist vorzugsweise vor Newton je Quadratmeter auch für die physikalischen Größen — Spannung — Elastizitätsmodul — Schubmodul — Kompressionsmodul anzuwenden.
2.13.	Oberflächenspannung	Newton je Meter	N/m	$1\ N/m = 1\ kg \cdot s^{-2}$	—
2.14.	Dynamische Viskosität	Pascalsekunde	$Pa \cdot s$	$1\ Pa \cdot s = 1\ m^{-1} \cdot kg \cdot s^{-1}$	—

Tabelle 2 (Fortsetzung)

Nr.	Größe	Benennung der Einheit	Einheitenzeichen	Definition der Einheit	Bemerkungen
2.15.	Kinematische Viskosität	Quadratmeter je Sekunde	m^2/s	$1\ m^2/s = \frac{1\ Pa \cdot s}{1\ kg/m^3} = 1\ m^2 \cdot s^{-1}$	—
2.16.	Arbeit Energie	Joule	J	$1\ J = 1\ N \cdot m = 1\ m^2 \cdot kg \cdot s^{-2}$	Die Einheit Joule ist für jede Energieform anwendbar.
2.17.	Leistung	Watt	W	$1\ W = 1\ J/s = 1\ m^2 \cdot kg \cdot s^{-3}$	—
2.18.	Energiedichte	Joule je Kubikmeter	J/m^3	$1\ J/m^3 = 1\ m^{-1} \cdot kg \cdot s^{-2}$	—
2.19.	Massestrom (Massedurchfluß, Massedurchsatz)	Kilogramm je Sekunde	kg/s	$1\ kg/s = 1\ kg \cdot s^{-1}$	—
2.20.	Massestromdichte	Kilogramm je Sekunde und Quadratmeter	$kg/(s \cdot m^2)$	$1\ kg/(s \cdot m^2) = 1\ m^{-2} \cdot kg \cdot s^{-1}$	—
3. Wärme					
3.1.	Temperatur (thermodynamische)	Kelvin	K	Das Kelvin ist der 273,16te Teil der (thermodynamischen) Temperatur des Tripelpunktes von Wasser.	1. Basiseinheit 2. Die Differenz aus einer Temperatur T und der Temperatur $T_C = 273,15\ K$ wird als Celsius-Temperatur t bezeichnet: $t = T - T_C$. Bei Angabe von Celsius-Temperaturen ist die Benennung Kelvin (Einheitenzeichen K) durch die Benennung Grad Celsius (Einheitenzeichen °C) zu ersetzen. Bei Angabe von Differenzen von Celsius-Temperaturen ist bevorzugt die Benennung Kelvin (Einheitenzeichen K) anzuwenden.

					3. Keine Vorsätze bei °C. 4. Die thermodynamische Temperaturskale wird für die Belange der praktischen Temperaturmessung durch die Temperaturskale nach TGL 29760 ersetzt, die auf der Grundlage der Internationalen Praktischen Temperaturskale von 1968 definiert ist.
3.2.	Wärmemenge (innere Energie, Enthalpie, freie Energie, Phasenumwandlungswärme, chemische Reaktionswärme)	Joule	J	$1\ J = 1\ m^2 \cdot kg \cdot s^{-2}$	—
3.3.	Spezifische Wärmemenge, spezifische Energie (einer Phasenumwandlung, einer chemischen Reaktion), spezifische Enthalpie	Joule je Kilogramm	J/kg	$1\ J/kg = 1\ m^2 \cdot s^{-2}$	—
3.4.	Wärmekapazität	Joule je Kelvin	J/K	$1\ J/K = 1\ m^2 \cdot kg \cdot s^{-2} \cdot K^{-1}$	—
3.5.	Spezifische Wärmekapazität	Joule je Kilogramm und Kelvin	J/(kg · K)	$1\ J/(kg \cdot K) = 1\ m^2 \cdot s^{-2} \cdot K^{-1}$	—
3.6.	Entropie	Joule je Kelvin	J/K	$1\ J/K = 1\ m^2 \cdot kg \cdot s^{-2} \cdot K^{-1}$	—
3.7.	Spezifische Entropie	Joule je Kilogramm und Kelvin	J/(kg · K)	$1\ J/(kg \cdot K) = 1\ m^2 \cdot s^{-2} \cdot K^{-1}$	—
3.8.	Wärmestrom	Watt	W	$1\ W = 1\ m^2 \cdot kg \cdot s^{-3}$	—
3.9.	Wärmestromdichte	Watt je Quadratmeter	W/m²	$1\ W/m^2 = 1\ kg \cdot s^{-3}$	—

Tabelle 2 (Fortsetzung)

Nr.	Größe	Benennung der Einheit	Einheiten-zeichen	Definition der Einheit	Bemerkungen
3.10.	Wärmeübergangs-koeffizient Wärmedurchgangs-koeffizient	Watt je Quadratmeter und Kelvin	$W/(m^2 \cdot K)$	$1\ W/(m^2 \cdot K) = 1\ kg \cdot s^{-3} \cdot K^{-1}$	—
3.11.	Wärmeleit-fähigkeit	Watt je Meter und Kelvin	$W/(m \cdot K)$	$1\ W/(m \cdot K) = \frac{1\ W/m^2}{K/m}$ $= 1\ m \cdot kg \cdot s^{-3} \cdot K^{-1}$	—
3.12.	Temperaturleit-fähigkeit	Quadratmeter je Sekunde	m^2/s	$1\ m^2/s$ $= 1 \frac{W/(m \cdot k)}{(kg/m^3) \cdot J/(kg \cdot K)}$ $= 1\ m^2 \cdot s^{-1}$	—

4. Elektrizität und Magnetismus

Nr.	Größe	Benennung der Einheit	Einheiten-zeichen	Definition der Einheit	Bemerkungen
4.1.	Elektrische Stromstärke	Ampere	A	Das Ampere ist die Stärke des zeitlich unveränderlichen elektrischen Stromes durch zwei geradlinige, parallele, unendlich lange Leiter von vernachlässigbarem Querschnitt, die den Abstand 1 m haben und zwischen denen die durch den Strom elektrodynamisch hervorgerufene Kraft im leeren Raum je 1 m Länge der Doppelleitung $2 \cdot 10^{-7}$ N beträgt.	Basiseinheit
4.2.	Elektrische Stromdichte	Ampere je Quadratmeter	A/m^2	$1\ A/m^2 = 1\ m^{-2} \cdot A$	—

4.3.	Strombelag	Ampere je Meter	A/m	$1\ A/m = 1\ m^{-1} \cdot A$	—
4.4.	Elektrizitätsmenge, elektrische Ladung	Coulomb	C	$1\ C = 1\ s \cdot A$	—
4.5.	Raumladungsdichte	Coulomb je Kubikmeter	C/m^3	$1\ C/m^3 = 1\ m^{-3} \cdot s \cdot A$	—
4.6.	Flächenladungsdichte	Coulomb je Quadratmeter	C/m^2	$1\ C/m^2 = 1\ m^{-2} \cdot s \cdot A$	—
4.7.	Elektrische Verschiebung (Verschiebungsdichte)	Coulomb je Quadratmeter	C/m^2	$1\ C/m^2 = 1\ m^{-2} \cdot s \cdot A$	—
4.8.	Elektrischer Verschiebungsfluß	Coulomb	C	$1\ C = 1\ (C/m^2) \cdot m^2 = 1\ s \cdot A$	—
4.9.	Elektrische Leistung	Watt	W	$1\ W = 1\ m^2 \cdot kg \cdot s^{-3}$	Die Einheit der elektrischen Leistung darf zur Angabe von Scheinleistungen Voltampere (Einheitenzeichen VA), zur Angabe von Blindleistungen Var (Einheitenzeichen var) benannt werden.
4.10.	Elektrische Spannung	Volt	V	$1\ V = 1\ W/A = 1\ m^2 \cdot kg \cdot s^{-3} \cdot A^{-1}$	—
4.11.	Elektrische Feldstärke	Volt je Meter	V/m	$1\ V/m = 1\ m \cdot kg \cdot s^{-3} \cdot A^{-1}$	—
4.12.	Elektrische Kapazität	Farad	F	$1\ F = 1\ C/V = 1\ m^{-2} \cdot kg^{-1} \cdot s^4 \cdot A^2$	—
4.13.	Dielektrizitätskonstante, Permittivität / Elektrische Feldkonstante, Influenzkonstante	Farad je Meter	F/m	$1\ F/m = 1\ m^{-3} \cdot kg^{-1} \cdot s^4 \cdot A^2$	—

Tabelle 2 (Fortsetzung)

Nr.	Größe	Benennung der Einheit	Einheitenzeichen	Definition der Einheit	Bemerkungen
4.14.	Elektrisches Dipolmoment	Coulombmeter	$C \cdot m$	$1\ C \cdot m = 1\ m \cdot s \cdot A$	—
4.15.	Elektrische Polarisation	Coulomb je Quadratmeter	C/m^2	$1\ C/m^2 = 1\ m^{-2} \cdot s \cdot A$	—
4.16.	Elektrischer Widerstand	Ohm	Ω	$1\ \Omega = 1\ V/A = 1\ m^2 \cdot kg \cdot s^{-3} \cdot A^{-2}$	Bei Schreibmaschinenschrift (ausgenommen in Standards) ist als Einheitenzeichen auch „Ohm" zulässig.
4.17.	Spezifischer elektrischer Widerstand	Ohmmeter	$\Omega \cdot m$	$1\ \Omega \cdot m = 1\ m^3 \cdot kg \cdot s^{-3} \cdot A^{-2}$ $1\ \Omega \cdot m = 1\ \Omega \cdot m^2/m$	—
4.18.	Elektrischer Leitwert	Siemens	S	$1\ S = 1/\Omega = 1\ m^{-2} \cdot kg^{-1} \cdot s^3 \cdot A^2$	—
4.19.	Elektrische Leitfähigkeit	Siemens je Meter	S/m	$1\ S/m = 1/\Omega \cdot m)$ $= 1\ m^{-3} \cdot kg^{-1} \cdot s^3 \cdot A^2$	—
4.20.	Magnetischer Fluß	Weber	Wb	$1\ Wb = 1\ V \cdot s$ $= 1\ m^2 \cdot kg \cdot s^{-2} \cdot A^{-1}$	—
4.21.	Magnetische Induktion (Magnetische Flußdichte)	Tesla	T	$1\ T = 1\ Wb/m^2 = 1\ kg \cdot s^{-2} \cdot A^{-1}$	—
4.22.	Magnetische Feldstärke	Ampere je Meter	A/m	$1\ A/m = 1\ m^{-1} \cdot A$	—
4.23.	Magnetische Spannung	Ampere	A	$1\ A = 1\ (A/m) \cdot m = 1\ A$	—
4.24.	Induktivität	Henry	H	$1\ H = 1\ Wb/A$ $= 1\ m^2 \cdot kg \cdot s^{-2} \cdot A^{-2}$	—

4.25.	Permeabilität Magnetische Feldkonstante, Induktionskonstante	Henry je Meter	H/m	$1\ H/m = 1\ m \cdot kg \cdot s^{-2} \cdot A^{-2}$	—
4.26.	Magnetische Polstärke nach Coulomb	Weber	Wb	$1\ Wb = 1\ N \cdot m/A$ $= 1\ m^2 \cdot kg \cdot s^{-2} \cdot A^{-1}$	—
4.27.	Magnetisches Moment nach Coulomb	Webermeter	Wb · m	$1\ Wb \cdot m = 1\ m^3 \cdot kg \cdot s^{-2} \cdot A^{-1}$	—
4.28.	Magnetische Polarisation	Tesla	T	$1\ T = 1\ Wb \cdot m/m^3 = 1\ Wb/m^2$ $= 1\ kg \cdot s^{-2} \cdot A^{-1}$	—
4.29.	Magnetisches Moment nach Ampère	Ampere mal Quadratmeter	$A \cdot m^2$	$1\ A \cdot m^2 = 1\ m^2 \cdot A$	—
4.30.	Magnetisierung	Ampere je Meter	A/m	$1\ A/m = 1\ A \cdot m^2/m^3 = 1\ m^{-1} \cdot A$	—
4.31.	Magnetischer Widerstand	Ampere je Weber	A/Wb	$1\ A/Wb = 1\ m^{-2} \cdot kg^{-1} \cdot s^2 \cdot A^2$	—
4.32.	Magnetischer Leitwert	Henry	H	$1\ H = 1\ Wb/A = 1\ m^2 \cdot kg$ $\cdot s^{-2} \cdot A^{-2}$	—
5. Optische Strahlung					
5.1.	Lichtstärke	Candela	cd	Die Candela ist die Lichtstärke, die $\frac{1}{600\,000}\ m^2$ der Fläche eines schwarzen Körpers bei der Erstarrungstemperatur des Platins beim Druck 101 325 Pa senkrecht zu seiner Oberfläche ausstrahlt.	Basiseinheit

Tabelle 2 (Fortsetzung)

Nr.	Größe	Benennung der Einheit	Einheiten-zeichen	Definition der Einheit	Bemerkungen
5.2.	Leuchtdichte	Candela je Quadratmeter	cd/m^2	$1\ cd/m^2 = 1\ m^{-2} \cdot cd$	—
5.3.	Lichtstrom	Lumen	lm	$1\ lm = 1\ cd \cdot sr$	Siehe Abschnitt 1.3.
5.4.	Beleuchtungsstärke	Lux	lx	$1\ lx = 1\ lm/m^2 = 1\ m^{-2} \cdot cd \cdot sr$	Siehe Abschnitt 1.3.
5.5.	Spezifische Lichtausstrahlung	Lumen je Quadratmeter	lm/m^2	$1\ lm/m^2 = 1\ m^{-2} \cdot cd \cdot sr$	Siehe Abschnitt 1.3.
5.6.	Lichtmenge	Lumensekunde	$lm \cdot s$	$1\ lm \cdot s = 1\ s \cdot cd \cdot sr$	Siehe Abschnitt 1.3.
5.7.	Belichtung	Luxsekunde	$lx \cdot s$	$1\ lx \cdot s = 1\ m^{-2} \cdot s \cdot cd \cdot sr$	Siehe Abschnitt 1.3.
5.8.	Strahlungsenergie	Joule	J	$1\ J = 1\ m^2 \cdot kg \cdot s^{-2}$	—
5.9.	Strahlungsfluß	Watt	W	$1\ W = 1\ m^2 \cdot kg \cdot s^{-3}$	—
5.10.	Strahlstärke	Watt je Steradient	W/sr	$1\ W/sr = 1\ m^2 \cdot kg \cdot s^{-3} \cdot sr^{-1}$	Siehe Abschnitt 1.3.
5.11.	Strahldichte	Watt je Quadratmeter und Steradiant	$W/(m^2 \cdot sr)$	$1\ W/(m^2 \cdot ar) = 1\ kg \cdot s^{-3} \cdot sr^{-1}$	Siehe Abschnitt 1.3.
5.12.	Strahlungsflußdichte (Spezifische Ausstrahlung, Bestrahlungsstärke)	Watt je Quadratmeter	W/m^2	$1\ W/m^2 = 1\ kg \cdot s^{-3}$	—
5.13.	Bestrahlung	Joule je Quadratmeter	J/m^2	$1\ J/m^2 = 1\ kg \cdot s^{-2}$	—
6. Akustik					
6.1.	Schallschnelle	Meter je Sekunde	m/s	$1\ m/s = 1\ m \cdot s^{-1}$	—

6.2.	Schalldruck	Pascal	Pa	$1\ Pa = 1\ m^{-1} \cdot kg \cdot s^{-2}$	—
6.3.	Schallfluß	Kubikmeter je Sekunde	m^3/s	$1\ m^3/s = 1\ m^3 \cdot s^{-1}$	—
6.4.	Flußimpedanz, Akustische Impedanz	Pascalsekunde je Kubikmeter	$Pa \cdot s/m^3$	$1\ Pa \cdot a/m^3 = 1\ m^{-4} \cdot kg \cdot s^{-1}$	—
6.5.	Feldimpedanz, Spezifische Impedanz	Pascalsekunde je Meter	$Pa \cdot s/m$	$1\ Pa \cdot a/m = 1\ m^{-2} \cdot kg \cdot s^{-1}$	—
6.6.	Mechanische Impedanz	Newtonsekunde je Meter	$N \cdot s/m$	$1\ N \cdot s/m \cdot 1\ kg \cdot s^{-1}$	—
6.7.	Schallenergie	Joule	J	$1\ J = 1\ m^2 \cdot kg \cdot s^{-2}$	—
6.8.	Schalleistung, Schallenergiefluß	Watt	W	$1\ W = 1\ m^2 \cdot kg \cdot s^{-3}$	—
6.9.	Schallintensität	Watt je Quadratmeter	W/m^2	$1\ W/m^2 = 1\ kg \cdot s^{-3}$	—
6.10.	Schallenergie-dichte	Joule je Kubikmeter	J/m^3	$1\ J/m^3 = 1\ m^{-1} \cdot kg \cdot s^{-2}$	—
7. Physikalische Chemie					
7.1.	Stoffmenge	Mol	mol	Das Mol ist die Stoffmenge eines Systems, das aus soviel gleichartigen elementaren Teilchen besteht, wie Atome in 0,012 kg des Kohlenstoffs 12 enthalten sind.	1. Basiseinheit 2. Bei Verwendung des Mol muß die Art der elementaren Teilchen angegeben werden; es können Atome, Moleküle, Ionen, Elektronen, andere Teilchen oder spezielle Gruppierungen solcher Teilchen sein. 3. Die Stoffmenge kann auch Objektmenge genannt werden. Objekte einer Objektmenge können auch Teilchen sein, die allein keinen Stoff bilden (Elektronen, Kationen, Anionen, Äquivalente, Photonen, Phononen u. a.)

Tabelle 2 (Fortsetzung)

Nr.	Größe	Benennung der Einheit	Einheitenzeichen	Definition der Einheit	Bemerkungen
7.2.	Stoffmengenkonzentration Konzentrationsstärke	Mol je Kubikmeter	mol/m³	1 mol/m³ = 1 $m^{-3} \cdot$ mol	1. s. Bemerkung 3 zu Nr. 7.1 2. Die Stoffmengenkonzentration kann auch Objektmengenkonzentration genannt werden. 3. In 1 m³ Lösung ist 1 mol des gelösten Stoffes enthalten.
7.3.	Molare Masse	Kilogramm je Mol	kg/mol	1 kg/mol = 1 kg · mol^{-1}	—
7.4.	Molares Volumen	Kubikmeter je Mol	m³/mol	1 m³/mol = 1 m³ · mol^{-1}	—
7.5.	Molatität Molalitätsionenstärke	Mol je Kilogramm	mol/kg	1 mol/kg = 1 kg^{-1} · mol	In 1 kg einer Komponente des Gesamtsystems, z. B. Lösungsmittel, ist 1 mol der Restkomponenten enthalten.
7.6.	Molare innere Energie Molare Enthalpie	Joule je Mol	J/mol	1 J/mol = 1 m² · kg · s^{-2} · mol^{-1}	Diese Einheit gilt auch für die molare Phasenumwandlungsenthalpie, molare Mischungsenthalpie, molare Reaktionsenthalpie, chemisches Potential, molare freie Reaktionsenthalpie (Affinität).
7.7.	Molare Wärmekapazität Molare Entropie	Joule je Mol und Kelvin	J/(mol · K)	1 J/(mol · K) = 1 m² · kg · s^{-2} · K^{-1} · mol^{-1}	Diese Einheit gilt auch für die molare Phasenumwandlungsentropie, molare Mischungsentropie, molare Reaktionsentropie.
8.	Ionisierende Strahlung[4])				
8.1.	Teilchenfluenz	Eins je Quadratmeter	1/m²	1/m² = 1 m^{-2}	

8.2.	Teilchenflußdichte (Teilchenfluenz-leistung)	Eins je Quadratmeter und Sekunde	$1/m^2 \cdot s$	$1/(m^2 \cdot s) = 1 m^{-2} \cdot s^{-1}$	
8.3.	Energiefluenz	Joule je Quadratmeter	J/m^2	$1 J/m^2 = 1 kg \cdot s^{-2}$	
8.4.	Energieflußdichte (Energiefluenz-leistung)	Watt je Quadratmeter	W/m^2	$1 W/m^2 = 1 kg \cdot s^{-3}$	
8.5.	Exposition	Coulomb je Kilogramm	C/kg	$1 C/kg = 1 kg^{-1} \cdot s \cdot A$	nur für Quantenstrahlung (Röntgen- und Gammastrahlung)
8.6.	Expositions-leistung	Ampere je Kilogramm	A/kg	$1 A/kg = 1 kg^{-1} \cdot A$	s. Bemerkung zu 8.5.
8.7.	Kerma	Joule je Kilogramm	J/kg	$1 J/kg = 1 m^2 \cdot s^{-2}$	1. nur für indirekt ionisierende Strahlung 2. Die Einheit der Kerma darf auch Gray (siehe Nr. 8.9.) benannt werden.
8.8.	Kermaleistung	Watt je Kilogramm	W/kg	$1 W/kg = 1 m^2 \cdot s^{-3}$	1. Siehe Bemerkung zu 8.7. 2. Die Einheit der Kermaleistung darf auch Gray je Sekunde (siehe Nr. 8.10.) benannt werden.
8.9.	Energiedosis	Gray	Gy	$1 Gy = 1 J/kg = 1 m^2 \cdot s^{-2}$	
8.10.	Energiedosis-leistung	Gray je Sekunde	Gy/s	$1 Gy/s = 1 W/kg = 1 m^2 \cdot s^{-3}$	
8.11.	Aktivität	Becquerel	Bq	$1 Bq = 1 s^{-1}$	—
8.12.	Neutronenquell-stärke	Eins je Sekunde	1/s	$1/s = 1 s^{-1}$	1. Die Einheit ist nur für radioaktive Neutronenquellen definiert. 2. Die Bezeichnung „Becquerel“ ist für die Einheit der Neutronenquell-stärke unzulässig. 3. Keine Vorsätze

Tabelle 3. Allgemein gültige SI-fremde Einheiten

Nr. [5])	Größe	Benennung der Einheit	Einheitenzeichen	Definition der Einheit	Bemerkungen
1.4.	Volumen	Liter	l oder L	$1\,l = 1 \cdot 10^{-3}$ m³	Nicht für Angaben mit einer relativen Unsicherheit $< 5 \cdot 10^{-5}$ zugelassen.
1.5.	Ebener Winkel	Grad	°	$1° = \pi/180$ rad $= 1{,}745\,329 \cdot 10^{-2}$ rad	Keine Vorsätze
		Minute	′	$1' = \pi/10\,800$ rad $= 2{,}908\,882 \cdot 10^{-4}$ rad	Keine Vorsätze
		Sekunde	″	$1'' = \pi/648\,000$ rad $= 4{,}848\,137 \cdot 10^{-6}$ rad	Keine Vorsätze
1.7.	Zeit	Minute	min	1 min = 60 s	Keine Vorsätze
		Stunde	h	1 h = 60 min = 3600 s	Keine Vorsätze
		Tag	d	1 d = 24 h = 86400 s	Keine Vorsätze
					Außerdem ist die Anwendung der Kalendereinheiten Woche (Wo.) = 7 d Monat (Mon.) = 28 bis 31 d Jahr (a) = 365 oder 366 d zulässig.
2.1.	Masse	Tonne	t	$1\,t = 1 \cdot 10^3$ kg	—

Tabelle 4. Auf Spezialgebieten gültige SI-fremde Einheiten

Nr.[5])	Größe	Benennung der Einheit	Einheitenzeichen	Definition der Einheit	Bemerkungen	Spezialgebiete
1.1.	Länge	Astronomische Einheit	AE	1 AE $= 1{,}49598 \cdot 10^{11}$ m[6])	Keine Vorsätze	Astronomie
		Lichtjahr	ly	1 ly $= 0{,}94605 \cdot 10^{16}$ m[6])	Keine Vorsätze	Astronomie
		Parsec	pc	1 pc $= 3{,}0857 \cdot 10^{16}$ m[6])	—	Astronomie
1.2.	Brechkraft	Dioptrie	dpt	1 dpt = 1/m = 1 m^{-1}	Keine Vorsätze	Optik
1.3.	Fläche	Hektar	ha	1 ha $= 1 \cdot 10^4$ m^2	Keine Vorsätze	Flur- und Grundstücke
1.5.	Ebener Winkel	Gon	gon	1 gon $= \pi/200$ rad $= 1{,}570796 \cdot 10^{-2}$ rad	—	Geodäsie
2.1.	Masse	Atomare Masseeinheit	u	1 u $= 1{,}66057 \cdot 10^{-27}$ kg[6])	Keine Vorsätze	Atom- und Kernphysik
2.2.	Feinheit	Tex	tex	1 tex $= 1 \cdot 10^{-6}$ kg/m = 1 mg/m = 1 g/km	—	Textile Fasern und Fäden
2.16.	Energie	Elektronenvolt	eV	1 eV $= 1{,}60219 \cdot 10^{-19}$ J[6])	—	Atom- und Kernphysik

Tabelle 5. Gültige Einheiten für Verhältnisgrößen

Nr.	Größe	Benennung der Einheit	Einheitenzeichen	Definition der Einheit	Bemerkungen
1.	Verhältnisgröße (Verhältnis aus zwei gleichartigen Größen, speziell Verhältnis einer Größe zu einer Bezugsgröße)	Eins	**1**	—	Als Einheitenzeichen ist auch **1** (Ziffer 1 in Fettdruck) zulässig.
		Prozent	%	1% = $1 \cdot 10^{-2}$	Bei der Verwendung der Verhältniseinheiten ist auf jeden Fall kenntlich zu machen, worauf sich die Angabe bezieht, z. B. Massen- oder Volumenkonzentration in %.
		Promille	‰	1‰ = $1 \cdot 10^{-3}$	
		Millionstel	ppm	1 ppm = $1 \cdot 10^{-6}$	
		Milliardstel	ppb	1 ppb = $1 \cdot 10^{-9}$	
2.	Logarithmierte Verhältnisgröße	Bel	B	Das Bel ist die Einheit von zur Basis 10 logarithmierten Verhältnisgrößen. Der Wert 1 Bel ergibt sich aus dem Verhältnis 10:1 zweier gleichartiger Leistungsgrößen bzw. dem Verhältnis 10:1 der Quadrate zweier gleichartiger Feldgrößen.	1. Leistungsgrößen sind z. B. Leistung, Energie, Energiedichte. Feldgrößen sind z. B. elektr. Spannung, elektr. Stromstärke, Schalldruck. 2. e = Basis der natürlichen Logarithmen 3. 1 Np = 2(lg e) B ≈ 0,8686 B
		Dezibel	dB	1 dB = 0,1 B	
		Neper	Np	Das Neper ist die Einheit von zur Basis e logarithmierten Verhältnisgrößen. Der Wert 1 Neper ergibt sich aus dem Verhältnis e:1 zweier gleichartiger Feldgrößen bzw. dem Verhältnis e:1 der Quadratwurzeln zweier gleichartiger Leistungsgrößen.	

Tabelle 6. SI-fremde Einheiten mit befristeter Gültigkeitsdauer

Nr.[5]	Größe	Benennung der Einheit	Einheiten-zeichen	Definition der Einheit	Bemerkungen	Gültig bis
1.1.	Länge	Ångström	Å	1 Å = $1 \cdot 10^{-10}$ m	Keine Vorsätze. Nur in der Spektroskopie	31. 12. 79[7]
		X-Einheit	XE	1 XE = $1{,}002\,06 \cdot 10^{-13}$ m		
		Seemeile	sm	1 sm = 1852 m	Keine Vorsätze. Nur in der Seefahrt	[8]
1.3.	Fläche	Ar	a	1 a = $1 \cdot 10^{2}$ m^2	Keine Vorsätze	31. 12. 79[7]
		Barn	b	1 b = $1 \cdot 10^{-28}$ m^2 = 100 fm^2	Nur in Atom- und Kernphysik	
1.5.	Ebener Winkel	Neugrad, Gon	g	$1^{g} = \frac{\pi}{2 \cdot 10^{2}}$ rad $= 1{,}570\,796 \cdot 10^{-2}$ rad	Keine Vorsätze, Ersetzen durch gon (siehe Tabelle 4)	[8]
		Neuminute	c	$1^{c} = \frac{\pi}{2 \cdot 10^{4}}$ rad $= 1{,}570\,796 \cdot 10^{-4}$ rad	Keine Vorsätze, Ersetzen durch 10 mgon (siehe Tabelle 4)	
		Neusekunde	cc	$1^{cc} = \frac{\pi}{2 \cdot 10^{6}}$ rad $= 1{,}570\,796 \cdot 10^{-6}$ rad	Keine Vorsätze. Ersetzen durch 0,1 mgon (siehe Tabelle 4)	
1.9.	Geschwindigkeit	Knoten	kn	1 kn = 1 sm/h = 0,514444 m/s	Keine Vorsätze. Nur in der Seefahrt und im Schiffbau	31. 12. 79[7]
1.11.	Beschleunigung	Gal	Gal	1 Gal = $1 \cdot 10^{-2}$ m/s^2	Nur in der Geophysik	[8]
2.1.	Masse	Karat	k	1 k = $2 \cdot 10^{-4}$ kg	Keine Vorsätze. Nur für Edelsteine.	[8]

Tabelle 6 (Fortsetzung)

Nr.[5])	Größe	Benennung der Einheit	Einheitenzeichen	Definition der Einheit	Bemerkungen	Gültig bis
2.3.	Kraft	Pond	p	1 p = 0,980665 · 10^{-2} N	—	31. 12. 79[7])
		Dyn	dyn	1 dyn = 1 · 10^{-5} N		
2.12.1.	Druck	Bar	bar	1 bar = 1 · 10^{5} Pa	—	[8])
		Kilopond je Quadratmeter	kp/m²	1 kp/m² = 0,980665 · 10^{1} Pa	Keine Vorsätze	31. 12. 79
		Kilopond je Quadratzentimeter	kp/cm²	1 kp/cm² = 0,980665 · 10^{5} Pa	1. Keine Vorsätze 2. Befristung gilt auch für die Benennung Technische Atmosphäre (at). 1 at = 1 kp/cm² (zu at keine Vorsätze)	
		Meter Wassersäule	m WS	1 m WS = 0,980665 · 10^{4} Pa	Nicht für Angaben mit einer relativen Unsicherheit $< 5 \cdot 10^{-5}$ zugelassen.	
		Physikalische Atmosphäre	atm	1 atm = 1,01325 · 10^{5} Pa	Keine Vorsätze	
		Torr	Torr	1 Torr = $\frac{100 \cdot 325}{760}$ Pa = 1,333224 · 10^{2} Pa	—	
2.12.2.	Mechanische Spannung	Kilopond je Quadratmillimeter	kp/mm²	1 kp/mm² = 0,980665 · 10^{7} Pa	Keine Vorsätze	31. 12. 79[7])
2.14.	Dynamische Viskosität	Poise	P	1 P = 1 · 10^{-1} Pa · s	1 cP = 1 · 10^{-3} Pa · s	31. 12. 79[7])

2.15.	Kinematische Viskosität	Stokes	St	1 St = $1 \cdot 10^{-4}$ m²/s	1 cSt = $1 \cdot 10^{-6}$ m²/s	31. 12. 79[7])
2.16.	Arbeit Energie	Erg	erg	1 erg = $1 \cdot 10^{-7}$ J	—	31. 12. 79[7])
2.17.	Leistung	Pferdestärke	PS	1 PS = 735,49875 W	Keine Vorsätze. Nur für Kraft- und Arbeitsmaschinen	31. 12. 79[7])
3.1.1.	Temperatur	Grad Kelvin	°K	1 °K = 1 K	Keine Vorsätze	31. 12. 79[7])
3.1.2.	Temperaturdifferenz	Grad	grd	1 grd = 1 K	1. Keine Vorsätze 2. Vgl. Bemerkung zu Nr. 3.1. in Tabelle 2	31. 12. 79[7])
3.2.	Wärmemenge	Kalorie	cal	1 cal = 4,1868 J	—	31. 12. 79[7])
3.3.	Spezifische Wärmemenge	Kalorie je Gramm	cal/g	1 cal/g = $4{,}1868 \cdot 10^{3}$ J/kg	—	31. 12. 79[7])
3.8.	Wärmestrom	Kalorie je Sekunde	cal/s	1 cal/s = 4,1868 W	—	31. 12. 79[7])
		Kilokalorie je Stunde	kcal/h	1 kcal/h = 1,163 W		
3.9.	Wärmestromdichte	Kalorie je Quadratzentimeter und Sekunde	cal/(cm² · s)	$1 \frac{\text{cal}}{\text{cm}^2 \cdot \text{s}} = 4{,}1868 \cdot 10^4 \text{W/m}^2$	—	31. 12. 79[7])
		Kilokalorie je Quadratmeter und Stunde	kcal/(m² · h)	$1 \frac{\text{kcal}}{\text{m}^2 \cdot \text{h}} = 1{,}163 \text{ W/m}^2$		
3.10.	Wärmeübergangskoeffizient	Kalorie je Quadratzentimeter, Sekunde und Kelvin	cal/(cm² · s · K)	$1 \frac{\text{cal}}{\text{cm}^2 \cdot \text{g} \cdot \text{K}} = 4{,}1868 \cdot 10^4 \text{ W/(m}^2 \cdot \text{K)}$		31. 12. 79[7])
	Wärmedurchgangskoeffizient	Kilokalorie je Quadratmeter, Stunde und Kelvin	kcal/(m² · h · K)	$1 \frac{\text{kcal}}{\text{m}^2 \cdot \text{h} \cdot \text{K}} = 1{,}163 \text{ W/(m}^2 \cdot \text{K)}$		

Tabelle 6 (Fortsetzung)

Nr.[5])	Größe	Benennung der Einheit	Einheiten-zeichen	Definition der Einheit	Bemerkungen	Gültig bis
3.11.	Wärmeleit-fähigkeit	Kalorie je Zentimeter, Sekunde und Kelvin	cal/(cm · s · K)	$1 \frac{\text{cal}}{\text{cm} \cdot \text{s} \cdot \text{K}} = 4{,}1868 \cdot 10^2\ \text{W}/(\text{m} \cdot \text{K})$	—	31. 12. 1979
		Kilokalorie je Meter, Stunde und Kelvin	kcal/(m · h · K)	$1 \frac{\text{kcal}}{\text{m} \cdot \text{h} \cdot \text{K}} = 1{,}163\ \text{W}/(\text{m} \cdot \text{K})$		
5.2.	Leuchtdichte	Stilb	sb	$1\ \text{sb} = 1 \cdot 10^4\ \text{cd/m}^2$		
		Apostilb	asb	$1\ \text{asb} = (1/\pi)\ \text{cd/m}^2 = 0{,}318310\ \text{cd/m}^2$	Keine Vorsätze. Nur für Lichttechnik	31. 12. 1979
5.13.	Bestrahlung	Langley	ly	$1\ \text{ly} = 1\ \text{cal/cm}^2 = 4{,}1868 \cdot 10^4\ \text{J/m}^2$	Keine Vorsätze. Nur in der Meteorologie	31. 12. 1979
6.2.	Schalldruck	Mikrobar	μbar	$1\ \mu\text{bar} = 1 \cdot 10^{-1}\ \text{Pa}$	Keine Vorsätze	[8])
8.5.	Exposition	Röntgen	R	$1\ \text{R} = 2{,}58 \cdot 10^{-4}\ \text{C/kg}$	—	31. 12. 1979
8.6.	Expositions-leistung	Röntgen je Sekunde	R/s	$1\ \text{R/s} = 2{,}58 \cdot 10^{-4}\ \text{A/kg}$		31. 12. 1979
8.9.	Energiedosis	Rad	rd	$1\ \text{rd} = 1 \cdot 10^{-2}\ \text{Gy}$		31. 12. 1979
8.10.	Energiedosis-leistung	Rad je Sekunde	rd/s	$1\ \text{rd/s} = 1 \cdot 10^{-2}\ \text{Gy/s}$		31. 12. 1979
8.11.	Aktivität	Curie	Ci	$1\ \text{Ci} = 3{,}7 \cdot 10^{10}\ \text{Bq}$		31. 12. 1979

Hinweise

Der vorliegende Standard enthält die Festlegungen des ST RGW 1052–78 i. d. F. der Änderungen gemäß Protokoll der 44. SKS-Tagung.
Gegenüber dem ST RGW 1052–78 wurden zusätzlich aufgenommen:

- in der Titelergänzung weitere Gebiete, für die der Standard nicht gilt
- in Abschnitt 4.2.1. eine Regel für die Schreibweise der in der Praxis häufig vorkommenden Einheitenprodukte Wh, VA und Ah
- in den Tabellen 4 und 6 (entsprechend den Tabellen 7 und 8 des ST RGW) die in der DDR gültigen Einheitenzeichen für: Astronomische Einheit, Lichtjahr, Dioptrie, X-Einheit, Seemeile, Karat, Pferdestärke
- in Tabelle 5 die Verhältniseinheit Eins
- in Tabelle 6 (entsprechend Tabelle 8 des ST RGW) folgende in der DDR noch befristet gültige Einheiten bzw. Einheitenbenennungen:

  Ar, Neugrad, Neuminute, Neusekunde, Meter Wassersäule (m WS), Physikalische Atmosphäre (atm), Grad Kelvin (°K), Grad (grd), Stilb, Apostilb, Langley

nicht aufgenommen:

- in Tabelle 2 die in den Tabellen 3 bis 6 des ST RGW enthaltene Spalte „Dimension", da die Angabe der Dimension weitgehend durch die Angabe der Beziehung zu den Basiseinheiten ersetzt wird und für die meisten Benutzer des Standards überflüssig ist
- in Tabelle 6 die in Tabelle 8 des ST RGW enthaltenen Einheiten, die in der DDR bereits abgelöst sind, nicht mit der angegebenen Benennung oder dem angegebenen Einheitenzeichen angewendet werden oder Zähleinheiten darstellen:

  Doppelzentner, Quadratgrad, Kilogramm-Kraft, Gramm-Kraft, Tonne-Kraft, Kilogramm-Kraft je Quadratzentimeter, Millimeter Wassersäule (mm H_2O), Millimeter Quecksilbersäule (mm Hg), Kilogramm-Kraft je Quadratmillimeter, Maxwell, Gauß, Gilbert, Oersted, thermochemische Kalorie, 15-Grad-Kalorie (cal_{15}), Umdrehung je Sekunde, Umdrehung je Minute sowie die Einheit REM, die nicht als Einheit einer physikalischen Größe angesehen wird.

Im vorliegenden Standard ist auf folgenden Standard Bezug genommen: TGL 29760; TGL 28842; TGL 33256/07
Grundbegriffe der Metrologie; Größen Einheiten Gleichungen siehe TGL 31550/02
Elektrotechnik-Elektronik; Größen Formelzeichen Einheiten; Allgemeine Grundgrößen siehe TGL 22112/02

[1]) Für die vertragsrechtlichen Beziehungen zur ökonomischen und wissenschaftlich-technischen internationalen Zusammenarbeit verbindlich ab 1. Januar 1979.
[2]) In den Dokumenten der internationalen Meterkonvention wird die Bezeichnung „SI-Vorsätze" verwendet.
[3]) Diese Vorsätze dürfen nur entsprechend Abschnitt 3.3.4. angewendet werden.

[4]) Unter „ionisierender Strahlung“ ist hier sowohl direkt ionisierende Strahlung als auch indirekt ionisierende Strahlung zu verstehen. Unter „Teilchen einer ionisierenden Strahlung“ sind hier sowohl direkt ionisierende Teilchen (Elektronen, Protonen, Deuteronen, α-Teilchen usw.) als auch indirekt ionisierende Teilchen (Neutronen, Photonen usw.) zu verstehen.

[5]) Die Numerierung der Größen entspricht der in Tabelle 2.

[6]) Experimentell ermittelter angenäherter Wert.

[7]) Der Termin gilt nur für die Anwendung im amtlichen und rechtsgeschäftlichen Verkehr.

[8]) Termin wird festgelegt, wenn entsprechende internationale Beschlüsse vorliegen.

[9]) Verbindlich erklärt im Rahmen der AO vom 10. Dezember 1979 (GBl. I Nr. 44 S. 455) über die Aufhebung der AO vom 26. November 1968 über die Tafel der gesetzlichen Einheiten (SDr. GBl. Nr. 605; Ber. GBl. II 1969 Nr. 45 S. 291) ab 1. Januar 1980.

DDR-Standard

TGL 31532; Ausgabe Oktober 1974; verbindlich ab 1. September 1975

Betriebliches Meßwesen Grundsätze

Deskriptoren: **Meßwesen;** Grundsatz

Dieser Standard gilt für alle Betriebe und Einrichtungen der materiellen Produktion sowie für Betriebe und Einrichtungen, die für diese Forschungs-, Entwicklungs-, Projektierungs- oder Instandhaltungsaufgaben durchführen, nachstehend Betriebe genannt. Dieser Standard gilt auch für die diesen Betrieben übergeordneten VVB und Kombinate.

Vorbemerkung

Das betriebliche Meßwesen ist untrennbarer Bestandteil des Reproduktionsprozesses des Betriebes im Rahmen der komplexen Maßnahmen der betrieblichen Qualitätssicherung und Standardisierung (QSS).
Es umfaßt alle kadermäßigen, organisatorischen und materiell-technischen Voraussetzungen und alle Tätigkeiten, die zur Vorbereitung, Durchführung und Auswertung von Messungen sowie zur Nutzung der Meßergebnisse erforderlich sind.

Inhaltsverzeichnis

1. Allgemeine Forderungen

Zur Sicherung

- der Qualität und Zuverlässigkeit der Erzeugnisse,
- der Stabilität einer qualitätsgerechten Produktion mit hoher Effektivität,
- der Wirksamkeit des Gesundheits- und Arbeitsschutzes sowie Brandschutzes,
- der Realisierung der Maßnahmen des Umweltschutzes

muß das betriebliche Meßwesen durch Lösung von Meßaufgaben objektive und quantitative Informationen in Form von Meßergebnissen bereitstellen, siehe schematische Darstellung und Erläuterungen Tabelle 1.
Dazu haben die Leiter der VVB, Kombinate und Betriebe unter Berücksichtigung der spezifischen Bedingungen des Industriezweiges bzw. Betriebes, wie

- volkswirtschaftliche Bedeutung, Perspektive, Art und Charakter der Erzeugnisse,
- Produktionsumfang und Sortiment,
- Stand und Entwicklung der Produktionstechnik und Technologie,
- Produktionsorganisation,

die Forderungen nach Abschnitt 2. bzw. 3. zu realisieren und

a) die kadermäßigen Voraussetzungen
durch Bereitstellung der notwendigen, ausreichend qualifizierten Kader und Sicherung ihrer ständigen Weiterbildung,

b) die organisatorischen Voraussetzungen durch Festlegung der Verantwortlichkeiten, des Arbeitsablaufes und des Informationsflusses,

c) die materiell-technischen Voraussetzungen durch Planung und Bereitstellung der erforderlichen Meßmittel, Räume, Meßplätze und sonstigen Ausrüstungen

zu schaffen sowie die Koordinierung der Fragen des betrieblichen Meßwesens insgesamt zu sichern.

2. Aufgaben der VVB und Kombinate

Die Leiter der VVB und Kombinate haben Entscheidungen zu treffen und zentrale Maßnahmen festzulegen, die gewährleisten, daß das betriebliche Meßwesen in ihrem Verantwortungsbereich den gegenwärtigen und perspektivischen Anforderungen gerecht wird.

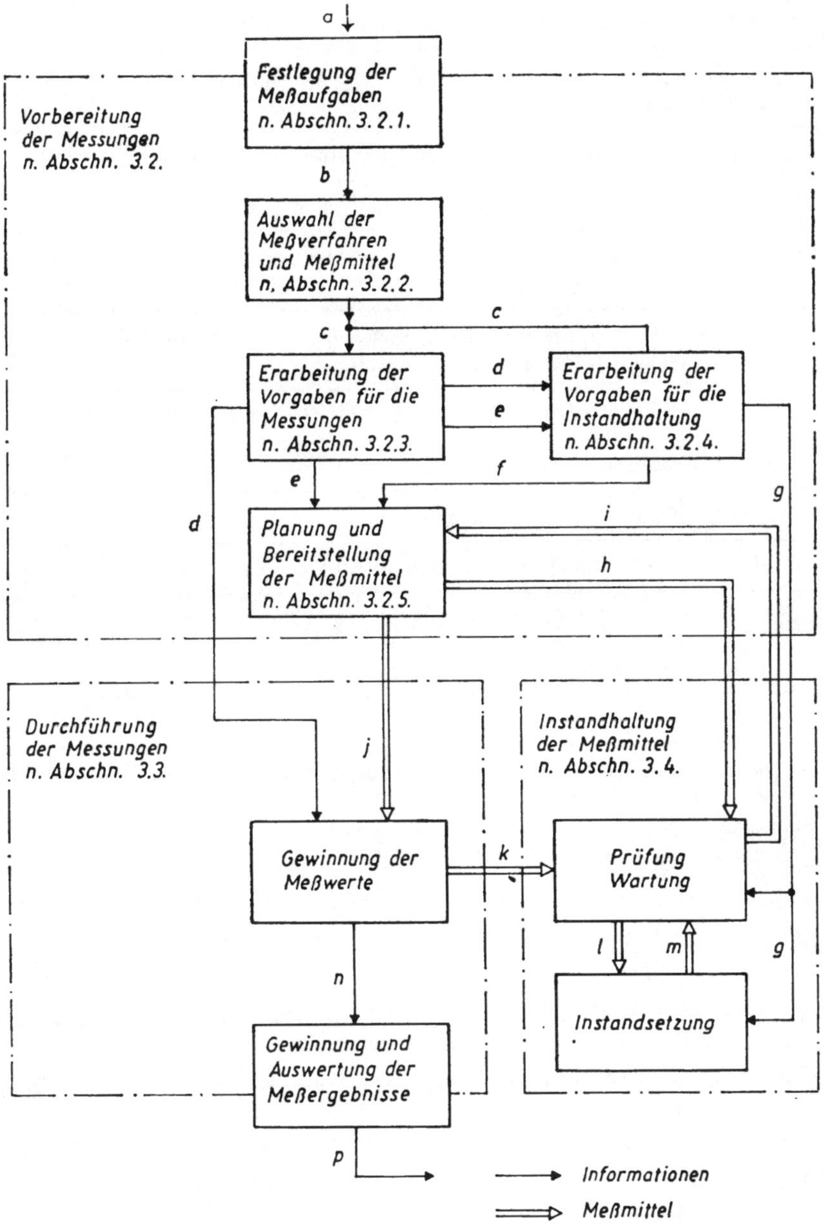

Tabelle 1. Erläuterungen zum Schema

Buchstabe	Erläuterung
a	Zu lösende Aufgaben nach Abschnitt 3.2.1.1. a) bis f)
b	Präzisierte meßtechnische Aufgabenstellung
c	Präzisierte meßtechnische Aufgabenstellung mit Angabe der einzusetzenden Meßverfahren und Meßmittel
d	Vorgaben für die Durchführung und Auswertung der Messungen
e	Vorgaben zur Planung und Bereitstellung der Meßmittel einschließlich des Ersatzbedarfes
f	Vorgaben zur Planung und Bereitstellung der Ausrüstungen für die Instandhaltung der Meßmittel
g	Unterlagen für die Instandhaltung mit allen Vorgaben für die Prüfung, Wartung und Instandsetzung der Meßmittel
h	Meßmittel vom Wareneingang oder vom Lager zur meßtechnischen Prüfung
i	Geprüfte Meßmittel zur Bereitstellung oder Lagerung
j	Geprüfte Meßmittel zur Anwendung
k	Meßmittel zur Prüfung, Wartung oder Instandsetzung
l	Defekte Meßmittel zur Instandsetzung
m	Instandgesetzte Meßmittel zur Prüfung
n	Ermittelte Meßwerte
p	Meßergebnisse und daraus abgeleitete Entscheidungen über gemäß d zu treffende Maßnahmen

Dazu sind folgende Aufgaben zu lösen:

a) Vorbereitung und Durchführung zentraler Aus- und Weiterbildungsmaßnahmen für Mitarbeiter, die für Aufgaben des betrieblichen Meßwesens verantwortlich sind
b) Sicherung der zentralen längerfristigen Planung von Querschnittsaufgaben des Industriezweiges und Vorgabe einheitlicher Grundsätze für die Perspektiv- und Jahresplanung der Betriebe nach Abschnitt 3.1. und 3.2.5.
c) Vorgabe genereller Forderungen zur Berücksichtigung der Belange des Meßwesens bei der Projektierung industriezweigspezifischer Anlagen und Einrichtungen
d) Vorgabe der vorzugsweise einzusetzenden Meß- und Hilfsmittel und Angabe ihrer technischen Daten sowie Einsatzgrenzen in einem Prüfmittelkatalog des Industriezweiges oder Kombinates

e) Durchsetzung zentraler Maßnahmen zur Sicherung und Rationalisierung des Baues spezieller Meßmittel
f) Herausgabe spezifischer Grundsätze zur Erarbeitung der Vorgaben für die Messungen nach Abschnitt 3.2.3.
g) Durchsetzung von Maßnahmen zur rationellen Nutzung der Meßeinrichtungen im Industriezweig oder Kombinat, z. B. durch Schaffung und Popularisierung von Ausleihmöglichkeiten
h) Ausarbeitung und Durchsetzung organisatorisch-technischer Maßnahmen zur Erhöhung der Effektivität der Instandhaltung von Meßmitteln, z. B. durch Schaffung zentralisierter Prüfstellen
i) Herausgabe einer „Rahmenordnung für das betriebliche Meßwesen", in der die industriezweig- oder kombinatsspezifischen Grundsatzvorgaben und zentralen Regelungen für die Ausarbeitung der „Ordnung für das betriebliche Meßwesen" nach Abschnitt 3.5. festgelegt sind
j) Festlegung der Aufgaben und Befugnisse von verantwortlichen Mitarbeitern in Form von Rahmenfunktionsplänen
k) Bildung überbetrieblicher Arbeits- und Kontrollgruppen zur Lösung von Querschnittsaufgaben im Industriezweig oder Kombinat
l) Erarbeitung von Jahresanalysen über das Niveau des Meßwesens, die Durchsetzung der zentralen Vorgaben und die Übereinstimmung der verwendeten Meßverfahren und Meßmittel mit den Ergebnissen des wissenschaftlichen Fortschritts und den Erfordernissen der Produktion
m) Festlegung von Grundsätzen über die Einbeziehung von Fragen des betrieblichen Meßwesens in die Rechenschaftslegungen vor den übergeordneten Leitern
n) Abstimmung von Grundsatzentscheidungen mit dem Amt für Standardisierung, Meßwesen und Warenprüfung (ASMW)

3. Aufgaben der Betriebe

3.1. Längerfristige Planung

Für die kontinuierliche Weiterentwicklung des betrieblichen Meßwesens sind in

- Konzeptionen zur Rationalisierung des Produktionsprozesses,
- Konzeptionen zur Weiterentwicklung des betrieblichen Meßwesens,
- Perspektivplänen und Jahresplänen Wissenschaft und Technik

konkrete Maßnahmen zu planen zur

a) Rationalisierung der Messungen in Übereinstimmung mit dem Automatisierungsgrad des Produktionsprozesses,
b) Entwicklung und Bereitstellung neuer oder spezieller Meßverfahren und Meßmittel,

c) Deckung des perspektivischen Bedarfs an Meßmitteln sowie an Normalen für die Meßmittelprüfung und Weiterleitung der Forderungen an bilanzierende Organe des meßtechnischen Gerätebaues nach den Festlegungen der geltenden Rechtsvorschriften[1]),
d) Sicherung der perspektivisch erforderlichen Anschlußmöglichkeiten an die staatlichen Normale und Weiterleitung der Forderungen an das staatliche Meßwesen (ASMW),
e) Schaffung der Voraussetzungen zur Instandhaltung (Prüfung, Wartung und Instandsetzung) aller Meßmittel,
f) Bereitstellung und Qualifizierung von Kadern.

3.2. Vorbereitung der Messungen

3.2.1. Festlegung der Meßaufgaben

3.2.1.1. Ermittlung der zu lösenden Meßaufgaben

Im Rahmen der

a) Entwicklung und Konstruktion von Erzeugnissen,
b) Entwicklung und Rationalisierung von Produktionsverfahren und -mitteln,
c) Projektierung von Produktionsanlagen,
d) technologischen Vorbereitung der Produktion,
e) Vorbereitung der planmäßig vorbeugenden Instandhaltung (PVI) von Grundmitteln,
f) Konzipierung von Maßnahmen des Gesundheits- und Arbeitsschutzes sowie Brandschutzes und des Umweltschutzes

ist zu untersuchen, welche Meßaufgaben zu lösen sind, um Parameter objektiv und quantitativ ermitteln, festlegen, einhalten und kontrollieren zu können.
Für jede als notwendig erkannte Meßaufgabe sind die Vorgaben nach Abschnitt 3.2.1.2. zu erarbeiten.

3.2.1.2. Vorgabe der meßtechnischen Aufgabenstellung

Die meßtechnische Aufgabenstellung ist soweit zu präzisieren, wie dies für die Auswahl der Meßverfahren und Meßmittel sowie für die Erarbeitung der Vorgaben für die Messungen erforderlich ist.
Hierzu gehören grundsätzlich Angaben über

a) Meßobjekt (z. B. Meßgegenstand, Meßgut),
b) Meßgrößen und deren meßtechnisch zu erfassender Bereich,
c) einzuhaltende Toleranzen oder zulässige Meßunsicherheiten,
d) dynamisches Verhalten der Meßgröße,
e) zu berücksichtigende Einflußgrößen,
f) besondere Forderungen an die Erfassung, Weiterleitung und Darstellung oder Verarbeitung der Meßwerte.

3.2.2. Auswahl der Meßverfahren und Meßmittel

3.2.2.1. Grundsätzliche Forderungen

Sofern nicht durch Standards oder andere Vorschriften bestimmte Meßverfahren und -mittel vorgeschrieben sind, müssen diese auf der Grundlage der vorgegebenen meßtechnischen Aufgabenstellung ausgewählt werden.
Die Meßverfahren und Meßmittel sind so festzulegen, daß die meßtechnisch richtige und zweckmäßigste Lösung der Aufgabenstellung sowie ein technisch-ökonomisch optimaler Meßmitteleinsatz gewährleistet werden. Dazu ist zu sichern, daß

a) die Messung mit der zulässigen Meßunsicherheit und im geforderten Meßbereich durchführbar ist,
b) das Meßmittel hinsichtlich seines Zeitverhaltens dynamische Veränderungen der Meßgröße ausreichend erfaßt,
c) das Meßmittel nicht umfangreicher und komplizierter als notwendig ist (z. B. optimale Anpassung der einzelnen Geräte von der Erfassung über die Weiterleitung bis zur Darstellung oder Verarbeitung der Meßwerte),
d) der betriebliche Meßmittelpark maximal ausgelastet ist,
e) vorzugsweise handelsübliche und standardisierte Meßmittel zur Anwendung kommen,
f) das Typensortiment im Betrieb so gering wie möglich gehalten wird,
g) Wartungs- und Instandsetzungsmöglichkeiten gegeben sind,
h) die Meßmittelprüfung bezüglich der erforderlichen Normale und sonstigen Voraussetzungen gesichert ist.

3.2.2.2. Handelsübliche Meßmittel

Zum Zwecke der Planung, Beschaffung und Bereitstellung sind die für den Einsatz vorgesehenen Meßmittel exakt zu spezifizieren, wobei folgende Angaben zu treffen sind:

a) vollständige Bestellbezeichnung einschließlich des Zubehörs
b) Meßbereich und, wenn erforderlich, Anwendungsbereich und Skalenwert
c) Fehlergrenze oder Genauigkeitsklasse
d) Eignung für besondere Einsatzbedingungen (z. B. Ex-Schutz)
e) Belastbarkeit, Werkstoffeinsatz, Anschluß für die Meßwertverarbeitung, besonderes Zubehör
f) Angaben über Montage, Installation und erforderliche Hilfseinrichtungen

Die unter d) bis f) geforderten Angaben sind nur dann anzuführen, wenn dies zur eindeutigen Bestimmung des Meßmittels und zur Gewährleistung seiner Einsatzbedingungen erforderlich ist.

3.2.2.3. Nichthandelsübliche Meßmittel

Sind handelsübliche Meßmittel nicht ohne weiteres anwendbar, so sind diese zu modifizieren oder es ist die Entwicklung und Erprobung spezieller Meßmittel auf der Grundlage der Festlegungen nach Abschnitt 3.2.2.1. und 3.2.3.4. durchzuführen.
Die konstruktive Gestaltung muß eine rationelle meßtechnische Prüfung der Meßmittel gestatten.
Sofern für die meßtechnische Prüfung spezielle Normale und Hilfseinrichtungen erforderlich sind, müssen diese gleichzeitig entwickelt werden.
Im Rahmen des Entwicklungsauftrages sind auch alle für die Anwendung und Instandhaltung des Meßmittels erforderlichen Dokumentationen zu erarbeiten, wie

a) Bauunterlagen,
b) Funktionsbeschreibung,
c) Bedienungsanleitung,
d) Prüfvorschrift für die Meßmittelprüfung,
e) Wartungsvorschrift,
f) Instandsetzungsvorschrift,
g) Ersatzteilliste.

3.2.3. Erarbeitung der Vorgaben für die Messungen

3.2.3.1. Grundsätzliche Forderungen

Auf der Grundlage der meßtechnischen Aufgabenstellung nach Abschnitt 3.2.1. und der nach Abschnitt 3.2.2. einzusetzenden Meßmittel sind alle erforderlichen Festlegungen zur Durchführung und Auswertung der Messungen zu treffen und verbindlich vorzugeben.
Das gilt für die Lösung von Meßaufgaben zur

a) Ermittlung und Festlegung von Erzeugnis- und Prozeßparametern und deren zulässigen Abweichungen im Rahmen der Forschung und Entwicklung,
b) Erprobung und Beurteilung von Entwicklungsmustern,
c) Ermittlung des Gebrauchsverhaltens, der Zuverlässigkeit und Lebensdauer,
d) Beurteilung der Qualität und Quantität von Zulieferungen, Zwischen- und Endprodukten,
e) Einstellung von Maschinen und Anlagen sowie Überwachung von Prozeßparametern,
f) Prüfung der Leistungsfähigkeit und Arbeitsgenauigkeit von Maschinen, Anlagen, Vorrichtungen und Werkzeugen im Rahmen der PVI,
g) Einhaltung vorgegebener Grenzwerte auf dem Gebiet des Gesundheits- und Arbeitsschutzes sowie Brandschutzes und des Umweltschutzes.

3.2.3.2. Inhalt der Vorgaben

Die Vorgaben für die Messungen müssen je nach Umfang und Schwierigkeit der Meßaufgabe folgende Angaben beinhalten:

a) Meßobjekt

b) Prüfmerkmale mit Sollwerten und zulässigen Abweichungen
c) Probenahme
d) Prüfumfang
e) konstantzuhaltende Einstellgrößen mit Sollwerten und zulässigen Abweichungen
f) eindeutige Bezeichnung der zu verwendenden Meßmittel
g) Meßaufbau, Schaltungsanordnungen u. ä.
h) Vorbedingungen bezüglich Meßobjekt und Meßmittel, z. B. Feuchtegehalt, Temperierung, Erdung
i) Vorbereitungsarbeiten am Meßobjekt (z. B. Reinigung) und Meßmittel (z. B. Nullpunkteinstellung)
j) Prüfbedingungen und Berücksichtigung von Einflußgrößen, z. B. zulässige Grenzen der Umgebungstemperatur
k) Prüfablauf
l) Festlegungen über Protokollierung, Weiterleitung und -verarbeitung der Meßwerte
m) Entscheidungskriterien für die in Abhängigkeit vom Meßergebnis zu treffenden Maßnahmen; Darstellung von Meßergebnissen nach TGL 31 536
n) Verantwortlichkeit für die Durchführung der Prüfung und für die Einleitung notwendiger Maßnahmen nach m)
p) Zeitaufwand für die Prüfung.

3.2.3.3. Form der Vorgaben

a) Die Vorgaben sind in einer übersichtlichen und dem Qualifikationsgrad der Arbeitskräfte angepaßten Form festzulegen.
Die Gestaltung der Unterlagen muß so erfolgen, daß dem Prüfenden alle erforderlichen Angaben in geschlossener Form vorliegen. Es ist nicht zulässig, auf andere, nicht am Arbeitsplatz vorhandene Vorschriften zu verweisen.
Um die Aussagekraft, Eindeutigkeit und Übersichtlichkeit zu erhöhen, sind bildliche Darstellungen und Tabellen verbalen Beschreibungen vorzuziehen.
b) Vorzugsweise sind die Vorgaben in die Verfahrensvorschriften, Arbeitspläne, Arbeitsanweisungen, Betriebsvorschriften oder Bedienungsanweisungen einzuarbeiten.
Für umfangreiche oder komplizierte Meßaufgaben sind die Vorgaben in gesonderten Unterlagen wie Prüfanweisungen, Einstell-, Abgleich- oder Abnahmevorschriften festzulegen.
c) Für im Prinzip gleichartige, immer wiederkehrende Messungen (z. B. bei typischen Prüfobjekten wie Zahnräder, Transistoren oder bei typischen Prüfmerkmalen wie Härte, Rundlauf, pH-Wert) sind grundsätzlich alle gemeinsam zutreffenden Vorgaben in Rahmen-Prüfanweisungen einheitlich festzulegen, die nur noch um die für die jeweilige Messung spezifischen Vorgaben zu ergänzen sind.
d) Für Messungen, die im einzelnen nicht prüftechnologisch vorbereitet werden (z. B. operative Messungen im Rahmen der Instandhaltung, der Labortätigkeit, des Betriebs-

mittelbaues) sind zur Sicherung des richtigen Meßmitteleinsatzes allgemeingültige, vom Nennwert der Meßgröße und von der zulässigen Abweichung oder Meßunsicherheit ausgehende Anwendungsvorschriften für die im Betrieb wichtigsten Meßmittelarten zu erarbeiten.

3.2.3.4. Festlegungen zur Bereitstellung der Meßmittel

Für die Bereitstellung der erforderlichen Meßmittel sind außer den im Abschnitt 3.2.2.2. geforderten Angaben festzulegen:

a) Anzahl der für den unmittelbaren Einsatz erforderlichen Meßmittel
b) Bereitstellungstermin und -ort
c) Einsatzdauer (bei befristetem Einsatz)
d) vor dem Einsatz erforderliche Bau-, Installations- oder Montagearbeiten
e) Vorgeben für die Ersatzplanung

Diese Angaben sind auch für die Entwicklung spezieller Meßmittel nach Abschnitt 3.2.2.3. erforderlich.

3.2.4. Erarbeitung der Vorgaben für die Instandhaltung der Meßmittel

3.2.4.1. Grundsätzliche Forderungen

Für die Durchführung und Auswertung der Instandhaltung sind folgende Voraussetzungen zu schaffen:

a) Erarbeitung von Vorschriften für die Prüfung, Wartung und Instandsetzung
b) Aufstellung von Prüfschemata
c) Festlegung von Prüf- und Wartungsfristen
d) Festlegung der für die Prüfung, Wartung und Instandsetzung der einzelnen Meßmittelarten zuständigen Stellen
e) Vereinbarung von Instandhaltungsmaßnahmen, die innerbetrieblich nicht durchführbar sind, mit außerbetrieblichen Stellen
f) Absicherung der Einhaltung der betrieblichen Prüffristen sowie der staatlichen Beglaubigungs- und Eichfristen
g) Festlegung der Kriterien und der Verfahrensweise für die Aussonderung von Meßmitteln

3.2.4.2. Prüfvorschriften

Die Gestaltung von Prüfvorschriften für Arbeitsmeßmittel hat nach TGL 31 534 zu erfolgen.

3.2.4.3. Prüfschemata

Die Verfahrensweise für den Anschluß der betrieblichen Meßmittel an die staatlichen Normale ist in Prüfschemata nach TGL 31 533 festzulegen.
Diese Prüfschemata sind grundsätzlich getrennt für jene auftretende Meßgröße zu erarbeiten. Alle vorhandenen Meßmittelarten müssen in Prüfschemata erfaßt sein.

3.2.4.4. Prüffristen

Bei der Festlegung der Prüffristen ist von folgenden auf die Meßmittel bezogenen Kriterien auszugehen:

a) Bauart, konstruktive Beschaffenheit
b) Genauigkeitsklasse oder Fehlergrenze
c) Einsatz und Umweltbedingungen
d) Benutzungshäufigkeit
e) Bedeutung für den Produktionsprozeß

Sofern die Untersuchungen bezüglich dieser Kriterien für einzelne Meßmittel der gleichen Meßmittelart unterschiedliche Ergebnisse zeigen, müssen auch die Prüffristen differenziert festgelegt werden.
Auf der Basis einer regelmäßigen Auswertung der Ergebnisse der Meßmittelprüfung sind die festgelegten Prüffristen zu optimieren, um mit minimalem Aufwand die ständige meßtechnische Richtigkeit der Meßmittel zu sichern.
Die Prüffristen sind vorzugsweise in der Meßmittelkartei nach Abschnitt 3.2.5. b) anzugeben.

3.2.4.5. Wartungs- und Instandsetzungsvorschriften

Alle für die Erhaltung der Funktionstüchtigkeit der Meßmittel erforderlichen Maßnahmen sind in Wartungsvorschriften festzulegen. Grundsätzlich ist dabei von Vorschriften der Hersteller auszugehen.
In den Wartungsvorschriften müssen mindestens festgelegt sein:

a) Wartungsfrist oder -termin
b) Wartungsablauf mit Beschreibung der einzelnen Arbeitsgänge
c) Art der Nachweisführung über erfolgte Wartung
d) Verantwortliche Stelle
e) Wartungszeitaufwand

Für die planmäßige Durchführung der Wartungsarbeiten ist ein Wartungsplan zu erarbeiten, der sinnvoll mit den übrigen Maßnahmen der PVI zu koordinieren oder Bestandteil dieser Maßnahmen ist. Dabei ist die Einhaltung der in den Wartungsvorschriften festgelegten Wartungsfristen zu sichern.
Für Meßmittel, die innerhalb des Betriebes instandgesetzt werden, sind Instandsetzungsvorschriften, vorzugsweise die der Meßmittelhersteller, vorzugeben. Außerdem ist vorzugeben, daß erfolgte Instandsetzungen in der Meßmittelkartei nach Abschnitt 3.2.5. b) zu erfassen sind.

3.2.4.6. Festlegungen zur Bereitstellung der Ausrüstungen für die Instandhaltung

Für die Bereitstellung der zur meßtechnischen Prüfung erforderlichen Normale und Hilfsmittel sind die nach Abschnitt 3.2.3.4. geforderten Festlegungen zu treffen.
Das gilt sinngemäß auch für die Bereitstellung aller weiteren Ausrüstungen zur Instandhaltung der Meßmittel.

3.2.5. Planung und Bereitstellung der Meßmittel

Die Planung und Bereitstellung der erforderlichen Meßmittel und Ausrüstungen einschließlich des Ersatzbedarfes sowie die Schaffung der für den Einsatz notwendigen Voraussetzungen ist auf der Grundlage der Festlegungen nach Abschnitt 3.2.3.4. und 3.2.4.6. vorzunehmen. Außerdem ist dabei der Bedarf zu berücksichtigen, der sich durch Aussonderungen im Rahmen der Instandhaltung ergibt.
Für die Verwaltung, Koordinierung des Einsatzes und Instandhaltung aller Meßmittel sind folgende Voraussetzungen zu schaffen:

a) Kennzeichnung der einzelnen Meßmittel
b) zentrale Erfassung aller Meßmittel, vorzugsweise in Meßmittelkarteien, dabei ist zwischen beglaubigungspflichtigen, eichpflichtigen und übrigen Meßmitteln zu unterscheiden
c) qualitätserhaltende Lagerung der Meßmittel unter Einhaltung der Vorschriften der Hersteller, vorzugsweise in zentralen Meßmittellagern
d) Nachweisführung über den Standort der einzelnen Meßmittel

Außerdem ist zu sichern, daß

– neubeschaffte Meßmittel unmittelbar nach Wareneingang einer meßtechnischen Prüfung unterzogen werden,
– spezielle Meßmittel nach Abschnitt 3.2.2.3. nach ihrer Fertigstellung durch Erprobung abgenommen und für den Einsatz freigegeben werden,
– nur solche handelsüblichen und speziellen Meßmittel zum Einsatz bereitgestellt werden, die nach Abschnitt 3.4. unter Beachtung der festgelegten Prüffristen meßtechnisch geprüft sind.

3.3. Durchführung der Messungen

3.3.1. Vorbedingungen

Zur Durchführung von Messungen ist Voraussetzung, daß

a) die Vorgaben nach Abschnitt 3.2.3. vollständig am Arbeitsplatz vorliegen,
b) die nach Abschnitt 3.2.2. vorgeschriebenen oder nach Abschnitt 3.2.3.3. d) ausgewählten Meßmittel funktionstüchtig bereitstehen,
c) die mit der Durchführung der Messungen Beauftragten in die Meßaufgabe und deren Bedeutung eingewiesen sind.

3.3.2. Forderungen

Die Messungen sind auf der Grundlage der Vorgaben durchzuführen. Darüber hinaus ist zu sichern, daß

a) die Meßmittel sachkundig entsprechend allgemeinen Grundsätzen und konstruktiven Besonderheiten gehandhabt werden,
b) die Funktion der Meßmittel während der Durchführung der Messungen oder während des laufenden Produktionsprozesses ausreichend überwacht wird,
c) Meßmittel, deren Prüffrist abgelaufen ist, nicht weiterverwendet werden,
d) bei auftretenden Störungen an Meßmitteln sofort Maßnahmen eingeleitet werden, die eine Verletzung der vorgegebenen Parameter und Toleranzen verhindern,
e) prinzipielle Mängel und Schwierigkeiten, die sich bei der Durchführung der Messungen ergeben, ausgewertet und die Erkenntnisse für die Verbesserung der Vorgaben und der Meßmittel sowie für die weitere Qualifizierung genutzt werden.

3.4. Instandhaltung der Meßmittel

3.4.1. Vorbedingungen

Für die Durchführung der Prüfung, Wartung und Instandsetzung müssen vorhanden sein:

a) Prüfvorschriften nach Abschnitt 3.2.4.2.
b) Prüfschemata nach Abschnitt 3.2.4.3.
c) Prüfräume, die den allgemeinen Forderungen an Prüfräume nach TGL 31 535/01 sowie den speziellen an die jeweilige Meßgröße gebundenen Forderungen entsprechen
d) Normale und Hilfsmittel gemäß den Festlegungen der Prüfvorschriften für Arbeitsmeßmittel
e) Wartungspläne und -vorschriften nach Abschnitt 3.2.4.5.
f) Instandsetzungsvorschriften nach Abschnitt 3.2.4.5.
g) Räume, Ausrüstungen und Ersatzteile in dem für die sachgemäße Wartung und Instandsetzung erforderlichen Umfang.

3.4.2. Forderungen

Die meßtechnischen Prüfungen sowie alle Wartungs- und Instandhaltungsarbeiten sind auf der Grundlage der Vorgaben nach Abschnitt 3.2.4. durchzuführen.
Darüber hinaus ist zu sichern, daß

a) Normale nicht gleichzeitig als Arbeitsmeßmittel eingesetzt werden,
b) Normale, deren Beglaubigungs- oder Prüffrist abgelaufen ist, nicht weiterverwendet werden,
c) Arbeitsmeßmittel, die die in den Prüfvorschriften festgelegten Fehlergrenzen überschreiten, instandgesetzt oder ausgesondert werden. Es ist zulässig, die ursprünglich festgelegten Fehlergrenzen zu erweitern, wenn eine entsprechende Kennzeichnung am Meßmittel erfolgt,

d) Meßmittel, die vor Ablauf der Prüffrist Mängel aufweisen, der Instandsetzung zugeführt werden,
e) instandgesetzte Meßmittel vor Wiederverwendung einer meßtechnischen Prüfung unterzogen werden,
f) bei der Prüfung, Wartung und Instandsetzung gewonnene Erkenntnisse über Ausfälle und Verschleißverhalten der Meßmittel für die Ersatzplanung sowie für die Optimierung des Meßmitteleinsatzes genutzt werden.

3.5. Organisation

3.5.1. Grundsätzliche Forderungen

Zur Organisation der Lösung aller Aufgaben des Meßwesens im Betrieb sowie zur Sicherung einer effektiven Zusammenarbeit der daran beteiligten Struktureinheiten ist eine „Ordnung für das betriebliche Meßwesen" auszuarbeiten.
Es ist zu gewährleisten, daß

a) bei der Ausarbeitung von den Rechtsvorschriften auf dem Gebiet des betrieblichen Meßwesens ausgegangen wird,
b) die Ausarbeitung auf der Grundlage der „Rahmenordnung für das betriebliche Meßwesen" des Kombinates oder Industriezweiges erfolgt,
c) in der Ordnung Regelungen für die Realisierung aller Aufgaben des Meßwesens getroffen und dabei alle Phasen des Reproduktionsprozesses, Betriebsteile und beteiligten Struktureinheiten erfaßt werden,
d) in Übereinstimmung mit den Festlegungen der Ordnung die im Meßwesen zu lösenden Aufgaben auch in den Funktionsplänen der dafür Verantwortlichen enthalten sind,
e) die Ordnung als Weisung des Betriebsdirektors erlassen und deren konsequente Durchsetzung kontrolliert wird,
f) bei Änderungen der unter a) genannten Rechtsvorschriften, der „Rahmenordnung für das betriebliche Meßwesen", der Struktur des Betriebes oder der Aufgabenstellung auf dem Gebiet des Meßwesens die Ordnung unverzüglich entsprechend den neuen Bedingungen überarbeitet wird.

3.5.2. Inhalt der „Ordnung für das betriebliche Meßwesen"

Die Ordnung ist vorzugsweise in folgende Hauptabschnitte zu gliedern:

- Titel, Verbindlichkeitsvermerk, Geltungsbereich
- Inhaltsverzeichnis
- Vorbemerkung
- Aufgaben, Verantwortlichkeit und Organisation
- Schlußbestimmung

Im Hauptabschnitt „Aufgaben, Verantwortlichkeit und Organisation“ sind zu den in Tabelle 2 genannten Aufgabengebieten des Meßwesens – soweit sie für den Betrieb zutreffen – die im einzelnen zu lösenden Aufgaben anzugeben.
Zugeordnet zu jeder dieser Aufgaben sind festzulegen:

a) die zu erfüllenden Forderungen nach Abschnitt 3.1. bis 3.6. unter Berücksichtigung der allgemeinen Forderungen nach Abschnitt 1.
b) die organisatorischen Abläufe, einschließlich Informationsfluß, Anlaß zur Durchführung, Einholung von Bestätigungen
c) die zu verwendenden Organisationsmittel
d) die Struktureinheiten und/oder die Funktionsbezeichnungen der Mitarbeiter, die für die Lösung der Aufgaben verantwortlich sind.

Tabelle 2. Aufgabengebiete des betrieblichen Meßwesens

Aufgabengebiete	Forderungen nach Abschnitt
Koordinierungsaufgaben	1.
Längerfristige Planung	3.1.
– Rationalisierung der Messungen	3.1. a)
– Entwicklung und Bereitstellung neuer oder spezieller Meßverfahren und Meßmittel	3.1. b)
– Deckung des perspektivischen Bedarfs an Meßmitteln	3.1. c)
– Perspektivisch erforderliche Anschlußmöglichkeiten für Normale	3.1. d)
– Schaffung der Voraussetzungen zur Instandhaltung	3.1. e)
– Bereitstellung und Qualifizierung von Kadern	3.1. f)
Festlegung der Meßaufgaben	3.2.1.
– Ermittlung der zu lösenden Meßaufgaben	3.2.1.1.
– Vorgabe der meßtechnischen Aufgabenstellung	3.2.1.2.
Auswahl der Meßmittel	3.2.2.
– Erarbeitung von Meßmittel-Anwendungsvorschriften zur Durchführung elementarer Messungen, für die keine spezielle prüftechnologische Vorbereitung erfolgt	3.2.2.1. und 3.2.3.3. d)
– Festlegung der anzuwendenden Meßmittel	3.2.2.1.
– Spezifizierung der handelsüblichen Meßmittel	3.2.2.2. und 3.2.3.4.
– Festlegung der Forderungen an spezielle nichthandelsübliche Meßmittel	
Erarbeitung der Vorgaben für die Messungen	3.2.3.
– Festlegung von Grundsätzen zur Erarbeitung von Vorgaben für Messungen	3.2.3.1. bis 3.2.3.3.
– Erarbeitung von erzeugnis- oder prozeßspezifischen Vorgaben	3.2.3.3. b)
– Erarbeitung von Rahmen-Prüfanweisungen für typische Prüfobjekte oder -merkmale	3.2.3.3. c)

Tabelle 2 (Fortsetzung)

Aufgabengebiete	Forderungen nach Abschnitt
Erarbeitung der Vorgaben für die Instandhaltung	3.2.4.
— Erarbeitung der Prüfvorschriften für Arbeitsmeßmittel	3.2.4.2.
— Erarbeitung von Prüfschemata für betriebliche Meßmittel	3.2.4.3.
— Festlegung und Optimierung der Prüffristen	3.2.4.4.
— Erarbeitung der Wartungspläne und -vorschriften für Meßmittel einschließlich der Normale	3.2.4.5.
— Erarbeitung von Vorgaben für die Instandsetzung von Meßmitteln	3.2.4.5.
— Festlegung der betrieblichen Stellen, durch die die Prüfung, Wartung und Instandsetzung der einzelnen Meßmittelarten erfolgt	3.2.4.1.
— Vereinbarung der Prüfung, Wartung oder Instandsetzung einzelner Meßmittelarten mit außerbetrieblichen Stellen	3.2.4.1.
Planung und Bereitstellung der Meßmittel	3.2.5.
— Festlegung der Ausrüstungen für die Prüfung, Wartung und Instandsetzung der Meßmittel	3.2.4.6.
— Planung der Erstausstattung mit Meßmitteln und mit Ausrüstungen für deren Instandhaltung	3.2.5.
— Ersatzplanung der Meßmittel und der Ausrüstungen für deren Instandhaltung	3.2.5.
— Schaffung der räumlichen Voraussetzungen zur Lösung der Aufgaben des Meßwesens	1. c)
— Beschaffung von Meßmitteln und Ausrüstungen für deren Instandhaltung	3.2.5.
— Entwicklung, Bau und Erprobung spezieller Meßmittel und Erarbeitung der dazu erforderlichen Dokumentationen	3.2.2.3.
— Abnahme und Einsatzfreigabe spezieller Meßmittel	3.2.5.
— Wareneingang neuer und instandgesetzter Meßmittel	3.2.5. und 3.4.2.
— Verwaltung und Kennzeichnung der Meßmittel	3.2.5.
— Lagerung und Ausgabe der Meßmittel	3.2.5.
— Bereitstellung der Meßmittel am Einsatzort für außerbetriebliche Montage und Kooperation	3.2.5.
Durchführung der Messungen	3.3.
— Einweisung in die Meßaufgaben	3.3.1.
— Einhaltung der Vorgaben	3.3.2.
— Einhaltung der Prüffristen für Arbeitsmeßmittel	3.3.2. und 3.2.4.4.
— Einhaltung der Eichfristen für eichpflichtige Arbeitsmeßmittel	3.3.2.
— Einhaltung des Wartungsplanes	3.2.4.5.
— Veranlassung der Instandsetzung von Meßmitteln	3.3.2.
— Regelung der materiellen Verantwortlichkeit	3.3.2.
— Auswertung von Erkenntnissen und Erfahrungen aus der Durchführung der Messungen	3.3.2.

Tabelle 2 (Fortsetzung)

Aufgabengebiete	Forderungen nach Abschnitt
Instandhaltung der Meßmittel	3.4.
– Durchführung der Meßmittelprüfung	3.4.
– Einhaltung der Beglaubigungsfristen für Normale	3.4.2.
– Durchführung der Wartung	3.4.
– Durchführung der Instandsetzung	3.4.
– Aussonderung und Verschrottung	3.4.2. und 3.2.4.1.
– Auswertung der Erkenntnisse über Ausfälle und Verschleißverhalten	3.4.2.
Kontrolle	3.6.
– Festlegung der Aufgaben und Befugnisse des oder der Kontrollverantwortlichen und Kontrollgruppen	3.6.
– Auswertung der Kontrollergebnisse	3.6.

3.6. Kontrolle

Die Technische Kontrollorganisation (TKO) hat im Rahmen ihrer Inspektionstätigkeit auf dem Gebiet der Kontrolle des betrieblichen Meßwesens folgende Hauptaufgaben:

a) Mitarbeit bei der Aus- und Überarbeitung der „Ordnung für das betriebliche Meßwesen"

b) Kontrolle der Einhaltung der Festlegungen in der „Ordnung für das betriebliche Meß wesen" und anderen das betriebliche Meßwesen betreffenden Anweisungen sowie Veranlassung erforderlicher Überarbeitung der Festlegungen

c) Einbeziehung der Kontrollergebnisse in die regelmäßige Berichterstattung und Analysentätigkeit

d) Forderung der Sperrung defekter, nicht fristgemäß geprüfter oder falsch eingesetzter Meßmittel

e) Mitwirkung bei der Planung von Qualifizierungsmaßnahmen auf dem Gebiet des Meßwesens und Kontrolle ihrer Realisierung

f) Koordinierung der Zusammenarbeit bezüglich des Meßwesens zwischen dem Betrieb und dem ASMW

Mit der Wahrnehmung dieser Aufgaben sind im Bereich der TKO „Kontrollverantwortliche für das betriebliche Meßwesen" zu beauftragen, denen erforderlichenfalls weitere Mitarbeiter zu unterstellen sind („Kontrollgruppe für das betriebliche Meßwesen").

Hinweise

Im vorliegenden Standard ist auf folgende Standards Bezug genommen:

TGL 31 533	Prüfschemata für betriebliche Meßmittel; Gestaltung
TGL 31 534	Prüfvorschriften für Arbeitsmeßmittel; Gestaltung
TGL 31 535/01	Prüfräume für betriebliche Meßmittel; Allgemeine Forderungen
TGL 31 536	Darstellung von Meßergebnissen

Meßtechnik; Grundbegriffe siehe TGL 0-1319

Folgender Standard wird noch ausgearbeitet:
Qualitätssicherung; Komplexe betriebliche Qualitätssicherung und Standardisierung (QSS); Grundsätze

[1]) Bei der Bestätigung des vorliegenden Standards galt:
Verordnung vom 20. 5. 1971 über die Material-, Ausrüstungs- und Konsumgüterbilanzierung — Bilanzierungsverordnung — (GBl. II Nr. 50, S. 377).

Mitteilung über die Eichung von Blutdruckmeßgeräten
vom 13. September 1971

(VuM MfGe Nr. 15 S. 85)

Das *DAMW*[1]) hat das Ministerium für Gesundheitswesen gebeten, folgende Betriebe bekanntzugeben, die im Auftrag des *Deutschen Amtes für Meßwesen und Warenprüfung*[1]) (Zentrale Kontrollgruppe Gesundheitswesen 3010 Magdeburg) befugt sind, Reparaturen, Ersteichungen, periodische Nacheichungen sowie Nacheichungen nach Reparaturen an Blutdruckmeßgeräten vorzunehmen.

Anschrift des Betriebes[2])	zuständig für die Bezirke
1. VEB Medizinische Geräte 9010 Karl-Marx-Stadt, Str. d. Nationen 136	Karl-Marx-Stadt
2. VEB Dienstleistungskombinat Greifswald, Betriebsteil Chirurg.-Mech. 2200 Greifswald, Str. d. Freundschaft 53	Rostock Schwerin Neubrandenburg
3. Fa. H. Hensel 8704 Cunewalde/Sa., Nr. 219	Dresden Cottbus
4. PGH d. Allg. u. Feinmechanikerhandwerks 4300 Quedlinburg, Hans-Beimler-Str. 25	Magdeburg Halle
5. Fa. G. Seegeling 8312 Heidenau/Sa., E.-Thälmann-Str. 26	Dresden
6. Fa. Rose und Grau, 5300 Weimar, Frauentor-Str. 17	Erfurt Weimar
7. Versorgungszentrum Pharmazie und Medizintechnik 3010 Magdeburg, Halberstädter Str. 3	Magdeburg
8. Fa. M. Juksch 1120 Berlin, Streustraße 3	Berlin, Frankfurt/O. Potsdam
9. VEB Eisen und Stahl, Mech.-medizin. Abteilung 7500 Cottbus, Sandower Hauptstr. 19	Cottbus Frankfurt/O.

Ersteichungen, periodische Nacheichungen und Nacheichungen werden außerdem von folgenden *DAMW*[1])-Dienststellen übernommen:

Anschrift der *DAMW*[1])-Dienststelle	zuständig für die Bezirke
1. *DAMW*[1]) Fachgebiet Druck 1026 Berlin, Wallstr. 16	Berlin Potsdam Frankfurt/O.
2. *DAMW*[1]) Arbeitsgebiet Druck Gruppe Karl-Marx-Stadt 9010 Karl-Marx-Stadt, Schloßstr. 27/29	Karl-Marx-Stadt Gera Erfurt Suhl
3. *DAMW*[1]) Arbeitsgebiet Druck Gruppe Halle 4020 Halle, Leninallee 93–95	Halle Leipzig Erfurt

[1]) Jetzt: Amt für Standardisierung, Meßwesen und Warenprüfung, ASMW.

[2]) Anschriften aktualisiert und ergänzt nach dem Stand von April 1980 durch Herausgeber AAR.

Hinweis auf weitere das Meßwesen betreffende Vorschriften, die in dieser Sammlung nicht abgedruckt wurden

TGL DDR-Standard	Titel	Datum der Ausgabe	Datum der Verbindlichkeit
31533	Prüfschemata für betriebliche Meßmittel	Entwurf Oktober 1974	1. 9. 1975
31534	Prüfvorschriften für Arbeitsmeßmittel	Entwurf Oktober 1974	1. 9. 1975
31535/01	Prüfräume für betriebliche Meßmittel	2. Entwurf Oktober 1974	1. 9. 1975
31536	Darstellung von Meßergebnissen	Entwurf Oktober 1974	1. 9. 1975
31538/01	Organisationshilfsmittel der Meßmittelinstandhaltung — Meßmittelnachweis	Entwurf November 1977	1. 1. 1980
31538/02	Organisationshilfsmittel der Meßmittelinstandhaltung — Kennzeichen geprüfter Meßmittel	Entwurf Oktober 1977	1. 1. 1980
31550/03	Grundbegriffe der Metrologie — Messen, Zählen und weitere metrologische Tätigkeiten	2. Entwurf März 1979	
31550/04	Grundbegriffe der Metrologie — Fehler von statistischen Einzelmessungen und Meßreihen	Entwurf März 1978	
31550/07	Grundbegriffe der Metrologie — Statistische Kenngrößen und Anwendungsbedingungen für Meßmittel	Entwurf März 1978	
31550/02	Grundbegriffe der Metrologie — Größen, Einheiten, Gleichungen		1. 9. 1978
31550/05	Grundbegriffe der Metrologie — Meßmittel und ihr Einsatz als Normale		1. 9. 1978
31550/10	Grundbegriffe der Metrologie — Gesetzliche Metrologie		1. 9. 1978

Verordnung über die staatliche Qualitätskontrolle

vom 18. Dezember 1969 (GBl. II Nr. 15 S. 110) i. d. F. der Verordnung zur Änderung der Verordnung über die staatliche Qualitätskontrolle vom 27. August 1973

(GBl. I Nr. 41 S. 426)

Ein wesentliches Maß für die Effektivität der wissenschaftlich-technischen Arbeit ist die Qualität der aus Forschungs- und Entwicklungsarbeiten resultierenden technisch-technologischen Systemlösungen und neu- und weiterentwickelten Erzeugnisse. Der planmäßigen zielgerichteten Steigerung der Qualität und der staatlichen Qualitätskontrolle hinsichtlich der Festlegung und Realisierung der Qualitätsziele kommt somit eine große Bedeutung zu. Deshalb wird folgendes verordnet:

§ 1 Geltungsbereich

(1) Diese Verordnung gilt für die Kombinate und Betriebe der Industrie, der Land- und Nahrungsgüterwirtschaft, des Handwerks sowie des Binnen- und Außenhandels. Sie regelt Inhalt und Formen der staatlichen Qualitätskontrolle, die gegenüber diesen Kombinaten und Betrieben vom *Deutschen Amt für Meßwesen und Warenprüfung* (*DAMW*)[1]) auf der Grundlage seines Statutes ausgeübt wird, sowie die damit in Zusammenhang stehenden Pflichten der Kombinate und Betriebe und ihrer übergeordneten Organe.
(2) Durch die staatliche Qualitätskontrolle gemäß Abs. 1 wird die Verantwortung anderer Organe für die planmäßige Sicherung und Steigerung der Qualität der Erzeugnisse nicht berührt. Erforderlichenfalls ist die gegenseitige Abgrenzung der Aufgaben bzw. die Koordinierung der Tätigkeit durch Vereinbarungen zwischen dem *DAMW*[1]) und den betreffenden Staatsorganen zu regeln.

I. Hauptaufgaben zur Durchsetzung der staatlichen Qualitätskontrolle

§ 2 Prognose und Planung

(1) Betriebe, Kombinate sowie Staats- und Wirtschaftsorgane haben zu sichern, daß die Erarbeitung und Verteidigung von Prognosen und Plänen in Zusammenarbeit mit dem *DAMW*[1]) im Rahmen seiner Verantwortung erfolgt. Die Einbeziehung des *DAMW*[1]) hat so rechtzeitig zu erfolgen, daß Korrekturen auf Grund von Hinweisen des *DAMW*[1]) zur Festlegung von Qualitätszielen, die der Wissenschafts- und Wirtschaftspolitik von Partei und Regierung entsprechen, insbesondere zur Erzielung von Pionier- und Spitzenleistungen, in die Dokumente aufgenommen werden können.

(2) Enthalten diese Dokumente dennoch Festlegungen, die der Wissenschafts- und Wirtschaftspolitik von Partei und Regierung widersprechen bzw. entsprechenden Beschlüssen nicht oder nicht genügend Rechnung tragen, hat das *DAMW*[1]) unter Bekanntgabe seiner Vorschläge zur Veränderung von den Leitern der übergeordneten Organe die Korrektur der Festlegungen sowie die Schaffung von Bedingungen, die die Erfüllung der Aufgaben sichern, zu fordern und den Minister für Wissenschaft und Technik über diese Forderungen zu informieren.

§ 3 Forschung und Entwicklung

(1) Die VVB, Kombinate und Betriebe haben zu sichern, daß das *DAMW*[1]) im Stadium von Forschung und Entwicklung bei der Erarbeitung der Aufgabenstellungen von Forschungs- und Entwicklungsthemen sowie bei der Durchführung der Forschungs- und Entwicklungsarbeiten durch Hinweise für die Festlegung und Realisierung der Qualitätsziele seine Erfahrungen und Erkenntnisse zur Verfügung stellen und an der Verteidigung der Aufgabenstellungen sowie der Forschungs- und Entwicklungsergebnisse entsprechend den festgelegten Etappen teilnehmen kann.
(2) Stellt das *DAMW*[1]) fest, daß in den Forschungs- und Entwicklungsthemen die künftige Qualität der Erzeugnisse nicht in einer den gesellschaftlichen Erfordernissen entsprechenden Weise unter besonderer Beachtung der Gesichtspunkte des effektivsten Materialeinsatzes, der zweckmäßigsten Materialsubstitution und der Nutzung einheimischer Rohstoffe festgelegt und technologisch gesichert wird oder daß die realisierten Ergebnisse hinsichtlich der Qualitätsziele von den Festlegungen in den Forschungs- und Entwicklungsplänen abweichen, hat es den verantwortlichen Organen seine Vorschläge zur Veränderung zu unterbreiten. Die verantwortlichen Organe sind verpflichtet, die erforderlichen Maßnahmen zur Abstellung der vom *DAMW*[1]) festgestellten Mängel zu ergreifen und dem *DAMW*[1]) innerhalb der von ihm festgelegten Frist darüber zu berichten.

§ 4 Sicherung der Mitwirkung des *DAMW*[1])

(1) Entsprechend den aus den Zielen der Qualitätsentwicklung sich ergebenden Schwerpunkten seiner Tätigkeit wirkt das *DAMW*[1]) insbesondere bei der Erarbeitung und Verteidigung derjenigen in den §§ 2 und 3 genannten Dokumente mit, die sich auf strukturbestimmende Erzeugnisse einschließlich ihrer qualitätsbestimmenden Zulieferteile sowie auf solche Gruppen von Erzeugnissen beziehen, die für den Export und die Versorgung der Bevölkerung von besonderer Bedeutung sind.
(2) Die für die Erarbeitung und Verteidigung der Dokumente verantwortlichen Organe haben zu sichern, daß

a) das *DAMW*[1]) über die Erarbeitung der Dokumente rechtzeitig informiert wird
b) dem *DAMW*[1]) unter Beachtung der geltenden Geheimhaltungsbestimmungen rechtzeitig, insbesondere auch rechtzeitig vor der Verteidigung, die Dokumente bzw. ihre

Entwürfe übergeben werden; soweit es sich bei den Dokumenten um VS-Sachen handelt, dürfen sie nur denjenigen Mitarbeitern des *DAMW*[1]) zugänglich gemacht werden, die dazu berechtigt sind

c) das *DAMW*[1]) zu den grundsätzlichen Beratungen bei der Erarbeitung der Dokumente und zu den Verteidigungen eingeladen wird.

(3) Die Absätze 1 und 2 gelten nicht hinsichtlich der Dokumente bzw. Teile von Dokumenten, die sich auf Erzeugnisse für die bewaffneten Organe der Deutschen Demokratischen Republik beziehen, sofern mit den zuständigen zentralen Staatsorganen nicht etwas anderes vereinbart wurde.

§ 5 Erarbeitung und Konkretisierung des staatlichen Qualitätsmaßstabes

(1) Die Kombinate einschließlich ihrer Forschungszentren, die Betriebe sowie die wissenschaftlichen und Hochschuleinrichtungen sind verpflichtet, das *DAMW*[1]) bei der Erarbeitung des staatlichen Qualitätsmaßstabes zu unterstützen, insbesondere ihm vorhandene Arbeitsergebnisse und Dokumentationen über den wissenschaftlich-technischen Höchststand zugänglich zu machen. Das *DAMW*[1]) stellt den Kombinaten, Betrieben und wissenschaftlichen Einrichtungen seine bei der Erarbeitung des staatlichen Qualitätsmaßstabes und bei seiner Kontrolltätigkeit gewonnenen Erkenntnisse und Erfahrungen zur Auswertung bei der Leitung der Qualitätsentwicklung zur Verfügung.

(2) Die für die Standardisierung verantwortlichen Organe haben zu sichern, daß bei der Festlegung der Qualitätsmerkmale in den DDR- und Fachbereichstandards der vom *DAMW*[1]) aus der Analyse des wissenschaftlich-technischen Höchststandes abgeleitete staatliche Qualitätsmaßstab angelegt wird und daß bei Änderungen des wissenschaftlich-technischen Höchststandes die Qualitätsfestlegungen in den DDR- und Fachbereichstandards unverzüglich der veränderten Situation angepaßt werden.

(3) Die Bestätigung von DDR- und Fachbereichstandards, die Qualitätsfestlegungen oder Prüfvorschriften für anmeldepflichtige, prüfpflichtige oder zulassungspflichtige Erzeugnisse enthalten, sowie die Änderung und Zurückziehung solcher Standards darf von den dafür zuständigen Organen nur erfolgen, wenn das *DAMW*[1]) vorher schriftlich zugestimmt hat.

§ 6 Qualitätsforderungen des *DAMW*[1])

(1) Wenn DDR- und Fachbereichstandards fehlen oder die erforderlichen Qualitätsfestlegungen nicht enthalten oder wenn unter Berücksichtigung des Entwicklungstempos und zur Durchsetzung der staatlichen Orientierung auf Spitzenleistungen und des staatlichen Qualitätsmaßstabes Qualitätsfestlegungen in DDR- und Fachbereichstandards geändert werden müssen, kann das *DAMW*[1]) unter Bekanntgabe und Begründung seiner Qualitätsforderungen die für die Standardisierung verantwortlichen Organe beauflagen, den Standard innerhalb einer angemessenen, in der Regel auf 6 Monate festzusetzenden Frist zu

schaffen, zu ergänzen oder zu ändern. Über Einsprüche gegen diese Auflagen und die dabei erhobenen Qualitätsforderungen entscheidet der Präsident des *DAMW*[1]) endgültig. Solche Einsprüche haben keine aufschiebende Wirkung.
(2) Kommt das für die Standardisierung verantwortliche Organ der Beauflagung nicht fristgemäß nach, so ist das *DAMW*[1]) berechtigt, die erforderlichen Qualitätsforderungen durch Erlaß eigener Vorschriften verbindlich festzulegen. In diesen Vorschriften ist anzugeben, welche Standards oder Standardteile sie ersetzen sollen. Diese Standards oder Standardteile treten mit dem Inkrafttreten der Vorschriften des *DAMW*[1]) außer Kraft.
(3) Das Recht des *DAMW*[1]), Qualitätsforderungen für die Erteilung des Gütezeichens „Q" festzulegen, bleibt unberührt.

§ 7 Produktionsunterbrechung bei Nichterfüllung verbindlicher Qualitätsfestlegungen

(1) Entspricht die Qualität eines Erzeugnisses nicht den die Mindestgüte bestimmenden Qualitätsfestlegungen in Rechtsvorschriften, insbesondere in DDR- und Fachbereichstandards, Vorschriften des *DAMW*[1]), Arbeitsschutz- und Sicherheitsbestimmungen, verbindlichen Vorschriften von Prüf- und Abnahmeorganen und Typenkatalogen des Bauwesens, so haben die Kombinate oder Betriebe die Produktion zu unterbrechen, sofern nicht die Regelung des Abs. 2 Satz 1 zutrifft oder eine Sondergenehmigung gemäß § 8 erteilt wurde. Die Produktion darf erst nach Beseitigung der Mängel fortgesetzt werden.
(2) Kombinate und Betriebe, deren Produktion kontinuierlich oder chargenweise abläuft, sind zur Unterbrechung erst dann verpflichtet, wenn die Produktion von Erzeugnissen, die den Mindestforderungen nicht genügen, einen für anmeldepflichtige und prüfpflichtige Erzeugnisse vom *DAMW*[1]) und für die übrigen Erzeugnisse vom zuständigen wirtschaftsleitenden Organ festgelegten Zeitraum oder Umfang überschreitet. Die zwischenzeitlich anfallenden nicht qualitätsgerechten Erzeugnisse sind mit einem Preisabschlag entsprechend den Rechtsvorschriften und, soweit es sich um prüfpflichtige Erzeugnisse handelt, ohne Gütezeichen auszuliefern, wobei die Abnehmer über die Qualitätsabweichungen vor Auslieferung zu unterrichten sind. Außerdem sind diese Erzeugnisse unter Angabe des Prozentsatzes und des Grundes des Preisabschlages als Minderqualität zu kennzeichnen, sofern das *DAMW*[1]) für anmeldepflichtige und prüfpflichtige Erzeugnisse bzw. das zuständige wirtschaftsleitende Organ für die übrigen Erzeugnisse keine anderen Festlegungen getroffen hat.
(3) Die Kombinate und Betriebe haben unverzüglich die ihnen übergeordneten wirtschaftsleitenden Organe sowie bei anmeldepflichtigen und prüfpflichtigen Erzeugnissen das *DAMW*[1]) von Produktionsunterbrechungen nach den Absätzen 1 und 2 sowie von der Auslieferung qualitätsgeminderter Erzeugnisse nach Abs. 2 zu unterrichten, sofern diese Organe bzw. das *DAMW*[1]) keine anderen Festlegungen getroffen haben.

§ 8 Sondergenehmigungen

(1) Bei Vorliegen dringender volkswirtschaftlicher Belange kann, wenn die die Mindestgüte bestimmenden Qualitätsfestlegungen nicht erfüllt werden,

a) die Verpflichtung zur Unterbrechung der Produktion durch eine befristete Genehmigung zur Fortführung der Produktion aufgehoben
b) eine Genehmigung zur Lieferung bereits produzierter Erzeugnisse erteilt

werden. Das Vorliegen dringender volkswirtschaftlicher Belange ist von dem Kombinat oder Betrieb, der die Sondergenehmigung beantragt, nachzuweisen. Dabei kann die Beibringung bestimmter Unterlagen und Angaben einschließlich der Stellungnahme wichtiger Abnehmer gefordert werden.

(2) Die Sondergenehmigungen gemäß Abs. 1 werden für anmeldepflichtige und prüfpflichtige Erzeugnisse vom *DAMW*[1]), für die übrigen Erzeugnisse vom zuständigen wirtschaftsleitenden Organ erteilt. Hinsichtlich der anmeldepflichtigen Erzeugnisse kann das *DAMW*[1]) in Abstimmung mit dem zuständigen wirtschaftsleitenden Organ andere Festlegungen treffen.

(3) Werden die Sondergenehmigungen gemäß Abs. 1 vom *DAMW*[1]) erteilt, so werden damit in Zusammenhang stehende Ausnahmegenehmigungen zur Abweichung von DDR- und Fachbereichstandards, die nach den Rechtsvorschriften über die Standardisierung notwendig sind, vom *DAMW*[1]) mit den Sondergenehmigungen ausgesprochen.

(4) Sondergenehmigungen gemäß Abs. 1 sind nicht erforderlich, wenn es sich um den Export von Erzeugnissen handelt, die die im § 7 Abs. 1 genannten Mindestforderungen infolge der Berücksichtigung spezieller, durch Vorlage von Verträgen nachweisbarer Wünsche ausländischer Abnehmer nicht erfüllen.

(5) Eine Genehmigung zur Lieferung gemäß Abs. 1 ist nicht erforderlich, wenn

– eine Genehmigung zur Fortführung der Produktion erteilt wurde
– die Regelung des § 7 Abs. 2 zutrifft
– es sich bei Erzeugnissen, für die eine Wahlsortierung brancheüblich ist, um die Lieferung von nicht zur ersten Wahl gehörenden Erzeugnissen handelt.

(6) Eine Genehmigung zur Lieferung kann vom *DAMW*[1]) ferner erteilt werden, wenn bei anmeldepflichtigen, prüfpflichtigen oder zulassungspflichtigen Erzeugnissen die Erfüllung der im § 7 Abs. 1 genannten oder der für ein bestimmtes Gütezeichen festgesetzten Anforderungen noch nicht nachgewiesen ist, insbesondere bei Erzeugnissen der Pilotproduktion und bei Erzeugnissen, deren Erprobung noch nicht abgeschlossen ist oder die zur Erprobung des technologischen Ablaufs hergestellt werden.

(7) Die Sondergenehmigungen gemäß den Absätzen 1 und 6 sind erforderlichenfalls mit Auflagen zur Qualitätssicherung und -steigerung, gemäß den hierfür geltenden Rechtsvorschriften mit ökonomischen Hebeln und, soweit sie vom *DAMW*[1]) ausgesprochen werden, mit Garantiefestlegungen gemäß § 9 zu verbinden.

§ 9 Garantie

(1) Das *DAMW*[1]) ist über die ihm durch das Vertragsgesetz übertragenen Befugnisse hinaus zur Festsetzung einer Zusatzgarantie einschließlich deren Umfang und Zeitraum berechtigt.

(2) Das *DAMW*[1]) ist ferner berechtigt zur Festsetzung von

a) Garantie- und Kundendienstleistungen für Lieferungen und Leistungen, die nicht dem Vertragsgesetz unterliegen

b) Garantie- und Kundendienstleistungen hinsichtlich von Erzeugnissen für den Bedarf der Bevölkerung zugunsten der Endverbraucher, die nicht dem Vertragsgesetz unterliegen.

(3) Die Hersteller prüfpflichtiger Erzeugnisse haben bei der Anmeldung dieser Erzeugnisse dem *DAMW*[1]) schriftlich Vorschläge über den Umfang von Garantieleistungen und, soweit es der Eigenart dieser Erzeugnisse entspricht, von Kundendienstleistungen zu unterbreiten. Das *DAMW*[1]) kann höhere oder andere Festlegungen treffen.

§ 10 Auflagen zur Qualitätssicherung

Die Kombinate und Betriebe sind verpflichtet, Auflagen, die das *DAMW*[1]) in Abstimmung mit den zuständigen Staats- und Wirtschaftsorganen zur Beseitigung festgestellter Mängel in der Einhaltung der geplanten Qualitätsziele und im betrieblichen Qualitätssicherungssystem erteilt, unverzüglich nachzukommen. Ihre Verantwortung für die Sicherung und Steigerung der Qualität der Erzeugnisse wird dadurch nicht eingeschränkt.

II. Formen und Methoden der staatlichen Qualitätskontrolle

§ 11 Anmeldepflicht und Prüfpflicht

(1) Die Erzeugnisse, die von ihren Herstellern beim *DAMW*[1])

a) anzumelden sind und einer stichprobenmäßigen Qualitätskontrolle unterliegen (anmeldepflichtige Erzeugnisse)
oder

b) anzumelden und zur Prüfung bereitzustellen sind und, soweit sie den verbindlichen Qualitätsfestlegungen entsprechen, ein Gütezeichen erhalten (prüfpflichtige Erzeugnisse),

werden entsprechend ihrer volkswirtschaftlichen Bedeutung durch Anordnung bestimmt.

(2) Darüber hinaus kann im Einzelfall die Eingliederung von Erzeugnissen in die Anmeldepflicht oder in die Prüfpflicht oder ihre Ausgliederung aus der Anmeldepflicht oder der Prüfpflicht verfügt werden.

(3) Die Anordnung nach Abs. 1 und Verfügungen nach Abs. 2 werden vom Präsidenten des *DAMW*[1]) im Einvernehmen mit dem Minister für Wissenschaft und Technik und dem Vorsitzenden der Staatlichen Plankommission erlassen.

§ 12 Gütezeichen

(1) Für prüfpflichtige Erzeugnisse werden Gütezeichen gemäß Abs. 2 (TGL 3933 Blatt 2) erteilt. Die Festlegungen hierüber erfolgen in der Anordnung gemäß § 11 Abs. 1.

(2) „Gütezeichen sind

– bei klassifizierungspflichtigen Erzeugnissen
das Gütezeichen „Q" für Erzeugnisse, die, ausgehend von den Bedürfnissen der Volkswirtschaft und der Bevölkerung, in ihren Qualitäts- und Zuverlässigkeitskennwerten den staatlichen Standards und anderen technischen Vorschriften entsprechen bzw. diese überbieten, mit hoher Effektivität hergestellt werden und in ihren Gebrauchseigenschaften und unter Berücksichtigung der Kosten Spitzenerzeugnisse auf dem Weltmarkt darstellen,
das Gütezeichen „1" für Erzeugnisse, die, ausgehend von den Bedürfnissen der Volkswirtschaft und der Bevölkerung, in ihren Qualitäts- und Zuverlässigkeitskennwerten den staatlichen Standards und anderen technischen Vorschriften entsprechen, mit hoher Effektivität hergestellt werden und in ihren Gebrauchseigenschaften mit anderen auf dem Weltmarkt angebotenen Erzeugnissen vergleichbar sind;
– bei nicht klassifizierungspflichtigen Erzeugnissen
das Attestierungszeichen für Erzeugnisse, die den in staatlichen Standards und anderen technischen Vorschriften enthaltenen Qualitätsfestlegungen entsprechen."

Die Gütezeichen werden im allgemeinen innerhalb von Bewertungsgruppen erteilt. Eine Bewertungsgruppe umfaßt eine Anzahl von Erzeugnissen mit weitgehend einheitlichem Verwendungszweck, der durch die Anforderungen bestimmter Verbrauchergruppen, durch handelsübliche Leistungsklassen oder durch Preisklassen spezifiziert bzw. ausgedrückt sein kann. Die Bewertungsgruppen sind von den zuständigen wirtschaftsleitenden Organen, bei Konsumgütern für den Bevölkerungsbedarf im Einvernehmen mit der Fachgruppe des Binnenhandels, zu bilden und müssen vom *DAMW*[1]) bestätigt werden.

(3) Die Erteilung der im Abs. 2 genannten Gütezeichen erfolgt durch Prüfzeugnisse, in denen auch die Dauer der Gültigkeit der Gütezeichen festgelegt wird.

(4) Die erteilten Gütezeichen können vor Ablauf ihrer Gültigkeitsdauer wieder entzogen werden, wenn festgestellt wird, daß die Bedingungen für ihre Erteilung nicht mehr gegeben sind. Dabei kann eine Herabstufung von Gütezeichen „Q" auf Gütezeichen „1" erfolgen, wenn die Bedingungen für Gütezeichen „1" noch erfüllt werden. Der Entzug und die Herabstufung erfolgen durch ein Prüfzeugnis. Sie können schriftlich angeordnet werden, wenn sie bei schwerwiegenden Qualitätsverstößen zum Schutze der volkswirtschaftlichen Interessen sofort ausgeprochen werden müssen, und sind in diesem Falle in dem danach zu übersendenden Prüfzeugnis zu bestätigen. Zur Sicherung der ökonomischen Wirkung auf den Hersteller darf in Ausnahmefällen der Entzug bzw. die Herabstufung rückwirkend, und zwar frühestens für den Zeitpunkt ausgesprochen werden, an dem nach den Feststellungen des *DAMW*[1]) die Voraussetzungen für das bisherige Gütezeichen weggefallen sind.

§ 13 Anmeldung der anmeldepflichtigen und prüfpflichtigen Erzeugnisse, Bereitstellung und Entnahme von Prüfmustern und Proben

(1) Die Kombinate und Betriebe haben prüfpflichtige Erzeugnisse so rechtzeitig bei der zuständigen Prüfdienststelle des *DAMW*[1]) anzumelden und unter Beifügung der geforderten technischen und ökonomischen Dokumentation die Prüfung dieser Erzeugnisse zu beantragen, daß bis zum Beginn der Auslieferung der Erzeugnisse das Verfahren zur Erteilung des Gütezeichens durchgeführt und abgeschlossen werden kann. Bei Ablauf der Gültigkeit eines erteilten Gütezeichens haben die Kombinate und Betriebe im Falle der Weiterführung der Produktion die Anmeldung und den Prüfantrag rechtzeitig zu wiederholen. Anmeldepflichtige Erzeugnisse sind spätestens mit Beginn der Produktion bei der zuständigen Prüfdienstelle des *DAMW*[1]) anzumelden.

(2) Nach Aufforderung haben die Kombinate und Betriebe unverzüglich Proben und Prüfmuster unentgeltlich am Ort der Prüfung zur Verfügung zu stellen. Die Art der Probe, den Ort der Entnahme und den Ort der Prüfung sowie in Zweifelsfällen die Art der Probeentnahme, den Umfang der Prüfung und die zur Vorbereitung und Durchführung der Prüfungen erforderlichen Leistungen des Vorlagepflichtigen bestimmt das *DAMW*[1]). Die vorgelegten Proben und Prüfmuster müssen für die Erzeugnisse, deren Qualität sie nachweisen sollen, repräsentativ sein.

(3) Die Mitarbeiter des *DAMW*[1]) oder dessen Beauftragte sind berechtigt, Proben und Prüfmuster von Erzeugnissen, auch wenn sie nicht anmeldepflichtig oder prüfpflichtig sind, aus der Produktion, bei weiterverarbeitenden und verbrauchenden Kombinaten und Betrieben oder aus dem Handel zu entnehmen. Die Entnahme von speziellen Erzeugnissen für bewaffnete Organe der Deutschen Demokratischen Republik bedarf deren Zustimmung. Die Entnahme der Erzeugnisse erfolgt auf Kosten des Herstellers der Erzeugnisse, bei Importerzeugnissen auf Kosten des inländischen Bestellers. Der Hersteller ist demjenigen, bei dem die Entnahme erfolgt, zur Ersatzlieferung verpflichtet. Ist die Ersatzlieferung nicht möglich, ist der Hersteller verpflichtet, dem weiterverarbeitenden oder verbrauchenden Betrieb den Einkaufspreis, den Handelsbetrieben den Großhandelsabgabepreis bzw. den Endverbraucherpreis zu erstatten.

§ 14 Aufbewahrung der Prüfunterlagen

(1) Die den Kombinaten und Betrieben erteilten Prüfzeugnisse sind unter Beachtung der Archivierungsbestimmungen sorgfältig aufzubewahren. Für zurückgegebene geprüfte Muster und Proben sowie für zurückgegebene Prüfunterlagen kann das *DAMW*[1]) Aufbewahrungsfristen festlegen.

(2) Bei Vervielfältigung oder öffentlicher Benutzung von Prüfzeugnissen und ähnlichen Dokumenten des *DAMW*[1]) darf der Inhalt nur wortgetreu ohne Auslassungen und ohne Zusätze wiedergegeben werden. Auszugsweise Veröffentlichungen bedürfen der Zustimmung des *DAMW*[1]).

(3) Das *DAMW*[1]) ist berechtigt, in volkswirtschaftlich vertretbarem Umfang geprüfte Muster und die in diesem Zusammenhang eingereichten Unterlagen zurückzubehalten. Bei Erzeugnissen für die bewaffneten Organe der Deutschen Demokratischen Republik ist dies nur im Einvernehmen mit diesen möglich.
(4) Ersatzansprüche für Muster und Proben, die durch die Prüfung beschädigt oder zerstört wurden oder die nach Abs. 3 zurückbehalten werden, können gegen das *DAMW*[1]) nicht geltend gemacht werden. Die gleiche Regelung gilt für Schäden, die während des An- oder Abtransportes der Muster und Proben entstanden sind.

§ 15 Kennzeichnung der Erzeugnisse mit Gütezeichen

(1) Die Hersteller sind verpflichtet, die mustergetreu bzw. den verbindlichen Qualitätsfestlegungen entsprechend hergestellten Erzeugnisse für die Dauer der Gültigkeit des ihnen erteilten Gütezeichens mit diesem Zeichen zu kennzeichnen. Der Präsident des *DAMW*[1]) kann Ausnahmen von der Kennzeichnungspflicht zulassen. Die Erteilung einer Ausnahme ist beim Export nicht erforderlich, wenn die Bedingungen des jeweiligen Absatzmarktes den Wegfall der Kennzeichnung notwendig machen.
(2) Die Kennzeichnung nach Abs. 1 muß am Erzeugnis erfolgen und für den Käufer stets sichtbar sein. Ist infolge der Eigenart der Erzeugnisse eine Kennzeichnung auf diesen selbst nicht möglich, muß die Kennzeichnung in geeigneter Weise (z. B. auf der Verpackung oder am Anhänger) erfolgen. Ist auch das nicht möglich, entscheidet das *DAMW*[1]) über die Art der Kennzeichnung.
(3) Ist eine Wahlsortierung der Erzeugnisse brancheüblich, so entscheidet über die Kennzeichnung wahlsortierter Erzeugnisse das *DAMW*[1]). Sofern dieses keine besonderen Festlegungen getroffen hat, darf das Gütezeichen nur auf Erzeugnissen der ersten Wahl angebracht werden.
(4) Die Kennzeichnung mit einem nicht erteilten oder nicht mehr gültigen Gütezeichen, die Kennzeichnung mit einem anderen als dem erteilten Gütezeichen oder die Kennzeichnung eines nicht mustergetreu oder nicht den verbindlichen Qualitätsfestlegungen entsprechend hergestellten Erzeugnisses mit dem erteilten Gütezeichen ist nicht zulässig.
(5) Das einem Erzeugnis erteilte Gütezeichen ist auf der Rechnung oder auf dem Lieferschein anzugeben.

§ 16 Produktion und Lieferung prüfpflichtiger Erzeugnisse

(1) Die Hersteller sind verpflichtet, prüfpflichtige Erzeugnisse mustergetreu nach dem zur Erlangung des Gütezeichens vorgelegten Muster bzw. den verbindlichen Qualitätsfestlegungen entsprechend zu produzieren.
(2) Prüfpflichtige Erzeugnisse dürfen nur dann geliefert werden, wenn für sie ein gültiges

Gütezeichen vorliegt und wenn sie mustergetreu bzw. den verbindlichen Qualitätsfestlegungen entsprechend hergestellt sind.
(3) Die Absätze 1 und 2 gelten nicht, wenn eine Sondergenehmigung gemäß § 8 erteilt wurde bzw. nach § 8 Absätze 4 oder 5 nicht erforderlich ist.

§ 17 Umfang der staatlichen Qualitätskontrolle für Importe

Hinsichtlich der Sicherung der Qualität von Importerzeugnissen gelten die hierzu erlassenen speziellen Rechtsvorschriften. Eine staatliche Qualitätskontrolle im Sinne dieser Verordnung wird für Importerzeugnisse nur im Rahmen der §§ 18 und 19 ausgeübt. Andere Bestimmungen dieser Verordnung gelten für Importerzeugnisse nur, wenn dies ausdrücklich festgelegt ist.

§ 18 Approbationspflichtige Importerzeugnisse

(1) Der Import von Erzeugnissen, für deren Konstruktion oder Verwendung in der Deutschen Demokratischen Republik bestimmte technische Vorschriften (Sicherheitsvorschriften u. ä.) bestehen, kann von einer Approbation abhängig gemacht werden.
(2) Die approbationspflichtigen Importerzeugnisse, die technischen Vorschriften, deren Einhaltung durch eine der Approbation vorausgehende Prüfung nachzuweisen ist, sowie das Approbationsverfahren einschließlich der Festlegungen über die Form der Erteilung der Approbation und über die Kennzeichnung der approbierten Erzeugnisse mit dem Approbationszeichen (TGL 3933 Blatt 5) werden vom Präsidenten des *DAMW*[1]) im Einvernehmen mit den zuständigen zentralen Organen durch Anordnung bestimmt.
(3) Für approbationspflichtige Importerzeugnisse ist der Abschluß von Einfuhr- und Importverträgen und die Verwendung in der Deutschen Demokratischen Republik erst zulässig, wenn für sie die Approbation erteilt worden ist.
(4) Die nach den Rechtsvorschriften über das Meß- und Eichwesen zur Einfuhr von Meßmitteln vorgeschriebene Zustimmung des *DAMW*[1]) und die nach diesen Rechtsvorschriften notwendige Zulassung der Bauarten importierter Meßmittel zur Eichung oder Beglaubigung bleiben unberührt.

§ 19 Sonstige Importerzeugnisse

1) Bei Importerzeugnissen, die nicht unter § 18 fallen, kann das *DAMW*[1]) eine Qualitätskontrolle vor Abschluß von Einfuhr- und Importverträgen durchführen, wenn es sich um Erzeugnisse von großer volkswirtschaftlicher Bedeutung handelt, insbesondere um solche, die das Qualitätsniveau der in der Deutschen Demokratischen Republik produzierten Finalerzeugnisse wesentlich beeinflussen. Zur unentgeltlichen Vorlage von Unterlagen und Mustern sind die inländischen Besteller auf Anforderung durch das *DAMW*[1]) verpflichtet. § 13 Abs. 2 gilt sinngemäß. Die inländischen Besteller haben Forderungen, die

das *DAMW*[1]) auf Grund der Qualitätskontrolle nach Satz 1 stellt, den Außenhandelsbetrieben bekanntzugeben. Von diesen Forderungen darf in Einfuhr- und Importverträgen nur mit Zustimmung des *DAMW*[1]) abgewichen werden.
(2) Die Ergebnisse von Qualitätsprüfungen, die von den Bestellern, ihren Beauftragten oder anderen Kontrollorganen im Lieferland oder nach Eintreffen am Bestimmungsort in der Deutschen Demokratischen Republik durchgeführt werden, sind dem *DAMW*[1]) bekanntzugeben, sofern die Qualität der geprüften Erzeugnisse Einfluß auf die Qualität in der Deutschen Demokratischen Republik hergestellten Finalerzeugnisse hat.
(3) Umfang und Verfahren der Information des *DAMW*[1]) über beabsichtigte Importe und über Prüfungen nach Abs. 2 sind erforderlichenfalls durch Vereinbarungen zwischen dem *DAMW*[1]) und dem für den inländischen Besteller zuständigen wirtschaftsleitendenen Organ zu regeln.
(4) Die Absätze 1 und 2 gelten nicht für spezielle Importerzeugnisse für die bewaffneten Organe der Deutschen Demokratischen Republik.

§ 20 Zulassungspflicht

(1) Im Einvernehmen mit den zuständigen zentralen Staatsorganen kann das *DAMW*[1]) anordnen, daß bestimmte Erzeugnisse für ihre Verwendung und Betriebe für die Herstellung bestimmter Erzeugnisse einer Zulassung durch das *DAMW*[1]) bedürfen.
(2) In den Fällen des Abs. 1 werden die Zulassungsbedingungen und das Zulassungsverfahren einschließlich der Form für die Dokumentierung der Zulassung vom DAMW[1]) festgelegt.
(3) Zulassungspflichtige Erzeugnisse dürfen nur dann verwendet werden, wenn für sie eine gültige Zulassung durch das *DAMW*[1]) vorliegt, Betriebe, die zur Herstellung bestimmter Erzeugnisse einer Zulassung durch das *DAMW*[1]) bedürfen, dürfen von den zuständigen Organen mit der Herstellung solcher Erzeugnisse nur beauflagt werden, wenn diese Zulassung vorliegt.
(4) Die Bestimmungen der §§ 13, 14 und 15 Absätze 1, 2 und 4 gelten sinngemäß.
(5) Rechtsvorschriften, durch die dem DAMW[1]) die Durchführung von Zulassungen anderer Art übertragen worden sind, bleiben unberührt.

§ 21 Qualitätskontrolle von Zulieferungen und Montageleistungen für Investitionsvorhaben

(1) Zulieferungen und Leistungen der Ausrüstungsmontage für volkswirtschaftlich wichtige Investitionsvorhaben können einer Qualitätskontrolle durch das *DAMW*[1]) unterworfen werden.
(2) Die Einbeziehung von Investitionsvorhaben einschließlich ihrer Zulieferungen in die Qualitätskontrolle nach Abs. 1 erfolgt durch das *DAMW*[1]) in Abstimmung mit den zuständigen Ministerien bei Beginn der Erarbeitung des Perspektivplanes. Die Investitionsträger solcher Vorhaben sind verpflichtet, mit den Generalauftragnehmern oder, soweit

die Vorhaben ohne solche durchgeführt werden, mit den Montage- und Zulieferbetrieben die Qualitätskontrolle nach Abs. 1 zu vereinbaren; dieselbe Verpflichtung haben die Generalauftragnehmer solcher Vorhaben gegenüber ihren Kooperationspartnern. Dem *DAMW*[1]) sind die vertraglich in die Qualitätskontrolle einbezogenen Betriebe vom Investitionsträger bzw. Generalauftragnehmer unverzüglich nach Vertragsabschluß zu benennen.

(3) Die Qualitätskontrolle nach Abs. 1 erstreckt sich auch auf Zulieferungen und Montageleistungen aus Importen, wenn dies in den Einfuhr- und Importverträgen vereinbart ist. Umfang und Zeitpunkt der Qualitätskontrolle sowie die Rechte des *DAMW*[1]) bestimmen sich in diesen Fällen nach den in den Einfuhr- und Importverträgen getroffenen Festlegungen.

(4) Umfang und Verfahren der Qualitätskontrolle nach Abs. 1 einschließlich der Form für die Dokumentierung der Kontrollergebnisse werden, sofern in der Abstimmung mit den zentralen Staatsorganen gemäß Abs. 2 keine anderen Regelungen getroffen sind, unter Berücksichtigung vertraglicher Vereinbarungen vom *DAMW*[1]) festgelegt.

(5) Erzeugnisse, die einer Qualitätskontrolle nach Abs. 1 unterworfen sind, dürfen erst nach Durchführung der Qualitätskontrolle ausgeliefert werden. Das *DAMW*[1]) ist berechtigt, in den Zulieferbetrieben die Auslieferung nicht qualitäts- bzw. vertragsgerechter Erzeugnisse zu sperren und bei nicht qualitätsgerecht ausgeführten Montageleistungen die Beseitigung der Mängel zu verlangen, dabei ökonomische Hebel gemäß den hierfür geltenden Rechtsvorschriften anzuwenden und erforderlichenfalls die Montage bis zur Beseitigung der Mängel zu unterbrechen.

(6) Die Qualitätskontrolle des *DAMW*[1]) kann durch Vereinbarungen zwischen dem zuständigen Ministerium und dem *DAMW*[1]) auch auf Maßnahmen zur Stabilisierung vollendeter Anlagen bzw. zur Qualitätssicherung im Reparatur- und Instandhaltungswesen für solche Anlagen ausgedehnt werden. In den Vereinbarungen sind Umfang, Verfahren und Zeitdauer der Kontrolle festzulegen. Das *DAMW*[1]) ist berechtigt, dem Rechtsträger oder Betreiber der Anlagen Auflagen zur Beseitigung der bei der Kontrolle festgestellten Mängel zu erteilen.

§ 22 Qualitätskontrolle von sonstigen Leistungen

Für Dienstleistungen, Reparaturleistungen und ähnliche Leistungen von Kombinaten und Betrieben kann das *DAMW*[1]) im Einvernehmen mit dem zuständigen zentralen Staatsorgan eine Kontrolle anordnen, durch die die dauernde Einhaltung der für die Leistungen festgelegten Qualitätsbedingungen überwacht wird. Umfang und Verfahren der Kontrolle und die Form der Dokumentierung der Kontrollergebnisse legt das *DAMW*[1]) fest.

§ 23 Auszeichnung von Betrieben

Kombinaten und Betrieben, die bei der Herstellung von Erzeugnissen bzw. bei der Erbringung von Leistungen ein hohes Qualitätsniveau gemäß festgelegten Bedingungen dauernd gewährleisten, kann vom *DAMW*[1]) der Titel „Betrieb der ausgezeichneten Qualitätsarbeit“

verliehen werden. Die Bedingungen sowie das Verfahren für den Erwerb des Titels werden vom *DAMW*[1]) im Einvernehmen mit dem zuständigen zentralen Staatsorgan festgelegt.

§ 24 Betriebskontrollen

(1) Zur Überprüfung der Voraussetzungen für eine mustergetreue und den verbindlichen Qualitätsfestlegungen entsprechende Produktion führt das *DAMW*[1]) Untersuchungen in Kombinaten, Betrieben und Betriebsabteilungen (Betriebskontrollen) durch. Dabei konzentriert es sich vorrangig auf die Kontrolle des Vorhandenseins, der Wirksamkeit und der Weiterentwicklung eines modernen Qualitätssicherungssystems sowie auf besondere Schwerpunkte der Qualitätssicherung und Qualitätsentwicklung. Es kann dabei Formen der Inspektionskontrolle anwenden und mit den wirtschaftsleitenden Organen sowie mit Instituten und ähnlichen Einrichtungen zusammenarbeiten. Es legt die Kontrollergebnisse sowie etwaige Auflagen und Forderungen zur Beseitigung festgestellter Mängel in Protokollen fest.
(2) Die mit der Durchführung der Betriebskontrollen beauftragten Mitarbeiter des *DAMW*[1]) sind unter Beachtung der geltenden Sicherheits- und Geheimhaltungsbestimmungen zum Betreten aller betrieblichen Räume, Lagerplätze usw. sowie zur Einsicht in alle betrieblichen Unterlagen berechtigt. Das Recht zum Betreten von Kombinaten, Betrieben und Betriebsabteilungen, die speziell für die bewaffneten Organe der Deutschen Demokratischen Republik arbeiten, darf nur im Einvernehmen mit diesen ausgeübt werden.

§ 25 Informationspflicht gegenüber dem *DAMW*[1])

(1) Das *DAMW*[1]) ist berechtigt, von Institutionen, die auf dem Gebiet der Qualitätskontrolle arbeiten, die Ergebnisse der von ihnen durchgeführten Forschungsarbeiten sowie ihrer Prüf- und Kontrolltätigkeit anzufordern sowie von ihnen Informationen über wichtige Probleme einzuholen und für die Informationen über den Qualitätsstand an die zentralen Staatsorgane auszuwerten.
(2) Die Kombinate und Betriebe einschließlich der Groß- und Einzelhandelsbetriebe, die Außenhandelsbetriebe und Kundendienste sind verpflichtet, eingehende Reklamationen zu erfassen und auszuwerten und auf Anforderung des *DAMW*[1]) diesem die Reklamationslisten, die Ergebnisse der Auswertung und die getroffenen Maßnahmen mitzuteilen.
(3) Die Absätze 1 und 2 gelten nicht hinsichtlich der Prüforgane der bewaffneten Organe der Deutschen Demokratischen Republik und des ingenieur-technischen Imports für diese Organe.
(4) Die Leiter der TKO der Kombinate und Betriebe sowie die TKO-Verantwortlichen der VVB und der örtlichen Organe sind verpflichtet, dem *DAMW*[1]) Verstöße gegen diese Verordnung sowie gegen die Rechtsvorschriften über die Sicherung und Steigerung der Quali-

tät in den Betrieben unverzüglich zu melden. Sie dürfen in Ausübung dieser Pflicht nicht behindert werden und sind zur alleinigen Zeichnung der schriftlichen Mitteilungen berechtigt.

§ 26 Zusammenarbeit mit Staats- und Wirtschaftsorganen und Kombinaten

(1) Das *DAMW*[1]) gewährleistet eine enge Zusammenarbeit mit Staats- und Wirtschaftsorganen und Kombinaten. Es kann bestimmte Mitarbeiter mit der Wahrnehmung der sich daraus ergebenden Aufgaben beauftragen. Diese Mitarbeiter des *DAMW*[1]) informieren die Staats- und Wirtschaftsorgane oder Kombinate über Festlegungen und Forderungen des *DAMW*[1]) zur Sicherung und Entwicklung der Qualität, beraten die VVB bzw. Kombinate in Qualitätsproblemen und vertreten in der Regel das *DAMW*[1]) bei Planverteidigungen.

(2) Der Generaldirektor der VVB bzw. der Direktor des Kombinates hat zu sichern, daß der Beauftragte des *DAMW*[1]) regelmäßig die Unterlagen der Betriebe und der VVB bzw. des Kombinates erhält, die Aussagen über die Qualitätsentwicklung enthalten (z. B. Aufstellungen über Ausschuß-, Nacharbeits- und Garantiekosten), und daß er in andere Unterlagen, die sich auf die Qualitätssicherung und -steigerung bzw. auf die im Zusammenhang mit Maßnahmen der Qualitätssteigerung ausgelöste Kostenentwicklung und Preisbildung beziehen, jederzeit Einsicht nehmen kann. Er hat ferner zu sichern, daß der Beauftragte des *DAMW*[1]) zu Tagungen der Betriebsdirektoren und des technisch-ökonomischen Rates der VVB bzw. entsprechender Gremien des Kombinates eingeladen wird, sofern auf diesen Tagungen Fragen der Qualität zur Diskussion stehen.

(3) In Bereichen, für die keine VVB bestehen, kann das *DAMW*[1]) Beauftragte für die zuständigen wirtschaftsleitenden Organe einsetzen. Hinsichtlich dieser Beauftragten gelten die Festlegungen der Absätze 1 und 2 sinngemäß.

(4) Zur Sicherung der Mitarbeit des *DAMW*[1]) in den Gesellschaftlichen Räten des VVB, den wissenschaftlich-ökonomischen Räten der Kombinate, den Beiräten der Kombinate der Land- und Nahrungsgüterwirtschaft und ähnlichen Gremien werden dem Leiter des zuständigen Organs Vorschläge für die Berufung von Vertretern des *DAMW*[1]) unterbreitet.

§ 27 Schutz der Gütezeichen

Zeichen oder Symbole, die von Kombinaten, Betrieben, wirtschaftsleitenden Organen oder anderen Organisationen und Einrichtungen als Warenzeichen, Fabrikmarke oder in anderer Weise zu Werbezwecken oder zur Kennzeichnung der Art oder Qualität von Erzeugnissen oder Leistungen verwendet werden sollen, dürfen nicht so gestaltet werden, daß sie mit den Gütezeichen oder dem Approbationszeichen gemäß Standard TGL 3933 verwechselt werden können. In Zweifelsfällen ist die Zustimmung des *DAMW*[1]) zur Gestaltung solcher Zeichen oder Symbole einzuholen.

§ 28 Abstimmung von Rechtsvorschriften mit dem *DAMW*[1])

Die Minister und anderen Leiter der zentralen Staatsorgane haben Rechtsvorschriften, die Fragen der Entwicklung, Sicherung und Kontrolle der Qualität betreffen, mit dem *DAMW*[1]) abzustimmen.

§ 29 Sonderregelung bezüglich der Erzeugnisse für die bewaffneten Organe der Deutschen Demokratischen Republik

Notwendige Regelungen für die Durchführung der staatlichen Qualitätskontrolle bezüglich der Produktion von Erzeugnissen sowie Lieferungen und Leistungen für die bewaffneten Organe der Deutschen Demokratischen Republik werden durch Vereinbarungen zwischen dem *DAMW*[1]) und den zuständigen zentralen Organen getroffen.

III. Schlußbestimmungen

§ 30 Gebühren

Für die Tätigkeit des *DAMW*[1]) und der von ihm Beauftragten werden Gebühren gemäß der Verordnung vom 28. Oktober 1955 über die staatlichen Verwaltungsgebühren (GBl. I S. 787) in der Fassung der Zweiten Verordnung vom 28. November 1967 über die staatlichen Verwaltungsgebühren (GBl. II S. 837) und der auf der Grundlage dieser Verordnung erlassenen Gebührenordnung des *DAMW*[1]) erhoben.

§ 31 Ordnungsstrafbestimmungen

(1) Wer vorsätzlich oder fahrlässig als Verantwortlicher in Kombinaten, Betrieben oder Institutionen

a) trotz Vorliegen der im § 7 Abs. 1 festgelegten Voraussetzungen die Produktion nicht unterbricht
b) Auflagen, die das *DAMW*[1]) im Rahmen des § 10 erteilt, nicht unverzüglich nachkommt
c) prüfpflichtige und anmeldepflichtige Erzeugnisse nicht bei der zuständigen Prüfdienststelle des *DAMW*[1]) anmeldet bzw. wiederanmeldet (§ 13 Abs. 1) oder Proben und Prüfmuster vorlegt, die für die Erzeugnisse, deren Qualität sie nachweisen sollen, nicht repräsentativ sind (§ 13 Abs. 2)
d) prüfpflichtige Erzeugnisse nicht mit den ihnen erteilten Gütezeichen kennzeichnet (§ 15 Abs. 1) oder die Kennzeichnung in unzulässiger Weise vornimmt (§ 15 Abs. 2)
e) prüfpflichtige Erzeugnisse nicht mustergetreu oder nicht den verbindlichen Qualitätsfestlegungen entsprechend produziert (§ 16 Abs. 1)

f) prüfpflichtige Erzeugnisse ausliefert, für die kein gültiges Prüfzeugnis vorliegt oder die nicht mustergetreu bzw. den verbindlichen Qualitätsfestlegungen entsprechend hergestellt sind (§ 16 Abs. 2)
g) für approbationspflichtige Importerzeugnisse Einfuhr- oder Importverträge abschließt oder solche Erzeugnisse verwendet, obwohl für sie eine Approbation nicht erteilt wurde (§ 18 Abs. 3)
h) zulassungspflichtige Erzeugnisse verwendet, für die eine gültige Zulassung durch das *DAMW*[1]) nicht vorliegt (§ 20 Abs. 3)
i) Auflagen, die das *DAMW*[1]) im Rahmen des § 21 Absätze 5 und 6 erteilt, nicht nachkommt
j) als Leiter der TKO oder als TKO-Verantwortlicher seiner Meldepflicht gemäß § 25 Abs. 4 nicht nachkommt,

kann mit Verweis oder Ordnungsstrafe von 10 M bis 300 M belegt werden.

(2) Ist eine vorsätzliche Handlung nach Abs. 1 aus Vorteilsstreben oder ähnlichen, die gesellschaftlichen Interessen mißachtenden Beweggründen oder wiederholt innerhalb von 2 Jahren begangen und mit Ordnungsstrafe geahndet worden oder ist ein größerer Schaden verursacht worden oder hätte er verursacht werden können, kann eine Ordnungsstrafe bis zu 1 000 M ausgesprochen werden.

(3) Die Durchführung des Ordnungsstrafverfahrens obliegt dem Präsidenten des *DAMW*[1]).

(4) Für die Durchführung des Ordnungsstrafverfahrens und den Ausspruch von Ordnungsstrafmaßnahmen gilt das Gesetz vom 12. Januar 1968 zur Bekämpfung von Ordnungswidrigkeiten — OWG — (GBl. I S. 101).

§ 32 Durchführungsbestimmungen

Durchführungsbestimmungen erläßt der Präsident des *DAMW*[1]).

§ 33 Inkrafttreten

(1) Diese Verordnung tritt einen Monat nach ihrer Veröffentlichung in Kraft.

(2) Gleichzeitig tritt die Verordnung vom 8. September 1960 über die staatliche Material- und Warenprüfung in der Deutschen Demokratischen Republik (GBl. I S. 516) außer Kraft.

(3) Im Interesse einer schrittweisen Realisierung der in den §§ 11 und 12 dieser Verordnung getroffenen Regelung kann das *DAMW*[1]) für die Einstellung der Erteilung des bisherigen Gütezeichens „2" und des bisherigen Überwachungszeichens Termine festlegen, die nach dem Inkrafttreten dieser Verordnung, jedoch nicht später als Ende des Jahres 1970 liegen.

[1]) Jetzt: Amt für Standardisierung, Meßwesen und Warenprüfung (ASMW)

Vereinbarung über die staatliche Qualitätskontrolle für Arzneimittel und Gesundheitspflegemittel
vom 23. November 1970

(VuM MfGe 1971 Nr. 1 S. 1)

Auf Grund des § 1 Abs. 2 der Verordnung vom 18. Dezember 1969 über die staatliche Qualitätskontrolle (GBl. II 1970, S. 110) ist zwischen dem *Deutschen Amt für Meßwesen und Warenprüfung*[1]), dem Ministerium für Gesundheitswesen und dem *Rat für landwirtschaftliche Produktion und Nahrungsgüterwirtschaft*[2]) folgendes vereinbart worden:

1. Für das Inverkehrbringen, die Qualitätsentwicklung und Qualitätssicherung von Arznei- und Gesundheitspflegemitteln gelten die Vorschriften des Arzneimittelgesetzes vom 5. Mai 1964 (GBl. I, S. 101) und der Durchführungsbestimmungen. Die Bestimmungen der Verordnung vom 18. Dezember 1969 über die staatliche Qualitätskontrolle (GBl. II 1970 S. 114) finden hierauf keine Anwendung.
2. In Kombinaten und Betrieben, die Arznei- und Gesundheitspflegemittel herstellen, wird hinsichtlich dieser Erzeugnisse die Anleitung und Kontrolle bei der Schaffung, Durchsetzung und Weiterentwicklung der betrieblichen Qualitätssicherungssysteme sowie die Anleitung und Kontrolle der Tätigkeit und Arbeitsweise der Technischen Kontrollorganisation (TKOP) durch das *Deutsche Institut für Arzneimittelwesen*[3]) bzw. das Staatliche Veterinärmedizinische Prüfungsinstitut ausgeübt.

[1]) Jetzt: Amt für Standardisierung, Meßwesen und Warenprüfung (ASMW)
[2]) Jetzt: Ministerium für Land-, Forst- und Nahrungsgüterwirtschaft
[3]) Jetzt: Institut für Arzneimittelwesen der DDR (IFAR)

Verordnung über die Sicherung und Steigerung der Qualität der Erzeugnisse in den Kombinaten und Betrieben — Qualitätssicherungsverordnung[1]) — vom 18. Dezember 1969

(GBl. II Nr. 15 S. 118)

Entsprechend ihrer Verantwortung im ökonomischen System des Sozialismus gewährleisten die zuständigen Staats- und Wirtschaftsorgane auf der Grundlage von Prognosen, strukturkonkreten Planunterlagen und der Perspektiv- und Jahrespläne die Qualitätsentwicklung mit dem Ziel eines größtmöglichen Zuwachses an Nationaleinkommen. In Wahrnehmungen ihrer Verantwortung gewährleisten die Kombinate und Betriebe, daß die hergestellten Erzeugnisse bei hoher Materialökonomie und niedrigsten Kosten ein hohes Qualitätsniveau erreichen und bei wichtigen strukturbestimmenden Erzeugnissen Pionier- und Spitzenleistungen darstellen. Deshalb wird folgendes verordnet:

§ 1 Geltungsbereich

(1) Diese Verordnung gilt für die volkseigenen Produktionsbetriebe und volkseigenen Kombinate, für die industriellen Produktionsbetriebe anderer Eigentumsformen, für die Produktionsgenossenschaften des Handwerks und für die Betriebe der Kühl- und Lagerwirtschaft (nachstehend Kombinate und Betriebe genannt).
(2) Für die übergeordneten Organe der im Abs. 1 genannten Kombinate und Betriebe gilt diese Verordnung hinsichtlich der für sie in den §§ 7 bis 9 festgelegten Aufgaben.
(3) Für nichtvolkseigene Betriebe, die dem Geltungsbereich dieser Verordnung unterliegen, kann das für diese Betriebe zuständige Organ im Einvernehmen mit dem *Deutschen Amt für Meßwesen und Warenprüfung* (*DAMW*[1])) in besonderen Fällen Ausnahmen von den Bestimmungen dieser Verordnung zulassen, wenn die sofortige uneingeschränkte Anwendung aus volkswirtschaftlichen Gründen nicht möglich oder nicht notwendig ist.
(4) Soweit nachstehend Funktions- und Strukturbezeichnungen der volkseigenen Produktionsbetriebe verwendet werden, gelten für andere Betriebe sinngemäß die für sie zutreffenden Bezeichnungen.

I. Aufgaben der Kombinate und Betriebe bei der Sicherung und Steigerung der Qualität

§ 2 Aufgaben des Direktors des Kombinates oder Betriebes

(1) Der Direktor des Kombinates oder Betriebes ist verantwortlich für die Festlegung der Qualitätsziele auf der Grundlage der ständigen Analyse des wissenschaftlich-technischen Höchststandes, der Ergebnisse der Markt- und Bedarfsforschung und der Einschätzung

der prognostischen und perspektivischen Entwicklung der Qualitätsparameter der Erzeugnisse und technisch-technologischer Systeme sowie auf der Grundlage der Planaufgaben und verbindlicher staatlicher und in deren Rahmen getroffener vertraglicher Qualitätsfestlegungen sowie für ihre Realisierung und Kontrolle.

(2) Der Direktor des Kombinates oder Betriebes ist verantwortlich für die Einführung und Durchsetzung eines wirksamen betrieblichen Qualitätssicherungssystems, das den Grundsätzen des § 3 genügen muß.

(3) Die Verantwortung nach den Absätzen 1 und 2 haben unter Berücksichtigung der konkreten Bedingungen in den Kombinaten und unbeschadet der Gesamtverantwortung des Direktors des Kombinates auch die Direktoren der Betriebe der Kombinate.

§ 3 Betriebliches Qualitätssicherungssystem

(1) Zur effektiven Realisierung der Qualitätsziele haben die Kombinate und Betriebe nach den Prinzipien des Systems der fehlerfreien Arbeit ein stabiles betriebliches Qualitätssicherungssystem zu entwickeln.

(2) Das betriebliche Qualitätssicherungssystem umfaßt als Leitungssystem für die Qualitätsentwicklung und -sicherung den gesamten Reproduktionsprozeß des Kombinates oder Betriebes. Das Qualitätssicherungssystem ist so zu gestalten, daß der volkswirtschaftlich notwendige wissenschaftlich-technische Vorlauf für neu- und weiterentwickelte Erzeugnisse erreicht, die muster- und qualitätsgetreue Produktion mit einem minimalen Aufwand gesichert und der manuelle Aufwand bei der Qualitätskontrolle reduziert werden kann. Das Qualitätssicherungssystem muß eindeutige Festlegungen über die Aufgabenabgrenzung, die Verantwortlichkeit aller Mitarbeiter für die Sicherung und Steigerung der Qualität der Erzeugnisse sowie über die Sicherung der Koordinierung aller ideologischen, technisch-organisatorischen und ökonomischen Maßnahmen des Kombinates oder Betriebes zur Erreichung der Qualitätsziele enthalten.

(3) Im einzelnen muß das betriebliche Qualitätssicherungssystem die Lösung der in den §§ 4 und 5 genannten Aufgaben in einer den betrieblichen Bedingungen angepaßten Weise sichern.

§ 4 Aufgaben während der Produktionsvorbereitung

(1) In der Phase der Forschung, Entwicklung bzw. Projektierung und Konstruktion sind die im Plan festgelegten Qualitätsziele so zu spezifizieren, daß die Qualitätsmerkmale neuer oder weiterentwickelter Erzeugnisse im Rahmen der vorgegebenen Ziele im einzelnen meß- oder prüfbar sind, daß die geforderten Gebrauchseigenschaften des Erzeugnisses mit geringstem Aufwand an lebendiger und vergegenständlichter Arbeit erreicht werden können und daß dabei der effektivste Materialeinsatz, die zweckmäßigste Materialsubstitution und die Nutzung einheimischer Rohstoffe gezielt durchgesetzt werden. Dabei ist die systematische Verbesserung der Gebrauchseigenschaften sowie eine moderne und zweckmäßige Gestaltung der Erzeugnisse zu gewährleisten. Die Erzeugnisse der einzelnen Entwick-

lungsstufen sind zur Bestimmung der Qualität, insbesondere der Zuverlässigkeit und ökonomischen Nutzungsdauer, sowie der fertigungstechnischen Reife zu prüfen.

(2) Bereits in der Phase der Forschung, Entwicklung und Konstruktion ist die notwendige Neu- und Weiterentwicklung der Zuliefererzeugnisse zu betreiben. Die Zulieferbetriebe sind verpflichtet, diese Aufgabe ständig, eigenverantwortlich und in enger Zusammenarbeit mit dem Finalproduzenten zu lösen. Der Finalproduzent ist verpflichtet, den Zulieferbetrieben seine Forderungen hinsichtlich der technischen Werte und der Einsatz- bzw. Verbrauchsbedingungen rechtzeitig und vollständig bekanntzugeben.

(3) Der technologische Prozeß zur Herstellung eines Erzeugnisses einschließlich der Hilfsprozesse, wie Anlieferung, Lagerung, innerbetrieblicher Transport, Konservierung und Verpackung, ist so festzulegen, daß die geforderten Qualitätsmerkmale mit dem geringsten Aufwand sicher erreicht, eingehalten und erhalten werden. Die Prüftechnologie von der Wareneingangs- bis zur End- und Versandprüfung ist Bestandteil der Gesamttechnologie und organisch in den Arbeitsablauf einzubeziehen. Das betriebliche Meßwesen ist straff zu organisieren. Es sind rationelle Meßverfahren und Meßmittel anzuwenden, die unter Beachtung der technischen und ökonomischen Erfordernisse einen maximalen Informationsgehalt erbringen.

§ 5 Aufgaben im und nach dem Produktionsprozeß

(1) Der Produktionsprozeß ist so zu organisieren, daß unter Beachtung einer wirtschaftlichen Fertigung und eines planmäßigen kontinuierlichen Arbeitsablaufes und der sozialistischen Prinzipien für die Gestaltung der Arbeit in jeder Phase die festgelegten Qualitätsmerkmale erreicht werden. Die Einhaltung der technologischen Disziplin ist durch entsprechende Anleitung, Organisation und Kontrolle unter Anwendung ökonomischer und moralischer Hebel zu gewährleisten.

(2) Zur Erhaltung der Qualität der produzierten Erzeugnisse und ihrer ordnungsgemäßen Anwendung hat der Herstellerbetrieb durch entsprechende Maßnahmen, wie Anwendungsberatung, Bedienungs-, Wartungs-, Prüf- und Pflegeanleitungen, Zubereitungshinweise, technische Dokumentationen, Kundendienste u. ä., beizutragen. Er hat die erforderlichen Verschleiß- und Ersatzteile qualitäts- und sortimentsgerecht bereitzustellen.

(3) Alle aus Reklamationen und aus anderen Quellen bekanntwerdenden Fehler und alle durch nicht qualitätsgerechte Arbeitsausführung verursachten Kosten sind zu erfassen und zur Ermittlung und Beseitigung der Fehlerursachen auszuwerten. Daraus sowie aus den Ergebnissen technischer und ökonomischer Kontrollen und aus sonstigen Informationen über die Qualität der Erzeugnisse sind regelmäßig Analysen zu erarbeiten, die die Grundlage für die weitere Vervollkommnung der Qualitätsmaßstäbe und des betrieblichen Qualitätssicherungssystems und für die Rechenschaftslegung in allen Betriebsbereichen bilden.

§ 6 Kontrolle der Qualitätssicherung

(1) Zur ständigen Einflußnahme auf die Sicherung und Steigerung der Qualität der Erzeugnisse sowie zur Kontrolle der damit im Zusammenhang stehenden betrieblichen Maßnahmen und der Erfüllung der betrieblichen Qualitätsaufgaben muß in den Kombinaten und Betrieben eine Technische Kontrollorganisation (TKO) vorhanden sein. Sie ist Kontrollorgan des Direktors des Kombinates oder Betriebes und liefert ihm durch ihre Informations- und Analysentätigkeit Grundlagen für die wissenschaftliche Planung und Leitung in bezug auf die Qualität.
(2) Der Leiter der TKO untersteht dem Direktor des Kombinates oder Betriebes unmittelbar. Die Leiter der TKO in den Betrieben der Kombinate unterstehen in bezug auf die fachliche Anleitung und Koordinierung der Aufgaben dem Leiter der TKO des Kombinates.
(3) Die TKO hat vor allem an der Schaffung und Weiterentwicklung des betrieblichen Qualitätssicherungssystems mitzuwirken und seine Wirksamkeit ständig zu kontrollieren, rechtzeitig Führungsinformationen zur Steuerung des Reproduktionsprozesses hinsichtlich der Erreichung der festgelegten Qualitätsziele bereitzustellen, auf eine progressive Qualitätsentwicklung im Stadium Forschung und Entwicklung einzuwirken, die Realisierung der Qualitätsziele in der Produktion zu kontrollieren, Informationen über das Gebrauchsverhalten, insbesondere über die Zuverlässigkeit der Erzeugnisse, auszuwerten und die Kontrollarbeiten im Sinne der sozialistischen Rationalisierung und Automatisierung zu sichern. Sie ist so aufzubauen, daß sie diese Aufgaben einheitlich über den ganzen Bereich des Kombinates oder Betriebes durchführen kann.
(4) Pflichten und Rechte der TKO und ihres Leiters sowie arbeitsrechtliche Besonderheiten ihrer Stellung sind in einer Durchführungsbestimmung zu regeln.

II. Verantwortung der den Kombinaten und Betrieben übergeordneten Organe

§ 7 Verantwortung der zentralen Staatsorgane

Die Leiter der zuständigen zentralen Staatsorgane sind verantwortlich, daß in Durchsetzung der Strukturpolitik bei den strukturbestimmenden Aufgaben Spitzenleistungen bei niedrigsten Kosten erreicht werden. Sie haben zur Gewährleistung der Einheitlichkeit der Maßnahmen zur Sicherung und Steigerung der Qualität in ihrem Verantwortungsbereich und zur Durchsetzung der Bestimmungen dieser Verordnung einen oder mehrere Verantwortliche einzusetzen, die eng mit den zuständigen Fachabteilungen des *DAMW*[2]) zusammenarbeiten.

§ 8 Verantwortung des Generaldirektors der VVB

(1) Der Generaldirektor der VVB ist für die Sicherung und Steigerung der Qualität, insbesondere für die Kontrolle und Anleitung bei der Einführung der Qualitätssicherungssysteme, in den ihm unterstellten Kombinaten und Betrieben verantwortlich. Dabei hat

er zu sichern, daß die entscheidenden Hauptentwicklungstendenzen von Wissenschaft und Technik berücksichtigt werden.
(2) Der Generaldirektor der VVB ist verpflichtet, in Zusammenarbeit mit den ihm unterstellten Betrieben, Kombinaten und wissenschaftlich-technischen Zentren Grundsätze für die einheitliche Beurteilung der Qualität der Erzeugnisse seines Industriezweiges zu erarbeiten und die Probleme der Zuverlässigkeit und ökonomischen Nutzungsdauer untersuchen zu lassen. Die ermittelten Grundsätze, Qualitätsparameter und Koeffizienten bilden die Grundlage für die Beurteilung der Erfüllung der Qualitätsaufgaben. Sie sind bei der Ausarbeitung und Überarbeitung der entsprechenden Standards zu berücksichtigen.
(3) Der Generaldirektor der VVB ist verpflichtet, die zu den Erzeugnisgruppen seines Industriezweiges gehörenden Betriebe, die ihm nicht unterstellt sind, bei der fachlichen Anleitung zur Sicherung und Steigerung der Qualität zu unterstützen und sie in Abstimmung mit den örtlichen Organen in den Erfahrungsaustausch der zentralgeleiteten Betriebe einzubeziehen.
(4) Der Generaldirektor der VVB hat in der VVB einen TKO-Verantwortlichen einzusetzen, der ihm unmittelbar unterstellt ist und dem im Bedarfsfall weitere Mitarbeiter zugeordnet werden können. Der TKO-Verantwortliche ist für die Anleitung und Koordinierung der Arbeit der TKO in den unterstellten Kombinaten und Betrieben verantwortlich. In den einem Ministerium direkt unterstehenden Kombinaten nimmt der Leiter der TKO des Kombinates gleichzeitig die Aufgaben des TKO-Verantwortlichen wahr.

§ 9 Verantwortung örtlicher Organe

(1) Die örtlichen Organe haben hinsichtlich der Qualitätssicherung und -steigerung in den ihnen unterstehenden Kombinaten und Betrieben die im § 8 festgelegten Rechte und Pflichten. Sie haben Beratungen zu Qualitätsproblemen durchzuführen und einen oder mehrere TKO-Verantwortliche zur Anleitung und Koordinierung der Arbeit der TKO einzusetzen. Die von den VVB oder den Erzeugnisgruppenleitbetrieben erarbeiteten Ordnungen bzw. Richtlinien für die Sicherung und Steigerung der Qualität der Erzeugnisse sind von den örtlichen Organen auszuwerten und entsprechend anzuwenden.
(2) Hinsichtlich der nichtvolkseigenen Betriebe haben die örtlichen Organe durch Anwendung vielfältiger Formen der Gemeinschaftsarbeit und durch die Gewährung der Möglichkeit zur Einbeziehung der Leiter und Mitarbeiter der TKO in Qualifizierungsmaßnahmen Voraussetzungen dafür zu schaffen, daß die Grundsätze dieser Verordnung, insbesondere die Erarbeitung und Einführung wirksamer Qualitätssicherungssysteme sowie die Bildung und der wirkungsvolle Einsatz der TKO, auch in diesen Betrieben realisiert werden können. Erforderlichenfalls haben sie Festlegungen gemäß § 1 Abs. 3 zu treffen.

III. Übertragung staatlicher Kontrollfunktionen auf Leiter der TKO, TKO-Verantwortliche und Kontrollbeauftragte

§ 10 Staatliche Leiter der TKO

(1) Die Leiter der TKO von Kombinaten und Betrieben können vom *DAMW*[2]) als staatliche Leiter der TKO eingesetzt werden, wenn dies zur Sicherung der gesamtstaatlichen Interessen bei der Qualitätsentwicklung notwendig ist. Die Einsetzung kann auch zur Sicherung der Qualitätsentwicklung bei nicht der staatlichen Qualitätsbeurteilung in Form der Gütezeichenerteilung unterliegenden Erzeugnissen erfolgen.
(2) Der staatliche Leiter der TKO ist für die Kontrolle der Wirksamkeit des betrieblichen Qualitätssicherungssystems verantwortlich und muß in enger Verbindung mit dem *DAMW*[2]) bei der Einflußnahme auf die Qualitätsentwicklung im Kombinat bzw. Betrieb im Sinne der Durchsetzung der Wissenschafts- und Wirtschaftspolitik von Partei und Regierung wirksam werden.
(3) Der staatliche Leiter der TKO ist Mitarbeiter des *DAMW*[2]), dem er fachlich und disziplinarisch untersteht. Erhält er vom Direktor des Kombinates oder Betriebes eine Weisung, der nach seiner Meinung die von ihm zur Wahrung der gesamtstaatlichen Interessen zu erfüllenden, in Rechtsvorschriften festgelegten Aufgaben oder Weisungen des *DAMW*[2]) entgegenstehen, so ist er berechtigt, ihren Vollzug so lange auszusetzen, bis darüber eine von ihm unverzüglich zu veranlassende Klärung zwischen dem *DAMW*[2]) und dem Direktor des Kombinates oder Betriebes erfolgt ist.
(4) Wenn die besondere Struktur des Kombinates oder Betriebes es erforderlich macht, können auch Leiter von Bereichen der TKO in Betrieben des Kombinates, Teilbetrieben, Betriebsteilen oder ähnlichen Struktureinheiten als staatlicher Leiter der TKO eingesetzt werden.
(5) Das *DAMW*[2]) kann die Regelung der Absätze 1 bis 4 sinngemäß auch auf TKO-Verantwortliche der VVB bzw. der örtlichen Organe anwenden.
(6) Einzelheiten über Aufgaben, Rechte und Pflichten der staatlichen TKO-Leiter sowie arbeitsrechtliche Besonderheiten ihrer Stellung sind in einer Durchführungsbestimmung zu regeln.

§ 11 Staatliche Kontrollbeauftragte

(1) Wenn die Sicherung der Qualität volkswirtschaftlich wichtiger Fertigerzeugnisse und von Erzeugnissen der Zulieferbetriebe für solche Erzeugnisse es notwendig macht, kann das *DAMW*[2]) zur Kontrolle oder zur staatlichen Überwachung der End- bzw. Zwischenkontrolle bestimmter Zwischenprodukte, Erzeugnisse oder Erzeugnisgruppen sowie zur Qualitätsüberwachung solcher Zwischenprodukte und Erzeugnisse staatliche Kontrollbeauftragte einsetzen. Das *DAMW*[2]) kann staatliche Kontrollbeauftragte auch zur Qualitätskontrolle über Montageleistungen für Investitionsvorhaben sowie zur Leitung von Außenstellen des *DAMW*[2]) einsetzen.

(2) Das *DAMW*[2]) kann nach Abstimmung mit dem zuständigen wirtschaftsleitenden Organ Mitarbeiter von Betrieben als staatliche Kontrollbeauftragte übernehmen und im gleichen Betrieb einsetzen. § 10 Abs. 6 gilt entsprechend.

IV. Qualifizierung für die Aufgaben der Qualitätssicherung

§ 12

Durch die berufsbildenden Einrichtungen und bei der Durchführung von Qualifizierungsmaßnahmen für alle Bereiche des Betriebes sind die Grundsätze der Qualitätssicherung zum Bestandteil der Themenpläne zu machen. Insbesondere bei der theoretischen und praktischen Berufsausbildung und der Erwachsenenqualifizierung sind die notwendigen Kenntnisse über Qualitätssicherung im Zusammenhang mit dem Lehrstoff zu vermitteln.

V. Schlußbestimmungen

§ 13 Durchführungsbestimmungen

Durchführungsbestimmungen erläßt der Präsident des *DAMW*[1]) im Einvernehmen mit den Leitern der zuständigen zentralen Staatsorgane und, soweit die Belange der konsumgenossenschaftlichen Betriebe betroffen werden, mit dem Präsidenten des Verbandes Deutscher Konsumgenossenschaften.

§ 14 Inkrafttreten

(1) Diese Verordnung tritt mit ihrer Veröffentlichung in Kraft.

(2) **Gleichzeitig treten außer Kraft:**

a) Verordnung vom 5. Dezember 1963 über die Technische Kontrollorganisation in den volkseigenen Produktionsbetrieben und die Verbesserung der Qualität industrieller Erzeugnisse — **TKO-Verordnung** — (GBl. II S. 881)

b) Verfügung des Vorsitzenden des Volkswirtschaftsrates der Deutschen Demokratischen Republik und des Präsidenten des DAMW vom 18. August 1964 zur Durchführung der TKO-Verordnung vom 5. Dezember 1963 (Verfügungen und Mitteilungen des Volkswirtschaftsrates Nr. 13/64 S. 165 und Verfügungen und Mitteilungen des DAMW Nr. 2/64 S. 3)

c) Verfügung des Ministers für Bauwesen und des Präsidenten des DAMW vom 4. Januar 1965 zur Durchführung der TKO-Verordnung vom 5. Dezember 1963 (Verfügungen und Mitteilungen des Ministeriums für Bauwesen Nr. 2/65 S. 17 und Verfügungen und Mitteilungen des DAMW Nr. 1/65 S. 5).

[1]) S. a. Vereinbarung über die staatliche Qualitätskontrolle für Arzneimittel und Gesundheitspflegemittel vom 23. November 1970 (VuM MfGe 1971 Nr. 1 S. 1), abgedruckt unter C 06 04 02.

[2]) Jetzt: Amt für Standardisierung, Meßwesen und Warenprüfung (ASMW)

Erste Durchführungsbestimmung zur Verordnung über die Sicherung und Steigerung der Qualität der Erzeugnisse in den Kombinaten und Betrieben[1]) vom 15. Januar 1970

(GBl. II Nr. 15 S. 122)

Auf Grund des § 13 der Verordnung vom 18. Dezember 1969 über die Sicherung und Steigerung der Qualität der Erzeugnisse in den Kombinaten und Betrieben – Qualitätssicherungsverordnung – (GBl. II 1970 S. 118) wird im Einvernehmen mit den Leitern der zuständigen zentralen Staatsorgane folgendes bestimmt:

Zu § 6 der Verordnung:

§ 1 Bestimmungen über die Aufgaben der Technischen Kontrollorganisation

(1) Aus den im § 6 der Verordnung festgelegten Grundsätzen (TKO) im einzelnen vor allem folgende Aufgaben:

a) Einflußnahme

- auf die Qualitätsziele und Qualitätsfestlegungen (einschließlich Erzeugnisgestaltung) im Stadium von Forschung und Entwicklung
- auf die Kooperationsbeziehungen zur Sicherung einer hohen Qualität der Erzeugnisse
- auf das Bewußtsein der Mitarbeiter des Betriebes zur Erhöhung der Qualitätsarbeit und zur Durchsetzung des betrieblichen Qualitätssicherungssystems einschließlich einer geeigneten moralischen und ökonomischen Stimulierung, insbesondere im Rahmen des sozialistischen Wettbewerbs
- auf die Einführung und Anwendung mathematisch-statistischer und anderer moderner Kontrollmethoden
- auf die Standardisierung
- auf die Einführung und Anwendung der modernen Prüftechnik

b) Kontrolle

- der Voraussetzungen für die qualitätsgerechte Produktion
- des Fertigungsprozesses in den Schwerpunkten und der Endprüfung der Erzeugnisse
- der ordnungsgemäßen Gütekennzeichnung, der Beigabe der erforderlichen Dokumentation, der qualitätsgerechten Auslieferung der Erzeugnisse und der Montage von Anlagen auf den Baustellen

c) Auswertung der Ergebnisse der Qualitätsprüfungen und -kontrollen
d) Information des Direktors des Kombinates oder Betriebes und des *Deutschen Amtes für Meßwesen und Warenprüfung (DAMW)*[2])

- über die Prüf- und Kontrollergebnisse durch regelmäßige Berichte und Analysen sowie durch Sofortinformation bei besonderen Vorkommnissen, mit Einschätzung der Auswirkungen und mit Vorschlägen für Maßnahmen
- über die festgestellten Qualitätsmängel
- über das Verhalten der Erzeugnisse im Gebrauch.

(2) Die TKO darf nicht mit Aufgaben betraut werden, die außerhalb ihrer Kontrollfunktionen liegen.

§ 2 Stellung der TKO im Kombinat und Betrieb

(1) Die TKO des Kombinates oder Betriebes ist ein selbständiger Bereich. Die für ihre Tätigkeit notwendigen personellen und materiellen Voraussetzungen sind vom Direktor des Kombinates oder Betriebes zu schaffen. In sie sind betriebliche Laboratorien und Prüffelder, die vorwiegend für Aufgaben der Qualitätskontrolle eingesetzt sind, einzugliedern. Die Arbeitskapazität nicht in die TKO eingegliederter Laboratorien und Prüffelder ist dieser im Bedarfsfalle zur Verfügung zu stellen.
(2) Alle Bereiche des Kombinates oder Betriebes sind verpflichtet, der TKO die von ihr zur Kontrolle und Analyse benötigten Informationen und Daten zu übermitteln.
(3) Der Leiter der TKO ist gegenüber den Mitarbeitern der TKO weisungsberechtigt und gegenüber den Teilbetrieben, Betriebsteilen und Betriebsabteilungen kontrollbefugt. Abschluß, Änderung und Aufhebung seines Arbeitsvertrages, Auszeichnungen und disziplinarische Maßnahmen bedürfen der vorherigen Zustimmung der für das Kombinat oder den Betrieb zuständigen Dienststelle des *DAMW*[2]).
(4) Umfang und Struktur der TKO sowie deren Anteil an den betrieblichen Fonds werden vom Direktor des Kombinates oder Betriebes auf Vorschlag und im Einvernehmen mit dem Leiter der TKO festgelegt. In Streitfällen entscheidet der Leiter des übergeordneten Organs in Abstimmung mit dem *DAMW*[2]).
(5) Abschluß, Änderung und Auflösung der Arbeitsverträge der Mitarbeiter der TKO bedürfen des Einverständnisses des Leiters der TKO.

§ 3 Rechte und Pflichten des Leiters der TKO

(1) Der Leiter der TKO entscheidet über die Qualitätsbeurteilung der Erzeugnisse. Er ist verpflichtet, den Direktor des Kombinates oder Betriebes über ihm bekanntgewordene wesentliche Qualitätsmängel unverzüglich zu unterrichten. Er ist berechtigt, die Ergebnisse einzelner Produktionsstufen, die den Qualitätsfestlegungen oder der technischen Dokumentation nicht entsprechen, als für die Weiterverarbeitung oder den vorgesehenen

Verwendungszweck ungeeignet zu kennzeichnen und die Unterbrechung der Weiterverarbeitung oder die Nichtauslieferung oder beides zu fordern. Wird diesen Forderungen nicht entsprochen oder sind schwerwiegende Auswirkungen auf volkswirtschaftlich wichtige Erzeugnisse zu erwarten, so ist er verpflichtet, das dem Kombinat oder Betrieb übergeordnete Organ und die zuständige Dienststelle des *DAMW*[2]) zu unterrichten.

(2) Qualitätsberichte des Kombinates oder Betriebes an die übergeordneten Organe bedürfen der Bestätigung durch den Leiter der TKO. Er legt fest, welche Forschungs- und Entwicklungsberichte mit Qualitätsangaben ihm zur Bestätigung vorzulegen sind.

(3) Der Leiter der TKO nimmt an Leitungsbesprechungen beim Direktor des Kombinates oder Betriebes teil. Er ist berechtigt, auf allen betrieblichen Leitungsebenen an Beratungen über Qualitätsprobleme und die damit zusammenhängenden Fragen wie Wettbewerb, Kaderentwicklung, Prämiierung usw. teilzunehmen.

(4) Der Leiter der TKO legt fest, in welchem Umfang ihm Wirtschaftsverträge vor ihrem Abschluß zur Information oder Einflußnahme auf die vorgesehenen Qualitätsvereinbarungen vorgelegt werden müssen.

(5) Der Leiter der TKO ist dem *DAMW*[2]) in allen Fragen der Qualitätskontrolle auskunftspflichtig und in dem darauf bezüglichen Schriftverkehr mit dem *DAMW*[2]) allein zeichnungsberechtigt.

(6) Der Leiter der TKO kann der Prämiierung leitender Mitarbeiter des Betriebes widersprechen, wenn er nachweist, daß diese für grobe Qualitätsmängel verantwortlich sind.

§ 4 Entlohnung und Prämiierung der Mitarbeiter der TKO

(1) Die Entlohnung der Mitarbeiter der TKO erfolgt unter Anwendung leistungsstimulierender Lohnformen nach der Lohn- bzw. Gehaltsgruppe, die den im Arbeitsvertrag vereinbarten Arbeitsaufgaben entspricht. Voraussetzung dafür ist das Vorhandensein der erforderlichen Qualifikation.

(2) Als Maßstab der Arbeitsleistung der Mitarbeiter der TKO sind vom Leiter der TKO technisch und ökonomisch begründete Leistungskennziffern auszuarbeiten und anzuwenden. Die Leistungskennziffern müssen ständig den steigenden Anforderungen an die Tätigkeit der Mitarbeiter der TKO angepaßt werden und den Grad der Einflußnahme des Mitarbeiters der TKO auf die gesamte Qualitätsentwicklung des Betriebes berücksichtigen. Es sind solche spezifischen Leistungskennziffern festzulegen, die der Mitarbeiter beeinflussen kann und für deren Erfüllung er verantwortlich ist.

(3) Die Prämiierung der Mitarbeiter der TKO ist auf der Grundlage der geltenden Bestimmungen über die Anwendung des Prämienfonds durch die Betriebsprämienordnung zu regeln. Es sind solche Bedingungen festzulegen, die unter Beachtung der im Abs. 2 genannten Gesichtspunkte für die Leistungskennziffern einen materiellen Anreiz zur Verbesserung der Tätigkeit der Mitarbeiter der TKO bieten.

(4) Für die Entlohnung und Prämiierung der Leiter der TKO gelten die in den Absätzen 1 und 3 festgelegten Grundsätze sinngemäß.

Zu § 8 Abs. 4 und § 9 der Verordnung:

§ 5 TKO-Verantwortliche

(1) Der TKO-Verantwortliche hat die Aufgabe, den Generaldirektor über die Durchsetzung der Wissenschafts- und Qualitätspolitik sowie über die Sicherung und Entwicklung der Qualität im Bereich der VVB zu informieren. Er hat darüber hinaus

- bei der Ausarbeitung von Führungsgrößen zur Entwicklung des Qualitätsniveaus im Industriezweig mitzuwirken
- die Weisungen des Generaldirektors hinsichtlich der Qualitätsentwicklung vorzubereiten und ihre Einhaltung zu kontrollieren
- die Leitung der wissenschaftlich-technischen Prozesse und der Qualitätsentwicklung durch die Direktoren der Betriebe entsprechend ihrer Verantwortung regelmäßig zu analysieren und einzuschätzen
- den Aufbau zuverlässig funktionierender Qualitätssicherungssysteme in den Betrieben des Industriezweiges zu unterstützen und so zu koordinieren, daß vergleichbare Kennziffern für die Qualitätsleistungen der Betriebe gewonnen werden
- die Zusammenarbeit zwischen der VVB und dem *DAMW*[2]) zu koordinieren
- die Durchführung von Schulungen zu Qualitätsfragen an den Qualifizierungseinrichtungen des Industriezweiges zu organisieren und bei der Aufstellung von Qualifizierungsplänen für die Leiter und Mitarbeiter der TKO mitzuwirken und ihre Realisierung zu kontrollieren.

(2) Der TKO-Verantwortliche nimmt an den Leitungsberatungen des Generaldirektors teil.

(3) Für die von den örtlichen Organen eingesetzten TKO-Verantwortlichen gelten die Absätze 1 und 2 entsprechend.

(4) Für TKO-Verantwortliche, die dem *DAMW*[2]) als dessen hauptamtliche Mitarbeiter unterstellt werden, gelten § 6 Absätze 2 bis 6 und § 7 dieser Durchführungsbestimmung sinngemäß.

Zu § 10 der Verordnung:

§ 6 Stellung und Aufgaben des staatlichen Leiters der TKO

(1) Für den staatlichen Leiter der TKO gelten alle in der Verordnung und in dieser Durchführungsbestimmung für die Aufgaben, Rechte und Pflichten des Leiters der TKO getroffenen Festlegungen. Darüber hinaus ist er verpflichtet, bei Verletzung der Qualitätsfestlegungen die Herabstufung bzw. Entziehung des Gütezeichens und im Rahmen der Rechtsvorschriften die Anwendung ökonomischer Hebel bei der zuständigen Dienststelle des *DAMW*[2]) zu beantragen oder, sofern diese ihn hierzu ermächtigt hat, eigenverantwortlich vorzunehmen. Er ist berechtigt, zur Abwendung eines voraussichtlich erheblichen volkswirtschaftlichen Schadens die Auslieferung von Erzeugnissen zu sperren. Über An-

träge und Maßnahmen nach Satz 2 und Satz 3 hat er das übergeordnete Organ des Betriebes zu informieren. Ihm können von *DAMW*[2]) im Rahmen der staatlichen Qualitätskontrolle Aufgaben übertragen werden, die über die Tätigkeit im Betrieb hinausgehen. Er arbeitet nach einem vom *DAMW*[2]) festgelegten Funktionsplan.

(2) Der staatliche Leiter der TKO behält alle sich aus seiner bisherigen Zugehörigkeit zum Betrieb ergebenden Rechte einschließlich derjenigen aus seinem bisherigen Arbeitsrechtsverhältnis. Er nimmt am gesellschaftlichen Leben im Betrieb teil.

(3) Der staatliche Leiter der TKO ist Leiter der TKO des Kombinates oder Betriebes. Im Rahmen dieser Tätigkeit und der im § 10 Abs. 3 der Verordnung festgelegten Grenzen des Weisungsrechtes ist er dem Direktor des Kombinates oder Betriebes für seine Tätigkeit verantwortlich und rechenschaftspflichtig. Hinsichtlich Form, Inhalt und Behandlung des Schriftverkehrs des staatlichen Leiters der TKO mit dem *DAMW*[2]) und mit den vorgesetzten Organen des Betriebes bei Ausübung der im Abs. 1 Satz 4 festgelegten Befugnis steht dem Direktor des Kombinates oder Betriebes kein Weisungsrecht zu.

(4) Der staatliche Leiter der TKO wird während seiner Abwesenheit durch einen vom Leiter der zuständigen Dienststelle des *DAMW*[2]) zu bestätigenden Mitarbeiter der TKO vertreten, der ohne Änderung des Unterstellungsverhältnisses während der Zeit der Vertretung die Rechte und Pflichten des staatlichen Leiters der TKO wahrnimmt.

(5) Zur Qualifizierung der staatlichen Leiter der TKO führt das *DAMW*[2]) Schulungen durch, die eine zeitweilige Tätigkeit der staatlichen Leiter der TKO in den Dienststellen des *DAMW*[2]) einschließen.

(6) Scheidet ein staatlicher Leiter der TKO aus oder entspricht er nicht den gestellten Anforderungen, so sind die Kombinate oder Betriebe bzw. die übergeordneten Organe verpflichtet, dem *DAMW*[2]) Vorschläge zur Neu- bzw. Umbesetzung zu machen.

§ 7 Finanzielle Regelungen

(1) Die Grundsätze für die Entlohnung und die Prämiierung der staatlichen Leiter der TKO werden vom *DAMW*[2]) festgelegt. Die Eingruppierung erfolgt vom *DAMW*[2]) im Rahmen der für den Industriezweig geltenden tariflichen Bestimmungen auf der Grundlage der Qualifikationsmerkmale.

(2) Die Kombinate und Betriebe haben die Lohnsumme und die Prämienmittel für die staatlichen Leiter der TKO zu planen und bereitzustellen. Die Auszahlung des Gehaltes an die staatlichen Leiter der TKO erfolgt durch die Kombinate und Betriebe im Auftrage des *DAMW*[2]). Die Prämiierung der staatlichen Leiter der TKO wird durch das *DAMW*[2]) im Rahmen der dafür im Kombinat oder Betrieb geplanten und erwirtschafteten Prämienmittel vorgenommen. Staatliche Auszeichnungen werden vom *DAMW*[2]) beantragt bzw. verliehen.

(3) Dienstreiseaufträge für den staatlichen Leiter der TKO, auch wenn sie vom zuständigen Leiter im *DAMW*[2]) erteilt wurden, werden nach den Bestimmungen des Reisekostenrechts im Kombinat oder Betrieb abgerechnet.

Zu § 11 Abs. 2 der Verordnung:

§ 8 Stellung und Aufgaben der staatlichen Kontrollbeauftragten

(1) Die von Betrieben übernommenen und in ihnen eingesetzten staatlichen Kontrollbeauftragten sind hauptamtliche Mitarbeiter des *DAMW*[2]). Sie unterstehen, sofern im Einzelfall vom *DAMW*[2]) keine andere Regelung getroffen wird, dem Leiter der zuständigen Dienststelle des *DAMW*[2]) und sind ihm für die Lösung der ihnen übertragenen Aufgaben verantwortlich und rechenschaftspflichtig. Sie behalten alle sich aus ihrer bisherigen Zugehörigkeit zum Betrieb ergebenden Rechte einschließlich derjenigen aus ihrem bisherigen Arbeitsrechtsverhältnis. Sie nehmen am gesellschaftlichen Leben im Betrieb teil.
(2) Die Aufgaben der staatlichen Kontrollbeauftragten ergeben sich insbesondere aus der Verordnung und aus den für die staatliche Qualitätskontrolle geltenden Rechtsvorschriften.
(3) Für die Pflichten der Kombinate und Betriebe, in denen staatliche Kontrollbeauftragte eingesetzt sind, für die Qualifizierung der staatlichen Kontrollbeauftragten, deren Rechte und Pflichten gelten § 6 Absätze 1, 5 und 6 sowie § 7 dieser Durchführungsbestimmung.

§ 9 Inkrafttreten

Diese Durchführungsbestimmung tritt mit ihrer Veröffentlichung in Kraft.

[1]) S. a. Vereinbarung über die staatliche Qualitätskontrolle für Arzneimittel und Gesundheitspflegemittel vom 23. November 1970 (VuM MfGe 1971 Nr. 1 S. 1), abgedruckt unter C **06 04** 02.
[2]) Jetzt: Amt für Standardisierung, Meßwesen und Warenprüfung (ASMW)

DDR-Standard

TGL 29513; Ausgabe April 1978;
Verbindlich ab 1. Januar 1979

Qualitätssicherung

BETRIEBLICHE QUALITÄTSSICHERUNG UND STANDARDISIERUNG (QSS)

Grundlagen

Deskriptoren: Qualitätssicherung; Betriebliche Qualitätskontrolle

Dieser Standard gilt für die Erarbeitung, Durchsetzung, Kontrolle und Bewertung der aufeinander abgestimmten Maßnahmen der betrieblichen Qualitätssicherung und Standardisierung in Kombinaten, Betrieben und Einrichtungen, im folgenden Betriebe genannt, deren Erzeugnisse der Kontrolle des ASMW unterliegen. Für alle anderen Betriebe gilt dieser Standard als Richtlinie.

Vorbemerkung

Die Festlegung dieses Standards sind im Zusammenhang mit der TGL 29512 Maßstab für die Beurteilung der Wirksamkeit der betrieblichen Qualitätssicherung und Standardisierung durch das Amt für Standardisierung, Meßwesen und Warenprüfung (ASMW) sowie Grundlage für die Erteilung staatlicher Gütezeichen.

Inhaltsverzeichnis

1. Begriffe

Betriebliche Qualitätssicherung und Standardisierung (QSS) ist die Ausarbeitung und Durchsetzung aufeinander abgestimmter komplexer Maßnahmen im gesamten betrieblichen Reproduktionsprozeß mit dem Ziel, dem volkswirtschaftlichen Bedarf entsprechende Erzeugnisse mit hoher Qualität und niedrigem gesellschaftlichem Aufwand herzustellen.

„Erzeugnis“ steht im folgenden sinngemäß auch für Anlagen und Leistungen
„Kontrolle“ steht für Überwachung der Maßnahmen zur QSS in allen Bereichen des betrieblichen Reproduktionsprozesses.
„Prüfen“ s. TGL 15040

2. Wirtschaftspolitische Zielstellung

Dieser Standard ist mit dem Ziel durchzusetzen, die Qualität und Effektivität der Produktion generell zu erhöhen und bei ausgewählten Erzeugnissen den fortgeschrittenen internationalen Stand zu bestimmen bzw. mitzubestimmen.
Dazu sind folgende Grundsätze durchzusetzen:

- Vorgabe solcher Ziele für Forschung und Entwicklung, die langfristig das erforderliche Qualitäts- und Effektivitätswachstum der Produktion sichern und garantieren, daß neu- und weiterentwickelte Erzeugnisse zum Zeitpunkt ihrer Überleitung in die Produktion in Qualität und Aufwand den Forderungen der Volkswirtschaft und einer hohen Exportrentabilität entsprechen,
- Einschränkung der Vielfalt der Einzelteile und wirkungsvolle Anwendung einer instandhaltungs- und montagegerechten Baugruppenbauweise,
- Anwendung hocheffektiver Technologien in der Produktion einschließlich einer rationellen und ausreichend genauen Meß- und Prüftechnik sowie der strengen Einhaltung der technologischen Disziplin, um mit niedrigstem gesellschaftlichem Aufwand eine kontinuierliche qualitätsgerechte Fertigung zu gewährleisten,
- Sicherung, daß die Gebrauchseigenschaften der Erzeugnisse den staatlichen Standards und anderen Vorschriften (z. B. normativ-technische Dokumente, Exportvereinbarungen) und den Bedingungen der geplanten Qualitätsstufen bzw. Gütezeichen entsprechen,
- Sicherung der Einheit von Menge, Qualität, Sortiment und Kosten, bei der Planung, Leistungsbewertung und Stimulierung,
- konsequente Anwendung des Prinzips der fehlerfreien Arbeit im gesamten betrieblichen Reproduktionsprozeß, damit jeder Werktätige seine Verantwortung für die Qualität seiner Arbeit voll wahrnimmt,
- Erfassung und ständige Auswertung des Gebrauchsverhaltens der Erzeugnisse und Ableitung von wissenschaftlich-technischen Aufgabenstellungen für die Weiterentwicklung der Erzeugnisse und der Technologien.

3. Verantwortung der Leiter der Betriebe

3.1. Die Generaldirektoren, Werkleiter und Leiter von Einrichtungen, im folgenden als Leiter bezeichnet, haben persönlich die Verantwortung für die Einführung und Durchsetzung der Maßnahmen der QSS.
Sie haben gemeinsam mit den Leitungen der gesellschaftlichen Organisationen eine planmäßige politisch-ideologische Arbeit zur Entwicklung des Verantwortungsbewußtseins

jedes Werktätigen für eine hohe Qualität und Effektivität der Leistungen und der Produktion zu gewährleisten.

3.2. Von den Leitern ist die Verantwortung der Fachdirektoren bei der Einführung und Durchsetzung der QSS festzulegen und die daraus abgeleiteten konkreten Aufgaben sind in die Funktionspläne einzuarbeiten.

3.3. Die Leiter sind verantwortlich für die Schaffung der Voraussetzungen zur Entwicklung von Initiativen der Werktätigen, um deren schöpferische Aktivität zur Qualitäts- und Effektivitätsentwicklung voll zu nutzen.
Dazu ist zu sichern, daß

– Qualitätsfragen zur Diskussion gestellt und beraten werden z. B. bei
  - Dienstberatungen
  - Plandiskussionen
  - Rechenschaftslegungen auf Vertrauensleutevollversammlungen
  - ständigen Produktionsberatungen
– der sozialistische Wettbewerb unter Führung der Gewerkschaft so organisiert wird, daß die Werktätigen auf die Einheit von Menge und Qualität orientiert werden und konkrete abrechenbare Aufgaben erhalten. Dazu sind betriebsspezifische Formen anzuwenden, wie
  - kollektiv- und persönlich-schöpferische Pläne
  - Ingenieurpässe
  - Neuerervereinbarungen
  - Haushaltbücher
– geeignete Formen zur Beratung von Schwerpunktproblemen der Durchsetzung der QSS eingeführt und regelmäßig genutzt werden, wie
  - Tag der Qualität
  - Qualitätskommissionen
  - Qualitätskonferenzen
  - Qualitätsforen.

3.4. Die Leiter sind verantwortlich, daß eine Konkretisierung der Regelungen zur QSS grundsätzlich in Werkstandards erfolgt. Bestehende betriebliche Vorschriften zur QSS sind bei Überarbeitung in Werkstandards zu fassen. Eine kontinuierliche Überprüfung und Aktualisierung der Werkstandards zur QSS ist mindestens einmal im Fünfjahrplanzeitraum durchzuführen.
Die Leiter haben zu sichern, daß jährlich konkrete Maßnahmen zur QSS festgelegt werden.

3.5. Die Leiter sind verpflichtet, für Neu- und Weiterentwicklungen

– den permanenten Vergleich der geplanten wissenschaftlich-technischen Zielstellungen mit dem fortgeschrittenen internationalen Stand durchzuführen,
– die volkswirtschaftlichen Zielstellungen vorzugeben,

- die vertragliche Sicherung der Qualitätsentwicklung in der Kooperationskette zu gewährleisten,
- die volkswirtschaftlich notwendige Qualität zum Zeitpunkt der Produktionsaufnahme zu garantieren,
- die Übereinstimmung der geplanten Ziele mit den Forderungen der Anwender zu sichern.

Sie haben dazu die Erarbeitung und ständige Aktualisierung von Erzeugnispässen[1]) sowie von Trendanalysen zu veranlassen, deren Berücksichtigung im Plan Wissenschaft und Technik (PWT) zu sichern und die daraus abgeleiteten Ziele und Leistungen im Pflichtenheft zu bestätigen.

3.6. Die Leiter haben zu sichern, daß im Rahmen der Investitionsvorbereitung und -durchführung bestätigte Qualitätszielstellungen zugrunde gelegt werden.

3.7. Im Rahmen ihrer Verantwortung für die Erfüllung der Pläne haben die Leiter zu gewährleisten, daß insbesondere

- mit Abschluß der F/E-Aufgabe der erforderliche Standard bestätigt vorliegt,
- die Produktion von Erzeugnissen nach Standards und anderen Vorschriften erfolgt und
- die Einheit von Menge, Qualität, Sortiment und Kosten über Planung, Planabrechnung, Leistungsbewertung und Stimulierung durchgängig gesichert wird.

3.8. Die Leiter haben die Voraussetzungen für die Durchsetzung und Kontrolle des Prinzips der fehlerfreien Arbeit in allen Bereichen des Betriebes sowie für die eindeutige Zuordnung der Fehler auf die Verursacher zu schaffen. Dabei sind Initiativen wie „Meine Hand für mein Produkt", „Jeder liefert jedem Qualität" zu fördern.

3.9. Die Leiter haben zu sichern, daß das betriebliche Meßwesen entsprechend TGL 31532 organisiert wird.

3.10. Die Leiter haben eine regelmäßige Auswertung von Qualitätsanalysen und anderen Kontrollergebnissen der TKO durchzuführen. Sie haben bei Hinweisen auf Qualitätsmängel Maßnahmen zu deren sofortiger Beseitigung einzuleiten.

3.11. Die Leiter haben die materiellen und personellen Voraussetzungen für die Sicherung der vollen Arbeitsfähigkeit der TKO zu schaffen.

3.12. Die Leiter haben durch wirksame Formen der materiellen und moralischen Stimulierung zu sichern, daß die Werktätigen Qualitätsarbeit leisten und schlechte Qualitätsleistung nicht durch eine hohe Mengenleistung ausgeglichen werden kann.

3.13. Die Leiter haben die erforderliche Qualifikation und Qualifizierung der Werktätigen für eine qualitätsgerechte Ausführung der Arbeitsaufgaben zu sichern.

4. QSS in der Produktionsvorbereitung

4.1. Grundlagen für die Entscheidung von Zielstellungen für Neu- und Weiterentwicklungen, insbesondere für Erzeugnisse, Verfahren und Technologien, die zum Zeitpunkt der Produktionsaufnahme den fortgeschrittenen internationalen Stand bestimmen bzw. mitbestimmen, sind

- Ergebnisse von Weltstandsvergleichen und Trendanalysen
- Ergebnisse der Markt- und Bedarfsforschung unter besonderer Berücksichtigung des Gebrauchsverhaltens beim Anwender
- Erfordernisse der Rohstoff-, Material- und Energieökonomie
- Erfordernisse des Gesundheits- und Arbeitsschutzes sowie Brandschutzes und Umweltschutzes.

4.2. Aus dem Erzeugnispaß[1]) sind unter Berücksichtigung der volkswirtschaftlichen Erfordernisse Vorgaben für den PWT abzuleiten. Dazu gehören:

- gebrauchswertbestimmende Kennwerte zur Erreichung einer hohen Qualität und Zuverlässigkeit der Erzeugnisse, z. B. Leistung, Lebensdauer, Verfügbarkeit
- Planziele zur Verbesserung der Material- und Energieökonomie, z. B. Masse-Leistungsverhältnis, Energieverbrauchsnormative, Importmaterialeinsparung
- Planziele zur Einsparung von Arbeitszeit und Arbeitskräften
- Kostenvorgaben
- Verbesserung der Exportfähigkeit der Erzeugnisse, z. B. Exportrentabilität
- Planziele zur Entwicklung einer rationellen und ausreichend genauen Prüftechnik
- Planziele zur Entwicklung der Technologie
- Forderungen zur Verbesserung der Formgestaltung
- Forderungen zur Gewährleistung einer optimalen Instandhaltungseignung der Erzeugnisse
- Forderungen zur Gewährleistung des Gesundheits- und Arbeitsschutzes sowie Brandschutzes und Umweltschutzes.

4.3. Die im PWT aufgenommenen Entwicklungsziele sind als verbindlicher Arbeitsauftrag im Pflichtenheft festzulegen und zu präzisieren.
Entsprechend der Pflichtenheftordnung ist die Einhaltung der inhaltlichen Vorgaben und Termine für die Entwicklungszielstellung zu kontrollieren.

4.4. Die Leiter der Forschungs- und Entwicklungskollektive haben entsprechend der AO über die „Nomenklatur der Arbeitsstufen und Leistungen von Aufgaben des Planes Wissenschaft und Technik" zu gewährleisten, daß insbesondere

- eine planmäßige Kontrolle der erreichten Leistungen mit der vorgegebenen Zielstellung erfolgt,
- die Mitwirkung der Zulieferer und Anwender gesichert und die von ihnen zu erbringenden Leistungen vertraglich festgelegt sind,

- die gebrauchswertbestimmenden Kennwerte und Prüfmethoden in die erforderlichen Standards aufgenommen werden,
- die geplanten Standards zum Abschluß der Forschungs- und Entwicklungsarbeiten als Grundlage für die Qualitätsbewertung der laufenden Produktion sowie für die Gütezeichenerteilung bestätigt sind,
- die fertigungsgerechte Gestaltung der Erzeugnisse entsprechend TGL 31 754/01 bis /03 und TGL 31 575 erfolgt,
- die Konstruktionsdokumentation sowie die technologische Dokumentation einschließlich der Prüf- und Kontrollvorschriften termin- und qualitätsgerecht fertiggestellt sind,
- eine planmäßige Überleitung der Forschungs- und Entwicklungsergebnisse in die Produktion sowie die Betreuung der laufenden Produktion bis zum Nachweis ihrer Stabilität gesichert wird,
- die Änderung veralteter und die Bekanntgabe neuer technischer und technologischer Dokumentationen gesichert ist.

4.5. Bei der Durchführung von Verteidigungen ist zu sichern, daß die Erfüllung aller im Pflichtenheft enthaltener Qualitätsforderungen nachgewiesen wird.

4.6. Es ist zu sichern, daß die Erprobung der neu- und weiterentwickelten Erzeugnisse mit ausreichendem Vorlauf erfolgt, damit noch vorhandene Qualitätsmängel erkannt und vor der Serienproduktion beseitigt werden können.
Bei der Einführung der F/E-Ergebnisse haben die F/E-Kollektive bis zum Erreichen der projektierten ökonomischen Kennziffern in stabiler Produktion mitzuwirken.

4.7. In der Konstruktionsdokumentation und anderen technischen Unterlagen sind alle zur standardgerechten und/oder mustergetreuen Fertigung der Einzelteile, Baugruppen und Erzeugnisse notwendigen Angaben, wie z. B. Maße, Toleranzen, Verfahrens- und Qualitätskennwerte von Grund- und Hilfsmaterial, Zwischenprodukten sowie Zulieferungen festzulegen.
Dazu sind in der Konstruktionsdokumentation die entsprechenden Standards sowie volkswirtschaftliche Forderungen, z. B. der Materialökonomie, der Gebrauchswert-Kosten-Analyse und der wissenschaftlichen Arbeitsorganisation zu berücksichtigen. Die Konstruktionsdokumentation ist auf die Einhaltung der entsprechenden Standards zu prüfen.

4.8. Die Qualitätsfestlegungen in den Konstruktionsunterlagen sind die Grundlage für die qualitätsgerechte technologische Vorbereitung der Produktion. Dementsprechend hat die Technologie die Projektierung und Konstruktion bei der fertigungstechnischen Gestaltung und bei den Qualitätsfestlegungen zu beraten.

4.9. Zur Sicherung einer hohen Qualität und Effektivität der Produktion sind die erforderlichen materiell-technischen Voraussetzungen termingemäß zu schaffen. Das betrifft insbesondere die Bereitstellung der notwendigen

- Arbeitsmittel, wie Anlagen, Maschinen, Ausrüstungen, Vorrichtungen, Werkzeuge und Prüfeinrichtungen,

– Arbeitsgegenstände, wie Roh- und Hilfsstoffe, Zwischenprodukte und Zulieferungen in der geplanten Qualität.

Es ist eine optimale Instandhaltung der Arbeitsmittel zu gewährleisten.

5. QSS in der Produktion

5.1. Die Plankennziffern der industriellen Warenproduktion des Betriebes sind in ihrer Einheit von Menge, Qualität und Sortiment auf Betriebsteile, Bereiche und Arbeitskollektive aufzuschlüsseln.
Die Qualitäts- und Mengenvorgaben sind für jedes Kollektiv und/oder jeden Werktätigen abrechenbar festzulegen und ständig auf ihre Einhaltung zu kontrollieren.

5.2. Zur Sicherung der qualitätsgerechten, d. h. mustergetreuen Herstellung der Erzeugnisse ist die Produktion konsequent auf der Grundlage der Standards und anderer Vorschriften durchzuführen. Vom zuständigen Leiter sind dazu folgende Voraussetzungen zu schaffen:

– rechtzeitige Übergabe der verbindlichen Arbeitsunterlagen, wie Standards, technische Dokumentation und Arbeitsauftrag an die Werktätigen,
– Erläuterung der Arbeitsaufgabe,
– Durchführung von Kontrollen zur Einhaltung der technologischen Disziplin, des Gesundheits- und Arbeitsschutzes sowie Brandschutzes und Umweltschutzes,
– Sicherung eines hohen Niveaus der Arbeitsorganisation.

5.3. Von den zuständigen Leitern sind die Werktätigen so anzuleiten, daß sie

– keine Abweichungen von den Qualitätsfestlegungen in Standards und anderen Vorschriften zulassen,
– die Arbeitsergebnisse entsprechend der Prüftechnologie selbst prüfen und fehlerhafte Arbeitsergebnisse aus vorausgegangenen Arbeitsstufen zurückweisen.

5.4. Die qualitätsgerechte Ausführung der Arbeit ist auf Begleitkarten, Fertigmeldungen o. ä. zu bestätigen. Die Arbeit ist so zu organisieren, daß fehlerhafte Arbeitsausführungen durch entsprechende Zwischenprüfungen rechtzeitig erkannt werden und dem Verursacher zugeordnet werden.
Fehlerhafte Arbeitsergebnisse sind – soweit das die Fehlerart bzw. der technologische Prozeß zuläßt – vom Verursacher in Übereinstimmung mit arbeitsrechtlichen Regelungen unentgeltlich nachzuarbeiten.
Die Beseitigung der Fehlerursachen ist einzuleiten.

5.5. Es sind eindeutige Regelungen zu treffen, die eine mißbräuchliche Verwendung von Einzelteilen, Baugruppen, Erzeugnissen und Produktionschargen, die nicht den Qualitätsfestlegungen entsprechen, ausschließen.

5.6. Die innerbetrieblichen Transport-, Umschlag- und Lagerprozesse der Einzelteile, Baugruppen und Erzeugnisse haben so zu erfolgen, daß Qualitätsminderungen ausgeschlossen werden, keine erschwerenden Arbeitsabläufe entstehen und der Gesundheits- und Arbeitsschutz sowie der Brandschutz gewährleistet werden.

5.7. Alle am Produktionsprozeß Beteiligten haben die Richtigkeit aller Prüf- und Meßmittel in ihrem Verantwortungsbereich regelmäßig zu überprüfen bzw. überprüfen zu lassen. Sie sind für die Einhaltung der Ordnung, Sicherheit und Sauberkeit der Arbeitsplätze, Fertigungsstätten und Lager verantwortlich.

5.8. Die bei der Planung und Durchführung der Produktion gewonnenen Erfahrungen zur Sicherung der Qualität sind auszuwerten und in die Qualitätsanalyse aufzunehmen.

5.9. Es ist zu sichern, daß nur solche Erzeugnisse zum Versand gelangen, die von der TKO freigegeben sind.

5.10. Die Verpackungs-, Transport- und Versandvorgänge sind nach Standards oder anderen technologischen Vorschriften durchzuführen.

6. QSS beim Absatz und Kundendienst

6.1. Die Festlegungen in den Liefer- und Leistungsverträgen müssen die Erhaltung der Qualität und Zuverlässigkeit der Erzeugnisse sichern.

6.2. Die Ersatzteilbereitstellung zur Sicherung des Gebrauchsverhaltens ist in Abhängigkeit von der Bedarfsentwicklung zu gewährleisten. Dabei sind zu nutzen:

- Informationen über das Verhalten unter Einsatzbedingungen
- Reklamationsstatistik
- Ergebnisse der Verschleißforschung
- Bedarfsträgerforderungen.

6.3. Für den Kundendienst sind die notwendigen Kapazitäten für Serviceleistungen zu schaffen und durch entsprechende Anleitung und Kontrolle eine qualitätsgerechte Ausführung der Arbeit in den Kundendienstwerkstätten und die Anleitung der Anwender und/oder Verbraucher zu sichern. Dazu ist zu gewährleisten:

- Schulung des Personals des Handels und der Vertragswerkstätten
- Schulung des Bedienpersonals für hochwertige Produktionsmittel in Industrie und Landwirtschaft
- Einhaltung der gesetzlich vorgeschriebenen Reparaturfristen
- Bereitstellung von Servicedokumentationen.

6.4. Es ist zu sichern, daß eine zielgerichtete Datenerfassung, -rückmeldung und -auswertung über das Gebrauchsverhalten der Erzeugnisse während des Garantiezeitraumes und darüber hinaus entsprechend TGL 26096/10 erfolgt.
Die daraus abgeleiteten Informationen sind der Forschung und Entwicklung zur Verfügung zu stellen und dienen als Grundlage für Entscheidungen über Neu- und Weiterentwicklungen. Gegebenenfalls sind kurzfristig Maßnahmen zur Sicherung des Gebrauchsverhaltens der ausgelieferten Erzeugnisse einzuleiten.

7. Moralische und materielle Stimulierung

7.1. Die Entlohnung und Prämierung sind im Rahmen der bestätigten Fonds so durchzuführen, daß die Werktätigen auf eine hohe Qualitätsarbeit orientiert werden.
Der Arbeitslohn ist als Hauptform der materiellen Interessiertheit wirksam für die Qualitätsentwicklung und -sicherung zu nutzen.
In den jährlichen Lohnverwendungskonzeptionen sind die für die Einführung qualitätsstimulierender Lohnformen erforderlichen Mittel zu planen. Für die Stimulierung zusätzlicher Leistungen sind Mittel des Prämienfonds als Zielprämien und auftragsgebundene Prämien zu nutzen.

7.2. Die Erfassung und Bewertung des qualitativen Niveaus der Arbeitsleistung hat auf der Grundlage von Kennziffern zu erfolgen. Die Kennziffern sind aus den Plänen abzuleiten und bis auf den einzelnen Werktätigen bzw. einzelne Kollektive aufzuschlüsseln. Individuelle bzw. kollektive Leistungskennzahlen müssen vom einzelnen Werktätigen bzw. vom Kollektiv beeinflußt werden können, meßbar und kontrollierbar sein.
Maßstab für die exakte Leistungsbewertung sind entsprechend der Arbeitsaufgabe Kennziffern, wie

- Leistungsziele des Planes Wissenschaft und Technik und der Pflichtenhefte
- Warenproduktion nach Gütezeichen bzw. Sorten
- spezifischer Material- und Energieverbrauch sowie Masse-Leistungsverhältnis, Umweltschutz und Zuverlässigkeit
- Kosten für Ausschuß, Nacharbeit und Garantieleistungen
- Fehlerquoten
- Rückweisquoten von Abteilung zu Abteilung
- Rückweisquoten durch die TKO
- Rückweisquoten vom Handel
- Reklamationsquoten
- Qualitätsvertragsstrafen
- Einhaltung der Auslieferqualität
- Einhaltung der gesetzlich vorgeschriebenen Reparaturzeiten bei Konsumgütern.

7.3. Bei der Gestaltung der Lohnformen ist der Grundsatz zu verwirklichen, daß die Erhöhung der Qualität der Arbeit und der Erzeugnisse für den Werktätigen nicht weniger vorteilhaft ist, wie die Steigerung der Mengenleistung.
Für eine wirksame Stimulierung der Qualität der Arbeitsergebnisse sind folgende Voraussetzungen für die Leistungserfassung und -bewertung zu schaffen:

- exakte Abgrenzung der Verantwortungsbereiche
- Arbeit nach Prüfanweisungen
- Fehlererfassung, -zuordnung und -bewertung
- Festlegung von Bewertungsnormativen.

Die Ausarbeitung von Lohnformen sowie die Auswahl von Kennziffern als Grundlage für die Leistungserfassung und -bewertung hat gemeinsam mit den Werktätigen zu erfolgen.

7.4. Leistungsabhängige Gehaltsformen bei Hoch- und Fachschulkadern, Meistern und anderen Leitern von Kollektiven sind so anzuwenden, daß sie die kontinuierliche Erfüllung der Planaufgaben des Bereiches in Menge, Qualität und Kosten konsequent stimulieren.
Die Leistungskennziffern, die den leistungsabhängigen Gehaltsprämien der Meister zugrunde gelegt werden, müssen sich mit denen der Produktionsarbeiter ergänzen.

7.5. Die Jahresendprämie aller Werktätigen ist an Leistungskriterien der Qualität und Effektivität der Arbeit zu binden. Für die Stimulierung der Erfüllung der im Pflichtenheft festgelegten Leistungsziele sind Zielprämien und auftragsgebundene Prämien zu nutzen.

7.6. Die moralische Anerkennung hervorragender Leistungen der Werktätigen bei der Sicherung und Erhöhung der Qualität ist öffentlich in würdiger Form vorzunehmen. Dazu sind solche Möglichkeiten zu nutzen wie die Verleihung des Titels „Bester Qualitätsarbeiter", „Bester Meister", „Bereich der ausgezeichneten Qualitätsarbeit", die öffentliche Belobigung und die Überreichung von Medaillen und Urkunden.
Verstöße gegen Qualitätsfestlegungen sind in zweckmäßiger Form öffentlich auszuwerten.

7.7. Auszeichnungen und Prämierungen von Betrieben, Kollektiven sowie einzelnen Werktätigen dürfen grundsätzlich nur erfolgen, wenn die geplanten und vertraglich gebundenen Qualitäts- und Effektivitätskennziffern, für die die Betriebe, Kollektive und einzelnen Werktätigen verantwortlich sind, erreicht und die Standards und andere Vorschriften eingehalten sind.

7.8. Alle Zielstellungen und Maßnahmen zur Erhöhung der moralischen und materiellen Interessiertheit der Werktätigen an der Qualitätsentwicklung und -sicherung sind verbindlich festzulegen in

- Betriebskollektivverträgen
- Haushaltbüchern
- persönlich- oder kollektiv-schöpferischen Plänen
- anderen Initiativdokumenten bzw. Ordnungen der Betriebe.

7.9. Die Kennzeichnung der Herkunft der Erzeugnisse durch den Namen des Betriebes, Fabrikmarken, Waren- und Verbandszeichen ist als ein wichtiges Mittel zur Erhöhung des Verantwortungsbewußtseins der Betriebskollektive zu nutzen.

8. Aufgaben der Technischen Kontrollorganisation (TKO) zur QSS

8.1. Der TKO-Leiter hat auf alle in den Abschnitten 3–7 genannten Aufgaben Einfluß zu nehmen und diese zu kontrollieren.

8.2. Der TKO-Leiter hat in der Produktionsvorbereitung insbesondere Einfluß zu nehmen auf:

- ausreichende Begründung des „Planes Wissenschaft und Technik" und der Pflichtenhefte

– Ausarbeitung von Standards unter Einbeziehung der qualitätsbestimmenden Kennwerte und Überwachung des Niveaus der Standards
– Ausarbeitung der technologischen Dokumentation.

Die TKO hat an den Verteidigungen von F/E-Aufgaben teilzunehmen. Die Bestätigung der erreichten Leistungsstufen sowie die Freigabe der finanziellen Mittel ist von der Zustimmung der TKO abhängig.

8.3. In der Produktion hat sich die TKO auf folgende Schwerpunkte zu konzentrieren:

– Kontrolle der Einhaltung der technologischen Disziplin sowie der Realisierung der geplanten Qualitätsziele im Produktionsprozeß
– Anwendung von Methoden zur exakten Fehlererfassung
– wirksame Endkontrolle
– Auswertung der Kontrollergebnisse auf der Grundlage der Methoden der mathematischen Statistik
– Einhaltung der Qualitätsfestlegungen und Prüfvorschriften in Standards.

8.4. Der TKO-Leiter hat zu kontrollieren, daß eine exakte Erfassung des Gebrauchsverhaltens beim Anwender erfolgt.

8.5. Der TKO-Leiter hat den Leiter bei der Entwicklung und Einführung geeigneter Formen und Methoden der moralischen und materiellen Stimulierung der Qualitätsarbeit zu unterstützen. Der TKO-Leiter hat gegen die Prämierung leitender Mitarbeiter Einspruch zu erheben, wenn diese für große Qualitätsmängel verantwortlich sind.

8.6. Der TKO-Leiter hat darauf Einfluß zu nehmen, daß täglich Meldungen der Qualitätserfüllung der Abteilungen und der aufgetretenen Qualitätsschwerpunkte an den Leiter erfolgen.

8.7. Der TKO-Leiter hat die Qualitätsentwicklung nach Schwerpunkten und Verursachern mit Vorschlägen zur Veränderung in Monats-, Halbjahres- und Jahresanalysen darzulegen.

8.8. Die TKO ist verpflichtet, gegen festgelegte bzw. festzulegende Qualitätskennziffern in Standards, die nicht den Forderungen nach Abschnitt 4. entsprechen, Einspruch zu erheben und gegebenenfalls das zuständige Fachgebiet des ASMW zu informieren.

8.9. Der TKO-Leiter hat die Kontrolle der in TGL 31532 festgelegten Aufgaben auf dem Gebiet des betrieblichen Meßwesens durchzuführen.

8.10. Der TKO-Leiter hat die Einhaltung von Standards und anderen Vorschriften zur QSS ständig zu kontrollieren.

9. Nachweis der Wirksamkeit der QSS

Zur Beurteilung der Wirksamkeit der Maßnahmen der QSS sind Kontrollprogramme anzuwenden.
Entsprechend den zweigspezifischen Bedingungen sind die Qualitätskriterien gemäß Abschnitt 9.1. bis 9.16. zur Bewertung heranzuziehen.

9.1. Erfüllung des Planes Wissenschaft und Technik
9.2. Erfüllung des Planes der Überleitung neu- und weiterentwickelter Erzeugnisse in die Produktion
9.3. Erfüllung des Planes der industriellen Warenproduktion nach Gütezeichen („Q", „1", „At"), Sorten und Qualitätsstufen einschließlich Wahlsortierung und Qualitätskoeffizient
9.4. Erfüllung des geplanten Exportes
9.5. Einhaltung der Vorgaben zur Arbeitszeiteinsparung und Selbstkostensenkung
9.6. Einhaltung der Vorgaben der Materialökonomie
9.7. Einhaltung bzw. Unterbietung der geplanten ANG-Kosten
9.8. Einhaltung der vertragsgerechten Lieferung einschließlich Ersatzteillieferung
9.9. Entwicklung der Vertragsstrafen, insbesondere Qualitätsvertragsstrafen
9.10. Entwicklung der Gewinnabschläge für qualitätsgeminderte Erzeugnisse
9.11. Entwicklung der Preisänderungen durch Gebrauchswerterhöhungen bei neuen und weiterentwickelten Erzeugnissen
9.12. Nachweis der Einhaltung der in Standards festgelegten Zuverlässigkeitskennziffern
9.13. Entwicklung der Instandhaltungskennziffern
9.14. Nachweis der termingemäßen Überprüfung bzw. Überarbeitung der Standards
9.15. Nachweis der Wirksamkeit des betrieblichen Meßwesens gemäß TGL 31532
9.16. Nachweis über die Realisierung der vom ASMW im Ergebnis durchgeführter Betriebskontrollen erteilten Auflagen.

Entsprechend den zweigspezifischen Bedingungen der Betriebe sind weitere Kennziffern für den Nachweis der Wirksamkeit der QSS zu verwenden.
Die in 9.1. bis 9.16. genannten Kriterien bilden die Bewertungsgrundlage zur Verleihung des Titels „Betrieb der ausgezeichneten Qualitätsarbeit".

Hinweise

Ersatz für TGL 29513 Ausg. 4. 76
Im vorliegenden Standard ist auf folgende Standards Bezug genommen:

TGL 15040
TGL 26096/10
TGL 29432
TGL 29512
TGL 31532
TGL 31754/01 bis /03
TGL 31575

[1]) Erzeugnispässe sind nicht mehr gesetzlich vorgeschrieben.

DDR-Standard

TGL 29512; Ausgabe April 1976;
verbindlich ab 1. September 1976

Qualitätssicherung

ARBEIT MIT GÜTEZEICHEN

Deskriptoren: Qualitätssicherung; Gütezeichen; Klassifizierung; Attestierung

Inhaltsverzeichnis

1. Begriffe

Gütezeichen

Staatliches Kennzeichen (Symbol) zur Bescheinigung eines bestimmten Qualitätsniveaus, Führungs- und Orientierungsgröße des sozialistischen Staates zur Leitung und Planung der Qualitätsentwicklung und -sicherung, zur Stimulierung des wissenschaftlich-technischen Fortschritts und Erhöhung der Effektivität der Produktion und ein Maßstab für die Qualitätsarbeit in den Betrieben und Kombinaten.

Staatlicher Qualitätsmaßstab

Vom Amt für Standardisierung, Meßwesen und Warenprüfung (ASMW) festgelegte Forderungen für die Bewertung der Qualität von Erzeugnissen mit gleichem Verwendungszweck.

Bewertungsgruppe
nach TGL 29432

Typ
nach TGL 29432

Qualitätsstufe

Durch Abstufung gebildeter Bereich der Qualität, der den unterschiedlichen Grad der Eignung eines Erzeugnisses für den gleichen Verwendungszweck zum Ausdruck bringt und quantitativ oder verbal darstellbar ist.

Anmeldepflicht

Verpflichtung der Hersteller, dem ASMW den Beginn der Entwicklung und die Aufnahme der Produktion von Erzeugnissen anzumelden und auf Anforderung des ASMW die Erzeugnisse zur Prüfung bereitzustellen.

Prüfpflicht

Verpflichtung der Hersteller, dem ASMW den Beginn der Entwicklung und Aufnahme der Produktion von Erzeugnissen anzumelden und die Erzeugnisse zur Prüfung bereitzustellen.

2. Anwendung der Anmeldepflicht und Prüfpflicht

2.1. Staatliche Qualitätskontrolle

Der staatlichen Qualitätskontrolle durch das ASMW unterliegen diejenigen Zulieferungen und Finalerzeugnisse, die für das Niveau und Wachstum der Effektivität und Qualität im volkswirtschaftlichen Maßstab bestimmend sind.
Diese Erzeugnisse sind vom ASMW im Einvernehmen mit dem Ministerium für Wissenschaft und Technik und der Staatlichen Plankommission in die Nomenklatur der anmeldepflichtigen und prüfpflichtigen Erzeugnisse aufzunehmen. Die Nomenklatur ist mindestens einmal im Fünfjahrplanzeitraum zu überprüfen und den volkswirtschaftlichen Erfordernissen anzupassen.

2.2. Zuordnung der Erzeugnisse zur Anmeldepflicht, Prüfpflicht, Klassifizierungspflicht und Attestierungspflicht

2.2.1. Anmeldepflicht und Prüfpflicht
Die Zuordnung der Erzeugnisse zur Anmeldepflicht oder zur Prüfpflicht hat nach der volkswirtschaftlichen Bedeutung der Erzeugnisse zu erfolgen. Erzeugnisse, bei denen aus

volkswirtschaftlichen Gründen der staatliche Einfluß auf die Qualität auch mit Hilfe von Gütezeichen ausgeübt werden muß, werden in der Regel der Prüfpflicht zugeordnet. Anmeldepflichtige Erzeugnisse können in die Prüfpflicht überführt werden.

2.2.2. Klassifizierungspflicht und Attestierungspflicht
Die prüfpflichtigen Erzeugnisse sind in klassifizierungspflichtige und attestierungspflichtige Erzeugnisse einzuteilen. Die Zuordnung zur Klassifizierungspflicht oder Attestierungspflicht hat nach der volkswirtschaftlichen Notwendigkeit und der technischen Charakteristik der Erzeugnisse zu erfolgen. Klassifizierungspflichtig sind in der Regel Erzeugnisse, bei denen eine Klassifizierung volkswirtschaftlich notwendig und technisch möglich ist, insbesondere Produktionsinstrumente zur Durchsetzung der sozialistischen Rationalisierung, Konsumgüter, wichtige Exporterzeugnisse und Zuliefererzeugnisse, die die Qualität der Finalerzeugnisse entscheidend beeinflussen. Attestierungspflichtig sind vor allem Grundstoffe und Halbfabrikate.

3. Erteilung der Gütezeichen

3.1. Grundlagen

Mit den Gütezeichen ist so zu arbeiten, daß eine grundlegende Verbesserung der Qualität und Zuverlässigkeit, eine hohe Materialökonomie und eine Steigerung der Effektivität bei der Herstellung und Anwendung der Erzeugnisse erzielt wird.
Gütezeichen sind zu erteilen, wenn

- die Erzeugnisse der Prüfpflicht zugeordnet sind,
- die Erzeugnisse sowie die Herstellerbetriebe die dazu in Rechtsvorschriften, insbesondere in staatlichen Standards, festgelegten Bedingungen erfüllen,
- die Erzeugnisse in Qualität, Zuverlässigkeit und Kosten dem staatlichen Qualitätsmaßstab entsprechen,
- die Voraussetzungen der Betriebe zur Sicherung einer kontinuierlichen, den Vorschriften staatlicher Organe, insbesondere den staatlichen Standards, entsprechenden standardgerechten und/oder mustergetreuen Produktion gegeben sind.

Als Gütezeichen, dargestellt mit Symbolen nach TGL 3933, werden erteilt:

- die klassifizierenden Gütezeichen „Q“ und „1“ und
- das „Attestierungszeichen“.

3.2. Gütezeichen „Q“, „1“ und „Attestierungszeichen“

Das Gütezeichen „Q“, „1“ oder „Attestierungszeichen“ erhalten Erzeugnisse, wenn die Bedingungen gemäß

- § 12 Absatz 1 der Verordnung vom 18. 12. 1969 über die staatliche Qualitätskontrolle (GBl. II Nr. 15 Seite 110)

- § 1 der Verordnung vom 27. 8. 1973 zur Änderung der Verordnung über die staatliche Qualitätskontrolle (GBl. I Nr. 41 Seite 426)

erfüllt sind.

In Sonderfällen kann auch attestierungspflichtigen Erzeugnissen das Gütezeichen „Q“ erteilt werden, wenn diese Erzeugnisse in der Nomenklatur besonders gekennzeichnet sind. Die Entscheidung darüber trifft der Präsident des ASMW. Wird für ein solches Erzeugnis das Gütezeichen „Q“ erteilt, ist nach den gleichen Grundlagen und Voraussetzungen zu verfahren, wie für die Erteilung des Gütezeichens „Q“ der klassifizierungspflichtigen Erzeugnisse.

In Abstimmung mit den zuständigen Organen ist über die Anwendung eines Preiszuschlages für dieses Gütezeichen „Q“ zu entscheiden.

Mit der Erteilung eines Gütezeichens wird vom ASMW bestätigt, daß

- für das Erzeugnis die Einhaltung des staatlichen Qualitätsmaßstabes nachgewiesen ist und
- im Betrieb eine hohe Wirksamkeit der komplexen Maßnahmen der betrieblichen Qualitätssicherung (QSS), insbesondere zur Sicherung der Voraussetzungen für eine kontinuierliche standardgerechte und/oder mustergetreue Produktion, nachgewiesen ist.

3.3. Zeitpunkt der Erteilung

Die Gütezeichenerteilung hat grundsätzlich mit Beginn der Serienproduktion zu erfolgen.

Bedingung für die Gütezeichenerteilung ist der Nachweis des erfolgreichen Erprobungs- und Entwicklungsabschlusses durch den Hersteller.

Dabei ist das zuverlässige Gebrauchsverhalten unter Anwendungsbedingungen einschließlich des Gesundheits-, Arbeits-, Brand- und Havarieschutzes und die technologische Sicherheit einschließlich der Kontroll- und Prüfbedingungen für die kontinuierliche, standardgerechte und/oder mustergetreue Fertigung nachzuweisen.

Bei Erzeugnissen, die

- in Abhängigkeit von der Saison verkauft werden,
- nur kurze Zeit produziert werden,
- modischen Einflüssen unterliegen und
- für Sonderbedarfsträger hergestellt werden,

darf die Erteilung der Gütezeichen vor Aufnahme der Serienproduktion anhand von Mustern erfolgen.

Für Erzeugnisse, die nur im Ausland erprobt werden können, sind von ASMW Sonderregelungen zu treffen.

3.4. Gültigkeitsdauer der Gütezeichen

Die Erteilung der Gütezeichen hat durch Prüfzeugnisse zu erfolgen, in denen auch die Dauer der Gültigkeit der Gütezeichen festzulegen ist. Die erteilten Gütezeichen können vor Ablauf ihrer Gültigkeitsdauer wieder entzogen werden, wenn festgestellt wird, daß die Bedingungen für ihre Erteilung nicht mehr gegeben sind.

4. Voraussetzungen für die Erteilung der Gütezeichen

4.1. Festlegung des staatlichen Qualitätsmaßstabes
Der staatliche Qualitätsmaßstab ist vom ASMW auf der Grundlage des wissenschaftlich-technischen Höchststandes unter Berücksichtigung der volkswirtschaftlichen Erfordernisse festzulegen, und seine vorzugsweise Aufnahme in staatliche Standards ist zu fordern.
Der staatliche Qualitätsmaßstab ist durch die Gutachterausschüsse des ASMW in enger Zusammenarbeit mit Herstellern und Anwendern, dem Handel, wissenschaftlichen Einrichtungen und anderen Institutionen auszuarbeiten. Zur Ausarbeitung des staatlichen Qualitätsmaßstabes sind Standard- und Weltstandardsvergleiche, Erzeugnispässe und Analysen zu nutzen.
In den Weltstandsvergleich sind im In- und Ausland produzierte Erzeugnisse einzubeziehen, die die vom Anwender geforderte Funktion erfüllen und die mit hohem gesellschaftlichem Nutzen hergestellt und angewendet werden können.
Vergleichserzeugnisse müssen

– für den gleichen Verwendungszweck einsetzbar sein wie die zu vergleichenden Erzeugnisse,
– der gleichen Bewertungsgruppe angehören wie die zu vergleichenden Erzeugnisse und
– die unterschiedlichen Einsatzbedingungen berücksichtigen.

4.2. Nachweis der Effektivität der Produktion
Die Erteilung der Gütezeichen hat in Abhängigkeit von der Effektivität der Produktion zu erfolgen.
Dabei ist wie folgt zu verfahren:

– Für neu in die Produktion aufzunehmende Erzeugnisse der Serien- und Massenproduktion ist die Effektivität der Produktion auf der Grundlage der Kennziffern und Kriterien zur Charakterisierung und Beurteilung der Effektivität von wissenschaftlich-technischen Aufgaben und Investitionen einschließlich des Preislimits zu bewerten.
  Wird das Preislimit im Verlauf der Entwicklung nicht eingehalten, ist dem Abschluß der entsprechenden Arbeitsstufe nicht zuzustimmen und eine Kostensenkung zu beauflagen.
  Kommt der Hersteller der Beauflagung zur Kostensenkung nicht nach, ist kein Gütezeichen und keine Sondergenehmigung zu erteilen.
– Für alle anderen neu in die Produktion aufzunehmenden Erzeugnisse sind dem ASMW die kalkulierten Selbstkosten der Erzeugnisse nachzuweisen.
  Können die Selbstkosten nicht je Erzeugnis ermittelt werden, sind die Selbstkosten der Erzeugnisgruppe für die Berechnung heranzuziehen.
  Dem Abschluß der Arbeitsstufe ist nur zuzustimmen bzw. ist das Gütezeichen nur dann zu erteilen, wenn der Qualitätszuwachs gegenüber dem abzulösenden Erzeugnis größer ist als der Zuwachs der Selbstkosten.

Die Ermittlung des Qualitätszuwachses ist nach TGL 29432 und den daraus abgeleiteten Zweigmethodiken zur Bewertung der Qualität vorzunehmen.

- Für alle in der Produktion befindlichen Erzeugnisse ist dem ASMW bei Wiedervorlage zur Gütezeichenerteilung die Entwicklung der Selbstkosten nachzuweisen.
  Das Gütezeichen ist nur dann wieder zu erteilen, wenn keine negative Veränderung des Verhältnisses Selbstkosten zur Qualität eingetreten ist.

Das ASMW kann Ausnahmeregelungen zulassen, wenn der Betrieb die Notwendigkeit der Kostenerhöhung nachweist und zwingende volkswirtschaftliche Gründe dafür vorhanden sind.
In zweigspezifischen Anweisungen ist verbindlich zu regeln, wie die qualitätsabhängigen Veränderungen der Kosten methodisch nachzuweisen sind.

4.3. Nachweis der standardgerechten und mustergetreuen Produktion

Die Erteilung eines Gütezeichens setzt voraus, daß im Betrieb:

- die Bedingungen zur Sicherung einer standardgerechten und/oder mustergetreuen Produktion vorhanden sind,
- durch eine wirksame Qualitätskontrolle und eine ständige Analyse des Gebrauchsverhaltens der Erzeugnisse beim Anwender eine kontinuierliche, qualitätsgerechte und effektive, den Vorschriften staatlicher Organe, insbesondere den staatlichen Standards entsprechende Produktion gesichert und ständig nachgewiesen wird.

Dazu ist die Wirksamkeit der komplexen Maßnahmen der betrieblichen Qualitätssicherung (QSS) nach TGL 29513 und die Einhaltung der Grundsätze des betrieblichen Meßwesens nach TGL 31532 von den Betrieben nachzuweisen.
In den Fällen, wo die Erteilung des Gütezeichens vor Aufnahme der Serienproduktion an Mustern vorgenommen wird, ist vom Betrieb zu sichern, daß die Qualität der Serienerzeugnisse ständig der Qualität der Muster entspricht.

4.4. Zusätzliche Voraussetzungen

Für Erzeugnisse, die der gestalterischen Qualitätsbewertung durch das Amt für industrielle Formgestaltung bzw. durch das Modeinstitut der DDR unterliegen, ist die Zuerkennung eines gestalterischen Prädikates eine Voraussetzung für die Erteilung des klassifizierenden Gütezeichens.
Es gilt folgende Zuordnung:

- für das Gütezeichen „Q“: das Prädikat „gestalterische Spitzenleistung“
- für das Gütezeichen „1“: mindestens das Prädikat „gute gestalterische Leistung“.

Für Meßmittel und andere Erzeugnisse, die der staatlichen Zulassung zur Produktion und zur Anwendung in der DDR unterliegen, ist die erteilte staatliche Zulassung eine Voraussetzung für die Erteilung des Gütezeichens.

Hinweise

Im vorliegenden Standard ist auf folgende Standards Bezug genommen:

TGL 3933; TGL 29432; TGL 29513; TGL 31532

Gebrauchswert-Kosten-Analyse; Begriffe siehe TGL 28919/01

Gebrauchswert-Kosten-Analyse; Ablauf bei der Rationalisierung in bezug auf bereits produzierte Erzeugnisse siehe TGL 28919/02

Grundsätze für die Einbeziehung des Lärmschutzes in die Erzeugnisklassifizierung siehe DAMW-VW 643.

Verordnung vom 18. 12. 1969 über die staatliche Qualitätskontrolle (GBl. II Nr. 15 Seite 110).

Verordnung vom 27. 8. 1973 zur Änderung der Verordnung über die staatliche Qualitätskontrolle (GBl. I Nr. 41 Seite 426).

Sonderregelung für die Erteilung des Gütezeichens „Q" bei attestierungspflichtigen Erzeugnissen siehe:

Anordnung vom 20. 10. 1975 über die Anmeldepflicht und Prüfpflicht auf dem Gebiet der staatlichen Qualitätskontrolle (GBl. Sonderdruck 803).

Anordnung vom 1. 11. 1972 über die zentrale staatliche Kalkulationsrichtlinie zur Bildung von Industriepreisen (GBl. II Nr. 67 Seite 741).

ABAO 3/1 vom 20. 7. 1966 Arbeits- und Brandschutzanordnung — Schutzgüte der Arbeitsmittel und Arbeitsverfahren (GBl. II Nr. 87 Seite 563).

Anordnung vom 17. 3. 1971 über die Anwendung der Gebrauchswert-Kosten-Analyse (GBl. II Nr. 35 Seite 285).

Vereinbarung vom 2. 5. 1972 des Leiters des Amtes für industrielle Formgestaltung und des Präsidenten des ASMW zur Einbeziehung von Qualitätsprädikaten für industrielle Formgestaltung bei der Qualitätsbeurteilung und Güteklassifizierung, Verfügungen und Mitteilungen des ASMW, 4/1972, Ausgabe B.

Verordnung über die Standardisierung in der Deutschen Demokratischen Republik — Standardisierungsverordnung[1]) — vom 21. September 1967

(GBl. II Nr. 90 S. 566)

i. d. F. der Verordnung zur Anpassung der geltenden Ordnungsstraf- und Übertretungsstrafbestimmungen von Strafhinweisen — Anpassungsverordnung — vom 13. Juni 1968

(GBl. II Nr. 62 S. 363; Ber. Nr. 103 S. 827)

Beim umfassenden Aufbau des Sozialismus in der Deutschen Demokratischen Republik unter den Bedingungen der wissenschaftlich-technischen Revolution ist die Standardisierung — als ein Hauptbestandteil der sozialistischen Rationalisierung — ein wichtiges Mittel zur rationellen Gestaltung des gesellschaftlichen Reproduktionsprozesses und damit zur ständigen maximalen Steigerung des Nationaleinkommens. Zur Weiterentwicklung und Durchsetzung der Standardisierung sowie zur Festlegung und Abgrenzung der Verantwortlichkeit wird folgendes verordnet:

§ 1 Grundsätze und Ziele der Standardisierung

(1) Die Standardisierung ist unmittelbarer Bestandteil der Aufgaben des wissenschaftlich-technischen Fortschritts und insbesondere in der Forschung, Entwicklung, Konstruktion, Projektierung, Technologie, Materialwirtschaft und in der Organisation der Produktion umfassend anzuwenden. Sie ist in die Planungs- und Leitungstätigkeit der Staats- und Wirtschaftsorgane und der Betriebe einzubeziehen.

(2) Zur Erreichung eines hohen Entwicklungstempos der Volkswirtschaft und eines maximalen Nutzens ist dabei durch Standardisierung vorrangig

- die beschleunigte Einführung der Ergebnisse von Wissenschaft und Technik, insbesondere die Produktion weltmarktfähiger Erzeugnisse, zu sichern
- die Vertiefung der nationalen und internationalen Arbeitsteilung zur Bildung volkswirtschaftlich optimaler Kooperationsbeziehungen zu fördern
- die Vorbereitung und Durchführung der Investitions-, Automatisierungs-, Spezialisierungs- und anderen Rationalisierungsvorhaben zu unterstützen.

(3) Zur rationellen Gestaltung der Organisation des gesellschaftlichen Reproduktionsprozesses und zur Erhöhung seines technischen Niveaus sind durch Standardisierung folgende Voraussetzungen zu schaffen:

1. Ermittlung und Festlegung volkswirtschaftlich optimaler Sortimente für Erzeugnisse auf der Grundlage des wissenschaftlich begründeten Bedarfs unter besonderer Berücksichtigung rationeller Produktionsmöglichkeiten und einer ökonomischen Materialverwendung. Dazu gehören insbesondere:

   - systematisch – vorrangig nach Vorzugszahlen – gestufte Reihen für Typen, Hauptabmessungen und andere Parameter, um den Bedarf innerhalb eines Bereiches mit einer kleinstmöglichen Anzahl von Größen und Ausführungen zu decken
   - Lenkung der Verbraucher auf zu bevorzugende Werkstoffe, Qualitäten, Typen und Abmessungen, um durch Erhöhung der Produktionsmengen eine rationelle Produktion zu erreichen und um eine ökonomische Materialverwendung unter Berücksichtigung des Materialaufkommens zu gewährleisten
   - Rastermaße und Anschlußwerte einschließlich Toleranzen, um die Austauschbarkeit und Verkettungsfähigkeit der Erzeugnisse zu gewährleisten
   - umfassende Durchsetzung des Baueinheitenprinzips, um durch vielfältige Kombinationsmöglichkeiten der Baueinheiten den ständig steigenden technischen und ökonomischen Forderungen der Mechanisierung und Automatisierung der Produktion gerecht zu werden
   - neue Standardteile, vereinheitlichte Rohteile und Standardbaugruppen, besonders durch die datenverarbeitungsgerechte Erfassung und Speicherung der dafür notwendigen Kennwerte, um die Anwendung rationeller Verfahren und die automatische Fließfertigung in zentralen Fertigungen zu ermöglichen.

2. Ermittlung und Festlegung wirtschaftlicher Verfahren, um technische, ökonomische und andere wissenschaftliche Erkenntnisse optimal durchzusetzen und geistige Arbeit zu rationalisieren. Dazu gehören insbesondere:

   - Berechnungsverfahren und -grundlagen, Bemessungsverfahren und -grundlagen, Festlegungen für die Konstruktion und die Projektierung zur Ermittlung und Durchsetzung volkswirtschaftlich optimaler Ergebnisse
   - Arbeitsverfahren als Voraussetzung für die Durchsetzung neuer Erkenntnisse, besonders zur Einführung hochproduktiver Technologien
   - Festlegungen für den ökonomischen Einsatz und die ökonomische Nutzung der Rohstoffe, Halbzeuge und Bauteile
   - Festlegungen für den ökonomischen Einsatz und die ökonomische Nutzung und Erhaltung der Anlagen, Maschinen und Werkzeuge
   - Festlegungen für die Gewährleistung der technischen Sicherheit und der Hygiene sowie für die Gestaltung von Arbeitsmitteln und Arbeitsplätzen.

3. Vereinheitlichung und Festlegung von Einheiten, Symbolen, Formelzeichen und Begriffen zur eindeutigen Verständigung, insbesondere in Forschung, Lehre, Produktion, Handel und Konsumtion und als Voraussetzung für die maschinelle Datenverarbeitung.

(4) Durch Standardisierung sind als Voraussetzung zur planmäßigen Erreichung und Sicherung einer optimalen Qualität der Erzeugnisse und Anlagen unter Berücksichtigung des wissenschaftlich-technischen Höchststandes und ihrer Weltmarktfähigkeit in Verbindung mit den Forderungen gemäß Abs. 3 zu ermitteln und festzulegen:

– dem wissenschaftlich begründeten Bedarf entsprechende Qualitätskennwerte und -stufungen für die gegenwärtige und perspektivische Entwicklung, Konstruktion, Projektierung und Produktion
– Gebrauchseigenschaften für die wichtigsten Materialgruppen, insbesondere physikalische und chemische Eigenschaften, statische und andere technische Werte der Rohstoffe, Werkstoffe und Halbfabrikate
– rationelle Prüfverfahren unter besonderer Berücksichtigung der statistischen Qualitätskontrolle
– Vorschriften und Kennwerte für Konservierung, Verpackung, Transport und Lagerung zur Erhaltung des Gebrauchswertes.

(5) Die gemäß Absätzen 1 bis 4 erarbeiteten Lösungen der Aufgaben des wissenschaftlich-technischen Fortschritts sind vorrangig mit Hilfe von Standards in Verbindung mit den dazugehörigen Einführungsmaßnahmen und der umfassenden Anwendung ökonomischer Hebel durchzusetzen.

(6) Zur schnellen und umfassenden Überleitung wissenschaftlich-technischer Erkenntnisse in die volkswirtschaftliche Praxis ist der Inhalt und die Methodik der Standardisierung in zunehmendem Maße den Erfordernissen und Möglichkeiten zur Anwendung elektronischer Datenverarbeitungssysteme anzupassen.

§ 2 Standards

(1) In der Deutschen Demokratischen Republik werden herausgegeben:

DDR-Standards
Fachbereichstandards und
Werkstandards.

(1) Standards enthalten einheitlich anzuwendende Festlegungen gemäß § 1.

(2) DDR-Standards enthalten grundsätzliche Festlegungen, die wegen ihrer Bedeutung für die rationelle Gestaltung des gesellschaftlichen Reproduktionsprozesses, insbesondere für die Durchsetzung der Hauptentwicklungsrichtungen der Volkswirtschaft, einer zentralen Regelung durch das vom Ministerrat beauftragte Staatsorgan bedürfen, auf Grund

ihrer Reife in der Regel für einen längeren Zeitraum Bestand haben und vorrangig betreffen:

- Festlegungen, die die Entwicklungsrichtung der wichtigsten Erzeugnisse und Verfahren bestimmen
- Festlegungen der optimalen Sortimente und der entscheidenden Qualitätskennwerte für Haupterzeugnisse
- Festlegungen der Haupt- und Anschlußmaße sowie der technischen Forderungen für Erzeugnisse und Bauelemente, die in Maschinen, Aggregaten und Anlagen in großer Breite in der Volkswirtschaft verwendet werden
- Festlegungen für technologische Verfahren, Prüfverfahren sowie Projektierungs- und Konstruktionsrichtlinien, die für große Bereiche der Volkswirtschaft von Bedeutung sind
- Festlegungen, die für die Außenwirtschaft der Deutschen Demokratischen Republik von besonderer Bedeutung sind
- grundsätzliche Festlegungen für die Sicherheit sowie zum Schutz und zur Gesunderhaltung der Menschen.

(4) Fachbereichstandards enthalten Festlegungen, die entsprechend ihrer volkswirtschaftlichen Bedeutung durch das wirtschaftsleitende Organ als Führungsorgan des Wirtschaftszweiges zu treffen sind. Dies sind vorrangig:

- Ergänzungen und Spezifizierungen zu den grundsätzlichen Festlegungen in DDR-Standards
- Festlegungen für die rationelle Organisation der Produktion und für die Sortimente und die Qualität der Erzeugnisse, die über die jeweiligen Erzeugnisgruppen hinaus von geringerer Bedeutung sind
- technologische Verfahren, Prüfverfahren sowie Projektierungs- und Konstruktionsrichtlinien, die für die jeweiligen Erzeugnisgruppen typisch sind
- spezielle Festlegungen für die technische Sicherheit sowie zum Schutz und zur Gesunderhaltung der Menschen
- Auswahlen aus DDR- und anderen Fachbereichstandards für bestimmte Anwendungsgebiete.

(5) Soweit zur Abgrenzung zwischen DDR- und Fachbereichstandards für einzelne Wirtschaftsbereiche weitere Spezifizierungen erforderlich sind, hat das *Amt für Standardisierung*[2]), in Verbindung mit den zentralen Staatsorganen hierfür weitere Kriterien bei der Vorbereitung der Planung des wissenschaftlich-technischen Fortschritts festzulegen.

(6) Werkstandards enthalten die für einen Betrieb, ein Kombinat, ein Institut oder eine diesen gleichgestellte Institution (im folgenden Betrieb genannt) erforderlichen Festlegungen, vorrangig für die rationelle Lösung der betrieblichen Aufgaben einschließlich Auswahlen aus DDR- und Fachbereichstandards und Ergänzungen zu diesen Standards.

(7) DDR-Standards sind den Fachbereichstandards, Fachbereichstandards den Werkstandards übergeordnet. Untergeordnete Standards dürfen zu übergeordneten Standards

nicht im Widerspruch stehen. Bei auftretenden Widersprüchen gilt der übergeordnete Standard.

(8) Sowohl zwischen DDR-Standards als auch zwischen Fachbereichstandards dürfen keine Widersprüche bestehen. Werden Widersprüche festgestellt, so entscheidet der *Leiter des Amtes für Standardisierung*[3]) über ihre Beseitigung, wenn zwischen den Beteiligten eine Klärung kurzfristig nicht zustande kommt. Bis zur Entscheidung gilt der zuerst bestätigte Standard.

(9) DDR- und Fachbereichstandards tragen das Sinnbild TGL und eine Nummer, die vom *Amt für Standardisierung*[2]) erteilt wird. Werkstandards tragen ein vom *Amt für Standardisierung* zu registrierendes betriebliches Kurzzeichen und eine vom Betrieb festzulegende Nummer.

(10) Standards sind einheitlich und entsprechend den Bestimmungen des § 1 Abs. 6 zu gestalten. Der *Leiter des Amtes für Standardisierung*[3]) hat hierfür die erforderlichen Regelungen zu erlassen.

§ 3 Einhaltung von Standards

(1) DDR- und Fachbereichstandards sind für die gesamte Volkswirtschaft der Deutschen Demokratischen Republik verbindlich. Werkstandards sind für den jeweiligen Betrieb verbindlich.

(2) Der sachliche Geltungsbereich eines Standards wird durch seinen Titel bestimmt.

(3) Standards müssen einen Verbindlichkeitsvermerk enthalten, aus dem hervorgeht, ab welchem Termin von den im Standard getroffenen Festlegungen unter Berücksichtigung des Abs. 4 nicht mehr abgewichen werden darf.

(4) Eine Abweichung von einem Standard ist nur zulässig, wenn im besonderen Anwendungsfall dadurch nachweisbar volkswirtschaftliche Vorteile erzielt oder volkswirtschaftliche Nachteile verhindert werden können und entweder die Abweichung

– für bestimmte Fälle durch eine Durchführungsbestimmung zu dieser Verordnung zugelassen wird oder
– durch die Marktinteressen des Außenhandels oder durch die Erfordernisse der Außenmärkte begründet werden kann und die diesbezüglichen gesetzlichen Regelungen eingehalten werden oder
– von einzelnen oder allen Festlegungen eines Standards durch entsprechende Angaben im Standard selbst geregelt ist; dazu gehören insbesondere „Richtlinien“, „Richtwerte“, „Zur Anwendung empfohlen“

oder eine Ausnahmegenehmigung zur Abweichung vom Standard nach einer Durchführungsbestimmung zu dieser Verordnung erteilt ist.

(5) Ausnahmegenehmigungen zur Abweichung von einem Standard darf nur der für die Bestätigung des Standards zuständige Leiter erteilen, sofern nicht auf Veranlassung des *Leiters des Amtes für Standardisierung*[3]) oder mit dessen Einverständnis eine andere Zu-

ständigkeit für die Erteilung von Ausnahmegenehmigungen zu Standards festgelegt ist[1]).
(6) Die Einhaltung von DDR- und Fachbereichstandards ist durch Kennzeichnung der Erzeugnisse zu dokumentieren. Ausnahmen davon, insbesondere die für Ex- und Import geltenden Sonderregelungen, sowie Einzelheiten über die Art der Kennzeichnung und die Kennzeichnung bei Abweichungen von Standards sind in einer Durchführungsbestimmung zu dieser Verordnung festzulegen.

§ 4 Stellung der Standards im Vertragssystem

(1) In Wirtschaftsverträge sollen die die Leistung bestimmenden DDR- und Fachbereichstandards unter Angabe der Standardnummer aufgenommen werden. Sie sind jedoch auch dann Inhalt von Wirtschaftsverträgen, wenn sie nicht ausdrücklich benannt wurden; es sei denn, daß eine nach § 3 Abs. 4 zulässige Abweichung vom Standard vereinbart wurde. Dies gilt unter Beachtung der Bestimmungen zum Vertragssystem grundsätzlich auch bei Ein- und Ausfuhrverträgen.
(2) DDR- und Fachbereichstandards wirken auf bereits abgeschlossene Wirtschaftsverträge auch ohne ausdrückliche Vereinbarung mit dem Zeitpunkt ihrer Verbindlichkeit vertragsändernd. Die Partner haben nach Bestätigung und Bekanntmachung eines Standards bereits geschlossene Verträge, deren Erfüllung nach dem Verbindlichkeitstermin erfolgt, auf ihre Übereinstimmung mit dem bestätigten Standard zu prüfen und die notwendigen Änderungen abzustimmen.
(3) Auf bereits bestehende Ein- und Ausfuhrverträge haben neue DDR- und Fachbereichstandards mit dem Zeitpunkt ihrer Verbindlichkeit keine vertragsändernde Wirkung. Die Vertragspartner sollen jedoch eine entsprechende Änderung der auslandsseitigen Bindungen anstreben.
(4) Werkstandards sind nur dann Inhalt von Wirtschaftsverträgen, wenn dies ausdrücklich vereinbart wurde. Eine Verpflichtung zur Vereinbarung kann jedoch allein mit dem Bestehen eines Werkstandards nicht begründet werden.

§ 5 Planung und Finanzierung der Standardisierung

(1) Die Standardisierung ist unmittelbarer Bestandteil der Aufgaben des wissenschaftlich-technischen Fortschritts.
(2) Das *Amt für Standardisierung*[2]) hat, ausgehend von der volkswirtschaftlichen Zielsetzung, auf der Basis von Prognosen, Analysen, Plandokumenten und internationalen Empfehlungen seine Konzeption — Hauptrichtungen der Standardisierung — in Abstimmung mit zentralen Staatsorganen und sachkundigen Gremien zu erarbeiten und auf dem neuesten Stand zu halten. Die Hauptrichtungen der Standardisierung sind eine Grundlage für die Ausarbeitung der Pläne.

(3) In die Perspektivpläne sind in Verbindung mit den Aufgaben des wissenschaftlich-technischen Fortschritts die Hauptziele der Standardisierung aufzunehmen. Davon ausgehend sind unter besonderer Berücksichtigung der begründeten Forderungen der Finalproduzenten und der anderen Kooperationspartner in den Jahresvolkswirtschaftsplänen zu den Planaufgaben die konkreten Ziele der Standardisierung gemäß § 1 festzulegen; dabei sind insbesondere auszuweisen:

- die Ausarbeitung neuer Standards, die Überprüfung und Überarbeitung bestehender Standards
- die Ausarbeitung von Entwürfen internationaler Empfehlungen zur Standardisierung und von Stellungnahmen zu diesen.

(4) Für die Einbeziehung der Standardisierung bei der Planung der Aufgaben des wissenschaftlich-technischen Fortschritts tragen die für den wissenschaftlich-technischen Fortschritt auf dem jeweiligen Gebiet zuständigen Wirtschaftsorgane die Verantwortung. Ist die Verantwortung nicht geregelt, legen die zentralen Staatsorgane im Einverständnis mit dem *Amt für Standardisierung*[2]) fest, welches Organ für die Standardisierung auf dem jeweiligen Gebiet verantwortlich ist. Für die Planung der Ausarbeitung von Fachbereichstandards, die Auswahlen aus DDR- bzw. anderen Fachbereichstandards zum Inhalt haben, sind die Organe zuständig, in deren Bereich die ausgewählten Erzeugnisse verwendet bzw. Verfahren angewendet werden.

(5) Die Verantwortlichkeit für die Durchführung einer Aufgabe des wissenschaftlich-technischen Fortschritts schließt auch die Verantwortlichkeit für die Durchführung der erforderlichen Standardisierungsarbeiten ein. Zur Mitarbeit sind geeignete Betriebe und Institutionen zu verpflichten, die auf Grund ihrer Erfahrungen in der Entwicklung, Konstruktion, Projektierung, Produktion, Gütesicherung, technischen Überwachung, Anwendung und im Handel sowie auf Grund ihrer Ausrüstungen die erforderlichen Leistungen erbringen können. Entsprechend den gesetzlichen Bestimmungen über das Vertragssystem sind über Standardisierungsleistungen Wirtschaftsverträge abzuschließen.

(6) Die Finanzierung der Standardisierungsarbeiten hat nach den geltenden gesetzlichen Bestimmungen grundsätzlich aus den Fonds (Staatshaushalt, Fonds, Technik, Umlaufmittel u. a.) zu erfolgen, aus denen die entsprechenden Vorhaben des wissenschaftlich-technischen Fortschritts finanziert werden.

(7) Aufgaben des wissenschaftlich-technischen Fortschritts sind nur dann erfüllt, wenn nachgewiesen wird, daß

- die Grundsätze und Ziele der Standardisierung gemäß § 1 beachtet wurden
- Standards, die für die Durchsetzung der Ergebnisse erforderlich sind, ausgearbeitet und bestätigt wurden, sofern nicht andere Regelungen durch zentrale Staatsorgane getroffen wurden
- die bereits bestehenden DDR- und Fachbereichstandards, die das Erzeugnis bzw. Verfahren betreffen, auf ihr wissenschaftlich-technisches Niveau überprüft wurden und ihre Überarbeitung und Bestätigung zu den erforderlichen Terminen gewährleistet ist.

§ 6 Ausarbeitung von DDR- und Fachbereichstandards

(1) DDR- und Fachbereichstandards sind grundsätzlich im Rahmen der Aufgaben des wissenschaftlich-technischen Fortschritts auszuarbeiten.
(2) DDR- und Fachbereichstandards sind in sozialistischer Gemeinschaftsarbeit mit den gemäß § 5 Abs. 5 zur Mitarbeit verpflichteten Betrieben und Institutionen auszuarbeiten. Entsprechend den Erfordernissen sind Wissenschaftler und Praktiker an der Ausarbeitung von Standards zu beteiligen.
(3) In die DDR- und Fachbereichstandards sind neben Festlegungen für die gegenwärtige Produktion progressive Festlegungen aufzunehmen, durch die als perspektivische Vorgabe die schnelle Einführung neuer wissenschaftlicher Erkenntnisse verbindlich wird. Mit diesem Ziel ist bei der Erarbeitung der Standards durchzusetzen, daß

– die Standards die technisch und ökonomisch optimale volkswirtschaftliche Lösung auf der Grundlage von Nutzensrechnungen (Variantenvergleich) und Analysen der Entwicklung des wissenschaftlich-technischen Standes, des Bedarfs und des Absatzes enthalten, die Kooperationsbeziehungen ökonomisch gestalten, den Forderungen des Arbeits- und Gesundheitsschutzes entsprechen und die internationalen Empfehlungen zur Standardisierung berücksichtigen
– über den Inhalt, die Termine der Verbindlichkeit und die Maßnahmen zur Einführung der Standards. Übereinstimmung mit den Beteiligten gemäß Abs. 1 besteht. Wird eine Übereinstimmung nicht erzielt, so ist durch die für die Beteiligten zuständigen Wirtschaftsorgane bzw. zentralen Staatsorgane eine Entscheidung herbeizuführen.
– die Erreichung der den Standards zugrunde liegenden Zielsetzungen mit Hilfe ökonomischer Hebel stimuliert und eine volle Übereinstimmung zwischen den Standards und der Preisbildung herbeigeführt wird
– der Übergang zu neuen Erzeugnissen und Verfahren unter Beachtung

der Verbesserung der Organisation der Produktion (zentrale Fertigung, Kooperation und anderes)

der Erhöhung des technischen Niveaus der Produktion (Mechanisierung, Automatisierung)

der Sicherung des Ersatzbedarfs und
des Auslaufs der Produktion veralteter Erzeugnisse und überholter Verfahren

durch die Maßnahmen zur Einführung der Standards – in der Regel als Bestandteil der Maßnahmen zur Einführung der Ergebnisse aus Aufgaben des wissenschaftlich-technischen Fortschritts – unter Beachtung gesamtvolkswirtschaftlicher Interessen geregelt wird. Diese Maßnahmen sind mit den Beteiligten abzustimmen und durch die für die Produktion und die Einführung verantwortlichen Leiter der Wirtschaftsorgane, erforderlichenfalls der zentralen Staatsorgane, zu bestätigen.

(4) Zu Entwürfen für DDR- und Fachbereichstandards sind entsprechend ihrem Inhalt

- von den staatlichen Institutionen, die in bezug auf Qualität, wirtschaftliche Material- und Energieverwendung, technische Sicherheit, Hygiene, Brand-, Arbeits- und Gesundheitsschutz, wissenschaftliche Arbeitsgestaltung, Schutz der Gewässer und andere technische Fragen Überwachungsfunktionen ausüben
- von den jeweils maßgebenden Finalproduzenten und anderen Kooperationspartnern, insbesondere Herstellern, Abnehmern, Anwendern, wissenschaftlichen und anderen Institutionen, erforderlichenfalls von den diesen übergeordneten Wirtschaftsorganen
- von den Außenhandelsorganen, sofern die Standards sich auf den Außenhandel auswirken können
- von den für die Preisbildung zuständigen Organen, sofern die Standards Einfluß auf die Preisbildung haben können.

Einverständniserklärungen unter Angabe einer angemessenen Frist von mindestens 4 Wochen einzuholen. Die zur Abgabe von Einverständniserklärungen Aufgeforderten haben innerhalb der ihnen gestellten Frist ihr Einverständnis zu erklären oder begründete Einsprüche abzugeben. Wird innerhalb der gestellten Frist kein Einspruch erhoben oder kein begründeter Antrag auf angemessene Fristverlängerung gestellt, so gilt das Einverständnis als erteilt. Der *Leiter des Amtes für Standardisierung*[3]) kann festlegen, daß für bestimmte Fälle die schriftliche Einverständniserklärung vorliegen muß.

(5) Die Entwürfe für DDR- und Fachbereichstandards sind mit den erforderlichen Erläuterungen unter Angabe angemessener Einspruchsfristen von mindestens 4 Wochen zur Stellungnahme in der Regel zu veröffentlichen. Die Veröffentlichung entbindet nicht von der Einholung der im jeweiligen Fall notwendigen Einverständniserklärungen gemäß Abs. 4.

(6) Für alle DDR- und Fachbereichstandards sind die Entwürfe in den „*Mitteilungen des Amtes für Standardisierung*[1])[4])“ bekanntzumachen durch Angabe der Nummer, des Titels, der Einspruchsfrist und der Zeitschrift, in der die Entwürfe veröffentlicht wurden, oder der Bezugsquelle, wenn eine Veröffentlichung nicht vorgenommen wurde.

(7) Entwürfe für DDR- und Fachbereichstandards sind zur Wahrung der staatlichen Gesamtinteressen und zur Sicherung der Qualität der Standards grundsätzlich im Rahmen der Ergebnisse der Aufgaben des wissenschaftlich-technischen Fortschritts nach den für diese geltenden Regelungen zu verteidigen oder zu prüfen bzw. zu begutachten. Dabei sind entsprechend den Kooperationsketten Vertreter der Hersteller, Verbraucher, Zulieferer sowie wissenschaftlicher und anderer Institutionen und des Handels einzubeziehen, soweit ihre Interessen unmittelbar berührt werden und ihre Forderungen in den Entwürfen zu berücksichtigen sind.

(8) Wird bei den Verteidigungen gemäß Abs. 7 eine Übereinstimmung zwischen den Beteiligten nicht erreicht, so ist durch die für die Beteiligten zuständigen Wirtschaftsorgane bzw. zentralen Staatsorgane eine Entscheidung herbeizuführen.

(9) Die Bestimmungen dieses Paragraphen gelten sinngemäß für die Überarbeitung von DDR- und Fachbereichstandards.

§ 7 Bestätigung und Zurückziehung von DDR-Standards[1])

(1) DDR-Standards werden auf Antrag gemäß Abs. 5 vom *Leiter des Amtes für Standardisierung*[3]) bestätigt und durch Anordnung im Gesetzblatt der Deutschen Demokratischen Republik verkündet. Damit werden sie rechtswirksam.

(2) Der *Leiter des Amtes für Standardisirung*[3]) übernimmt mit der Bestätigung eines DDR-Standards die Verantwortung dafür, daß der DDR-Standard der vorgegebenen volkswirtschaftlichen Zielstellung entspricht und unter Wahrung der staatlichen Gesamtinteressen den wissenschaftlich-technischen Fortschritt fördert und das Nationaleinkommen maximal mehrt. Der *Leiter des Amtes für Standardisierung*[3]) hat die rechtzeitige Bereitstellung der bestätigten DDR-Standards zu gewährleisten.

(3) Der *Leiter des Amtes für Standardisierung*[3]) hat durch grundsätzliche Regelungen zu gewährleisten, daß die bestehenden DDR-Standards durch die gemäß § 5 Abs. 4 verantwortlichen Wirtschaftsorgane in bezug auf ihre Übereinstimmung mit den volkswirtschaftlichen Erfordernissen rechtzeitig planmäßig überprüft und überarbeitet werden.

(4) Wird zur Vermeidung von volkswirtschaftlichen Nachteilen die sofortige Überarbeitung eines DDR-Standards notwendig, so hat der *Leiter des Amtes für Standardisierung*[3]) das Recht, dem Leiter des gemäß § 5 Abs. 4 für den DDR-Standard verantwortlichen Wirtschaftsorgans in Abstimmung mit dessen übergeordnetem Organ eine diesbezügliche Auflage zu erteilen.

(5) Die Bestätigung von DDR-Standards ist von dem Leiter des nach § 5 Abs. 4 verantwortlichen Wirtschaftsorgans beim *Leiter des Amtes für Standardisierung*[3]) zu beantragen.

(6) Der Leiter des dem Wirtschaftsorgan übergeordneten zentralen Staatsorgans kann sich die Beantragung der Bestätigung von DDR-Standards vorbehalten. Es gilt damit für diese Standards als der nach Abs. 5 verantwortliche Leiter.

(7) Mit der Beantragung der Bestätigung des DDR-Standards übernimmt der Antragsteller die Verantwortung, daß

— die für die Ausarbeitung und Einführung der DDR-Standards festgelegten Bestimmungen gemäß § 6 und die anderen hierfür geltenden Regelungen eingehalten wurden
— der Standard auf Übereinstimmung mit den volkswirtschaftlichen Erfordernissen überwacht und rechtzeitig überarbeitet wird.

(8) Wird durch das *Amt für Standardisierung*[2]) festgestellt, daß ein zur Bestätigung eingereichter Standardentwurf nicht den Bestimmungen des § 6 und den anderen für die Ausarbeitung von Standards geltenden Regelungen entspricht, so hat der *Leiter des Amtes für Standardisierung*[3]) den Entwurf dem Einreicher mit seinen Forderungen zur Überarbeitung zurückzugeben.

(9) Bei Änderungen von DDR-Standards gelten die Absätze 1 bis 8 sinngemäß.

(10) Zurückziehen von DDR-Standards werden vom *Leiter des Amtes für Standardisierung*[3]) vorgenommen und von ihm durch Anordnung im Gesetzblatt der Deutschen Demokratischen Republik verkündet. Damit werden die Zurückziehungen rechtswirksam.

(11) Die Zurückziehung eines DDR-Standards ist grundsätzlich von dem für die Beantragung der Bestätigung des Standards verantwortlichen Leiter zu beantragen. Mit dem Antrag auf Zurückziehung hat er zu gewährleisten, daß
- die Zurückziehung des DDR-Standards im volkswirtschaftlichen Interesse liegt
- die durch die Ungültigkeit des DDR-Standards erforderlich werdenden Maßnahmen mit allen Beteiligten abgestimmt sind.

§ 8 Bestätigung und Zurückziehung von Fachbereichstandards[1])

(1) Fachbereichstandards sind durch die Leiter der gemäß § 5 Abs. 4 verantwortlichen Wirtschaftsorgane zu bestätigen.

(2) Mit der Bestätigung des Fachbereichstandards übernimmt der Leiter die Verantwortung, daß
- die staatlichen Gesamtinteressen gewahrt und der Standard umfassend abgestimmt wurde
- die weiteren für die Ausarbeitung und Einführung der Fachbereichstandards festgelegten Bestimmungen gemäß § 6 und die anderen hierfür geltenden Regelungen eingehalten wurden
- der Standard nach Bestätigung rechtzeitig bereitgestellt, auf Übereinstimmung mit den volkswirtschaftlichen Erfordernissen überwacht und rechtzeitig überarbeitet wird.

(3) Die bestätigten Fachbereichstandards sind durch die Leiter, die die Bestätigung vorgenommen haben, dem *Leiter des Amtes für Standardisierung*[3]) zur Verkündung im Gesetzblatt der Deutschen Demokratischen Republik zu übergeben.

(4) Fachbereichstandards werden vom *Leiter des Amtes für Standardisierung*[3]) durch Anordnung im Gesetzblatt der Deutschen Demokratischen Republik verkündet. Damit werden sie rechtswirksam.

(5) Bei Änderungen von Fachbereichstandards gelten die Bestimmungen der Absätze 1 bis 4 sinngemäß.

(6) Die Zurückziehung eines Fachbereichstandards ist von dem für die Bestätigung des Standards verantwortlichen Leiter vorzunehmen.

(7) Mit der Zurückziehung übernimmt der Leiter die Verantwortung, daß
- die Zurückziehung des Fachbereichstandards im volkswirtschaftlichen Interesse liegt
- die durch die Ungültigkeit des Fachbereichstandards erforderlich werdenden Maßnahmen mit allen Beteiligten abgestimmt sind.

(8) Die Zurückziehung eines Fachbereichstandards ist von dem Leiter, der die Zurückziehung vorgenommen hat, dem *Leiter des Amtes für Standardisierung*[3]) zur Verkündung im Gesetzblatt der Deutschen Demokratischen Republik bekanntzugeben.

(9) Zurückziehungen von Fachbereichstandards werden vom *Leiter des Amtes für Standardisierung*[3]) im Gesetzblatt der Deutschen Demokratischen Republik verkündet. Damit werden sie rechtswirksam.

(10) Der Leiter des dem Wirtschaftsorgan übergeordneten zentralen Staatsorgans kann sich die Bestätigung, Änderung und Zurückziehung von Fachbereichstandards vorbehalten. Er gilt damit für diese Standards als der nach Abs. 1 verantwortliche Leiter.
(11) Wird festgestellt, daß ein Fachbereichstandard den Bestimmungen des Abs. 2 nicht entspricht und zur Vermeidung volkswirtschaftlicher Nachteile eine sofortige Überarbeitung oder Zurückziehung des Standards notwendig ist, so hat der *Leiter des Amtes für Standardisierung*[3]) das Recht, dem Leiter des gemäß § 5 Abs. 1 für den Fachbereichstandard verantwortlichen Wirtschaftsorgans in Abstimmung mit dessen übergeordnetem Organ eine diesbezügliche Auflage zu erteilen.

§ 9 Ausarbeitung, Bestätigung und Zurückziehung von Werkstandards[1])

(1) Werkstandards sind durch die Leiter der Betriebe zu bestätigen, zu ändern und zurückzuziehen.
(2) Der Leiter des Wirtschaftsorgans kann sich für die ihm unterstellten Betriebe die Bestätigung, Änderung und Zurückziehung von Werkstandards vorbehalten.
(3) Für die Ausarbeitung von Werkstandards sind die Bestimmungen des § 6 Absätze 1 bis 3 sinngemäß anzuwenden.

§ 10 Anwendung ökonomischer Hebel

(1) Die Leiter der zuständigen zentralen Staatsorgane, der Wirtschaftsorgane und der Betriebe haben die Durchsetzung der im § 1 festgelegten Grundsätze und Ziele der Standardisierung bei der Lösung der Aufgaben des wissenschaftlich-technischen Fortschritts sowie die Ausarbeitung, Durchsetzung und Einhaltung der Standards mit Hilfe ökonomischer Hebel wie Preis, Gewinnzu- und -abschläge und Formen der persönlichen materiellen Interessiertheit zu stimulieren.
(2) Die den Standards zugrunde liegenden Zielsetzungen müssen vorrangig mit Hilfe des Preises durchgesetzt werden. Über die Preisdifferenzierung ist auf zu bevorzugende Qualitäten, Größen und Ausführungen der Erzeugnisse zu orientieren mit dem Ziel, den höchsten volkswirtschaftlichen Nutzen bei der Weiterentwicklung der Produktion, dem Absatz und der Verwendung der Erzeugnisse zu erreichen.

§ 11 Hauptaufgaben des Amtes für Standardisierung[2])

(1) Das *Amt für Standardisierung*[2]) ist das zentrale Organ für die Sicherung der einheitlichen Planung, Leitung und Organisation der Standardisierung in allen Bereichen und Ebenen der Volkswirtschaft auf der Grundlage der vom Ministerrat festgelegten Verantwortung der Staats- und Wirtschaftsorgane.
(2) Das *Amt für Standardisierung*[2]) hat, ausgehend von den festgelegten Hauptentwicklungsrichtungen für die Volkswirtschaft, eine auf die Erhöhung der volkswirtschaftlichen

Effektivität des Reproduktionsprozesses und auf die beschleunigte Verwirklichung der wissenschaftlich-technischen Revolution gerichtete Standardisierungspolitik in Abstimmung mit dem Ministerium für Wissenschaft und Technik durchzusetzen und ein progressiv wirkendes, einheitliches und überschneidungsfreies Standardwerk der Deutschen Demokratischen Republik zu gewährleisten.
(3) Das *Amt für Standardisierung*[2]) hat zu den Grundfragen der Standardisierung Lösungswege zu erarbeiten und notwendige gesetzliche Regelungen sowie erforderliche Entscheidungen für den Ministerrat vorzubereiten.
(4) Weitere Aufgaben sowie Leitung und Arbeitsweise des *Amtes für Standardisierung*[2]) werden im Statut geregelt.

§ 12 Hauptaufgaben der zentralen Staatsorgane

(1) Die Ministerien, der *Landwirtschaftsrat*[5]) der Deutschen Demokratischen Republik und die anderen zentralen Staatsorgane (im folgenden zentrale Staatsorgane genannt) sind für die Standardisierung in ihren Bereichen voll verantwortlich. Sie haben die Standardisierung zur Erhöhung der ökonomischen Wirksamkeit in ihre Leitungstätigkeit einzubeziehen und im Rahmen ihrer Verantwortung für die Durchsetzung des wissenschaftlich-technischen Fortschritts spezielle Regelungen für die Standardisierung zu treffen.
(2) Die zentralen Staatsorgane haben die Standardisierung, ausgehend von den Hauptrichtungen gemäß § 5 Abs. 2, in die Rationalisierungskonzeptionen und in die Pläne umfassend einzubeziehen.
(3) Die zentralen Staatsorgane haben die im § 1 festgelegten Grundsätze und Ziele der Standardisierung für ihre Bereiche zu spezifizieren und weiterzuentwickeln. Dabei haben sie zu sichern, daß die Standardisierung in die Information und Dokumentation zum wissenschaftlich-technischen Fortschritt systematisch einbezogen wird.
(4) Die zentralen Staatsorgane haben bei der Planung und Durchführung der Standardisierungsarbeiten die Wahrung der staatlichen Gesamtinteressen zu sichern. Insbesondere haben sie die aus der Bildung überzweiglicher Kooperationsketten resultierenden Forderungen zu berücksichtigen.
(5) Die zentralen Staatsorgane haben die ihnen unterstellten Organe bei der konsequenten Durchsetzung der Standardisierung, insbesondere bei der Lösung von Grundfragen der Standardisierung und bei der komplexen Rationalisierung über große Bereiche der Volkswirtschaft, zu unterstützen und Fragen, die von diesen nicht geklärt werden können, zu entscheiden und mit anderen zentralen Staatsorganen zu koordinieren.
(6) Die zentralen Staatsorgane haben die ökonomische Wirksamkeit der Standardisierungsarbeit in ihrem Bereich und der volkswirtschaftlich wichtigsten Standards zu analysieren und das *Amt für Standardisierung*[2]) bei seiner Analysentätigkeit zur Durchsetzung der Standardisierung zu unterstützen.
(7) Die zentralen Staatsorgane haben bei der internationalen Zusammenarbeit darauf Einfluß zu nehmen, daß die Standardisierung umfassend berücksichtigt wird. Sie haben

im Rahmen ihrer Verantwortung die Planung und Durchführung der internationalen Standardisierungsarbeiten zu koordinieren und zu kontrollieren. Ferner haben sie zu kontrollieren, daß die Ergebnisse internationaler Abstimmungen den Bedingungen der Deutschen Demokratischen Republik entsprechend auf der Grundlage von Standards in der Volkswirtschaft wirksam werden.

(8) Staatliche Organe, die in bezug auf Qualität, wirtschaftliche Material- und Energieverwendung, technische Sicherheit, Hygiene, Brand-, Arbeits- und Gesundheitsschutz, Schutz der Gewässer und andere technische Fragen Überwachungsfunktionen ausüben, haben die Einführung und Einhaltung der DDR- und Fachbereichstandards in ihre Kontroll- und Analysentätigkeit einzubeziehen.

(9) Soweit zentrale Staatsorgane und zentrale Institutionen wirtschaftsleitende Funktionen ausüben oder Aufgaben auf dem Gebiet der Standardisierung zu lösen haben, gelten für diese die in dieser Verordnung getroffenen Festlegungen für Wirtschaftsorgane sinngemäß.

(10) Das Ministerium für Hoch- und Fachschulwesen, das Ministerium für Volksbildung und das *Staatliche Amt für Berufsausbildung*[6]) haben in Zusammenarbeit mit dem *Amt für Standardisierung*[2]) und den anderen zuständigen Staats- und Wirtschaftsorganen entsprechend ihren spezifischen Aufgabenstellungen zu gewährleisten, daß die Lehre der Standardisierung weiterentwickelt und durchgesetzt sowie in geeigneter Weise bei der polytechnischen Ausbildung und in der Berufsausbildung berücksichtigt wird.

(11) Die Leiter der zentralen Staatsorgane haben alle dem Ministerrat vorzulegenden Vorschläge, Maßnahmen und anderen Regelungen, die sich auf die Standardisierung auswirken, mit dem *Leiter des Amtes für Standardisierung*[3]) abzustimmen. Entsprechend sind Regelungen der Leiter zentraler Organe für ihre Bereiche, die grundsätzliche Auswirkungen auf die Standardisierung haben können, mit dem *Leiter des Amtes für Standardisierung*[3]) abzustimmen.

§ 13 Hauptaufgaben der wirtschaftsleitenden Organe[1])

(1) Die Generaldirektoren der Vereinigungen Volkseigener Betriebe (VVB) sind für die Standardisierungsarbeit in ihren Wirtschaftszweigen voll verantwortlich. Sie haben die Standardisierung zur Erhöhung ihrer ökonomischen Wirksamkeit unter besonderer Berücksichtigung der Erzeugnisgruppenarbeit umfassend in ihre Leitungstätigkeit einzubeziehen und die Ergebnisse der Standardisierung in Rechenschaftslegungen vor dem Leiter des übergeordneten zentralen Staatsorgans auszuwerten.

(2) Die VVB haben bei der Erarbeitung von Rationalisierungskonzeptionen und bei der Ausarbeitung von Plänen zu den Aufgaben des wissenschaftlich-technischen Fortschritts die Ziele der Standardisierung aufzunehmen. Sie haben dabei von den vorgegebenen Hauptrichtungen der Standardisierung auszugehen und vorrangig die Ausarbeitung von progressiven Standards mit hohem volkswirtschaftlichem Nutzen als entscheidende Voraussetzung für die Rationalisierung, insbesondere für die Zentralisierung und Automatisierung der Fertigung, durchzusetzen.

(3) Die VVB haben die im § 1 festgelegten Grundsätze und Ziele der Standardisierung entsprechend den speziellen Bedingungen ihres Wirtschaftszweiges unter Berücksichtigung der Erzeugnisgruppenarbeit zu spezifizieren und weiterzuentwickeln. Sie haben die Standardisierung in die Forschung, Entwicklung, Projektierung, Konstruktion und Technologie als unmittelbaren Bestandteil der Aufgaben des wissenschaftlich-technischen Fortschritts einzubeziehen und die Entwicklung und Weiterentwicklung von Erzeugnissen und Verfahren sowie die Verbesserung der Organisation der Produktion und die Erhöhung des Niveaus der Produktion auf der Grundlage von DDR- und Fachbereichstandards durchzusetzen.
(4) Die VVB haben die Erfassung, Auswertung, Bereitstellung und Weiterleitung von nationalen und internationalen Informationen und Dokumentationen auf dem Gebiet der Standardisierung einschließlich der im eigenen Bereich entstandenen Unterlagen in die Information und Dokumentation zum wissenschaftlich-technischen Fortschritt einzubeziehen und die Zusammenarbeit mit den dafür zuständigen Stellen anderer Organe zu organisieren.
(5) Die VVB haben zu sichern, daß die Standardisierungsergebnisse den begründeten Forderungen der an der Kooperation Beteiligten, insbesondere der Finalproduzenten, Rechnung tragen, auf Grund von Nutzensrechnungen den staatlichen Gesamtinteressen entsprechen und die Einführung neuer Erkenntnisse der Wissenschaft und Technik maximal fördern. Sie haben die Standardisierungsarbeiten, die Ergebnisse der Standardisierung und die Maßnahmen zu deren Einführung untereinander zu koordinieren und zu Fragen, die zwischen ihnen nicht geklärt werden können, Entscheidungen der übergeordneten Leiter vorzubereiten. Zu Standardentwürfen, die in Bereichen anderer Organe ausgearbeitet wurden, haben sie, soweit es zur Wahrung der Interessen ihres Wirtschaftszweiges erforderlich ist, Stellungnahmen für ihre Wirtschaftszweige abzugeben.
(6) Die VVB haben die Durchsetzung der Standardisierung mit Hilfe ökonomischer Hebel zu fördern und die Übereinstimmung zwischen Standardisierung und Preisbildung zu gewährleisten.
(7) Die VVB haben die Standardisierungsarbeit der unterstellten Betriebe und Institutionen zu analysieren.
(8) Die VVB und die anderen bilanzverantwortlichen Organe haben auf die Verbraucher Einfluß zu nehmen, die Liefermöglichkeiten standardisierter Erzeugnisse zu nutzen. Sie haben die Verbraucher über die Liefermöglichkeiten standardisierter Erzeugnisse, die eine breite Anwendung in der Wirtschaft finden, durch Bezugsnachweise zu informieren, soweit dies nicht bereits auf Grund anderer gesetzlicher Bestimmungen erfolgt.
(9) Die VVB haben bei internationalen zwei- und mehrseitigen Abstimmungen im Rahmen des Rates für Gegenseitige Wirtschaftshilfe durch konstruktive Vorschläge darauf Einfluß zu nehmen, daß die im § 1 festgelegten Grundsätze und Ziele der Standardisierung umfassend berücksichtigt werden und die in Vereinbarungen und Empfehlungen zur Standardisierung aufzunehmenden Kennwerte und Merkmale mit den Erfordernissen der Volkswirtschaft der Deutschen Demokratischen Republik unter Berücksichtigung der

Interessen der Außenwirtschaft übereinstimmen. Sie sind für die Aufnahme der von der Deutschen Demokratischen Republik durchzuführenden Standardisierungsarbeiten in die Perspektiv- und Jahrespläne der Deutschen Demokratischen Republik verantwortlich und haben durchzusetzen, daß die Ergebnisse der Abstimmungen entsprechend den Bedingungen der Deutschen Demokratischen Republik auf der Grundlage von Standards in der Volkswirtschaft planmäßig wirksam werden.

(10) Für internationale Abstimmungen außerhalb des Rates für Gegenseitige Wirtschaftshilfe gelten die Forderungen des Abs. 9 sinngemäß. Soweit die Ständardisierungsempfehlungen den Erfordernissen der Deutschen Demokratischen Republik entsprechen, sind sie mit Hilfe von Standards in die Volkswirtschaft einzuführen.

(11) Die VVB haben zur Durchsetzung der Standardisierung die Zusammenarbeit mit der *Deutschen Gesellschaft für Standardisierung*[7]) in der Kammer der Technik und anderen gesellschaftlichen Organisationen zu organisieren.

(12) Die Generaldirektoren haben

- die Verteidigung oder Prüfung bzw. Begutachtung von Entwürfen für DDR- und Fachbereichstandards gemäß § 6 Abs. 7 zu sichern
- die Bestätigung, Änderung und Zurückziehung von DDR-Standards beim *Leiter des Amtes für Standardisierung*[3]) gemäß § 7 zu beantragen
- Fachbereichstandards gemäß § 8 eigenverantwortlich zu bestätigen, zu ändern und zurückzuziehen und dem *Leiter des Amtes für Standardisierung*[3]) zur Verkündung im Gesetzblatt der Deutschen Demokratischen Republik die bestätigten und geänderten Fachbereichstandards zu übergeben bzw. die Zurückziehung bekanntzugeben
- die Einführung und Einhaltung von DDR- und Fachbereichstandards auf der Basis kontrollfähiger Maßnahmen zu sichern.

(13) Die Generaldirektoren sind für die Qualifizierung der Leiter und verantwortlichen Mitarbeiter auf dem Gebiet der Standardisierung verantwortlich. Dies gilt besonders für die Bereiche Forschung, Entwicklung, Konstruktion, Projektierung, Produktion, Materialwirtschaft und Absatz.

(14) Für die den VVB gleichgestellten Organe und für Institutionen, denen von zentralen Staatsorganen Aufgaben der Standardisierung für Wirtschaftszweige übertragen wurden, gelten die Bestimmungen der Absätze 1 bis 13 sinngemäß. Für die Wirtschaftsräte der Bezirke und die *Bezirkslandwirtschaftsräte*[8]) gelten die Bestimmungen der Absätze 1 bis 11 und 13 sinngemäß.

§ 14 Hauptaufgaben der Betriebe

(1) Die Leiter der Betriebe, Kombinate, Institute und anderer gleichgestellter Institutionen sind in ihren Bereichen für die Standardisierung voll verantwortlich.

(2) Die Betriebe haben bei der Erarbeitung von Rationalisierungskonzeptionen und bei

der Ausarbeitung der Perspektiv- und Jahresvolkswirtschaftspläne zu den Aufgaben des wissenschaftlich-technischen Fortschritts die Ziele der Standardisierung aufzunehmen. Dabei haben sie entsprechend ihrer volkswirtschaftlichen Aufgabenstellung die Standardisierung zur Entwicklung der Kooperationsbeziehungen unter besonderer Beachtung der Forderungen der Finalproduzenten umfassend zu nutzen.

(3) Die Leiter der Betriebe haben die Standardisierung in ihre Leitungstätigkeit einzubeziehen und in konsequenter Anwendung der im § 1 festgelegten Grundsätze und Ziele die Standardisierung zu einem wirksamen Instrument der Planung und Leitung des Betriebes zu entwickeln. Sie haben die Standardisierung in der Forschung, Entwicklung, Projektierung, Konstruktion, Technologie, Materialversorgung, technischen Kontrollorganisation und anderen für den wissenschaftlich-technischen Fortschritt und für die Organisation der Produktion verantwortlichen Bereichen durchzusetzen und ihre Nutzung und Weiterentwicklung mit Hilfe ökonomischer Hebel zu fördern. Die Ergebnisse sind in Rechenschaftslegungen innerhalb des Betriebes und vor übergeordneten Organen auszuwerten.

(4) Die Betriebe haben zur Lösung ihrer volkswirtschaftlichen Aufgabenstellung Entwürfe für DDR- und Fachbereichstandards entsprechend den Forderungen gemäß § 6 sowie Stellungnahmen und Entwürfe für internationale Empfehlungen zur Standardisierung auszuarbeiten. Bei Durchführung entsprechender Arbeiten durch andere Betriebe oder Institutionen haben sie mitzuarbeiten und Stellungnahmen abzugeben. Sie haben die Werkstandardisierung umfassend für die Lösung der Aufgaben des Betriebes, insbesondere zur Rationalisierung, zu nutzen.

(5) Die Leiter der Betriebe sind dafür verantwortlich, daß bestätigte DDR- und Fachbereichstandards planmäßig eingeführt und eingehalten werden. Sie haben dazu die für ihren Betrieb zweckmäßigen Auswahlen und notwendigen Spezifizierungen festzulegen.

(6) Die Leiter der Betriebe haben die Einbeziehung der Neuerer und der Betriebssektion der Kammer der Technik in die Arbeit zur Standardisierung zu organisieren und die verantwortlichen Mitarbeiter des Betriebes planmäßig auf dem Gebiet der Standardisierung zu qualifizieren.

(7) Die Leiter der Betriebe haben Werkstandards gemäß § 9 zu bestätigen, zu ändern und zurückzuziehen.

§ 15 Übergangsbestimmungen für DDR- und Fachbereichstandards

(1) Die Gültigkeit der zum Zeitpunkt des Inkrafttretens dieser Verordnung bestehenden DDR- und Fachbereichstandards wird von dieser Verordnung nicht berührt.

(2) Diese Standards sind schrittweise im Rahmen von Aufgaben des wissenschaftlich-technischen Fortschritts planmäßig mit den Bestimmungen dieser Verordnung in Übereinstimmung zu bringen. Erforderliche Regelungen sind durch den *Leiter des Amtes für Standardisierung*[3]) festzulegen.

§ 16

(1) Wer vorsätzlich als Verantwortlicher gemäß § 13 Abs. 12 oder § 14 Abs. 5 in Betrieben, Wirtschafts- oder Staatsorganen Abweichungen von DDR- oder Fachbereichstandards zuläßt oder veranlaßt, ohne nach § 3 Abs. 4 dazu berechtigt zu sein, kann mit Verweis oder Ordnungsstrafe von 10 bis 300 M belegt werden.
(2) Ist eine vorsätzliche Handlung gemäß Abs. 1 aus Vorteilsstreben oder ähnlichen, die gesellschaftlichen Interessen mißachtenden Beweggründen oder wiederholt innerhalb von zwei Jahren begangen und mit Ordnungsstrafe geahndet worden oder ist ein größerer Schaden verursacht worden oder hätte er verursacht werden können, kann eine Ordnungsstrafe bis zu 1 000 M ausgesprochen werden.
(3) Die Durchführung des Ordnungsstrafverfahrens obliegt dem *Leiter des Amtes für Standardisierung.*[3])
(4) Für die Durchführung des Ordnungsstrafverfahrens und den Ausspruch von Ordnungsstrafmaßnahmen gilt das Gesetz vom 12. Januar 1968 zur Bekämpfung von Ordnungswidrigkeiten – OWG – (GBl. I S. 101)."

§ 17 Durchführungsbestimmungen

Durchführungsbestimmungen zu dieser Verordnung erläßt der *Leiter des Amtes für Standardisierung*[3]) im Einvernehmen mit den Leitern anderer zuständiger zentraler Staatsorgane.

§ 18 Schlußbestimmungen

(1) Diese Verordnung tritt 4 Wochen nach ihrer Verkündung in Kraft.
(2) Gleichzeitig treten außer Kraft:

– die Verordnung vom 30. September 1954 über die Einführung Staatlicher Standards und Durchführung der Standardisierungsarbeiten in der Deutschen Demokratischen Republik (GBl. S. 821)
– die Erste Durchführungsbestimmung vom 25. Juni 1955 zur Verordnung über die Einführung Staatlicher Standards und Durchführung der Standardisierungsarbeiten in der Deutschen Demokratischen Republik – Technische Normen auf dem Gebiet des Maschinenbaues – (GBl. I S. 477)
– die Zweite Durchführungsbestimmung vom 2. August 1955 zur Verordnung über die Einführung Staatlicher Standards und Durchführung der Standardisierungsarbeiten in der Deutschen Demokratischen Republik – Ausnahmegenehmigungen – (GBl. I S. 578)
– die Dritte Durchführungsbestimmung vom 16. August 1955 zur Verordnung über die Einführung Staatlicher Standards und Durchführung der Standardisierungsarbeiten in der Deutschen Demokratischen Republik – Kurzzeichen und Symbole für Technische Normen – (GBl. I S. 618)

— die Vierte Durchführungsbestimmung vom 3. November 1956 zur Verordnung über die Einführung Staatlicher Standards und Durchführung der Standardisierungsarbeiten in der Deutschen Demokratischen Republik — Standardisierungsarbeiten auf dem Gebiete der örtlichen Industrie — (GBl. I S. 1305).

[1]) S. a. Vereinbarung über die Standardisierung auf dem Gebiet der Pharmazie zwischen dem Ministerium für Gesundheitswesen, der VVB Pharmazeutische Industrie und dem Amt für Standardisierung vom 7. Dezember 1964
und die Nachtragsvereinbarung Nr. 1 hierzu über die Standardisierung auf dem Gebiet der Pharmazie zwischen dem Deutschen Institut für Arzneimittelwesen und dem Amt für Standardisierung vom 15. September 1969.

[2]) Jetzt: Amt für Standardisierung, Meßwesen und Warenprüfung

[3]) Jetzt: Präsident des Amtes für Standardisierung, Meßwesen und Warenprüfung

[4]) Jetzt: Mitteilungen des Amtes für Standardisierung, Meßwesen und Warenprüfung

[5]) Jetzt: Ministerium für Land-, Forst- und Nahrungsgüterwirtschaft

[6]) Jetzt: Staatssekretariat für Berufsausbildung

[7]) Jetzt: Gesellschaft für Standardisierung der KdT

[8]) Jetzt: Rat des Bezirkes; Abteilung Land-, Forst- und Nahrungsgüterwirtschaft

Erste Durchführungsbestimmung zur Standardisierungsverordnung — Erfordernisse der Landesverteidigung bei der Planung und Durchführung von Standardisierungsarbeiten — vom 11. September 1968

(GBl. II Nr. 100 S. 801)

Gemäß § 17 der Standardisierungsverordnung vom 21. September 1967 (GBl. II S. 665) wird zur Durchsetzung der Erfordernisse der Landesverteidigung auf dem Gebiet der Standardisierung im Einvernehmen mit den zuständigen zentralen Staatsorganen folgendes bestimmt:

§ 1

Im Interesse der Durchsetzung der Grundsätze und Ziele der Standardisierung für die materiell-technische Sicherstellung der bewaffneten Organe und entsprechend der Verpflichtung, die Volkswirtschaft so zu planen und zu leiten, daß eine erfolgreiche Verteidigung der Republik jederzeit gewährleistet wird, sind die Erfordernisse der Landesverteidigung bei der Planung und Durchführung von Standardisierungsarbeiten zu beachten. Die Aufgaben der Standardisierung für Erzeugnisse und Leistungen, die vorwiegend für die bewaffneten Organe bestimmt sind oder entsprechend ihren Anforderungen entwickelt, hergestellt bzw. durchgeführt werden müssen, sind als spezielle Erzeugnisse und Leistungen wegen ihrer Bedeutung entsprechend den gesetzlichen Bestimmungen wie volkswirtschaftlich strukturbestimmende Aufgaben zu behandeln.

§ 2

(1) Die Leiter der zentralen Staatsorgane, der wirtschaftsleitenden Organe und der Betriebe (im folgenden als Leiter bezeichnet) haben entsprechend ihrer Verantwortlichkeit für die Standardisierung die Einbeziehung und Berücksichtigung der Forderungen der bewaffneten Organe bei der Planung und Durchführung der Standardisierungsarbeiten in ihren Bereichen zu sichern.

(2) Die Leiter haben für die in ihren Bereichen zu entwickelnden und zu produzierenden speziellen Erzeugnisse und Leistungen die erforderlichen Standardisierungsarbeiten zu planen und durchzuführen einschließlich der Ausarbeitung von DDR- und Fachbereichstandards und der Bestätigung von Fachbereichstandards.

(3) Regelungen für die Entwicklung, Erprobung, Prüfung, Abnahme und Instandhaltung von speziellen Erzeugnissen und Leistungen, die für mehrere Bereiche der Volkswirtschaft einheitlich sein müssen, werden durch die bewaffneten Organe erarbeitet und in DDR-Standards oder Fachbereichstandards des Ministeriums für Nationale Verteidigung festgelegt.

(4) Für die Regelung der Beziehungen zwischen Auftraggeber und Ausführenden sind die Bestimmungen der Verordnung vom 31. Mai 1968 über Lieferungen und Leistungen an die bewaffneten Organe — Lieferverordnung (LVO) — (GBl. II S. 407) maßgebend.

§ 3

(1) Zwischen den für die Planung und Durchführung von Standardisierungsarbeiten verantwortlichen Leitern und den bewaffneten Organen ist durch Koordinierungsvereinbarungen oder in anderer geeigneter Weise zu regeln, in welchem Umfang, zu welchen Terminen und auf welche Weise zwischen den Partnern Informationen über die zur Aufnahme in den Perspektiv- und Jahresplan vorgesehenen Standardisierungsarbeiten und -maßnahmen zur Kenntnis zu geben sind.

(2) Die für die Durchführung der Standardisierungsarbeiten verantwortlichen Leiter haben die bewaffneten Organe über die Ausarbeitung von DDR- und Fachbereichstandards für Erzeugnisse und Leistungen zu informieren, wenn diese in den bewaffneten Organen ständig verwendet werden oder deren Verwendung bei diesen zu erwarten ist.

§ 4

(1) Haben die bewaffneten Organe bei der Ausarbeitung von Entwürfen für DDR- oder Fachbereichstandards mitgearbeitet bzw. Stellungnahmen abgegeben oder die Vorlage der Entwürfe für die Einholung ihrer Einverständniserklärungen gefordert, so ist das Vorliegen einer schriftlichen Einverständniserklärung der bewaffneten Organe Voraussetzung für die Bestätigung der Standards.

(2) Die Regelung nach Abs. 1 gilt auch bei Überarbeitungen, Änderungen oder Zurückziehungen von Standards.

(3) Die bewaffneten Organe können mit ihrer Einverständniserklärung Bedingungen in bezug auf den Vertrieb des betreffenden Standards festlegen.

(4) Können bei der Ausarbeitung der Standards in Ausnahmefällen die Forderungen der bewaffneten Organe aus ökonomischen, anwendungstechnischen oder anderen Gründen nicht oder nicht vollständig in der gesamten Volkswirtschaft Anwendung finden, sind in Übereinstimmung mit den bewaffneten Organen in den Standards spezielle militärische Modifikationen bzw. besonders gekennzeichnete Sonderausführungen aufzunehmen. Ist auch dies nicht möglich, ist der Geltungsbereich des betreffenden Standards so einzuschränken, daß er nicht für die bewaffneten Organe gültig ist.

(5) Die bewaffneten Organe haben das Recht, auf Grund der Erfordernisse der Landesverteidigung befristete Forderungen für erforderliche Änderungen eines Standards zu stellen. Die Fristen für die Änderungen sind grundsätzlich so zu bemessen, daß eine ordnungsgemäße Überarbeitung des betreffenden Standards unter Abstimmung mit allen davon Betroffenen möglich ist; sie sollen, wenn keine zwingenden Gründe gegeben sind, nicht unter 6 Monaten liegen.

(6) Die nach § 5 Abs. 4 der Standardisierungsverordnung für den Standard Verantwortlichen haben bei Forderungen nach Abs. 5 den Standard entsprechend dem gegebenen Termin zu überarbeiten.

§ 5

Diese Durchführungsbestimmung tritt am 1. Oktober 1968 in Kraft.

Zweite Durchführungsbestimmung zur Standardisierungsverordnung — Abweichung von DDR- und Fachbereichstandards — vom 11. September 1968

(GBl. II Nr. 100 S. 802)

i. d. F. der Anordnung zur Aufhebung und Änderung von Rechtsvorschriften auf dem Gebiet der Standardisierung vom 23. Juli 1973

(GBl. I Nr. 37 S. 400)

Gemäß § 17 der Standardisierungsverordnung vom 21. September 1967 (GBl. II S. 665) wird für Abweichungen von DDR- und Fachbereichstandards im Einvernehmen mit den zuständigen zentralen Staatsorganen folgendes bestimmt:

I. Allgemeine Grundsätze für Abweichungen von Standards

§ 1 Abweichungen von Standards

(1) Abweichungen von Standards liegen vor, wenn innerhalb des sachlichen Geltungsbereiches und den festgelegten Stufen des Reproduktionsprozesses nach dem Verbindlichkeitstermin Standardfestlegungen nicht eingehalten werden. Abweichungen liegen auch bei der Überschreitung von Kennwerten im Sinne einer Qualitätserhöhung vor, sofern nicht die Bestimmungen des Abs. 2 zur Anwendung kommen.

(2) Abweichungen von Standards liegen nicht vor bei der

- Überschreitung von Festlegungen, die eindeutig als Mindestfestlegungen gekennzeichnet sind, oder der Unterschreitung von Festlegungen, die eindeutig als Höchstfestlegungen gekennzeichnet sind
- eindeutigeren oder umfassenderen Bestimmung oder Ergänzung für Lieferungen oder Leistungen, sofern sie nicht in den Standardfestlegungen ausdrücklich ausgeschlossen sind.

§ 2 Zulässigkeit von Abweichungen

Eine Abweichung von einem DDR- oder Fachbereichstandard ist gemäß § 3 Abs. 4 der Standardisierungsverordnung nur zulässig, wenn dadurch im besonderen Anwendungsfall nachweisbar volkswirtschaftliche Vorteile erzielt oder volkswirtschaftliche Nachteile verhindert werden können und

- entweder die Abweichung für bestimmte Fälle gemäß §§ 6 bis 12 dieser Durchführungsbestimmung zugelassen wird
- oder eine Ausnahmegenehmigung zur Abweichung vom Standard nach dieser Durchführungsbestimmung erteilt ist.

§ 3 Wirksamwerden zulässiger Abweichungen

(1) Zulässige Abweichungen gemäß § 2 werden auf zwischenbetriebliche Beziehungen erst mit ausdrücklicher Vereinbarung der Partner wirksam.
(2) Ist nur ein Partner am Wirksamwerden einer zulässigen Abweichung interessiert, besteht für andere Partner nur dann eine Verpflichtung zur Vereinbarung, wenn dies im volkswirtschaftlichen Interesse liegt.

§ 4 Abweichungen von mehreren Vorschriften

(1) Treten im konkreten Fall gleichzeitig Abweichungen von mehreren Standards auf, so muß die Zulässigkeit der Abweichung für alle betreffenden Standards bestehen. Dies gilt auch für Abweichungen zu Festlegungen von Auswahlen in DDR- und Fachbereichstandards, die aus anderen DDR- und Fachbereichstandards übernommen worden sind.
(2) Ist mit der Abweichung vom Standard eine Abweichung von anderen gesetzlichen Regelungen verbunden, so ist die Abweichung vom Standard gemäß § 2 erst dann zulässig, wenn die Genehmigung zur Abweichung von den jeweiligen gesetzlichen Regelungen durch die dafür zuständigen Organe gegeben ist.

§ 5 Folgen der Abweichungen

(1) Die Zulässigkeit einer Abweichung vom Standard schränkt die Verantwortlichkeit der an der Vereinbarung nach § 3 beteiligten Partner für die Folgen aus der Abweichung nicht ein.
(2) Der Anwender oder Weiterverarbeiter eines Erzeugnisses, das auf Grund einer zulässigen Abweichung entstanden ist, darf aus dieser Abweichung seinerseits keine Rechte zur Abweichung von Standards oder anderen Vorschriften ableiten; es sei denn, daß auch seine Abweichungen eine zulässige Abweichung im Sinne des § 2 darstellt.

II. Abweichungen ohne Ausnahmegenehmigung

§ 6 Abweichungen bei nicht zwingender Formulierung im Standard

Abweichungen vom Standard sind ohne Ausnahmegenehmigung zulässig, wenn dies durch entsprechende Angaben im Standard selbst geregelt ist; dazu gehören insbesondere „Richtlinien", „Richtwerte" sowie Formulierungen mit nicht zwingendem Charakter wie „können", „sollen" und „zur Anwendung empfohlen".

§ 7 Abweichungen bei Anfall eines geringfügigen Anteils nicht standardgerechter Produktion

Fällt in dem auf die Produktion standardisierter Erzeugnisse ausgerichteten Produktionsprozeß im geringfügigen Umfang ungewollt ein Anteil nicht standardgerecht an, so bedarf es keiner Ausnahmegenehmigung, wenn im Standard enthaltene sicherheitstechnische Vorschriften nicht verletzt werden und

- entweder die vom Standard abweichende Produktion anmelde- oder prüfpflichtiger Erzeugnisse innerhalb der Begrenzungen liegt, die das *DAMW*[4]) für den Wegfall der Verpflichtung zur Unterbrechung der Produktion bzw. den Wegfall der Prüfpflicht festgelegt hat, oder
- bei nicht anmelde- oder prüfpflichtigen Erzeugnissen die vom Standard abweichende Produktion den für diesen Fall von dem für die Bestätigung des Standards zuständigen Leiter festgelegten Zeitraum oder Umfang nicht überschreitet.

§ 8 Abweichungen bei der Lösung von Aufgaben des wissenschaftlich-technischen Fortschritts

Ist im Rahmen der Lösung von Aufgaben des wissenschaftlich-technischen Fortschritts die Einhaltung von Standards nachweisbar nicht zu vertreten, so sind, bis zum Abschluß der Aufgaben, für Abweichungen keine Ausnahmegenehmigungen erforderlich. Wird eine Abweichung erforderlich, so ist in Verbindung mit den Forderungen des § 5 Abs. 7 der Standardisierungsverordnung zu sichern, daß vor Abschluß der Aufgaben die Übereinstimmung mit den geltenden Standards durch eine Überarbeitung der betreffenden Standards hergestellt oder, wenn dies bis dahin nicht erreicht werden konnte, Ausnahmegenehmigungen zur Abweichung von Standards für die Produktionsaufnahme erteilt wurden.

§ 9 Abweichungen bei Ersatzbedarf

Können bei Ersatzbedarf standardisierte Erzeugnisse nicht verwendet werden und ist eine Umstellung auf die Verwendung standardisierter Erzeugnisse volkswirtschaftlich nicht vertretbar, so sind für erforderliche Abweichungen nur dann Ausnahmegenehmigungen notwendig, wenn im Standard ausdrücklich das für den Ersatzbedarf zulässige Sortiment festgelegt ist.

§ 10 Abweichungen bei Export und Import von Lieferungen und Leistungen

(1) Für Exporte und Importe sind Abweichungen von staatlichen Standards bei Einhaltung der für den Export und Import geltenden Durchführungsverordnungen zum Vertragsgesetz ohne Ausnahmegenehmigung zulässig.

(2) Können bei Zulieferungen für Exporte DDR- oder Fachbereichstandards nachweisbar nicht eingehalten werden, bedarf es keiner Ausnahmegenehmigung, wenn die vom Standard abweichende Zulieferung im Wirtschaftsvertrag ausdrücklich für den Export ausgewiesen wird.

§ 11 Abweichungen von festgelegten Toleranzen

Innerhalb von in Standards festgelegten Toleranzgrenzen können engere Toleranzen ohne Ausnahmegenehmigung vereinbart werden, wenn dadurch im besonderen Anwendungsfall nachweisbar volkswirtschaftliche Vorteile erzielt oder volkswirtschaftliche Nachteile verhindert werden.

§ 12 Abweichungen bei Änderungen von Standards

Wurde ein Standard durch einen neuen Standard abgelöst oder in anderer Weise geändert, so dürfen Leistungen nach dem neuen bzw. geänderten Standard ohne Ausnahmegenehmigung zu Terminen vereinbart und vollzogen werden, die vor dem Verbindlichkeitstermin des neuen Standards bzw. der Änderung liegen. Voraussetzung ist, daß der neue bzw. geänderte Standard durch Bekanntmachung der Bestätigung bzw. Änderung im Gesetzblatt der Deutschen Demokratischen Republik rechtswirksam geworden ist.

III. Abweichungen mit Ausnahmegenehmigung

§ 13 Grundsätze

(1) Eine vom Hersteller erwirkte Ausnahmegenehmigung entbindet den Abnehmer nicht von der Verpflichtung, die Eignung des vom Standard abweichenden Erzeugnisses oder Verfahrens für den vorgesehenen Anwendungsfall festzustellen.
(2) Mit der Erteilung einer Ausnahmegenehmigung können Bedingungen zur Behandlung und Verwendung der von Standards abweichenden Erzeugnisse und Forderungen zur Beseitigung der Ursachen, die zur Erteilung der Ausnahmegenehmigung führten, verbunden werden.
(3) Ausnahmegenehmigungen enthalten zeitliche und mengenmäßige oder auftragsgebundene Begrenzungen.
(4) Erteilte Ausnahmegenehmigungen können widerrufen werden, wenn die für die Erteilung maßgebenden Voraussetzungen nicht mehr gegeben sind.

§ 14 Allgemeine Bedingungen für die Beantragung von Ausnahmebedingungen

(1) Der Antrag auf Erteilung einer Ausnahmegenehmigung ist grundsätzlich von demjenigen zu stellen, der beabsichtigt, vom Standard abzuweichen oder die Abweichung zu veranlassen.

(2) Mit dem Antrag auf Erteilung einer Ausnahmegenehmigung
- ist der Nachweis zu erbringen, welche volkswirtschaftlichen Vorteile erzielt oder welche volkswirtschaftlichen Nachteile durch die beantragte Abweichung verhindert werden
- sind notwendige Maßnahmen zur Beseitigung der Ursachen, die die Abweichung erforderlich machen, anzugeben
- ist bei Abweichung von mehreren Vorschriften die Einhaltung der Bestimmungen des § 4 nachzuweisen
- ist die Lieferbereitschaftserklärung vorzulegen oder deren Ablehnung zu begründen.

§ 15 Bearbeitung von Anträgen auf Erteilung von Ausnahmegenehmigungen

(1) Anträge auf Erteilung von Ausnahmegenehmigungen sind vom Antragsteller gemäß § 14 Abs. 1 an das für seinen Betrieb im Rahmen der Erzeugnisgruppenarbeit zuständige wirtschaftsleitende Organ zu geben. Ist dieses Organ nicht das für den Standard verantwortliche wirtschaftsleitende Organ, so hat es den Antrag an dieses weiterzuleiten und zur Wahrung der Belange seines Wirtschaftszweiges seine Stellungnahme beizufügen.
(2) Von dem für den Standard verantwortlichen wirtschaftsleitenden Organ wird der Antrag bei DDR-Standards dem *Leiter des Amtes für Standardisierung* (*AfS*)[1]) oder im Falle der Übertragung der Zuständigkeit an ein anderes Organ diesem zur Genehmigung vorgelegt.
(3) Mit der Vorlage des Antrages nach Abs. 2 bestätigt der Vorlegende den gemäß § 14 Abs. 2 vom Antragsteller erbrachten Nachweis der Wahrung volkswirtschaftlicher Interessen und schlägt dem *Leiter des AfS*[1]) gemäß § 13 Abs. 2 die mit der Erteilung der Ausnahmegenehmigung zu verbindenden Bedingungen und Forderungen vor.
(4) Bei der Prüfung der Anträge und bei dem Vorschlag der mit der Erteilung der Ausnahmegenehmigung gegebenenfalls zu stellenden Bedingungen ist von den gleichen ökonomischen Prinzipien, wie sie für die Ausarbeitung und Einführung der Standards gelten, auszugehen.
(5) Bei der Prüfung der Anträge auf Erteilung von Ausnahmegenehmigungen sind zeitliche und mengenmäßige oder auftragsgebundene Begrenzungen gemäß § 13 Abs. 3 festzulegen.
(6) Die Bearbeitung von Anträgen auf Erteilung von Ausnahmegenehmigungen hat kurzfristig zu erfolgen. Innerhalb von 4 Wochen nach Eingang des Antrages bei dem gemäß Abs. 2 für die Erteilung zuständigen Organ ist die Ausnahmegenehmigung zu erteilen oder die begründete Ablehnung bzw. der Grund der Verzögerung der Bearbeitung dem Antragsteller mitzuteilen.
(7) Zur Regelung von Einzelheiten und zur Vereinfachung der Bearbeitung sind vom AfS Vordrucke für die Beantragung der Ausnahmegenehmigungen herauszugeben.
(8) Für die Bearbeitung von Anträgen auf Erteilung von Ausnahmegenehmigungen für Fachbereichstandards gelten die Forderungen für die Prüfung der Anträge gemäß Absätzen 1 und 3 bis 7 sinngemäß.

§ 16 Erteilung von Ausnahmegenehmigungen

(1) Der für die Bestätigung des Standards zuständige Leiter entscheidet gemäß § 3 Abs. 5 der Standardisierungsverordnung über die Erteilung der Ausnahmegenehmigung auf der Grundlage des eingereichten Antrages und der dazu vorliegenden Stellungnahmen und legt gemäß § 13 Absätze 2 und 3 dieser Durchführungsbestimmung die Bedingungen und Begrenzungen fest, die mit der Erteilung der Ausnahmegenehmigung verbunden werden.
(2) Wurde für das Recht zur Erteilung von Ausnahmegenehmigungen zur Abweichung von Standards gemäß § 3 Abs. 5 der Standardisierungsverordnung eine andere Zuständigkeit festgelegt, so hat der Zuständige gemäß Abs. 1 zu verfahren.

§ 17 Übertragung der Zuständigkeit für die Erteilung von Ausnahmegenehmigungen

Die Übertragung der Zuständigkeit für die Erteilung von Ausnahmegenehmigungen zur Abweichung von DDR- oder Fachbereichstandards gemäß § 3 Abs. 5 der Standardisierungsverordnung ist vom *Leiter des Amtes für Standardisierung*[1]) in den „*Mitteilungen des Amtes für Standardisierung*[2])" bekanntzumachen und in das Verzeichnis der DDR- und Fachbereichstandards aufzunehmen.

IV. Schlußbestimmungen

§ 18

Die Festlegungen dieser Durchführungsbestimmung gelten auch für die Vorschriften des *Deutschen Arzneibuches*[3]) und für die bestätigten Gütevorschriften für Arznei- und Gesundheitspflegemittel, soweit nicht im Gesetz vom 5. Mai 1964 über den Verkehr mit Arzneimitteln — Arzneimittelgesetz — (GBl. I S. 101) und den dazu erlassenen Durchführungsbestimmungen andere Regelungen getroffen worden sind.

§ 19

Diese Durchführungsbestimmung tritt am 1. Oktober 1968 in Kraft.

[1]) Jetzt: Präsident des Amtes für Standardisierung, Meßwesen und Warenprüfung
[2]) Jetzt: Mitteilungen des Amtes für Standardisierung, Meßwesen und Warenprüfung
[3]) Jetzt: Arzneibuch der DDR
[4]) Jetzt: Amt für Standardisierung, Meßwesen und Warenprüfung (ASMW)

Dritte Durchführungsbestimmung zur Standardisierungsverordnung — Kennzeichnung standardisierter Erzeugnisse — vom 11. September 1968

(GBl. II Nr. 100 S. 805)

Die Dokumentierung der standardgerechten Qualität, der Austauschbarkeit, Verkettungsmöglichkeit, Kombinationsfähigkeit und anderer für die optimale Verwendung wichtiger Eigenschaften sowie die sichere Identifizierung standardisierter Erzeugnisse erfordern ihre entsprechende Kennzeichnung.
Gemäß § 17 der Standardisierungsverordnung vom 21. September 1967 (GBl. II S. 665) wird für die Kennzeichnung standardisierter Erzeugnisse im Einvernehmen mit den zuständigen zentralen Staatsorganen folgendes bestimmt:

§ 1

(1) Erzeugnisse, deren Beschaffenheit den in DDR- und Fachbereichstandards festgelegten Bedingungen entspricht, sind mit dem Sinnbild TGL nach TGL 3076 – TGL-Sinnbild – und der Nummer des Standards zu kennzeichnen.
(2) Enthalten DDR- oder Fachbereichstandards Auswahlen aus anderen DDR- oder Fachbereichstandards, so hat die Kennzeichnung nach den zugrunde liegenden Standards zu erfolgen.

§ 2

(1) Die Kennzeichnung hat vorrangig am Erzeugnis selbst zu erfolgen.
(2) Ist die Kennzeichnung am Erzeugnis selbst aus technischen Gründen nicht möglich bzw. aus volkswirtschaftlichen Gründen nicht zweckmäßig, so kann die Kennzeichnung auf der Verpackung oder auf Etiketten, Einlegestreifen, Anhängern u. ä. oder auf den Lieferpapieren erfolgen.
(3) In begründeten Fällen kann festgelegt werden, daß das Erzeugnis nur mit dem TGL-Sinnbild zu kennzeichnen ist.
(4) Das TGL-Sinnbild darf auch ohne oberen und unteren Bogen verwendet werden. Der fünfzackige Stern für Standards, die unter Berücksichtigung von Beschlüssen oder Empfehlungen des Rates für Gegenseitige Wirtschaftshilfe ausgearbeitet worden sind, muß nicht angebracht werden.
(5) Erforderliche einheitliche Regelungen zu den Absätzen 1 bis 4 und zur zusätzlichen Kennzeichnung nach bestimmten im Standard enthaltenen, das Erzeugnis charakteri-

sierenden Merkmalen, die über die Festlegungen des § 1 hinausgehen, sowie Festlegungen zur Art und Weise der Kennzeichnung sind im Standard festzulegen. Enthält der Standard keine derartigen Festlegungen, so entscheidet der nach § 7 Verantwortliche.

§ 3

(1) Die Kennzeichnung am Erzeugnis selbst soll so erfolgen, daß sie möglichst auch während des Gebrauchs erhalten und sichtbar bleibt.
(2) Ist das zu kennzeichnende Erzeugnis ein Verpackungsmittel, muß dessen Kennzeichnung so angebracht werden, daß eine Verwechslung mit der Kennzeichnung des zu verpackenden Erzeugnisses ausgeschlossen ist.
(3) Das Erzeugnis ist mit der Nummer des Standards zu kennzeichnen, in dem die Bezeichnung des Erzeugnisses festgelegt ist. Wurde die Bezeichnung noch nicht im Standard festgelegt, ist das Erzeugnis mit der Nummer desjenigen Standards zu kennzeichnen, in dem die wesentlichen Eigenschaften festgelegt sind.
(4) In Qualitätsbescheinigungen im Sinne des § 37 Abs. 2 des Vertragsgesetzes vom 25. Februar 1965 (GBl. I S. 107) müssen das Sinnbild TGL und die Nummern der wesentlichen für das Erzeugnis geltenden Standards angegeben werden.

§ 4

(1) Entspricht die Beschaffenheit eines standardisierten Erzeugnisses nicht den entsprechenden DDR- und Fachbereichstandards, so darf dieses Erzeugnis nicht mit dem Sinnbild TGL und der Nummer des Standards gekennzeichnet werden.
(2) Müssen in Ausnahmefällen nach § 1 gekennzeichnete Erzeugnisse, die nicht dem Standard entsprechen, in Verkehr gebracht werden, so ist der Lieferer dafür verantwortlich, daß im Liefervertrag Festlegungen vereinbart werden, in welcher Form die Abnehmer über die Abweichung vom Standard zu informieren sind.
(3) Wurde die Kennzeichnung am Erzeugnis selbst oder in Verbindung mit diesem so vorgenommen, daß sie bis zum Endverbraucher erhalten bleibt, so muß die Festlegung über die Information nach Abs. 2 auch die Information der Endverbraucher einschließen.

§ 5

(1) In Ausfuhr- und Exportverträgen können die Partner von dieser Durchführungsbestimmung abweichende Vereinbarungen treffen, wenn es die Bedingungen der Außenmärkte erfordern.
(2) Ursprünglich für den Export vorgesehene Erzeugnisse, die nicht ausgeführt, sondern zur Deckung inländischen Bedarfs verwendet werden, sind nach den Vorschriften dieser Durchführungsbestimmung zu kennzeichnen.

§ 6

(1) Importerzeugnisse sind, sofern sie DDR- und Fachbereichstandards entsprechen, gemäß § 1 dieser Durchführungsbestimmung zu kennzeichnen.
(2) Können bei Importerzeugnissen Vereinbarungen über die Kennzeichnung oder über die Aufnahme der wesentlichen für das Erzeugnis geltenden Standards in Qualitätsbescheinigungen mit dem Auslandspartner nicht getroffen werden, ist die Art und Weise der Kennzeichnung und der Inhalt der Qualitätsbescheinigungen zwischen Importeur und Abnehmer zu vereinbaren.

§ 7

(1) Zur Kennzeichnung verpflichtet ist der Hersteller bzw. in den im § 6 Abs. 2 genannten Fällen der Importeur.
(2) Die Pflicht zur Kennzeichnung gemäß § 5 Abs. 2 obliegt dem Außenhandelsunternehmen, sofern die operative Verwaltung oder das Eigentumsrecht auf dieses übergegangen ist.
(3) Die Pflicht zur Kennzeichnung gemäß § 3 Abs. 4 bzw. § 5 Abs. 2 besteht auch für die Großhandelsorgane und Betriebe, sofern sie das Erzeugnis unverändert weiter liefern oder selbst in Verkaufsverpackungen bzw. Handelsverpackungen verpacken.

§ 8

Die Bestimmungen dieser Durchführungsbestimmung gelten nicht für Arznei- und Gesundheitspflegemittel.

§ 9

Diese Durchführungsbestimmung tritt am 1. Januar 1969 in Kraft.

Vierte Durchführungsbestimmung zur Standardisierungsverordnung — Verbindlichkeit von DDR- und Fachbereichstandards — vom 11. September 1968

(GBl. II Nr. 100 S. 806)

Gemäß § 17 der Standardisierungsverordnung vom 21. September 1967 (GBl. II S. 665) wird zur Verbindlichkeit von DDR- und Fachbereichstandards im Einvernehmen mit den zuständigen zentralen Staatsorganen folgendes bestimmt:

§ 1 Festlegung der Verbindlichkeit

(1) In DDR- und Fachbereichstandards ist, ausgehend von der beabsichtigten Wirkung des Standards in Verbindung mit den dazugehörenden Maßnahmen, die Verbindlichkeit durch die zweckentsprechende Festlegung des sachlichen Geltungsbereiches, des Verbindlichkeitsvermerks und des Grades der Verbindlichkeit eindeutig zu fixieren.
(2) Alle vom Standard Betroffenen müssen ab den im Verbindlichkeitsvermerk festgelegten Terminen entsprechend den Festlegungen des Standards handeln, es sei denn, daß eine Abweichung vom Standard gemäß § 3 Abs. 4 der Standardisierungsverordnung zulässig ist.

§ 2 Sachlicher Geltungsbereich

(1) Der sachliche Geltungsbereich bestimmt, für welche

- Erzeugnisse, Verfahren oder Verständigungsmittel (z. B. Dieselmotoren)
- Anwendungsbereiche dieser Erzeugnisse, Verfahren oder Verständigungsmittel (z. B. Dieselmotoren für Hochseeschiffe)

der Standard gilt.
(2) Der sachliche Geltungsbereich ist im Titel und — soweit erforderlich — in der Titelergänzung festzulegen und eindeutig abzugrenzen.
Dazu gehört die Begrenzung auf

- bestimmte Formen und Ausführungen (z. B. „Sechskantmuttern, Ausführung m") oder bestimmte Größen der Erzeugnisse (z. B. „Dieselmotoren bis 200 PS")
- bestimmte Anwendungsbereiche (z. B. „Dieselmotoren bis 200 PS für Hochseeschiffe" oder „Dieser Standard gilt nicht für die Medizintechnik").

(3) In Spezialfällen können Einschränkungen und Spezifizierungen des sachlichen Geltungsbereiches auch im Text des Standards erfolgen (z. B. Fußnote an einer Sorte „[1]) nur zulässig für Hochseeschiffe").

(4) Eine Begrenzung des sachlichen Geltungsbereiches auf VVB oder andere Disziplinarbereiche ist nicht zulässig. Ausnahmen hiervon bedurfen der ausdrücklichen Zustimmung des *Leiters des AfS*[1]).

§ 3 Verbindlichkeitsvermerk

(1) Der Verbindlichkeitsvermerk „... verbindlich ab ...“ legt fest, ab wann und in welchen Stufen des Reproduktionsprozesses die Umstellung auf die Bedingungen dieses Standards im Rahmen seines Geltungsbereiches abgeschlossen sein muß und Abweichungen davon nur unter den Bedingungen des § 3 Abs. 4 der Standardisierungsverordnung zulässig sind.

(2) Werden im Verbindlichkeitsvermerk keine Angaben zu den Stufen des Reproduktionsprozesses gemacht – „Verbindlich ab ...“ ohne Zusätze –, so ist der Standard für alle Stufen des Reproduktionsprozesses (Forschung, Entwicklung, Projektierung, Produktion, Handel, Anwendung usw.) verbindlich, sofern im Grundfall der Anlage zu dieser Durchführungsbestimmung nichts anderes festgelegt ist.

(3) Im Verbindlichkeitsvermerk können differenzierte Termine festgelegt werden für

- bestimmte Stufen des volkswirtschaftlichen Reproduktionsprozesses (z. B. „Verbindlich ab 1. Januar 1970, für die Neu- und Weiterentwicklung verbindlich ab 1. Januar 1968“)
- bestimmte Teile des Standards (z. B. „Verbindlich ab 1. Januar 1970, für Form A verbindlich ab 1. Januar 1968, Abschnitt Verpackung verbindlich ab 1. Januar 1972“)
- bestimmte Bereiche der Volkswirtschaft (z. B. „Verbindlich ab 1. Januar 1970, für Landmaschinen verbindlich ab 1. Januar 1968, für Hochseeschiffe verbindlich ab 1. Januar 1971“).

(4) Es ist zulässig, neben den im Verbindlichkeitsvermerk enthaltenen Terminen weitere Termine im Text des Standards festzulegen, wenn sich diese Termine lediglich auf einzelne Festlegungen beziehen (z. B. Fußnote an einem Tabellenwert „[1]) für Neuentwicklungen nicht mehr zulässig ab 1. Januar 1970“) und später als der früheste Termin im Verbindlichkeitsvermerk liegen.

§ 4 Grad der Verbindlichkeit

(1) Bei der Festlegung des Inhalts eines Standards ist von dem Grundsatz auszugehen, solche Festlegungen in zwingender Form vorzuschreiben, deren Einhaltung zur rationellen Gestaltung des gesellschaftlichen Reproduktionsprozesses, zur Sicherung und Steigerung der Qualität der Erzeugnisse, zur Gewährleistung der Gesunderhaltung der Menschen und der technischen Sicherheit u. a. erforderlich ist.

(2) Ist in besonderen Fällen dieses gesellschaftliche Interesse an der unbedingten Ein-

haltung nicht gegeben, so sind die Festlegungen in nicht zwingender Form anzugeben, insbesondere durch Formulierungen wie

- Richtlinie
- Richtwerte
- Zur Anwendung empfohlen
- Andere Werte können vereinbart werden
- Ausdrücke wie „sollen", „können" usw.,

von denen unter den Voraussetzungen des § 3 Abs. 4 der Standardisierungsverordnung eigenverantwortlich (ohne Ausnahmegenehmigung) abgewichen werden darf. Dabei ist besonders zu berücksichtigen, wieweit die Forderungen des Standards mit ökonomischen Hebeln durchgesetzt werden können.

§ 5 Angaben über die Verbindlichkeit in den Anordnungen über Standards

(1) In die Anordnungen über Standards sind in bezug auf die Verbindlichkeit aufzunehmen:

- der Titel ohne Titelergänzung
- der gesamte Verbindlichkeitsvermerk.

(2) Im Text des Standards enthaltene weitere Angaben zum sachlichen Geltungsbereich, zum Verbindlichkeitsvermerk und zum Grad der Verbindlichkeit sind nicht in die Anordnung aufzunehmen.

§ 6 Schlußbestimmungen

(1) Die in der Anlage[2]) zu dieser Durchführungsbestimmung definierten Musterbeispiele sind für die Auslegung von DDR- und Fachbereichstandards verbindlich. Für die Auslegung der Verbindlichkeit anderer Varianten gelten die Musterbeispiele sinngemäß.
(2) Diese Durchführungsbestimmung tritt am 1. Oktober 1968 in Kraft.

[1]) Jetzt: Präsident des Amtes für Standardisierung, Meßwesen und Warenprüfung
[2]) Nicht abgedruckt

Sechste Durchführungsbestimmung[1]) zur Standardisierungsverordnung — Standardisierung von Forderungen des Gesundheits- und Arbeitsschutzes sowie Brandschutzes — vom 26. Juni 1974

(GBl. I Nr. 35 S. 334)

Zur Verwirklichung der Festlegungen des Ministerrates über die Standardisierung von Forderungen des Gesundheits- und Arbeitsschutzes sowie Brandschutzes und der Bestimmungen des § 5 der Arbeitsschutzverordnung vom 22. September 1962 (GBl. II Nr. 79 S. 703; Ber. Nr. 81 S. 721) in der Fassung der Zweiten Arbeitsschutzverordnung vom 5. Dezember 1963 (GBl. II 1964 Nr. 3 S. 15) wird gemäß § 17 der Standardisierungsverordnung vom 21. September 1967 (GBl. II Nr. 90 S. 665) im Einvernehmen mit den Leitern der zuständigen zentralen Staatsorgane und dem Bundesvorstand des Freien Deutschen Gewerkschaftsbundes folgendes bestimmt:

§ 1

(1) Die Minister, Leiter der anderen zentralen Staatsorgane sowie die Leiter der wirtschaftsleitenden Organe sichern, daß verallgemeinerungsfähige Forderungen zur Gewährleistung des Gesundheits- und Arbeitsschutzes sowie Brandschutzes hinsichtlich

a) der technischen Gestaltung und Anwendung von Arbeitsverfahren,

b) – der technischen Gestaltung und Anwendung von Arbeitsmitteln einschließlich Anlagen,
 – der technischen Gestaltung von Bauwerken, einschließlich baulicher Anlagen, und Gebäudeausrüstungen,
 – der technischen Gestaltung von technischen Konsumgütern
 (nachfolgend technische Erzeugnisse genannt),

c) der technischen Gestaltung und Anwendung von sicherheitstechnischen Mitteln sowie Meßmitteln zur Ermittlung von Gefährdungen, Gefahren und Arbeitserschwernissen

grundsätzlich in staatlichen Standards festgelegt werden.

(2) Die Forderungen gemäß Abs. 1 betreffen

a) den Schutz vor Arbeitsunfällen, Berufskrankheiten und anderen arbeitsbedingten Gesundheitsschädigungen,
b) die Förderung der Leistungsfähigkeit und des Wohlbefindens der Werktätigen im Arbeitsprozeß,
c) die Verhütung von Schäden durch Havarien, Brände und andere technische Störungen,

d) die Abwendung arbeitsbedingter Gefahren und Belästigungen, die außerhalb des Arbeitsprozesses auftreten können, wie Gefahren durch technische Konsumgüter und schädigende Einflüsse auf die Umwelt.

(3) Die Standardisierung der Forderungen des Gesundheits- und Arbeitsschutzes sowie Brandschutzes wird als Bestandteil der wissenschaftlich-technischen Aufgaben im Reproduktionsprozeß, einschließlich der Kontrolle und technischen Prüfung, durchgeführt.

§ 2

(1) Grundsätzliche technische und technologische Forderungen sowie grundsätzliche Verhaltensforderungen zur Gewährleistung des Gesundheits- und Arbeitsschutzes sowie Brandschutzes sind in DDR-Standards festzulegen. Diese Standards (nachfolgend Grundlagenstandards genannt) bilden den Rahmen für verfahrens- und erzeugnisspezifische Festlegungen des Gesundheits- und Arbeitsschutzes sowie Brandschutzes in entsprechenden Standards und Arbeitsschutzinstruktionen. Die Grundlagenstandards haben volkswirtschaftlichen Querschnittscharakter und beinhalten insbesondere

a) grundlegende Verständigungsmittel, wie Übersichten, Begriffe, Methoden und Klassifikatoren,
b) Grenzwerte des Gesundheits- und Arbeitsschutzes sowie Brandschutzes zur Verhütung von Unfällen. Bränden und Havarien, Meß- und Prüfbestimmungen zur Ermittlung und Verhütung entsprechender Gefährdungen und Gefahren,
c) arbeitshygienische Normen, Meß- und Prüfbestimmungen zur Ermittlung und Verhütung von Gesundheitsgefährdungen und -gefahren sowie von Arbeitserschwernissen,
d) Forderungen an Gruppen von Arbeitsverfahren, technischen Erzeugnissen und sicherheitstechnischen Mitteln gemäß § 1 Abs. 1.

Aufgabenstellung, Arbeitsweise und Organisation von Staatsorganen und wirtschaftsleitenden Organen sowie staatlichen und gesellschaftlichen Kontrollorganen sind nicht Gegenstand von Standards. Das gilt nicht für spezifische Forderungen, die sich auf Arbeitsverfahren, technische Erzeugnisse oder sicherheitstechnische Mittel beziehen.

(2) Spezifische technische und technologische Forderungen sowie spezifische Verhaltensforderungen des Gesundheits- und Arbeitsschutzes sowie Brandschutzes für einzelne Arbeitsverfahren, technische Erzeugnisse oder sicherheitstechnische Mittel sind in staatlichen Standards für die betreffenden Arbeitsverfahren, technischen Erzeugnisse bzw. sicherheitstechnischen Mittel (nachfolgend spezifische DDR- und Fachbereichstandards genannt) festzulegen.

(3) Die spezifischen Forderungen gemäß Abs. 2 sind in einem gesonderten Standard oder Abschnitt eines Standards mit der Überschrift „Gesundheits- und Arbeitsschutz sowie Brandschutz" festzulegen. Sind sie untrennbarer Bestandteil anderer Standardabschnitte, so ist im Abschnitt „Hinweise" darauf Bezug zu nehmen.

§ 3

(1) Der Staatssekretär für Arbeit und Löhne legt in Abstimmung mit den zuständigen Ministern und Leitern anderer zentraler Staatsorgane und im Einvernehmen mit dem Bundesvorstand des Freien Deutschen Gewerkschaftsbundes für Grundlagenstandards auf dem Gebiet des Gesundheits- und Arbeitsschutzes sowie Brandschutzes Grundsätze für

a) ein einheitliches Ordnungsprinzip zur Klassifizierung,
b) methodische Regelungen zur inhaltlichen Gestaltung und zur Überführung vorhandener Rechtsvorschriften des Gesundheits- und Arbeitsschutzes sowie Brandschutzes in Standards,
c) die Rangfolge der Ausarbeitung,
d) die Zuordnung der Verantwortung für die Ausarbeitung

fest und übergibt sie als verbindliche Arbeitsgrundlage den Leitern der zentralen Staatsorgane.

(2) Die Minister und Leiter der anderen zentralen Staatsorgane schätzen auf der Grundlage der ihnen übergebenen Grundsätze im Rahmen ihrer analytischen Tätigkeit die Wirksamkeit der Rechtsvorschriften auf dem Gebiet des Gesundheits- und Arbeitsschutzes sowie Brandschutzes (Arbeitsschutzanordnungen, Arbeitsschutz- und Brandschutzanordnungen — nachfolgend Arbeitsschutzanordnungen genannt —, Standards, Anordnungen) in ihrem Verantwortungsbereich ein. Sie unterbreiten dem Staatssekretär für Arbeit und Löhne unter Berücksichtigung der analytischen Ergebnisse perspektivisch orientierte Vorschläge, einschließlich notwendiger internationaler Vereinheitlichungsaufgaben, zur Schaffung von Grundlagenstandards und schlagen ihm die Etappen für die Ausarbeitung dieser Standards vor. Diese Vorschläge sind in Abstimmung mit dem Staatssekretär für Arbeit und Löhne gegebenenfalls jährlich zu präzisieren.

(3) Die festgelegte Rangfolge der Ausarbeitung der Grundlagenstandards bildet die Grundlage für deren Planung als Aufgaben des Staatsplanes Wissenschaft und Technik.

(4) Die staatlichen Standards mit Forderungen des Gesundheits- und Arbeitsschutzes sowie Brandschutzes sind entsprechend den geltenden Bestimmungen[2]) mit den staatlichen Standards, technischen Bedingungen und anderen technischen Regeln der UdSSR abzustimmen.

(5) Die Verantwortung für die Ausarbeitung einzelner Grundlagenstandards ist den Leitern derjenigen Bereiche zuzuordnen, in deren Verantwortungsbereich die Forschung und Entwicklung, Herstellung oder Einführung von Arbeitsverfahren, technischen Erzeugnissen und sicherheitstechnischen Mitteln liegt. Die Komplexität der Forderungen an die technische Gestaltung und die Anwendung ist zu gewährleisten.

(6) Der **Minister für Gesundheitswesen**[3]) löst Standardisierungsaufgaben auf dem Gebiet des Gesundheitswesens, einschließlich der Arbeitshygiene, auf der Grundlage dieser Durchführungsbestimmung in eigener Verantwortung.

§ 4

(1) Der Ausarbeitung von Grundlagenstandards sowie spezifischen DDR- und Fachbereichstandards sind die Erfahrungen der entsprechenden Bereiche der Volkswirtschaft, insbesondere der wissenschaftlichen Leiteinrichtungen, beratenden Schutzgütekommissionen und der Spezialisten dieser Bereiche, zugrunde zu legen. Die unter Abs. 2 Buchstaben a bis e genannten Leiter und der Bundesvorstand des Freien Deutschen Gewerkschaftsbundes sind zur Stellungnahme aufzufordern.

(2) Zu Entwürfen von Grundlagenstandards sind neben den in der Standardisierungsverordnung genannten Organen und Einrichtungen Einverständniserklärungen einzuholen

a) vom Minister des Innern und Chef der Deutschen Volkspolizei,
b) vom Minister für Gesundheitswesen,
c) vom Staatssekretär für Arbeit und Löhne,
d) vom Bundesvorstand des Freien Deutschen Gewerkschaftsbundes,
e) vom Präsidenten des Staatlichen Amtes für Atomsicherheit und Strahlenschutz der DDR, Direktor der Technischen Überwachung der DDR, Leiter der Obersten Bergbehörde beim Ministerrat der DDR und von den Leitern der für die Umweltüberwachung verantwortlichen zentralen Staatsorgane, wenn deren Aufgabengebiete berührt werden.

(3) Dem Staatssekretär für Arbeit und Löhne ist gleichzeitig mitzuteilen, von welchen anderen zentralen Staatsorganen Einverständniserklärungen zu Grundlagenstandards eingeholt werden.

(4) Bei der Ausarbeitung von spezifischen DDR- und Fachbereichstandards ist entsprechend Abs. 2 zu verfahren. Die dort genannten Leiter können festlegen, daß von den Leitern ihnen nachgeordneter Organe zu Entwürfen der genannten Standards Stellungnahmen und Einverständniserklärungen abzugeben sind.

(5) Der Präsident des Amtes für Standardisierung, Meßwesen und Warenprüfung bestätigt Grundlagenstandards und spezifische DDR-Standards mit Forderungen des Gesundheits- und Arbeitsschutzes sowie Brandschutzes auf der Grundlage der Standardentwürfe, für die eine Zustimmung der im Abs. 2 Buchstaben a bis e genannten Leiter und des Bundesvorstandes des Freien Deutschen Gewerkschaftsbundes bzw. der Leiter, denen die Abgabe von Einverständniserklärungen zu Standardentwürfen gemäß Abs. 4 übertragen wurde, vorliegt.

§ 5

(1) Die Anträge auf Zurückziehung von Grundlagenstandards bzw. die Änderung der in ihnen enthaltenen Forderungen des Gesundheits- und Arbeitsschutzes sowie Brandschutzes bedürfen der schriftlichen Zustimmung der im § 4 Abs. 2 Buchstaben a bis e genannten Leiter und des Bundesvorstandes des Freien Deutschen Gewerkschaftsbundes.

Das gleiche gilt für spezifische DDR- und Fachbereichstandards. Die schriftliche Zustimmung kann von den Leitern erteilt werden, denen die Abgabe von Stellungnahmen und Einverständniserklärungen gemäß § 4 Abs. 4 übertragen wurde.
(2) Die im § 4 Abs. 2 Buchstaben a bis e genannten Leiter und der Bundesvorstand des Freien Deutschen Gewerkschaftsbundes können im Rahmen ihrer Zuständigkeit vom Präsidenten des Amtes für Standardisierung, Meßwesen und Warenprüfung fordern, daß er die für die Zurückziehung oder Überarbeitung von Grundlagenstandards oder die Änderung von Forderungen des Gesundheits- und Arbeitsschutzes sowie Brandschutzes in spezifischen DDR- und Fachbereichstandards notwendigen Auflagen erteilt. Das gleiche Recht haben die Leiter, denen die Abgabe von Stellungnahmen und Einverständniserklärungen zu Standardentwürfen gemäß § 4 Abs. 4 übertragen wurde.

§ 6

(1) Die verallgemeinerungsfähigen technischen und technologischen Forderungen sowie verallgemeinerungsfähigen Verhaltensforderungen des Gesundheits- und Arbeitsschutzes sowie Brandschutzes in Arbeitsschutzanordnungen sind zu überprüfen und schrittweise in staatliche Standards zu überführen. Die gemäß Vierter Durchführungsbestimmung vom 3. Juli 1969 zur Arbeitsschutzverordnung (GBl. II Nr. 63 S. 409) zuständigen Minister und Leiter anderer zentraler Staatsorgane analysieren die in ihrer Verantwortung liegenden Arbeitsschutzanordnungen mit der Zielstellung, daß

a) grundsätzliche Forderungen des Gesundheits- und Arbeitsschutzes sowie Brandschutzes in Grundlagenstandards sowie
b) verfahrens- und erzeugnisspezifische Forderungen des Gesundheits- und Arbeitsschutzes sowie Brandschutzes in spezifischen DDR- und Fachbereichstandards

festgelegt werden. Die Standardisierung aus Arbeitsschutzanordnungen zu überführender verfahrens- und erzeugnisspezifischer Forderungen hat der für den jeweiligen Verfahrens- bzw. Erzeugnisstandard Verantwortliche durchzuführen.
(2) Mit der Verbindlichkeit von staatlichen Standards sind die zutreffenden Arbeitsschutzanordnungen durch die hierfür zuständigen Leiter zu ändern bzw. aufzuheben.
(3) Die Ausarbeitung neuer bzw. Überarbeitung bestehender Arbeitsschutzanordnungen ist nur in Ausnahmefällen zulässig. Sie bedarf der Zustimmung des Staatssekretärs für Arbeit und Löhne, des Ministers für Gesundheitswesen, des Präsidenten des Amtes für Standardisierung, Meßwesen und Warenprüfung und des Bundesvorstandes des Freien Deutschen Gewerkschaftsbundes.

§ 7

(1) In Ausnahmefällen können aus zwingenden Gründen Abweichungen von Forderungen des Gesundheits- und Arbeitsschutzes sowie Brandschutzes aus staatlichen Standards zugelassen werden. Entsprechende Ausnahmegenehmigungen dürfen nur beantragt werden,

wenn von der zuständigen Arbeitsschutzinspektion und, soweit deren Aufgabengebiete berührt werden, von der zuständigen Inspektion Gesundheitsschutz in den Betrieben bzw. den zuständigen Dienststellen des Ministeriums des Innern, des Staatlichen Amtes für Atomsicherheit und Strahlenschutz der DDR, der Technischen Überwachung der DDR, der Obersten Bergbehörde beim Ministerrat der DDR und der für die staatliche Umweltüberwachung verantwortlichen Organe zustimmende Stellungnahmen vorliegen.

(2) Anträge auf Erteilung von Ausnahmegenehmigungen zu Abweichungen von Grundlagenstandards, die überbetrieblich wirksam werden sollen, bedürfen der Zustimmung durch

a) das Ministerium des Innern,
b) das Ministerium für Gesundheitswesen,
c) das Staatssekretariat für Arbeit und Löhne,
d) den Bundesvorstand des Freien Deutschen Gewerkschaftsbundes,
e) das Staatliche Amt für Atomsicherheit und Strahlenschutz der DDR, die Technische Überwachung der DDR, die Oberste Bergbehörde beim Ministerrat der DDR und die für die staatliche Umweltüberwachung verantwortlichen Organe, wenn deren Aufgabengebiete berührt werden.

Diese Zustimmungen sind durch das für den betreffenden Standard verantwortliche Organ einzuholen.

(3) Für die Erteilung von Ausnahmegenehmigungen zu Abweichungen von Forderungen des Gesundheits- und Arbeitsschutzes sowie Brandschutzes in staatlichen Standards in den Bereichen der bewaffneten Organe sind die damit beauftragten Dienststellen der entsprechenden Ministerien zuständig.

§ 8

(1) Diese Durchführungsbestimmung tritt am 1. August 1974 in Kraft.

(2) Gleichzeitig tritt § 4 Abs. 2 Satz 1 der Zweiten Durchführungsbestimmung vom 23. Juli 1964 zur Arbeitsschutzverordnung — Gestaltung und Erlaß von Arbeitsschutzanordnungen einschließlich Arbeitsschutz- und Brandschutzanordnungen — (GBl. II Nr. 80 S. 689) außer Kraft.

[1]) Die Fünfte Durchführungsbestimmung vom 22. Januar 1973 zur Standardisierungsverordnung — Abweichung von DDR- und Fachbereichstandards bei Ex- und Import — (GBl. I Nr. 6 S. 69) ist aufgehoben durch die Anordnung zur Aufhebung und Änderung von Rechtsvorschriften auf dem Gebiet der Standardisierung vom 23. Juli 1973 (GBl. I Nr. 37 S. 400).

[2]) s. Fußnote 2 zu C **06 05** 07

[3]) Hervorhebung durch Herausgeber AAR

Siebente Durchführungsbestimmung zur Standardisierungsverordnung — Standardisierung von Forderungen zur Gewährleistung der sozialistischen Landeskultur und des Umweltschutzes — vom 27. November 1975

(GBl. I Nr. 47 S. 763)

Auf Grund des § 17 der Standardisierungsverordnung vom 21. September 1967 (GBl. II Nr. 90 S. 665) wird im Einvernehmen mit den Leitern der zuständigen zentralen Staatsorgane und in Übereinstimmung mit dem Bundesvorstand des Freien Deutschen Gewerkschaftsbundes folgendes bestimmt:

Zu § 1 der Verordnung:

§ 1

Verallgemeinerungsfähige Forderungen und Verhaltensanforderungen zur Gewährleistung der sozialistischen Landeskultur und des Umweltschutzes hinsichtlich

a) der planmäßigen Gestaltung der Landschaft, einschließlich Flora und Fauna, und der Erhaltung , Pflege, Verbesserung und rationellen Nutzung des Bodens und der Bodenschätze,
b) der Reinhaltung und des Schutzes der Gewässer, einschließlich des Grundwassers, sowie der rationellen Nutzung des Wassers, insbesondere der Sicherung einer effektiven Betriebswirtschaft und der Einführung wassersparender Technologien und Verfahren,
c) der Reinhaltung der Luft,
d) der volkswirtschaftlich effektiven Nutzbarmachung, der Aussonderung, Ablagerung und schadlosen Beseitigung der Abprodukte des Produktionsprozesses sowie der Siedlungsabfälle,
e) des Schutzes vor Lärm,
f) des Schutzes vor ionisierender Strahlung

sind in staatlichen Standards festzulegen.

Zu § 2 der Verordnung:

§ 2

(1) Grundsätzliche Forderungen und grundsätzliche Verhaltensanforderungen sind in DDR-Standards festzulegen. Diese Standards (nachfolgend Grundlagenstandards genannt) bilden den Rahmen für spezifische Festlegungen in Standards und anderen Rechtsvorschriften.

(2) Grundlagenstandards beinhalten insbesondere

a) grundlegende Verständigungsmittel wie Termini und Definitionen der sozialistischen Landeskultur und des Umweltschutzes,

b) Grenzwerte, Methoden, Meß- und Prüfbestimmungen zur Ermittlung und Bewertung von Umweltfaktoren,

c) Forderungen an Gruppen von Verfahren, technischen Erzeugnissen und Mitteln zur Nutzung, Gestaltung und den Schutz der Umwelt,

d) grundsätzliche Forderungen an die Verwertung und Beseitigung der Abprodukte sowie von Erzeugnissen nach ihrer Nutzung,

e) grundsätzliche Forderungen an die Gestaltung und Anwendung von Verfahren, Arbeits- und Verkehrsmitteln einschließlich Anlagen, technischen Erzeugnissen und Meßgeräten sowie die Gestaltung von Gebäuden, baulichen Anlagen und Gebäudeausrüstungen.

(3) Spezifische Forderungen und Verhaltensanforderungen sind in DDR- und Fachbereichstandards (nachfolgend spezifische DDR- und Fachbereichstandards genannt) für die im Abs. 2 Buchstaben c bis e genannten Verfahren und Erzeugnisse festzulegen.
(4) Die spezifischen Forderungen und Verhaltensanforderungen gemäß Abs. 3 sind in einem gesonderten Standard oder Abschnitt eines Standards mit der Überschrift ,,Sozialistische Landeskultur und Umweltschutz" festzulegen. Sind sie untrennbarer Bestandteil anderer Standardabschnitte, so ist im Abschnitt ,,Hinweise" darauf Bezug zu nehmen.

Zu § 3 Abs. 4 der Verordnung:

§ 3

Bei volkswirtschaftlich notwendigen Abweichungen von Festlegungen zur Gewährleistung der sozialistischen Landeskultur und des Umweltschutzes in Grundlagenstandards und spezifischen DDR- und Fachbereichstandards dürfen Ausnahmegenehmigungen nur beantragt werden, wenn

a) vom Minister für Umweltschutz und Wasserwirtschaft,

b) vom Minister für Gesundheitswesen,

c) vom Bundesvorstand des Freien Deutschen Gewerkschaftsbundes

schriftliche Zustimmungen vorliegen.

Zu § 6 der Verordnung:

§ 4

(1) Zu Entwürfen von Grundlagenstandards, zu Anträgen auf Zurückziehung von Grundlagenstandards bzw. zur Änderung in ihnen enthaltener Forderungen und Verhaltensanforderungen sind von neben den in der Standardisierungsverordnung genannten Organen und Institutionen vom

a) Minister für Umweltschutz und Wasserwirtschaft,
b) Minister für Gesundheitswesen,
c) Bundesvorstand des Freien Deutschen Gewerkschaftsbundes

schriftliche Zustimmungen einzuholen.

(2) Zur Abgabe von Stellungnahmen zu Entwürfen von spezifischen DDR- und Fachbereichstandards, zur Zurückziehung derartiger Standards sowie zur Änderung in ihnen enthaltener spezifischer Forderungen und Verhaltensanforderungen zur Gewährleistung der sozialistischen Landeskultur und des Umweltschutzes können die im Abs. 1 genannten Leiter die Leiter der ihnen nachgeordneten Organe beauftragen.

Zu §§ 12 und 13 der Verordnung:

§ 5

(1) Die Minister, die Leiter der anderen zentralen Staatsorgane, die Leiter der wirtschaftsleitenden Organe sowie die Vorsitzenden der Räte der Bezirke sichern die Durchsetzung der Bestimmungen des § 1.

(2) Der Minister für Umweltschutz und Wasserwirtschaft ist im Zusammenwirken mit den anderen Ministern und Leitern der zentralen Staatsorgane und in Übereinstimmung mit dem Bundesvorstand des Freien Deutschen Gewerkschaftsbundes auf der Grundlage einer von ihm zu erarbeitenden Orientierung über die perspektivische Entwicklung der Standardisierung auf dem Gebiet der sozialistischen Landeskultur und des Umweltschutzes für die planmäßige Entwicklung der Standardisierung sowie deren Kontrolle und Koordinierung verantwortlich.

(3) Der Minister für Umweltschutz und Wasserwirtschaft legt im Einvernehmen mit den zuständigen Ministern und Leitern der anderen zentralen Staatsorgane und in Übereinstimmung mit dem Bundesvorstand des Freien Deutschen Gewerkschaftsbundes, ausgehend von den Erfordernissen der sozialistischen Intensivierung und einer hohen volkswirtschaftlichen Effektivität sowie den Möglichkeiten und Erfordernissen der sozialistischen ökonomischen Integration, Grundsätze für

a) ein einheitliches Ordnungsprinzip zur Klassifizierung,
b) die Rangfolge der Ausarbeitung von Grundlagenstandards,

c) die Zuordnung der Verantwortung für die Ausarbeitung fest und übergibt sie als verbindliche Arbeitsgrundlage den Ministern und Leitern der anderen zentralen Staatsorgane.

(4) Die Minister und Leiter der anderen zentralen Staatsorgane schätzen unter Berücksichtigung der Festlegungen des Abs. 3 die auf dem Gebiet der sozialistischen Landeskultur und des Umweltschutzes in ihrem Verantwortungsbereich verbindlichen Standards und anderen Rechtsvorschriften hinsichtlich ihrer Wirksamkeit ein. Sie unterbreiten dem Minister für Umweltschutz und Wasserwirtschaft im Rahmen der Erarbeitung der Pläne Vorschläge zur Erarbeitung von Grundlagenstandards und spezifischen DDR- und Fachbereichstandards mit Forderungen und Verhaltensanforderungen zur Gewährleistung der sozialistischen Landeskultur und des Umweltschutzes und zu den Etappen zu deren Ausarbeitung.

(5) Die Verantwortung für die Ausarbeitung von Grundlagenstandards tragen die Leiter derjenigen Bereiche, die gemäß Abs. 3 festgelegt wurden.

(6) Die Verantwortung für die Ausarbeitung von spezifischen DDR- und Fachbereichstandards tragen die Leiter derjenigen Bereiche, in deren Verantwortung die Ausarbeitung, Zurückziehung und Überarbeitung der staatlichen Standards für die im § 2 Abs. 2 Buchstaben c bis e genannten Verfahren und Erzeugnisse liegen.

(7) Zu Forderungen und Verhaltensanforderungen zur Gewährleistung der sozialistischen Landeskultur und des Umweltschutzes sind entsprechend den geltenden Bestimmungen RGW-Standards[1]) auszuarbeiten bzw. die staatlichen Standards der DDR mit staatlichen Standards, technischen Bedingungen und anderen technischen Regeln der UdSSR[2]) abzustimmen.

(8) Der Präsident des Staatlichen Amtes für Atomsicherheit und Strahlenschutz löst Standardisierungsaufgaben auf dem Gebiet des Schutzes vor ionisierender Strahlung auf der Grundlage dieser Durchführungsbestimmung in eigener Verantwortung.

§ 6

Diese Durchführungsbestimmung tritt mit ihrer Veröffentlichung in Kraft.

[1]) Zur Zeit gilt die Erste Durchführungsbestimmung vom 24. April 1975 zur Verordnung über den Standard des Rates für Gegenseitige Wirtschaftshilfe — Planung, Ausarbeitung, Bestätigung und Einführung von RGW-Standards — (GBl. I Nr. 28 S. 526).

[2]) Zur Zeit gilt die Ordnung für die Durchführung der Arbeiten zur Vereinheitlichung staatlicher Standards, technischer Bedingungen und anderer technischer Regeln der DDR und der UdSSR vom 17. April 1975; für die DDR herausgegeben vom Präsidenten des Amtes für Standardisierung, Meßwesen und Warenprüfung (Mitteilungen ASMW Nr. 14/75 S. 1/379).

Achte Durchführungsbestimmung zur Standardisierungsverordnung — Verbesserung der Materialökonomie durch Standards — vom 8. März 1976

(GBl. I Nr. 13 S. 194)

— Auszug —

Auf Grund des § 17 der Standardisierungsverordnung vom 21. September 1967 (GBl. II Nr. 90 S. 665) wird im Einvernehmen mit den Leitern der zuständigen zentralen Staatsorgane und in Übereinstimmung mit dem Bundesvorstand des Freien Deutschen Gewerkschaftsbundes folgendes bestimmt:

Zu § 1 der Verordnung:

§ 1 Grundsätzliche Aufgaben der Standardisierung

Aus den im § 1 der Verordnung festgelegten Grundsätzen und Zielen der Standardisierung ergibt sich für den rationellen Einsatz und die ökonomische Verwendung von Material, Energie, Roh- und Hilfsstoffen sowie Sekundärrohstoffen in der Volkswirtschaft insbesondere:

- Vorgabe und Festlegung von solchen Kennziffern der Materialökonomie, die das Verhältnis der Masse der Erzeugnisse zu den entscheidenden Gebrauchskenngrößen einschließlich der Lebensdauer und Zuverlässigkeit günstig gestalten,
- Ermittlung und Festlegung von Kennziffern und staatlichen Normativen als Grundlage für Projektierung, Konstruktion, Herstellung und Betrieb von Anlagen und Aggregaten sowie für die Planung des Energie- und Materialverbrauchs, die eine optimale Nutzung aller Energieformen und des Materials einschließlich des Wassers gewährleisten.

Zu § 3 Abs. 4 der Verordnung:

§ 2 Abweichungen von Standards

Bei notwendigen Abweichungen von DDR- und Fachbereichstandards mit materialökonomischen Auswirkungen sind auf der Grundlage des § 14 Abs. 2 der Zweiten Durchführungsbestimmung vom 11. September 1968 zur Standardisierungsverordnung — Abweichungen von DDR- und Fachbereichstandards — (GBl. II Nr. 100 S. 802) mit dem Antrag auf Ausnahmegenehmigung Zustimmungen bzw. Stellungnahmen von der fachlich zuständigen Einrichtung des Ministeriums für Materialwirtschaft[1]), des Ministeriums für Kohle und Energie[2]), des Ministeriums für Erzbergbau, Metallurgie und Kali[3]) bzw. des Ministeriums für Umweltschutz und Wasserwirtschaft[4]) vorzulegen.

Zu §§ 6, 7 und 8 der Verordnung:

§ 3 Bestätigung von Standards

(1) Die Minister und die Leiter der anderen zentralen Staatsorgane und die Generaldirektoren der VVB und der direkt unterstellten Kombinate sichern, daß in den Anträgen auf Bestätigung oder Verkündung von Standards grundsätzlich die zu erreichenden materialökonomischen Ergebnisse als Bestandteil des Nachweises über den volkswirtschaftlichen Nutzen exakt ausgewiesen werden.
(2) Bei Ergebnissen von Schwerpunktaufgaben zur Verbesserung des ökonomischen Material- und Energieeinsatzes entsprechend den Orientierungen für die Standardisierung gemäß § 4 Abs. 2 ist die Zustimmung der Ministerien für Materialwirtschaft bzw. für Kohle und Energie oder der ihnen direkt unterstellten zuständigen Einrichtungen zu den Standardentwürfen erforderlich.
(3) Für die Entwürfe von DDR-Standards zur Festlegung von staatlichen Material-, Energie- und Wasserverbrauchsnormativen erteilt der Präsident des Amtes für Standardisierung, Meßwesen und Warenprüfung in volkswirtschaftlich begründeten Ausnahmefällen Genehmigungen, daß von den Festlegungen im § 6 Absätze 4 und 6 der Verordnung abgewichen werden kann. In diesen Fällen ist die Zustimmung der betreffenden Minister oder Leiter der anderen zentralen Staatsorgane zu den Entwürfen der DDR-Standards notwendig.

Zu § 12 der Verordnung:

§ 4 Hauptaufgaben der zentralen Staatsorgane zur Verbesserung der Materialökonomie durch Standards

(1) Die Minister und Leiter der anderen zentralen Staatsorgane gewährleisten, daß die verallgemeinerungsfähigen Ergebnisse der wissenschaftlich-technischen Arbeiten zur Verbesserung der Material- und Energieökonomie durch DDR- und Fachbereichstandards in der Volkswirtschaft wirksam werden. Die in Grundlagenstandards getroffenen Festlegungen sind verstärkt mit Erzeugnisstandards durchzusetzen.
(2) Die Minister für Materialwirtschaft und für Kohle und Energie erarbeiten in Abstimmung mit dem Minister für Wissenschaft und Technik und dem Präsidenten des Amtes für Standardisierung, Meßwesen und Warenprüfung Orientierungen für die Standardisierung zur Lösung von Schwerpunktaufgaben der Verbesserung der Material- und Energieökonomie.

§ 5 Hauptzielstellungen zur Verbesserung der Materialökonomie durch Standards

(1) Der Minister für Kohle und Energie sichert in Zusammenarbeit mit den Leitern der anderen zuständigen zentralen Staatsorgane, daß

— DDR-Standards für staatliche Energieverbrauchsnormative, insbesondere für energetische Prozesse und Anlagen der chemischen Industrie, der Metallurgie sowie der Glas- und Keramikindustrie erarbeitet werden,

– die Wärmeverbrauchsnormative für Wohngebäude, Sozialgebäude und Industriebauten so verbessert werden, daß sie in Abstimmung mit dem Minister für Bauwesen in DDR-Standards überführt werden können.

(2) Der Minister für Umweltschutz und Wasserwirtschaft sichert in Zusammenarbeit mit den Leitern der anderen zuständigen zentralen Staatsorgane, daß in DDR- und Fachbereichstandards Normative für den Wasserverbrauch, insbesondere für Arbeitsmittel, Verfahren und technische Erzeugnisse, für die Trinkwasser aus öffentlichen Versorgungsnetzen entnommen wird, festgelegt werden. Für Betriebe, die ihren Trink- und Betriebswasserbedarf durch Entnahme von Rohwasser decken, sind Normative für den Wasserbedarf zur Mehrfachnutzung festzulegen.

(4) Die Minister der metallverarbeitenden Industrie sichern, daß

– in die Standards für Einzelteile und Baugruppen solche Kennziffern, Bearbeitungszugaben und Konstruktions- und Berechnungsvorschriften aufgenommen werden, die die höchste Materialausnutzung gewährleisten,

– in die DDR- und Fachbereichstandards für Erzeugnisse Festlegungen für anzuwendende materialökonomisch günstige Werkstoffe, für die zulässige Masse der Erzeugnisse sowie Kennziffern zur Charakterisierung des Masse-Gebrauchswert-Verhältnisses aufgenommen werden.

(5) Der Minister für Chemische Industrie sichert, daß

– für die wichtigsten Konstruktionsplaste, die in der DDR produziert oder aus den RGW-Ländern importiert werden, in enger Zusammenarbeit mit den Ländern des RGW DDR- und Fachbereichstandards für Prüfmethoden und technische Forderungen erarbeitet werden,

– zur werkstoffgerechten Verarbeitung der Plaste und Konstruktion der Plastteile Konstruktions- und Berechnungsvorschriften für die Haupteinsatzgebiete der Massenplaste und ausgewählter Konstruktionsplaste standardisiert werden,

– für die Weiterentwicklung der Gebrauchseigenschaften von gummitechnischen Erzeugnissen und anderen Zulieferteilen der chemischen Industrie die erforderlichen Qualitätskennziffern in DDR- und Fachbereichstandards festgelegt werden,

– in die Standards des Chemieanlagenbaues massesparende Kennziffern, ausgehend von den Leistungsparametern für die Haupterzeugnisgruppen, wie Kolonnen, Wärmeüberträger, Rohrbündelwärmeaustauscher, Behälter, Zentrifugen, Filter und Elektrolysezellen, aufgenommen werden.

(7) Der Minister für Materialwirtschaft sichert in Zusammenarbeit mit den Leitern der

zuständigen zentralen Staatsorgane und dem Präsidenten des Amtes für Standardisierung, Meßwesen und Warenprüfung die

- Ausarbeitung standardisierter Vorschriften für den optimalen Schutz der Erzeugnisse bei Transport und Lagerung,
- Erarbeitung standardisierter Vorschriften für die korrosionsschutzgerechte und ververschleißarme Gestaltung,
- Standardisierung und Einführung statistisch begründeter Lastannahmen.

§ 6 Schlußbestimmung

Diese Durchführungsbestimmung tritt mit ihrer Veröffentlichung in Kraft.

[1]) Institut für Leichtbau und ökonomische Verwendung von Werkstoffen, Dresden
Zentralstelle für Korrosionsschutz, Dresden
Institut für Sekundärrohstoffwirtschaft, Berlin
Zentralinstitut für Verpackungswesen, Dresden
[2]) Zentralstelle für rationelle Energieanwendung, Leipzig
[3]) Stahlberatungsstelle, Freiberg
[4]) Institut für Wasserwirtschaft, Berlin

Anordnung über die Bildung, Aufgaben und Arbeitsweise der Prüfungsausschüsse des Amtes für Standardisierung, Meßwesen und Warenprüfung zur Beurteilung von staatlichen Standards

vom 12. Dezember 1973

(GBl. I 1974 Nr. 2 S. 17)

Zur Verwirklichung der Grundsätze und Maßnahmen zur Verbesserung der Qualität der Erzeugnisse in Verbindung mit einer höheren Wirksamkeit der staatlichen Standards wird im Einvernehmen mit den Leitern der zuständigen zentralen Staatsorgane folgendes angeordnet:

§ 1 Bildung der Prüfungsausschüsse des Amtes für Standardisierung, Meßwesen und Warenprüfung

(1) Im Amt für Standardisierung, Meßwesen und Warenprüfung werden zur Beurteilung von DDR- und RGW-Standardentwürfen[1]) (im folgenden als Standardentwürfe bezeichnet) nachstehende Prüfungsausschüsse gebildet:

- Hauptprüfungsausschuß,
- Prüfungsausschuß Grundstoff- und metallverarbeitende Industrie,
- Prüfungsausschuß Leichtindustrie und Nahrungsgüterwirtschaft,
- Prüfungsausschuß Meßwesen,
- Prüfungsausschuß Grundlagenstandards von Querschnittsgebieten.

(2) Die Prüfungsausschüsse sind beratende Organe des Präsidenten des Amtes für Standardisierung, Meßwesen und Warenprüfung. Vor ihnen haben Beauftragte der Minister und Leiter anderer zentraler Organe bzw. Generaldirektoren die Standardentwürfe zu verteidigen.

(3) Der Hauptprüfungsausschuß behandelt Standardentwürfe ausgewählter Aufgaben des Staatsplanes Wissenschaft und Technik mit besonderer volkswirtschaftlicher Bedeutung sowie Aufgaben zur Vereinheitlichung der Standards der DDR und der UdSSR. Er behandelt ferner Grundfragen und Koordinierungsprobleme zur Wahrung der staatlichen Gesamtinteressen, die ein progressiv wirkendes, einheitliches und überschneidungsfreies Standardwerk gewährleisten.

(4) Die Prüfungsausschüsse Grundstoff- und metallverarbeitende Industrie bzw. Leichtindustrie und Nahrungsgüterwirtschaft behandeln erzeugnisbezogene Standardentwürfe entsprechend der fachlichen Zuständigkeit der beiden Bereiche Qualitätssicherung des ASMW.

(5) Der Prüfungsausschuß Meßwesen behandelt Standardentwürfe über Grundlagen der Metrologie, des Eich-, Beglaubigungs- und Zulassungswesens sowie Standardentwürfe über Kennwerte und Beschaffenheiten der Etalons und Grundlagen für das betriebliche Meßwesen.

(6) Der Prüfungsausschuß Grundlagenstandards von Querschnittsgebieten behandelt Entwürfe für Grundlagenstandards von Querschnittsgebieten der Standardisierung, der Qualitätssicherung und -entwicklung (z. B. Austauschbau, Zuverlässigkeit, technische Produktionsvorbereitung) sowie des Gesundheits-, Arbeits- und Brandschutzes und andere Standardentwürfe, die sich den anderen Prüfungsausschüssen nicht zuordnen lassen.

(7) Auf der Grundlage der Pläne Wissenschaft und Technik hat das Amt für Standardisierung, Meßwesen und Warenprüfung für den jeweiligen Jahresplan die Zuordnung der zu behandelnden Standardentwürfe zu den Prüfungsausschüssen festzulegen.

(8) Die Zusammensetzung der Prüfungsausschüsse hat entsprechend den Anlagen 1 bis 5 zu erfolgen.

(9) Die Berufung und Abberufung der Mitglieder der Prüfungsausschüsse erfolgt durch den Präsidenten des Amtes für Standardisierung, Meßwesen und Warenprüfung.

(10) Weitere Leiter und Mitarbeiter des Amtes für Standardisierung, Meßwesen und Warenprüfung und aus anderen Staatsorganen und wirtschaftsleitenden Organen sowie wissenschaftlichen Einrichtungen sind entsprechend den Erfordernissen zu den Beratungen der Prüfungsausschüsse hinzuzuziehen.

§ 2 Aufgaben der Prüfungsausschüsse

Die Prüfungsausschüsse haben durch ihre Arbeit zu gewährleisten, daß der Inhalt der staatlichen Standards wesentlich zur weiteren Erhöhung des materiellen Lebensniveaus des Volkes auf der Grundlage eines hohen Entwicklungstempos der sozialistischen Produktion, der Erhöhung der Effektivität des wissenschaftlich-technischen Fortschritts und des Wachstums der Arbeitsproduktivität beiträgt. Das erfordert, daß in den Prüfungsausschüssen die Standardentwürfe vorrangig nach folgenden Gesichtspunkten geprüft werden:

- Durchsetzung der komplexen Qualitätssicherungsmaßnahmen, insbesondere zur Verbesserung der Gebrauchseigenschaften durch höhere Zuverlässigkeit und Lebensdauer der Erzeugnisse, die zu einer bedarfs- und qualitätsgerechten Produktion für die Bevölkerung und die Volkswirtschaft beitragen,
- Reduzierung des Teilesortimentes und Erhöhung der Wiederholbarkeit der Einzelteile und Baugruppen zur weiteren Spezialisierung und Konzentration der Produktion, insbesondere zur Vorbereitung neuer und besserer Auslastung vorhandener zentraler Fertigungen,
- Gewährleistung der Austauschbarkeit und Kopplungsfähigkeit unabhängig voneinander gefertigter Einzelteile, Baugruppen und Erzeugnisse,
- Vereinheitlichung der nationalen Standards im RGW, insbesondere von TGL und GOST, zur Förderung der sozialistischen ökonomischen Integration der Mitgliedsländer des RGW zur Sicherung und Erweiterung des Warenaustausches sowie zur Vertiefung der internationalen Spezialisierung und Kooperation der Industrieproduktion,

– Durchsetzung eines einheitlichen, den Erfordernissen entsprechenden Meßwesens in den Bereichen der Volkswirtschaft und Erhöhung der Kontinuität und Stabilität der technologischen Prozesse in der Industrie durch ein hohes Niveau der Prüf- und Meßtechnik,
– Rationalisierung der konstruktiven und technologischen Produktionsvorbereitung,
– Erhöhung der Materialökonomie (Festlegung volkswirtschaftlich optimaler Sortimente für Werk- und Hilfsstoffe, Festlegung von Werkstoffkennwerten, Korrosionsschutz, Substitution der Werkstoffe) und die Senkung des spezifischen Energieverbrauchs,
– Sicherung des Umwelt-, Gesundheits-, Brand- und Arbeitsschutzes sowie der technischen Sicherheit,
– Sicherung der Übereinstimmung der Standards und der Preise,
– Durchsetzung und Anwendung der wissenschaftlichen Arbeitsorganisation,
– Gewährleistung einer schnellen und planmäßigen Überleitung der wissenschaftlich-technischen Ergebnisse in die Volkswirtschaft,
– Festlegung von aufeinander abgestimmten Kennwerten in Standards für Rohstoffe, Halbzeuge, Einzelteile, Baugruppen und Erzeugnisse zur effektiven Gestaltung der Kooperationsbeziehungen zwischen den Zweigen der Volkswirtschaft, insbesondere zwischen den Zulieferbetrieben und Finalproduzenten.

§ 3 Arbeitsweise der Prüfungsausschüsse

(1) Im Amt für Standardisierung, Meßwesen und Warenprüfung haben die inhaltliche Prüfung, die Ausarbeitung der Gesamteinschätzung und die Vorbereitung der Prüfungsausschußsitzungen auf der Grundlage der entsprechenden Weisungen des Präsidenten zu erfolgen.
(2) In Abhängigkeit von der Bedeutung des Inhalts der Standardentwürfe und des Ergebnisses aus der Abstimmung sind zur Verteidigung vor den Prüfungsausschüssen die wichtigsten Kooperationspartner und Anwender von den Vorsitzenden der Prüfungsausschüsse einzuladen.
(3) Die Beauftragten der Minister und Leiter anderer zentraler Organe bzw. Generaldirektoren des für den Standard verantwortlichen Organs haben vor dem betreffenden Prüfungsausschuß den Antrag auf Bestätigung des Standardentwurfes zu begründen und die Gewährleistung der schnellen und planmäßigen Einführung des Standards in die Volkswirtschaft nachzuweisen.
(4) Standardentwürfe, die im Amt für Standardisierung, Meßwesen und Warenprüfung erarbeitet worden sind, sind von dem Leiter der Abteilung, der für die Ausarbeitung des Standardentwurfes verantwortlich ist, zu verteidigen.
(5) Anträge auf Bestätigung von Änderungsblättern zu Standards sowie auf Zurückziehung von Standards sind bei besonderer volkswirtschaftlicher Bedeutung in den Prüfungsausschüssen zu behandeln. Die Entscheidung hierüber treffen die Vorsitzenden der Prüfungsausschüsse.

(6) Die Vorsitzenden der Prüfungsausschüsse berichten dem Präsidenten über Probleme, die in den Sitzungen ihrer Prüfungsausschüsse aufgetreten sind, und unterbreiten Vorschläge für Grundsatzentscheidungen und die weitere Vervollkommnung der Leitung und Planung der Standardisierung, Qualitätssicherung und -entwicklung.
(7) Für die Anfertigung der Protokolle der Prüfungsausschüsse ist der Sekretär des Hauptprüfungsausschusses in Zusammenarbeit mit den Sekretären der Prüfungsausschüsse verantwortlich. Die Tagungsorte der Prüfungsausschüsse sind von den Vorsitzenden festzulegen.

§ 4 Schlußbestimmung

Diese Anordnung tritt mit ihrer Veröffentlichung in Kraft.

Anlage 1

zu vorstehender Anordnung

Hauptprüfungsausschuß

Vorsitzender: Präsident des Amtes für Standardisierung, Meßwesen und Warenprüfung

Stellvertreter des Vorsitzenden: Stellvertreter des Präsidenten des ASMW

Mitglieder:

Vizepräsident des Bereiches Standardisierung des ASMW
Stellvertreter des Ministers für Wissenschaft und Technik
Stellvertreter des Ministers für Materialwirtschaft
Stellvertreter des Ministers und Leiters des Amtes für Preise
Stellvertreter des Direktors der Technischen Überwachung der DDR
Stellvertreter des Staatssekretärs für Arbeit und Löhne
Vertreter des FDGB – Bundesvorstand

– Abteilung Arbeit und Löhne
– Abteilung Arbeitsschutz

Stellvertreter des Leiters der Hauptabteilung Feuerwehr im Ministerium des Innern
Leiter der Hauptabteilung Grundsatzfragen des ASMW
Leiter der Abteilung Recht des ASMW
Leiter der Abteilung Standardtechnik und Standardwerk des ASMW (Sekretär des Hauptprüfungsausschusses)

Vertreter weiterer Staatsorgane und wirtschaftsleitender Organe sind entsprechend § 1 Absätze 2 und 10 vorstehender Anordnung vom Vorsitzenden des Prüfungsausschusses hinzuzuziehen.

Anlage 2

zu vorstehender Anordnung

Prüfungsausschuß
Grundstoff- und metallverarbeitende Industrie

Vorsitzender:	Vizepräsident des Bereiches Qualitätssicherung Grundstoff- und metallverarbeitende Industrie
Mitglieder:	Leiter der Wissenschaftlich-Technischen Leitstelle der Zentralinspektion der Technischen Überwachung der DDR
	Vertreter des FDGB — Zentralvorstand IG Metall
	Leiter der Fachabteilung Schwermaschinen- und Anlagenbau des ASMW
	Vertreter des Amtes für Preise
	Vertreter der Abteilung Arbeitsschutz des Staatssekretariats für Arbeit und Löhne
	Leiter der Abteilung metallverarbeitende Industrie des ASMW
	Vertragsrichter des Staatlichen Vertragsgerichts
	Vertreter der Gesellschaft für Standardisierung der KDT
	Mitarbeiter der Hauptabteilung Grundsatzfragen des ASMW
	Mitarbeiter der Abteilung Standardtechnik und Standardwerk des ASMW (Sekretär des Prüfungsausschusses)

Vertreter weiterer Staatsorgane und wirtschaftsleitender Organe sind entsprechend § 1 Absätze 2 und 10 vorstehender Anordnung vom Vorsitzenden des Prüfungsausschusses hinzuzuziehen.

Anlage 3

zu vorstehender Anordnung

Prüfungsausschuß
Leichtindustrie und Nahrungsgüterwirtschaft

Vorsitzender:	Vizepräsident des Bereiches Qualitätssicherung Leichtindustrie und Nahrungsgüterwirtschaft
Mitglieder:	Vertreter des Amtes für Preise
	Leiter der Fachabteilung Textil des ASMW
	Leiter der Fachabteilung Nahrungsgüter des ASMW
	Leiter der Abteilung Leichtindustrie, Lebensmittelindustrie, Land-, Forst- und Nahrungsgüterwirtschaft, Glas- und Keramikindustrie des ASMW
	Vertreter der Abteilung Arbeitsschutz des Staatssekretariats für Arbeit und Löhne
	Vertragsrichter des Staatlichen Vertragsgerichts
	Vertreter des FDGB – Zentralvorstand – IG Textil-Bekleidung-Leder – Land-Nahrungsgüter-Forst
	Vertreter der Gesellschaft für Standardisierung der KDT
	Mitarbeiter der Hauptabteilung Grundsatzfragen des ASMW
	Mitarbeiter der Abteilung Standardtechnik und Standardwerk des ASMW (Sekretär des Prüfungsausschusses)

Vertreter weiterer Staatsorgane und wirtschaftsleitender Organe sind entsprechend § 1 Absätze 2 und 10 vorstehender Anordnung vom Vorsitzenden des Prüfungsausschusses hinzuzuziehen.

Anlage 4

zu vorstehender Anordnung

Prüfungsausschuß Meßwesen

Vorsitzender: Vizepräsident des Bereiches Meßwesen

Mitglieder:
Leiter der Hauptabteilung Metrologische Forschung des ASMW

Leiter der Hauptabteilung Gesetzliche Metrologie des ASMW

Vertreter der Gesellschaft für Meßtechnik und Automatisierung der KDT

Mitarbeiter der Hauptabteilung Grundsatzfragen des ASMW

Mitarbeiter der Abteilung Recht des ASMW

Mitarbeiter der Abteilung metallverarbeitende Industrie des ASMW

Mitarbeiter der Abteilung Standardtechnik und Standardwerk des ASMW (Sekretär des Prüfungsausschusses)

Ausgehend von dem Gegenstand der zu behandelnden Standardentwürfe sind Vertreter der Meßmittel herstellenden und Meßmittel anwendenden Industrie entsprechend dem § 1 Absätze 2 und 10 vorstehender Anordnung vom Vorsitzenden des Prüfungsausschusses hinzuzuziehen.

Anlage 5

zu vorstehender Anordnung

Prüfungsausschuß Grundlagenstandards von Querschnittsgebieten

Vorsitzender: Vizepräsident des Bereiches Standardisierung

Mitglieder:
Leiter der Abteilung Stoffwirtschaft und Bauwesen des ASMW

Leiter der Abteilung metallverarbeitende Industrie des ASMW

Leiter der Abteilung Leichtindustrie, Lebensmittelindustrie, Land-, Forst- und Nahrungsgüterwirtschaft, Glas- und Keramikindustrie des ASMW

Leiter der Abteilung Standardtechnik und Standardwerk des ASMW (Sekretär des Prüfungsausschusses)

Leiter der Abteilung Vereinheitlichung und Zuverlässigkeit des ASMW

Vertreter der Hauptabteilung Feuerwehr des Ministeriums des Innern

Leiter der Abteilung Grundsatz der Zentralinspektion der Technischen Überwachung der DDR

Leiter des Sektors Normative des Staatssekretariats für Arbeit und Löhne

Beauftragter des Ministers für Materialwirtschaft

Vertreter der TH Karl-Marx-Stadt, Sektion Technologie der metallverarbeitenden Industrie, Abteilung Arbeitswissenschaften und Standardisierung

Mitarbeiter der Hauptabteilung Grundsatzfragen des ASMW

Mitarbeiter der Fachabteilung Verarbeitungsmaschinen- und Fahrzeugbau des ASMW

Mitarbeiter der Hauptabteilung Gesetzliche Metrologie des ASMW

Vertreter der Gesellschaft für Standardisierung der KDT

Vertreter weiterer Staatsorgane und wirtschaftsleitender Organe sind entsprechend § 1 Absätze 2 und 10 vorstehender Anordnung vom Vorsitzenden des Prüfungsausschusses hinzuzuziehen.

[1]) Nach Beschlußfassung durch das Exekutivkomitee des RGW über die Einführung von RGW-Standards wird die Verfahrensweise darüber durch den Präsidenten des Amtes für Standardisierung, Meßwesen und Warenprüfung zusätzlich geregelt.

Vereinbarung über die Standardisierung auf dem Gebiet der Pharmazie zwischen dem Ministerium für Gesundheitswesen, der *VVB Pharmazeutischen Industrie*[9]) und dem *Amt für Standardisierung*[1]) vom 7. 12. 1964[2])

Die Einheitlichkeit des Standardwerkes der DDR erfordert, daß die Arbeiten am *Deutschen Arzneibuch* (*DAB*)[3]) nach den Prinzipien der sozialistischen Standardisierung und gemäß den Erfordernissen der Gesetzgebung auf dem Gebiete des Arzneimittelwesens durchgeführt werden.
Die Herausgabe des *DAB*[3]) erfordert daher auch die Koordinierung zu den Standardisierungsarbeiten verwandter Fachgebiete.
In dem vom Minister für Gesundheitswesen zu erlassenden und herauszugebenden *DAB*[3]) sind die Stoffe und Zubereitungen, die unverändert Eingang in Arzneimittel bzw. Gesundheitspflegemittel finden oder selbst Arzneimittel sind, nach ihren Qualitätsmerkmalen und Prüfmethoden sowie die klinisch-chemischen Untersuchungsverfahren enthalten, die der Gesunderhaltung und Wiederherstellung der Gesundheit der Menschen sowie der Erhaltung gesunder Tierbestände dienen. Nach den Bestimmungen auf dem Gebiete des Arzneimittelwesens gehören zu den Arzneimitteln auch Impfstoffe, Immunseren, Bakteriophagenzubereitungen, chirurgisches Nahtmaterial, Kunststoffplomben, Gelatineschwämme und dergleichen medizinisches Material, Verbandmittel für medizinische und hygienische Zwecke und Erzeugnisse für zahnmedizinische und zahntechnische Zwecke.
Um Doppelarbeit bei der Bearbeitung des *DAB*[3]) und des Standardwerkes zu vermeiden und um eine Nichtbeachtung von Standardisierungsaufgaben durch mangelnde Zuordnung auszuschließen, wird folgendes vereinbart:

1.

(1) Die Planung der Arbeiten für das *DAB*[3]) obliegt im Auftrag des Ministeriums für Gesundheitswesen dem *Deutschen Institut für Arzneimittelwesen*[4]).
(2) Die Koordinierung der Arbeiten für das *DAB*[3]), die Erteilung von Aufträgen auf dem Gebiet der Arzneimittelstandardisierung für das *DAB*[3]) erfolgt durch das *Deutsche Institut für Arzneimittelwesen*[4]) in Zusammenarbeit mit dem *Amt für Standardisierung*[1]) und der Koordinierungsstelle für Standardisierung der Chemischen Industrie.
(3) Zur materiellen und finanziellen Sicherstellung aller Arbeiten und Aufgaben des *Deutschen Arzneibuches*[3]) sind diese in den *Plan Neue Technik*[5]), Teil I, aufzunehmen.

2.

(1) Die Durchführung der Aufgaben auf dem Gebiet der internationalen Arzneimittelstandardisierung, die sich aus den Beschlüssen der *Arbeitsgruppe „Pharmazeutische Industrie" der Ständigen Kommission Chemie des Rates für Gegenseitige Wirtschaftshilfe*[6]) ergeben, wird vom *Deutschen Institut für Arzneimittelwesen*[4]) koordiniert und geleitet. Diese Aufgaben bedürfen der Bestätigung durch das Ministerium für Gesundheitswesen und werden damit Bestandteil der staatlichen Aufgabe des *Deutschen Instituts für Arzneimittelwesen*[4]).
(2) Die in Absatz 1 genannten Aufgaben sind zur materiellen und finanziellen Sicherstellung in den Plan *Neue Technik*[5]), Teil 1, aufzunehmen.

3.

Eine besonders enge Zusammenarbeit ist hinsichtlich der allgemeinen Analytik zu realisieren, um gemeinsam mit anderen Zuständigkeitsbereichen zu einheitlichen Analysenmethoden und Prüfverfahren zu gelangen. Einheitliche Analysenmethoden und Prüfverfahren können nur im gegenseitigen Einverständnis geändert werden. Nicht einheitliche Analysenmethoden und Prüfverfahren können wechselseitig übernommen werden.

4.

(1) Die Aufstellung der Monografien für das *DAB*[3]) ist in Zusammenarbeit mit dem Hersteller oder Verarbeiter der Erzeugnisse und den zuständigen Zentralstellen für Standardisierung oder der Abteilung für Standardisierung des Wissenschaftlich-Technischen Zentrums innerhalb des jeweiligen Industriezweiges durchzuführen.
(2) Die allgemeinen Bestimmungen und Monografien des *DAB*[3]) sind mit einem Stichwort und einer Kennziffer zu kennzeichnen, so daß das Zitieren und die Verständigung erleichtert werden.
(3) Werden von der Industrie außer der *DAB*[3])-Qualität Erzeugnisse mit Reinheitsgraden nach TGL 5121 gefordert, so sind diese im Standardwerk der DDR aufzunehmen. Bei der Herausgabe von Standards ist auf die *DAB*-Qualität hinzuweisen.

5.

(1) Das *Amt für Standardisierung*[1]), die Vereinigungen Volkseigener Betriebe oder sonstige für die Bestätigung von Standards zuständige Dienststellen setzen Standards außer Kraft, wenn die dort beschriebenen Stoffe und Zubereitungen durch Monografien des *DAB*[3]) charakterisiert sind.
(2) Die Außerkraftsetzung erfolgt auf Antrag. Antragsberechtigt sind das Ministerium für Gesundheitswesen bzw. das *Deutsche Institut für Arzneimittelwesen*[4]).

6.

(1) Die Verbindlichkeitserklärung der Monografien in Form von Nachträgen zum *DAB*[3]) erfolgt gemäß den Bestimmungen des Arzneimittelgesetzes vom 5. Mai 1964.

(2) Die in Ergänzung zum jeweiligen *DAB*[3]) neu erarbeiteten und überarbeiteten Monografien sind fortlaufend in der Zeitschrift „*Arzneimittelstandardisierung*"[7]) zu veröffentlichen und auf Anforderung beim *Deutschen Institut für Arzneimittelwesen*[4]) zur Verfügung zu stellen.

(3) Im Mitteilungsblatt „*Standardisierung*"[8]) sind Hinweise auf die Herausgabe des *DAB*[3]) und seiner Nachträge und weiterer Veröffentlichungen aufzunehmen.

[1]) Jetzt: Amt für Standardisierung, Meßwesen und Warenprüfung

[2]) Nicht veröffentlicht.

[3]) Jetzt: Arzneibuch der DDR (2. AB-DDR)

[4]) Jetzt: Institut für Arzneimittelwesen der DDR

[5]) Jetzt: Wissenschaft und Technik

[6]) Zuständig ist jetzt die Ständige Kommission des RGW für die Zusammenarbeit auf dem Gebiet des Gesundheitswesens (SKGe).

[7]) Jetzt: Zentralblatt für Pharmazie, Pharmakotherapie und Laboratoriumsdiagnostik; Verlag Volk und Gesundheit, Berlin

[8]) Jetzt: Mitteilungen des ASMW

[9]) Jetzt: VEB Pharmazeutisches Kombinat GERMED, Dresden

Nachtragsvereinbarung Nr. 1 über die Standardisierung auf dem Gebiet der Pharmazie zwischen dem *Deutschen Institut für Arzneimittelwesen*[1]) und dem *Amt für Standardisierung*[2]) vom 15. 9. 1969[3])

1. Die Vorschriften des *Deutschen Arzneibuches*[4]), bestätigte Gütevorschriften für Arznei- und Gesundheitspflegemittel sowie Standardrezepturen sind den TGL[5]) gleichgestellt. Eine darüber hinausgehende Verwendung des Begriffs „Standard" bedarf der Zustimmung des *Amtes für Standardisierung*[2]).
2. Stoffe, Zubereitungen und Gegenstände, die nicht ausschließlich oder überwiegend als Arznei- oder Gesundheitspflegemittel oder als Bestandteile dieser Erzeugnisse oder zu deren Verpackung Anwendung finden, können für den gesamten Anwendungsbereich hinsichtlich ihrer Qualität durch TGL geregelt werden.
3. Soweit solche TGL oder Teile davon durch Aufnahme in das „Verzeichnis der den Monografien des *DAB – DDR*[4]) gleichgestellten bestätigten Gütevorschriften" (*Anlage 14* des *DAB – DDR*)[6]) Gleichstellung mit Monografien des *DAB – DDR*[4]) erfahren haben, bedürfen Außerkraftsetzungen und Änderungen dieser TGL oder deren gleichgestellter Teile der Zustimmung des *Deutschen Instituts für Arzneimittelwesen*[1]).
4. Das Deckblatt der Anlage 14 zum *DAB – DDR*[6]) erhält folgenden Zusatz:
   Soweit die in dieser Anlage aufgeführten Stoffe und Zubereitungen zur Herstellung von Arznei- und Gesundheitspflegemitteln bestimmt sind, bedarf deren Einsatz bei Abweichungen von den in den bestätigten Gütevorschriften festgelegten Qualitäten der Genehmigung des *Deutschen Institutes für Arzneimittelwesen*[1]).
5. Soweit in TGL die Qualitätsnorm von Reagenzien festgelegt ist, die in den Reagenzienverzeichnissen des *DAB – DDR*[4]) aufgeführt sind, bedürfen Außerkraftsetzungen und Änderungen dieser TGL der Zustimmung des *Deutschen Institutes für Arzneimittelwesen*[1]).
6. In das Kapitel „Allgemeines" des Reagenzienverzeichnisses zum *DAB – DDR*[4]) wird folgender Zusatz aufgenommen:

   Soweit die in diesem Verzeichnis aufgeführten Stoffe und Zubereitungen zur Prüfung von Arzneimitteln gemäß den Vorschriften des DAB – DDR[4]) bestimmt sind, bedarf deren Einsatz bei Abweichungen von den in den TGL festgelegten Qualitäten der Genehmigung des *Deutschen Institutes für Arzneimittelwesen*[1]).

   In das Kapitel „Allgemeines" des Reagenzienverzeichnisses zum DAB – DDR[4]), Band Diagnostische Laboratoriumsmethoden, wird folgender Zusatz aufgenommen:

   Soweit die in diesem Verzeichnis aufgeführten Stoffe und Zubereitungen zur Durchführung der diagnostischen Laboratoriumsmethoden gemäß den Vorschriften des

DAB – DDR[4]) bestimmt sind, bedarf deren Einsatz bei Abweichungen von den in den TGL festgelegten Qualitäten der Genehmigung des *Deutschen Instituts für Arzneimittelwesen*[1]).

7. Soweit besondere Qualitätsforderungen oder Prüfbedingungen für Erzeugnisse gemäß Ziffer 2 bestehen, können im Interesse des Gesundheitsschutzes unabhängig von dieser Regelung Vorschriften und Monografien des *Deutschen Arzneibuches*[4]) oder Gütevorschriften zur Sicherung der Qualität festgelegt werden.
8. Das *DIAR*[1]) übergibt dem *Amt für Standardisierung*[2]) zu den jeweiligen Planungsterminen eine Liste derjenigen Stoffe, Zubereitungen und Gegenstände, für die eine TGL ausgearbeitet werden sollte. Die Bestätigung der TGL bedarf der Zustimmung des *DIAR*[1]).

[1]) Jetzt: Institut für Arzneimittelwesen der DDR
[2]) Jetzt: Amt für Standardisierung, Meßwesen und Warenprüfung
[3]) Nicht veröffentlicht.
[4]) Jetzt: Arzneibuch der DDR
[5]) Symbol sowohl für „DDR-Standard" als auch für Fachbereichstandard
[6]) Jetzt: Anlage 7 zum 2. AB-DDR

Ordnung zur Durchführung der Standardisierung auf dem Gebiet des Gesundheits- und Sozialwesens vom 5. April 1976

(VuM MfGe Nr. 6 S. 27)

Auf der Grundlage des § 12 der Verordnung vom 21. September 1967 über die Standardisierung in der Deutschen Demokratischen Republik — Standardisierungsverordnung — (GBl. II, Nr. 90, S. 665) wird zur weiteren Verbesserung und zur Sicherung der koordinierten Leitung und Planung der Standardisierung in den staatlichen Einrichtungen des Gesundheits- und Sozialwesens, des Deutschen Roten Kreuzes der DDR, des Medizinischen Dienstes des Verkehrswesens, des Sportmedizinischen Dienstes sowie in den medizinischen Einrichtungen des Ministeriums für Hoch- und Fachschulwesen und der Akademie der Wissenschaften der DDR im Einvernehmen mit dem Präsidenten des Amtes für Standardisierung, Meßwesen und Warenprüfung, dem Präsidenten des Deutschen Roten Kreuzes der DDR, dem Minister für Verkehrswesen, dem Minister für Hoch- und Fachschulwesen, dem Staatssekretär für Körperkultur und Sport und dem Präsidenten der Akademie der Wissenschaften der DDR folgendes festgelegt:

1.

(1) Die mit dieser Ordnung zu regelnden Maßnahmen auf dem Gebiet der Standardisierung, für die der Minister für Gesundheitswesen verantwortlich ist, betreffen

— die Arbeitshygiene
— die Kommunalhygiene
— ausgewählte Gebiete der medizinischen Prophylaxe, Diagnostik, Therapie und Metaphylaxe einschließlich Rehabilitation,
— die lebensmittelhygienische Laboratoriumsanalytik
— Arzneimittel und ihnen gleichgestellte Erzeugnisse sowie Gesundheitspflegemittel
— Funktions- und Nutzungstechnologien in Einrichtungen des Gesundheits- und Sozialwesens.

Sofern auf anderen, hier nicht genannten Gebieten des Gesundheits- und Sozialwesens entsprechend den Erfordernissen Standardisierungsmaßnahmen notwendig werden, erfolgen gesonderte Festlegungen.

(2) Der Minister für Gesundheitswesen nimmt Einfluß auf

— die Standardisierung ausgewählter Erzeugnisse der Medizintechnik, die im Interesse des Schutzes der Bürger vor mechanischen, elektrischen, elektromagnetischen oder anderen Einflüssen einer gesonderten Kontrolle unterzogen werden müssen;

(Der Kreis der hiervon erfaßten medizintechnischen Erzeugnisse wird vom Minister für Gesundheitswesen gesondert festgelegt).

- die auf der Grundlage des Lebensmittelgesetzes durchzuführende Standardisierung von Lebensmitteln und Bedarfsgegenständen zur Einbeziehung gesundheitsrelevanter Kriterien in die Standards für Lebensmittel und Bedarfsgegenstände;
- die Entwicklung von Bauweisen und Bautechnologien sowie die standortbezogene und städtebauliche Einordnung und architektonische Gestaltung von Einrichtungen des Gesundheits- und Sozialwesens, um die Durchsetzung der standardisierten Funktions- und Nutzungstechnologien zu sichern.

Die Bestätigung, Änderung und Aufhebung von Standards sowie Erteilung von Ausnahmegenehmigungen zur Abweichung von Standards durch die für die Standardisierung auf diesen Gebieten verantwortlichen Organe bedarf der Zustimmung des Ministers für Gesundheitswesen.

(3) Der Minister für Hoch- und Fachschulwesen, der Minister für Verkehrswesen, der Staatssekretär für Körperkultur und Sport, der Präsident der Akademie der Wissenschaften der DDR und der Präsident des Deutschen Roten Kreuzes der DDR sichern in ihren Verantwortungsbereichen die Verwirklichung der entsprechenden Standardisierungsaufgaben.

(4) Die **Bezirksärzte und Kreisärzte**[1]) sind insbesondere für die Durchsetzung von Standardvorschriften in den Einrichtungen des Gesundheits- und Sozialwesens verantwortlich. Sie leiten diese Einrichtungen im Territorium an, geben die notwendige Unterstützung und kontrollieren die Durchsetzung der Maßnahmen.

Spezielle Aufgaben können durch die Bezirksärzte nachgeordneten Einrichtungen übertragen werden.

(5) Die **Leiter der Einrichtungen des Gesundheits- und Sozialwesens**[1]) sind für die Standardisierung in ihrem Verantwortungsbereich zuständig. Sie sichern insbesondere die Einführung und Durchsetzung von Standards.

(6) Medizinische Forschungsverbände und -gemeinschaften wirken an der Lösung von Standardisierungsaufgaben unmittelbar mit. Sie lösen entsprechende Aufgaben im Rahmen des Planes des Forschungsvorhabens.

2

(1) Die planmäßige Durchführung von Standardisierungsaufgaben hat dazu beizutragen, Qualität und Effektivität der medizinischen und sozialen Betreuung zu erhöhen sowie allen Bürgern gesundheitsfördernde Lebensbedingungen zu sichern. In Form von Standards sind Festlegungen zu treffen, die als Ergebnis wissenschaftlich-technischer Leistungen auf der Grundlage der allgemeinen Rechtsvorschriften zur Standardisierung und unter Beachtung der gesundheitspolitischen Notwendigkeit sowie der gesamtvolkswirtschaftlichen Möglichkeiten gewährleisten, daß

- den Werktätigen ein höchstmöglicher Arbeits- und Gesundheitsschutz in den Betrieben geboten wird,

– allen Bürgern eine gesundheitserhaltende Lebensumwelt gesichert wird,
– die medizinische Betreuung mit wissenschaftlich gesicherten Methoden sowie hochwertigen Arzneimitteln und medizintechnischen Erzeugnissen durchgeführt wird
– die Arbeit des medizinischen Personals rationell und zum höchsten Nutzen für den Patienten erfolgt und
– bei Neubauten und Rekonstruktionen von Einrichtungen des Gesundheits- und Sozialwesens einheitliche Funktions- und Nutzungstechnologien angewandt werden.

(2) Zur Förderung der sozialistischen ökonomischen Integration sind insbesondere solche gesundheitsrelevanten Standardfestlegungen, welche auf technologische Prozesse und technische Ausrüstungen Einfluß nehmen bzw. die Qualität von Arzneimitteln und medizintechnischen Erzeugnissen bestimmen, mit den sozialistischen Partnerländern abzustimmen.

3.

(1) Die zentrale Leitung und Planung der Standardisierung durch das Ministerium für Gesundheitswesen auf den in Ziff. 1, Abs. 1 und 2 genannten Gebieten beinhaltet folgende Grundsatzaufgaben:

– Mitwirkung bei der Konzipierung von langfristigen und Jahres-Plänen der wissenschaftlich-technischen Entwicklung sowie bei der Analyse der Forschung und Ausarbeitung der Teilpläne – „Standardisierung, Qualitätsentwicklung und Meßwesen" – im Planteil Wissenschaft und Technik des Ministeriums für Gesundheitswesen
– Analyse der Entwicklung und Wirksamkeit sowie Präzisierung der Grundsätze und Ziele der Standardisierung im Gesundheits- und Sozialwesen und Ableitung von Maßnahmen für Leitungsentscheidungen
– Koordinierung der Standardisierungsarbeit innerhalb des Gesundheits- und Sozialwesens sowie mit anderen staats- und wirtschaftsleitenden Organen;
– Koordinierung der Zusammenarbeit mit der UdSSR und den anderen sozialistischen Ländern, dem Rat für Gegenseitige Wirtschaftshilfe sowie mit weiteren internationalen Organisationen (z. B. WHO) auf dem Gebiet der Standardisierung;
– Zusammenarbeit mit dem Amt für Standardisierung, Meßwesen und Warenprüfung, mit gesellschaftlichen Organisationen sowie Anleitung und Kontrolle der Zentralstellen für Standardisierung des Gesundheits- und Sozialwesens;
– Erarbeitung und ständige Überarbeitung eines Standardverzeichnisses des Gesundheits- und Sozialwesens;
– Organisatorisch-technische Bearbeitung von Anträgen für die Bestätigung, Änderung und Zurückziehung von DDR- und Fachbereichstandards.

Zur Realisierung dieser Grundsatzaufgaben trifft der Minister für Gesundheitswesen im Rahmen seiner Leitungsverantwortung gesonderte Festlegungen.

4.

(1) Der Minister für Gesundheitswesen beauftragt dem Ministerium für Gesundheitswesen unterstellte Einrichtungen mit der Durchführung von Aufgaben zur Entwicklung und Durchsetzung von Standardisierungsmaßnahmen auf den in Ziff. 1, Abs. 1 und 2 genannten Gebieten. Diese Einrichtungen nehmen zusätzlich zu den in ihren Statuten bestimmten Aufgaben die Funktion von Zentralstellen für Standardisierung (ZfS) wahr.
(2) Die ZfS haben die im Ministerium für Gesundheitswesen für die einzelnen Gebiete zuständigen Hauptabteilungen, Abteilungen und Sektoren bei der Wahrnehmung ihrer Verantwortung für die planmäßige Durchführung von Standardisierungsaufgaben zu unterstützen und nehmen in ihrem Auftrag unter Einbeziehung von Kooperationspartnern folgende Hauptaufgaben wahr:

- Ausarbeitung von bzw. Mitarbeit an Prognosen, langfristigen und Jahres-Plänen,
- Vorbereitung der Bestätigung, Änderung und Zurückziehung von DDR- und Fachbereichstandards,
- Bearbeitung von Anträgen auf Ausnahmegenehmigungen
- Wahrnehmung von Aufgaben der internationalen Zusammenarbeit auf dem Gebiet der Standardisierung im jeweiligen Sachgebiet auf der Grundlage bestätigter Arbeitspläne,
- Abstimmung von neuerarbeiteten Standards mit Standardisierungsstellen anderer Staats- und wirtschaftsleitender Organe und mit medizinisch-wissenschaftlichen Gremien,
- Überprüfung der Standards hinsichtlich ihres wissenschaftlich-technischen Standes und ihrer effektiven Wirksamkeit und Ableitung notwendiger Maßnahmen zur Vorbereitung von Leitungsentscheidungen,
- Anleitung und Unterstützung von Einrichtungen und Organen, die mit der Erarbeitung, Durchführung und Kontrolle von Standards und anderen Normativen beauftragt sind,
- Koordinierung und Kontrolle der Einführung von Standards und deren Einhaltung,
- Durchführung von Qualifizierungsmaßnahmen zur Erarbeitung und Durchsetzung von Standards.

5.

(1) Als Zentralstellen für Standardisierung des Ministeriums für Gesundheitswesen werden benannt:

- Zentralinstitut für Arbeitsmedizin der DDR für das Gebiet Arbeitshygiene
- Forschungsinstitut für Hygiene und Mikrobiologie für das Gebiet Kommunalhygiene
- Forschungsinstitut für medizinische Diagnostik für das Gebiet Medizinische Diagnostik
- Institut für Arzneimittelwesen der DDR für die Gebiete Medizinische Laboratoriumsdiagnostik sowie Arznei- und Gesundheitspflegemittel

– Zentrale lebensmittelhygienische Untersuchungsstelle für das Gebiet Lebensmittelhygienische Laboratoriumsanalytik
– Institut für Technologie der Gesundheitsbauten für das Gebiet der Funktions- und Nutzungstechnololgien in Einrichtungen des Gesundheits- und Sozialwesens.

Mit der Wahrnehmung von speziellen Aufgaben der Standardisierung auf ausgewählten Gebieten der medizinischen Prophylaxe, Therapie, Metaphylaxe einschließlich Rehabilitation werden je nach Art der Aufgabe in speziellen Festlegungen genannte Einrichtungen beauftragt.
(2) Entsprechend den Erfordernissen kann der Minister für Gesundheitswesen weitere Einrichtungen mit der Wahrnehmung der Funktion einer Zentralstelle für Standardisierung beauftragen.

6.

(1) Der Minister für Gesundheitswesen wird in Wahrnehmung seiner Verantwortung auf den einzelnen Gebieten durch Obergutachterkommissionen (nachfolgend OGK genannt) unterstützt.
(2) Den OGK obliegen folgende Aufgaben:

– Überprüfung von Standardentwürfen und Erarbeitung von Stellungnahmen und Empfehlungen zu diesen Entwürfen;
– Erarbeitung von Empfehlungen zur Änderung und Aufhebung von Standards sowie
– Beratung des Ministers für Gesundheitswesen bei der Erteilung von Ausnahmegenehmigungen zu DDR- und Fachbereichstandards.

(3) Die Mitglieder der OGK werden durch den Minister für Gesundheitswesen ernannt.
(4) Die Vorsitzenden der OGK sowie die Leiter der ZfS können in Abstimmung mit dem Ministerium für Gesundheitswesen bei Bedarf Gutachterkommissionen bilden.

7.

(1) Anträge zur Bestätigung, Änderung und Zurückziehung von DDR-Standards an den Präsidenten des Amtes für Standardisierung, Meßwesen und Warenprüfung stellt der Minister für Gesundheitswesen.
(2) Fachbereichstandards werden durch den Minister für Gesundheitswesen bestätigt, geändert und zurückgezogen.
(3) Anträge für die Bestätigung, Änderung und Zurückziehung von DDR- und Fachbereichstandards sind an das Ministerium für Gesundheitswesen einzureichen.

8.

(1) Richtlinien zu dieser Ordnung erläßt der Minister für Gesundheitswesen im Einvernehmen mit den Leitern anderer zuständiger zentraler Staatsorgane.
(2) Abweichungen von sowie Ergänzungen zu den Grundsatzregelungen dieser Ordnung

bedürfen entsprechend dem Statut des Amtes für Standardisierung, Meßwesen und Warenprüfung vom 9. Januar 1975 (GBl. I Nr. 16, S. 301) der Zustimmung des Präsidenten des Amtes für Standardisierung, Meßwesen und Warenprüfung.

9.

Im Zusammenhang mit Standardisierungsaufgaben im Gesundheitswesen notwendige Informationen, z. B. Hinweise auf Bestätigung, Änderung und Zurückziehung von Standards werden in den „Verfügungen und Mitteilungen des Ministeriums für Gesundheitswesen" veröffentlicht.

10.

Diese Ordnung tritt mit Wirkung vom 1. Juni 1976 in Kraft.

[1]) Hervorhebung durch Herausgeber von AAR

Bekanntmachung über die Ratifikation der Konvention vom 21. Juni 1974 über die Anwendung der Standards des Rates für Gegenseitige Wirtschaftshilfe

vom 2. Oktober 1974

— Auszug —

(GBl. II Nr. 27 S. 507)

Es wird hierdurch bekanntgemacht, daß der Vorsitzende des Staatsrates der Deutschen Demokratischen Republik am 5. September 1974 die nachstehend veröffentlichte Konvention vom 21. Juni 1974 über die Anwendung der Standards des Rates für Gegenseitige Wirtschaftshilfe ratifiziert hat.
Der Tag, an dem die Konvention für die Deutsche Demokratische Republik in Kraft tritt, wird im Gesetzblatt der Deutschen Demokratischen Republik bekanntgemacht.

Konvention über die Anwendung der Standards des Rates für Gegenseitige Wirtschaftshilfe

Artikel I

1. Die Teilnehmerländer der Konvention werden die verbindliche und direkte (unmittelbare) Anwendung der RGW-Standards, die in Übereinstimmung mit dem vom Rat für Gegenseitige Wirtschaftshilfe festgelegten Verfahren ausgearbeitet und von ihm bestätigt wurden, in den vertragsrechtlichen Beziehungen über wirtschaftliche und wissenschaftlich-technische Zusammenarbeit zwischen den Ländern mit dem Ziel der Erhöhung der Effektivität der Zusammenarbeit durch die Mittel der Standardisierung sowie die verbindliche Anwendung der RGW-Standards in ihrer Volkswirtschaft zwecks weiterer Entwicklung des technischen Fortschritts in jedem dieser Länder gewährleisten.
2. Unter verbindlicher und direkter (unmittelbarer) Anwendung des RGW-Standards in den vertragsrechtlichen Beziehungen zur wirtschaftlichen und wissenschaftlich-technischen Zusammenarbeit zwischen den Teilnehmerländern der Konvention wird gemäß Punkt 1 dieses Artikels dieser Konvention die verbindliche Anwendung des RGW-Standards auf ein Objekt der Zusammenarbeit durch Bezugnahme auf ihn in Dokumenten verstanden, die die vertragsrechtlichen Beziehungen (Vereinbarungen, Verträge, Kontrakte) festlegen.
3. Unter vertragsrechtlichen Beziehungen werden Beziehungen verstanden, die im Prozeß der Verwirklichung der mehrseitigen und zweiseitigen wirtschaftlichen und wissenschaftlich-technischen Zusammenarbeit der Teilnehmerländer der Konvention und ihrer Wirtschaftsorganisationen auf der Grundlage von Vereinbarungen, Verträgen und Kontrakten über Spezialisierung und Kooperation der Produktion, über gegenseitige

Lieferungen und den Handel zwischen den Teilnehmerländern der Konvention, über Forschungs-, Entwicklungs- und Versuchsarbeiten, über Auftrags-, Bau-, Montage-, Transport- und Speditionsleistungen entstehen, und andere entsprechende Beziehungen, die sich im Prozeß der Zusammenarbeit ergeben.

4. Die zuständigen nationalen Organe und Wirtschaftsorganisationen der Teilnehmerländer der Konvention wenden die RGW-Standards bei der Vorbereitung, dem Abschluß und der Realisierung im Rahmen des RGW der Vereinbarungen, Verträge und Kontrakte über Spezialisierung, Kooperation und gegenseitige Lieferungen, über Handel zwischen den Teilnehmerländern der Konvention und über andere Formen der Zusammenarbeit an, indem sie dabei alle Normen und Forderungen der RGW-Standards einhalten.
   In Fällen der Lieferung von Werkstoffen, Bauteilen, Baugruppen und Erzeugnissen, die auf Grund von Lizenzen hergestellt wurden, sind in den vertragsrechtlichen Dokumenten Bezugnahmen auf andere normativtechnische Dokumente entsprechend den Forderungen dieser Lizenzen zulässig.
   Wenn RGW-Standards fehlen, werden normativtechnische oder andere Dokumente in Übereinstimmung mit der nationalen Gesetzgebung der Teilnehmerländer der Konvention, die Partner der Vereinbarungen, Verträge und Kontrakte sind, genutzt.
5. Abweichungen von den Normen und Forderungen, die in den RGW-Standards festgelegt sind, auf die in den Vereinbarungen, Verträgen und Kontrakten Bezug genommen wird, sind zulässig unter der Bedingung des Einverständnisses der Partner der betreffenden Vereinbarungen, Verträge und Kontrakte.
   Die Genehmigungen für Abweichungen von den RGW-Standards in den vertragsrechtlichen Beziehungen erteilen innerhalb der Teilnehmerländer der Konvention die von den Regierungen der Länder bevollmächtigten Organisationen, die an der Bestätigung der RGW-Standards unmittelbar teilgenommen haben.
   Der Inhalt der Abweichungen von den Normen und Forderungen der RGW-Standards wird in den Vereinbarungen, Verträgen und Kontrakten fixiert.
6. Unter der Anwendung des RGW-Standards in der Volkswirtschaft der Teilnehmerländer der Konvention gemäß Punkt 1 dieses Artikels dieser Konvention wird entweder die unmittelbare Anwendung des RGW-Standards als nationaler Standard ohne Änderungen und Umgestaltungen oder die Einführung eines RGW-Standards in die nationalen Standards bei Gewährleistung der vollen Übereinstimmung der Kennwerte der nationalen Standards mit den Kennwerten des RGW-Standards verstanden.
   Dabei sind die Teilnehmerländer der Konvention berechtigt, in den nationalen Standards höhere Qualitätskennziffern für die Erzeugnisse im Vergleich zu den Qualitätskennziffern der RGW-Standards festzulegen, wenn die Forderungen der Austauschbarkeit und der technischen Kompatibilität eingehalten werden.
   Die nationalen Standards, die auf Grund eines RGW-Standards ausgearbeitet wurden, müssen eine Bezeichnung haben, die auf die Übereinstimmung mit dem RGW-Standard hinweist.

7. Abweichungen von dem RGW-Standard, der in der Volkswirtschaft der Teilnehmerländer der Konvention gültig ist, oder vom RGW-Standard, der in die nationalen Standards eingeführt wurde, erfolgen in Übereinstimmung mit der nationalen Gesetzgebung der Teilnehmerländer der Konvention.

8. Die Teilnehmerländer der Konvention können erklären, daß sie einzelne RGW-Standards nicht anwenden werden.

Die Erklärung über die Nichtanwendung einzelner RGW-Standards durch die Teilnehmerländer der Konvention berührt nicht die Verpflichtungen, die aus den früher abgeschlossenen Vereinbarungen, Verträgen und Kontrakten hervorgehen, in denen auf diese Standards Bezug genommen wird.

Artikel II

Diese Konvention berührt nicht die vertragsrechtlichen Beziehungen zur wirtschaftlichen und wissenschaftlich-technischen Zusammenarbeit zwischen den Teilnehmerländern der Konvention, die am Tage des Inkrafttretens der Konvention gültig sind.

Artikel III

1. Diese Konvention unterliegt der Ratifikation durch die Länder, die sie unterzeichnet haben. Die Ratifikationsurkunden werden an das Sekretariat des Rates für Gegenseitige Wirtschaftshilfe zur Aufbewahrung gegeben, das die Funktionen des Depositars dieser Konvention erfüllen wird.
2. Diese Konvention tritt am 90. Tage in Kraft, gerechnet vom Tage der Übergabe der 5. Ratifikationsurkunde zur Aufbewahrung an den Depositar.
3. Für die Länder, deren Ratifikationsurkunden dem Depositar nach dem Inkrafttreten dieser Konvention zur Aufbewahrung übergeben werden, tritt sie am 90. Tage, gerechnet vom Tage der Übergabe ihrer Ratifikationsurkunden an den Depositar, in Kraft.

Artikel IV

Dieser Konvention können sich nach ihrem Inkrafttreten mit dem Einverständnis der Teilnehmerländer der Konvention andere Länder entweder vollständig oder in dem Teil, der die Anwendung der RGW-Standards in den vertragsrechtlichen Beziehungen zwischen diesen Ländern und den Teilnehmerländern der Konvention betrifft, durch Übergabe eines Dokumentes über einen solchen Anschluß an den Depositar anschließen.

Ordnung über den Standard des Rates für Gegenseitige Wirtschaftshilfe

Diese Ordnung wurde ausgehend von den Aufgaben auf dem Gebiet der Standardisierung, die im Komplexprogramm zur weiteren Vertiefung und Vervollkommnung der Zusammenarbeit und Entwicklung der sozialistischen ökonomischen Integration der Mitgliedsländer des RGW enthalten sind, ausgearbeitet und ist das Normativdokument des RGW, das den Verwendungszweck, den Inhalt und die Hauptprinzipien der Ausarbeitung, der Bestätigung und Anwendung der RGW-Standards festlegt.
Diese Ordnung gilt nicht für andere normativtechnische Dokumente der Zusammenarbeit auf dem Gebiet der Standardisierung, die von den RGW-Organen angenommen werden.

Abschnitt I

Definition, Verwendungszweck und Inhalt des RGW-Standards

1. Der Standard des Rates für Gegenseitige Wirtschaftshilfe (im weiteren RGW-Standard genannt) ist ein normativtechnisches Dokument des RGW zur Standardisierung, das die Ergebnisse der konkreten Tätigkeit der RGW-Organe auf dem Gebiet der Standardisierung fixiert, auf den modernen Erkenntnissen von Wissenschaft, Technik und fortschrittlichen praktischen Erfahrungen basiert und entsprechend dem in dieser Ordnung vorgesehenen Verfahren ausgearbeitet und bestätigt worden ist.
2. Der RGW-Standard ist das grundlegende normativtechnische Dokument zur Standardisierung im RGW.
3. Der RGW-Standard ist für die normativtechnische Absicherung der entsprechenden Aufgaben der Vertiefung und Vervollkommung der Zusammenarbeit und Entwicklung der sozialistischen ökonomischen Integration und der weiteren Entwicklung des technischen Fortschritts jedes Mitgliedslandes des RGW bestimmt.
   Die RGW-Standards werden ausgearbeitet vor allem für:
   - Erzeugnisse, die gemäß den mehrseitigen und zweiseitigen Vereinbarungen sowie gemäß den Empfehlungen der RGW-Organe für internationale Spezialisierung und Kooperation der Produktion hergestellt werden;
   - andere Erzeugnisse, die im Handel zwischen den RGW-Mitgliedsländern geliefert werden;
   - Standardisierungsobjekte allgemeintechnischer und überzweiglicher Verwendung.
4. Die RGW-Standards legen in ihrem Inhalt die technischen Normen und Forderungen fest, die den wissenschaftlich-technischen Fortschritt und die optimale Lösung der Aufgaben der Standardisierung im Verlaufe der planmäßigen Verwirklichung der wirtschaftlichen und wissenschaftlich-technischen Zusammenarbeit der Mitgliedsländer des RGW gewährleisten.

Unter den technischen Normen und Forderungen werden qualitative und quantitative Charakteristiken und Kennwerte verstanden, insbesondere:

- Klassifizierung, Terminologie, Bezeichnungen;
- Typen, Parameter, Abmessungen;
- Technische Forderungen;
- Normen und Vorschriften des Arbeits- und Umweltschutzes;
- Prüfverfahren (Kontrolle, Analyse, Messungen);
- Methoden und Mittel zur Eichung von Maßen und Meßgeräten;
- Vorschriften zur Kennzeichnung, Verpackung, Transport und Lagerung;
- Abnahme-, Betriebs- und Reparaturvorschriften;
- Technologische Typenprozesse u. a. m.

Hierbei müssen die RGW-Standards:

- die technische Kompatibilität der Standardisierungsobjekte sichern;
- in Abhängigkeit von den konkreten Bedingungen einheitliche oder differenzierte Qualitätsniveaus unter Berücksichtigung des Niveaus der weltbesten Muster vorsehen und in der Regel auf den Standards der Mitgliedsländer des RGW basieren, welche höhere Kennwerte für das Niveau und die Qualität der entsprechenden Erzeugnisarten haben;
- den Vorlauf der Standardisierung in bezug auf die entsprechenden Maßnahmen der Zusammenarbeit im Rahmen des RGW sichern;
- den Normen und Forderungen entsprechen, die durch Dokumente der internationalen Organisationen für Standardisierung festgelegt wurden, wenn diese Normen und Forderungen nicht den Zielen und Aufgaben der sozialistischen ökonomischen Integration widersprechen;
- nach Möglichkeit die spezifischen Bedürfnisse der Mitgliedsländer des RGW als eine Form der praktischen Verwirklichung des Prinzips der schrittweisen Annäherung und Angleichung der Niveaus der wirtschaftlichen Entwicklung der Mitgliedsländer des RGW sichern, wie es im Komplexprogramm dargelegt ist.

Abschnitt II

Prinzipien der Planung, Ausarbeitung, Abstimmung und Bestätigung der RGW-Standards

1. Die Planung der Ausarbeitung von RGW-Standards für Objekte allgemeintechnischer Verwendung erfolgt unter Berücksichtigung des Vorlaufs der Standardisierung in bezug auf die grundlegenden Maßnahmen der Zusammenarbeit im Rahmen des RGW und hat das Ziel, eine normativtechnische Basis für die Entwicklung der Zusammenarbeit in der Perspektive zu schaffen.

2. Die Planung der Ausarbeitung der RGW-Standards für konkrete Standardisierungsobjekte erfolgt in Verbindung mit der Planung konkreter Maßnahmen für die wirtschaftliche und wissenschaftlich-technische Zusammenarbeit und hat das Ziel, eine normativtechnische Basis für die Verwirklichung dieser Maßnahmen, in der Regel zum Zeitpunkt des Abschlusses entsprechender Vereinbarungen, Verträge und Kontrakte, zu schaffen.
3. Die Vorschläge zu den Jahresplänen für die Ausarbeitung der RGW-Standards werden von den Delegationen der Länder in der Ständigen Kommission des RGW für Standardisierung vorbereitet, ausgehend von den Hauptrichtungen und Komplexthemen auf dem Gebiet der Standardisierung, die für ein Jahrfünft vom Exekutivkomitee des RGW bestätigt werden, und auf der Grundlage von Vorschlägen der Delegationen der Länder in den Ständigen Fachkommissionen, die innerhalb jedes Landes abgestimmt worden sind.
4. Auf der Grundlage der oben angegebenen Vorschläge bestätigt die Ständige Kommission des RGW für Standardisierung den „Plan der RGW-Organe zur Ausarbeitung von RGW-Standards".
5. Auf der Grundlage des von der ständigen Kommission des RGW für Standardisierung bestätigten „Planes der RGW-Organe zur Ausarbeitung von RGW-Standards" legen die Ständigen Kommissionen die konkrete Reihenfolge und die Termine für die Vorbereitung der Entwürfe der RGW-Standards fest, ausgehend davon, daß ihre Abstimmung durch die Arbeitsorgane dieser Ständigen Kommissionen erfolgen muß.
6. Die Ausarbeitung der Entwürfe der RGW-Standards erfolgt:
   - im Rahmen der Ständigen Kommission des RGW für Standardisierung für Objekte allgemeintechnischer und überzweiglicher Verwendung;
   - im Rahmen der Ständigen Fachkommissionen für Objekte, die zu ihrer Kompetenz gehören.
7. Bei der Abstimmung der Entwürfe der RGW-Standards durch die Arbeitsorgane der Ständigen Kommissionen des RGW wird der Termin des Beginns der Anwendung der RGW-Standards in den gegenseitigen vertragsrechtlichen Beziehungen in Abhängigkeit von den Terminen für die Realisierung der entsprechenden Maßnahmen der Zusammenarbeit für jedes einzelne Mitgliedsland des RGW abgestimmt und der Termin für den Beginn der Anwendung der RGW-Standards in der Volkswirtschaft für jedes einzelne Mitgliedsland des RGW vorgeschlagen.
8. Die Entwürfe der RGW-Standards werden von den Arbeitsorganen ohne irgendwelche Vorbehalte hinsichtlich des Inhalts der Entwürfe der RGW-Standards sowohl im Text des Standards selbst als auch im Protokoll der Sitzung des Arbeitsorgans abgestimmt.
9. Das Institut des RGW für Standardisierung begutachtet die Entwürfe der RGW-Standards bei ihrer Abstimmung durch die Arbeitsorgane und bei ihrer Bestätigung durch die Ständige Kommission des RGW für Standardisierung.

10. Die Bestätigung der von den Arbeitsorganen der Ständigen Kommissionen abgestimmten Entwürfe der RGW-Standards wird von der Ständigen Kommission des RGW für Standardisierung durch Annahme eines entsprechenden Beschlusses unter Berücksichtigung der Ergebnisse der Begutachtung vorgenommen.
In einzelnen Fällen ist die Bestätigung der RGW-Standards durch andere RGW-Organe zulässig, in denen die Delegationen der Länder für solche Fälle von den Regierungen ihrer Länder bevollmächtigt sind, RGW-Standards zu bestätigen.
Die RGW-Standards werden ohne irgendwelche Vorbehalte hinsichtlich des Inhalts der RGW-Standards sowohl im Text des Standards selbst als auch im Protokoll der Sitzung der Ständigen Kommission des RGW für Standardisierung bestätigt.
Bei der Bestätigung der RGW-Standards werden in ihrem Informationsteil der Termine des Beginns ihrer Anwendung in den vertragsrechtlichen Beziehungen und die Termine des Beginns ihrer Anwendung in der Volkswirtschaft für jedes einzelne Mitgliedsland des RGW festgehalten.

11. Der RGW-Standard legt keinerlei Verpflichtungen den Ländern auf, die sich nicht an seiner Bestätigung beteiligen. Jedoch kann sich jedes dieser Länder in der Folge dem bestätigten RGW-Standard anschließen mit Angabe der Termine für seine Anwendung in den gegenseitigen Beziehungen mit den anderen Mitgliedsländern des RGW und in seiner Volkswirtschaft.
Die Mitteilung über den Anschluß an den RGW-Standard wird an die Delegationen der Länder in der Ständigen Kommission des RGW für Standardisierung und an die Abteilung Standardisierung des Sekretariats des RGW übermittelt.

12. Bei Nichtbestätigung des Entwurfs des RGW-Standards wendet sich die Ständige Kommission des RGW für Standardisierung an das entsprechende RGW-Organ mit dem Vorschlag, Ergänzungen oder Änderungen zu dem jeweiligen Entwurf des RGW-Standards auszuarbeiten.

13. Die auszuarbeitenden und zu bestätigenden RGW-Standards müssen mit den geltenden RGW-Standards hinsichtlich der allgemeintechnischen Normen, der Normen der technischen Kompatibilität, der Normen und Vorschriften der technischen Sicherheit, des Umweltschutzes, der Metrologie u. a. m. korrespondieren.

14. Die Bestätigung der überarbeiteten RGW-Standards, die Bestätigung der Änderungen oder Ergänzungen zu den geltenden RGW-Standards sowie die Außerkraftsetzung von RGW-Standards erfolgt durch die Ständige Kommission des RGW für Standardisierung.

15. Die Ordnung für die Planung, Ausarbeitung, Begutachtung und Abstimmung der Entwürfe, die Vorschriften für die Gestaltung, den Aufbau und die Darlegung der RGW-Standards werden durch die entsprechenden methodischen Hinweise festgelegt, die von der Ständigen Kommission des RGW für Standardisierung angenommen werden.

Abschnitt III

Anwendung der RGW-Standards in den Prozessen der Zusammenarbeit und in der Volkswirtschaft der Mitgliedsländer des RGW

Der RGW-Standard wird in verbindlicher Weise direkt (unmittelbar) in den vertragsrechtlichen Beziehungen zur wirtschaftlichen und wissenschaftlich-technischen Zusammenarbeit sowie in der Volkswirtschaft der Mitgliedsländer des RGW gemäß der ,,Konvention über die Anwendung der RGW-Standards" angewandt.

Abschnitt IV

Erfassung, Registrierung, Herausgabe und Vertrieb der RGW-Standards

1. Die Veröffentlichung über die Bestätigung, Änderung, Ergänzung und Zurückziehung der RGW-Standards sowie die Veröffentlichung von Texten der Änderungen und Ergänzungen wird vom Sekretariat des RGW im ,,Bulletin für Standardisierung" oder in einer getrennt herausgegebenen Ergänzung zu ihm vorgenommen.
   Das Sekretariat des RGW nimmt ebenfalls die Erfassung und die Registrierung der RGW-Standards vor sowie ihre Herausgabe in der Arbeitssprache des RGW und ihren Vertrieb.
2. Die Mitgliedsländer des RGW können die vollen Texte der RGW-Standards in den offiziellen Sprachen dieser Länder herausgeben sowie sie unter Berücksichtigung der durch das Sekretariat des RGW veröffentlichten Änderungen und Ergänzungen der RGW-Standards neu auflegen.

Abschnitt V

Wechselbeziehung der RGW-Standards mit den normativtechnischen Dokumenten auf dem Gebiet der Standardisierung der internationalen Organisationen der Mitgliedsländer des RGW

Wenn sich internationale Organisationen der Mitgliedsländer des RGW an die RGW-Organe mit Vorschlägen wenden, ihre normativtechnischen Dokumente auf dem Gebiet der Standardisierung in die Kategorie der RGW-Standards umzuwandeln, gelten für diese Dokumente alle Forderungen dieser Ordnung.
Dabei gelten in bezug auf den Inhalt des Abschnittes II dieser Ordnung für die internationalen Organisationen der Mitgliedsländer des RGW die Festlegungen, die den Festlegungen analog sind, die sich auf Arbeitsorgane beziehen, die die Entwürfe der RGW-Organe abstimmen.

Bekanntmachung über das Inkrafttreten der Konvention vom 21. Juni 1974 über die Anwendung der Standards des Rates für Gegenseitige Wirtschaftshilfe
vom 22. April 1975

(GBl. II Nr. 4 S. 91)

Entsprechend der Bekanntmachung vom 2. Oktober 1974 über die Ratifikation der Konvention vom 21. Juni 1974 über die Anwendung der Standards des Rates für Gegenseitige Wirtschaftshilfe (GBl. II Nr. 27 S. 507) wird hierdurch bekanntgemacht, daß die Konvention nach Hinterlegung der erforderlichen Anzahl von Ratifikationsurkunden gemäß ihrem Artikel III am 27. März 1975 in Kraft getreten ist.

Verordnung über den Standard des Rates für Gegenseitige Wirtschaftshilfe vom 19. September 1974

(GBl. I Nr. 55 S. 499)

Zur Erfüllung der Verpflichtungen, die sich für die Deutsche Demokratische Republik aus der Konvention vom 21. Juni 1974 über die Anwendung der Standards des Rates für Gegenseitige Wirtschaftshilfe[1]) ergeben, wird folgendes verordnet:

§ 1 Allgemeine Grundsätze

(1) Standards des Rates für Gegenseitige Wirtschaftshilfe (im folgenden RGW-Standards genannt) dienen der vollständigen Vereinheitlichung der für die Spezialisierung und Kooperation sowie den Warenaustausch wesentlichen Parameter für bestimmte Erzeugnisse und Objekte allgemeintechnischer Verwendung einschließlich der entsprechenden Prüfmethoden. Sie werden von der Ständigen Kommission des RGW für Standardisierung bestätigt. Ihre Ausarbeitung erfolgt im engen Zusammenhang mit der planmäßigen Durchführung der im RGW vereinbarten Maßnahmen zur Kooperation und Spezialisierung in Wissenschaft und Produktion und zur Entwicklung des Warenaustausches in den dafür zuständigen Organen des RGW.

(2) Grundlage für die Ausarbeitung von RGW-Standards ist der von der Ständigen Kommission des RGW für Standardisierung erarbeitete, bestätigte und für alle RGW-Organe verbindliche „Plan der RGW-Organe zur Ausarbeitung von RGW-Standards".

(3) RGW-Standards sind nach ihrer Bestätigung durch die Ständige Kommission des RGW für Standardisierung unter ihrer Originalbezeichnung

a) in der ökonomischen und wissenschaftlich-technischen Zusammenarbeit der DDR mit den RGW-Ländern sowie anderen Ländern, die der „Konvention über die Anwendung der Standards des Rates für Gegenseitige Wirtschaftshilfe" beigetreten sind (§ 8), und

b) in der Volkswirtschaft der DDR (§ 9)

verbindlich und unverändert anzuwenden, wenn die DDR ihnen zugestimmt hat.

§ 2 Leitung, Verantwortlichkeit

(1) Die Minister und die Leiter der anderen zentralen Staatsorgane (im folgenden Leiter der zentralen Staatsorgane genannt) sind im Rahmen ihres jeweiligen Verantwortungsbereiches für die planmäßige Durchführung der seitens der DDR erforderlichen Arbeiten

zur Ausarbeitung und Anwendung der RGW-Standards verantwortlich. Die Verantwortlichkeit für RGW-Standards liegt jeweils beim Leiter desjenigen zentralen Staatsorgans, in dessen Bereich sich das für das jeweilige Sachgebiet zuständige wirtschaftsleitende Organ befindet.

(2) Die Leiter der zentralen Staatsorgane haben bei der Planung und Ausarbeitung von RGW-Standards die Wahrung der staatlichen Gesamtinteressen zu sichern. Sie sind dafür verantwortlich, daß der Ausarbeitung der RGW-Standards die besten Errungenschaften von Wissenschaft und Technik, fortschrittliche praktische Erfahrungen, insbesondere die Ergebnisse der Zusammenarbeit mit der UdSSR, zugrunde gelegt werden, die Forderungen des Gesundheits- und Arbeitsschutzes sowie des Brandschutzes Berücksichtigung finden, die Unterlagen umfassend in der Volkswirtschaft der DDR abgestimmt und in hoher Qualität und termingerecht an die Mitgliedsländer des RGW versandt werden.

(3) Der Präsident des Amtes für Standardisierung, Meßwesen und Warenprüfung (ASMW) ist verantwortlich für die einheitliche Leitung und Planung sowie die koordinierte Durchführung dieser Arbeiten und hat in Zusammenarbeit mit dem Vorsitzenden der Staatlichen Plankommission und den Leitern anderer zentraler Staatsorgane die erforderlichen verbindlichen Regelungen in Übereinstimmung mit den entsprechenden Beschlüssen des RGW zu erlassen. Ist die Verantwortlichkeit gemäß Abs. 1 für bestimmte Aufgaben nicht geregelt und kommt eine Einigung zwischen Leitern der zentralen Staatsorgane über die Verantwortlichkeit nicht oder nicht rechtzeitig zustande, so hat der Präsident des ASMW in Abstimmung mit diesen Leitern die Verantwortlichkeit festzulegen oder dem Ministerrat der DDR einen entsprechenden Vorschlag zur Entscheidung zu unterbreiten.

(4) Der Präsident des ASMW hat, ausgehend von der ,,Ordnung über den RGW-Standard" und den Grundsätzen und Maßnahmen zur Verbesserung der Qualität der Erzeugnisse in Verbindung mit einer höheren Wirksamkeit der staatlichen Standards, zu gewährleisten, daß mit der Einführung von RGW-Standards in die Volkswirtschaft der DDR eine weitere Erhöhung der Effektivität und Intensivierung des Reproduktionsprozesses erzielt wird.

§ 3 Planung

(1) Die Planung der Ausarbeitung der RGW-Standards hat, ausgehend von den volkswirtschaftlichen Belangen der DDR, die sich aus den Aufgaben zur weiteren Verflechtung der Volkswirtschaften der DDR und der UdSSR sowie aus den Verpflichtungen zur Erfüllung des Komplexprogramms des RGW ergeben, in enger Verbindung mit der Planung und Durchführung der konkreten Maßnahmen der ökonomischen und wissenschaftlich-technischen Zusammenarbeit der Mitgliedsländer des RGW (Spezialisierung, Kooperation, Warenaustausch u. a.) zu erfolgen. Sie hat das Ziel, die notwendigen normativtechnischen Dokumente der Standardisierung für die Realisierung dieser Maßnahmen in der Regel bis zum Zeitpunkt des Beginns der in entsprechenden Vereinbarungen, Verträgen, Abkommen u. a. vorgesehenen Lieferungen und Leistungen zu schaffen. Das ASMW hat dazu in Zusammenarbeit mit der Staatlichen Plankommission und den anderen zentralen Staats-

organen Vorgaben für die Ausarbeitung der Planvorschläge auszuarbeiten und den zentralen Staatsorganen als Grundlage für die Ausarbeitung ihrer Planvorschläge zu übergeben.
(2) Die Leiter der zentralen Staatsorgane sind verpflichtet, auf der Grundlage der Vorgaben des ASMW sowie anderer Grundlagen Planvorschläge für die Ausarbeitung von RGW-Standards zu erarbeiten und dem Präsidenten des ASMW zu übergeben. Sie haben zu sichern, daß die sich für die DDR ergebenden Verpflichtungen hinsichtlich der Ausarbeitung und Einführung der entsprechenden RGW-Standards allseitig bilanziert sind. Das ASMW erarbeitet auf dieser Grundlage den Planvorschlag der DDR für den von der Ständigen Kommission des RGW für Standardisierung zu bestätigenden „Plan der RGW-Organe zur Ausarbeitung von RGW-Standards“.
(3) Nach Bestätigung des „Planes der RGW-Organe zur Ausarbeitung von RGW-Standards“ durch die Ständige Kommission des RGW für Standardisierung sind die Planaufgaben entsprechend der vom Präsidenten des ASMW festgelegten Zuordnung in die Pläne Wissenschaft und Technik aufzunehmen.

§ 4 Ausarbeitung

(1) Die Leiter der zentralen Staatsorgane haben zu sichern, daß bei der Ausarbeitung von RGW-Standards – unabhängig davon, ob die DDR federführendes oder mitarbeitendes Land ist – seitens der DDR die vom RGW für die Ausarbeitung von RGW-Standards herausgegebenen Regelungen eingehalten und die für die Ausarbeitung von DDR-Standards geltenden Vorschriften analog angewendet werden. Es sind die konkreten Maßnahmen vorzubereiten, die die Einhaltung der Forderungen gemäß § 7 sichern.
(2) Bei der Ausarbeitung der Entwürfe für RGW-Standards sind die Grundprinzipien, Hauptziele, -wege und -mittel der weiteren Vertiefung und Vervollkommnung der wirtschaftlichen und wissenschaftlich-technischen Zusammenarbeit und Entwicklung der sozialistischen ökonomischen Integration mit der UdSSR und den anderen Mitgliedsländern des RGW, die Grundsätze und Maßnahmen zur Verbesserung der Qualität der Erzeugnisse und zur Gewährleistung des Gesundheits- und Arbeitsschutzes sowie des Brandschutzes in Verbindung mit einer höheren Wirksamkeit der staatlichen Standards zu berücksichtigen.
(3) Sofern Festlegungen anderer internationaler Organisationen den Zielen der sozialistischen ökonomischen Integration der Mitgliedsländer des RGW nutzen, sind diese in den RGW-Standards zu berücksichtigen.

§ 5 Vorbereitung der Abstimmung und der Bestätigung

(1) Der Leiter des zentralen Staatsorgans, der für den jeweiligen RGW-Standard in der DDR verantwortlich ist, ist verpflichtet, den für die Abstimmung vorgesehenen Entwurf eines RGW-Standards vor der Übergabe an die anderen Mitgliedsländer bzw. vor der Ab-

stimmung in dem entsprechenden Arbeitsorgan des RGW dem Präsidenten des ASMW zur Zustimmung zu übergeben.

(2) Der Leiter gemäß Abs. 1 hat dem Präsidenten des ASMW nach der Abstimmung im jeweiligen Arbeitsorgan des RGW bzw. der zuständigen internationalen Wirtschaftsorganisation der RGW-Länder diesen Entwurf mit den erforderlichen Unterlagen für die Bestätigung in der Ständigen Kommission des RGW für Standardisierung einschließlich der autorisierten deutschen Übersetzung des Standardentwurfes zu übergeben.

§ 6 Bestätigung

(1) Der Präsident des ASMW ist bevollmächtigt, im Auftrage des Ministerrates der DDR für die DDR die Bestätigung des RGW-Standards in der Ständigen Kommission des RGW für Standardisierung vorzunehmen.

(2) Mit der Bestätigung durch den Präsidenten des ASMW wird für die DDR rechtsverbindlich die Verpflichtung übernommen, den RGW-Standard im Gesetzblatt der DDR für rechtswirksam zu erklären.

§ 7 Nationale Einführung des RGW-Standards

(1) Der Leiter des zentralen Staatsorgans, der für den jeweiligen RGW-Standard in der DDR verantwortlich ist, hat zu sichern, daß nach der Bestätigung des RGW-Standards die für dessen Einführung in der DDR erforderlichen Maßnahmen durchgeführt werden.

(2) Der Präsident des ASMW hat die gemäß § 6 bestätigten RGW-Standards im Gesetzblatt der DDR zu veröffentlichen; damit werden sie rechtswirksam.

§ 8 Verbindlichkeit in der ökonomischen und wissenschaftlich-technischen Zusammenarbeit mit den Mitgliedsländern des RGW sowie anderen Ländern, die der Konvention beigetreten sind

(1) In den mehr- und zweiseitigen Verträgen u. ä. Dokumenten und der technischen Dokumentation sollen die betreffenden RGW-Standards genannt werden; sie sind seitens der DDR jedoch auch dann als Inhalt der Verträge usw. anzusehen, wenn sie nicht ausdrücklich genannt wurden, es sei denn, daß eine nach Abs. 3 zulässige Abweichung vereinbart wurde.

(2) Die Partner von mehr- und zweiseitigen Verträgen u. ä. Dokumenten sollen mit Eintritt der Rechtswirksamkeit neuer RGW-Standards die entsprechende Änderung bestehender Verträge vereinbaren, wenn das ökonomisch und technisch zweckmäßig ist.

(3) Abweichungen von RGW-Standards sind in der ökonomischen und wissenschaftlich-technischen Zusammenarbeit der DDR nur zulässig, wenn dafür vom Präsidenten des ASMW eine Ausnahmegenehmigung erteilt wurde. Diese Bedingung gilt unabhängig davon, ob die Abweichung seitens der DDR oder seitens des Partners oder von beiden Seiten angestrebt wird.

(4) In den Fällen, in denen für die zu vereinbarenden Lieferungen und Leistungen noch keine RGW-Standards vorliegen, bzw. bei zu vereinbarenden Lieferungen und Leistungen mit Ländern, die der Konvention über die Anwendung der Standards des Rates für Gegenseitige Wirtschaftshilfe nicht beigetreten sind, gelten die Bestimmungen der Vierten Durchführungsverordnung vom 16. Mai 1973 zum Vertragsgesetz — Wirtschaftsverträge zur Sicherung des Exports und des Imports — (GBl. I Nr. 29 S. 227).

§ 9 Verbindlichkeit als staatliche Standards der DDR

(1) RGW-Standards werden ohne inhaltliche Veränderungen in das nationale Standardwerk der DDR eingeführt.
(2) RGW-Standards sind für die gesamte Volkswirtschaft der DDR verbindlich. Der sachliche Geltungsbereich des RGW-Standards wird durch seinen Titel bestimmt.
(3) DDR-Standards, Fachbereichstandards und Werkstandards, die mit einem RGW-Standard inhaltlich übereinstimmen oder gegenüber dem RGW-Standard abweichende Festlegungen treffen, sind zum Zeitpunkt der Verbindlichkeit des RGW-Standards außer Kraft zu setzen. Ab diesem Zeitpunkt ist die Bezugnahme auf sie in Verträgen usw. nicht mehr zulässig. Bestehende Verträge sind entsprechend zu ändern; mit dem Zeitpunkt der Verbindlichkeit des RGW-Standards tritt die Änderung bestehender Verträge — auch ohne ausdrückliche Vereinbarung der Partner — kraft Gesetzes ein.
(4) DDR-Standards, Fachbereichstandards und Werkstandards, die zu einem RGW-Standard in inhaltlicher Beziehung stehen, sind — sofern erforderlich — so zu verändern, daß sie zum Verbindlichkeitstermin des RGW-Standards zu diesem nicht im Widerspruch stehen.
(5) Für Abweichungen von RGW-Standards gelten — unter Berücksichtigung des § 8 Abs. 4 — die gleichen Vorschriften wie bei Abweichungen von DDR-Standards.
(6) Im übrigen gelten für RGW-Standards als staatliche Standards der DDR die Vorschriften über DDR-Standards sinngemäß.

§ 10 Ordnungsstrafen

Die in den Rechtsvorschriften der DDR geltenden Regelungen über Ordnungsstrafen auf dem Gebiet der Standardisierung finden hinsichtlich der RGW-Standards volle Anwendung.

§ 11 Schlußbestimmungen

(1) Diese Verordnung tritt am gleichen Tage in Kraft wie die Konvention vom 21. Juni 1974 über die Anwendung der Standards des Rates für Gegenseitige Wirtschaftshilfe.[2])
(2) Durchführungsbestimmungen zu dieser Verordnung erläßt der Präsident des ASMW.

[1]) GBl. II 1974 Nr. 27 S. 508.
[2]) Der Tag des Inkrafttretens wird im Gesetzblatt der DDR Teil II bekanntgemacht.

Verordnung über die Leitung und Planung der Verpackungswirtschaft — Verpackungsverordnung — vom 15. Dezember 1977 — Auszug —

(GBl. I Nr. 2 S. 33)

Die Verpackungswirtschaft ist als Bestandteil des einheitlichen gesellschaftlichen Reproduktionsprozesses in Übereinstimmung mit den Erfordernissen der Intensivierung der gesellschaftlichen Produktion und unter besonderer Berücksichtigung der sozialistischen ökonomischen Integration zu leiten und zu planen. Zur Durchsetzung der Verantwortung aller an der Entwicklung, Herstellung und Verwendung von Verpackungen beteiligten Staatsorgane, wirtschaftsleitenden Organe, Kombinate, Betriebe und Einrichtungen sowie zu ihrer koordinierten Zusammenarbeit wird folgendes verordnet:

§ 1 Geltungsbereich

(1) Diese Verordnung gilt für die Betriebe, Kombinate und Einrichtungen (im folgenden Betriebe genannt), die Verpackungswerkstoffe, -mittel und -hilfsmittel sowie -maschinen, -ausrüstungen und -anlagen für Verpackungsprozesse (im folgenden Verpackungsmaterialien bzw. Verpackungsmaschinen genannt) planen, entwickeln, herstellen oder in Produktions-, Transport-, Umschlags-, Lager- und Handelsprozessen einsetzen. Sie gilt für Staatsorgane und wirtschaftsleitende Organe, die diesen Betrieben übergeordnet sind oder spezifische Aufgaben auf dem Gebiet der Verpackungswirtschaft wahrnehmen.
(2) Diese Verordnung findet für sozialistische Genossenschaften entsprechende Anwendung.
(3) Die Verpackungswirtschaft umfaßt die Gesamtheit der wissenschaftlich-technischen, ökonomischen und organisatorischen Maßnahmen, Mittel und Verfahren zur Verpackung von Erzeugnissen in allen Bereichen der Volkswirtschaft.

§ 2 Grundsätze

(1) Die Verpackung hat die Erhaltung des Gebrauchswertes und die Qualität von Erzeugnissen sowie die Vermittlung der notwendigen Informationen über die Erzeugnisse mit dem geringsten volkswirtschaftlichen Aufwand zu gewährleisten. Sie ist Bestandteil der Rationalisierung von Produktions-, Transport-, Umschlags-, Lager- und Handelsprozessen. Die Verpackung von Konsumgütern ist außerdem entsprechend den kulturellen Bedürfnissen der Bevölkerung in Übereinstimmung mit den volkswirtschaftlichen Anforderungen an einen sparsamen Materialverbrauch zu gestalten.
(2) Die Verpackung hat zur Erhöhung der Effektivität des gesellschaftlichen Reproduk-

tionsprozesses beizutragen. Bei der Verpackung von Exporterzeugnissen sind die Bedingungen des Außenhandels zu berücksichtigen. Durch konzentrierten Einsatz des wissenschaftlich-technischen Potentials, komplexe Standardisierung und materialökonomische Maßnahmen sind vor allem

— die Forschung und Entwicklung zur Schaffung effektiver Verpackungsmaterialien, -maschinen und -verfahren zu beschleunigen,
— der spezifische Verbrauch von Verpackungswerkstoffen zur Herstellung von Verpackungsmitteln und -hilfsmitteln planmäßig zu senken,
— der rationelle Einsatz von Verpackungsmaterialien und -maschinen zu sichern,
— der Anteil von Mehrwegeverpackungen ständig zu erhöhen und deren Rückführung und Wiederverwendung bei gleichzeitiger Beschleunigung ihres Umschlages systematisch zu erweitern,
— der verpackungsarme und verpackungslose Transport von Gütern zu erweitern,
— Sekundär- und einheimische Rohstoffe zur Herstellung von Verpackungsmaterialien einzusetzen und nicht mehr einsetzbare Verpackungsmittel zu Sekundärrohstoffen unter Berücksichtigung der Erfordernisse des Umweltschutzes zu verwerten,
— die gestalterische Qualität der Verpackung zu erhöhen.

(3) Die Verpackung von Erzeugnissen, die an bewaffnete Organe oder die Staatliche Verwaltung der Staatsreserve geliefert werden, hat unter Beachtung der Grundsätze dieser Verordnung auf Verlangen der zuständigen zentralen Realisierungsorgane der Besteller so zu erfolgen, daß sie hinsichtlich ihrer Beschaffenheit und den Abpackgrößen den Verwendungserfordernissen entspricht und die Organisierung einer geschlossenen Transportkette vom Lieferer bis zum Verwender ermöglicht. Im übrigen gelten die für Lieferungen und Leistungen an die bewaffneten Organe erlassenen Rechtsvorschriften[1]).

§ 3

(1) Vorschriften für die Verpackung sind grundsätzlich in Standards festzulegen. Grundlegende allgemeine Festlegungen zur Verpackung mit einer volkswirtschaftlichen Breitenwirkung sind als DDR-Standards, unter Berücksichtigung der Beziehungen zu den Transport-, Umschlags- und Lagerprozessen, herauszugeben. In die Standards für Verpackungen und Verpackungsmaschinen bzw. in die Erzeugnisstandards sind unter Beachtung der Grundlagenstandards auf das jeweilige Erzeugnis bezogene spezifische Festlegungen aufzunehmen.
(2) Die Bestätigung von Kosten- und Preisvorgaben sowie die Bestätigung von Industrie- und Verbraucherpreisen, die Erteilung von Produktionsgenehmigungen und Zuerkennung von Gütezeichen für Erzeugnisse durch die zuständigen Organe ist an den Nachweis der volkswirtschaftlich effektiven Verpackung dieser Erzeugnisse zu binden.

§ 4 Aufgaben der verpackenden Betriebe

(1) Die verpackenden Betriebe haben die Effektivität der Verpackungsprozesse ständig zu erhöhen, insbesondere durch

- Auswahl der zweckmäßigsten Verpackungsmaterialien auf der Grundlage von Gebrauchswert-Kosten-Analysen, Standards und staatlichen Einsatzbestimmungen,
- Anwendung von standardisierten Rahmen- und Typentechnologien,
- weitgehende Verkettung von Verpackungs- und Produktionsprozessen, einschließlich der Bildung rationeller Lade-, Transport- und Lagereinheiten.

(2) Die zentralgeleiteten verpackenden Betriebe haben den Bedarf an Verpackungsmaterialien und -maschinen langfristig zu planen und mit den Jahresvolkswirtschaftsplänen zu präzisieren. Für ausgewählte Verpackungsmaterialien haben die Betriebe Vorschläge für Kennziffern über das Verhältnis zwischen dem Einsatz von Verpackungsmaterialien in Mengeneinheiten und der gesamten industriellen Warenproduktion zum Industrieabgabepreis (im folgenden spezifische Materialeinsatzschlüssel genannt) und die technisch-ökonomischen Maßnahmen zu ihrer Realisierung auszuarbeiten, die Vorschläge vor dem übergeordneten Organ mit den Planentwürfen zu verteidigen und die spezifischen Materialeinsatzschlüssel nach ihrer Bestätigung durchzusetzen.

(3) Von den zentralgeleiteten Betrieben sind Verpackungsvorschriften bzw. Werkstandards für die Verpackung der von ihnen hergestellten Erzeugnisse auf der Grundlage des dafür geltenden staatlichen Standards auszuarbeiten und in die Qualitätsbewertung einzubeziehen.

(4) Bei Neu- und Weiterentwicklung von zu verpackenden Erzeugnissen sind gleichzeitig wissenschaftlich-technische Aufgaben für die volkswirtschaftlich zweckmäßigste Verpackung durchzuführen. Spätestens mit der Erprobung des Fertigungsmusters für neu- und weiterentwickelte Erzeugnisse gemäß den Rechtsvorschriften ist die technische und gestalterische Lösung für die Verpackung sowie die materiell-technische Sicherung des Verpackungsmaterialbedarfs nachzuweisen.

(5) Vor Einführung oder Veränderung maschineller Verpackungen, die mit einem Mehrverbrauch an Verpackungsmaterialien verbunden sind, ist die Zustimmung des wirtschaftsleitenden Organs einzuholen. Bei Konsumgütern aus der Produktion der haushaltchemischen, kosmetischen sowie Lebensmittel- und Genußmittelindustrie ist außerdem eine Abstimmung mit dem Amt für industrielle Formgestaltung durchzuführen.

§ 5 Aufgaben der wirtschaftsleitenden Organe der verpackenden Betriebe

(1) Die wirtschaftsleitenden Organe der verpackenden Betriebe und die einem Ministerium unterstellten, Verpackungsmaterialien verbrauchenden Kombinate (im folgenden wirtschaftsleitende Organe genannt) haben in ihrem Verantwortungsbereich die Aufgaben zur

ständigen Senkung des spezifischen Aufwandes an Verpackungsmaterialien durchzusetzen, vorrangig durch

- Erteilung von Vorgaben für Forschungs- und Entwicklungsaufgaben zur Anwendung zweckmäßiger Verpackungen im Rahmen des Planes Wissenschaft und Technik und Kontrolle ihrer Erfüllung,
- Einbeziehung der Aufgaben zur Sicherung einer effektiven Verpackung in die Intensivierungskonzeptionen, Erzeugnisprogramme und wissenschaftlich-technische Konzeptionen,
- Verallgemeinerung rationeller Verpackungen und Verfahren innerhalb der Erzeugnisgruppenarbeit.

(2) Die wirtschaftsleitenden Organe haben langfristig ihren Bedarf an Verpackungsmaterialien und -maschinen zu planen, diesen mit dem zuständigen bilanzierenden bzw. bilanzbeauftragten Organ erzeugniskonkret abzustimmen, mit den Jahresvolkswirtschaftsplänen zu präzisieren und die Versorgung des Verantwortungsbereiches mit Verpackungsmaterialien und -maschinen auf der Grundlage der bestätigten Bilanzen zu sichern. Hierfür sind langfristige Konzeptionen zur materiellen Sicherung des begründeten Bedarfs zu erarbeiten und dem übergeordneten zentralen Staatsorgan zur Bestätigung vorzulegen.

(3) Von den wirtschaftsleitenden Organen sind den Betrieben zur Ausarbeitung von Vorschlägen für spezifische Materialeinsatzschlüssel ausgewählter Verpackungsmaterialien Vorgaben und zweigspezifische Hinweise zu erteilen. Die Vorschläge der Betriebe sind in die Verteidigung der Planentwürfe zu den Jahresvolkswirtschaftsplänen einzubeziehen. Die verteidigten Vorschläge sind zu Vorschlägen für spezifische Materialeinsatzschlüssel der Zweige zu aggregieren und mit der verbraucherseitigen Bedarfsplanung den zuständigen bilanzierenden bzw. bilanzbeauftragten Organen als Nachweis des Bedarfs zu übergeben.

(4) Die wirtschaftsleitenden Organe haben über die Anträge zur Einführung neuer oder veränderter Verpackungen gemäß § 4 Abs. 5 nach Zustimmung des für das Verpackungsmaterial zuständigen bilanzierenden bzw. bilanzbeauftragten Organs zu entscheiden.

(5) Die wirtschaftsleitenden Organe haben zu gewährleisten, daß Importanträge gemäß den Rechtsvorschriften für Verpackungsmaschinen erst nach Zustimmung des Organs gestellt werden, welchem die Bilanzverantwortung für die mit der zu importierenden Maschine zu verarbeitenden Verpackungsmaterialien obliegt.

(6) Zur einheitlichen Lösung von Verpackungsproblemen und zur Gewährleistung des rationellsten Einsatzes von Verpackungsmaterialien im Zweig sind bei denjenigen wirtschaftsleitenden Organen der zentralgeleiteten Industrie, in deren Verantwortungsbereich vorwiegend zu verpackende Erzeugnisse hergestellt werden, Verpackungsausschüsse unter Einbeziehung von Betrieben der örtlichgeleiteten Industrie zu bilden. Die Aufgaben der Verpackungsausschüsse sind in Arbeitsplänen festzulegen, die vom übergeordneten zentralen Staatsorgan zu bestätigen sind.

§ 6 Aufgaben der Verpackungsmaterialien und -maschinen herstellenden Betriebe

(1) Die Verpackungsmaterialien und -maschinen herstellenden Betriebe sind auf der Grundlage der staatlichen Plankennziffern zur planmäßigen Deckung des volkswirtschaftlich begründeten Bedarfs verpflichtet. Sie haben dazu das betriebliche Aufkommen entsprechend den volkswirtschaftlichen Erfordernissen sortiments- und qualitätsgerecht zu gestalten sowie die Produktionskapazitäten zu entwickeln und maximal auszulasten.
(2) ...
(3) ...
(4) Den Verbrauchern sind zur Durchsetzung einer rationellen Verpackung neue und weiterentwickelte Verpackungsverfahren, -maschinen und -materialien zur Nutzung anzubieten und die notwendige Unterstützung zur Einführung neuer Verpackungstechnologien zu gewähren. ...

§ 7 Aufgaben der bilanzierenden bzw. bilanzbeauftragten Organe für Verpackungsmaterialien und -maschinen

(1) Die bilanzierenden bzw. bilanzbeauftragten Organe für Verpackungsmaterialien und -maschinen sind dafür verantwortlich, daß bei der Ausarbeitung und Durchführung der Fünfjahr- und Jahresvolkswirtschaftspläne und -bilanzen das Aufkommen an Verpackungsmaterialien und -maschinen entsprechend den staatlichen Plankennziffern in einer den volkswirtschaftlichen Erfordernissen entsprechenden Struktur und einem optimalen Verhältnis zur Leistungssteigerung der Verpackungsmaterial und -maschinen verbrauchenden Industrie entwickelt wird. ... (2) bis (5) ...
(6) Die wirtschaftsleitenden Organe, denen die Bilanzierung von Verpackungsmaterialien obliegt, haben durch gezielte Überprüfungen bei den Herstellern und Verbrauchern von Verpackungsmaterialien und -maschinen Reserven für die Steigerung der Effektivität der Verpackungswirtschaft zu erschließen. Dabei sind vor allem

- Maßnahmen durchzusetzen zur Verbesserung des ökonomischen Verpackungsmaterialeinsatzes, zur Einhaltung der staatlichen Einsatzbestimmungen für Verpackungsmaterialien und zur Rückführung und Wiederverwendung von Verpackungsmaterialien,
- Bedarfsüberprüfungen, insbesondere zum Einsatz von Importmaterialien, durchzuführen,
- die Ausarbeitung und Durchsetzung progressiver Normen und Kennziffern des Materialverbrauchs zu kontrollieren.

§ 8 Aufgaben der zentralen Staatsorgane

(1) Die bilanzverantwortlichen zentralen Staatsorgane für Verpackungsmaterialien und -maschinen (im folgenden bilanzverantwortliche zentrale Staatsorgane genannt) haben auf der Grundlage der übergebenen Plankennziffern und Direktiven die Versorgung der

Volkswirtschaft mit Verpackungsmaterialien und -maschinen zu gewährleisten. Zur Durchsetzung notwendiger Maßnahmen zur Optimierung des Einsatzes von Verpackungsmaterialien sind von den bilanzverantwortlichen zentralen Staatsorganen staatliche Einsatzbestimmungen zu erlassen.
(2) Durch die staatlichen Einsatzbestimmungen wird der Einsatz von Verpackungsmaterialien für die Verpackung bestimmter Erzeugnisse festgelegt oder ausgeschlossen. Die staatlichen Einsatzbestimmungen können vorschreiben:

- die mengenmäßige Begrenzung des Einsatzes,
- die Anwendung von spezifischen Materialeinsatzschlüsseln,
- den Einsatz von Austauschmaterialien,
- Maßnahmen zur Rückführung und Wiederverwendung.

Im übrigen finden die Rechtsvorschriften über den Erlaß staatlicher Einsatzbestimmungen für Rohstoffe und Materialien Anwendung.
(3) ...
(4) ...
(5) Die den verpackenden Betrieben und Zweigen übergeordneten zentralen Staatsorgane bestätigen die Arbeitspläne der Verpackungsausschüsse nach Abstimmung mit dem Minister für Materialwirtschaft.

§ 9

(1) Das Ministerium für Materialwirtschaft verwirklicht im Rahmen seiner Verantwortung folgende Aufgaben auf dem Gebiet der Verpackungswirtschaft:

- Übergabe von Vorschlägen für Schwerpunktaufgaben zur Entwicklung der Verpackungswirtschaft an die Staatliche Plankommission zur Aufnahme in die staatlichen Aufgaben für die Ausarbeitung der Fünfjahr- und Jahresvolkswirtschaftspläne nach Abstimmung mit den für Verpackungsmaterialien und -maschinen bilanzverantwortlichen zentralen Staatsorganen,
- Erarbeitung von Bilanzdirektiven zur Erhöhung der Effektivität der Verpackungswirtschaft zur Ausarbeitung der Fünfjahr- und Jahresvolkswirtschaftspläne und Übergabe an die Staatliche Plankommission und an andere zentrale Staatsorgane entsprechend den Rechtsvorschriften,
- Übergabe von Direktiven zur Plandurchführung an die für die Herstellung und Verwendung von Verpackungsmaterialien und -maschinen verantwortlichen zentralen Staatsorgane zur bedarfsgerechten Versorgung und zum sparsamsten Verbrauch entsprechend den beschlossenen Fünfjahr- und Jahresvolkswirtschaftsplänen,
- Ausarbeitung von Vorschlägen für wissenschaftlich-technische und Standardisierungsaufgaben auf dem Gebiet der Verpackungswirtschaft für die Pläne Wissenschaft und Technik,

– Herausgabe der Nomenklatur für ausgewählte Verpackungsmaterialien und wichtige Verbraucherbereiche zur Ausarbeitung von spezifischen Materialeinsatzschlüsseln nach Abstimmung mit den zuständigen zentralen Staatsorganen,

...

– kontinuierliche Zusammenarbeit mit den zuständigen zentralen Staatsorganen bei der Durchsetzung von Maßnahmen zur Deckung des volkswirtschaftlich begründeten Bedarfs an Verpackungsmaterialien und -maschinen im Prozeß der Ausarbeitung und Durchführung der Jahresvolkswirtschaftspläne.

(2) Das Ministerium für Materialwirtschaft gewährleistet unter aktiver Mitwirkung des Zentralinstituts für Verpackungswesen die Bearbeitung ausgewählter Grundsatz- und Querschnittsaufgaben sowie die Koordinierung der wichtigsten materialökonomischen und wissenschaftlich-technischen Maßnahmen auf dem Gebiet der Verpackungswirtschaft. Es sichert die Anleitung der Verpackungsausschüsse mit dem Ziel der Durchsetzung einer langfristigen planmäßigen Verwenung von Verpackungsmaterialien.

.....[4])

§ 12

Das Amt für Standardisierung, Meßwesen und Warenprüfung sichert die Einbeziehung der Verpackung in die staatliche Qualitätsbewertung von Erzeugnissen.

.....[5])

[1]) Zur Zeit gilt die Verordnung vom 8. Mai 1972 über Lieferungen und Leistungen an die bewaffneten Organe — Lieferverordnung (LVO) — (GBl. II Nr. 33 S. 363).

[2]) § 27 der Verordnung vom 20. Mai 1971 über die Material-, Ausrüstungs- und Konsumgüterbilanzierung — Bilanzierungsverordnung — (GBl. II Nr. 50 S. 377)

[3]) Anordnung vom 3. Dezember 1976 über das Informationssystem für Werkstoffe und ökonomischen Materialeinsatz und den Erlaß staatlicher Einsatzbestimmungen für Rohstoffe und Materialien (GBl. I Nr. 50 S. 565).

[4]) §§ 10 und 11 sind nicht abgedruckt; sie behandeln die Aufgaben der Staatlichen Plankommission bzw. der Ministerien für Außenhandel, für Verkehrswesen sowie für Handel und Versorgung.

[5]) §§ 13, 14 und 15 sind nicht abgedruckt; sie behandeln die Aufgaben des Ministeriums für Hoch- und Fachschulwesen und enthalten die Schlußbestimmungen.

Anordnung über den Umlauf von Leihverpackung — Leihverpackungsanordnung — vom 10. Dezember 1974

(GBl. I 1975 Nr. 1 S. 7)

Zur Verbesserung der Organisation des Umlaufs von Leihverpackung wird im Einvernehmen mit den Leitern der zuständigen zentralen Staatsorgane folgendes angeordnet:

§ 1 Geltungsbereich

(1) Diese Anordnung gilt für alle wechselseitigen Beziehungen zwischen Betrieben, Kombinaten, Einrichtungen, Genossenschaften, Handwerksbetrieben und anderen Gewerbetreibenden beim Umlauf von Leihverpackung.

(2) Diese Anordnung findet keine Anwendung

- bei Exportlieferungen,
- bei Verpackungsmitteln, deren Rückführung bzw. Wiederverwendung durch spezielle Rechtsvorschriften geregelt ist,
- soweit der Umlauf von Leihverpackung innerhalb des Binnenhandels und der Land- und Nahrungsgüterwirtschaft besonders geregelt ist,
- bei Vereinbarungen über den Austausch oder den Kauf und Rückkauf von Verpackungsmitteln und Verpackungshilfsmitteln.

§ 2 Begriffsbestimmung

(1) Leihverpackung können grundsätzlich alle Verpackungsmittel und Verpackungshilfsmittel sein, soweit sie mehrfach einsetzbar sind. Das gilt insbesondere für:

Kisten
Verschläge
Harasse
Steigen
Holzdeckel
Säcke
Verpackungsgewebe
Schnüre, Stricke, Seile
Planen
Transportnetze
Fässer

Kanister
Kannen
Trommeln
Hobbocks
Ballons
Flaschen (ohne Pfand-, Rückkauf- und Rücklaufflaschen)
Hülsen
Spulen
Konen
Korb- und Flechtwaren
Wagenausstattungen
Paletten und Transportbehälter.

(2) Die Leihverpackung hat zum Zeitpunkt ihres Einsatzes den an Versandverpackungen zu stellenden Qualitätsanforderungen zu entsprechen. Soweit Standards bestehen, ergeben sich die Anforderungen aus diesen.

§ 3 Vereinbarungen der Vertragspartner

(1) Die Vertragspartner sind verpflichtet, Vereinbarungen über den ökonomischen Einsatz von Leihverpackung und die rationelle Organisation des Umlaufs von Leihverpackung zu treffen. Das gilt für

1. die Bestimmung des Verpackungsmittels oder Verpackungshilfsmittels als Leihverpackung,
2. die Rückgabefrist (einschließlich Beginn und Ende),
3. die Behandlung von Leihverpackung durch den Warenempfänger,
4. den Abnutzungsbetrag. Der Anschaffungswert ist bekanntzugeben.

(2) Soweit hierzu besondere Rechtsvorschriften oder Vereinbarungen zwischen den zuständigen übergeordneten Organen bestehen, die keiner Konkretisierung im Vertrag bedürfen, sind diese Festlegungen unmittelbar Vertragsinhalt.
(3) Kommt keine Vereinbarung über den Einsatz von Verpackungsmitteln oder Verpackungsmitteln als Leihverpackung zustande, so gelten die im § 2 Abs. 1 aufgeführten Verpackungsmittel und Verpackungshilfsmittel als Leihverpackung, wenn sie vom Lieferer gemäß § 5 Abs. 1 gekennzeichnet werden und auf den Versandpapieren, Rechnungen und sonstigen Belegen als Leihverpackung vermerkt sind.
(4) Der Einsatz von neu- oder weiterentwickelten Verpackungsmitteln und Verpackungshilfsmitteln sowie der Einsatz von Paletten und Transportbehältern als Leihverpackung bedarf in jedem Fall der Vereinbarung.
(5) Kommt zwischen den Vertragspartnern eine Vereinbarung über die Rückgabefrist nicht zustande, so gelten die bisher wirtschaftszweigüblichen Rückgabefristen.

§ 4 Abnutzungsbetrag

(1) Der Abnutzungsbetrag hat dem Verschleißanteil zu entsprechen. Der Verschleißanteil ist zu ermitteln aus dem Anschaffungswert, dividiert durch die durchschnittliche Umschlagszahl der Leihverpackung.
(2) Die Berechnung eines Abnutzungsbetrages ist nicht zulässig, wenn preisrechtliche Vorschriften entgegenstehen.
(3) Berechnungsunterlagen über Abnutzungsbeträge sind entsprechend den Rechtsvorschriften aufzubewahren.

Kennzeichnung, Rückführung, Verlust

§ 5

(1) Die Leihverpackung ist vom Lieferer als solche zu kennzeichnen, soweit diese eine Kennzeichnung zuläßt. Auf den Versandpapieren, Rechnungen und sonstigen Belegen ist zu vermerken, daß es sich um Leihverpackung handelt.
(2) Leihverpackung ist vom Warenempfänger innerhalb der Rückgabefrist im wiederverwendungsfähigen Zustand zurückzuführen. Sofern nichts anderes vereinbart wird, beginnt die Rückgabefrist mit dem Tage des Einganges beim Warenempfänger und ist gewahrt, wenn die Leihverpackung am letzten Tage der Rückgabefrist zum Versand gebracht wird. Die zurückgeführte Leihverpackung ist auf die Leihverpackung gleicher Art der jeweils ältesten Warenlieferung anzurechnen. Die Kosten für die Rückführung der Leihverpackung trägt der Warenempfänger, wenn nichts anderes vereinbart ist.

§ 6

(1) Geht die Leihverpackung beim Warenempfänger in beschädigtem Zustand ein, so hat er dies dem Lieferer unverzüglich anzuzeigen und auf Anforderung den entsprechenden Nachweis zu führen. Unterläßt der Warenempfänger die Anzeige oder die geforderte Nachweisführung, so ist er dem Lieferer zum Schadenersatz verpflichtet, wenn die Leihverpackung nach der Rückführung bei diesem in beschädigtem Zustand eingeht.
(2) Bei Rückführung trägt die Gefahr des zufälligen Unterganges oder der zufälligen Beschädigung der Leihverpackung der Lieferer nur, wenn die Rückführung mit seinen Transportmitteln erfolgt.
(3) Geht dem Warenempfänger die Leihverpackung innerhalb der Rückgabefrist verloren und hat er den Lieferer innerhalb dieser Frist von dem Verlust in Kenntnis gesetzt, so ist der Warenempfänger dem Lieferer zur Ersatzleistung (Wiederbeschaffungspreis) verpflichtet. Der Warenempfänger ist berechtigt, ein gleichartiges Verpackungsmittel (gleicher Werkstoff, gleiche Abmessung, gleicher Gebrauchswert) zur Verfügung zu stellen. Tritt der Verlust nach Ablauf der Rückgabefrist ein oder erfolgt die Verlustanzeige nach Ablauf dieser Frist, so hat der Warenempfänger an den Lieferer neben dem Wiederbeschaffungspreis eine Preissanktion gemäß § 8 zu zahlen. Der Verzug endet mit der Verlustanzeige.

§ 7 Streckengeschäft

(1) Im Streckengeschäft hat der Warenempfänger die Leihverpackung an den Lieferer zurückzuführen, wenn nichts anderes vereinbart ist. Der Einsatz von Leihverpackung und die Bedingungen für ihre Rückführung sind vom Vertragspartner des Warenempfängers mit dem Lieferer zu vereinbaren und dem Warenempfänger mitzuteilen.
(2) Im Streckengeschäft treten die Rechtsfolgen aus der Nichteinhaltung der Rückgabefrist, der Nichtrückgabe oder Rückgabe beschädigter Leihverpackung unmittelbar zwischen dem Warenempfänger und dem Lieferer ein, sofern nichts anderes vereinbart ist.

§ 8 Sanktionen

(1) Bei Überschreitung der Rückgabefristen für Leihverpackung ist eine Preissanktion zu zahlen. Sie beträgt

- für die erste und zweite angefangene Dekade des Verzuges das Zehnfache des Abnutzungsbetrages,
  mindestens jedoch 10 M (bezogen auf die in Verzug mit der Rückgabe befindlichen Verpackungsmittel gleicher Art, die aus einer Sendung stammen),
- für jede weitere angefangene Dekade des Verzuges das Zwanzigfache des Abnutzungsbetrages.

Die Preissanktion darf insgesamt das Dreifache des Anschaffungswertes der Leihverpakkung nicht übersteigen.
(2) Der Verzug ist beendet, wenn der Warenempfänger dem Lieferer die Leihverpackung zurückgegeben oder ihm ein gleichwertiges Verpackungsmittel gemäß § 6 Abs. 3 zur Verfügung gestellt hat.
(3) Mit der Zahlung der Preissanktion ist jeder weitere durch Überschreitung der Rückgabefrist entstandene Schaden abgegolten.
(4) Die Zahlung der Preissanktion entfällt in dem Umfang, wie der Warenempfänger nachweist, daß die Überschreitung der Rückgabefrist durch nichtabwendbare Transportbehinderung der Transportbetriebe verursacht wurde.

§ 9 Schlußbestimmungen

(1) Soweit in dieser Anordnung spezielle Regelungen nicht enthalten sind, finden Anwendung:

- das Vertragsgesetz vom 25. Februar 1965 (GBl. I Nr. 7 S. 107) für Betriebe gemäß § 1 Absätze 2 und 3 des Vertragsgesetzes,
- die Bestimmungen des Vertragsgesetzes und der Ersten Durchführungsverordnung vom 25. Februar 1965 zum Vertragsgesetz – Vertragsstrafen und Preissanktionen –

(GBl. II Nr. 34 S. 249) über Berechnung und Verjährung von Preissanktionen sowie den Einspruch gegen Preissanktionen und darüber hinaus das Zivilrecht für alle übrigen Betriebe und Gewerbetreibenden.

(2) Diese Anordnung tritt am 1. Mai 1975 in Kraft. Sie ist auf solche wechselseitigen Beziehungen beim Umlauf von Leihverpackung anzuwenden, bei denen die Leihverpackung nach Inkrafttreten dieser Anordnung zurückzuführen ist.

(3) Gleichzeitig treten außer Kraft:

Anordnung vom 30. September 1969 über den Umlauf von Leihverpackung – Leihverpackungsanordnung – (GBl. II Nr. 86 S. 531),
Anordnung Nr. 2 vom 4. November 1970 über den Umlauf von Leihverpackung (GBl. II Nr. 87 S. 607).

Anordnung über die Rücklieferung wiederverwendungsfähiger Versandverpackungen aus Wellpappe und Vollpappe

vom 17. März 1975

(GBl. I Nr. 18 S. 328)

Zur Sicherung der Rücklieferung wiederverwendungsfähiger Versandverpackungen aus Wellpappe und Vollpappe einschließlich der unmittelbar dazugehörigen Ausstattungen wird im Einvernehmen mit den Leitern der zuständigen zentralen Staatsorgane folgendes angeordnet:

§ 1

(1) Diese Anordnung gilt für Betriebe, Kombinate, Einrichtungen, Genossenschaften, Handwerksbetriebe sowie andere Gewerbetreibende bei der Rücklieferung wiederverwendungsfähiger Versandverpackungen aus Wellpappe und Vollpappe einschließlich der dazugehörigen Ausstattungen (nachfolgend Kartonagen genannt), soweit diese nicht Leihverpackung im Sinne der dafür geltenden Rechtsvorschriften[1]) sind.
(2) Diese Anordnung findet keine Anwendung bei Exportlieferungen.

§ 2

(1) Die Warenempfänger sind verpflichtet, Verpackungsmittel einschließlich Importverpackungen, die Kartonagen im Sinne dieser Anordnung sind, sachgemäß zu behandeln, ordnungsgemäß zu lagern und an den Versender zurückzuliefern. Versender im Sinne dieser Anordnung können der Warenproduzent, der Konsumgütergroßhandel, der Produktionsmittelhandel sowie andere Handelsbetriebe auf der Grundlage der zwischen ihnen und dem Warenempfänger abgeschlossenen Wirtschaftsverträge sein.
(2) Wiederverwendungsfähige Kartonagen sind sortiert, in sauberem Zustand und gebündelt zurückzuliefern.
(3) Ausgenommen von der Rücklieferung sind nur Kartonagen, die nicht wiederverwendungsfähig sind. Als nicht wiederverwendungsfähig gelten Kartonagen, die vom Warenproduzenten mit „keine Rücklieferung" gekennzeichnet sind, und Kartonagen, die stark verschmutzt, eingerissen oder durchnäßt sind, sowie Kartonagen aus Erzeugnisimporten, für die im Inland wegen ihrer Abmessungen oder Materialqualitäten keine Wiederverwendung möglich ist. Für Kartonagen aus Erzeugnisimporten obliegt die Kennzeichnungspflicht den Importbetrieben.
(4) Nicht wiederverwendungsfähige Kartonagen sind dem Altstoffhandel zuzuführen.
(5) Die Warenproduzenten dürfen nur solche Kartonagen gemäß Abs. 3 kennzeichnen, deren Wiederverwendung aus hygienischen Gründen für gleiche oder ähnliche Erzeugnisse

untersagt ist und die wegen ihrer Abmessungen in den übrigen Zweigen der Volkswirtschaft keiner Wiederverwendung zugeführt werden können. Besondere Hinweise und Festlegungen zum Umgang mit wiederverwendungsfähigen Kartonagen erläßt der Minister für Gesundheitswesen in Abstimmung mit den zuständigen Ministern. **Die Rücklieferung wiederverwendungsfähiger Kartonagen an pharmazeutische und verbandmittelherstellende Warenproduzenten ist nicht gestattet**[2]).

(6) Die Vertragspartner können vereinbaren, daß die Rücklieferung von Kartonagen vom Warenempfänger direkt an den Warenproduzenten erfolgt.

(7) Leistungsort für die Rücklieferung ist der Sitz des Verwenders. Gegenüber den Einzelhandelsbetrieben sind die Versender abholepflichtig, wenn nichts anderes vereinbart ist.

§ 3

Die Versender sind verpflichtet, alle zurückgelieferten Kartonagen entgegenzunehmen. Sie haben die Kosten für die Rücklieferung zu tragen, wenn nichts anderes vereinbart ist.

§ 4

(1) Die Vertragspartner haben den Umfang und die Frist der Rücklieferung der Kartonagen zu vereinbaren.

(2) Die Pflicht zur Rücklieferung ist erfüllt, wenn die vereinbarte Menge an wiederverwendungsfähigen Kartonagen dem Transportträger ordnungsgemäß übergeben wird.

(3) Für jede gegenüber dem Wirtschaftsvertrag nicht zurückgelieferte wiederverwendungsfähige Kartonage ist dem Warenproduzenten eine Vertragsstrafe in Höhe von mindestens —,50 M zu zahlen. Vertragsstrafe von mindestens —,50 M hat der Warenproduzent zu zahlen für jede von ihm nicht gemäß § 6 Abs. 1 bezahlte wiederverwendungsfähige Kartonage. Die Vertragspartner können höhere Vertragsstrafen vereinbaren.

§ 5

(1) Das Staatliche Vertragsgericht kann Betriebe zur Zahlung einer Wirtschaftssanktion verpflichten, wenn sie entgegen ihrer Verpflichtung zum rationellen Einsatz von Transportraum für wiederverwendungsfähige Kartonagen wiederholt öffentlichen Transportraum für den Transport nicht wiederverwendungsfähiger Kartonagen im Sinne dieser Anordnung einsetzen.

(2) Die Wirtschaftssanktion ist zugunsten des Staatshaushaltes zu zahlen. Das Staatliche Vertragsgericht kann festlegen, daß die Wirtschaftssanktion bis zu 50% an den Warenproduzenten oder den Transportträger gezahlt wird, wenn dieser die Pflichtverletzung aufdeckt oder an ihrer Aufdeckung mitwirkt.

(3) Für die Wirtschaftssanktionen gelten die Bestimmungen des Vertragsgesetzes über

die materielle Verantwortlichkeit für die Verletzung von Wirtschaftsverträgen entsprechend.
(4) Die Wirtschaftssanktion kann nach Ablauf des Jahres, das auf die Pflichtverletzung folgt, nicht mehr durchgesetzt werden.

§ 6

(1) Die Warenproduzenten haben für jede wiederverwendungsfähige Kartonage 50% des Neuwertes an den Rückliefernden zu zahlen. Den Differenzbetrag in Höhe der restlichen 50% des Neuwertes haben sie ausschließlich für die zusätzlichen Aufwendungen zur Aufbereitung der zurückgelieferten Kartonagen und materiellen Anerkennung ihrer an der Rücklieferung und Aufbereitung beteiligten Werktätigen zu verwenden.
(2) Sind der Konsumgütergroßhandel, der Produktionsmittelhandel oder andere Handelsbetriebe Versender gemäß § 2 Abs. 1, so haben sie dem Warenempfänger bei Übernahme der von diesem zurückgelieferten Kartonagen eine Rückvergütung von mindestens –,10 M je Kartonage zu zahlen. Die darüber hinausgehende Rückvergütung ist zu ermitteln aus dem gemäß Abs. 1 zu erzielenden Bruttoerlös abzüglich der durchschnittlichen Kosten für die Aufbereitung und Rücklieferung der Kartonagen sowie der materiellen Anerkennung der Werktätigen des Konsumgütergroßhandels, des Produktionsmittelhandels oder anderer Handelsbetriebe, die an der Aufbereitung und Rücklieferung beteiligt sind.
(3) Der Konsumgütergroßhandel, der Produktionsmittelhandel sowie andere Handelsbetriebe können ihren an der Aufbereitung und Rücklieferung beteiligten Werktätigen eine materielle Anerkennung gewähren. Dem an der Rücklieferung vom Einzelhandelsbetrieb zum Konsumgütergroßhandel, Produktionsmittelhandel oder anderen Handelsbetrieb beteiligten Kraftfahrer und Beifahrer ist insgesamt eine materielle Anerkennung in Höhe von mindestens –,03 M je Kartonage zu zahlen. Die materielle Anerkennung erfolgt nur bei ordnungsgemäßer Übernahme und Rücklieferung wiederverwendungsfähiger Kartonagen.
(4) Die Einzelhandelsbetriebe haben bei direkter Rücklieferung an den Warenproduzenten den Erlös je Kartonage gemäß Abs. 1 und die Rückvergütung gemäß Abs. 2 für die materielle Anerkennung ihrer an der Aufbereitung und Rücklieferung beteiligten Werktätigen zu verwenden.
(5) Die materielle Anerkennung gemäß den Absätzen 2 bis 4 ist lohnsteuerfrei, nicht sozialversicherungspflichtig und gehört nicht zum Durchschnittsverdienst.

§ 7

(1) Warenproduzenten, bei denen aus hygienischen Gründen gemäß § 2 Abs. 5 oder durch hochproduktive, automatische Verpackungsprozesse die Wiederverwendung ihrer Kartonagen nicht möglich oder volkswirtschaftlich nicht zu vertreten ist, sind verpflichtet, den

Warenempfänger nach Abstimmung mit den für die zuständigen Fondsträgern und Erzeugnisgruppenleitbetrieben oder der VVB Verpackung den Warenproduzenten zu benennen, an den die Rücklieferung der Kartonagen zu erfolgen hat. Zwischen diesen Partnern sind entsprechende Wirtschaftsverträge abzuschließen.

(2) Für Kartonagen aus Lieferungen von Importerzeugnissen haben die Importbetriebe nach Abstimmung mit den zuständigen Erzeugnisgruppenleitbetrieben oder der VVB Verpackung mit dem Warenempfänger zu vereinbaren, an welche Warenproduzenten die Kartonagen zurückzuliefern sind. Mit diesen Betrieben haben die Warenempfänger die erforderlichen Vertragsbeziehungen herzustellen.

§ 8

(1) Diese Anordnung tritt am 1. Mai 1975 in Kraft. Sie findet auf die Rücklieferung von Kartonagen aus Warenlieferungen Anwendung, die durch die Warenproduzenten oder Importbetriebe vom Inkrafttreten dieser Anordnung an erfolgen.

(2) Gleichzeitig tritt die Anordnung vom 8. Juli 1965 über die Rückführung wiederverwendungsfähiger Kartonagen und Wellpappen-Kartonagen (GBl. II Nr. 79 S. 589) außer Kraft.

[1]) Zur Zeit gilt die Leihverpackungsanordnung vom 10. Dezember 1974 (GBl. I 1975 Nr. 1 S. 7).

[2]) Hervorhebung durch Herausgeber von AAR

Anordnung über die hygienischen Voraussetzungen für die Wiederverwendung von Verpackungsmitteln aus Wellpappe und Vollpappe im Lebensmittelverkehr

vom 17. März 1977

(GBl. I Nr. 7 S. 58)

Auf Grund des § 11 Abs. 1 in Verbindung mit § 9 Abs. 2 des Lebensmittelgesetzes vom 30. November 1962 (GBl. I Nr. 12 S. 111) wird zur Wiederverwendung von Verpackungsmitteln aus Wellpappe und Vollpappe im Lebensmittelverkehr gemäß der Anordnung vom 17. März 1975 über die Rücklieferung wiederverwendungsfähiger Versandverpackungen aus Wellpappe und Vollpappe (GBl. I Nr. 18 S. 328) im Einvernehmen mit den Leitern der zuständigen zentralen Staatsorgane folgendes angeordnet:

§ 1

(1) Im Lebensmittelverkehr dürfen wiederverwendungsfähige Versandverpackungen aus Wellpappe und Vollpappe einschließlich der dazugehörigen Ausstattung (nachfolgend Kartonagen genannt) eingesetzt werden, soweit sie vorher ausschließlich verpackte Lebensmittel enthalten haben, sie nicht stark verschmutzt, nicht eingerissen, nicht durchnäßt und ohne Fremdgeruch sind. Die Kartonagen müssen transport- und stapelfähig sein.
(2) Die Wiederverwendung von Kartonagen ist nur für verpackte Lebensmittel und Eier gestattet. Verpackte Lebensmittel im Sinne dieser Anordnung sind Lebensmittel, die allseitig von Papier, Pappe, Plastfolie und dergleichen umhüllt sind.

§ 2

(1) Die Wiederverwendung der Kartonagen ist so durchzuführen, daß eine hygienische Beeinträchtigung der Lebensmittel und der Betriebe ausgeschlossen ist.
(2) Die Staatlichen Hygieneinspektionen bzw. Veterinärhygiene-Inspektionen der Bezirke und Kreise haben die Betriebe bei den Maßnahmen zur Gewährleistung der Forderungen gemäß Abs. 1 zu beraten, anzuleiten und zu unterstützen.
(3) Das Abpacken von Lebensmitteln in wiederverwendungsfähige Kartonagen muß bei nachstehend genannten Lebensmitteln in Räumen erfolgen, die vom Produktionsprozeß getrennt sind:

- Milch und Milcherzeugnisse, ausgenommen Sterilkonserven
- Fleisch, Geflügel und Wild sowie deren Erzeugnisse, ausgenommen solche in luftdicht verschlossenen Behältnissen
- Fischerzeugnisse, ausgenommen solche in luftdicht verschlossenen Behältnissen
- Speiseeis und Speiseeispulver

— Feinkosterzeugnisse
— Eipulver
— Säuglings-, Säuglingsfertig- und Kinderzusatznahrung
— Konditorei- und Feinbackwaren.

Sofern eine räumliche Trennung nicht erfolgen kann, bedarf die Wiederverwendung von Kartonagen der Zustimmung durch die zuständige Staatliche Hygieneinspektion bzw. Veterinärhygiene-Inspektion.

§ 3

Diese Anordnung tritt am 1. April 1977 in Kraft.

Anordnung über den Einsatz von Dosen aus Feinblech, verzinnt, vom 24. Februar 1971

(GBl. II Nr. 29 S. 244)

Auf Grund der Anordnung vom 11. Mai 1964 über den ökonomischen Einsatz von Werkstoffen und die Herausgabe von Werkstoffeinsatzbestimmungen (GBl. III S. 321) wird im Einvernehmen mit den Leitern der zuständigen zentralen staatlichen Organe folgendes angeordnet:

§ 1

(1) Der Einsatz von Dosen aus Feinblech, verzinnt, für die Verpackung von Erzeugnissen ist untersagt, wenn durch andere Verpackungsmittel, z. B. Industriekonservengläser, Dosen aus Glas, sonstiges Verpackungsglas, Dosen und Gefäße aus Porzellan, Plast, Pappe und anderen Werkstoffen, ein ausreichender Schutz gegenüber nachteiligen Wirkungen auf den Gebrauchswert der Erzeugnisse gewährleistet werden kann.

(2) Der Generaldirektor der VVB Eisen-, Blech- und Metallwaren hat in Wahrnehmung seiner Befugnisse bei der Bilanzierung von „Leichten Packungen" in Zusammenarbeit mit den übergeordneten Organen der Bedarfsträger zu sichern, daß der Einsatz von Dosen aus Feinblech, verzinnt, für die Verpackung folgender Erzeugnisse begrenzt wird:

- für Kondensmilch ab 195 cm^3 Volumen;
- für Fleisch- und Wurstwaren ab 210 cm^3 Volumen, einschließlich Geflügel- und Wildkonserven sowie Fleisch-Soße-Gerichte mit einem Fleischfüllgewicht ab 150 g;
- für Obst- und Gemüsekonserven ab 900 cm^3 Volumen, auf hochproduktiven Anlagen, die eine Verpackung in Industriekonservengläsern oder Dosen aus Glas ausschließen;
- für Erzeugnisse für Sonderbedarfsgüter ab 210 cm^3 Volumen.

(3) Ausgenommen von den Bestimmungen des Abs. 2 sind Erzeugnisse, die für den Export bestimmt sind und im Ausland handelsüblich in Dosen aus Feinblech, verzinnt, verpackt werden. Mit dem Vertragsangebot sind die Exportverpflichtungen nachzuweisen.

§ 2

Die unter § 1 Abs. 2 genannten Konservensortimente können entsprechend den volkswirtschaftlichen Möglichkeiten und Notwendigkeiten erweitert oder reduziert werden. Anträge hierzu sind von den übergeordneten Organen der Bedarfsträger an den Generaldirektor der VVB Eisen-, Blech- und Metallwaren einzureichen. Die VVB Eisen-, Blech- und Metallwaren führt dazu die erforderlichen Abstimmungen durch.

§ 3

Zur Neuaufstellung von Ausrüstungen (Konserven- und Dosenverschließmaschinen) muß vom Generaldirektor der VVB Eisen-, Blech- und Metallwaren die Zustimmung erteilt werden.

§ 4

Diese Anordnung tritt am 1. März 1971 in Kraft.

Anordnung über den Einsatz von Verpackungsmitteln aus Metall vom 21. Mai 1971

(GBl. II Nr. 49 S. 372)

Auf Grund der Anordnung vom 11. Mai 1964 über den ökonomischen Einsatz von Werkstoffen und die Herausgabe von Werkstoffeinsatzbestimmungen (GBl. III S. 321) wird im Einvernehmen mit den Leitern der zuständigen zentralen staatlichen Organe folgendes angeordnet:

§ 1

Diese Anordnung gilt für folgende Verpackungsmittel aus Metall, nachfolgend „Schwere Packungen" genannt:

Rollsickenfässer
Rollreifenfässer, gefalzt
Rollreifenfässer, geschweißt
Deckelfässer
Fässer aus Aluminium
Trommeln mit Deckel und Spannring
Trommeln mit Füllöffnung
Weithalskannen
Enghalskannen
Kombinationsbehälter Plast-Metall
Hobbocks
Kanister, Nenninhalt 10 und 20 Liter
Flaschenkörbe.

§ 2

(1) Es ist untersagt, schwere Packungen für Erzeugnisse, z. B. feste, pulvrige, pastöse oder erstarrende, einzusetzen, für die durch andere Verpackungsmittel, z. B. Behälter aus Plast, Pappe oder Glas, ein ausreichender Schutz gegenüber Füllgutverlusten sowie nachteiligen Wirkungen hinsichtlich des Gebrauchswertes der Füllgüter und des Schutzes der Umwelt gewährleistet werden kann.
(2) Die starke Abhängigkeit des Verpackungsmittels vom Füllgut (Korrosionseinwirkungen, Innenauskleidung usw.) verpflichtet die Bedarfsträger zu bestimmen, welche Verpackungsart einzusetzen ist und welche Art des Oberflächenschutzes angewendet werden muß.

§ 3

(1) Der Generaldirektor der VVB Eisen-, Blech- und Metallwaren hat in Wahrnehmung seiner Befugnisse bei der Bilanzierung von schweren Packungen in Zusammenarbeit mit den übergeordneten Organen der Bedarfsträger die Belieferung derjenigen Bedarfsträger mit schweren Packungen zu sichern, die gemäß der Bilanzierungsverordnung vorrangig zu berücksichtigen sind.
(2) Für schwere Packungen, die als Einwegverpackung im Export verwendet werden, ist die minimal notwendige Blechdicke einzusetzen. Für Blechdickenabweichungen von den verbindlichen Standards ist eine begründete Ausnahmegenehmigung bei der Zentralstelle für Standardisierung der VVB Eisen-, Blech- und Metallwaren zu beantragen.
(3) Geschweißte Rollreifenfässer sind für die Verpackung von Exporterzeugnissen nicht zulässig. Ausgenommen hiervon sind feuer- und explosionsgefährdete Füllgüter, wenn die Transportbestimmungen des Ex- oder Importlandes geschweißte Verpackungsmittel vorschreiben.

§ 4

(1) Für schwere Packungen ist im Inlandverkehr die Mehrfachverwendung (Mehrwegeverpackung) von allen Bedarfsträgern durchzusetzen. Dazu sind vorzugsweise langlebige, geschweißte Rollreifenfässer einzusetzen. Ausgenommen hiervon sind schwere Packungen, die durch das Füllgut bereits als Einwegverpackung festgelegt sind.
(2) Die Lagerung von schweren Packungen beim Hersteller, bei den Bedarfsträgern und deren Abnehmern hat so zu erfolgen, daß Korrosionserscheinungen weitgehend vermieden werden.
(3) Schwere Packungen sind beim Transport, beim Umschlag, bei der Be- und Entladung so zu behandeln, daß eine maximale Werterhaltung zum Zwecke der Wiederverwendung erfolgt.
(4) Schwere Packungen aus Importlieferungen sind im Inlandverkehr weiter zu verwenden oder den Regenerierungsbetrieben der Deutschen Demokratischen Republik zwecks Aufarbeitung und Wiederverwendung zuzuführen.
(5) Kanister nach TGL 4368 mit einem Neuinhalt von 10 und 20 Litern sind ausschließlich für Transport, Lagerung und Aufbewahrung von Vergaser- und Dieselkraftstoffen sowie zum Versand gefährlicher Güter entsprechend der Transportordnung für gefährliche Güter vom 28. Dezember 1967[1]) zu verwenden. Ein Einsatz als Exportverpackung für chemische Füllgüter ist unzulässig.

§ 5

Abweichungen von den vorstehenden Bestimmungen können entsprechend den volkswirtschaftlichen Möglichkeiten und Notwendigkeiten durchgeführt werden. Anträge hierzu sind von den übergeordneten Organen der Bedarfsträger an den Generaldirektor der VVB Eisen-, Blech- und Metallwaren einzureichen. Die VVB Eisen-, Blech- und Metallwaren führt dazu die erforderlichen Abstimmungen durch.

§ 6

(1) Zur Neuaufstellung und Inbetriebnahme von Produktionskapazitäten für schwere Packungen muß vom Generaldirektor der VVB Eisen-, Blech- und Metallwaren die Zustimmung erteilt werden.
(2) Schwere Packungen der ELN-Nummer 13974000 sind bei Aufnahme der Produktion gemäß Anordnung vom 16. November 1970 über die Anmeldepflicht und Prüfpflicht auf dem Gebiet der staatlichen Qualitätskontrolle (Sonderdruck Nr. 683 des Gesetzblattes) beim Deutschen Amt für Meßwesen und Warenprüfung, Fachgebiet 214, Zwickau, anmeldepflichtig.

§ 7

Diese Anordnung tritt am 1. Juni 1971 in Kraft.

[1]) Herausgegeben vom Ministerium für Verkehrswesen — Tarifamt —

Anordnung über die Pflicht zur Etikettierung von Konsumgütern vom 7. April 1972

(GBl. II Nr. 20 S. 230)

Zur Sicherung der einheitlichen Etikettierung der Konsumgüter für den Bevölkerungsbedarf wird im Einvernehmen mit den Leitern der zuständigen zentralen Staatsorgane sowie in Übereinstimmung mit dem Vorstand des Verbandes Deutscher Konsumgenossenschaften angeordnet:

§ 1

(1) Alle Konsumgüter sind zu etikettieren. Verantwortlich dafür sind die Industrie-, Außenhandels- und Handwerksbetriebe, Produktionsgenossenschaften sowie Einzelpersonen (nachstehend Hersteller genannt), die Konsumgüter für den Bevölkerungsbedarf an die Betriebe des Binnenhandels einschließlich Gaststätten liefern.

(2) Ausgenommen von der Etikettierungspflicht sind:

a) Nahrungs- und Genußmittel, feste und flüssige Brennstoffe, Chemikalien, Farbstoffe sowie Schmierstoffe, sofern sie nicht vom Hersteller in Kundenverpackung abgepackt bzw. abgefüllt sind,
b) Schnittholz,
c) Baustoffe,
d) Arzneimittel.

§ 2

(1) Die Etikettierung umfaßt folgende Angaben:

a) Name und Sitz des Betriebes oder ein für den Hersteller eingetragenes Warenzeichen,
b) Warenbezeichnung,
c) Artikelbezeichnung (Modell, Type),
d) Schlüsselnummer der Erzeugnis- und Leistungsnomenklatur (ELN),
e) Material/Materialzusammensetzung,
f) Standard (TGL),
g) Güte und/oder Wahl,
h) Produktionszeitraum/Verfalldatum,
i) sonstige Angaben, soweit diese vereinbart werden,
j) Schlüsselnummer des Binnenhandels (HSL),
k) Menge und/oder Größe,
l) Einzelhandelsverkaufspreis (EVP).

(2) Die im Abs. 1 genannten Angaben sind grundsätzlich in der angegebenen Reihenfolge anzuordnen. Falls dies aus technischen oder gestalterischen Gründen nicht möglich ist, gilt § 5 der Anordnung vom 9. April 1970 zur einheitlichen datenverarbeitungsgerechten Warenauszeichnung und Etikettierung (GBl. II Nr. 40 S. 295).

§ 3

Die zentralen wirtschaftsleitenden Organe des sozialistischen Konsumgütergroßhandels und das Zentrale Warenkontor Großhandel „Waren täglicher Bedarf" oder die von ihnen beauftragten sozialistischen Großhandelsbetriebe sind nach Zustimmung der zentralen wirtschaftsleitenden Organe des sozialistischen Konsumgütereinzelhandels und der Hauptdirektion des volkseigenen Einzelhandels (HO) berechtigt, die im § 2 Abs. 1 genannten Angaben mit Ausnahme der Buchstaben a, j, k und l unter Berücksichtigung der Warenart, der modernen Verkaufsform und der Datenverarbeitung auszuwählen und auf den notwendigen Umfang zu beschränken. Hierzu sind mit den jeweils Verantwortlichen für die Etikettierung die erforderlichen Vereinbarungen zu treffen. Dabei ist die Unterrichtung der Bevölkerung über die Güte und/oder Wahl zu sichern.

§ 4

(1) Die Etikettierung ist je Artikel vorzunehmen.

(2) Ist die Etikettierung des einzelnen Artikels nicht möglich oder nicht zweckmäßig, ist die im Verkaufsraum der Verkaufsstelle für Angebotszwecke zu verwendende Verpackung zu etikettieren.

(3) Bilden mehrere Artikel eine Verkaufseinheit und werden diese nur als solche verkauft, ist diese zu etikettieren.

(4) Die Vereinbarung einer von den Absätzen 1 bis 3 abweichenden Etikettierung zwischen den im § 3 genannten Organen und Betrieben ist zulässig, wenn dies entsprechend der Art und Beschaffenheit des Artikels, aus volkswirtschaftlichem sowie handelpolitischem Interesse erforderlich ist.

§ 5

Die Außenhandelsbetriebe sind verpflichtet, beim ausländischen Lieferer eine Etikettierung zu sichern, die mindestens den Anforderungen des § 2 Abs. 1 Buchstaben a, j, k und l entspricht. Ist diese Verpflichtung nicht durchsetzbar, weil die Etikettierung nicht handelsüblich oder aus handelspolitischen Gründen nicht möglich ist, ist die Etikettierung durch die mit der Abwicklung von Importen beauftragten sozialistischen Großhandelsbetriebe vorzunehmen. Die den sozialistischen Großhandelsbetrieben im Zusammenhang mit der Etikettierung entstehenden Kosten wie Material-, Herstellungs-, Lohn- und Einlagerungskosten sind ihnen von den Außenhandelsbetrieben durch Pauschalabgeltung zu erstatten. Die Höhe der Pauschalabgeltung ist zwischen den Partnern zu vereinbaren.

§ 6

(1) Die Handelsbetriebe einschließlich Gaststätten dürfen keine Konsumgüter anbieten oder verkaufen, die nicht gemäß § 4 Absätze 1 bis 3 etikettiert sind. Werden nicht etikettierte Konsumgüter geliefert, ist der Einzelhandelsbetrieb zur Abnahmeverweigerung gegenüber dem Lieferer berechtigt.
(2) Die Handelsbetriebe einschließlich Gaststätten dürfen die Etiketten nicht entfernen. Nur aus zwingenden Gründen (z. B. Verschmutzung, Beschädigung) sind sie zur Entfernung der Originaletiketten und zur erneuten Etikettierung berechtigt.
(3) Bei jeder Veränderung des gültigen Einzelhandelsverkaufspreises sind die Etiketten unverzüglich zu berichtigen oder zu ersetzen.

§ 7

(1) Bei Verletzung der durch Rechtsvorschriften festgelegten oder der zulässigerweise vereinbarten Etikettierungspflicht finden die Vorschriften des Gesetzes vom 25. Februar 1965 über das Vertragssystem in der sozialistischen Wirtschaft — Vertragsgesetz — (GBl. I Nr. 7 S. 107) über die nicht qualitätsgerechte Leistung entsprechend Anwendung. Die Vertragsstrafe beträgt in diesen Fällen 3% des Wertes des Vertragsgegenstandes oder des von der Vertragsverletzung betroffenen Teiles, mindestens jedoch 30 M.
(2) Die Vertragsstrafe gemäß Abs. 1 kann nicht neben einem Anspruch wegen Verletzung der Kennzeichnungspflicht aus der Verordnung vom 7. Mai 1970 über die Kennzeichnung der Herkunft von Waren (GBl. II Nr. 50 S. 359) gefordert werden.
(3) Die Absätze 1 und 2 finden keine Anwendung, sofern gemäß § 5 eine Pauschalabgeltung vereinbart wurde.

§ 8

(1) Diese Anordnung tritt am 1. Juli 1972 in Kraft.
(2) Gleichzeitig treten außer Kraft:

a) die Anordnung vom 25. Mai 1960 über die Etikettierungspflicht (GBl. I Nr. 35 S. 378),
b) die Anordnung Nr. 2 vom 19. Januar 1961 über die Etikettierungspflicht (GBl. II Nr. 6 S. 22),
c) die Anordnung Nr. 3 vom 19. März 1962 über die Etikettierungspflicht (GBl. II Nr. 17 S. 149).

Statut des Amtes für Standardisierung, Meßwesen und Warenprüfung
Beschluß des Ministerrates
vom 9. Januar 1975

(GBl. I Nr. 16 S. 301)

§ 1

(1) Das Amt für Standardisierung, Meßwesen und Warenprüfung (ASMW) ist das Organ des Ministerrates zur Leitung und Planung der Standardisierung und des Meßwesens sowie für die staatliche Qualitätskontrolle. Das ASMW erfüllt seine Aufgaben in Durchführung der Beschlüsse der Partei der Arbeiterklasse auf der Grundlage der Verfassung der DDR, der Gesetze und anderen Rechtsvorschriften. Es hat seine Aufgaben unter umfassender Einbeziehung der Werktätigen in die Leitung und Planung zu lösen.

(2) Das ASMW konzentriert sich in seiner Tätigkeit darauf, durch hohe Wirksamkeit der staatlichen Standards, des staatlichen Meßwesens und der staatlichen Qualitätskontrolle den wissenschaftlich-technischen Fortschritt zu beschleunigen und die Effektivität der Volkswirtschaft zu erhöhen, um damit zur weiteren Verbesserung des materiellen und kulturellen Lebensniveaus des Volkes beizutragen.

(3) Die Aufgaben des ASMW umfassen vor allem

- kontinuierliche Weiterentwicklung der Standardisierung und des Meßwesens mit dem Ziel einer ständigen Steigerung der Effektivität der Volkswirtschaft, der Erhöhung des technischen Niveaus und der Qualität der Erzeugnisse und der Senkung der Kosten für ihre Entwicklung, Produktion und Anwendung;
- Sicherung eines einheitlichen, den volkswirtschaftlichen Erfordernissen und Möglichkeiten entsprechenden Standardwerkes;
- Gewährleistung der Einheitlichkeit der Maße und Messungen in der Volkswirtschaft und eine wirksame Kontrolltätigkeit zur Sicherung der Entwicklung und effektiven Nutzung eines rationellen, den wissenschaftlich-technischen Fortschritt fördernden Meßwesens;
- staatliche Qualitätskontrolle, die staatliche Qualitätsbewertung von Erzeugnissen und die damit verbundene Einflußnahme auf die Entwicklung von Grundsätzen und Methoden zur ökonomischen und moralischen Stimulierung der Werktätigen und Betriebe.

(4) Das ASMW hat in Abstimmung mit anderen zentralen Staatsorganen zu sichern, daß durch Standardisierung, Meßwesen und Qualitätskontrolle die Vertiefung der sozialistischen ökonomischen Integration gefördert wird. Dazu arbeitet es eng mit dem Staatlichen Komitee für Standardisierung des Ministerrates der UdSSR und den entsprechenden

Organen der anderen sozialistischen Länder zusammen. Das ASMW ist im Rahmen seines Aufgabengebietes verantwortlich für die Erfüllung der sich für die DDR aus dem Komplexprogramm der sozialistischen ökonomischen Integration der Mitgliedsländer des RGW sowie anderen internationalen Verpflichtungen ergebenden Aufgaben. Es vertritt auf den Gebieten der Standardisierung, des Meßwesens und der staatlichen Qualitätskontrolle die DDR

- in den entsprechenden Organen des RGW,
- in anderen speziellen internationalen Organisationen bzw. Arbeitsorganen internationaler Organisationen und
- gegenüber nationalen Organen und Einrichtungen anderer Staaten, die auf diesen Gebieten tätig sind.

§ 2

(1) Dem ASMW obliegt im Rahmen seiner Verantwortung für die Standardisierung, das Meßwesen und die Qualitätskontrolle eine gesamtvolkswirtschaftliche Koordinierungsfunktion für die planmäßige, proportionale Entwicklung der Erzeugnisqualität, um einen hohen volkswirtschaftlichen Nutzeffekt bei der Verbesserung der Qualität der Erzeugnisse zu erreichen. Aus der Analysentätigkeit leitet das ASMW Maßnahmen ab, damit von den zuständigen Organen und Einrichtungen volkswirtschaftlich notwendige Proportionen bei der Erhöhung der Gebrauchseigenschaften der Erzeugnisse zwischen Zuliefer- und Finalindustrie, insbesondere auch hinsichtlich Zuverlässigkeit und Lebensdauer der Werkstoffe, Bauteile und Baugruppen, durchgesetzt werden.
(2) Das ASMW nimmt Einfluß darauf, daß bei der Erfüllung der Aufgaben auf den Gebieten der Standardisierung, des Meßwesens und der Qualitätsentwicklung und -sicherung die Erfahrungen der UdSSR genutzt und die schöpferische Initiative und Leistungsbereitschaft der Werktätigen insbesondere im sozialistischen Wettbewerb und in der Neuererbewegung gefördert werden. Es verallgemeinert die Erfahrungen der Besten und unterstützt die Betriebe bei der Entfaltung der Masseninitiative im Kampf um eine hohe Qualität, insbesondere durch die Verleihung des Titels „Betrieb der ausgezeichneten Qualitätsarbeit".
(3) Das ASMW unterstützt die politisch-ideologische Arbeit auf den Gebieten der Standardisierung, des Meßwesens und der Qualitätsentwicklung und -sicherung durch eine wirksame Öffentlichkeitsarbeit. Es organisiert in Zusammenarbeit mit anderen Organen und Einrichtungen den Informations- und Erfahrungsaustausch auf diesen Gebieten, propagiert durch eine allseitige Öffentlichkeit die Anwendung fortschrittlicher Erfahrungen der UdSSR und der besten Kollektive aus Betrieben der DDR. Das ASMW leitet in Zusammenarbeit mit der KDT und anderen gesellschaftlichen Organisationen die Kabinette für Qualität und Zuverlässigkeit an.

§ 3

(1) Das ASMW sichert in Zusammenarbeit mit dem Ministerium für Wissenschaft und Technik und den anderen zentralen Staatsorganen durch die Erarbeitung staatlicher Aufgaben für die Ausarbeitung des Staatsplanes Wissenschaft und Technik, durch die Einflußnahme auf die Zielstellungen der Pläne Wissenschaft und Technik auf allen Ebenen und durch die Mitwirkung an Planverteidigungen, daß den gesellschaftlichen Bedürfnissen entsprechende ökonomische und wissenschaftlich-technische Zielstellungen geplant werden. Dazu gehören insbesondere Vorgaben zur Erhöhung der Qualität unter besonderer Berücksichtigung der Zuverlässigkeit, Vorgaben für die Standardisierung zur Förderung der Spezialisierung und Konzentration der Produktion, der Wiederverwendung von technischen Lösungen und damit zur Erhöhung der Effektivität der Produktion.
(2) Das ASMW arbeitet gemeinsam mit der Staatlichen Plankommission und den anderen zentralen Staatsorganen an der Weiterentwicklung der Grundsätze der Planung der Standardisierung, des Meßwesens und der Qualitätsentwicklung und -sicherung auf allen Ebenen der Volkswirtschaft unter besonderer Berücksichtigung des Prinzips der Einheit von Qualität und Quantität in der Planung der Warenproduktion. Es erarbeitet gemeinsam mit der Staatlichen Plankommission und anderen zentralen Staatsorganen entsprechend den volkswirtschaftlichen Schwerpunkten Qualitätsvorgaben, z. B. Zielstellungen für die Anteile der prüfpflichtigen Warenproduktion nach Güteklassen.

§ 4

(1) Das ASMW erarbeitet zur Sicherung des wissenschaftlichen Vorlaufes auf den Gebieten der Standardisierung des Meßwesens und der Qualitätskontrolle in Zusammenarbeit mit anderen zentralen Staatsorganen Zielstellungen und Aufgaben für den Staatsplan Wissenschaft und Technik und koordiniert die Forschungsarbeiten auf diesen Gebieten, insbesondere zur Zuverlässigkeitsforschung. Es nimmt in Zusammenarbeit mit dem Minister für Wissenschaft und Technik Einfluß auf die Entwicklung des dafür notwendigen Potentials sowie auf seinen konzentrierten Einsatz und organisiert dazu die notwendige Zusammenarbeit, vor allem mit dem Ministerium für Hoch- und Fachschulwesen sowie mit den Einrichtungen der Akademie der Wissenschaften der DDR, der Hochschulen und der Industrie.
(2) Das ASMW unterstützt das Ministerium für Hoch- und Fachschulwesen und andere zentrale Staatsorgane bei der Aus- und Weiterbildung auf den Gebieten der Standardisierung, des Meßwesens und der Qualitätskontrolle an den Hoch- und Fachschulen der DDR. Es unterstützt die zentralen Staatsorgane bei der Aus- und Weiterbildung von Facharbeitern und Meistern auf den Gebieten Standardisierung, Meßwesen und Qualitätskontrolle.

§ 5

(1) Das ASMW sichert über die Planung und Plankontrolle die Ausarbeitung und Einführung der staatlichen Standards als Bestandteil der wissenschaftlich-technischen Aufgaben. Es sichert in Zusammenarbeit mit den zuständigen Organen, daß sich die staatlichen Standards insbesondere auf die

— Sicherung und Erhöhung des Qualitätsniveaus der Erzeugnisse und der Produktion,
— Gewährleistung der Austauschbarkeit und Kopplungsfähigkeit der Einzelteile, Baugruppen und Erzeugnisse,
— Durchsetzung der wissenschaftlichen Arbeitsorganisation und der komplexen Maßnahmen der betrieblichen Qualitätssicherung und Standardisierung,
— Rationalisierung der Produktionsvorbereitung,
— Erhöhung der Materialökonomie und Senkung des spezifischen Energieverbrauchs,
— Sicherung des Umwelt-, Arbeits-, Brand- und Gesundheitsschutzes

richten.

(2) Das ASMW gewährleistet über die Volkswirtschaftspläne und die Plankontrolle, daß die staatlichen Standards der DDR mit denen der UdSSR entsprechend den Erfordernissen zur Vertiefung der wissenschaftlich-technischen und ökonomischen Zusammenarbeit vereinheitlicht werden, um die internationale sozialistische Arbeitsteilung weiter zu beschleunigen. Das ASMW kontrolliert, daß die Ergebnisse der Standardisierungsarbeit im RGW, insbesondere die RGW-Standards und die Empfehlungen zur Standardisierung, planmäßig von den zuständigen Organen in die Volkswirtschaft der DDR eingeführt werden.

(3) Das ASMW kontrolliert, daß alle staatlichen Standards ständig aktualisiert werden, zu diesem Zweck im Laufe eines Fünfjahrplan-Zeitraumes mindestens einmal überprüft und notwendige Aufgaben zur Überarbeitung entsprechend den volkswirtschaftlichen Erfordernissen und Möglichkeiten in die Pläne Wissenschaft und Technik aufgenommen werden.

(4) Das ASMW legt in Streitfällen die Standards verbindlich aus.

(5) Das ASMW informiert im erforderlichen Umfange über Standardisierungsergebnisse der DDR sowie anderer Staaten und internationaler Organisationen und stellt entsprechende Materialien bereit.

§ 6

(1) Das ASMW sichert die Einheitlichkeit und Richtigkeit der Maße und Messungen durch Bereitstellung und Weiterentwicklung des Etalonsystems der DDR in Übereinstimmung mit dem Etalonsystem des RGW sowie durch die Festlegung der Normalverfahren auf der Grundlage der eigenen metrologischen Forschungstätigkeit und der Auftragsforschung durch andere wissenschaftlich-technische Einrichtungen sowie durch die Erarbeitung gesetzlicher Regelungen und die Kontrolle ihrer Durchführung. Es gewährleistet in Zusammenarbeit mit der UdSSR und den anderen Mitgliedsländern des RGW die ständige

Einheitlichkeit und Richtigkeit der Maße und Messungen für die Belange der sozialistischen ökonomischen Integration. Es setzt das staatliche System der Maßeinheiten gemäß den Rechtsvorschriften fest und sichert entsprechend den gesellschaftlichen Belangen die Übereinstimmung mit dem internationalen metrologischen Stand. Es bewahrt die staatlichen Etalons der DDR auf.

(2) Das ASMW sichert auf der Grundlage der Rechtsvorschriften die Einheitlichkeit und Richtigkeit der Maße sowie die meßtechnische Ordnung bei ihrer Anwendung durch die staatliche Zulassung von Meßmittelbauarten sowie die staatliche Eichung oder Beglaubigung von Meßmitteln.

(3) Das ASMW kontrolliert, daß von den zuständigen Leitern in den verschiedenen gesellschaftlichen Bereichen die Einheitlichkeit der Messungen gewährleistet wird, das Meßwesen zur Steigerung der Effektivität der technologischen Prozesse genutzt und in allen Bereichen entsprechend den Erfordernissen weiterentwickelt wird sowie rechtzeitig Maßnahmen für den Einsatz einer rationellen Prüf- und Meßtechnik geplant und eingeleitet werden.

(4) Das ASMW erläßt auf der Grundlage eigener und in internationaler Kooperation durchgeführter Forschungsarbeiten Grundlagenstandards und andere metrologische normativtechnische Dokumente zur einheitlichen Organisation und zur Erhöhung der Wirksamkeit des betrieblichen Meßwesens.

(5) Das ASMW nimmt Einfluß darauf, daß die bilanzierenden Organe die bedarfsgerechte Versorgung der Volkswirtschaft mit Meß- und Prüfmitteln sichern und daß dazu von den Industrieministerien im Rahmen der langfristigen Planung der Entwicklungsrichtungen und Proportionen Vorschläge einschließlich Maßnahmen zur Entwicklung der internationalen sozialistischen Arbeitsteilung im RGW erarbeitet werden.

§ 7

(1) Das ASMW kontrolliert die Realisierung der in den Plänen festgelegten Qualitätsziele in der Produktion und die Wirksamkeit der betrieblichen Maßnahmen zur dauernden Sicherung einer den Qualitätsfestlegungen in staatlichen Standards und anderen Rechtsvorschriften entsprechenden Qualität der Erzeugnisse. Es unterstützt die wirtschaftsleitenden Organe, Betriebe und Kombinate bei der Einführung von Qualitätssicherungsmaßnahmen. Bei festgestellten Mängeln gibt es den Betrieben und übergeordneten wirtschaftsleitenden Organen Hinweise auf mögliche Maßnahmen, erteilt erforderlichenfalls Auflagen zur Beseitigung der Mängel und wendet Sanktionen entsprechend den geltenden Rechtsvorschriften an.

(2) Das ASMW trifft auf der Grundlage der dafür geltenden Rechtsvorschriften die erforderlichen Entscheidungen über die Arbeitsweise der TKO, insbesondere auch in den produktionsvorbereitenden Bereichen. Es kontrolliert, ob die wirtschaftsleitenden Organe, Betriebe und Kombinate die notwendigen Voraussetzungen für die Erhöhung der Wirksamkeit der TKO schaffen, unterstützt sie dabei durch Vermittlung und Verallgemeinerung

von Erfahrungen aus anderen Betrieben und erteilt erforderlichenfalls Auflagen zur Beseitigung von Mängeln. Es wirkt bei der Qualifizierung von Leitern und Mitarbeitern der TKO mit und führt die Weiterbildung der staatlichen Leiter der TKO durch.
(3) Das ASMW beurteilt die Entwicklung und Sicherung der Qualität der Erzeugnisse auf der Grundlage von Standards und anderen technischen Vorschriften. Es erteilt Auflagen, damit von den zuständigen Organen

- durch Kennwerte, Prüfvorschriften und andere Festlegungen der Standards entsprechend den volkswirtschaftlichen Bedürfnissen und Möglichkeiten die Qualität der jetzigen und künftigen Produktion bestimmt wird,
- entsprechend den Forderungen nach qualitativ unterschiedlichen Erzeugnissen innerhalb eines ausreichenden Sortiments in der Regel Qualitätsstufen und Sorten in die Standards aufgenommen werden,
- ausgehend von den Forderungen an die Finalerzeugnisse schrittweise Standards ausgearbeitet werden, die die Qualität der Erzeugnisse in der Kooperationskette gewährleisten.

(4) Das ASMW führt auf der Grundlage der in staatlichen Standards und anderen Rechtsvorschriften enthaltenen Qualitätsfestlegungen die staatliche Qualitätsbewertung der Erzeugnisse durch. Bei Erzeugnissen, die gemäß den Rechtsvorschriften der Prüfpflicht beim ASMW unterliegen, nimmt es die staatliche Qualitätsbewertung in der Form der Erteilung von Gütezeichen vor.

§ 8

(1) Das ASMW wird vom Präsidenten nach dem Prinzip der Einzelleitung bei kollektiver Beratung der Grundfragen geleitet. Der Präsident trägt für die gesamte Tätigkeit des ASMW die persönliche Verantwortung gegenüber dem Ministerrat der DDR. Er informiert den Ministerrat und seine Organe über wesentliche Probleme aus dem Tätigkeitsbereich des ASMW.
(2) Der Präsident trifft die zur Leitung und Planung des ASMW notwendigen Entscheidungen im Rahmen der ihm übertragenen Rechte und Pflichten entsprechend den gesamtgesellschaftlichen Erfordernissen und sichert die Koordinierung mit den anderen zentralen Staatsorganen. Er gewährleistet die konsequente Verwirklichung des sozialistischen Rechts und die Einhaltung der sozialistischen Gesetzlichkeit.
(3) Der Präsident ist verantwortlich, daß in seinem Bereich alle Maßnahmen zur Sicherstellung der Landesverteidigung einschließlich der Zivilverteidigung und alle weiteren Aufgaben, die sich aus Gesetzen und anderen Rechtsvorschriften sowie aus Entscheidungen der dazu befugten Organe zur Landesverteidigung und zur inneren Sicherheit und Ordnung ergeben, exakt durchgeführt werden.
(4) Der Präsident erläßt im Rahmen seiner Zuständigkeit Anordnungen und Durchführungsbestimmungen. Er erläßt Methodiken und andere verbindliche Regelungen für

die Standardisierung, die staatliche Zulassung, Eichung und Beglaubigung von Meßmitteln, die einheitliche Organisation und Wirkungsweise des betrieblichen Meßwesens sowie für die staatliche Qualitätsbewertung und -kontrolle.

(5) Der Präsident bestätigt DDR-Standards und setzt die staatlichen Standards der DDR durch Veröffentlichung im Gesetzblatt der DDR in Kraft.

(6) Der Präsident ist zur Wahrung dringender volkswirtschaftlicher Belange berechtigt,

- die Verantwortung für die Durchführung von Standardisierungsarbeiten festzulegen, wenn die zuständigen zentralen Organe sich darüber nicht oder nicht rechtzeitig einigen;
- Abweichungen von den Bestimmungen über die Ausarbeitung und Bestätigung von Standards zuzulassen oder anzuordnen;
- Entscheidungen über den Inhalt auszuarbeitender Standards zu treffen, wenn diese von den verantwortlichen Organen nicht oder nicht rechtzeitig getroffen werden;
- staatliche Standards nach Anhören des zuständigen Prüfungsausschusses eigenverantwortlich zu bestätigen, zu ändern oder zurückzuziehen, wenn die verantwortlichen Organe ihrer in Rechtsvorschriften festgelegten Verantwortung nicht oder nicht rechtzeitig nachkommen.

(7) Der Zustimmung des Präsidenten bedürfen folgende Regelungen und Maßnahmen der Minister und Leiter anderer zentraler Staatsorgane:

- Rechtsvorschriften, in denen Fragen der Standardisierung, des Meßwesens und der staatlichen und betrieblichen Qualitätskontrolle berührt werden;
- zweigspezifische Grundsatzregelungen über die Standardisierung, die Organisation des betrieblichen Meßwesens und die Qualitätsentwicklung und -sicherung;
- zweigspezifische Grundsatzregelungen über die Organisation, Struktur und Arbeitsweise der Standardisierungsorgane sowie der TKO, ihre Entlohnung und Prämiierung;
- andere Regelungen und Maßnahmen, soweit das durch Rechtsvorschriften festgelegt wurde.

§ 9

(1) Der Präsident ist verantwortlich für die rationelle Gestaltung der Leitung und Organisation in seinem Verantwortungsbereich und für die ständige Vervollkommnung der Arbeit auf diesem Gebiet unter Anwendung der Erkenntnisse der Leitungswissenschaft.

(2) Der Präsident ist verantwortlich für die Anleitung und Kontrolle der Leiter und fordert regelmäßig von ihnen Rechenschaft. Der Präsident ist gegenüber den Leitern und Mitarbeitern im ASMW weisungsberechtigt.

(3) Der Präsident ist für eine der führenden Rolle der Arbeiterklasse entsprechende Auswahl, Entwicklung und Erziehung, Qualifizierung und Weiterbildung und den Einsatz der Kader des ASMW sowie für die Bildung der Kaderreserve verantwortlich. Er ist Disziplinarvorgesetzter der genannten Leiter und Mitarbeiter. Er entscheidet entsprechend der Kadernomenklatur des ASMW über die Besetzung der Nomenklaturfunktionen.

(4) Das beratende Organ des Präsidenten ist das Kollegium. Es unterstützt den Präsidenten durch Beratung von Grundfragen auf den Gebieten der Standardisierung, des Meßwesens und der Qualitätsentwicklung und -sicherung, von grundlegenden Aufgaben zur Sicherung des wissenschaftlichen Vorlaufes, der Planung und der Realisierung der Planziele auf diesen Gebieten sowie Entwürfen von Beschlußvorlagen für den Ministerrat. Zusammensetzung und Arbeitsweise des Kollegiums werden durch eine Verfügung geregelt.

(5) Das ASMW verbreitert die Grundlagen seiner Wirksamkeit durch die Einbeziehung sachkundiger Werktätiger aus Wissenschaft, Technik und Produktion in die Lösung seiner Aufgaben, insbesondere durch ihre Berufung als Gutachter des ASMW oder als Mitglieder von Prüfungsausschüssen und anderer beratender Gremien.

(6) Das ASMW ist berechtigt, Aufgaben und Befugnisse auf den Gebieten der Standardisierung, des Meßwesens und der staatlichen Qualitätsbewertung und -kontrolle auf andere Stellen zu übertragen. Mit der Übertragung zusammenhängende Fragen – insbesondere des Einsatzes von Prüfkapazitäten und der Gebührenberechnung – sind erforderlichenfalls durch eine Vereinbarung zwischen dem ASMW und der übernehmenden Stelle zu regeln.

§ 10

(1) Dem Präsidenten stehen zur Wahrnehmung seiner Verantwortung der Stellvertreter des Präsidenten und die Vizepräsidenten zur Seite.

(2) Die Grobstruktur und der Stellenplan des ASMW werden vom Ministerrat bestätigt.

(3) Der Präsident legt die Verantwortung seines Stellvertreters, der Vizepräsidenten, die Aufgaben der Struktureinheiten, die Art und Weise des Zusammenwirkens der Struktureinheiten sowie die Verantwortung ihrer Leiter und Mitarbeiter in der Arbeitsordnung des ASMW sowie in Funktionsplänen fest.

§ 11

(1) Das ASMW ist juristische Person und Haushaltsorganisation. Es hat seinen Sitz in Berlin, der Hauptstadt der DDR.

(2) Das ASMW wird im Rechtsverkehr durch den Präsidenten vertreten. Der Stellvertreter des Präsidenten und die Vizepräsidenten sind berechtigt, das ASMW im Rahmen ihres Aufgabenbereiches zu vertreten.

(3) Mitarbeiter des ASMW oder andere Personen können im Rahmen der ihnen vom Präsidenten schriftlich erteilten Vollmacht das ASMW vertreten.

§ 12

(1) Dieses Statut tritt mit seiner Veröffentlichung in Kraft.

(2) Gleichzeitig tritt die Verordnung vom 18. Dezember 1969 über das Statut des Deutschen Amtes für Meßwesen und Warenprüfung (GBl. II 1970 Nr. 15 S. 105) außer Kraft.

Anordnung über die Rechtsfähigkeit des Staatlichen Kontrollinstituts für Seren und Impfstoffe

vom 30. Dezember 1974

(GBl. I 1975 Nr. 3 S. 60)

§ 1

(1) Das Staatliche Institut für Serum- und Impfstoffprüfung erhält die Bezeichnung „Staatliches Kontrollinstitut für Seren und Impfstoffe".
(2) Das Staatliche Kontrollinstitut für Seren und Impfstoffe ist rechtsfähig und Haushaltsorganisation.

§ 2

Die Aufgaben sowie Art und Umfang der Tätigkeit des Staatlichen Kontrollinstituts für Seren und Impfstoffe ergeben sich aus dem Statut[1], das vom Minister für Gesundheitswesen erlassen wird.

§ 3

Diese Anordnung tritt am 1. Januar 1975 in Kraft.

[1]) Abgedruckt unter C **06 09** 21.

Anweisung über das Statut des Staatlichen Kontrollinstituts für Seren und Impfstoffe
vom 30. Dezember 1974

(VuM MfGe 1975 Nr. 3 S. 9)
– Auszug –

§ 1 Stellung

(1) Das Staatliche Kontrollinstitut für Seren und Impfstoffe (nachstehend Institut genannt) ist eine medizinisch-wissenschaftliche Einrichtung für die staatliche Prüfung und Qualitätssicherung der gemäß § 1 Abs. 1 Buchstaben a bis g der Siebenten Durchführungsbestimmung vom 16. Dezember 1969 zum Arzneimittelgesetz – Staatliche Prüfung von Seren, Impfstoffen und anderen Arzneimitteln – (GBl. II 1970 Nr. 6 S. 27) in der Humanmedizin zur Anwendung kommenden Arzneimittel und für die wissenschaftliche Entwicklung von Wirksamkeits- und Sicherheitsprüfungen dieser Arzneimittel.
(2) Das Institut ist eine dem Ministerium für Gesundheitswesen nachgeordnete Einrichtung.
(3) Für die Durchführung der staatlichen Prüfung werden Gebühren nach der vom Minister für Gesundheitswesen erlassenen Gebührenordnung erhoben.

§ 2 Aufgaben

(1) Dem Institut obliegen folgende Aufgaben, die in Wahrung der Einheit von wissenschaftlicher Forschung und Praxis durchgeführt werden:

– Staatliche Prüfung und Freigabe der Arzneimittel gemäß Siebenter Durchführungsbestimmung zum Arzneimittelgesetz.
– Einstellung und Haltung von Standardsubstanzen und Vergleichspräparaten entsprechend den Erfordernissen der Standardisierung.
– Vergleichende Prüfung von Präparaten, die in der Deutschen Demokratischen Republik hergestellt werden, und entsprechenden Importpräparaten.
– Untersuchung von Verkehrsproben und Einsendungen.
– Wissenschaftliche Anleitung der Arzneimittelbetriebe bei der Entwicklung und Herstellung von Immunpräparaten in Zusammenarbeit mit dem Institut für Arzneimittelwesen der DDR und dem Staatlichen Veterinärmedizinischen Prüfungsinstitut.
– Mitwirkung bei der Überwachung von Arzneimittelbetrieben, die Arzneimittel gemäß Siebenter Durchführungsbestimmung zum Arzneimittelgesetz hertsellen, in Zusammenarbeit mit dem Institut für Arzneimittelwesen der DDR und dem Staatlichen Veterinärmedizinischen Prüfungsinstitut.

- Mitwirkung bei der Organisation, Durchführung und Auswertung von Feldversuchen zur Beurteilung von Immunpräparaten.
- Überprüfung von Impfstoffen bei atypischem Verlauf nach Impfungen oder anderen Schutzanwendungen.
- Erarbeitung von Monographien und Kommentaren für das Arzneibuch der Deutschen Demokratischen Republik in Abstimmung mit dem Institut für Arzneimittelwesen der DDR.
- Überprüfung und Bestätigung der Gütevorschriften für Arzneimittel gemäß Siebenter Durchführungsbestimmung zum Arzneimittelgesetz gemeinsam mit dem Institut für Arzneimittelwesen der DDR.
- Erarbeitung von immunbiologischen Gutachten für Arzneimittel.
- Dokumentation auf dem Gebiet der Prüfung und Standardisierung von Immunpräparaten in Zusammenarbeit mit dem Institut für Arzneimittelwesen der DDR.
- Zusammenarbeit mit Instituten, wissenschaftlichen Gesellschaften und Arbeitsgemeinschaften in der Deutschen Demokratischen Republik und im Ausland, insbesondere in der UdSSR und den anderen sozialistischen Staaten.
- Übernahme auftragsgebundener Forschung und Mitarbeit an Forschungsaufgaben anderer wissenschaftlicher Institutionen.
- Ständige Vertretung der Deutschen Demokratischen Republik in der Expertengruppe sozialistischer Länder auf dem Gebiet der Forschung und Kontrolle von Immunpräparaten im Auftrage des Ministeriums für Gesundheitswesen.

(2) Der Minister für Gesundheitswesen kann dem Institut weitere Aufgaben übertragen.

Anweisung über das Statut des Forschungsinstitutes für Hygiene und Mikrobiologie vom 25. Oktober 1973

(VuM MfGe 1974 Nr. 1 S. 1)
— Auszug —

1. Stellung

(1) Das bisherige Forschungsinstitut für Mikrobiologie und Hygiene erhält die Bezeichnung „Forschungsinstitut für Hygiene und Mikrobiologie". Das Forschungsinstitut für Hygiene und Mikrobiologie (nachstehend Institut genannt) ist eine wissenschaftliche Einrichtung sowie Leiteinrichtung des sozialistischen Gesundheitsschutzes zur Sicherung der gesundheitsfördernden Gestaltung der kommunalen Umwelt der Bürger.
(2) Das Institut ist dem Ministerium für Gesundheitswesen unterstellt.
(3) Das Institut ist juristische Person und Haushaltsorganisation. Seine Mittel werden im Haushalt der DDR beim Ministerium für Gesundheitswesen geplant und bereitgestellt.
(4) Das Institut hat seinen Sitz in Bad Elster.

2. Aufgaben

(1) Dem Institut obliegt insbesondere

- die Erarbeitung von Grundsätzen und Normativen zur gesundheitsfördernden Gestaltung der kommunalen Umwelt der Bürger mit dem Ziel der Verhütung und Bekämpfung umweltbedingter übertragbarer und nicht übertragbarer Krankheiten;
- die Koordinierung der Forschung auf dem Fachgebiet der Umwelthygiene in der DDR;
- die Übernahme von Projekten der auftragsgebundenen Forschung sowie Mitwirkung an Forschungsaufgaben anderer wissenschaftlicher Institutionen;
- die Mitwirkung bei der schnellen Überführung der wissenschaftlichen Ergebnisse in die Praxis durch enge Zusammenarbeit mit den Hygiene-Instituten der Bezirke und anderen auf dem Gebiet des Umweltschutzes und der sozialistischen Landeskultur tätigen Institutionen;
- die Mitwirkung bei der Aus-, Weiter- und Fortbildung von Ärzten, mittleren medizinischen Fachkräften sowie anderen auf dem Fachgebiet der Hygiene tätigen Personen.

(2) Das Institut nimmt im Auftrag des Ministers für Gesundheitswesen Koordinierungsaufgaben im Rahmen der wissenschaftlich-technischen Zusammenarbeit der Mitgliedsländer des RGW auf dem Gebiet der Umwelthygiene wahr.
(3) Der Minister für Gesundheitswesen kann dem Institut weitere Aufgaben übertragen.

Anweisung über die Aufgaben und die Tätigkeit des Referenzlaboratoriums für Desinfektion vom 25. September 1974

(VuM MfGe Nr. 18 S. 136)

1.

(1) Das Forschungsinstitut für Hygiene und Mikrobiologie erhält zusätzlich zu seinen Aufgaben auf dem Gebiet der Verhütung und Bekämpfung umweltbedingter Krankheiten zur Sicherung der gesundheitsfördernden Gestaltung der kommunalen Umwelt die Stellung des Referenzlaboratoriums für Desinfektion (nachstehend Referenzlaboratorium genannt).
(2) Das Referenzlaboratorium führt die Bezeichnung „Referenzlaboratorium für Desinfektion der DDR, Forschungsinstitut für Hygiene und Mikrobiologie".

2.

(1) Das Referenzlaboratorium erarbeitet Grundsätze für die Weiterentwicklung des Desinfektionswesens in den Einrichtungen des Gesundheits- und Sozialwesens und bei der Verhütung und Bekämpfung übertragbarer Krankheiten. Es leitet die Zentralwäschereien des Gesundheitwesens und ihnen gleichestellte Wäschereien an und überwacht und kontrolliert sie.
(2) Dem Referenzlaboratorium obliegt bei Wahrung der Einheit von wissenschaftlicher Forschung und Praxis insbesondere

- die Weiterentwicklung von Verfahren und Mitteln zur Desinfektion sowie von Verfahrensweisen zur hygienisch einwandfreien Wäsche- und Textilbehandlung in Auswertung neuer wissenschaftlicher Ergebnisse und deren Einführung in die Praxis;
- die Mitarbeit bei Projektierung und Bau von Zentralwäschereien des Gesundheitswesens sowie von Desinfektionsanstalten;
- die Sicherung der einwandfreien Arbeitsweise der Zentralwäschereien durch Genehmigungserteilung für Desinfektionswaschverfahren sowie durch Kontroll- und Überwachungsmaßnahmen;
- die fachliche Anleitung der Zentralwäschereien sowie von Einrichtungen des Gesundheits- und Sozialwesens auf dem Gebiet der Desinfektion;
- die Durchführung der gutachterlichen Tätigkeit auf dem Gebiet der Desinfektion;
- die Mitwirkung bei der Aus-, Weiter- und Fortbildung von Ärzten, mittleren medizimischen Fachkräften, Heilpersonal und anderen auf dem Gebiet der Desinfektion tätigen Personen.

(3) Der Minister für Gesundheitswesen kann dem Referenzlaboratorium weitere Aufgaben übertragen.

3.

(1) Das Referenzlaboratorium arbeitet zur Erfüllung seiner Aufgaben eng mit zentralen und örtlich staatlichen Organen und Einrichtungen, wissenschaftlichen Gesellschaften und gesellschaftlichen Organisationen zusammen.
(2) Das Referenzlaboratorium arbeitet in Übereinstimmung mit den außenpolitischen Grundsätzen der DDR im Rahmen der bestehenden Gesundheitsabkommen und nach den vom Ministerium für Gesundheitswesen festgelegten Grundsätzen und Aufgaben mit entsprechenden Einrichtungen anderer Staaten, insbesondere der UdSSR und der anderen sozialistischen Staaten zusammen.

4.

Diese Anweisung tritt am 1. Januar 1975 in Kraft.

Anweisung über das Statut des Epidemiologischen Zentrums der Staatlichen Hygieneinspektion

vom 23. Dezember 1975 — Auszug[1]) —

(VuM MfGe 1976 Nr. 2 S. 14)

§ 1 Rechtliche Stellung und Sitz

(1) Das Epidemiologische Zentrum der Staatlichen Hygieneinspektion (nachfolgend EZ genannt) ist eine dem Ministerium für Gesundheitswesen unterstellte wissenschaftliche Einrichtung mit Aufgaben auf dem Gebiet der Überwachung, Verhütung und Bekämpfung übertragbarer Krankheiten. Das EZ ist Hauptauftragnehmer für komplexe Forschungsaufgaben auf dem Gebiet des Infektionsschutzes.
(2) Das EZ ist juristische Person und Haushaltsorganisation. Seine Mittel werden im Haushalt der DDR beim Ministerium für Gesundheitswesen geplant und bereitgestellt.
(3) Das EZ hat seinen Sitz in Potsdam und eine Außenstelle in Berlin.

§ 2 Aufgaben

(1) Das EZ erarbeitet für die Hauptabteilung Hygiene und Staatliche Hygieneinspektion des Ministeriums für Gesundheitswesen insbesondere die wissenschaftlichen und methodischen Grundlagen für die Überwachung, Verhütung und Bekämpfung übertragbarer Krankheiten durch:

- die Weiterentwicklung der epidemiologischen und ökologischen Überwachung und Kontrolle übertragbarer Krankheiten und zur Einführung effektiver Verfahren der Verhütung, Bekämpfung und Behandlung von Infektionskrankheiten
- die Weiterentwicklung der epidemiologischen Leitungs- und Informationssysteme für die Analyse und Leitung mikrobiologischer Untersuchungen und Schutzimpfungen und für die Analyse epidemischer Prozesse in Totalerhebungen und Stichprobenuntersuchungen mit einheitlichen Methoden und Normativen und mit einer rationellen, die ärztlichen Dienste von Routineaufgaben entlastenden Arbeitsweise
- die Analyse der epidemiologischen Gesamtsituation übertragbarer Krankheiten in Form regelmäßiger Berichte und spezieller Überwachungsberichte in Zusammenarbeit mit Referenzlaboratorien[2]) und den Organen der Staatlichen Hygieneinspektion in den Bezirken und Kreisen. Das EZ unterstützt hierbei die in der unmittelbaren Leitungsverantwortung der Staatlichen Hygieneinspektion des Ministeriums für Gesundheitswesen, Hauptinspektion Infektionsschutz, liegende operative Analyse der epidemiologischen Situation einschließlich des epidemiologischen Wochenberichts

— die Weiterentwicklung der Naturherdforschung und Koordinierung der ökologischen Überwachung in der DDR mit dem Ziel der frühen Erkennung und Bekämpfung von Gesundheitsgefahren, insbesondere in Erholungsgebieten.

(2) Das EZ nimmt die Funktionen des Referenzlaboratoriums für Tollwut und des Referenzlaboratoriums für Arboviren wahr. In diesem Rahmen erfolgt die epidemiologische Analyse dieser Erkrankungen und die Koordinierung der Maßnahmen der Verhütung und Bekämpfung. Die Aufgabe schließt die fachliche Anleitung der Tollwutimpfstellen in der DDR und die Zusammenarbeit mit dem Veterinärwesen ein.
(3) Das EZ unterstützt die Aufgabenstellung der Staatlichen Hygieneinspektion bei der Erarbeitung der wissenschaftlichen und methodischen Grundlagen für die hygienisch-antiepidemische Sicherstellung der Bevölkerung im Rahmen des medizinischen Schutzes.
(4) Das EZ ist Hauptauftragnehmer für komplexe Forschungsaufgaben auf dem Gebiet des Infektionsschutzes und dabei insbesondere verantwortlich für:

— die Ausarbeitung von Vorschlägen für die Forschungsstrategie auf dem Gebiet des Infektionsschutzes
— die Vorbereitung, Organisation, Koordinierung und Kontrolle der Forschungsaufgaben auf diesem Gebiet im Rahmen der staatlichen Pläne und auf der Grundlage von vertraglich vereinbarten Kooperationsbeziehungen mit wissenschaftlichen und Gesundheitseinrichtungen sowie mit entsprechenden Industriebetrieben
— die Koordinierung von Aufgaben der internationalen Kooperation im Rahmen des RGW sowie auf der Basis bi- und multilateraler Verträge
— die Vorbereitung der Überführung von Forschungsergebnissen in die Praxis des Infektionsschutzes
— die Erarbeitung von Informationen, Dekumentationen und Nomenklaturen auf dem Gebiet der Forschung in Abstimmung mit dem Institut für Wissenschaftsinformation in der Medizin.

(5) Das EZ wirkt bei der Aus-, Weiter- und Fortbildung von Wissenschaftlern, mittleren medizinischen Fachkräften und anderen auf dem Fachgebiet der Epidemiologie der übertragbaren Krankheiten tätigen Personen mit.
(6) Der Minister für Gesundheitswesen kann dem EZ weitere Aufgaben übertragen.

§ 3 Zusammenarbeit

(1) zur Wahrnehmung seiner Aufgaben, insbesondere auf dem Gebiet der Forschung, arbeitet das EZ mit wissenschaftlichen Einrichtungen des Hoch- und Fachschulwesens, der Akademie der Wissenschaften der DDR, des Ministeriums für Gesundheitswesen, mit örtlich geleiteten Einrichtungen des Gesundheits- und Sozialwesens, Betrieben und Institutionen der Industrie sowie mit meditinisch-wissenschaftlichen Gesellschaften und gesellschaftlichen Organisationen zusammen.

(2) Zur Wahrnehmung seiner Aufgaben bei der Analyse der epidemiologischen Gesamtsituation arbeitet das EZ insbesondere mit der Staatlichen Hygieneinspektion in den Bezirken und den der Hauptabteilung Hygiene und Staatliche Hygieneinspektion des Ministeriums für Gesundheitswesen fachlich zugeordneten Referenzlaboratorien, die die Überwachung spezieller Infektionen auf der Basis von Statuten durchführen, eng zusammen.

[1]) §§ 4 bis 10 sind nicht abgedruckt.

[2]) S. hierzu Sachregister „Laboratoriumsdiagnostik, Referenzlaboratorium ...“ und „Anweisung über die Aufgaben und die Tätigkeit des Referenzlaboratoriums für die Bekämpfung gesundheitsschädlicher Wirbeltiere (Vertebrata)“ vom 5. August 1976, VuM MfGe Nr. 10 S. 52.

Anweisung über das Statut des Forschungsinstituts für Medizinische Diagnostik

vom 26. Mai 1975 — Auszug —

(VuM MfGe Nr. 11 S. 72)

§ 1 Rechtliche Stellung und Sitz

(1) Das Forschungsinstitut für Medizinische Diagnostik (nachstehend FMD genannt) ist die wissenschaftliche Leiteinrichtung zur Sicherung des wissenschaftlichen Vorlaufs sowie für Inhalt und Organisation der medizinischen Diagnostik.
(2) Das FMD untersteht dem Ministerium für Gesundheitswesen.
(3) Das FMD ist juristische Person und Haushaltsorganisation. Seine Mittel werden im Haushalt der DDR beim Ministerium für Gesundheitswesen geplant und bereitgestellt.
(4) Das FMD hat seinen Sitz in Dresden.

§ 2 Aufgaben

(1) Das FMD ist als Hauptauftragnehmer für komplexe Forschungsaufgaben auf dem Gebiet der medizinischen Diagnostik und der automatischen Informationsverarbeitung in der medizinischen Betreuung verantwortlich für:

- die Ausarbeitung von Vorschlägen für die Forschungsstrategie auf dem Gebiet der medizinischen Diagnostik und der automatischen Informationsverarbeitung in der medizinischen Betreuung;
- die Vorbereitung, Organisation, Koordinierung und Kontrolle der Forschungsaufgaben auf diesen Gebieten im Rahmen der staatlichen Pläne und auf der Grundlage von vertraglich vereinbarten Kooperationsbeziehungen mit wissenschaftlichen und Gesundheitseinrichtungen sowie mit entsprechenden Industriebetrieben;
- die Koordinierung von Aufgaben der internationalen Kooperation im Rahmen des RGW sowie auf der Basis bi- und multilateraler Verträge;
- die Vorbereitung der Überführung von Forschungsergebnissen in die Praxis der medizinischen Betreuung;
- die Erarbeitung von Informationen, Dokumentationen und Nomenklaturen auf dem Gebiet der Forschung in Abstimmung mit dem Institut für Wissenschaftsinformation in der Medizin;
- die Bearbeitung von Standardisierungsaufgaben auf dem Gebiet der medizinischen Diagnostik.

(2) Das FMD ist Leiteinrichtung für den Inhalt und die territoriale Organisation der medizinischen Diagnostik. Es erarbeitet wissenschaftliche Grundlagen für die Erhöhung der

Qualität und Effektivität der medizinischen Diagnostik sowie Entscheidungsvorlagen für das Ministerium für Gesundheitswesen zum Inhalt und zur territorialen Organisation der medizinischen Diagnostik. Dem FMD werden durch das Ministerium für Gesundheitswesen Aufgaben zur Unterstützung der Bezirke und Kreise bei der Realisierung von Entwicklungsprogrammen für die medizinische Diagnostik übertragen.
(3) Das FMD bearbeitet Forschungsaufgaben zur Entwicklung von Verfahren der medizinischen Labordiagnostik und der automatischen Informationsverarbeitung in der medizinischen Betreuung.
(4) Der Minister für Gesundheitswesen kann dem FMD weitere Aufgaben übertragen.

§ 3 Zusammenarbeit

(1) Zur Wahrnehmung seiner Aufgaben arbeitet das FMD mit wissenschaftlichen Einrichtungen des Hoch- und Fachschulwesens, der Akademie der Wissenschaften der DDR, des Ministeriums für Gesundheitswesen, mit örtlich geleiteten Einrichtungen des Gesundheits- und Sozialwesens, Betrieben und Institutionen der Industrie sowie mit medizinisch-wissenschaftlichen Gesellschaften und gesellschaftlichen Organisationen zusammen.

Anordnung über die Aufgaben und Tätigkeit des Referenzlaboratoriums für Listeriose vom 1. Juli 1971

(GBl. II Nr. 57 S. 505)

Im Einvernehmen mit dem Minister für Hoch- und Fachschulwesen, dem Vorsitzenden des Rates für landwirtschaftliche Produktion und Nahrungsgüterwirtschaft der Deutschen Demokratischen Republik und dem Leiter der Staatlichen Zentralverwaltung für Statistik wird folgendes angeordnet:

§ 1

Das Institut für Medizinische Mikrobiologie und Epidemiologie der Martin-Luther-Universität Halle—Wittenberg erhält zusätzlich zu seinen Aufgaben auf dem Gebiet der Erziehung, Ausbildung, Weiterbildung und Forschung die Stellung des Referenzlaboratoriums für Listeriose (nachstehend Referenzlaboratorium genannt). Die Erfüllung der Aufgaben erfolgt im Rahmen der dem Institut planmäßig zur Verfügung stehenden Arbeitskräfte und Mittel.

§ 2

Das Referenzlaboratorium überwacht im Auftrage des Ministeriums für Gesundheitswesen das Vorkommen und die Ausbreitung der Erreger menschlicher Listeriosen in der Deutschen Demokratischen Republik und gibt auf Grund der epidemiologischen Analysen und Prognosen dem Ministerium für Gesundheitswesen Empfehlungen für Maßnahmen zur Verhütung und Bekämpfung der Listeriose. Es arbeitet hierbei eng mit dem Zentrum für Wissenschaftsinformation in der Medizin, den Problemkommissionen des Rates für Planung und Koordinierung der Medizinischen Wissenschaft und anderen wissenschaftlichen Gremien zusammen.

§ 3

(1) Das Referenzlaboratorium führt die fachliche Beratung der Listerioselaboratorien der Hygiene-Institute der Bezirke, der Medizinischen Bereiche der Universitäten und der Medizinischen Akademien durch und wertet die gesamten Untersuchungsergebnisse aus.
(2) Es arbeitet eng mit dem Veterinäruntersuchungs- und Tiergesundheitsamt Halle zusammen und tauscht mit ihm Erfahrungen aus.
(3) Bei epidemischen Geschehen soll das Referenzlaboratorium an den operativen Maßnahmen der Staatlichen Hygieneinspektion mitwirken.

§ 4

(1) Das Referenzlaboratorium identifiziert und typisiert ihm zugesandte Listeria monocytogenes-Stämme.
(2) Es hat eine umfangreiche Sammlung an Listeriose-Stämmen zu unterhalten, in der aus jeder Serogruppe mindestens ein Typenstamm enthalten ist.

§ 5

(1) Zur Sicherung der Verhütungs- und Bekämpfungsmaßnahmen wird gemäß § 11 Abs. 8 des Gesetzes vom 20. Dezember 1965 zur Verhütung und Bekämpfung übertragbarer Krankheiten beim Menschen (GBl. I 1966 S. 29) festgelegt, daß die Laboratorien, die sich mit der Diagnostik menschlicher Listeriose beschäftigen, monatlich dem Referenzlaboratorium die positiven serologischen (Titer ab 1 : 320 und höher) und bakteriologischen Befunde von Listerisen nach Genehmigung durch die Staatliche Zentralverwaltung für Statistik mitzuteilen haben.
(2) Das Referenzlaboratorium erstattet dem Ministerium für Gesundheitswesen vierteljährlich einen Gesamtbericht über die epidemiologische Lage. Über besondere epidemiologische Gegebenheiten hinsichtlich des Auftretens von Listeriose orientiert das Referenzlaboratorium das Ministerium für Gesundheitswesen baldmöglichst, spätestens nach Abschluß der eingeleiteten Untersuchungen.
Das Referenzlaboratorium arbeitet im Rahmen der bestehenden Gesundheitsabkommen und gemäß den vom Ministerium für Gesundheitswesen festgelegten Aufgaben mit entsprechenden Einrichtungen der sozialistischen Länder zusammen und wertet die internationale wissenschaftliche Literatur auf dem Gebiet der Listeriose für seine Arbeit aus.

§ 7

Diese Anordnung tritt mit ihrer Veröffentlichung in Kraft.

Gemeinsame Anweisung über die Aufgaben und Tätigkeit des Referenzlaboratoriums für Röteln

vom 22. Juni 1973

(VuM MfGe Nr. 12 S. 121)

1

(1) Das Institut für Medizinische Mikrobiologie und Epidemiologie des Bereichs Medizin der Karl-Marx-Universität Leipzig erhält zusätzlich zu seinen Aufgaben auf dem Gebiet der Erziehung, Ausbildung, Weiterbildung und Forschung für Aufgaben des staatlichen Gesundheitswesens die Stellung eines Referenzlaboratoriums für Röteln (nachstehend Referenzlaboratorium genannt).
(2) Die Erfüllung der Aufgaben erfolgt im Rahmen der dem Institut für Medizinische Mikrobiologie und Epidemiologie planmäßig zur Verfügung stehenden Arbeitskräfte und Mittel.
(3) In seiner Tätigkeit arbeitet es eng mit dem Institut für Wissenschaftsinformation in der Medizin, dem Rat für Planung und Koordinierung der Medizinischen Wissenschaften und anderen wissenschaftlichen Gremien zusammen.

2

Das Referenzlaboratorium überwacht (im Auftrag des Ministeriums für Gesundheitswesen) das Vorkommen und die Ausbreitung der Röteln in der Deutschen Demokratischen Republik und gibt auf Grund der epidemiologischen Analysen und Prognosen dem Ministerium für Gesundheitswesen Empfehlungen für Maßnahmen der Verhütung und Bekämpfung der Röteln, insbesondere des congenitalen Rötelnsyndroms.

3

(1) Dem Referenzlaboratorium obliegt die fachliche Beratung, Anleitung und Kontrolle der Laboratorien im Bereich des staatlichen Gesundheitswesens und des Ministeriums für Hoch- und Fachschulwesen, die Rötelndiagnostik durchführen.
(2) Es koordiniert die Arbeit aller auf dem Gebiet der Röteln arbeitenden Laboratorien und wertet die gesamten Untersuchungsergebnisse aus.
(3) Das Referenzlaboratorium unterstützt durch die Labordiagnostik die Beratung von Schwangeren, welche an Röteln erkrankt sind bzw. bei denen der Verdacht auf eine Rötelninfektion besteht.

4

(1) Das Referenzlaboratorium identifiziert zugesandte fragliche Rötelnviren und unterhält für die Virusisolierung und die Produktion diagnostischer Antigene geeignete Zellstämme sowie eine Virus-Stammsammlung. Es arbeitet bei der Überprüfung der von anderen Herstellern produzierten Antigene und Seren mit und stellt die für den eigenen Bedarf erforderlichen Antigene und Seren her.
(2) Das Referenzlaboratorium erarbeitet Richtlinien für virologische und serologische Arbeitsmethoden auf dem Gebiet der Rötelndiagnostik.

5

Das Referenzlaboratorium arbeitet im Rahmen der bestehenden Gesundheitsabkommen und gemäß den vom Ministerium für Gesundheitswesen festgelegten Aufgaben mit entsprechenden Einrichtungen anderer, insbesondere sozialistischer Länder zusammen und wertet die internationale wissenschaftliche Literatur auf dem Gebiet der Röteln aus.

6

Das Referenzlaboratorium erstattet dem Ministerium für Gesundheitswesen vierteljährlich einen Gesamtbericht über die epidemiologische Lage. Über besondere epidemiologische Gegebenheiten orientiert das Referenzlaboratorium das Ministerium für Gesundheitswesen unverzüglich, spätestens nach Abschluß der eingeleiteten Untersuchungen.

7

Diese gemeinsame Anweisung tritt am 1. Juli 1978 in Kraft.

Anweisung über die Aufgaben und die Tätigkeit des Referenzlaboratoriums für Medizinische Protozoologie
vom 30. Oktober 1974

(VuM MfGe Nr. 21 S. 175)

Im Einvernehmen mit dem Minister für Hoch- und Fachschulwesen wird angewiesen:

1

(1) Die Abteilung Medizinische Parasitologie und Schädlingsbekämpfung des Hygiene-Institutes des Bezirkes Halle erhält zusätzlich zu ihren bezirksspezifischen Aufgaben die Stellung eines Refenzlaboratoriums für Medizinische Protozoologie der DDR (nachstehend Referenzlaboratorium genannt).
(2) Die Erfüllung der Aufgaben erfolgt im Rahmen der dem Hygiene-Institut des Bezirkes Halle planmäßig zur Verfügung stehenden Arbeitskräfte und Mittel.
(3) Das Referenzlaboratorium arbeitet eng mit der Sektion Infektionskrankheiten, Tropenmedizin und Parasitologie der Gesellschaft für Seuchenschutz in der DDR und den ambulanten bzw. stationären Einrichtungen, die sich mit Tropenmedizin und parasitologischen Fragen beschäftigen, zusammen.

2

Das Referenzlaboratorium überwacht im Auftrag des Ministeriums für Gesundheitswesen das Vorkommen und die Ausarbeitung parasitischer Protozoen des Menschen in der DDR und gibt auf Grund der epidemiologischen Analysen und Prognosen dem Ministerium für Gesundheitswesen Empfehlungen für Maßnahmen der Verhütung und Bekämpfung von Protozoen und Protozoeninfektionen.

3

(1) Dem Referenzlaboratorium obliegt die fachliche Beratung, Anleitung und Kontrolle der Laboratorien im Bereich des Ministeriums für Gesundheitswesen und des Ministeriums für Hoch- und Fachschulwesen, deren diagnostische Tätigkeit den Nachweis menschlicher Protozoeninfektionen einschließt.
(2) Das Referenzlaboratorium koordiniert die Arbeit der auf dem Gebiet menschlicher Protozoeninfektionen arbeitenden Laboratorien und wertet die gesamten Untersuchungsergebnisse aus.
(3) Das Referenzlaboratorium gibt den medizinischen Einrichtungen bei der schwerpunktmäßigen Bekämpfung menschlicher Protozoeninfektionen durch diagnostische, beratende und koordinierende Tätigkeit Unterstützung.

4

(1) Das Referenzlaboratorium identifiziert zugesandte fragliche Protozoen, unterhält eine Sammlung von Kulturen verschiedener human-parasitischer Protozoen und registriert die in der DDR gehaltenen Protozoenstämme.
(2) In Zusammenarbeit mit der Arbeitsgemeinschaft Helminthologie und Protozoologie der Sektion Infektionskrankheiten, Tropenmedizin und Parasitologie der Gesellschaft für Seuchenschutz in der DDR und dem Fachausschuß „Diagnostische Laboratoriumsmethoden" der Arzneibuchkommission der DDR erarbeitet das Referenzlaboratorium Entwürfe zu methodischen Standards für die Laboratoriumsdiagnostik menschlicher Protozoeninfektionen.
(3) Das Referenzlaboratorium arbeitet bei der Begutachtung und Entwicklung spezifischer Diagnostika sowie bei der Begutachtung spezifischer Antiparasitika mit.
(4) Das Referenzlaboratorium hat die Aufgabe, wissenschaftliche Arbeiten auf den Gebieten der Biologie, Epidemiologie, der Diagnostik und Bekämpfung menschlicher Protozoen durchzuführen.

5

Das Referenzlaboratorium arbeitet im Rahmen der bestehenden Gesundheitsabkommen und gemäß den vom Ministerium für Gesundheitswesen festgelegten Aufgaben mit entsprechenden Einrichtungen anderer, insbesondere sozialistischer Länder zusammen und wertet die internationale wissenschaftliche Literatur auf dem Gebiet der medizinischen Protozoologie aus.

6

Das Referenzlaboratorium erstattet dem Ministerium für Gesundheitswesen jährlich einen Gesamtbericht über die epidemiologische Lage. Über besondere epidemiologische Gegebenheiten orientiert das Referenzlaboratorium das Ministerium für Gesundheitswesen unverzüglich, spätestens nach Abschluß der eingeleiteten Untersuchungen.

7

Diese Anweisung tritt am 1. Januar 1975 in Kraft.

Anweisung über die Aufgaben und die Tätigkeit des Referenzlaboratoriums für Shigellosen vom 14. Februar 1975

(VuM MfGe Nr. 6 S. 41)

Im Einvernehmen mit dem Minister für Hoch- und Fachschulwesen wird angewiesen:

1.

(1) Das Referenzlaboratorium für Shigellosen (nachstehend Referenzlaboratorium genannt) ist ein besonderer Arbeitsbereich des Instituts für Experimentelle Epidemiologie Wernigerode.
(2) Die fachliche, personelle und materielle Planung des Referenzlaboratoriums erfolgt im Rahmen des Volkswirtschafts- und Haushaltplanes des Instituts für Experimentelle Epidemiologie Wernigerode. Der Direktor des Instituts für Experimentelle Epidemiologie Wernigerode ist dem Minister für Gesundheitswesen für die Durchführung der dem Referenzlaboratorium zugewiesenen Aufgaben verantwortlich.

2.

Das Referenzlaboratorium überwacht im Auftrag des Ministeriums für Gesundheitswesen Vorkommen und Ausbreitung der Shigellosen (Shigella-Infektionen) in der Deutschen Demokratischen Republik (Überwachungsprogramm) und empfiehlt dem Ministerium für Gesundheitswesen auf Grund der epidemiologischen Analysen und Prognosen Maßnahmen zur Verhütung und Bekämpfung der Shigellosen. Es arbeitet eng mit den Referenzlaboratorien für Salmonellosen und Coli-Infektionen und den entsprechenden wissenschaftlichen Gremien zusammen.

3.

(1) Das Referenzlaboratorium führt die fachliche Beratung und Anleitung der mikrobiologischen Laboratorien im Bereich des staatlichen Gesundheitswesens und des Ministeriums für Hoch- und Fachschulwesen bezüglich der Shigellendiagnostik durch und wertet die Untersuchungsergebnisse der genannten Laboratorien aus. Es ist federführend bei der Erarbeitung von Richtlinien für die Shigellendiagnostik sowie — in Zusammenarbeit mit dem Institut für Arzneimittelwesen der DDR — bei der Erarbeitung von Standardentwürfen für entsprechende diagnostische Laboratoriumsmethoden.
Für den eigenen Bedarf hat es die erforderlichen Diagnostika bereitzuhalten.
(2) Zur Absicherung der Diagnostik kooperiert es mit dem Staatlichen Kontrollinstitut für Seren und Impfstoffe, dem Staatlichen Institut für Immunpräparate und Nährmedien

sowie den zuständigen Versorgungsorganen und nimmt im Einvernehmen mit dem Institut für Arzneimittelwesen der DDR Einfluß auf die Planung, Herstellung und den Import der Diagnostika.

(3) Das Referenzlaboratorium unterhält eine Stammsammlung, die neben den Teststämmen der Shigella-Serotypen weitere interessierende Stämme enthält, und gibt auf Anforderung Stämme aus der Sammlung ab. Es identifiziert oder überprüft Stämme der Gattung Shigella sowie shigellaverdächtige Stämme.

4.

Das Referenzlaboratorium erstattet vierteljährlich dem Ministerium für Gesundheitswesen einen Bericht über die epidemiologische Lage. Das Referenzlaboratorium ist berechtigt, nach Abstimmung mit dem Ministerium für Gesundheitswesen, von den Hygiene-Instituten der Bezirke, den mikrobiologischen Laboratorien aus dem Bereich des Ministeriums für Hoch- und Fachschulwesen und anderen Einrichtungen des Gesundheitswesens Informationen einzuholen.

Über besondere epidemiologische Situationen orientiert es das Ministerium für Gesundheitswesen an Hand der vorliegenden Materialien.

5.

Das Referenzlaboratorium arbeitet im Rahmen der bestehenden Gesundheitsabkommen und gemäß den vom Ministerium für Gesundheitswesen festgelegten Aufgaben mit entsprechenden Einrichtungen anderer, insbesondere sozialistischer Länder zusammen.

Es wertet die internationale wissenschaftliche Literatur auf dem Gebiet der Shigellen und Shigellosen aus.

6.

(1) Diese Anweisung tritt am 1. 1. 1975 in Kraft.

(2) Gleichzeitig tritt die Anweisung vom 1. Juli 1964 über die Aufgaben und die Tätigkeit des Zentrallaboratoriums für bakterielle Darminfektionen (Verf. u. Mitt. Nr. 15, S. 111) außer Kraft.

Anweisung über die Aufgaben und die Tätigkeit des Referenzlaboratoriums für Salmonellosen vom 14. Februar 1975

(VuM MfGe Nr. 6 S. 42)

Im Einvernehmen mit dem Minister für Hoch- und Fachschulwesen wird angewiesen:

1.

(1) Das Referenzlaboratorium für Salmonellosen (nachstehend Referenzlaboratorium genannt) ist ein besonderer Arbeitsbereich des Bezirks-Hygiene-Instituts Berlin (nachstehend Hygiene-Institut genannt).
(2) Die fachliche, personelle und materielle Planung des Referenzlaboratoriums erfolgt im Rahmen des Volkswirtschaftsplanes des Hygiene-Instituts. Der Direktor des Hygiene-Instituts ist dem Minister für Gesundheitswesen für die Durchführung der dem Referenzlaboratorium zugewiesenen Aufgaben verantwortlich.

2.

Das Referenzlaboratorium überwacht im Auftrag des Ministeriums für Gesundheitswesen Vorkommen und Ausbreitung der Salmonellosen (Salmonella-Infektionen) in der Deutschen Demokratischen Republik (Überwachungsprogramm) und empfiehlt dem Ministerium für Gesundheitswesen auf Grund der epidemiologischen Analysen und Prognosen Maßnahmen zur Verhütung und Bekämpfung der Salmonellosen. Es arbeitet eng mit den Referenzlaboratorien für Shigellosen und Coli-Infektionen und entsprechenden wissenschaftlichen Gremien zusammen.

3.

(1) Das Referenzlaboratorium führt die fachliche Beratung und Anleitung der mikrobiologischen Laboratorien im Bereich des staatlichen Gesundheitswesens und des Ministeriums für Hoch- und Fachschulwesen bezüglich der Salmonellendiagnostik durch und wertet die Untersuchungsergebnisse der genannten Laboratorien aus. Es ist federführend bei der Erarbeitung von Richtlinien für die Salmonellendiagnostik sowie – in Zusammenarbeit mit dem Institut für Arzneimittelwesen der DDR – bei der Erarbeitung von Standardentwürfen für entsprechende diagnostische Laboratoriumsmethoden. Für den eigenen Bedarf hat es die erforderlichen Diagnostika bereitzuhalten.
(2) Zur Absicherung der Diagnostik kooperiert es mit dem Staatlichen Kontrollinstitut für Seren und Impfstoffe, dem Staatlichen Institut für Immunpräparate und Nährmedien

sowie den zuständigen Versorgungsorganen und nimmt im Einvernehmen mit dem Institut für Arzneimittelwesen der DDR Einfluß auf die Planung, Herstellung und den Import der Diagnostika.

(3) Das Referenzlaboratorium unterhält eine Stammsammlung, die neben den Reststämmen der Salmonella-Serotypen weitere interessierende Stämme enthält, und gibt auf Anforderung Stämme aus der Sammlung ab. Es identifiziert oder überprüft Stämme der Gattung Salmonella sowie salmonellaverdächtige Stämme.

4.

Das Referenzlaboratorium erstattet vierteljährlich dem Ministerium für Gesundheitswesen einen Bericht über die epidemiologische Lage. Das Referenzlaboratorium ist berechtigt, nach Abstimmung mit dem Ministerium für Gesundheitswesen von den Hygiene-Instituten der Bezirke, den mikrobiologischen Laboratorien aus dem Bereich des Ministeriums für Hoch- und Fachschulwesen und anderen Einrichtungen des Gesundheitswesens Informationen einzuholen.

Über besondere epidemiologische Situationen orientiert es das Ministerium für Gesundheitswesen an Hand der vorliegenden Materialien.

5.

Das Referenzlaboratorium arbeitet im Rahmen der bestehenden Gesundheitsabkommen und gemäß den vom Ministerium für Gesundheitswesen festgelegten Aufgaben mit entsprechenden Einrichtungen anderer, insbesondere sozialistischer Länder zusammen.

Es wertet die internationale Literatur auf dem Gebiet der Salmonellen und Salmonellosen aus.

6

Diese Anweisung tritt am 1. 1. 1975 in Kraft.

Anweisung über die Aufgaben und die Tätigkeit des Referenzlaboratoriums für Medizinische Arachno-Entomologie vom 14. Februar 1975

(VuM MfGe Nr. 6 S. 43)

1.

(1) Die Abteilung Medizinische Parasitologie und Schädlingsbekämpfung des Hygiene-Instituts des Bezirkes Leipzig erhält zusätzlich zu ihren bezirksspezifischen Aufgaben den Status eines Referenzlaboratoriums für Medizinische Arachno-Entomologie der DDR (nachstehend Referenzlaboratorium genannt).
(2) Die Erfüllung der Aufgaben erfolgt im Rahmen der dem Hygiene-Institut des Bezirkes planmäßig zur Verfügung stehenden Arbeitskräfte und Mittel.
(3) In seiner Tätigkeit arbeitet es eng mit dem Referenzlaboratorium für die Bekämpfung gesundheitsschädlicher Arthropoden des Staatlichen Kontrollinstituts für Seren und Impfstoffe, mit der Arbeitsgemeinschaft Medizinische Entomologie und Schädlingsbekämpfung der Sektion Infektionskrankheiten, Tropenmedizin und Parasitologie der Gesellschaft für Mikrobiologie und Epidemiologie in der DDR und der Sektion Arachno-Entomologie der Parasitologischen Gesellschaft in der DDR zusammen.

2.

Das Referenzlaboratorium überwacht im Auftrag des Ministeriums für Gesundheitswesen das Vorkommen, die Verbreitung und medizinische Bedeutung gesundheitsschädlicher Gliedertiere in der DDR, analysiert die Ergebnisse und gibt dem Ministerium Empfehlungen für prophylaktische Maßnahmen zur Verhütung und Einschränkung von Infektketten bzw. Plagegeschehen.

3.

(1) Dem Referenzlaboratorium obliegt die fachliche Beratung der Abteilungen bzw. Fachgebiete Parasitologie und Schädlingsbekämpfung der Hygiene-Institute der Bezirke, insbesondere hinsichtlich der Untersuchungen zur Faunistik, Massenvermehrung, Ökologie und Taxonomie dieser Gesundheitsschädlinge. Es koordiniert diese Arbeiten und wertet die gesamten Untersuchungsergebnisse seines Arbeitsgebietes aus.
(2) Bei Massenvermehrungen bzw. besonderen epidemischen Geschehen mit Beteiligung von gesundheitsschädlichen Gliedertieren wirkt das Referenzlaboratorium an den operativen Maßnahmen des Ministeriums für Gesundheitswesen mit.

4.

Das Referenzlaboratorium führt hinsichtlich der gesundheitsschädlichen Gliedertiere in der DDR eine Fundortkartei mit Artenverzeichnis. Es unterhält eine Präparatesammlung über medizinisch wichtige Arten und unterstützt die Abteilungen bzw. Fachgebiete Medizinische Parasitologie und Schädlingsbekämpfung der Hygiene-Institute der Bezirke in Fragen der diagnostischen Arbeit, der Untersuchungstechnik, Präparation, Sammlung und Dokumentation.

5.

Das Referenzlaboratorium arbeitet im Rahmen der bestehenden Gesundheitsabkommen und gemäß den vom Ministerium für Gesundheitswesen festgelegten Aufgaben mit entsprechenden Einrichtungen anderer, insbesondere sozialistischer Länder, zusammen und wertet die internationale wissenschaftliche Literatur seines Fachgebietes aus.

6.

Das Referenzlaboratorium erstattet dem Ministerium für Gesundheitswesen jährlich einen Bericht über die Lage auf seinem Fachgebiet.
Über besondere epidemiologische Gegebenheiten orientiert das Referenzlaboratorium das Ministerium für Gesundheitswesen unverzüglich, spätestens nach Abschluß der eingeleiteten Untersuchungen.

7.

Diese Anweisung tritt am 14. 2. 75 in Kraft.

Anweisung über die Aufgaben und die Tätigkeit des Referenzlaboratoriums für Clostridien-Infektionen vom 30. April 1976

(VuM MfGe Nr. 7 S. 32)

Im Einvernehmen mit dem Minister für Hoch- und Fachschulwesen wird angewiesen:

1.

(1) Die Abteilung Mikrobiologie der Bezirks-Hygieneinspektion Erfurt erhält zu ihren bezirksspezifischen Aufgaben den Status eines Referenzlaboratoriums für Clostridien-Infektionen (nachstehend Referenzlaboratorium genannt).
(2) Die Erfüllung der Aufgaben erfolgt im Rahmen der der Bezirks-Hygieneinspektion planmäßig zur Verfügung stehenden Arbeitskräfte und Mittel.

2.

(1) Das Referenzlaboratorium überwacht im Auftrag des Ministeriums für Gesundheitswesen das Vorkommen und die Ausbreitung der Clostridien-Infektionen in der Deutschen Demokratischen Republik, analysiert die Ergebnisse und gibt dem Ministerium Empfehlungen zur Verhütung und Bekämpfung von Clostridien-Infektionen.
(2) Das Referenzlaboratorium überwacht im besonderen Gasbrandinfektionen. Es unterbreitet auf Grund epidemiologischer Analysen und neuer wissenschaftlicher Erkenntnisse Empfehlungen für Maßnahmen der Verhütung und Bekämpfung des Gasbrandes. Zu diesem Zweck arbeitet das Referenzlaboratorium mit einem vom Ministerium für Gesundheitswesen berufenen Expertengremium zusammen.

3.

(1) Das Referenzlaboratorium führt die fachliche Beratung und Anleitung der mikrobiologischen Laboratorien im Bereich des staatlichen Gesundheitswesens und des Ministeriums für Hoch- und Fachschulwesen bezüglich der Clostridiendiagnostik durch und wertet die Untersuchungsergebnisse der genannten Laboratorien aus. Es ist federführend bei der Erarbeitung von Richtlinien für die Clostridiendiagnostik sowie – in Zusammenarbeit mit dem Institut für Arzneimittelwesen der DDR – bei der Erarbeitung von Standardentwürfen für entsprechende diagnostische Laboratoriumsmethoden. Für den eigenen Bedarf hat es die erforderlichen Diagnostika bereitzuhalten.
(2) Zur Absicherung der Diagnostik kooperiert es mit dem Staatlichen Kontrollinstitut für Seren und Impfstoffe, dem Staatlichen Institut für Immunpräparate und Nährmedien so-

wie den zuständigen Versorgungsorganen und nimmt im Einvernehmen mit dem Institut für Arzneimittelwesen der DDR Einfluß auf die Planung und Bereitstellung der Diagnostika.

(3) Das Referenzlaboratorium unterhält eine Stammsammlung und gibt auf Anforderung Stämme aus der Sammlung ab. Es identifiziert oder überprüft Stämme der Gattung Clostridium sowie clostridienverdächtige Stämme.

4.

Das Referenzlaboratorium erstattet dem Ministerium für Gesundheitswesen jährlich einen Bericht über die Lage auf seinem Fachgebiet. Das Referenzlaboratorium ist berechtigt, von den Bezirks-Hygieneinspektionen, den mikrobiologischen Laboratorien aus dem Bereich des Ministeriums für Hoch- und Fachschulwesen und anderen Einrichtungen des Gesundheitswesens Informationen über Untersuchungsergebnisse einzuholen. Über besondere epidemiologische Gegebenheiten orientiert das Referenzlaboratorium das Ministerium für Gesundheitswesen an Hand der vorliegenden Materialien.

5.

Das Referenzlaboratorium arbeitet im Rahmen der bestehenden Gesundheitsabkommen und gemäß den vom Ministerium für Gesundheitswesen festgelegten Aufgaben mit den entsprechenden Einrichtungen anderer, insbesonderer sozialistischer Länder zusammen. Es wertet die internationale Literatur auf dem Gebiet der Clostridien-Infektionen aus.

6.

Diese Anweisung tritt am 1. Juli 1976 in Kraft.

Anweisung über die Aufgaben und die Tätigkeit des Referenzlaboratoriums für Escherichia-coli-Infektionen vom 5. August 1976

(VuM MfGe Nr. 10 S. 51)

Im Einvernehmen mit dem Minister für Hoch- und Fachschulwesen wird angewiesen:

1

(1) Das Referenzlaboratorium für Escherichia-coli-Infektionen (nachstehend Referenzlaboratorium genannt) ist ein besonderes Arbeitsgebiet des experimentellen Bereichs im Institut für Infektionskrankheiten im Kindesalter des Städtischen Klinikums Berlin-Buch.
(2) Die fachliche, personelle und materielle Planung des Referenzlaboratoriums erfolgt im Rahmen des Volkswirtschafts- und Haushaltsplanes des Städtischen Klinikums Berlin-Buch. Der Direktor des Instituts für Infektionskrankheiten im Kindesalter des Städtischen Klinikums Berlin-Buch ist dem Minister für Gesundheitswesen für die Durchführung der dem Referenzlaboratorium zugewiesenen Aufgaben verantwortlich.

2

Das Referenzlaboratorium überwacht im Auftrag des Ministeriums für Gesundheitswesen Vorkommen und Ausbreitung der Escherichia-coli-Infektionen (unter besonderer Berücksichtigung der Enteritis-coli-Infektionen) in der Deutschen Demokratischen Republik (Überwachungsprogramm) und empfiehlt dem Ministerium für Gesundheitswesen auf Grund der epidemiologischen Analysen und Prognosen Maßnahmen zur Verhütung und Bekämpfung der Escherichia-coli-Infektionen. Es arbeitet eng mit den Referenzlaboratorien für Salmonellosen und Shigellosen und den entsprechenden wissenschaftlichen Gremien zusammen.

3

(1) Das Referenzlaboratorium führt die fachliche Beratung und Anleitung aller mikrobiologischen Laboratorien im Bereich des staatlichen Gesundheitswesens und des Ministeriums für Hoch- und Fachschulwesen bezüglich der Escherichia-Diagnostik durch und wertet die Untersuchungsergebnisse der genannten Laboratorien aus. Es ist federführend bei der Erarbeitung von Richtlinien für die Escherichia-coli-Diagnostik sowie — in Zusammenarbeit mit dem Institut für Arzneimittelwesen der DDR — bei der Erarbeitung von Standardentwürfen für entsprechende diagnostische Laboratoriumsmethoden.
Für den eigenen Bedarf hat es die erforderlichen Diagnostika bereitzuhalten.

(2) Zur Absicherung der Diagnostik in den peripheren Laboratorien kooperiert das Referenzlaboratorium mit dem Staatlichen Kontrollinstitut für Seren und Impfstoffe, dem Staatlichen Institut für Immunpräparate und Nährmedien sowie den zuständigen Versorgungsorganen und nimmt im Einvernehmen mit dem Institut für Arzneimittelwesen der DDR Einfluß auf die Planung und Bereitstellung der Diagnostika.
(3) Das Referenzlaboratorium unterhält eine Stammsammlung, die neben den Escherichia-coli-Standardstämmen weitere interessierende Stämme enthält, und gibt auf Anforderung Stämme aus der Sammlung ab. Es identifiziert oder überprüft Stämme der Gattung Escherichia sowie coliverdächtige Stämme.

4

Das Referenzlaboratorium erstattet jährlich dem Ministerium für Gesundheitswesen einen Bericht über die epidemiologische Lage. Das Referenzlaboratorium ist berechtigt, von den Bezirks-Hygieneinspektionen, den mikrobiologischen Laboratorien aus dem Bereich des Ministeriums für Hoch- und Fachschulwesen und anderen Einrichtungen des Gesundheitswesens Informationen über Untersuchungsergebnisse einzuholen. Über besondere epidemiologische Situationen orientiert es das Ministerium für Gesundheitswesen an Hand der vorliegenden Materialien.

5

Das Referenzlaboratorium arbeitet im Rahmen der bestehenden Gesundheitsabkommen und gemäß den vom Ministerium für Gesundheitswesen festgelegten Aufgaben mit entsprechenden Einrichtungen anderer, insbesondere sozialistischer Länder zusammen. Es wertet die internationale wissenschaftliche Literatur auf dem Gebiet der Escherichien und Escherichia-coli-Infektion aus.
Diese Anweisung tritt am 1. Oktober 1976 in Kraft.

Anweisung über den VEB Sächsisches Serumwerk Dresden
vom 24. Juni 1975

(VuM MfGe Nr. 13 S. 88)
— Auszug —[1])

§ 1 Rechtliche Stellung und Sitz

(1) Der VEB Sächsisches Serumwerk Dresden (nachstehend VEB genannt) ist ein Betrieb, der in der Einheit von Forschung und Produktion auf der Grundlage der Verordnung vom 28. März 1973 über die Aufgaben, Rechte und Pflichten der volkseigenen Betriebe, Kombinate und VVB (GBl. I Nr. 15 S. 129) arbeitet.
(2) Der VEB Sächsisches Serumwerk Dresden hat seinen Sitz in 801 Dresden, Herbert-Bochow-Str. 40.
(3) Der VEB untersteht dem Ministerium für Gesundheitswesen. Er ist juristische Person und Rechtsträger des ihm übertragenen Volkseigentums. Er arbeitet nach dem Prinzip der wirtschaftlichen Rechnungsführung.
(4) Der VEB bildet und verwaltet finanzielle und materielle Fonds, über die er im Rahmen der Rechtsvorschriften selbständig verfügt.
(5) Der VEB hat die finanziellen und materiellen Fonds so einzusetzen und zu verwenden, daß er eigene Mittel erwirtschaftet, die Zuführungen an den Staatshaushalt gewährleistet und die materielle Interessiertheit und Initiative der Bürger bei der Erteilung der Planaufgaben stimuliert werden.
(6) Zum VEB gehören folgende Werke:

VEB Sächsisches Serumwerk Dresden
Werk I
801 Dresden, Herbert-Bochow-Str. 40

VEB Sächsisches Serumwerk Dresden
Werk II
7201 Oelzschau, Straße der Freundschaft 62

(7) Die Werke I und II des VEB sind rechtlich nicht selbständig.

§ 2 Aufgaben

(1) Die Wirtschaftstätigkeit des VEB erstreckt sich im wesentlichen auf die Entwicklung, Produktion und Lieferung von

— Virusimpfstoffen und bakteriellen Impfstoffen, vorzugsweise zur oralen Anwendung
— immunbiologischen Diagnostika mit Schwerpunkten
  Diagnostika zur Rheumafaktorenbestimmung

Immunologischer Schwangerschaftstest
Kontrollseren
Allergen-Extrakte
Radio-Immun-Assays sowie
Präparate zur Behandlung von Verdauungsstörungen.

(2) Der VEB beteiligt sich in Kooperation mit Zentrallaboratorien und anderen wissenschaftlichen Institutionen an der Entwicklung neuer Verfahren zur bakteriellen und virologischen Diagnostik, der Labordiagnostik sowie der Immunologie.
(3) Der VEB erkundet unter Berücksichtigung der internationalen Entwicklungstendenzen die bestmöglichen Verfahren zur Diagnostik und Immunprophylaxe bakterieller und virialer Infektionen und schafft die wissenschaftlichen und technischen Voraussetzungen für die Einführung dieser Verfahren in die Praxis des Gesundheitsschutzes durch die Entwicklung oder Übernahme entsprechender Präparate.
(4) Der VEB erarbeitet Dokumentationen zu seinen diagnostischen und immunprophylaktischen Präparaten und stellt sie für die wissenschaftliche Praxis bereit.
(5) Der VEB berät und unterstützt das Ministerium für Gesundheitswesen bei den erforderlichen staatlichen Maßnahmen auf dem Gebiet der immunbiologischen Präparate und Kontrollseren. Hierzu hat er wissenschaftlich begründete Pläne zur Entwicklung des Sortimentes auszuarbeiten, zur Koordinierung der Profillinie Sera und Impfstoffe beizutragen sowie den zentralen Versorgungseinrichtungen Empfehlungen zu geben.
(6) Der VEB unterstützt die Organisation, Durchführung und Auswertung von Feldversuchen seiner Präparate.
(7) Der VEB erarbeitet mit dem Staatlichen Kontrollinstitut für Seren und Impfstoffe und dem Institut für Arzneimittelwesen der DDR Qualitätsnormen in Form von Gütevorschriften und Arzneibuchmonografien.
(8) Der VEB arbeitet zielgerichtet zur Lösung seiner Aufgaben mit Instituten, wissenschaftlichen Gesellschaften und Arbeitsgemeinschaften in der Deutschen Demokratischen Republik und im Ausland, insbesondere in der UdSSR und den anderen sozialistischen Staaten zusammen.
(9) Der VEB verwirklicht gemeinsam mit dem AHB Intermed und dem Ministerium für Gesundheitswesen die ihm übertragene Staatsplanauflage in der Außenwirtschaftstätigkeit und erarbeitet seine Exportstrategie.
(10) Der Minister für Gesundheitswesen kann dem VEB weitere Aufgaben übertragen.

§ 4

...

(3) Im VEB werden folgende Fachbereiche gebildet:

- Wissenschaft;
- Technik;

– Produktion;
– Versuchstierhaltung und -produktion;
– Ökonomie;
– Beschaffung und Absatz

Im VEB werden folgende Funktionalorgane gebildet:

– Kader und Bildung;
– Gütekontrolle;
– Sicherheit, Brand- und Arbeitsschutz;
– Rechnungsführung und Statistik.

(4) Die Fachbereichsleiter und Leiter der Funktionalorgane des VEB leiten die dem Leiter des Werkes II direkt unterstellten Fachgebietsleiter und Leiter der Funktionalorgane an und kontrollieren sie. Sie sind nicht berechtigt, diesen Weisungen zu erteilen.

(5) Die Fachbereichsleiter, Leiter der Funktionalorgane des VEB und der Werkleiter des Werkes II sind dem Betriebsdirektor verantwortlich und rechenschaftspflichtig. Die Fachbereichsleiter sind zur Vertretung des Betriebsdirektors in Wahrnehmung ihrer Fachbereichsverantwortung berechtigt.

(6) Der Struktur- und Stellenplan des VEB bedarf der Bestätigung des Ministers für Gesundheitswesen.

[1]) §§ 3, 5 bis 8 sind nicht abgedruckt.

Hinweise zur Durchführung von Verteidigungen wissenschaftlicher Aufgaben und Ergebnisse im Rahmen der auftragsgebundenen medizinischen Forschung

vom 16. Juni 1977

(VuM MfGe Nr. 8 S. 66)

Auf der Grundlage der Anordnung vom 23. Mai 1973 über die Durchführung von Verteidigungen wissenschaftlich-technischer Aufgaben und Ergebnisse (GBl. I Nr. 29 S. 289)[1]), der Nomenklatur der Arbeitsstufen und Leistungen von Aufgaben des Planes Wissenschaft und Technik vom 28. Mai 1975[2]) und des Statutes des Ministeriums für Gesundheitswesen vom 25. September 1975 (GBl. I Nr. 40 S. 673) werden vom Minister für Gesundheitswesen als Hauptauftraggeber für medizinische Forschungsvorhaben im Einvernehmen mit dem Minister für Hoch- und Fachschulwesen und dem Präsidenten der Akademie der Wissenschaften der DDR zur Durchführung von Verteidigungen wissenschaftlicher Aufgaben und Ergebnisse im Rahmen der auftragsgebundenen medizinischen Forschung folgende Hinweise gegeben:

I. Anliegen und Zielstellung von Verteidigungen

Die Verteidigung wissenschaftlicher Aufgabenstellungen und Ergebnisse stellt einen bedeutsamen Abschnitt im gesamten Forschungsprozeß dar. Sie dient

- der Erhöhung des Niveaus der wissenschaftlichen Arbeit,
- dem Streben nach einer hohen Übereinstimmung zwischen wissenschaftlicher Aufgabenstellung und aktuellen sowie künftigen Bedürfnissen der Bevölkerung nach Gesundheit, Leistungsfähigkeit und Lebensfreude,
- der Beurteilung des wissenschaftlichen Wertes von Forschungsaufgaben und -ergebnissen im Vergleich zum internationalen Entwicklungsstand,
- der Erhöhung der Kollektivität und Objektivität bei der Bewertung von Forschungsaufgaben und -ergebnissen,
- der Vermeidung von Effektivitätsverlusten bei der Bearbeitung von Forschungsaufgaben und bei der planmäßigen Überleitung von Forschungsergebnissen in andere Phasen des Gesundheitsschutzes,
- der Intensivierung des wissenschaftlichen Lebens und der Informationsbeziehungen innerhalb medizinisch-wissenschaftlicher Leistungsbereiche sowie in ihrem Verhältnis zur medizinischen Praxis und zu medizinrelevanten natur- und gesellschaftswissenschaftlichen sowie technisch-wissenschaftlichen Bereichen,
- der Qualifizierung und Persönlichkeitsentwicklung junger Wissenschaftler.

Verteidigungen von Forschungsaufgaben und -ergebnissen sind wissenschaftliche Veranstaltungen, die der kollektiven Meinungsbildung zur Vorbereitung staatlicher Entscheidungen dienen und mit geringstem Aufwand einen hohen Nutzeffekt zu erbringen haben.

II. Kriterien für die Bewertung von Forschungsaufgaben und -ergebnissen im Rahmen von Verteidigungen

1. Bewertung und Forschungsaufgaben (Eröffnungsverteidigung)

Für die Bewertung einer Forschungsaufgabe, die Beurteilung ihres wissenschaftlichen Niveaus, der Realisierbarkeit und der zu erwartenden Ergebnisse als Voraussetzung für die Bearbeitung im Rahmen zu bestätigender Forschungspläne gelten folgende Kriterien:

- Übereinstimmung der Forschungsaufgabe und ihrer Zielstellung mit den aktuellen und künftigen Bedürfnissen der Bevölkerung nach Gesundheit, Leistungsfähigkeit und Lebensfreude,
- Originalität und theoretisches Niveau der Aufgabenstellung,
- Bedeutung für die Aufklärung von Ursachen und Bedingungen für Krankheiten und die Gesundheit und für die Schaffung wissenschaftlich begründeter Voraussetzungen für eine gezielte Vorbeugung, Erkennung, Behandlung und Nachsorge,
- Bedeutung für die Qualität und Wirksamkeit der medizinischen Grundbetreuung, der spezialisierten und hochspezialisierten Betreuung sowie für die Senkung des Krankenstandes der Werktätigen,
- Bedeutung für die Gestaltung der Arbeits- und Lebensbedingungen und für die Entwicklung gesundheitsfördernder Verhaltensweisen der Bürger,
- Voraussetzungen für eine Bearbeitung in der DDR bzw. im Rahmen der internationalen Kooperation mit der UdSSR und den anderen sozialistischen Ländern einschließlich der Überführung von Ergebnissen in die Praxis,
- Verringerung des technischen und organisatorischen Aufwandes,
- Übereinstimmung mit den Entwicklungstendenzen und Möglichkeiten der medizintechnischen und pharmazeutischen Industrie,
- Neuheitswert, Zukunftsträchtigkeit und Patentfähigkeit im Vergleich zum internationalen Stand (Recherchennachweis),
- Beitrag zur theoretischen Fundierung der Medizin in natur- und gesellschaftswissenschaftlicher Hinsicht,
- Beitrag zur Erhöhung des internationalen Ansehens der DDR.

2. Bewertung von Forschungsergebnissen (Abschlußverteidigung)

2.1. Für die Beurteilung des wissenschaftlichen Wertes von Forschungsergebnissen, der Erfordernisse und Möglichkeiten ihrer weiteren Bearbeitung und ihres potentiellen Nutzens für die medizinische Praxis gelten folgende Kriterien (besondere wissenschaftliche Bedeutung):

- Übereinstimmung mit den Schwerpunktaufgaben und Grundorientierungen der Wissenschaftspolitik der DDR und der Aufgaben der sozialistischen Wissenschaftskooperation (Übereinstimmung mit den Festlegungen der Eröffnungsverteidigung),
- Schaffung des wissenschaftlichen Vorlaufs für die Erschließung neuer Wege der Verhütung, Erkennung und Bekämpfung häufiger schwerer und lang dauernder Erkrankungen,
- Neuheitsgrad und Originalität des Ergebnisses im Vergleich zum international vorhandenen Erkenntnisstand,
- Beitrag zur Entwicklung bedeutsamer Fachgebiete bzw. Arbeitsmethoden,
- Nutzbarkeit des Ergebnisses in verschiedenen wissenschaftlichen Disziplinen bzw. Ausmaß des zu erwartenden Effekts bei Weiterführung der Forschungsarbeiten,
- Komplexität von naturwissenschaftlicher und gesellschaftswissenschaftlicher Betrachtungsweise bei der Lösung des Problems sowie theoretischer Fundierung der Medizin,
- Beitrag zur Entwicklung des wissenschaftlichen Profils sowie zur Erhöhung des Ansehens der sozialistischen Wissenschaft der DDR,
- theoretische Fundierung gegenwärtig vorhandener Erkenntnisse oder praktizierter Lösungen,
- Beitrag für die Einschätzung prognostischer Entwicklungen und wissenschaftlicher Trends,
- Möglichkeit zur effektiven Nutzung vorhandener Geräte und Einrichtungen sowie zur höheren Fondseffektivität.

2.2. Für die Beurteilung von Forschungsergebnissen hinsichtlich ihres Reifegrades, ihrer Anwendbarkeit und ihres potentiellen Nutzens in der medizinischen Praxis durch planmäßige Überleitung gelten folgende Kriterien (besondere praktische Bedeutung):

- Übereinstimmung mit den vorgegebenen Zielstellungen und den gesellschaftlichen Anforderungen,
- voraussehbarer Beitrag zur Erhöhung der Qualität und Wirksamkeit der medizinischen und sozialen Betreuung in allen Leistungsbereichen,
- Auswirkungen auf die Befriedigung des gesellschaftlichen und persönlichen Bedürfnisses nach Sicherung, Förderung und Wiederherstellung von Gesundheit, Leistungsfähigkeit und Wohlbefinden,
  nachgewiesene Beeinflussung von Morbidität, Invalidität und Mortalität sowie der Komplikationsrate, Behandlungsdauer und des therapeutischen Aufwandes,

- Verminderung der Belastung der Patienten durch diagnostische und therapeutische Maßnahmen,
- Einfluß auf die Entwicklung risikoarmer bzw. gesundheitsfördernder Arbeits- und Lebensbedingungen sowie die Verhaltensbeeinflussung zur gesunden Lebensweise,
- hohe Sicherheit und Risikoarmut bei der Anwendung der Ergebnisse in der medizinischen und sozialen Betreuung,
- Abschluß der Erprobung und Reproduzierbarkeit der Ergebnisse,
- Realisierbarkeit durch vorhandene oder mit vertretbarem Aufwand zu schaffende Voraussetzungen der Praxisüberführung,
- Erteilung von Patenten, Lizenznahme oder Wertung durch Vergabe von Preisen u. ä.

III. Prinzipien der Durchführung von Verteidigungen

1. Planmäßigkeit

Verteidigungen sind planmäßig zu dem vorgesehenen Erfüllungstermin der Leistung durchzuführen. Sie sind in die Arbeitspläne der jeweiligen Gremien aufzunehmen. Bei der Übergabe der staatlichen Plandokumente legt der Minister für Gesundheitswesen als HAG fest, welche Leistungen zentral vor dem MfGe bzw. dem Präsidium des Rates für Planung und Koordinierung zu verteidigen sind.
Für die Planung von Verteidigungen unter Leitung der Beiräte der Forschungsvorhaben gelten die Nomenklaturen der Arbeitsstufen des MWT. Im Beirat oder einem von ihm beauftragten Gremium sind – wenn nichts anderes festgelegt ist – alle Arbeitsstufen G 1; G 4; A 1; A 4 und andere Eröffnungs- oder Abschlußstufen zu verteidigen. Zwischenverteidigungen anderer Arbeitsstufen sind anzusetzen, wenn wesentliche Entscheidungen über die Weiterführung der Aufgabe bei Erreichen anderer Arbeitsstufen getroffen werden müssen.
Die Verteidigungen der Stufen A 1, G 1 ...
gelten als Eröffnungsverteidigung. Als Ergebnis dieser Verteidigung sollten Aussagen erfolgen:

- Bewertung der Aufgabe anhand der unter II.1 genannten Kriterien
- Richtigkeit bzw. Möglichkeit der Ausgangshypothese
- Neuheit der Aufgabenstellung
- Richtigkeit des vorgeschlagenen Lösungsweges
- Realisierbarkeit des geplanten Ergebnisses

Die Verteidigung der Stufen A 4, G 4 ...
gelten als Abschlußverteidigung. Ihr Ziel sind Bewertungen des Forschungsergebnisses entsprechend der unter II.2.1 und II.2.2 genannten Kriterien sowie Aussagen zur

- weiteren Bearbeitung des Ergebnisses

– planmäßigen Erprobung und zur Praxisüberführung
– Propagierung des Ergebnisses
– Abstimmung mit weiteren Forschungs-, Praxis- und Realisierungspartnern
– Vorschläge für Leitungsentscheidungen.

Zwischenverteidigungen werden in der Regel nicht durchgeführt. Sie sind erforderlich, wenn anhand erreichter Ergebnisse, neuer Trends, veränderter Situationen etc. entsprechende Entscheidungen wissenschaftlich fundiert vorzubereiten sind.

2. Stufen von Verteidigungen

Im Interesse der Effektivität erfolgen Verteidigungen auf verschiedenen Stufen wissenschaftlicher Beratungsgremien. Empfehlungen hierüber gibt der Wissenschaftliche Beirat des Forschungsvorhabens in Übereinstimmung mit dem HAN.
Für die Durchführung von Verteidigungen sind vor allem turnusmäßige Sitzungen der Wissenschaftlichen Beiräte der medizinischen Forschungsvorhaben, Veranstaltungen der medizinisch-wissenschaftlichen Gesellschaften, Tagungen anderer wissenschaftlicher Gremien u. ä. zu nutzen.
Detailergebnisse und -probleme sind im unmittelbaren Arbeitskreis oder Expertenbereich zu beraten (z. B. auf der Ebene der Einrichtung), Ergebnisse von Bedeutung für weitere Arbeitsgruppen sind auf der Ebene der Themenkomplexleitung zu verteidigen; Leistungen des zentralen Planes des Forschungsvorhabens sind vor dem Wissenschaftlichen Beirat bzw. lt. Festlegung des Ministers für Gesundheitswesen zu verteidigen.

3. Jahresabschlußverteidigungen

Jahresabschlußverteidigungen im Rahmen der medizinischen Forschungsvorhaben sind nicht durchzuführen. Zum Abschluß des Planjahres kann die Leitung des Forschungsvorhabens im Rahmen einer Beiratstagung, die die Gesamtaufgabenerfüllung anhand der bereits vorliegenden Verteidigungsergebnisse, Kontroll- und Erfüllungsberichte sowie operativer Plankontrollen einschätzt, die Verteidigung ausgewählter Leistungen veranlassen.

4. Kollektivität

Die Zusammensetzung des Verteidigungsgremiums, sofern nicht der HAG mit der Planübergabe bereits Festlegungen trifft, obliegt dem HAN in Abstimmung mit dem HAG sowie in Zusammenarbeit mit der Leitung des Forschungsvorhabens und seinem Wissenschaftlichen Beirat.
Es ist zu sichern, daß ein Verteidigungsgremium aus mindestens 5 Mitgliedern besteht, wobei die beteiligten Nachauftragnehmer, Praxispartner bzw. vorgesehene Nutzer in die Verteidigung einbezogen werden sollten.

Die Vorstellung und Diskussion von Ergebnissen auf Veranstaltungen der medizinisch-wissenschaftlichen Gesellschaften sowie in Territorien und Einrichtungen kann als Verteidigung gewertet werden, wenn die entsprechenden Voraussetzungen vorhanden sind.
Eine Publikation gilt nicht als Verteidigung eines Ergebnisses.
Mehrere gleichartige oder in Beziehung stehende Ergebnisse eines Forschungsvorhabens können gleichzeitig verteidigt werden.

5. Aussagefähigkeit

Verteidigungen sollten zu Entscheidungsvorschlägen für die Weiterführung der Arbeiten und für Maßnahmen zur Praxisnutzung führen. Sind Aussagen nicht zweifelsfrei, kann das Verteidigungsgremium Hinweise und Vorschläge zur weiteren Erhärtung veranlassen. Differenzstandpunkte sind im Verteidigungsprotokoll festzuhalten.

6. Verteidigungen im Rahmen der internationalen Kooperation

In Sonderfällen können vom HAG nach Abstimmung mit dem HAN und den Projektleitungen internationale Kooperationspartner oder Gremien zur Meinungsbildung im Sinne einer Verteidigung einbezogen werden.
Die Vorstellung eines Ergebnisses auf einem internationalen Expertentreffen kann, wenn die genannten Kriterien zutreffen, als Verteidigung gelten. Hierfür ist in jedem Falle die Zustimmung des HAG erforderlich.
Die Einbeziehung der Kooperationspartner aus sozialistischen Ländern in die Verteidigung gemeinsam geplanter Aufgaben muß als Prinzip entwickelt werden.

7. Geheimnisschutz

Zu verteidigende Forschungsergebnisse gelten als NfD, falls nicht vom HAG oder HAN höhere Vertraulichkeitsgrade bei Planübergabe oder nach Kenntnis von Forschungsergebnissen von besonderer Bedeutung festgelegt werden.
Bei Verteidigung von VD- oder VVS-Leistungen ist der HAN und die Projektleitung für die Auswahl des entsprechend verpflichteten Verteidigungsgremiums verantwortlich. Bei diesen Aufgaben ist stets ein Vertreter des HAG einzubeziehen.

8. Fixierung der Ergebnisse

Verteidigungen sind in einem Ergebnisprotokoll auszuwerten. Das Protokoll hat zu enthalten:

- Teilnehmer der Beratung
- Kurzcharakteristik des Ergebnisses einschließlich der möglichen Auswirkungen

– Hauptaussagen der Diskussion, insbesondere Differenzstandpunkte
– verbale Wertung des Ergebnisses entsprechend der unter II. genannten Kriterien
– Empfehlung des Gremiums zur Weiterführung bzw. Praxisüberführung.

Bei Abschlußleistungen gelten die Festlegungen zur Abfassung von F/B-Berichten für das ZIID.
Dem Ergebnisprotokoll sind die Unterlagen, die zur Verteidigung eingereicht wurden (Forschungsbericht, Thesen u. ä.) beizufügen. Es ist dem HAN bzw. mit seiner Zustimmung dem Leiter des Forschungsvorhabens zu übergeben. Für zentral festgelegte Verteidigungen sind die Verteidigungsunterlagen dem HAG bzw. dem von ihm beauftragten Gremium einzureichen.
Im Forschungsbericht bzw. den Verteidigungsunterlagen sind auch konkrete Aussagen über materiell-technische und personelle Konsequenzen bei Realisierung des Ergebnisses oder Anforderungen anderer Art auszuweisen.

9. Publikationen

Bei positiver Bewertung des erreichten Ergebnisses und bereits aussagefähigem Zwischenstand ist eine Kurzpublikation im DDR-Medizin-Report vorzubereiten, wobei die Bestimmungen des Geheimnisschutzes zu beachten sind.
Weitere Festlegungen über Publikationen können in der Verteidigung getroffen werden.

10. Kontrollinformationen

Ergibt eine Zwischenverteidigung, daß ein angestrebtes Ergebnis nicht in der geplanten Qualität erbracht wurde, die Zielstellung nicht erreicht wird, die geplanten Auswertungen sich nicht realisieren lassen, die planmäßigen Abstimmungen mit dem Kooperationspartner nicht wirksam wurden, technische Schwierigkeiten eine Verzögerung des Ergebnisses ankündigen oder die Aufgabe dem internationalen Trend folgend inzwischen überholt ist, so ist umgehend eine Information über den HAN an den HAG zu richten.

[1]) Abgedruckt unter C **06 11** 03
[2]) Abgedruckt unter C **06 11** 05

Anweisung über die Berechnung von Blutkonserven
vom 20. Juli 1973

(VuM MfGe Nr. 14 S. 135)

Zur Neuregelung der Berechnung von Blutkonserven wird angewiesen:

1.1. Die von den Einrichtungen des Blutspende- und Transfusionsdienstes hergestellten Blutkonserven (Vollblut-, Blutplasma- und andere Blutderivatkonserven) sind an die Behandlungseinrichtungen des Gesundheitswesens gegen Bezahlung nach den in Ziffer 2.1. festgelegten Sätzen abzugeben.

1.2. Die in Ziffer 2.1. festgelegten Preise sind für alle Einrichtungen des Blutspende- und Transfusionsdienstes verbindlich.

2.1. Nachstehende Preise werden festgelegt:

a) Blutkonserve (ohne Transfusionssystem)	500 ml	60,– M
	250 ml	30,– M
	125 ml	15,– M
b) Heparinblutkonserve, 400 ml plus Heparin		60,– M
c) Erythrozytenkonzentrat	200–300 ml	30,– M
d) Erythrozytenkonzentrat, gewaschen		45,– M
e) Erythrozyten-Resuspension	500 ml	45,– M
f) Thrombozytenkonzentrat (aus 2 Blutkonserven)		120,– M
g) Zitratplasma	250 ml	75,– M
	200 ml	60,– M
	100 ml	30,– M
	50 ml	15,– M
h) Gerinnungsaktives Plasma (ohne aqua dest. und System)	250 ml	100,– M
	200 ml	80,– M
	50 ml	20,– M
i) Plasmafraktion – Cohn I (ohne aqua dest. und System) 1 Einheit	40 ml	120,– M
k) Plasmafraktion – Kryopräzipitat (ohne aqua dest. und System)		
	Einheit 20–30 ml	60,– M
	Doppeleinheit 40–60 ml	120,– M

l) Plasmafraktion – PPSB (ohne aqua dest. und System)	$^1/_4$ Einheit	30,– M
	1 Einheit	120,– M
m) Aqua ad injektionem 250 *ml*, 200 *ml*, 50 *ml* je		2,– M
n) Flasche mit Stabilisator		2,– M

Eine Verrechnung von Flaschenpfand erfolgt nicht.

2.2. Die Preise für Einheiten Human-Trockenplasma sind besonders geregelt.

2.3. Für nachstehend aufgeführte Produkte, die in einwandfreiem Zustand spätestens 7 Tage vor dem Verfalltermin an die ausgebende Einrichtung des Blutspende- und Transfusionsdienstes zurückgegeben werden, wird folgende Rückvergütung gewährt:

a) Blutkonserve (ohne Transfusionssystem)	500 *ml*	30,– M
	250 *ml*	15,– M
b) Erythrozytenkonzentrat	200–300 *ml*	15,– M
c) Erythrozyten-Resuspension	500 *ml*	15,– M

Eine Rückvergütung für andere Präparationen erfolgt nicht.

3.1. Für den Transport von Blut- und Blutderivatkonserven mit Fahrzeugen der Einrichtungen des Blutspende- und Transfusionsdienstes und für sonstige Aufwendungen dürfen keine Kosten berechnet werden. Die Berechnung von Transfusionsbestecken bleibt hiervon unberührt.

Für Sonderfahrten in dringenden Fällen sind je km 0,45 M

zu erheben. (Ausgenommen DRK)

3.2. Die berechneten Beträge sind auf das Haushaltskonto der betreffenden Einrichtung des Blutspende- und Transfusionsdienstes unter Beachtung der für den Überweisungs- und Zahlungsverkehr geltenden Rechtsvorschriften zu überweisen.

4.1. Die staatliche Zuwendung für den Blutspender gemäß § 14 der Anordnung vom 7. März 1962 über den Blutspende- und Transfusionsdienst ist bei direkter Frischblutübertragung von derjenigen Behandlungseinrichtung des Gesundheitswesens an den Blutspender zu zahlen, in der die direkte Transfusion vorgenommen wurde.

4.2. Die Bestimmung der Ziffer 4.1. gilt auch in den Fällen, in denen der Blutspender durch eine Einrichtung des Blutspende- und Transfusionsdienstes vermittelt worden ist. Eine Verrechnung über die betreffende Einrichtung des Blutspende- und Transfusionsdienstes findet in diesen Fällen nicht statt.

Anordnung über die Festsetzung von Gebühren für Leistungen des Staatlichen Amtes für Atomsicherheit und Strahlenschutz der Deutschen Demokratischen Republik
vom 6. Januar 1978

(GBl. I Nr. 5 S. 82)

Auf Grund des § 13 der Verordnung vom 28. Oktober 1955 über die staatlichen Verwaltungsgebühren (GBl. I Nr. 96 S. 787) in der Fassung der Zweiten Verordnung vom 28. November 1967 über die staatlichen Verwaltungsgebühren (GBl. II Nr. 119 S. 837) und der Strahlenschutzverordnung vom 26. November 1969 (GBl. II Nr. 99 S. 627) wird folgendes angeordnet:

§ 1

Für die folgenden Leistungen des Staatlichen Amtes für Atomsicherheit und Strahlenschutz wird nachstehender Gebührentarif bekanntgegeben:

1. Prüfungen, Gutachten und Abnahmen
   a) Prüfung von Projekten, Anfertigung von Gutachten nach Arbeitsaufwand je Arbeitsstunde — 32,– M
   b) Durchführung von Strahlenschutzbauartprüfungen nach Arbeitsaufwand je Arbeitsstunde — 35,– M
   c) Durchführung von Strahlenschutzzulassungsprüfungen nach Arbeitsaufwand je Arbeitsstunde — 30,– M
   d) Durchführung von Abnahmen nach Arbeitsaufwand je Arbeitsstunde am Ort — 50,– M
2. Erteilung von Genehmigungen
   a) Genehmigung zum Verkehr mit radioaktiven Stoffen oder zum Betrieb von Einrichtungen, die ionisierende Strahlung aussenden — 50,– M
   b) Ergänzung zur Genehmigung, Zweitschrift der Genehmigung, Neuausstellung der Genehmigung infolge Verlust — 50,– M
   c) Genehmigung zum Transport radioaktiver Stoffe, Ausnahmegenehmigung zum Transport radioaktiver Stoffe nach Arbeitsaufwand je Arbeitsstunde — 35,– M
   d) Genehmigungen aller Art für Kernanlagen im Sinne des Atomenergiegesetzes vom 28. März 1962 (GBl. I Nr. 3 S. 47) nach Arbeitsaufwand je Arbeitsstunde — 30,– M
   e) Zustimmung zur Weiterverwendung von Haldenmaterial nach Arbeitsaufwand je Arbeitsstunde — 50,– M

AAR 2. Lieferung

3. Begleitung von Transporten mit radioaktiven Stoffen
je km und je Begleitperson 2,– M

4. Abfuhr von festen und flüssigen radioaktiven Abfällen

Grundgebühr für jede planmäßige Übernahme gemäß Richtlinie für die zentrale Erfassung radioaktiver Abfälle 10,– M

Grundgebühr für jede außerplanmäßige Übernahme 100,– M

Die darüber hinaus zu zahlenden mengenabhängigen Gebühren betragen für:

a) radioaktive Abwässer, sofern die Aktivitätskonzentration das 10^3-fache der MZK für Oberflächengewässer gemäß der Ersten Durchführungsbestimmung vom 26. November 1969 zur Strahlenschutzverordnung (GBl. II Nr. 99 S. 635) und der Salzgehalt 2 g/l nicht übersteigen, je m^3 200,– M
b) andere flüssige radioaktive Abfälle sowie faul- und gärfähige Stoffe je Liter 1,80 M
c) feste Abfälle
mit einer Dosisleistung auf der Oberfläche (nicht abgeschirmt)
kleiner als 0,2 rem/h je Liter –,40 M
von 0,2 bis 1 rem/h je Liter 1,80 M
von 1 bis 50 rem/h je Liter 3,60 M
größer als 50 rem/h nach Aufwand.

Bei größeren Mengen kann das Staatliche Amt für Atomsicherheit und Strahlenschutz Sondervereinbarungen treffen.

§ 2

(1) Diese Anordnung tritt am 1. März 1978 in Kraft.
(2) Gleichzeitig tritt die Anordnung vom 12. Dezember 1974 über die Festsetzung von Gebühren für Leistungen des Staatlichen Amtes für Atomsicherheit und Strahlenschutz der Deutschen Demokratischen Republik (GBl. I 1975 Nr. 2 S. 10) außer Kraft.

Verordnung über die Einstellung und Verlagerung der Produktion von Erzeugnissen und Leistungen
vom 25. September 1975

(GBl. I Nr. 45 S. 729)

Die ständig bessere Befriedigung des Bedarfs der Volkswirtschaft und der Bevölkerung erfordert die weitere Erhöhung der Effektivität der Produktion, die Konzentration und Spezialisierung in der Volkswirtschaft in Übereinstimmung mit den Aufgaben der sozialistischen ökonomischen Integration. Werden in diesem Zusammenhang in Ausnahmefällen Einstellungen und Verlagerungen der Produktion von Erzeugnissen und Leistungen notwendig, sind sie mit geringstem volkswirtschaftlichem Aufwand und ohne Störung der Liefer- und Leistungsbeziehungen auf der Grundlage des Volkswirtschaftsplanes durchzuführen. Dazu wird folgendes verordnet:

§ 1 Geltungsbereich

(1) Diese Verordnung regelt die Einstellung und Verlagerung der Produktion von Erzeugnissen und Leistungen (nachfolgend Produktionseinstellung und Produktionsverlagerung genannt) durch zentral- und örtlichgeleitete Betriebe und Kombinate der Industrie, des Bauwesens, der Wasserwirtschaft, der Nahrungsgüterwirtschaft und des Post- und Fernmeldewesens sowie von Leistungen durch Betriebe und Kombinate des Verkehrswesens und der Landwirtschaft, die für die industrielle Produktion anderer Bereiche erbracht werden. Sie regelt die Rechte und Pflichten der Staatsorgane und wirtschaftsleitenden Organe.
(2) Diese Verordnung gilt auch für die Einstellung und Verlagerung der Produktion von Erzeugnissen und Leistungen für Besteller gemäß der Lieferverordnung (LVO) vom 8. Mai 1972 (GBl. II Nr. 33 S. 363), soweit in dieser nichts anderes geregelt ist.
(3) Diese Verordnung findet entsprechende Anwendung für Produktionsgenossenschaften des Handwerks sowie Handwerks- und andere Gewerbebetriebe, soweit sie industrielle Produktion durchführen.

Inhalt der Produktionseinstellung
§ 2

(1) Eine Produktionseinstellung im Sinne dieser Verordnung liegt vor, wenn ein Betrieb oder Kombinat ein Erzeugnis (einschließlich Baugruppen und Einzelteile) nicht mehr herstellt und dafür kein Erzeugnis mit demselben oder einem höheren Gebrauchswert bei gleichem Verwendungszweck produziert und eine Produktionsverlagerung in einen anderen Betrieb oder ein anderes Kombinat gemäß § 11 nicht erfolgt. Bei Konsumgütern,

einschließlich der 1000 kleinen Dinge des Grundbedarfs, gilt außerdem als Produktionseinstellung, wenn anstelle bisher hergestellter Erzeugnisse nur solche Erzeugnisse mit einem höheren Preis hergestellt oder wenn die Anteile von Erzeugnissen der niedrigen Preisgruppe nicht entsprechend den planmäßigen Forderungen des Handels produziert und angeboten werden sollen.

(2) Fallen bei der Herstellung von Erzeugnissen Nebenprodukte an und wird das Nebenprodukt aus technologisch bedingten Gründen nicht mehr produziert, so liegt eine Einstellung der Produktion des Nebenproduktes im Sinne dieser Verordnung vor, wenn seine Herstellung im Plan der industriellen Warenproduktion des Betriebes oder Kombinats enthalten ist.

(3) Eine Produktionseinstellung im Sinne dieser Verordnung liegt nicht vor, wenn

- die Produktion bei planmäßiger Deckung des volkswirtschaftlich begründeten Bedarfs vorübergehend nicht durchgeführt wird,
- ein Betrieb oder Kombinat auf der Grundlage vertraglicher Vereinbarung befristet die Produktion für einen anderen Betrieb oder ein Kombinat durchführt und nicht mehr fortsetzt,
- der Abbau von Rohstoffen eingestellt wird, weil das Rohstoffvorkommen erschöpft ist,
- Ersatzteile nicht mehr hergestellt werden und Kundendienstleistungen nicht mehr erfolgen, nachdem der Hersteller des Erzeugnisses seine Pflichten im Rahmen der Ersatzteilversorgungsfrist entsprechend den Rechtsvorschriften im erforderlichen Umfang erfüllt hat.

§ 3

(1) Produktionseinstellungen haben der Durchsetzung von Maßnahmen zur Sicherung des Bedarfs der Volkswirtschaft und der Bevölkerung zu dienen durch

- Erhöhung des wissenschaftlich-technischen Niveaus und der Effektivität der Produktion
- Verbesserung der Grundfondseffektivität,
- Gewährleistung des volkswirtschaftlich effektiven Materialeinsatzes,
- bessere Ausnutzung des gesellschaftlichen Arbeitsvermögens,
- weitere Vertiefung der sozialistischen ökonomischen Integration,
- planmäßige Konzentration und Spezialisierung der Produktion sowie Einschränkung der Herstellung von volkswirtschaftlich uneffektiven Erzeugnissen.

(2) Entscheidungen über Produktionseinstellungen sind grundsätzlich bis zur Erteilung der staatlichen Aufgaben für die Ausarbeitung der Planentwürfe zu den Jahresvolkswirtschaftsplänen zu treffen, so daß die Auswirkungen der Produktionseinstellungen in den betroffenen Abnehmer- und Zulieferbereichen planmäßig in vollem Umfang abgesichert werden können.

(3) Entscheidungen über Produktionseinstellungen dürfen nicht getroffen werden, wenn

- die planmäßige Versorgung der Bevölkerung, der Wirtschaft und die Deckung des Bedarfs entsprechend den Erfordernissen des Staates in Menge, Sortiment, Qualität und Termin beeinträchtigt werden sowie der Bedarf der Bevölkerung an Konsumgütern mit niedrigen Preisgruppen nicht mehr gedeckt werden kann,
- geplante Exportlieferungen, einschließlich Ersatzteillieferungen für den Export, gefährdet werden,
- zur planmäßigen Deckung des volkswirtschaftlich begründeten Bedarfs der Ausgleich der eingestellten Produktion durch nicht geplante Importe notwendig wird.

Entscheidung über Produktionseinstellung

§ 4

(1) Über Produktionseinstellung entscheiden die Minister für ihren Verantwortungsbereich. Die Entscheidungsbefugnis über Produktionseinstellungen durch örtlichgeleitete Betriebe und Kombinate obliegt dem zuständigen Minister.

(2) Die Minister haben vor ihrer Entscheidung die Zustimmung einzuholen von

- den Ministern der Hauptabnehmerbereiche,
- dem Leiter des bilanzverantwortlichen zentralen Staatsorgans,
- dem Minister für Handel und Versorgung sowie
  dem Minister und Leiter des Amtes für Preise — bei Konsumgütern, einschließlich Ersatzteile,
- dem Minister für Außenhandel — bei Exporterzeugnissen, einschließlich Ersatzteile,
- dem Minister für Gesundheitswesen — bei pharmazeutischen, medizin- und krankenhaustechnischen sowie anderen Erzeugnissen, die für den Einsatz in Einrichtungen des Gesundheits- und Sozialwesens vorgesehen sind,
- dem Minister für Land-, Forst- und Nahrungsgüterwirtschaft — bei pharmazeutischen Erzeugnissen und Erzeugnissen der Medizintechnik sowie anderen Erzeugnissen, die für den Einsatz im Veterinärwesen vorgesehen sind,
- dem Vorsitzenden des zuständigen Rates des Bezirkes, wenn sich aus der Produktionseinstellung Auswirkungen auf das betreffende Territorium ergeben können,
- dem Minister für Materialwirtschaft.

(3) Bei Einholung der Zustimmung des Ministers für Materialwirtschaft sind die erteilten Zustimmungen gemäß Abs. 2 nachzuweisen.

(4) Die Entscheidung über die Einstellung der Produktion eines Erzeugnisses, bei dessen Herstellung Nebenprodukte anfallen, darf erst dann getroffen werden, wenn die erforderlichen Zustimmungen zur Einstellung der Produktion der Nebenprodukte erteilt wurden.

(5) Wird zwischen den beteiligten Ministern und Leitern anderer zentraler Staatsorgane sowie dem Vorsitzenden des zuständigen Rates des Bezirkes keine Einigung über die Pro-

duktionseinstellung erzielt, so entscheidet darüber der Leiter des zuständigen bilanzverantwortlichen zentralen Staatsorgans in Übereinstimmung mit dem Vorsitzenden der Staatlichen Plankommission und dem Minister für Materialwirtschaft.

§ 5

(1) Soll im Zusammenhang mit Maßnahmen der sozialistischen internationalen Spezialisierung und Kooperation eine Produktionseinstellung von Erzeugnissen in der DDR erfolgen, so ist der für die Entscheidung über die Produktionseinstellung zuständige Minister dafür verantwortlich, daß die Produktion der Erzeugnisse so lange durchgeführt wird, bis die planmäßige Versorgung der Bevölkerung, der Wirtschaft und die Deckung des Bedarfs entsprechend den Erfordernissen des Staates auf der Grundlage von Abkommen, Vereinbarungen und Verträgen über die Spezialisierung und Kooperation in Menge, Sortiment, Qualität und Termin sowie der Vertrieb der importierten Erzeugnisse gewährleistet ist.
(2) Der für die Entscheidung über die Produktionseinstellung zuständige Minister hat die Zustimmung gemäß § 4 Abs. 2 spätestens bis zum Zeitpunkt des Abschlusses der Importverträge einzuholen.

§ 6 Beantragung der Produktionseinstellung

(1) Der Antrag zur Entscheidung über die Produktionseinstellung ist von den Direktoren der Betriebe und Kombinate über den Leiter des übergeordneten Organs an den zuständigen Minister zu stellen. Der Antrag hat insbesondere folgende Angaben zu enthalten:

- Bezeichnung des Erzeugnisses, dessen Produktion eingestellt werden soll,
- Name des die Produktion einstellenden Betriebes oder Kombinats,
- vorgesehener Zeitpunkt der Produktionseinstellung,
- Begründung der Produktionseinstellung, einschließlich des Nachweises des zu erreichenden volkswirtschaftlichen Nutzens,
- Nachweis über die Auslastung oder weitere Verwendung der Grundfonds,
- Produktionsvolumen in den letzten 3 Jahren vor dem vorgesehenen Zeitpunkt der Produktionseinstellung (Wert und Menge),
- Volumen des Exports, gegliedert nach SW und NSW,
- Hauptabnehmer,
- hauptsächliche Zulieferbetriebe,
- volkswirtschaftlich begründeter Bedarf für die folgenden 2 Planjahre,
- Maßnahmen zur Sicherung der planmäßigen Deckung des volkswirtschaftlich begründeten Bedarfs, einschließlich aus Importen, in Sortiment, Qualität und Termin,
- Maßnahmen zur Sicherung der Finanzierung bei vorgesehenen Importen,
- Maßnahmen zur Sicherung der Ersatzteilversorgung und von Garantieleistungen sowie zur Gewährleistung des Kundendienstes,

– Bezeichnung der Leiter der Staatsorgane, deren Zustimmung zur Produktionseinstellung gemäß § 4 Abs. 2 einzuholen ist.

(2) In den Antrag sind entsprechende Angaben zu Nebenprodukten aufzunehmen, wenn mit der vorgesehenen Produktionseinstellung Nebenprodukte gemäß § 2 Abs. 2 nicht mehr anfallen.

§ 7 Verantwortung der den Betrieben und Kombinaten übergeordneten Organe

(1) Die Leiter der den Betrieben und Kombinaten übergeordneten Staatsorgane und wirtschaftsleitenden Organe sind für die Anleitung und Kontrolle der Vorbereitung und Durchführung von Produktionseinstellungen verantwortlich.

(2) Die Generaldirektoren der VVB und die Leiter gleichgestellter wirtschaftsleitender Organe sowie die Räte der Bezirke haben eine vorgesehene Produktionseinstellung mit den Leitern der wirtschaftsleitenden Organe der Hauptabnehmer- und der hauptsächlichen Zulieferbereiche sowie mit dem Leiter des zuständigen bilanzierenden Organs oder bilanzverantwortlichen Organs abzustimmen. Ist eine Produktionseinstellung durch ein Kombinat vorgesehen, das einem Ministerium direkt unterstellt ist, so obliegt die Abstimmungspflicht dem Generaldirektor des Kombinats.

(3) Die Vorbereitung und Durchführung von Produktionseinstellungen hat in Übereinstimmung mit der gesellschaftlichen und ökonomischen Entwicklung im Territorium zu erfolgen. Dabei sind gemeinsam mit den örtlichen Räten Probleme zu klären, die die Versorgung der Bevölkerung mit Konsumgütern, einschließlich der 1000 kleinen Dinge des Grundbedarfs, die Arbeits- und Lebensbedingungen der Werktätigen, das Bildungswesen, die Kultur, das Verkehrswesen und den Wohnungsbau betreffen.

§ 8 Verantwortung der Betriebe und Kombinate

(1) Die Direktoren der Betriebe und Kombinate sowie die Generaldirektoren der einem Ministerium direkt unterstellten Kombinate sind verpflichtet, auf Grund der durch den zuständigen Minister getroffenen Entscheidung die Produktionseinstellung mit dem Plan so vorzubereiten und durchzuführen, daß eine hohe volkswirtschaftliche Effektivität entsprechend der Zielstellung gemäß § 3 Abs. 1 erreicht wird.

(2) Die Direktoren der Betriebe und Kombinate sowie die Generaldirektoren der einem Ministerium direkt unterstellten Kombinate haben zu sichern, daß die Maßnahmen im Zusammenhang mit der Produktionseinstellung unter aktiver Mitwirkung der Werktätigen, insbesondere der gesellschaftlichen Organisationen, durchgeführt werden. Sie haben zu gewährleisten, daß die Notwendigkeit der getroffenen Entscheidungen umfassend erläutert und die sich hieraus für die Qualifizierung sowie für die Arbeits- und Lebensbedingungen der Werktätigen ergebenden Aufgaben in Übereinstimmung mit den örtlichen Staatsorganen einer Lösung zugeführt werden.

(3) Die Direktoren der Betriebe und Kombinate und die Generaldirektoren der einem Ministerium direkt unterstellten Kombinate sind dafür verantwortlich, daß die Produktionseinstellung in sozialistischer Gemeinschaftsarbeit so vorbereitet und durchgeführt wird, daß ein hoher gesellschaftlicher Nutzen bei gleichzeitiger Vermeidung von Störungen der Liefer- und Leistungsbeziehungen gesichert wird. Dazu ist insbesondere mit dem Erzeugnisgruppenleitbetrieb, den Hauptabnehmern und den hauptsächlichen Zulieferbetrieben, dem zuständigen bilanzierenden Organ oder bilanzverantwortlichen Organ und der zuständigen Filiale der Staatsbank der Deutschen Demokratischen Republik zusammenzuarbeiten. Alle Kooperationspartner sind rechtzeitig über die Produktionseinstellung zu informieren.

(4) Die Betriebe und Kombinate sind für die planmäßige Deckung des volkswirtschaftlich begründeten Bedarfs bis zu dem mit der Entscheidung über die Produktionseinstellung festgelegten Zeitpunkt verantwortlich.

§ 9 Aufgaben des Ministeriums für Materialwirtschaft

(1) Das Ministerium für Materialwirtschaft kontrolliert zur Sicherung gesamtvolkswirtschaftlicher Interessen im Zusammenwirken mit anderen zentralen Staatsorganen die Vorbereitung und Durchführung von Produktionseinstellungen auf der Grundlage dieser Verordnung. Die Kontrollen richten sich insbesondere auf

- die Erhöhung der Staatsdisziplin zur Vermeidung von nachteiligen Auswirkungen auf die planmäßige Versorgung der Bevölkerung, der Wirtschaft und die Deckung des Bedarfs entsprechend den Erfordernissen des Staates,
- die Sicherung des mit der Produktionseinstellung zu erreichenden volkswirtschaftlichen Nutzeffektes,
- den störungsfreien Ablauf der Kooperationsbeziehungen zur Sicherung der Volkswirtschaftspläne.

(2) Bei Kontrollen festgestellte Probleme sind durch den Minister für Materialwirtschaft unter Wahrung der Verantwortung des für die Produktionseinstellung zuständigen Minister einer Lösung zuzuführen.

§ 10 Folgen der rechtswidrigen Produktionseinstellung

(1) Ist die Produktion rechtswidrig eingestellt worden, so ist der für den Hersteller zuständige Minister dafür verantwortlich, daß die planmäßige Deckung des volkswirtschaftlich begründeten Bedarfs gesichert wird. Das kann insbesondere erfolgen durch

- Eigenaufkommen der ihm unterstellten Betriebe und Kombinate,
- Einbeziehung von Lieferbetrieben anderer Bereiche.

(2) Führen die gemäß Abs. 1 eingeleiteten Maßnahmen nicht zur planmäßigen Deckung des volkswirtschaftlich begründeten Bedarfs, so hat der zuständige Minister die Wiederaufnahme der Produktion von Erzeugnissen in dem Betrieb oder Kombinat zu veranlassen.

§ 11 Inhalt der Produktionsverlagerung

(1) Eine Produktionsverlagerung im Sinne dieser Verordnung liegt vor, wenn die Produktion von Erzeugnissen (einschließlich Baugruppen und Einzelteile) planmäßig von einem Betrieb oder Kombinat auf einen anderen Betrieb oder ein anderes Kombinat übertragen wird.
(2) Ist mit der Produktionsverlagerung die Ausgliederung von Betriebsteilen verbunden, findet insoweit § 4 der Verordnung vom 16. Oktober 1968 über das Verfahren der Gründung und Zusammenlegung von volkseigenen Betrieben (GBl. II Nr. 121 S. 965) Anwendung.
(3) Eine Produktionsverlagerung im Sinne dieser Verordnung liegt nicht vor, wenn zur Auslastung zeitweilig nicht genutzter Kapazitäten eine Übergabe und Übernahme der Produktion zwischen Betrieben und Kombinaten befristet, höchstens für den Zeitraum eines Jahresvolkswirtschaftsplanes, erfolgt.

§ 12 Entscheidung über die Produktionsverlagerung

(1) Die Minister entscheiden über Produktionsverlagerungen

- zwischen Betrieben und Kombinaten ihres Verantwortungsbereiches. Über Produktionsverlagerungen zwischen örtlichgeleiteten Betrieben und Kombinaten entscheidet der zuständige Minister.
- in die Betriebe und Kombinate ihres Verantwortungsbereiches in Übereinstimmung mit dem Minister, aus dessen Verantwortungsbereich die Produktion abgegeben werden soll. Bei Produktionsverlagerungen aus örtlichgeleiteten Betrieben und Kombinaten erfolgt die Entscheidung in Übereinstimmung mit dem zuständigen Minister.

Die Entscheidung über die Produktionsverlagerung bedarf der Abstimmung mit dem Leiter des bilanzverantwortlichen zentralen Staatsorgans.
(2) Die Produktionsverlagerung ist in Übereinstimmung mit den Erfordernissen der gesellschaftlichen und ökonomischen Entwicklung der Territorien vorzubereiten und durchzuführen. Vor der Entscheidung über die Produktionsverlagerung ist die Zustimmung des Vorsitzenden des Rates des Bezirkes einzuholen, wenn sich Auswirkungen auf das betreffende Territorium ergeben können.
(3) Die Minister sind dafür verantwortlich, daß mit der Vorbereitung und Durchführung der Produktionsverlagerung die Deckung des Bedarfs in Sortiment, Qualität und Termin gesichert wird.
(4) Wird zwischen den beteiligten Ministern und dem Vorsitzenden des zuständigen Rates des Bezirkes keine Einigung über die Produktionsverlagerung erzielt, so entscheidet darüber der Leiter des zuständigen bilanzverantwortlichen zentralen Staatsorgans in Übereinstimmung mit dem Vorsitzenden der Staatlichen Plankommission.

§ 13 Verantwortung der Betriebe und Kombinate sowie der übergeordneten Organe

(1) Die Direktoren der Betriebe und Kombinate sind verpflichtet, die Produktionsverlagerung planmäßig so vorzubereiten, daß ihre Durchführung ordnungsgemäß und mit dem geringsten volkswirtschaftlichen Aufwand erfolgt sowie für gleiche Erzeugnisse die gleichen Preise beibehalten werden.
(2) Die Direktoren der Betriebe und Kombinate haben bei der Produktionsverlagerung die aktive Mitwirkung der Werktätigen zu gewährleisten und in sozialistischer Gemeinschaftsarbeit mit dem Erzeugnisgruppenleitbetrieb, den Hauptabnehmern und den hauptsächlichen Zulieferbetrieben sowie dem zuständigen bilanzierenden Organ zusammenzuarbeiten.
(3) Die Aufgaben gemäß den Absätzen 1 und 2 gelten auch für die Direktoren von Betrieben der Kombinate, die einem Ministerium direkt unterstellt sind.
(4) Die Leiter der den Betrieben und Kombinaten übergeordneten Organe sind für die Anleitung und Kontrolle der Vorbereitung und Durchführung von Produktionsverlagerungen verantwortlich.

§ 14 Wirtschaftsvertrag über die Produktionsverlagerung

(1) Zwischen den die Produktion von Erzeugnissen abgebenden und übernehmenden Betrieben und Kombinaten sind Wirschaftsverträge abzuschließen, in denen die Rechte und Pflichten der Partner sowie die konkreten Bedingungen bei der Vorbereitung und Durchführung der Produktionsverlagerung zu vereinbaren sind.
(2) Im Wirtschaftsvertrag sind Vereinbarungen über die Termine für die Vorbereitung und Durchführung sowie die Beendigung der Produktionsverlagerung zu treffen. Der Termin für die Beendigung der Produktionsverlagerung ist so zu bestimmen, daß zu diesem Zeitpunkt der geplanten Produktionsausstoß nach Wert und Menge unter Einhaltung des Sortiments, der Qualität sowie aller anderen geplanten technischen und ökonomischen Kennziffern erreicht und der Bedarf in dem volkswirtschaftlich notwendigen Umfang auf der Grundlage des Planes gedeckt wird.
(3) Die Partner haben im Wirtschaftsvertrag über die Produktionsverlagerung außerdem Vereinbarungen zu treffen über

- die Art, den Umfang und das Sortiment der zu verlagernden Produktion,
- die Schaffung von Voraussetzungen beim künftigen Produzenten hinsichtlich der Kapazität, Technologie, Forschung und Entwicklung, Konstruktions- und Ausführungsunterlagen zur Erreichung des volkswirtschaftlich notwendigen Produktionsausstoßes in Qualität, Sortiment, Menge, Kosten und Preis,
- die Art und den Umfang der zu übergebenden technischen und ökonomischen Unterlagen sowie die Nachnutzung, den Verkauf oder die sonstige Übernahme wissenschaftlich-technischer Ergebnisse,

- die Übermittlung von Produktionsverfahren, die Qualifizierung und Übernahme von Arbeitskräften sowie die Durchführung sozialökonomischer Maßnahmen,
- die Sicherung der Ersatzteilversorgung, den Garantie- und Kundendienst,
- die weitere Nutzung der Grundfonds und der materiellen Umlaufmittel durch den übernehmenden Betrieb oder das Kombinat, die Übernahme der Kosten der Verlagerung bzw. Gewinn- und Nutzensteilung,
- den Termin für den Beginn der Lieferung an die Abnehmer durch den übernehmenden Betrieb oder das Kombinat, seinen Eintritt in die vom abgebenden Betrieb oder Kombinat abgeschlossenen Liefer- und Leistungsverträge,
- Maßnahmen zur Unterstützung des übernehmenden Betriebes oder Kombinats bei der Organisation der absatz- und zulieferseitigen Kooperationsbeziehungen,
- Maßnahmen zur Sicherung von Schutzrechten gegenüber Dritten,
- die gegenseitige materielle Verantwortlichkeit der Partner bei Verletzung der sich aus dem Vertrag über die Produktionsverlagerung ergebenden Pflichten.

§ 15 Abschluß und Erfüllung von Liefer- und Leistungsverträgen

(1) Der die Produktion von Erzeugnissen abgebende Betrieb oder das Kombinat hat den volkswirtschaftlich begründeten Bedarf an diesen Erzeugnissen bis zu dem im Wirtschaftsvertrag für die Beendigung der Produktionsverlagerung festgelegten Termin zu decken. Der Betrieb oder das Kombinat hat über die davon betroffenen Erzeugnisse mit den Abnehmern Liefer- und Leistungsverträge abzuschließen, soweit sie bis zu dem für die Beendigung der Produktionsverlagerung festgelegten Termin zu erfüllen sind.
(2) Nach dem für die Beendigung der Produktionsverlagerung festgelegten Termin ist der die Produktion von Erzeugnissen übernehmende Betrieb für die planmäßige Deckung des Bedarfs an diesen Erzeugnissen verantwortlich und hat die hierfür erforderlichen Liefer- und Leistungsverträge abzuschließen.
(3) Der die Produktion von Erzeugnissen übernehmende Betrieb oder das Kombinat ist nach dem für die Beendigung der Produktionsverlagerung festgelegten Termin zur Ersatzteilversorgung sowie zum Garantie- und Kundendienst auch für die vor diesem Zeitpunkt hergestellten Erzeugnisse verantwortlich, soweit zwischen den Partnern nichts anderes vereinbart wird.

§ 16 Wirtschaftssanktion

(1) Die Minister und Leiter anderer zentraler Staatsorgane sowie die Vorsitzenden der Räte der Bezirke können beim Vorsitzenden des Staatlichen Vertragsgerichts beantragen, Betriebe und Kombinate sowie wirtschaftsleitende Organe zur Zahlung einer Wirtschaftssanktion zu verpflichten, wenn die

- Produktion ohne die erforderliche Entscheidung des zuständigen Ministers eingestellt wurde,

- Produktion entgegen dem vom zuständigen Minister festgelegten Zeitpunkt vorzeitig eingestellt wurde,
- Produktionsverlagerung ohne die erforderliche Entscheidung des zuständigen Ministers durchgeführt wurde,
- Produktion entgegen dem durch den zuständigen Minister festgelegten Zeitpunkt vom abgebenden Betrieb oder Kombinat vorzeitig beendet oder vom übernehmenden Betrieb oder Kombinat verspätet übernommen wurde.

(2) Für die Wirtschaftssanktion gelten die Vorschriften des Vertragsgesetzes über die materielle Verantwortlichkeit, mit Ausnahme der Vorschriften über die materielle Verantwortlichkeit für Dritte.

(3) Die Wirtschaftssanktion ist zugunsten des Staatshaushalts zu zahlen. Sie kann bis zur Höhe von 500000 M verhängt werden. Schadenersatzansprüche für Betriebe und Kombinate werden davon nicht berührt.

(4) Die Wirtschaftssanktion kann nach Ablauf des Jahres, das auf die Pflichtverletzung gemäß Abs. 1 folgt, nicht mehr durchgesetzt werden.

(5) Für die Entscheidung über die Zahlung der Wirtschaftssanktion ist das Staatliche Vertragsgericht zuständig.

(6) Die Leiter der Staatsorgane und wirtschaftsleitenden Organe sowie die Direktoren der Betriebe und Kombinate haben im Falle der Verhängung einer Wirtschaftssanktion die disziplinarische und materielle Verantwortlichkeit der Leiter und leitenden Mitarbeiter zu prüfen und die erforderlichen Maßnahmen zu treffen oder zu veranlassen.

§ 17 Schlußbestimmungen

(1) Diese Verordnung tritt mit ihrer Veröffentlichung in Kraft.

(2) Gleichzeitig tritt die Verordnung vom 6. Januar 1971 über die Einstellung und Verlagerung der Produktion von Erzeugnissen und Leistungen (GBl. II Nr. 16 S. 111) außer Kraft.

Anweisung über die Frühdiagnostik der Phenylketonurie — Föllingsche Krankheit — vom 8. Februar 1973

(VuM MfGe Nr. 5 S. 58)

Die Frühdiagnostik der Phenylketonurie (Föllingsche Krankheit) ist Ausdruck der Erfassung genetischer Stoffwechselkrankheiten innerhalb der medizinischen Grundbetreuung. Der 1970 in allen Bezirken der DDR anstelle des Brenztraubensäurenachweises im Urin schrittweise eingeführte GUTHRIE-TEST beruht auf der mikrobiologischen Bestimmung von Phenylalanin (Hemmtest) im Kapillarblut.

1.

Zur Gewährleistung der Früherfassung der an Phenylketonurie erkrankten Säuglinge und der Einleitung einer zielgerichteten Therapie ist bei allen Säuglingen ein mikrobiologischer Hemmtest (im folgenden GUTHRIE-TEST genannt) durchzuführen, da bei Erkrankten bereits am Ende der 1. Lebenswoche ein erhöhter Phenylalaninserumspiegel nachweisbar ist.

2.

(1) Jede Gesundheitseinrichtung, die einen 5—6 Tage alten Säugling betreut, ist zur Entnahme von Kapillarblut für die GUTHRIE-TESTS verpflichtet.
(2) Die Blutentnahme erfolgt nach Lanzetteneinstich in das Ohrläppchen oder in die Ferse des Kindes. Mit Hilfe des vorher ordnungsgemäß beschrifteten Filterpapiervordrucks (Ziff. 8)[1]) ist der austretende Blutstropfen nur mit der Vorderseite des Papiers jeweils innerhalb der drei eingezeichneten Kreise aufzusaugen, bis die Papierrückseite eine intensive Färbung in der vorgedruckten Fleckgröße zeigt. Anschließend läßt man das blutgetränkte Papier an der Luft (keine direkte Sonnenbestrahlung!) trocknen. Zur ordnungsgemäßen Beschriftung gehören: Anschrift der Gesundheitseinrichtung (leserlicher Stempelaufdruck), Name, Vorname, Geburtsdatum des Kindes, Entnahmetag und Vermerk über antibiotische Therapie.

3.

Die Entnahme der Blutprobe wird mit folgendem Stempel

GUTHRIE-TEST – Phenylalanin – am ....

in dem Impfausweis, der Impfkarte, dem Neugeborenenkrankenblatt und dem Gesundheitsbogen des Kindes dokumentiert.

4.

(1) Die Filterpapiervordrucke mit den Blutproben sind von der Gesundheitseinrichtung jeweils für den Zeitraum von einer Woche zu sammeln und an die Forschungsstelle für Medizinische Ernährungslehre an der Universitäts-Hautklinik, 22 Greifwald, Fleischmannstr. 42 (zentrale Untersuchungsstelle) zu schicken.
(2) Die zentrale Untersuchungsstelle benachrichtigt die einsendende Gesundheitseinrichtung nur bei positivem oder fraglich positivem Ergebnis. Ist der Test negativ ausgefallen, so erfolgt keine Benachrichtigung.

5.

(1) Ist die einsendende Gesundheitseinrichtung von dem positiven Ausfall eines GUTHRIE-TESTES benachrichtigt worden, hat sie die Einweisung des Erkrankten in die zuständige Behandlungsstelle (Ziff. 6) zu veranlassen.
(2) Sie hat dieses positive Ergebnis weiterhin dem für den Wohnort des Kindes zuständigen Rat des Kreises bzw. Rat des Stadtbezirkes, Abteilung Gesundheits- und Sozialwesen, zur Kenntnis zu bringen.
(3) Bei Benachrichtigung über den fraglich positiven Ausfall eines GUTHERIE-TESTES hat die einsendende Gesundheitseinrichtung durch die zuständige Mütterberatungsstelle in der 3.—4. Lebenswoche des Kindes eine erneute Blutentnahme zu veranlassen.

6.

Behandlungsstellen für an Phenylketonurie Erkrankte sind für die

— Bezirke Neubrandenburg, Schwerin, Rostock
  Kinderklinik der Ernst-Moritz-Arndt-Universität
  22 Greifswald, Fleischmannstr. 42—44 — Telefon 2595/96

— Bezirke Potsdam, Frankfurt/O., Cottbus, Magdeburg und die Hauptstadt Berlin
  Kinderklinik der Humboldt-Universität
  104 Berlin, Schumannstr. 20—21, Telefon 4260

— Bezirke Suhl, Karl-Marx-Stadt, Gera, Dresden, Halle, Leipzig, Erfurt
  Kinderklinik der Karl-Marx-Universität
  705 Leipzig, Oststraße 21—25, Telefon 64421.

7.

Die Kontrolle über die Durchführung des GUTHRIE-TESTES obliegt den Mütterberatungsstellen bzw. Krippen und Heimen. Sie ist auf der Grundlage des Gesundheitsbogens und des Impfausweises zu führen.

8.

Die für die Entnahme und den Versand der Blutproben benötigten Vordrucke[1]) werden von der zentralen Untersuchungsstelle jährlich einmal an den Rat des Bezirkes, Abteilung Gesundheits- und Sozialwesen, versandt. Dieser ist für die bedarfsgerechte Verteilung der Vordrucke an die entsprechenden Gesundheitseinrichtungen im Bezirk verantwortlich.

9.

(1) Die Anweisung tritt am 1. 2. 1973 in Kraft.

(2) Gleichzeitig treten außer Kraft die

- Richtlinie vom 30. 11. 1966 zur Früherfassung von Säuglingen mit Phenylketonurie (Verf. u. Mitt. Nr. 1/1967 S. 3).
- Merkblatt zur Früherfassung von Säuglingen mit Phenylketonurie (Föllingsche Krankheit)[2])
- Organisationsanweisung vom 27. Februar 1970 für die Durchführung des GUTHRIE-TESTES – mikrobiologische Bestimmung von Phenylalanin im Kapillarblut – zur Früherfassung von Kindern mit Phenylketonurie (Föllingsche Krankheit)[3]).

[1]) Filterpapier-Vordruck-Nr. 1232 Vordruckverlag Freiberg, Adressenaufkleber Vordruck-Nr. 1234 Vordruckverlag Freiberg, Hinweise Vordruck-Nr. 1233 Vordruckverlag Freiberg

[2]) Als Sonderdruck vom Ministerium für Gesundheitswesen herausgegeben.

[3]) Wurde vom Ministerium für Gesundheitswesen den Räten der Bezirke, Abteilung Gesundheits- und Sozialwesen, direkt zugestellt.

Gesetz über die Unterbrechung der Schwangerschaft
vom 9. März 1972 — Auszug —

(GBl. I Nr. 5 S. 89)

Die Gleichberechtigung der Frau in Ausbildung und Beruf, Ehe und Familie erfordert, daß die Frau über die Schwangerschaft und deren Austragung selbst entscheiden kann. Die Verwirklichung dieses Rechts ist untrennbar mit der wachsenden Verantwortung des sozialistischen Staates und aller seiner Bürger für die ständige Verbesserung des Gesundheitsschutzes der Frau, für die Förderung der Familie und der Liebe zum Kind verbunden.
Dazu beschließt die Volkskammer folgendes Gesetz:

§ 1

(1) Zur Bestimmung der Anzahl, des Zeitpunktes und der zeitlichen Aufeinanderfolge von Geburten wird der Frau zusätzlich zu den bestehenden Möglichkeiten der Empfängnisverhütung das Recht übertragen, über die Unterbrechung einer Schwangerschaft in eigener Verantwortung zu entscheiden.
(2) ...
(3) Der Arzt, der die Unterbrechung der Schwangerschaft vornimmt, ist verpflichtet, die Frau über die medizinische Bedeutung des Eingriffs aufzuklären und über die künftige Anwendung schwangerschaftsverhütender Methoden und Mittel zu beraten.
(4) ...

§ 4

(1) ...
(2) Die Abgabe ärztlich verordneter schwangerschaftsverhütender Mittel an sozialversicherte Frauen erfolgt unentgeltlich.

§ 5

(1) Dieses Gesetz tritt mit seiner Beschlußfassung in Kraft.
(2) Zugleich tritt § 11 des Gesetzes vom 27. September 1950 über den Mutter- und Kinderschutz und die Rechte der Frau (GBl. S. 1037) außer Kraft.
(3) Die Einzelheiten der Vorbereitung und Durchführung der Unterbrechung der Schwangerschaft, einschließlich der Nachbehandlung, legt der Minister für Gesundheitswesen in Durchführungsbestimmungen fest.

AAR 2. Lieferung

Instruktion zur Durchführungsbestimmung zum Gesetz über die Unterbrechung der Schwangerschaft

vom 9. März 1972 — Auszug —

(VuM MfGe Nr. 4 S. 21)

3. (Zu § 4 der DB)

Zu Abs. 2:

Bei der Feststellung des Gesundheitszustandes sind die physischen, psychischen und sozialen Aspekte in ihrer medizinischen Bedeutung zu berücksichtigen. Bei jugendlichen Schwangeren, Erstschwangeren und solchen Frauen, die zum wiederholten Male um die Vornahme einer Schwangerschaftsunterbrechung ersuchen, ist eine besondere Sorgfalt in der Aufklärung über den operativen Eingriff, seine gesundheitlichen Auswirkungen und möglichen Spätfolgen sowie über die **Anwendung schwangerschaftsverhütender** Methoden und **Mittel**[1]) erforderlich.

Zu Abs. 3:

...

Im Interesse einer fachgerechten Durchführung der Schwangerschaftsunterbrechung hat der Leiter der klinischen gynäkologischen Einrichtung dafür Sorge zu tragen, daß

- die Frau untersucht und dabei medizinische Gegenindikationen, wenn notwendig unter Konsultation von Ärzten anderer Fachrichtungen, ausgeschlossen werden,
- die Frau über den operativen Eingriff und mögliche Spätfolgen aufgeklärt und über die **Anwendung schwangerschaftsverhütender** Methoden und **Mittel**[1]) beraten wird.

8.

Jede Frau hat Anspruch auf ärztliche Beratung und Hilfe in Fragen der Schwangerschaftsverhütung, **einschließlich der Verordnung von Ovulationshemmern**[1]), sofern gegen diese keine medizinische Gegenindikation besteht.
Die Kreisärzte sind berechtigt, in Abstimmung mit dem Kreisgynäkologen die **Zahl der Ärzte, die Ovulationshemmer verordnen können, gegenüber dem jetzigen Stand wesentlich zu erweitern**[1]). Dabei sind besonders Fachärzte für Allgemeinmedizin und Betriebsärzte zu berücksichtigen, die auf diese Aufgabe durch die Kreisgynäkologen vorzubereiten sind.
Die Kreisärzte haben dafür Sorge zu tragen, daß für die Frauen, die ärztlich verordnete empfängnisverhütende Mittel verwenden, die notwendigen Kontrolluntersuchungen gemäß den Empfehlungen des zuständigen Bezirksgynäkologen gesichert werden.

[1]) Hervorhebung durch Herausgeber von AAR

Richtlinie Nr. 1 für die Durchführung der Immunprophylaxe des durch Rh-Inkompatibilität bedingten Morbus haemolyticus neonatorum in den Immunprophylaxezentren und für die Dokumentation für die Auswertung und Berichterstattung des Transfusionsdienstes

vom 31. Dezember 1970

(VuM MfGe 1971 Nr. 2/3 S. 5; Ber. VuM MfGe 1971 Nr. 8 S. 36)

Auf Grund des § 3 Abs. 1 der Anordnung zur Durchführung der Immunprophylaxe des durch Rh-Inkompatibilität bedingten Morbus haemolyticus neonatorum vom 31. Dezember 1970 (GBl. II S. 798) wird für die Durchführung der Immunprophylaxe in den Immunprophylaxezentren und für die Dokumentation folgende Richtlinie erlassen:

I. Durchführung der Immunprophylaxe

1. Von dem in § 2 Abs. 1 der Anordnung genannten Personenkreis sind vorläufig nur die Erst-Graviden zu erfassen. Bei der Aufnahme in einem Immunprophylaxezentrum ist eine Venenblutprobe zur Durchführung blutgruppenserologischer Untersuchungen zu entnehmen und sicherzustellen.
2. Binnen zwölf Stunden nach der Entbindung sind ABO-Blutgruppe und Rh-Faktor aus Blutproben von Mutter und Kind zu bestimmen.
   Auf die Untersuchung der Blutformel der Mutter kann verzichtet werden, wenn zwei übereinstimmende Befunde aus dem Schwangerenausweis ersichtlich sind.
   Dagegen ist eine Antikörperkontrolle aus der bei der Aufnahme entnommenen Blutprobe in jedem Falle gleichzeitig mit den in Ziff. 4 genannten Untersuchungen vorzunehmen.
3. Ist das Blut des Kindes Rh-positiv und im ABO-System mit dem Blut der Mutter verträglich, so erhält die Mutter binnen vierundzwanzig Stunden nach der Entbindung eine Ampulle Human-Immunglobulin Anti-D.
   Bei Fehlgeburten und Schwangerschaftsunterbrechungen ist die Blutformel des Fetus nicht zu berücksichtigen.
4. Drei bis zwölf Stunden nach der Injektion des Human-Immunglobulin Anti-D ist das mütterliche Serum auf das Vorliegen freier Antikörper gegen die Blutgruppeneigenschaft D im Papaintest (DAB 7 /DL/ 2.0.01 III) zu untersuchen.
   Sind freie Antikörper nachweisbar, gilt die Immunprophylaxe als abgeschlossen.
   Sind freie Antikörper nicht nachzuweisen, wird der Mutter eine weitere Dosis Human-Immunglobulin Anti-D verabreicht. In diesen Fällen ist das mütterliche Serum drei bis zwölf Stunden nach der Injektion erneut, wie vorstehend angegeben, zu untersuchen.

Werden Antikörper auch dann nicht nachgewiesen, ist eine Kontrolluntersuchung durch das zuständige Bezirksinstitut für Blutspende- und Transfusionswesen bzw. die Bezirksblutspendezentrale umgehend zu veranlassen. Hierfür sind Blutproben der Mutter, die vor der Entbindung und nach der zweiten Gabe von Human-Immunglobulin Anti-D entnommen wurden, sowie eine Blutprobe des Kindes einzusenden.

5. Zur Kontrolle des Erfolges der Immunprophylaxe ist das Blut der Mutter sechs bis acht Monate nach der Entbindung erneut im Papaintest auf Antikörper gegen die Blutgruppeneigenschaft D zu untersuchen.
   Sind keine Antikörper nachweisbar, war die Immunprophylaxe erfolgreich.
   Bei positivem Antikörpernachweis ist eine Kontrolluntersuchung durch das zuständige Bezirks-Institut für Blutspende- und Transfusionswesen bzw. die Bezirksblutspendezentrale zu veranlassen.

II. Dokumentation

1. Über die Durchführung der Immunprophylaxe erfolgt in den Immunprophylaxezentren für die regelmäßige Auswertung und Berichterstattung die Dokumentation gemäß Anlage 1.
2. Die Originalausfertigung dieser Dokumentation ist den Krankenunterlagen des Immunprophylaxezentrums beizufügen.
3. Die Durchschrift ist nach Abschluß der Kontrolluntersuchungen, spätestens jedoch zehn Monate nach der Entbindung, dem zuständigen Bezirks-Institut für Blutspende- und Transfusionswesen zu übersenden.
4. Die Bezirks-Institute für Blutspende- und Transfusionswesen berichten an das Ministerium für Gesundheitswesen über die Durchführung der Immunprophylaxe im Bezirk im Rahmen ihrer Jahresberichterstattung gemäß den Festlegungen in Anlage 2.

Richtlinie zur Verhütung und Bekämpfung des Scharlachs
vom 10. Juni 1977 — Auszug —

(VuM MfGe Nr. 6 S. 42)

3. Erreger

Streptococcus pyogenes (Streptokokken der serologischen Gruppe A). Ubiquitär verbreitet.

4. Epidemiologie

Erregerreservoir, Infektionsquellen, Infektionswege:

Das Reservoir für Scharlacherreger bildet stets der Mensch. Infektionsquellen sind Personen, die an Scharlach erkrankt oder Träger von Scharlacherregern sind. Die Kontagiosität ist relativ gering (Kontagionsindex ca. 0,10). Die Übertragung erfolgt aerogen von Mensch zu Mensch durch Tröpfcheninfektion oder unmittelbaren Kontakt, insbesondere über Hände, aber auch über kontaminierte Gegenstände und Nahrungsmittel (Milch, Milchprodukte).
Inkubationszeit: 2 bis 4 (1—7) Tage, nicht normiert. Dauer der Übertragbarkeit: Nach ordnungsgemäßer Penicillinbehandlung, Reinigungsbad und Wechsel der Leib- und Bettwäsche ist der Kranke bereits nach 24 Stunden nicht mehr infektiös. Der Erreger stirbt schnell im trockenen Milieu (Kleider, Wäsche, Staub) ab.

5. Therapie

Die Erreger werden durch Penicillinfrühbehandlung schnell ausgeschaltet, bevor ihre pathogenen Eigenschaften voll wirksam werden. Penicillin ist das Mittel der Wahl.

5.1. Die erste Antibiotikumgabe ist möglichst bald nach der Diagnosestellung zu verabfolgen.

Geeignet sind nachfolgende Behandlungsverfahren (s. Seite 2).

Den Oral-Penicillinen ist der Vorzug zu geben. Bei Verwendung von Retacillin comp. sind unbedingt die Hinweise des Zentralen Gutachterausschusses für Arzneimittelverkehr, Sektion Humanmedizin, zur Beachtung bei der Injektion von Depotpenicillin-Arzneifertigwaren[1]) zu berücksichtigen.

	Säuglinge	Kleinkinder	Schulkind und Ältere
Phenoxymethyl-penicillin-Dibenzyl-äthylendiamin (Pheliquin S) oder	50000 IE/kg/ die, verteilt auf 3–4 Dosen	40000 IE/kg/ die, verteilt auf 3–4 Dosen	30000 IE/kg/ die, verteilt auf 3–4 Dosen
Phenoxymethyl-penicillin (V-Tablopen)	Bei komplikationslosem Verlauf Behandlungsdauer 6 Tage, anderenfalls länger		
Retacillin compositum	–	600000 IE 1. und 4. Tag	1200000 IE 1. und 4. Tag

5.1.2. Bei einer bekannten oder bei bestehendem Verdacht auf Penicillinallergie ist ein oral oder intramuskulär applizierbares Erythromycinpräparat zu verwenden. Für alle Altersstufen 30 mg/kg/ die, auf 4 Dosen täglich verteilt.

5.1.3. Bei Rezidiven und Zweiterkrankungen erfolgt die Dosierung wie bei Ersterkrankungen.

5.1.4. Bei septischem Verlauf ist die Antibiotikadosierung massiv – wie zur Behandlung einer Sepsis – zu erhöhen. Bei toxischem Verlauf ist Human-Gammaglobulin (2,5 ml/kg Körpergewicht) zu verabreichen.

5.2. Bei unkompliziertem Verlauf (sonst den Komplikationen entsprechend länger) ist zumindest 1 Woche Bettruhe einhalten zu lassen. Achten auf Ohrenschmerzen (Otitis media?) und auf Verfärbung des Urins (Nephritis?). Regelmäßige Urinkontrollen.

6. Häusliche und stationäre Behandlung

Stationäre Einweisung ist nur aus klinischer, besonderer epidemiologischer und sozialer Indikation erforderlich. Epidemiologische Indikatoren sind z. B. bei Erkrankungen in Gemeinschaftseinrichtungen gegeben, bei denen keine ausreichenden Isolierungs- und Pflegemöglichkeiten bestehen. Soziale Indikationen: Wohnverhältnisse, berufliche Anforderungen an Erziehungsberechtigte, die der Arbeit nicht fernbleiben können, usw.

Isolierung in der Klinik: Mit dem Abbaden (Haare waschen nicht vergessen!) nach Abschluß der Behandlung ist auch die Isolierung zu beenden. Das Kind wird in ein gereinigtes Zimmer verlegt, wenn es noch nicht entlassen werden kann.

Die in der Regel durchzuführende häusliche Behandlung setzt ausreichende hygienische Verhältnisse voraus. Eine geeignete Pflege und die Antibiotikabehandlung müssen gewährleistet sein.
Der persönlichen Hygiene kommt hohe Bedeutung zu. Die Verwendung antiseptischer Seifen ist empfehlenswert.
Für die Scheuerdesinfektion bzw. die Desinfektion von Flächen, Spielzeug u. a. sind Desinfektionsmittel entsprechend der Liste der Desinfektionsmittel einzusetzen.

7. Nachuntersuchung

Zwei Wochen nach Abschluß der Antibiotikatherapie hat bei jedem Scharlachkranken eine gründliche Nachuntersuchung zu erfolgen (Komplikationen, Nachkrankheiten?) Eine weitere Nachuntersuchung 4 Wochen später ist empfehlenswert.

8. Maßnahmen

8.1. Ärztliche Versorgung und Sofortmaßnahmen

8.1.1. Absonderung des Kranken oder Krankheitsverdächtigen innerhalb einer Kindereinrichtung bis zum Abtransport ins Krankenhaus bzw. Überführung in häusliche Behandlung. Bei Hausbehandlung bis zur Beseitigung der Ansteckungsgefahr möglichst Vermeidung des Kontaktes mit Gesunden.

8.1.2. Der Kranke bzw. seine Pflegepersonen sind über die Ansteckungsfähigkeit des Scharlachs und über die Maßnahmen, eine Ansteckung zu verhüten, zu belehren.

8.1.3. Beim Auftreten von Scharlach ist die Umgebung des Erkrankten (Wohngemeinschaft, Kindereinrichtung, Schulklasse) auf Personen hin zu untersuchen, die klinische Zeichen (mikrobiologische Untersuchungen werden dabei im allgemeinen nicht durchgeführt) einer Streptokokkeninfektion aufweisen bzw. verdächtig darauf sind (Angina, Otitis media, Sinusitis u. a.). Die bei dieser Untersuchung auffälligen Personen sind ebenfalls sofort antibiotisch zu behandeln. Eine gleichzeitige Absonderung wie bei einer echten Scharlacherkrankung ist zu erwägen.

8.1.4. Eine prophylaktische Penicillinbehandlung von Personen in der Umgebung von Scharlacherkrankungen ist nur im Ausnahmefall bei stark gehäuften Auftreten des Scharlachs in einer Einrichtung oder bei mehrfachem Auftreten schwerer Verlaufsformen zulässig.
Falls sie durchgeführt wird, ist darauf zu achten, daß der Personenkreis nicht zu eng begrenzt wird und Dosis sowie Zeitdauer der Behandlung den Therapieempfehlungen entsprechen.

[1]) Medicamentum **16**, Nr. 7 (1975) S. 203.

Hinweis zur Durchführung der Trinkwasserfluoridierung
vom 27. August 1974

(VuM MfGe Nr. 16 S. 127)

Die Anwendung der Natriumsilikofluorid-, Natriumfluorid- und Kieselfluorwasserstoffsäure- (Fluatsäure-) Technologie zur Trinkwasserfluoridierung ist vom Ministerium für Gesundheitswesen entsprechend der Zweiten Durchführungsbestimmung vom 30. November 1970 zur Verordnung über die hygienische Überwachung der zentralen Wasserversorgungsanlagen — hygienische Überwachung der Trinkwasserfluoridierung — (GBl. II Nr. 9 S. 659) genehmigt worden.
Anfragen hinsichtlich der entsprechenden Rahmenprojekte sind an den VEB Projektierung Wasserwirtschaft, 402 Halle, Thälmann-Platz, zu richten.

Mitteilung über die Durchführung von Sternalpunktionen
vom 21. November 1972

(VuM 1973 Nr. 1 S. 14)

Aus gegebener Veranlassung wird für die Vornahme von Sternalpunktionen folgendes mitgeteilt:

1. Sternalpunktionen sollen nur mit der Sternalpunktionskanüle nach Klima-Rosseger durchgeführt werden.
2. Sternalpunktionen dürfen nur von Fachärzten durchgeführt werden, die eine ausreichende praxisbezogen, qualifizierte Ausbildung erworben haben.
3. Bei der Verwendung vorhandener, noch nicht graduierter Sternalpunktionskanülen genügt eine Einstellung der Platte nach Augenmaß nicht. Die Einstellung des Abstandes Kanülenspitze — Platte muß nach den in der Literatur festgelegten Richtwerten erfolgen.

2. Mitteilung über die Durchführung von Sternalpunktionen vom 21. November 1972

(VuM MfGe 1974 Nr. 3 S. 20)

Die Mitteilung über die Durchführung von Sternalpunktionen vom 21. 11. 1972 wird durch folgenden, von der Arbeitsgemeinschaft „Pädiatrische Hämatologie und Onkologie" erarbeiteten Hinweis über Knochenmarkpunktionen im Kindesalter ergänzt:

4. Bei der Knochenmarkpunktion im Kindesalter bietet die Einstellung der Einstichtiefe durch die Arretierungsplatte der Punktionskanüle nach Klima-Rosseger keinen Schutz vor unbeabsichtigter Perforation des Sternums. Die Stärke der Rindenschicht des Knochens und des darüberliegenden Haut- und Fettgewebes sind altersabhängig sehr unterschiedlich. Deshalb ist bei Kindern zur Markpunktion die Punktionskanüle mit fest auf der Unterlage abgestützter Hand unter hin- und herdrehenden Bewegungen mit Daumen, Zeige- und Mittelfinger bei mäßigem Druck so weit in den Knochen vorzutreiben, daß sie, losgelassen, so eben stehen bleibt. Beim Aspirationsversuch nach Entfernen des Mandrins müssen Kanüle und Spritze mit der auf der Unterlage abgestützten anderen Hand sicher fixiert werden. Bei vergeblicher Aspiration ist die Kanüle gegebenenfalls noch etwas weiter vorzutreiben. Als Punktionsstellen sind im Säuglings- und Kleinkindesalter die Innenseite der Tibiadiaphyse im oberen Drittel oder auch der Dornfortsatz eines LKW bei sitzend gebeugter Haltung zu empfehlen. Erst vom Vorschulalter an erzielt man wegen der vorher noch mehrere Zentimeter dicken Knorpelschicht auch bei Punktion des Beckenkammes dicht oberhalb des vorderen oder hinteren Darmbeinstachels gefahrlos gute Punktionsergebnisse. Vom Vorschulalter an ist für den mit der Technik Vertrauten unter Beachtung der geschilderten Sicherheitsbedingungen das Manubrium sterni 1 – 2 cm unterhalb des von der Jugulargrube zu ertastenden Randes eine mögliche Punktionsstelle. Als Punktionsinstrumentarium sind etwa 30 mm lange, kurz angeschliffene Lumbalpunktionskanülen verschiedenen Kalibers oder die Kanüle nach Klima-Rosseger ohne Nutzung ihrer Arretierungsplatte zu empfehlen.

Kapitelinhaltsverzeichnis

Kapitel F

Giftrecht

Anweisung über Aufgaben und Arbeitsweise des Gutachterausschusses zur Einstufung von Giften
— Statut —
vom 1. Februar 1978

(VuM MfGe Nr. 2 S. 12)

In Durchführung des § 1 Abs. 5 des Giftgesetzes vom 7. April 1977 (GBl. I Nr. 10 S. 103) und des § 2 der Ersten Durchführungsbestimmung vom 31. Mai 1977 zum Giftgesetz (GBl. I Nr. 21 S. 275) wird angewiesen:

I. Aufgaben

Der Gutachterausschuß zur Einstufung von Giften (nachfolgend Gutachterausschuß genannt) hat insbesondere folgende Aufgaben:

1. Gutachterliche Beratung des Ministers für Gesundheitswesen bei der Entscheidung über die Einstufung von chemischen Stoffen als Gifte in die Abteilungen 1 oder 2 und über die Umstufung oder Löschung eingestufter Gifte nach gesellschaftlichen Erfordernissen entsprechend dem fortgeschrittensten Erkenntnisstand der Wissenschaft. Der Gutachterausschuß behandelt Anträge zur Klassifizierung eines Erzeugnisses nach dem Giftgesetz und Anfragen zur Auslegung der Einstufungskriterien des Giftgesetzes.
2. Beratung der Staatlichen Hygieneinspektion, der Arbeitshygieneinspektion und der Deutschen Volkspolizei insbesondere bei der Verfolgung von Ordnungswidrigkeiten bzw. strafbaren Handlungen, die gegen das Giftgesetz verstoßen.
3. Mitwirkung bei der Ausarbeitung von Empfehlungen zur Verhinderung von Vergiftungen, die als Folgen, insbesondere von Havarien, Bränden, Explosionen und Katastrophen, eintreten können.
4. Mitwirkung bei der Untersuchung und Aufklärung von Vergiftungsfällen im Zusammenhang mit Havarien, Bränden, Explosionen und Katastrophen.
5. Mitwirkung bei der Ausarbeitung von Empfehlungen für den Transport von Giften.
6. Mitwirkung bei der Ausarbeitung von Empfehlungen für Forschungs- und Entwicklungsaufgaben auf dem Gebiet der Toxikologie chemischer Stoffe im Zusammenhang mit ihrer Einstufung als Gifte.
7. Beratung des Ministers für Gesundheitswesen bei der Ausarbeitung von Rechtsvorschriften auf dem Gebiet des Giftwesens.

II. Mitglieder

1. Der Gutachterausschuß setzt sich aus Vertretern der zentralen Staatsorgane und Einrichtungen zusammen, die unter § 2 Abs. 1 der Ersten Durchführungsbestimmung vom 31. Mai 1977 zum Giftgesetz aufgeführt sind.
2. Die Mitglieder des Gutachterausschusses werden vom Minister für Gesundheitswesen auf Vorschlag der Leiter der zuständigen zentralen Staatsorgane und Einrichtungen auf die Dauer von 3 Jahren benannt.
3. Der Minister für Gesundheitswesen benennt einen Vorsitzenden, einen Stellvertreter und einen Sekretär.
4. Die Mitglieder des Gutachterausschusses erfüllen ihre Aufgaben im Rahmen ihrer dienstlichen Tätigkeit.

III. Vorstand und Sekretariat

1. Der Gutachterausschuß bildet einen Vorstand, dem als Mitglieder angehören:
   a) der Vorsitzende des Gutachterausschusses
   b) der Stellvertreter
   c) der Sekretär
   d) der Vertreter der chemischen Industrie.
2. Der Gutachterausschuß bildet ein Sekretariat, das vom Sekretär geleitet wird. Festlegungen über die verwaltungsmäßige Zuordnung des Sekretariats werden gesondert getroffen.

IV. Fachkommissionen

1. Der Vorstand kann zeitweilige Fachkommissionen bilden. Zur Mitarbeit in den Fachkommissionen können auch Fachvertreter herangezogen werden, die nicht Mitglieder des Gutachterausschusses sind.
2. Die Leiter der Fachkommissionen werden vom Vorstand benannt.

V. Geheimhaltungspflicht

1. Die Mitglieder des Gutachterausschusses sind verpflichtet, über alle Vorgänge und Informationen, die ihnen im Rahmen ihrer Tätigkeit zur Kenntnis gelangen, Schweigen zu bewahren.
2. Die Verwertung von Kenntnissen aus der Mitarbeit im Gutachterausschuß in wissenschaftlichen Veröffentlichungen oder Vorträgen bedarf der Zustimmung des Ministeriums für Gesundheitswesen.

Mitteilung über die Toxikologischen Auskunftsdienste der DDR vom 12. Januar 1978

(VuM MfGe Nr. 2 S. 15)

Die nachfolgend genannten Toxikologischen Auskunftsdienste erteilen unabhängig von der gem. § 6 des Giftgesetzes vom 7. April 1977 (GBl. I Nr. 10 S. 103) erfolgten Einrichtung des Zentralen Toxikologischen Auskunftsdienstes am Institut für Arzneimittelwesen der DDR weiterhin Auskünfte zur fachlichen Information von Ärzten:[1])

Berlin — Institut für Pharmakologie und Toxikologie der Humboldt-Universität Berlin
1080 Berlin, Clara-Zetkin-Str. 94
Telefon: Tag und Nacht durchgehend
Berlin 2202410

Leipzig — Institut für Pharmakologie und Toxikologie der Karl-Marx-Universität Leipzig
7010 Leipzig, Härtelstr. 16–18
Telefon: tagsüber Montag bis Freitag
Leipzig 31916
nachts sowie Sonnabend und Sonntag
Leipzig 200032 oder 79750

Magdeburg — Institut für Pharmakologie und Toxikologie der Medizinischen Akademie Magdeburg
30 Magdeburg, Leipziger Str. 42–44
Telefon: Tag und Nacht durchgehend
Magdeburg 616314

Dresden — Institut für Pharmakologie und Toxikologie Dresden
801 Dresden, Lingnerplatz
Telefon: Montag bis Freitag von 8.00 bis 16.00 Uhr
Dresden 683160

Erfurt — Institut für Pharmakologie und Toxikologie der Medizinischen Akademie Erfurt
50 Erfurt, Nordhäuserstr. 74
Telefon: Montag bis Freitag von 7.30 bis 16.30 Uhr
Erfurt 502051

Greifswald	Institut für Pharmakologie und Toxikologie der Ernst-Moritz-Arndt-Universität Greifswald 22 Greifswald, Friedrich-Löffler-Str. 23 D Telefon: Montag bis Freitag 7.30 bis 16.45 Uhr Greifswald 2211
Rostock	Universitäts-Kinder- und Poliklinik Rostock 25 Rostock, Rembrandtstr. 16–17 Telefon: bis 22.00 Uhr Rostock 39 67 85 ab 22.00 Uhr Rostock 39 67 66 (vorwiegend für Schadensfälle bei Kindern)

Hinweis auf den Bezug des Befähigungsnachweises für Giftbeauftragte
vom 17. August 1977

(VuM MfGe Nr. 9 S. 88)

Der Einheitsvordruck für den Befähigungsnachweis für Giftbeauftragte gemäß § 19 der Ersten Durchführungsbestimmung vom 31. Mai 1977 zum Giftgesetz (GBl. I Nr. 21 S. 275) kann ab sofort beim Vordruckverlag Freiberg, Absatzaußenstelle Dresden, 8023 Dresden, Leipziger Str. 112 bestellt werden.
Der Bedarf an diesen Einheitsvordrucken ist von den Räten der Kreise, Abt. Gesundheits- und Sozialwesen, dem Vordruckverlag kurzfristig bekanntzugeben.

Sachregister

Die vorliegende 2. Lieferung enthält:

- Deckblatt
- Gesetzliche Bestimmungen, Kommentare, Internationale Konventionen usw. einschließlich Kapitelinhaltsverzeichnisse
- Sachregister

Die 2. Lieferung ist anhand der Gliederung und der oben rechts ausgewiesenen Registriernummern in die Sammlung einzuordnen.

Es wird gebeten, vor Einordnen der 2. Lieferung durch Prüfen der Seitenzahlen festzustellen, ob der Nachtrag vollständig geliefert worden ist.

FSC
www.fsc.org
MIX
Papier | Fördert gute Waldnutzung
FSC® C083411

Kolibri 360 GmbH
Ferdinand-Jühlke-Straße 7
99095 Erfurt, Deutschland
produktsicherheit@kolibri360.de